글로벌 문화이론 과정학

글로벌 문화이론

과정학

김채수

고려대학교출판부
KOREA UNIVERSITY PRESS

생을 밝혀서 죽음을 밝힌다

머리말

인류가 사진으로 지구의 모습을 처음 보게 된 것은 1957년 세계 최초의 인공위성, 소련의 스푸트니크 1호가 발사된 이후의 일이다. 그것을 계기로 우리 인류에게는 대기권 밖의 우주로부터 우리 자신들과 자신들이 처해 있는 지구를 한눈으로 바라볼 수 있는 시각이 정립되어 나왔다.

그동안 우리 인류에게는 자신들이 처해 있는 지점으로부터 자신들과 자신들이 처해 있는 지구를 볼 수밖에 없었다. 그러한 의미에서 스푸트니크 1호의 대기권 밖으로의 진출은 인류에게 일대의 시각 전환視覺轉換을 가져다준 문명사적 사건이 아닐 수 없다. 따라서 우리는 이 시각전환을 **코페르니쿠스적 시각 전환***이라 말해 볼 수 있다.

그러한 시각적 전환을 계기로, 인류는 세계와의 새로운 관계를 정립해가야 하는 상황에 처하게 되었다. 바로 이 코페르니쿠스적 시각 전환의 이전까지만 해도 인간들은 자신들이 처해 있는 지점地點 공간 내지 지역地域들을 중심으로 하여 서로가 독자적이며 대립적인 입장들을 취해 왔었다. 작게는 개인이라고 하는 하나의 생물학적 단위로부터 출발해서 크게는 동서東西라고 하는 지역적 문화적 단위에 이르기까지 크고 작은 각종의 인간 집단들이 점유하고 있는 지점地點 내지 지역들을 기초단위들로 하여 그러한 입장들을 취해 왔던 것이다. 그러나 인류는 그러한 시각 전환을 계기로 하여 전과는 전혀 다른 상반된 입장을 취해 사물을 인식해 볼 수 있는 입장을 취하게 되었던 것이다.

우선 인류는 그러한 시각 전환을 계기로 해서 자신들이 처해 있는 지점들에 자신들의 시각을 고정시켜 놓고 그것으로 자신들의 세계를 바라보던 존재로부터 탈피해 나와 자신들의 인식대상들에 자신들의 시각을 고정시켜 놓고 그것으로 자신들의 세계와 자기 자신들을 바라보는 존재들로 전환해 나왔다. 다음으로, 인간과 세계, 동과 서 등과 같은 대응관계의 존재들을 대립적 관계로 인식해 왔던 시각을 폐기하고 그것들을 하나의 통일統一체로 파악하려는 시각을 취하게 되었다. 또 인간들은 자신들이 정지된 지상에 존재해 있는 것이 아니라 우주를 이동해 가는 지구라고 하는 하나의 행성行星의 표면 위에 처해 있는 존재로 인식하게 되었다.

그뿐만 아니라 그들은 직진해 다니는 빛에너지들에 의해 드러나 있는 세계의 일부로 존재해 있다는 사실까지도 받아들이게 되었다. 보다 구체적으로 말해, 인간들은 자신들이 3차원의 세계인 정지된 공간이 아니라 4차원의 세계인 움직이는 공간에 존재해 있다는 생각을 받아들이게 되었고, 또 그러한 세계와 자기 자신들이 한낱 빛에 의해 드러나 있는 존재들에 지나지 않는다는 생각을 갖게 된 것이다.

인간은 바로 이와 같은 인식 전환을 계기로 하여 기존의 가치 체계를 지양하고 새로운 가치 체계를 창출해 가지 않으면 안 되게 된 것이다. 따라서 이제 우리는 그러한 새로운 가치 체계를 창출해 나가는 과정에서 야기되는 여러 가지 문제들에 직면해 있다.

인간들이란 자신들에게 부여되는 항상 새로운 차원으로부터 자기 자신들의 정체성을 정립하여 이 우주 속에서의 자신들의 존재 의미를 한층 더 강도 있게 향유해 보려는 존재들이다. 이 책은 바로 그러한 인간들의 속성을 확대시켜 보려는 사람들을 상대로 씌어진 책이다.

우리가 그러한 인식 전환을 계기로 다시 새롭게 직면해야 할 문제들이란 아마도, 인간에게의 삶과 죽음, 신, 생명, 자연, 우주, 언어, 예술, 문화, 표현, 가치, 과학, 방법, 사회, 통일, 빛 등과 같은 것들과 관련된 것들일 것이고, 또 그러한 것들의 본질적인 것들에 관한 문제들일 것이다.

이러한 문제들은 분명 지구가 태양계, 은하계 등과 맞물려 우주의 공간을 이동해 감으로써 지구상의 인간들에게 일어나는 여러 현상들과 관련된 것들임에 틀림없다. 이 책은 지구의 우주공간 이동과 우주의 팽창 과정, 또 그것들을 가능케 하는 빛의 직진과정 등을 통해 그러한 문제들을 고찰해 낸 것이다.

이 책은 글로벌 시대로 명명되는 21세기의 문턱에서 그러한 문제들에 봉착해 있는 사람들, 특히 앞으로 전 지상全地上의 인간들을 리드해 갈 입장에 처해 있는 젊은 지성들을 상대로 한 것이다. 아침 햇살처럼 투명하고 강한 투시력을 가지고 언제나 새로운 것들을 끝없이 추구해 가는 젊은 지성들에게 바치는 우리들의 전부라 할 수 있는 것이다.

우리 사회에서의 연구자란 자신의 연구 대상과 확실한 방법론을 지니고 있는 자들을 말한다. 항상 저만치의 거리를 두고 자신과 타자들의 삶을 관찰해 가며 진지하게 살아가는 인간들도 그들의 경우처럼 그 나름의 삶에 대한 연구와 그 방법론을 지니고 있다. 그러한 연구와 그 방법론을 한층 더 튼튼히 확립해 보려는 사람들에게도 이 책이 조금이나마 도움이 되어주기를 기원한다.

이 책은 7장으로 되어 있고, 그 주된 내용은 21세기 글로벌문화의 이론과 사상적 배경에 관한 것들로 되어있다. 제1장 '현대인의 삶과 연구의 본질'은 이 책의 서론에 해당되고 '제7장 표현의 본질'은 결론에 해당된다. 따라서 그사이의 제2장-제6장은 본론에 해당되는 셈이다. 이 본론도 '제2장 후기구조주의를 넘어서'는 본론의 서장에 해당되고 '제6장 문화와 과정학'은 본론의 결장에 해당된다.

2009년 새봄

김채수

*폴란드의 천문학자, 코페르니쿠스N. Copernicus(1473-1543)는 고대 그리스시대부터 받아들여져 왔던 하늘에 있는 태양이 지구를 돈다는 천동설天動說을 부정하고, 지구가 태양의 주의를 돈다는 지동설地動說을 주장하였다. 그로부터 250여 년 후의 칸트I. Kant(1724-1804)는 인간의 어떤 대상에 대한 인식 과정을 논하게 되는데, 그는 그 논파 과정에서 인식주체가 존재하기 전에 인식대상이 존재해 있는 것이 아니라 인식주체가 존재하게 됨에 따라 인식대상이 존재하게 됨으로써 인식작용이 행해지게 된다는 입장을 제시해 근대인식론을 확립시켰다. 칸트는 자신의 이와 같은 인식론상의 전환을 천문학에서의 지동설을 주창한 코페르니쿠스의 업적에 견주어 코페르니쿠스적 전환이라 불렀던 것이다. 칸트의 그러한 인식론적 전환이 있은 후 다시 250여 년이 지나, 인간들의 우주로의 진출을 계기로 인간들에게서의 일대의 시각 전환이 이루어지게 됨으로써, 사실상 칸트의 코페르니쿠스적 인식전환에 대응될 수 있는 코페르니쿠스적 시각전환이 일어나게 되었던 것이다.

차례

제3장 과정의 원리—141

제4장 존재와 과정—259

제1장

현대인의 삶과 연구의 본질

이것이 나의 '과정'에 대한 접근의 제1단계이다. '현대인의 삶과 연구의 본질'이라 이름 붙인다.

나의 과정에 대한 접근은 문예 연구에 대한 관심으로부터 출발하였다. 문예란 무엇인가? 예술의 한 장르로서의 문학이란 무엇인가? 사람들의 생활 속에서 그것은 어떠한 역할을 담당하고 있는가? 이러한 물음들에 대한 어떤 보편성 있는 대답은 분명 사람들에게 그들 자신들의 삶을 한층 더 가치 있게 실현시킬 수 있는 정보를 제공할 것이다. 또한 그러한 정보를 접한 사람들은 다른 어떤 것 못지않게 문예를 자신들의 삶의 한 실현 도구로서 한층 더 유용하게 이용해 갈 것이다.

인간의 삶이 실현되어 나오는 과정에서 이용되어 온 것들은 어떠한 형태로든지 간에 연구의 대상으로서의 가치를 지닌 것들이다. 사실상 문예물들은 어떤 시대 어떤 특정인들의 구체적인 삶의 단면들을 우리들에게 제시해 줌으로써 우리들로 하여금 삶이 어떠한 것인가를 깨닫게 해 준다. 뿐만 아니라 그것들은 인간의 삶이 얼마나 가치 있는 것인지도 일깨워 줌으로써 우리들에게 희망을 준다. 그러한 의미에서 문예물들은 분명 우리들의 삶의 실현 도구들이다. 그래서 그것들은 그러한 역할을 행해 옴으로써 삶의 다른 실현 도구들의 경우처럼 역사의 전개 과정을 따라 끊임없이 연구되어 나왔다.

그렇다면 문예물들은 금세기에 접어들어서 어떻게 연구되어 왔고, 앞으로 어떻게 연구될 것인가? 앞에서 지적한 바와 같이 문예물이 인간의 삶의 본질과 가치를 일깨워 주는 도구인 것인 한, 그것은 우선 일차적으로 연구 방법의 측면에서 인간의 삶의 본질을 직접적으로 규명하려는 철학과도 깊이 관련되어 있다. 그런데 현재 문예와 철학 등을 비롯한 각 분야에서의 그것들의 연구 방법은 근대산업과 시민혁명 이후 사실상 서구의 기독교 문화권에 의해 주도되어 나온 것들이다.

20세기 서구 문화권에서의 인간의 삶에 대한 주된 연구 방법은 인간 존재의 본질이 외면 세계에 있는 것이 아니라 내면 세계에 있다는 입장을 취했던 쉬르리얼리즘surrealism(초현실주의)으로부터 출발하였다. 그래서 그것은 그 전반기의 후기로 들어와서 인간이란 세계 내적 존재라는 입장을 취한 실존주의 쪽으로 전환해 나왔고, 그 후반기에는 다시 인간 존재의 본질이 구조에 의해 규정된다는 구조주의로 전환되었다. 이렇게 지난 세기 서구 문화권에서의 인간의 삶에 대한 인식은 의식 내적 존재에서 세계 내적 존재로, 세계 내적 존재에서 구조 내적 존재로 전환되어 나왔다. 그런데 1960년대 중반으로 접어들면서 구조주의는 다시 후기구조주의로 전환되었고, 1990년대 들어서서는 그 후기구조주의까지도 그 한계성이 드러나게 됨으로써 글로벌리즘이라고 하는 새로운 차원의 사상 체계가 형성되어 나왔다. 그렇다면 글로벌리즘이란 무엇이며, 그것은 어떠한 세계관과 인간관을 주축으로 해서 확립되어 나온 것인가? 또, 글로벌 시대에서는 인간의 본질이 어떻게 파악될 것인가?

지난 20세기로 들어와 서구인들의 인간에 대한 그러한 인식은 18세기에서 19세기로 넘어오는 과정에서 발견되었던 외면 세계 내지 사실주의 세계의 한계성이 극복되어 나오는 상황에서 이루어진 것이었다. 또, 지난 세기 서너 차례에 걸친 그러한 인간관의 전환도 기존 인간관의 한계성 극복이라는 형태로 이루어졌다. 다시 말해서, 실존주의는 쉬르리얼리즘의 한계성의 한 극복 형태였고, 구조주의는 실존주의의 한계성의 한 극복 형태였다. 따라서 글로벌리즘도 구조주의나 후기구조주의의 한계성의 어떤 한 극복 형태로 파악될 수 있다.

실존주의자들에게서의 세계란 시간과 공간의 합성물로 인식되었고, 또 그들에게서의 인간은 그러한 합성물로 이루어진 세계 내적 존재로 파악되었다. 그러나 인간 존재에 대한 그러한 파악은 인간이 처해 있는 시공간에 대한 단편적 이해로 인해 그 한계성이 드러나기 시작되었다. 보다 구체적으로 말해 실존주의는 새로운 차원에서의 인간들이 공간에 대한 관심이 집중됨으로써 그동안의 인간 존재에 대한 시간 중심적 이해가 극복되는 쪽으로 전환되어 나오기는 했으나, 결국은 그것도 시간성이 충분히 고려되지 않은 구조주의라고 하는 형태로 전개되어 나갔던 것이다. 구조주의란 인간의 존재를 구조적 차원the structural level에서 파악하려는 입장을 말한다. 그러나 이 또한 인간의 존재를 온전히 밝힐 수 있는 입장이 될 수 없었다. 왜냐하면 태양의 위치 변화에 따라 시시각각으로 다르게 보이는 바닷물의 색깔처럼 시간의 흐름에 따라 끊임없이 다르게 인식되어 나오는 것이 인간의 삶이기 때문이다.

이렇게 볼 때, 이후 구조주의의 한계성의 극복 형태로 출현한 글로벌리즘은 구조주의를 그 토대로 하되 그것이 끌어들이지 못한 시간성이 고려된 형태의 것으로 출현된 것이라 할 수 있다.

후기구조주의가 추구한 인간의 구조 내적 존재가치는 의미 작용signification을 통해 실현되었다. 이때의 의미 작용은 의식의 주체가 의식의 대상 '갑'에서 그것과는 다른 '을'로 이동하는 과정에서, 그것들의 차이가 인지됨으로써 이루어진다. 이 경우 의식 주체의 의식 대상인 '갑'에서 '을'로의 이동은 의식 주체로 말할 것 같으면 그가 책을 보고 있건 혹은 자동차에서 시내의 건물들을 보고 있건 간에 공간상의 이동을 행하고 있는 것임에 틀림없는 것이다. 그런데 이러한 의미 작용에서의 의식 주체가 엄격히 말해 어디까지나 한 개인일 수밖에 없다는 것이다. 따라서 한 개인에게서의 공간상의 이동은 분명 한정적일 수밖에 없다는 것이다. 그럼에도 불구하고 후기구조주의자들은 자신들의 공간상의 이동의 한계를 자신들의 지상地上에서의 신체적 이동과 의식 세계에서의 의식 이동만을 통해 극복하려는 입장을 취했다. 바로 여기에 후기구조주의들의 한계성이 존재했던 것이다.

구조주의의 경우와 마찬가지로, 인간 존재의 본질을 파악하려는 어떠한 사상도 시간과 공간에 대한 의식을 토대로 성립된 인간의 이성 작용의 한 산물임에 틀림없다. 이와 같이 물리적 세계를 토대로 성립된 인간의 이성 작용의 한 산물로서의 구조주의는 지상 세계의 물리적 질서를 토대로 성립된 인간의 행동이라든가, 혹은 물리적 세계와는 시공간적 개념이 전혀 다른, 인간의 의식 세계의 질서를 토대로 성립된 어떤 생각이나 사상만으로는 그러한 한계성이 결코 극복될 수 없다. 그 한계성이 극복되지 않은 채, 앞으로 한 발자국 더 나가게 되면 그야말로 예컨대 롤랑 바르트의 《텍스트의 쾌락》의 경우와도 같은 탈이성주의 쪽으로 빠져 버릴 것이다. 따라서 후기구조주의가 지향하는 의미 작용에서의 한 인간의 공간상의 이동적 한계는 인간의 의식 세계가 아닌 그의 물리적 세계를 통해서 극복되어야 한다는 결론에 도달하게 된다.

우리의 신체가 존재하는 물리적 세계에서의 한 인간의 공간적 이동의 한계는 시간상의 이동을 통해 극복된다. 그렇다면 한 인간의 공간적 이동의 한계가 시간상의 이동에 의해 극복된 형태란 과연 어떠한 것인가? 그것은 한마디로 말해서 '구조'에 대해 '과정'이라고 하는 것이 바로 그러한 형태가 아닌가 한다. 따라서 서구 문화권에서의 후기구조주의는 인간 존재의 본질을 바로 그러한 '과정'이라고 하는 관념을 통해 파악하려는 입장, 단적으로 말하자면 '과정주의'와 같은 형태로 전환되어 나오지 않을 수 없었던 것이다.

후기구조주의 이후에 출현한, 글로벌리즘이 바로 그러한 구체적 일례라 할 수 있다.

이상과 같이 금후 서구인들의 관심은 '구조'에서 '과정'으로 전환해 나오고 있고, 그 과정에서의 인간의 삶은 '구조' 내 존재에서 '과정' 내 존재로 전환되어 인식되어 나오고 있는 것이다. 동아시아 문화권의 인간들의 인식도 금후 바로 그러한 방향으로 전환해 나가게 될 것인데, 동아시아 문화권은 이미 2천 년 전부터 자연의 변화 과정을 통해 인간들의 삶의 실현 방법을 꾸준히 탐구해 왔고, 또 그러한 삶의 실현 방법을 추구해 오면서 끊임없이 과정에 대해 관심을 가져 왔다. 이러한 측면에서 고찰해 볼 때, 앞으로 서구인의 존재 형태는 동아시아의 유·불교 문화권 속에서 손쉽게 찾아질 수 있을 것이고, 앞으로 그들의 삶의 형태 또한 동양인들에 의해 제시되어지리라 여겨진다. 이렇게 볼 때, '과정'에 대한 연구야말로 서구에서 동아시아로의 전환을 가져다주고 그것을 통해 21세기 글로벌 시대의 인간들에게 새로운 가치 체계를 제시해 줄 수 있을 것으로 고찰된다.

이와 같은 역사적 요구에 부응하여, 필자는 이 책을 통해 금후 인간의 본질을 총체적 차원에서 파악해 낼 수 있는 하나의 문화 이론으로 소위 '과정학processology'이라고 하는 하나의 사상 체계이자 방법론을 성립시켜 보고자 하는 것이다.

인간에게서의 산다는 것은 무엇인가? 삶의 실현 과정에서의 연구란 어떤 행위인가? 또 그것들은 과연 어떠한 의미를 갖는 것인가?

삶이란 정말 살아 볼 가치가 있는 것인가? 그럴 만한 가치가 있는 것이라면 삶을 이루는 연구 활동은 그것과 어떻게 관련되어 있는 것인가? 비정상을 정상으로 받아들여야 할 요즘 세상에, 삶에 대해 도무지 애착이 가지 않는 이 세상에, 연구란 어떠한 면에서 그 의미가 부여될 수 있을 것인가?

일반적으로 인간에게의 삶이란 인간이 이 지상에 태어나서 죽기까지의 생명 활동의 총체를 의미하는 것으로 이해된다. 그래서 삶이란 사는 일, 생명, 생명현상, 생명 존속 기간, 생, 인생, 존재 등으로 표현된다. 이 지상에서의 인간의 생명 활동은 자신에게 주어진 생명을 존속시키려는 의지 활동과 그 생명 존속 활동의 의미를 향유享有하려는 의지 활동 등으로 대별될 수 있다. 이렇게 볼 때, 우선 삶의 본질이란 생명을 존속시키려는 의지에 의해 이루어지는 생명 활동을 통해 그 생명 활동의 의미를 향유해 가는 과정과도 같은 것으로 이해해 볼 수 있다.

그렇다면 인간의 삶이 성립됨에 따라 인간에게 부여되는 문제의 본질은 무엇인가? 인간에게서의 생명 활동의 의미는 지속적인 생명 작용과 그 생명 작용의 목적에 대한 충분한 이해를 통해 향유된다. 그런데 문제는 한 개인이나 집단 혹은 전 인류에게서의 지속적 생명 작용이란 결코 불가능하고, 또 그러한 생명 작용의 궁극적 목적도 무엇인지 결코 이해될 수 없다는 것에 대한 자각이다.

인간에게서의 생명 작용의 정지는 죽음에 의해 이루어진다. 그것은 한 인간으로서의 개체적 죽음과 인류라고 하는 종족적 죽음에 의해 이루어진다. 또 인간의 생명 작용의 궁극적 목적이 결코 파악될 수 없고, 또 확정될 수도 없음은 결국 사후 세계의 존재 여부에 대한 이해 부족과 그 존재 여부에 대한 입장정리의 불가로 인한 것이다. 이와 같이 인간의 삶에 대한 문제는 생명의 단절을 가져오는 죽음과 깊이 관련되어 있다. 따라서 인간에게서의 삶에 대한 문제의식은 결국 죽음에 대한 의식을 통해 성립되었고, 그러한 문제의식의 초극 또한 죽음에 대한 입장 정립을 통해 이루어질 수 있다.

인간의 삶이 그러한 문제의식을 통해 이루어진다고 할 때, 그것은 생명 활동의 의미를 찾으려는 일종의 정신 활동의 산물로 이해된다. 사실상 인간은 지금까지 그러한 정신 활동을 통해 생명존속 활동을 계속해 왔고, 또 그러한 활동을 통해 삶에서의 불가해한 문제들을 가까스로 이해하면서 생명 활동의 의미를 향유해 왔다. 이렇게 볼 때, 인간에게 부여된 죽음으로 인해 야기되는 삶에 대한 문제의식이야말로 생명 활동의 에너지원임에 틀림없다.

그렇다면 앞서 지적한 인간에게서의 이와 같은 생명 활동의 하나로서의 연구 활동은 어떠한 측면에서 그 의미가 파악될 수 있을까? 일반적으로 인간에게서의 연구 행위란 어떤 것을 조사해 볼 수 있는 데까지 조사해 그것의 전모를 알아본 후 그것에 내재된 질서에 대한 충분한 이해를 바탕으로 그 대상의 특징과 그 존재 의미에 대해 자신의 입장을 정리해 가는 과정을 말한다.

이와 같은 측면에서 생각해 볼 때, 인간에게서의 연구 행위란 연구 행위의 주체자인 인간이 그 연구 대상을 통해 새로운 자신의 세계를 창출해 가는 행위이다. 또 그러한 의미에서 인간에게서의 연구 행위란 그러한 창출 행위를 통해 인간의 새로운 생명 체계의 파악을 통해 인간의 존재 영역과 생명 영역을 확장시켜 가는 행위라고도 할 수 있다. 또 그것은 죽음으로 인해 단절되는 인간의 생명 현상들에 대한 면밀한 고찰 행위로도 이해될 수 있다.

인간이 죽음을 두려워하는 것은 인간의 원초적 본능이다. 그것은 인간에게서의 자연적 현상인 것이다. 인간이 그러한 죽음에 대한 공포를 극복하려는 것이야말로 다름 아닌 바로 인간의 삶이요, 그러한 삶의 방식이 다름 아닌 바로 문화이다. 그렇다면 지금까지의 인간들은 이 지상에서 죽음에 대한 공포, 즉 죽음이 가져다 주는 생명에 대한 단절 의식을 어떻게 극복하며 살아왔는가? 앞으로는 어떠한 식으로 그것을 극복해 갈 것인가? 이러한 고찰을 통해 보다 본질적인 차원에서 인간에게서의 삶이란 어떤 것이고 그 속에서의 연구란 삶과 어떻게 관련되어 있는 것인가? 또, 연구 활동들로 일관되는 현대인들의 삶은 어떠한 측면에서 그

의미가 찾아질 수 있을 것인가? 이러한 물음들에 대한 생각을 정리해 보고, 그것을 통해 삶과 연구, 더 나아가 문화에 대한 입장들을 정립해 본다.

제1절 신과 인간과 우주

인류는 폴란드의 목사이자 천문학자였던 **코페르니쿠스***가 《천구天球의 회전에 관하여》(1543)를 공표한 것을 계기로 신 중심의 세계에서 인간 중심의 세계로의 인식 전환을 이루었고, 그로부터 약 400년 후, 소련의 세계 최초의 인공위성 발사(1957. 10)를 계기로 다시 인간 중심의 세계에서 우주 중심의 세계로의 인식 전환을 이루게 되었다.

현생의 인류가 지구상에 출현한 것은 대략 800-500만 년 전의 일로 아프리카 동남부 지역으로 추정되고 있다.[1] 현생인류란 현재 지구상에 생존해 있는 인류를 가리키는 말로서, 인류가 지구상에 출현한 이래 각 지역에서 다양한 종류의 인류가 생존해 왔는데, 현재 지구상에 생존해 있는 인류는 아프리카 동남부 지역에서 출현한 인류의 계열이라고 하는 의미가 내포되어 있다.

바로 이 현생인류의 조상은 250-200만 년 전경부터 본격적으로 돌, 언어, 불 등을 사용하게 되면서 이동 생활을 하게 됨에 따라 구석기 시대를 맞이하게 되고, 약 1만 년 전에는 강어귀를 중심으로 하여 식물 재배와 가축 사육 등을 통해 정착 생활을 하던 신석기 시대를 맞이하게 된다.

이 지구상에서의 신석기 시대의 첫 도래는 서아시아의 **메소포타미아 지역****으로 이야기되고 있다. 그것은 메소포타미아 지역의 지리적 위치상의 특성으로 설명된다. 첫 번째는 그 인접지역이 이 지구상에서 빙하가 가장 발달된 곳이었기

---

*코페르니쿠스Nicolaus Copernicus(1473-1543) : 폴란드의 천문학자. 지동설을 착안하고 그것을 확신하게 된 시기는 명확하지 않으나 저서 《천체의 회전에 관하여》(전4권)는 1525-1530년 사이에 집필된 것으로 추측되고 있다. 그러나 그가 생각한 태양계의 모습은 현재 우리가 생각하는 태양계와는 다르다. 참10

**메소포타미아Mesopotamia : 서아시아 티그리스강과 유프라테스강 사이의 지역 일대를 가리키는 명칭. 현재의 이라크를 중심으로 시리아의 북동부, 이란의 남서부가 포함된다. 이라크의 수도 바그다드 부근을 경계로 하여 홍적대지洪積臺地인 북부의 아시리아와 충적평야인 남부의 바빌로니아로 나뉜다. 바빌로니아는 다시 북부의 아카드와 남부의 수메르로 양분된다. 수메르에서 일어난 세계 최고最古의 문명을 모체로 하여 메소포타미아 문명이 형성되었다. 참10

때문이었던 것으로 고찰된다. 그 이유는 그곳의 북쪽과 동북쪽 등의 고산지역이 대서양과 지중해로부터 대륙 내부로 불어드는 편서풍지대였기 때문이었다. 1만 년 전에 빙하기가 끝나 해빙기가 도래하자, 고산지역에 쌓였던 빙하들이 갑자기 녹아내려 고산지대 아래인 메소포타미아지역에 대홍수가 발생했다. 그 결과 강어귀에 삼각주와 같은 지역이 형성되어 나오게 됐던 것이다. 두 번째, 그곳은 구석기 시대에 아프리카 대륙으로부터 북상해 유라시아 대륙에 이르는 인류들이 서의 유럽 대륙으로부터 동진해 오고, 동아시아 대륙으로부터 서진해 그곳에 도착한 인류들과 서로 충돌을 일으켰던 지역이었다. 그러한 충돌 과정에서 살아남은 투쟁력이 가장 강한 일군의 인류는 그동안의 이동 생활을 청산하고 그 지역에 정착하게 됨으로써 이 지구상에 새로운 생활양식이 성립되어, 결국 그 지역에서 맨 처음 신석기 시대가 도래하게 되었던 것이다. 이렇듯 지구상에서의 인류 문화는 이동 생활이 행해졌던 구석기 시대를 통해 성립되어 나와, 정착 생활이 행해졌던 신석기 시대에 이르러 비로소 확립되었던 것이다.

메소포타미아 지역에서의 경우와 마찬가지로 인류의 정착 생활은 주로 강어귀를 중심으로 이루어졌다. 인류 최초의 정착지로서의 강어귀는 지구상에서의 긴 이동 생활의 결과로 취해진 것으로, 당연히 인류가 정착해 살기에 최적지로 여겨졌던 지역이었다고 할 수 있다. 그곳은 새들이나 짐승들, 그리고 물고기 등이 바람이나 밀물, 썰물 등을 타고 모여들었기 때문에 사냥이나 수렵을 위해 멀리 나가지 않아도 되었고, 물이 충분한 지역이었기 때문에 풀이 무성하여 가축사육에 적합했으며 식물재배가 손쉽게 이루어질 수 있는 지역이었다. 그러한 강어귀들 중에서도 인류가 가장 먼저 정착해 살기 시작했던 곳은 현재 소위 세계 4대문명의 발생지들로 이야기되고 있는 곳들이며, 그중에서도 제일 먼저 **문명***이 이루

*문명 : 문화의 진행 과정을 이루는 한 독특한 단계를 의미한다. 서로 다른 문화가 충돌할 때 그 충돌 지점에서는 이전보다 더 합리적 사고가 형성되어 나온다. 그 합리적 사고에 의해 만들어지는 것이 기계, 기술, 물질 등과 관련된 문화로서, 그러한 문화가 바로 문명이다. 그러한 문명은 다양한 인간들이 한 장소에서 모여 서로 충돌해 가면서 살아가는 도시라고 하는 공간을 통해 형성되어 나온다. 근대 산업도시의 출현 이후에 성립된 미국에는 문명만 있고 문화가 없다고 해서 인간의 삶을 문명이란 시각에서 파악하려하고, 유럽은 문명보다는 문화적 자산을 많이

어진 곳이 메소포타미아 지역이었던 것이다.

이와 같이 정착 생활을 통해 확립된 인류 문화는 그 후 철기 시대로 들어와 다양한 문화적 교류를 통해 점차 확대되어 나갔다. 철기의 발명은 신석기 시대의 정착 생활이 가져온 한계성이 극복되는 과정에서 이루어졌다. 예컨대 정착 생활을 하게 된 인류는 인구 증가에 따라 자연스레 의식주의 문제를 갖게 되었고, 그것의 극복 방법으로 인간은 다른 지역의 인간을 정복해야 했으며, 피정복지로부터 전리품을 실어 날라야 했다. 그러한 과정에서 하늘로부터 떨어진 운석隕石 등과 같은 형태를 취한 운철이 BC 5000년경부터 도구로 사용되기 시작됨으로써 '순금속기純金屬器' 시대를 맞게 되었다. 그 결과 그러한 순금속기 시대를 시작으로 한 철기 시대Iron Age가 지상에 도래하게 됐던 것이다. 현재의 철기문명은 **세계 4대 문명의 발생지***를 중심으로 성립되었다. 이집트의 나일강 유역을 중심으로 한 나일강 문명, 메소포타미아 지역의 유프라테스·티그리스강 유역을 중심으로 한 메소포타미아문명, 인도의 갠지스강과 인더스강 유역을 중심으로 한 인도문명, 중국의 황하 유역을 중심으로 한 황하문명이 바로 그것이다.

이와 같은 문명들은 서로 영향을 주고받으며 판도를 넓혀나가는 과정에서 또 하나의 새로운 삶의 형태를 성립시켰는데, 종교적 삶의 형태가 바로 그것이다. 이러한 삶의 형태가 형성된 것은 순금속기 시대와 청동기 시대Bronze Age를 거쳐 본격적인 철기 시대로 접어든 BC 1000년경의 일이었다.

우선 철기문명을 기초로 해서 성립되어 나온 메소포타미아문명과 나일강문명과의 충돌 과정에서 **유대교****가 성립되어 나왔다. 그 후 유대 민족의 민족 종교였던 그것이 로마의 정치적 세력하에서 세계 종교로 전환해 나오게 됨에 따라 결국

가지고 있다고 해서 문화적 측면에서 그것을 파악하려 한다.

*세계4대 문명의 발생지 : 이들 외에 중앙아시아 이리티시강Irtysh R.과 오브강Ob R. 상류의 알타이 지역에서 형성된 알타이문명을 포함시켜 세계5대 문명의 발생지라는 주장도 나오고 있다. **필자 보충 설명**

유대교Judaism : 유대 민족의 종교. 그들은 천지만물의 창조자인 유일신(여호와)을 신봉하면서, 스스로 신의 선민選民임을 자처하며 메시아(구세주)의 도래 및 그의 지상천국 건설을 믿었다. **참10

고대가 중세로 전환되어 나왔다. 다음으로 메소포타미아의 철기문명이 인도문명권으로 전파되어 나가는 과정에서 인도문명권에서 **브라만교***가 성립되었고, 그것을 발판으로 불교가 세계 종교로 성립되어 나와 동서로 전파되어 나가는 과정에서 고대가 중세로 전환되어 나왔던 것이다.

한편, 황하문명은 서로부터의 메소포타미아문명, 북으로부터의 알타이 지역의 철기문명, 서남으로부터의 인도문명 등과의 접촉 과정에서 유교를 성립시켰다. 이렇게 각 문명권들의 확장 과정에서 세계 종교들이 성립되어 전 지상으로 전파되어 나갔는데, 기독교의 동진과 불교의 서진 과정에서 그것들의 충돌로 인해 또 하나의 이슬람교가 성립되게 되었던 것이다.

이렇게 해서 전 지구상의 인류 문화는 세계 4대 문명의 발생지를 중심으로 확립되어나가 그 다음 단계에 가서 종교를 중심으로 한 유럽·아메리카 대륙 중심의 기독교 문화권, 서남아시아 중심의 이슬람 문화권, 인도·동남아시아 중심의 불교 내지 힌두교 문화권, 동아시아 중심의 도·유교 문화권으로 재편성되었다. 그리하여 전 지상에는 각 지역의 민족 신앙이 성립된 이래 근 2천여 년간 세계 4대 종교를 주축으로 해서 각 문화권들이 확립되어 있었던 것이다.

그런데, 11세기로 들어서서 십자군원정(1096-1291)과 **몽고군의 유럽 원정**** 등을

---

*브라만교Brahmanism(바라문교婆羅門教) : 아리안족은 BC 1500년경 이란 방면에서 파키스탄 지역을 거쳐 인더스강 상류로 남하했다. 그 아리안족의 브라만 계급을 위주로 《베다》를 근거로 하여 BC 1000년에서 BC 500년 사이에 성립된 종교로 한자어로 바라문婆羅門이며 특정 교조가 없는 것이 특징이다. 브라만교는 힌두교 및 기타 인도 종교의 바탕이 된 종교로서 《베다》 시기에 만들어져 베다교 또는 베다브라만교라고도 불린다. 삼히타Samhita, 브라마나Brahmana, 아란야카Aranyaka, 우파니샤드Upanishad 등 총 4개의 《베다》 문헌에 수록된 진언眞言을 따르고 있으며 제물을 신에게 바치는 종교적 의례가 특징적이다. 숭배의 대상으로는 자연 현상의 배후에서 어떠한 지배력을 행사하는 주체를 상정하고 그것을 인격적 주체로 구체화한다. 참10

**몽고군의 유럽 원정(1236) : 바투를 총사령관으로 하는 중앙아시아에서 킵차크에 이르는 유목민을 포함한 원정군(1236년 2차 원정—모스크바 점령—키예프 점령-헝가리 점령—독일 점령—오스트리아 점령—1241년 회군)의 총 병력은 대략 30-40만인데, 이 중에 정예몽고기병대는 5만에서 7만 사이라고 한다. 즉, 대략 30만 병력이 속국의 지원병이나 포로군이라는 말이다. 이는 몽고군대가 한번 패전하면, 충성심이 높지 못한 포로군들이 적에게 금세 투항할 수 있으며 이로 인해 수가 많지 않은 몽고군은 금세 괴멸당할 위험이 크다는 것을 의미하는 것이었다. 이 원정은 유럽을 뒤흔들고, 유럽인을 몽고의 위력 앞에 굴복케 함으로써 이때부터 동북 아시아인이 유럽인으로

계기로 서구의 기독교 문화, 서남아시아의 이슬람 문화, 남아시아의 힌두·불교 문화, 동아시아의 도·유교 문화 등과 직접적으로 접촉함으로써 각 문화권들의 벽들이 허물어지게 되었고 각 문화권에서의 문화적 기초를 이루어오던 인간들의 신앙적 대상들이 상대적으로 인식되어 나옴으로써, 결국 또 다른 차원에서의 새로운 세계 인식이 이루어졌다. 그로 인해 피렌체의 토스카넬리 등에 의해 1474년 지구구형설地球球形說에 의거한 세계지도가 만들어졌고, 1492년에는 스페인의 여왕의 후원을 받은 이탈리아의 탐험가 콜럼버스Christopher Columbus(1451-1506)에 의해 아메리카 대륙이, 1498년에는 포르투갈의 항해자 **바스코 다 가마***에 의해 인도가 유럽인에게 각각 알려지게 되었다. 그 직후 1519-1522년에는 포르투갈 태생의 스페인 항해가 마젤란Ferdinando Magellan(1480-1521)에 의해 세계일주가 이루어졌고, 1543년에는 코페르니쿠스 등에 의해 지동설이 공표되었다.

그때부터 인간들은 이상과 같은 일련의 역사적 사건들을 통해서 모든 인간이 다 같이 지구라고 하는 하나의 둥근 땅덩어리에 살고 있다는 사실을 인식하게 되었고, 또 그들은 하나의 둥근 땅덩어리에 함께 살고 있는 인간들이야말로 다 같은 존재라는 사실을 받아들이는 쪽으로 생각하게 되었다. 다시 말하자면 인간들은 그러한 일련의 역사적 사건들을 계기로 하여 다른 문화권의 인간들이 자신의 문화권의 인간들과 다른 신을 받들고 있다는 것을 깨닫게 됨으로써 자신들의 신들에 대하여 상대적으로 인식해 가게 된 대신 인간들에 대해서는 절대적으로 인식하게 됨으로써 인간의 사고가 신 중심에서 인간 중심으로 전환되어 나왔다.

그동안 인류는 동물의 단계에서 도구를 사용하는 인류로 진화하여 석기 시대

부터 타타르라는 이름으로 불리게 되었다. 참35, 337-340면

*바스코 다 가마Vasco da Gama(1469-1524) : 포르투갈의 항해자. 마누엘 1세의 인정을 받아, 70년에 걸친 인도항로 발견 대사업을 성취했다. 이슬람과 힌두 연합함대의 반격을 격파, 코친·카나놀 등에 상관을 설치하여 인도무역 독점의 기초를 다졌다. 국왕의 인도 정책 고문이었다. 참10

와 철기 시대를 거쳤다. 인간이 전혀 도구를 사용하지 않는 동물의 단계에 머물러 있었을 때는 그에게 신神이나 이와 유사한 존재는 일절 존재하지 않았음에 틀림없다. 그러나 그러한 동물의 단계에서 돌, 불, 언어 등의 도구를 사용하는 인류로 진화해 나옴으로써 인류는 또 하나의 도구로서 신이라고 하는 정신적 도구를 창조해 냈다.

인간에게서의 신이란, 한마디로 말해서 불가능한 것들을 가능케 하는 존재로 인식되어 왔다. 즉, 대자연의 질서에 완전히 몸을 맡기고 생존해 왔던 동물로부터 진화해 나온 인류가 하나의 이상이나 욕망을 가지고 자신이 원하는 어떤 세계를 만들어 가려 할 때 그에게 대자연의 어떤 질서와 대립되는 어떤 의지가 요구되었다. 그러나 이렇게 인간의 의지가 대자연의 어떤 질서와 대립적 입장을 취했을 때 인간은 언제나 자신의 한계성을 자각해 왔다. 바로 그 한계성 자각에 의해 만들어진 관념이 다름 아닌 바로 신이라는 관념이다. 따라서 대자연 속에게서의 인간의 한계성에 대한 자각의식이 강하면 강할수록 인간에게는 그만큼 강한 신이 발견되어 왔다고 볼 수 있다.

인류는 구석기 시대 이래 신석기 시대와 철기 시대를 거쳐 오면서 보다 강한 도구를 발명해 왔고 그것들을 이용하여 대자연을 정복해 왔다. 그러한 과정에서 인류는 점점 더 대자연의 위대함과 인간 능력의 왜소함을 깨닫게 되었고 인간 자신의 불가능성에 대한 의식 또한 강렬해졌다. 그러한 의식은 관념화되고 이념화되었고 나아가 사상화되고 의인화되었다. 인류는 그러한 관념들을 통해 자신들의 삶을 실현해 왔던 것이다.

그런데 지구가 하나의 커다란 땅덩어리이고 태양 주위를 돌고 있다는 지동설이 제기되면서부터 그러한 각 문화권 중심의 신에 대한 개념이 해체되기 시작했다. 그러한 해체 현상은 서구인들이 그것을 유일 인격신의 단계로까지 끌어올려 갔던 기독교의 경우에 가장 두드러지게 나타났다.

지동설이 나오기 이전의 서구인들은 아리스토텔레스류의 천동설을 믿고 있었는데, 그때까지만 해도 그들은 기독교의 유일신 중심의 세계관을 갖고 있었다. 아리스토텔레스류의 **천동설***이란 하늘의 별과 달과 태양이 인간이 살고 있는 땅을 중심으로 해서 돌고 있다는 입장을 바탕으로 성립된 우주 세계관을 말하며, 이는 기독교 창세기의 세계관과 결합되어 중세 이후의 서구인의 세계관으로 확립되었다. 기독교의 세계관은 구약의 창세기에서 볼 수 있듯이 유일신이 하늘과 땅을 창조해 하늘에는 태양과 달과 별을, 땅에는 물과 짐승과 식물을 만들어 넣고 그 다음 자신과 닮은 인간을 만들어 넣었다고 하는 내용으로 요약될 수 있다. 이 세계관에 의하면 신은 하늘과 땅을 창조한 자로 되어 있고, 인간은 하늘과 땅으로 이루어진 세계에서 신의 대리자로서 그 세계를 지배해 가는 존재로 되어 있다. 이렇게 신의 대리자로서 세계를 지배해 가는 자가 땅에 군림해 있기 때문에 당연히 하늘의 것들은 땅을 중심으로 해서 이동하는 것이고, 땅의 모든 것들은 인간을 위해 존재하는 것이라 생각되었다. 그리하여 기독교의 세계관에서 신은 하늘과 땅으로 구성된 인간 세계의 외부에서 언제나 인간을 내려다보며 인간이 신 자신의 나라를 잘 지키고 있는가를 감시하는 존재로 여겨졌다. 또 인간은 원래 신이 살고 있는 곳에서 신과 함께 살고 있었는데 인간이 죄를 짓게 됨에 따라 그곳으로부터 추방되어 신이 그들에게 만들어 준 세계에서 죄인으로 살아가게 된 자로 인식되었다.

그러나, 하늘에 있는 태양과 달과 별이 땅을 중심으로 돌고 있는 것이 아니라, 그것이 태양을 중심으로 그 주위를 돌고 있다는 사실이 과학적으로 밝혀지기에 이르렀다. 그 결과 서구인들은 하늘과 땅을 창조하여 땅을 중심으로 하늘의 것들을 돌게 했다고 하는 신의 존재를 무시하게 되었고, 또 그들은 자기 자신들이 하늘과 땅으로 이루어진 세계의 주인이라는 의식을 갖게 되었던 것이다.

이와 같이 하늘과 땅으로 이루어진 세계에 대한 인간의 이와 같은 주인의식은 인간이 처해 있는 지구가 다른 천체들과 더불어 태양 주위를 돌고 있다는 지동설이 공표됨으로써 태양계의 일부인 지구가 인간 자신의 것이라는 생각을 토대로 한층 더 확고해졌다. 그 후 서구인들은 지구상의 모든 동식물을 거느리는 만물의 영장

*천동설天動說/geocentric theory : 지구는 우주의 중심으로서 움직이지 않으며, 그것의 둘레를 달·태양·행성들이 각기 고유의 천구를 타고 공전한다고 하는 우주관이다. 이 우주관은 16세기까지 널리 인정되었으나, 그 이후 코페르니쿠스의 지동설로 대체되었다. 참10

으로서의 인간 중심의 세계관을 확립시키게 되었다. 그들은 돌이나 철과 같은 무생물보다는 풀이나 벌레와 같은 생물을, 또 생물들 중에서도 식물보다는 동물을, 또 동물 중에서도 어떤 다른 동물보다도 인간을 우위에 올려놓음으로써 인간을 만물의 영장으로 정당화시키기 위한 그러한 세계관을 확립해 나왔던 것이다.

이러한 이론적 근거는 지구의 공 · 자전을 통한 우주 공간의 이동으로 인해 지구상의 생물이 무생물로부터 진화되었다고 하는 진화 사상이 그 토대가 되었다. 그러나 사실상 우리는 이 지구상에서 생물이 우위에 있는지 무생물이 우위에 있는지 확언할 수 없다. 단지 인간이 생물을 구성하는 한 요소이기 때문에 그것을 무생물보다 우위에 놓고 있는 것에 불과하다. 생물의 경우에서도, 우리는 식물이 우위에 있는지 동물이 우위에 있는지 단언할 수 없다. 생물은 무생물을 토대로 생성되었고 동물은 식물을 통해 생성되었다는 사실을 감안해 볼 때, 어떤 의미에서는 **무생물***이 생물보다, 식물이 동물보다 더 우위에 있다는 입장이 성립될 수도 있기 때문이다. 그러나 그동안 인류는 물리적 현상보다도 생명학적 현상을 그 우위에 두고 생명의 진화 과정이란 시각에서 자신이 지구상의 만물의 영장이라 주장할 수 있는 논리적 근거를 정립시켜 그것을 토대로 인간 중심의 세계관을 확립시켰던 것이다. 그렇다면 이후 이 인간 중심주의의 세계관은 어떠한 방식으로 전개될 것인가?

신 중심 시대**에서의 인간의 존재 의미는 인간이 자신의 조물주라고 생각하는 신을 찬양하는 행위를 통해 자신의 소망을 실현시키려는 입장을 취해 향유되었

*우리는 여기에서 프로이트(1856-1939)가 만년에 '생의 본능' 속에서 '죽음의 본능'을 찾아냈고, 또 그가 모든 생명체는 무생물로 향하고 있다고 한 말을 기억해 볼 필요가 있다. 필자 보충 설명

**신 중심 시대 : 과정학의 키워드들 중의 하나. 신이 인간과 세계를 창조했다고 하여 그것을 중심으로 해서 인간과 세계를 인식해 가려는 입장이 지배적이던 시대. 구석기 시대에서부터 근세 이전까지로 볼 수 있다. 월드the world 시대라고도 말할 수 있다. 'world'란 독일어로부터 나온 말로서 그 어원은 'all'(모두)을 의미한다. 원래는 신God의 세력권 내의 '온 세계' 내지 그의 시야에 있는 '온 세계'를 의미하는 말이다. 따라서 신을 중심으로 해서 파악된 세계라 할 수 있다. 지구the earth와 관련시켜 그 의미를 파악해 볼 때, 그것은 '서구 세계the Western world'의 경우처럼 지구 내의 어떤 특징 지역의 '전체'의 의미로 쓰이고 있다. 참36

다. 그러나 신이 부재하는 세계에게서의 인간의 존재 의미는 그런 식으로 취해지지 않는다. 인간이 만물의 영장인 세계에게서의 인간의 소망이란 아무것도 없고 인간이 진정 해야 할 일은 아무것도 없다. 왜냐하면 인간이 어떤 것을 하기를 원한다면 어떠한 것도 가능하다고 생각하기 때문이다. 그런데, 인간이 할 수 있는 것을 인간이 한다는 것은 별다른 의미가 없다. 즉, 그것은 어떻게 생각해 보면 무의미한 일이다. 인간 중심의 세계에서 진정으로 인간이 할 수 있는 일은 아무것도 없는 것이다.

인간 중심의 세계에서 인간의 그러한 자각은 자신의 존재 의미를 아마도 태양계나 그 너머의 우주를 창조한 또 다른 거대한 신을 발견해 가는 것으로부터라든가, 혹은 그러한 신을 발견해 가기 위해 우선 우주 속에게서의 그러한 신을 발견하려고 노력해 가는 인간의 존재 좌표를 발견해 가는 것으로부터 찾을 수 있을 것이다.

인류에게서의 전 지구와 태양계를 포함한 전 우주를 주관하는 또 다른 신의 존재에 대한 의식은 기존의 지구상의 지역 문화권을 각각 주관해 왔던 소위 지역 신들의 '살해'를 계기로 자각되었다고 말할 수 있을 것 같은데, 그 결정적 '살해' 행위란 앞에서 언급한 바 있는 코페르니쿠스의 지동설의 공표였다 할 수 있다. 그렇다면, 인간이 **인간 중심 시대***로 들어와 자신의 존재의 한계성을 자각한 나머지 광활한 우주에 존재하는 자신과 자신의 존재 무대인 우주를 주관해 가는 더 큰 존재를 찾으려는 인간의 노력은 어떠했는가? 우선 그것은 인간의 우주탐색으로 시작되어 인간의 우주 진출로 구체화되었다. 인간의 첫 우주 진출은 앞서

*인간 중심 시대 : 인간 중심이란 '인간 중심주의'와 같은 의미로서 'humanism'의 번역어라 할 수 있다. 신을 중심으로 해서 인간과 세계를 인식하려는 입장에 대해 인간을 중심으로 해서 그것들을 인식해 가려는 입장을 가리킨다. 인간 중심 시대란 14세기-20세기 중반까지의 시기라 할 수 있다. '어쓰 시대the Age of the Earth', 혹은 지구 중심 시대라고도 말해 볼 수 있다. 'earth'(지구)란 천국heaven이나 지옥hell 등과 대조되는 장소의 의미로 쓰인 말이다. 이렇게 볼 때, 우리가 천국이나 지옥은 인간이 사후에 가서 존재하게 될 세계로 파악한다면 지구란 현재 인간이 살고 있는 세상을 가리키는 말이라 할 수 있다. 신이 주관해 가는 세계가 월드the world라고 한다면, 어쓰the earth는 인간이 주관해 가는 세계의 의미로서 인간이 중심이 되는 세계로 인식될 수 있는 공간이라 할 수 있다. **참36, 필자 보충 설명**

밝힌 소련의 세계 최초의 인공위성 발사(1957. 10)를 통해 이루어졌는데, 인류는 그것을 계기로 우주 속에게서의 인간 존재의 위치를 처음으로 실감 있게 확인하게 되었다. 이러한 인간의 우주 공간으로서의 진출을 계기로 소위 우주 시대가 열리게 되었고, 1990년대로 들어와 그것이 우주 중심 시대로 전환해 나왔던 것이다.

좀더 구체적으로 말하자면, 인간의 우주 공간 진출은 결코 하루아침에 이루어진 것이 아니었으며, 다음과 같은 발견들을 토대로 한 것이었다. 즉, 코페르니쿠스 이후 독일의 **케플러***의 **행성 운동의 법칙****과 **뉴턴*****의 행성들 간의 **만유인력의 법칙******** 등의 연구에 의해 태양계가 밝혀졌다. 그 후 18세기로 들어와 우주 연구가 보다 과학적으로 진행됨에 따라 태양과 같은 항성恒星들의 고유 운동, 태양계와 같은 항성계들의 발견, 또 그것들로 이루어진 은하계가 발견되었다. 19세기에 들어와서는 항성들 사이의 거리가 관측되었고, 20세기에는 **아인슈타인*******의 특수상대성 이론(1905) 등에 의한 우주의 모양과 우주 공간 등의 연구,

---

*케플러Johannes Kepler(1571-1630) : 독일의 천문학자. 《신新천문학》에서 행성의 운동에 관한 제1법칙인 '타원궤도의 법칙'과 제2법칙인 '면적 속도 일정의 법칙'을 발표하여 코페르니쿠스의 지동설을 수정 · 발전시켰다. 그 뒤 《우주의 조화》에서는 행성 운동의 제3법칙을 발표하였다. 주요 저서는 《신新천문학》(1609), 《우주의 조화》(1619)이다. 참10

**행성 운동의 법칙(1611-1618) : 케플러가 브라헤의 행성관측 자료를 분석하여 유도해 낸 행성의 운동에 관한 세 가지 법칙이다. 제1법칙은 행성이 태양을 초점으로 타원궤도로 공전한다는 것이고, 제2법칙은 행성의 속도와 동경動徑이 그리는 넓이의 곱이 항상 일정하다는 것이다. 마지막 제3법칙은 행성의 공전주기의 제곱은 공전궤도의 장반경의 세제곱에 비례하다는 것이다. 이 법칙을 케플러의 법칙Kepler's laws이라고 한다. 참10 〈케플러의 법칙〉

***뉴턴Isaac Newton(1643-1727) : 영국의 물리학자 · 천문학자 · 수학자 · 근대 이론과학의 선구자. 수학에서 미적분법 창시, 물리학에서 뉴턴역학의 체계 확립 및 연구 등 이것들에 표시된 수학적 방법 등은 자연과학의 모범이 되었다. 사상 면에서도 그의 역학적 자연관은 후세에 커다란 영향을 끼쳤다. 주요 저서 《광학》(1704), 《자연철학의 수학적 원리(프린키피아)》(1687). 참40

****만유인력의 법칙(1687) : 뉴턴의 이론에 따르면 두 물체 사이에 작용하는 만유인력의 크기 F는 물체의 종류 또는 물체 사이에 존재하는 매질媒質과는 관계없이 그 물체의 질량 m, ml의 곱에 비례하고, 물체 사이 거리 r의 제곱에 반비례한다. 지구상의 물체와 지구 사이에도 만유인력이 작용하게 되는데, 지구상의 물체에 작용하는 만유인력의 방향은 지구 어디에서나 지구의 중심을 향하게 된다. 참10 〈케플러의 법칙〉

*****아인슈타인Albert Einstein(1879-1955) : 독일 출신, 미국의 이론물리학자. 광양자설, 브라운 운동의 이론, 특수상대성 이론을 연구하여 1905년 발표하였으며, 1916년 일반상대성 이론을

네덜란드인 카프틴J. C. Kapteyn(1851-1922)의 별들의 공간분포에 대한 연구 등이 이루어졌다. 또, 그것들을 통해 태양계 등의 항성계로 이루어진 별들이 은하의 방향으로 타원체 모양으로 뻗어 회전해 가고 있고, 또 태양계가 그 항성계의 중심이 아니라는 사실 등이 발견되었다. 그 결과 인간은 자신이 속해 있는 태양계가 우주의 중심이 아니라는 것을 지각하게 되었던 것이다.

1926년에 와서는 스웨덴의 **린드블라드***와 네덜란드의 오르트J. H. Oort(1900-1992)에 의해, 태양계가 은하계의 사수좌射手座의 한 점을 중심으로 하여 초속 약 250km로 2억 4천만 년을 주기로 회전하고 있다는 사실이 증명되었다. 그렇다고 한다면, 은하계가 우주의 중심이라는 말인가? 그렇지 않다는 것도 판명되었다. 우주에는 은하계와 같은 **성운단****이 수없이 널려 있고, 은하계의 경우처럼 그것들도 고유 운동을 하고 있다는 것이다. 그렇다면 우리의 태양계가 속해 있는 은하계의 고유 운동은 은하계 밖의 다른 무수한 성운단들의 고유 운동들과 어떻게 관련되어 있는 것인가? 그렇다면 정말 이 우주 속에는 은하계와 그 외의 다른 무수한 성운단들의 움직임을 주관하는 어떤 중심체가 있는 것인가? 그것이 있다면 그것은 과연 무엇인가?

이상과 같이 지구 밖 우주에 관한 연구 과정에서 인간의 관심은 지구 밖 우주로 쏠려, 우리들의 인간 중심의 삶은 지구 밖 우주의 한 지점을 중심으로 재구성되어 소위 우주 중심의 삶으로 서서히 성립되어 나왔던 것이다. 인간은 일찍이 자신들이 살고 있던 지구가 우주의 중심이 아니라는 사실을 깨닫자마자, 우선 일차적으로 지구를 창조하여 그것을 주관하고 있다고 생각했던 신이라는 관념으로부터

발표하였다. 미국의 원자폭탄 연구인 맨해튼 계획의 시초를 이루었으며, 통일장 이론을 더욱 발전시켰다. 노벨물리학상(1921) 수상. 참10

*린드블라드Bertil Lindblad(1895-1965) : 스웨덴의 천문학자. 구상성단과 외부은하의 색에 대하여 연구했고 가장 큰 업적은 은하계의 구조를 밝힌 것이다. 별들이 대부분 우주 공간의 두 방향 중 한쪽으로 움직인다는 사실이 밝혀졌을 때 그 이유를 은하계의 자전 때문이라고 주장했다. 참10

**성운단星雲團/cluster of galaxies : 은하단이라고도 하며, 외부은하의 집단 중에서 수백 개 이상으로 구성된 대규모적인 성단星團을 말한다. 지름은 30만-200만 광년이며, 생성 원인과 안정성에 대해서는 명확하지 않다. 은하단들이 모여 초은하단이라는 더 거대한 집단을 형성할 것으로 추정하고 있으나, 아직 밝혀지지 않았다. 참10 〈은하단〉

빠져 나와 인간 자신들의 입장에서 자신들의 삶을 창조해 가기 시작했다. 이 과정에서 인간들은 그 이전에 자신들에 의해 창조되었던 신에 의해 지배당해 오다가, 재차 그 신을 다시 정복해 가면서, 또 다른 한편으로는 그들이 자기 자신들의 차원에서 자신들의 세계를 정복해 갔다. 그렇게 함으로써 인간은 우주를 통해 자신들의 존재를 의식하는 우주 중심적 삶의 실현을 시도하게 되었는데, 그 구체적 시도가 바로 소련의 세계 최초의 인공위성 발사라고 할 수 있는 것이다. 인간은 그것을 계기로 대기권 밖으로 나가 우주 개발에 착수해 달에도 착륙(1969. 7)하게 되었고, 태양의 주위를 도는 각 행성과 태양 등 그 너머의 별들의 탐색을 위한 각종 인공위성 발사 등을 시도해 왔다.

이렇게 볼 때, 세계 최초의 인공위성 발사는 인간 중심의 시대에서 우주 중심의 세계 쪽으로의 완전한 전환을 가져온 획기적인 사건이라 할 수 있다. 인간들은 인공위성 발사 이전까지만 해도, 지구 위의 어느 한 구체적 지점에 처해 있는 자신들의 시각에서 지구상의 것들을 바라볼 수밖에 없었다. 다시 말해서 인간은 바다나 산이나 비행기 속에서 지구the earth에 살고 있는 인간을 볼 수밖에 없었던 것이다. 그러나 인공위성 발사 이후부터 인간은 인공위성을 통해 지구the globe의 모습을 전체적으로 잡아낼 수 있었던 것이다. 이 문제에 관해 보다 세분화시켜 말해 본다면, 인간들은 코페르니쿠스의 이전까지만 해도 자신들이 눈앞의 시야에 펼쳐진 평평하고 정지된 지구the world 위에 처해 있다고 인식하고 있었는데, 코페르니쿠스 이후 그들은 자신들이 둥글고 정지된 지구상에 살고 있다고 인식하게 되었고, 인공위성 발사 이후에 와서는 자신들이 우주 공간을 이동해 가는 둥근 공과 같은 지구the globe 위에 공존해 있다고 인식하게 되었던 것이다.

인간이 인공위성을 발사시킴으로써 그것을 통해 지구를 관망하게 되었고 지구가 달처럼 우주에 떠있는 모습을 비로소 카메라로 찍을 수 있게 되었다. 또 인간은 인공위성을 통해 지구와 그 위에 살고 있는 자신들을 바라다볼 수 있는 시각을 갖게 됨으로써 우주 속의 지구와 우주 속의 인간이라고 하는 의식을 갖게 되었던 것이다. 인류는 그러한 의식을 통해 인간의 시각이나 입장에서 모든 것을 바라보았던 인간 중심의 시대에서 우주의 어느 한 지점에서 지구와 그 위에 살고 있는 인간을 바라다보게 된 **우주 중심의 시대***로 접어들게 되었다. 그래서 인류는 현재와 같이 실생활 속에서 인터넷 등을 통해 우주 공간을 이용해 가고, 또 그것을 통해 모든 것들을 인식해 가며 살아가는 인간들로 전환하게 되었다. 우주 중심의 시대는 다음과 같이 우주물리학자들의 세계관들을 통해 확립되어 나왔다고 볼 수 있다. 아인슈타인은 〈갈릴레이 쪽으로 나가〉(1953)라고 하는 에세이에서 '갈릴레이는 동시대인들이 지니고 있던 사상을 극복했을 뿐만 아니라, 또 그는 그들이 우주에 대해 객관적이고 인과론적인 태도를 갖도록 이끌었다'[2]고 말하고 있다.

이와 같이 아인슈타인은 인공위성이 발사되기 4년 전의 글에서 갈릴레이의 사상에서 내재된 우주 중심적 사상을 도출해 냈다. 갈릴레이의 우주 중심적 사상이란 그에게 절대적 영향을 끼친 당시 기독교 세계의 신 중심적 사고 체계에 기초한 것으로 지구 중심적 사고 체계에 대립되는 태양계 중심적 사상을 의미했었다. 이렇게 봤을 때, 물리학계에서는 지구 중심(인간 중심)적 사고 체계에 대한 태양계 중심적 사고와 같은 우주 중심적 사고 체계가 16세기 중반에서부터 형성되어 나와서 20세기 초의 아인슈타인 시대에 확립되었다고 말할 수 있는 것이다.

이상과 같이 인류는 신 중심의 시대에서 인간 중심의 시대를 거쳐 우주 중심의 시대로 들어섰다. 그 결과, 인간들 사이에 오가는 이야기의 소재나 내용도 예전과는 많이 달라졌다.

신 중심 시대의 초기에 만들어진 이야기를 신화라고 한다. 신화란 신神들의 이야기로서 그것이 문학작품으로 자리했을 때 그 작품의 주인공은 대개가 신이고 신의 부속물이나 노리개 감으로 그려지는 것은 그에 대비된 인간이었다. 그

---

*우주 중심의 시대 : 인터넷이 현대인의 생활 도구로 활용되기 시작한 1990년대 이후의 시대를 가리킨다. 그것은 우주를 중심으로 해서 지구 위의 인간사회를 이해하려는 시대로서 우선 일차적으로 글로벌 시대로 구체화되어 나왔다. 글로브 시대the Age of Globe라고도 말할 수 있다. 현재 '우주the universe'란 말은 태양계가 소속된 우리 은하계뿐만 아니라 우리 은하계 밖의 무수한 은하군 들까지가 포함된 세계를 의미한다. 따라서 우주 중심 시대란 그러한 세계를 주축으로 해서 인간의 문제를 파악해 가려는 시대를 의미한다. 'the world', 'the earth' 등과 관련시켜 파악될 수 있는 'the globe'의 특징은 '지구의 원형 내지 회전the roundness of the earth'에 대한 강조를 통해 취해질 수 있다. 이러한 특성은 우선 현재의 글로벌 시대의 특성으로 지적되고 있는 것처럼 '하나의 세계one world'를 지향하려는 사상을 창출하고 있는 것이다. 참36

중기로 넘어와서 신이나 혹은 신과 맞먹는 인간, 즉 영웅이 주인공으로 등장하고 마침내 말기에 이르러서는 신을 받드는 승려나 귀족이 주인공으로 등장하여 신들과의 관계 속에서 그들의 삶이 실현되어 나가는 모습들이 형상화되었다. 그러나 인간 중심 시대로 들어서서는 신과 단절된 인간이 자신의 삶의 길을 찾아가는 모습이 그려지게 되었고, 더 나아가 대기권 밖으로의 진출 이후부터는 인간의 삶을 그리는 표현 양식의 하나로 공상과학소설science fiction이 대거 등장하여 지상의 사회에서 살아가는 인간을 그린 소설들을 서점의 한 코너로 몰아내고 그 중심부를 차지하게 되었다.

초기의 공상과학소설은 인간이 대기권 밖의 우주에서 우주인들과 투쟁하여 우주를 정복해 가는 내용들이 대부분이었다. 이때 우주인이란 신이 인간의 측면에서 상상된 것이듯, 인간의 측면에서 상상된 우주인이다. 그러나 현재의 추세로 보아 21세기로 깊숙이 들어서면 그 우주인들이 주인공으로 등장하는 작품들이 쏟아져 나올 전망이다. 이와 같이 문학의 이야깃거리들의 변화 과정을 토대로 하여 생각해 보더라도 우리는 신 중심의 시대에서 인간 중심의 시대로 넘어와 서서히 우주 중심의 시대로 가고 있다는 사실을 확실히 알 수 있다.

그렇다면 인간 중심의 시대에서 우주 중심의 시대로의 전환 과정에서 인간의 삶은 어떠한 형태로 구현될 것인가? 이 시점에서 인간이 해야 할 일은 무엇인가? 어떻게 살아야 보다 의미 있는 삶을 살 수 있을 것인가? 인간에게서의 가장 가치 있는 삶은 어떠한 것인가?

인간은 신 중심의 시대를 살아오는 과정에서 다신多神들로부터 보다 보편적인 일신一神을 찾아 그것을 통해 삶을 실현해 왔고, 인간 중심의 시대를 살아오는 과정에서는 형식과 물질과 육체 등으로부터 그것들을 지배하는 인간의 정신과 의식을 찾아내어 그것들을 통한 삶의 의미를 추구해 왔다. 그 후 우주 중심의 시대로 들어와서는 인간이 저 광활한 우주 속에서 우주를 지배해 가는 어떤 주체를 찾아내서 그것을 통해 우리들의 삶을 실현시키려 하고 있다.

그렇다면 우리는 어떻게 우주의 중심을 찾아낼 수 있을 것인가? 그리고 그러한 중심을 찾아가는 우주 중심 시대의 인간의 참모습은 어떤 것인가? 이와 같은 물음에 대한 입장을 보다 확실히 세워 본다는 의미에서 우선 신 중심과 인간 중심 시대에서의 인간의 삶의 실상을 파악해 보고, 그것들을 통해 우주 중심 시대에서의 인간의 삶이란 어떠한 것이고 이 시대의 인간은 무엇을 하는 것이 인간 자신에게 가장 가치 있고 고귀한 것인지에 관해 생각해 보기로 한다.

제2절 신 중심 시대의 인간상

다음은 기독교의《구약성서》의〈창세기〉첫머리에 나오는 이야기이다.

처음에 신이 하늘과 땅을 창조했다. 하늘에는 태양과 달과 새들을 만들어 넣고 땅에는 물과 짐승과 식물을 만들어 넣었다. 그리고는 그곳에 자신과 닮은 사람을 만들어 넣었다. 신이 인간을 만든 과정은 다음과 같았다. 우선 땅의 흙으로 사람의 형태를 만들었다. 그러고 나서는 코를 통해 생명의 숨을 불어넣었다. 그렇게 해서 그것이 생물로서의 인간이 되었다.

그 다음 신은 에덴에 동산을 만들어 그곳에 인간을 놓았다. 그러고는 그곳에 과일나무를 심어 주었다. 그 과일나무들 중에는 생명의 나무와 선악의 나무도 있었다. 게다가 신은 이 낙원을 윤택하게 하기 위해 강까지 만들어 넣었다. 그러고 나서 신은 인간으로 하여금 낙원을 경작케 하고 그곳을 지키게 했다. 그때 신은 인간에게 낙원의 어떤 나무열매를 따먹어도 상관없으나 낙원 중앙에 있는 선악에 관한 지식의 나무열매만은 손대지 마라, 만일 그것을 따먹으면 반드시 너는 죽게 되느니라라고 말해 주었다.

그 후 신은 동산에 인간이 키울 수 있는 가축들을 만들어 넣어 주고, 또 인간이 깊은 잠에 빠져 있는 동안 그의 갈비뼈를 하나 뽑아 그것으로 여자를 만들어 주었다. 그때부터 인간은 항상 여자와 일체가 되어 같이 있게 되었다. 당시 둘은 다 알몸이었지만, 그들은 서로를 부끄럽게 생각하지 않았다.

그러던 어느 날 그들에게 짐승들 중에서 가장 교활한 뱀이 나타났다. 뱀은 여자에게 '신이 너희들에게 선악과를 따먹지 말라 했느냐?'고 물었다. 여자가 사실이라고 대답하자, 뱀은 그것을 먹어도 결코 죽지 않으며 오히려 인간에게 지혜의 눈이 열려 신처럼 선악을 알게 된다며 따먹어 보기를 권했다. 결국 여자는 뱀의 유혹에 넘어가 선악과를

> 따먹고 옆에 있는 남자에게도 그것을 권하였다.
>
> 그러자 그들은 눈을 떴다. 그들은 자신이 벌거벗고 있었다는 사실을 알고 나뭇잎을 엮어 몸을 가렸다. 이때 동산을 거닐다 그들을 부르는 신의 목소리가 들려왔다. 그들은 신의 얼굴을 피해 나무 사이로 몸을 숨겼다. 신이 어디 있느냐고 묻자, 자기가 알몸이기 때문에 부끄러워 숨어 있다고 남자가 대답하였다. 신은 네가 알몸이라는 사실을 누가 너에게 알려 주었더냐, 혹시 먹어서는 안 된다고 말한 그 나무의 열매를 먹은 것은 아니냐고 물었다. 이때 남자는 자신들이 그것을 따먹게 된 자초지종을 이야기했다. 그러자 신은 뱀과 여자와 남자에게 각각 벌을 내렸다. 그러고 나서 그는 옷을 만들어 남자와 여자에게 입히고, 그들이 자신과 같이 선악을 알게 되었기 때문에 그들에게 생명의 나무열매를 못 먹게 한 후, 그들이 영원히 살지 못하도록 그들을 에덴동산으로부터 추방시켰다. (필자의 〈창세기〉 첫머리 축약)

이 신화에 나오는 세계는 에덴동산이다. 이 신화 속에서 에덴동산을 만든 자는 신이고, 이 세계를 지배하는 자 또한 신이다. 그곳에서의 인간은 신에 의해 만들어져 신의 동산을 지키는 신의 하수인이다.

그런데 이 신의 피조물이며 하수인인 인간이 조물주의 명령을 거역하였다. 그곳에서 인간은 선과 악을 구분할 수 있는 선악에 관한 지식의 나무열매를 따먹고 조물주처럼 선악의 지식을 갖게 됐던 것이다. 그것을 알게 된 신은 그들에게 벌을 주기 위한 한 방법으로 그들을 그 낙원으로부터 추방시켰다. 그 이유는 그들이 영생하지 못하도록 하기 위해서였다. 신은 인간이 저지른 원죄에 대한 벌로서 신처럼 영생하지 못하도록 그들에게 죽어야 할 운명을 부여하였던 것이다. 더불어 신은 그들이 살아 있는 동안 여자는 해산의 고통과 남자를 사모하며 받들어야 할 의무를 갖게 하였고, 또한 신은 땅으로 하여금 가시와 엉겅퀴를 소생케 하여 남자가 야초野草를 먹으며 땀 흘려 일하다가 흙으로 돌아가도록 하였다.

그렇게 해서 아담과 이브는 낙원으로부터 추방되어, 아담은 가시덤불 속에서 일을 되풀이해야 했고, 이브는 자식을 낳을 때마다 해산의 고통을 느끼며 끊임없이 아담을 사모하다 죽어야 했다. 아담과 이브가 죽은 후에도 그들의 자손들은 그들이 하던 일을 되풀이하다가 그렇게 죽어 가야 했다. 그러나 그들에게는 언젠가는 신이 아담과 이브가 저지른 원죄를 용서하고 자신들을 구제하러 올 것이라는 희망이 있었다. 그래서 아담과 이브의 후손들의 삶은 자신들을 구제하러 올 신만을 기다리며, 여자는 대대로 아이를 낳고 남자를 사모하고, 남자는 가시덤불 속에서 일을 해 가야 하는 것이었다.

이것이 에덴동산으로부터 인간이 추방된 이야기이다. 《구약성서》에서의 이 에덴동산의 신화가 문자화된 것은 BC 8세기경으로 이야기되고 있다. 그러나 최근에는 BC 2000년경 아시리아어로 씌어진 원전도 발견되었다. 이렇게 볼 때, 이 낙원으로부터의 인간의 추방 신화는 이미 BC 3000년경 이전에 티그리스·유프라테스 강 하류 지역에 위치했던 **수메르***인 등의 설형문자에 의해 기록되어 내려오다가 BC 8세기경에 이르러 히브리어로 번역되었고, 다시 BC 3세기경에는 그리스어로, 그 다음 2세기경에는 페르시아어로, 4세기경에는 라틴어로, 15-16세기에는 영어, 독일어, 프랑스어 등으로 계속 번역되어 세계 각국어로 번역되어 나온 것으로 추정되고 있다. 동아시아에는 그것이 19세기경 소개되어 한국어, 중국어, 일본어 등으로 번역되어 비로소 우리에게 알려지게 되었다.

이와 같이 메소포타미아 지역에서 성립된 신화는 이스라엘 민족과 그 후의 히브리문명을 통해 서구문명 속에 정착되어 서구인들의 인간이해의 바탕이 되었을 뿐 아니라, 근세 이후에 들어서서는 서양인은 물론 동아시아인에게도 그들의 삶에 대한 이해와 삶의 실현 방법 면에 있어서 커다란 영향을 끼쳤다. 이러한 측면에서 볼 때, 아담과 이브의 에덴동산으로부터의 추방 신화는 특히 신 중심 시대에서의 인간상을 파악하는 가장 훌륭한 자료들 중의 하나라 할 수 있다. 이 경우 인간은 신의 명령을 거역하여 신으로부터 벌을 받아 죽어야 할 운명에 처해 있는 자신들의 죄를 사해 줄 신의 재림을 기다리는 모습으로 그려져 있다. 다시 말해서 죽음의 옷을 벗겨 줄 신의 재림을 기다리고 있는 인간상인 것이다.

신 중심 시대에서 인간의 실상을 이해하는 데 가장 훌륭한 또 하나의 자료는

*수메르Sumer : 바빌로니아 남부에 위치하며 세계 최고最古의 문명이 발상한 지역 내지 민족, 또는 그 문명의 명칭. 참10

불경이다. 불경에는 다음과 같은 우화가 들어 있다.

> 한 사람이 광야를 정처 없이 가고 있었다. 갑자기 등 뒤에서 사나운 코끼리가 그를 해치려고 달려왔다. 그는 정신없이 도망쳤다. 그러던 중 다행히 그는 우물을 발견했다. 우물 속은 말라 있었고 그곳에는 등나무덩굴이 있었다. 그래서 그는 한없이 기뻐하며 안도의 숨을 돌리고는 그 덩굴에 매달려 코끼리로부터의 수난을 면할 수 있었다. 그런데 우물 아래로 내려서려고 바닥을 내려다보니 그곳에는 구렁이 한 마리가 입을 쩍 벌리고 있었다. 그래서 그는 하는 수 없이 등나무덩굴에 매달려 사방을 둘러보았다. 네 벽에는 독사들이 그를 기다리고 있었다. 다시 머리 위를 보니까 그곳에는 흰 쥐와 검은 쥐가 교대로 자신이 매달려 있는 덩굴을 갉아먹고 있었다. 그는 넋을 잃고 하늘을 쳐다보았다. 이때 몇 방울의 꿀이 입으로 떨어졌다. 단맛에 정신이 팔린 그는 자신의 목숨을 노리는 것들에 대한 무서움과 괴로움을 잊었다.[6]

이 우화는 **석가***가 제자들에게 불교의 교리를 설법할 때, 중생들의 삶의 모습을 비유적으로 표현한 것이다. 여기서 광야에 정처 없이 떠도는 자는 불성을 깨닫지 못하고 생사윤회의 광장을 떠도는 중생을, 사나운 코끼리는 사람을 죽음의 문턱으로 몰아가는 매정한 세월을 각각 비유한다. 또 우물에 매달린 등나무 덩굴은 사람의 목숨을, 우물 바닥의 구렁이는 누구에게나 기다리고 있는 죽음을 각각 가리키며, 네 마리의 뱀은 육신을 구성하는 지수화풍地水火風을, 흰 쥐와 검은 쥐는 시간을, 입으로 떨어지는 몇 방울의 꿀은 재물, 성욕, 식욕, 명예욕, 수면욕 등의 욕망을 말한다.[4] 이 경우 인간은 각종 자연 현상이 인간에게 가져다준 죽음의 공포에 떨면서 그 속에서 삶을 향유해 보려는 자로 그려져 있다.

상기의 인용문에 그려진 인간의 삶이 석가에게 비쳐진 중생들의 삶의 모습이

*석가Sākyamuni/釋迦(563경-483경, BC) : 석가모니釋迦牟尼 · 석가문釋迦文 등으로도 불리며, 능인적묵能仁寂默으로 번역된다. 보통 석존釋尊 · 부처님이라고도 존칭한다. 석가sākya는 민족의 명칭이고 모니muni는 성자라는 의미로, 석가모니라 함은 석가족族 출신의 성자라는 뜻이다. 본래의 성은 고타마Gautama/瞿曇, 이름은 싯다르타Siddhārtha/悉達多인데, 후에 깨달음을 얻어 붓다Buddha/佛陀라 불리게 되었다. 또한 사찰이나 신도 사이에서는 진리의 체현자體現者라는 의미의 여래如來/Tathāgata로, 존칭으로는 세존世尊/Bhagavat · 석존釋尊 등으로 불린다. 참10

라면, 석가에서의 중생衆生이란 각종 욕망慾望으로 인해 참세상을 제대로 보지 못하는 인간들이다. 석가는 인간이 욕망으로부터 벗어날 때 참세상을 볼 수 있고 그곳은 곧 극락이라 하였다. 그리하여 불교는 인간이 죽음에 대한 공포로부터 해방될 수 있도록 삶에 대한 일종의 욕망이라 생각되는 '나'라고 하는 존재의식을 버리기를 설법한다. 다시 말해서 원래 '나'라고 하는 존재가 없는데도 불구하고, 인간은 '나'의 존재를 인정하려 하기 때문에 삶의 고통이 생긴다는 것이다.

그렇다면, 근세 이후 대부분의 인간들은 거의 다 중생들임에 틀림없다. 왜냐하면 근대인의 한 특징은 '자아'를 확립해서 그것을 토대로 자신의 삶을 영위해 가는 것이기 때문이다. 이와 같은 측면에서 상기의 인용문은 불교에서의 중생들은 물론 현대인의 삶의 모습을 잘 반영한 것이라 여겨진다.

이상과 같은 불교의 인간관은 멀리는, 대략 BC 1500-1300년경 아리안족이 인도의 서북 지방으로 침입하여 갠지스강 지역으로 동진해 들어가 BC 1000년경부터 그곳에 정착해 살아가는 과정에서 생긴 브라만교에서 싹텄다. 그 후 석가의 출현을 계기로 성립되어 남인도인인 용수龍樹(약 150-250)의 출현 등 100여 년간의 세월을 통해 확립되었다. 그래서 그것은 유교 문화권으로 전파되었는데, 현재 우리의 인간관의 일부를 형성하고 있기도 하다.

성서와 불경에서 발췌된 이것들은 기독교 문화권과 불교 문화권에서의 인간의 삶이 어떻게 인식되고 있는가를 잘 보여 주고 있다. 그런데 삶이 무엇인가를 생각하고 판단할 때 가장 본질적인 것은 삶의 일부분이면서 또 일반적으로 삶의 끝부분으로 생각되는 부분, 즉 죽음을 어떻게 보느냐는 사생관死生觀의 문제라 할 수 있다. 사실, 이와 같이 삶에서의 죽음은 삶의 한 부분에 지나지 않으면서도 삶의 전체를 주관하는 부분임에 틀림없다. 그래서 인간의 삶을 논하는 데 있어서 성서와 불경에서 발췌된 앞의 글이 자주 인용되고 있는 것이다.

그렇다면 동아시아의 유교 문화권에서의 인간의 죽음은 어떻게 인식되고 있는가? 다음의 인용문은 유교에서 인간의 죽음 문제를 논할 때 자주 언급되는 구절이다.

공자*의 제자 계로季路가 귀신鬼神을 섬기는 일에 대해 물어 보자, 공자가 '사람을 섬기는 일도 제대로 모르는데 어찌 귀신 섬기는 일을 말하겠는가?'라고 대답하였다. 그러자 계로는 내친 김에 스승에게 평소 묻고 싶었던 것을 물었다. '그러시다면 죽음은 어떻게 생각하시는지요?' 그러자 공자는 앞에서 계로가 물었던 귀신에 대한 물음이 귀신의 존재 여부까지를 물은 것이었음을 알아차리고, '사람이 생존하는 도리도 완전히 이해하지 못하는데 어찌 죽음에 관해 알 수 있겠는가?'라고 대답하였다.[5]

여기서 '귀신'이란 말은 우리가 이제껏 논했던 '신'을 말한다. 이렇게 볼 때 공자에 대한 계로의 첫 번째 질문은 신의 존재 여부를 물은 것이고, 두 번째 질문은 죽은 후 내세 여부를 물은 것이라 해석될 수 있다. 그러나 제자의 그러한 질문에 대해 공자는 인간도 모르는데 어찌 신을 알 것이며 현세의 삶도 모르는데 어찌 내세의 삶을 알 수 있겠느냐고 일축한다. 즉, 신과 내세의 존재 여부에 대해 공자는 모른다는 입장을 취했던 것이다. 이것은 소크라테스나 예수가 영혼의 존재를 확신했던 것과는 거리가 멀다.

이와 같은 무신론에 가까운 입장은 다른 곳에서도 발견된다. **《논어》***는 공자가 행한 말들을 모아서 그의 제자들 중의 누군가가 편집한 것이다. 여기서 공자는 '부모님이 돌아가신 뒤 3년간은 부모님이 하시던 일을 바꾸지 않아야 가히 효자孝子라 할 수 있다'고 했다(〈里仁篇〉). 이 인용문을 근거로 하여 부모에 대한 3년상三年喪이 생겼는데, 부모의 영혼이나 내세의 삶의 존재를 인정하기 때문이 아니라 공자의 사상에 내재하는 옛것 숭상주의, 복고주의 등이 그 토대가 된 것이라 생각된다.

《논어》에 '공자께서 조심하는 것은 제계齊戒와 전쟁과 질병이었다'라는 말도 있다(〈述而篇〉). 이 경우 제齊란 제祭와 같은 뜻으로, 제계를 현대적으로 풀이하면 제사를 지내기 전에 몸과 마음을 가라앉혀 신神을 받드는 것을 의미한다. 이 인용문은 제자들이 공자와의 생활을 통해 느낀 점을 기록해 둔 부분으로 조상에게

*공자孔子(551-479, BC) : 중국 고대의 사상가, 유교의 시조. 최고의 덕을 인이라고 보았다. 인仁에 대한 공자의 가장 대표적인 정의는 '극기복례克己復禮' 곧, '자기 자신을 이기고 예에 따르는 삶이 곧 인仁'이라는 것이다. 그는 그 수양을 위해 부모와 연장자를 공손하게 모시는 효제孝悌의 실천을 가르치고, 이를 인仁의 출발점으로 삼았다. 참10

*《논어論語》: 춘추전국 시대 공자의 말을 모아 간추려서 편집한 중국의 유교儒敎경전. 편자에 관해서는 여러 가지 설이 있으나 확실치 않다. 필자 보충 설명

제사祭祀를 지내기 전에 공자가 몸과 마음을 가다듬어 특별히 정신을 쏟았다는 것을 강조하고 있다. 이를 통해서도 우리는 공자의 조상에 대한 제사 행위가 정성을 통한 조상들의 정신이나 사상 혹은 삶에 대한 태도를 계승하려는 것이었지 조상신들과의 만남을 의미하는 것은 아니었음을 알 수 있다.

이렇게 볼 때 공자의 인생관은 유신론에 대한 철저한 부정적 태도를 토대로 성립한다고 여겨진다. 그의 이러한 태도는 선인의 정신을 바탕으로 한 현재 자기 자신을 중심으로 해서, 가까운 곳에서 먼 곳으로 명확한 것에서부터 추상적인 것으로의 인식 방법을 정립시키는 것이었다. 이와 같이 그러한 철저한 내세 부정의 입장에서 유교의 핵심 사상이라 할 수 있는 인仁 사상이 성립되었던 것이다.

우리가 유교의 원조元祖를 공자로 보는 것은 유교가 그의 사상을 토대로 성립된 것이기 때문인데, 그의 사상은 지금까지 인용해 온 《논어》에서 정확히 읽을 수 있다. 그가 저술했다는 육경六經도 참조할 만하나, 최근의 연구 결과에 의하면 그의 육경 저술설은 의문시되고 있어, 공자의 사상에 가장 접근해 있는 자료로 《논어》가 꼽힌다. 그러면 다음의 구절들을 통해 《논어》의 핵심을 이루는 인仁 사상의 개념을 살펴보도록 하겠다.

· 유자가 말하기를, '군자는 기본이 되는 일에 힘을 쓴다. 모든 일에는 기본이 서야 도道가 생긴다. 따라서 효성과 우애는 바로 인仁을 실천하는 기본인 것이다'라고 하였다. (〈學而篇〉)
· 공자가 말하기를, '어질지 못한 사람은 사욕私慾이 있기 때문에 빈천하고 곤궁한 경우를 잘 참아내지 못하고, 마음의 편안함에서 오는 즐거움 또한 오래가지 못한다'라고 하였다. (〈里仁篇〉)
· 또 공자는 다음과 같이 말했다. '오직 어진 사람만이 사람을 좋아할 수 있고 사람을 싫어할 수 있느니라.' (〈上同篇〉)
· 공자가 말하기를, '덕德은 고립된 것이 아니고, 반드시 그 이웃이 있느니라'라고 하였다. (〈上同篇〉)
· 공자가 말하기를, '어려운 것을 먼저하고 얻는 것을 뒤에 하면 가히 어짐(仁)이라 할 수 있느니라'라고 하였다. (〈雍也篇〉)

· 공자가 말하기를, '지혜로운 사람은 물을 좋아하고 어진 사람은 산山을 좋아한다. 지혜로운 사람은 움직이나, 어진 사람은 고요하다'라고 하였다.(〈上同篇〉)
· 공자는 '자기 자신도 다스리지 못하는 사람이 어떻게 다른 사람을 다스릴 수 있겠는가'라는 질문을 던졌다.(〈子路篇〉)

공자는 제자들이 지향해야 할 이상적인 인간형을 군자君子란 말로 표현하였다. 공자의 교육목적은 그들을 학자로 만드는 것이 아니라 그들을 이 세상에서 결정적인 역할을 담당할 군자를 양성하는 것이었다.

공자는 지혜가 있고 탐욕스럽지 않으며 용감하고 교양도 있을 뿐 아니라 예악禮樂에도 정통한 사람을 이상적 인간이라 정의하였다.[6]

공자는 예의에 따라 행동하면 마술적 효험이 있다고 생각했다.[7] 그는 '예란 감정의 표현 양식이며 그 표현은 사회적으로 인정된 것이 되지 않으면 안 된다'(H. G. 크릴, 103면), '진정한 예는 훌륭한 인격을 표현하는 수단'(105면)이라는 입장을 취했다. 또 그는 '군자의 인격적 바탕은 의義인데 그것을 행함에 있어서도 예의 형태를 취해 행한다'라고 했다.[8] 그러한 의미에서 공자에게서의 예는 감정의 절제 수단이기도 했다. 공자는 '곤경에 처하여 의연할 수 있는 것은 군자뿐이며, 보통사람은 곤경에 처하면 금도襟度(남을 받아들일 만한 도량)를 잃는다'고 했다.[9] 그는 '관직에 나가는 사람은 자기가 받을 수 있는 봉록이나 기타 보상은 부차적인 것으로 생각하고 임무 달성에 전심전력해야 한다'고 했고,[10] 또 '무엇이 옳은가를 알면서도 그것을 실천하지 않는 것은 비겁한 짓이므로[11] 필요하다면 원칙을 위해서 생명을 바칠 각오가 되어 있어야 한다'고 했다.[12]

이상과 같이 공자는《논어》를 통해 인仁을 강조하고 있는데, 그가 인자의 전형으로 삼은 것은 군자君子였다. 그 모델로는 요堯, 순舜, 문왕文王, 무왕武王과 같은 성현들이 언급되고 있다. 그런데 그들의 삶은 수기치인修己治人, 즉 자신의 몸과 마음을 닦아서 그것으로써 남을 다스린다는 사상을 토대로 한 것이며, 보다 구체적으로는《대학大學》의 8조목八條目, 즉 격물格物, 치지致知, 성의誠意, 정심正心, 수신修身, 제가齊家, 치국治國, 평천하平天下의 길을 가는 것이었다. 이 길을 걷는 사람이야말로 성인聖人이라 말할 수 있는데 그러한 성인들에게 죽음이나 내세는 결코 문제되지 않았다.

이와 같이 신神 중심 시대에 유교 문화권에서는 신의 자리에 죽음과 내세의 문제에 대해 초탈한 성인들이 우뚝 서 있었다. 같은 유교 문화권 내에서 유교 사상 체계에 대립적 입장을 취했던 도교道敎 사상 또한 죽음과 내세에 초탈한 입장을 취했던 자들로서의 선인仙人들이 서구의 신들을 대신하였다. 신 중심 시대에 씌어진 작품들 속에서 이들은 언제나 인간들에게 벌을 주고 그들을 올바른 길로 인도하고 선한 자들을 도와줌으로써 인간의 운명을 좌우하는 자들로서 인간과는 별개의 세계에서 살아가는 신神들의 이미지로 자리하고 있었다.

지금까지 우리는 세계 3대 문명권을 중심으로 신 중심 시대에서의 인간들의 삶의 방법과 모습들을 간단히 고찰해 보았다. 당시 죽어야 할 운명에 처해 있는 인간들에게서의 세계란 불멸하는 존재들인 신神이 있는 천국the heaven 혹은 이데아의 세계the idea와 자신들이 있는 월드the world로 양분되어 있었다. 따라서 우리는 다시의 신 중심 시대를 '월드의 시대the Age of the World'라고 말할 수 있다. 여기에서 이 월드 시대의 인간상을 정리해 보면, 우선 서구를 중심으로 한 기독교 문화권의 경우에서는 신의 인간에 대한 사죄를 통해 삶에서의 죽음의 문제를 극복함으로써 인생관과 내세관을 정립해서 세계관을 확립하려 했던 것으로 보인다. 또, 인도의 힌두교 및 불교 사상을 중심으로 한 문화권의 경우 자아에 대한 집착을 포기함으로써 자신들의 죽음과 내세에 대한 입장을 정리해 인생관과 세계관을 정립해 갔다. 한편, 중국을 중심으로 한 유교 문화권의 경우는 삶의 실천 과정에서 체득되는 삶에 대한 총체적 지식과 이해를 통해 생의 종말의식을 극복하려 했던 것으로 보인다.

제3절 인간 중심 시대의 인간상

이상과 같이 신 중심 시대 각 문화권들의 죽음에 대한 독자적 초극 방법을 토대로 형성되었던 인생관과 세계관은 신 중심의 역사에서 인간 중심의 역사로 전환되는 과정에서 해체되어 새로운 차원으로 재구성되었다. 즉, 중세 후기 십자군 원정(1096-1291)을 계기로 동으로부터의 몽고군의 유럽 원정, 북으로부터의 칭기즈칸 후예들의 이슬람 문화권과 남서의 힌두교 문화권의 정벌 등을 통해 세계 3대 문화권들의 직접적인 인적 교류가 이루어짐으로써 신 중심 시대의 인생관과 세계관들이 서서히 해체되기 시작하였다. 그래서 그 후 중세 말의 르네상스기(14-16세기)를 기점으로 인간 중심의 역사가 시작되면서 또 하나의 보편적인 인간상이 형성되어 나왔던 것이다.

'인간 중심'이란 말은 '신 중심'에 대립되는 말이다. 보다 구체적으로 말하자면, '인간 중심'에서의 '인간'이란 '신'에 대립되는 말이다. 이 경우 '신'이란 불멸하는(immortal) 존재인데 반해, '인간'이란 죽어야 할(mortal) 존재라고 하는 것이다. 앞에서 기독교, 불교, 유교 등에서 인간의 본성本性을 논했을 때 인간에게서의 '죽음'(死)을 문제시했던 것처럼, 인간 중심 시대의 인간상도 인간들이 자신들의 죽음에 대해 어떤 입장을 취하고 있는가에 대한 문제를 통해 고찰되지 않을 수 없다.

인간 중심 시대에서의 보편적인 인간상의 창출은 서구 중심의 기독교 문화권에 의해 주도되었음을 우리는 부인할 수 없다. 근세 이후 지상의 인간 역사를 조감해 볼 때, 서구의 기독교 문화권은 십자군 원정 이후부터 르네상스 이전까지 이슬람 문화, 힌두교 문화, 유교 문화 등과의 접촉을 통해 그들로부터 자신들에게 없었던 것을 받아들여 소화해 갔다. 그 다음 르네상스 이후부터는 자신들의 것들과 다른 문화권으로부터 받아들인 것을 융합시켜 새로운 문물을 만들어 그것들을 가지고 자신들의 입장에서 각 문화권들의 문화를 재구성시켜 갔다. 그래서 지상의 문화는 서구의 르네상스를 계기로 신 중심에서 인간 중심으로 전환되었는데, 이상에서 살펴본 것처럼 인간 중심의 문화는 서구 문화권을 중심으로 하여 형성되기 시작했던 것이다.

인간 중심의 사상은 기독교 문화권에서의 물리적 자연의 발견을 계기로 출발된 듯하다.[13] 앞에서 우리가 인간 중심 시대가 도래된 직접적 계기가 코페르니쿠스의 지동설 공포임을 살펴본 바 있는데, 보다 분명하게 말하자면 그것의 계기는 서구인들에 의해 행해진 인간의 육체를 둘러싸고 있는 자연에 대한 과학적 관찰이라고 얘기할 수 있다. 그들은 십자군 원정에서부터 르네상스 말기의 종교전쟁을 경험하는 과정에서 그동안 절대적 존재로 의식해 왔던 신을 상대적으로 인식하는 반면, 자신들이 실제로 발로 밟고 손으로 만져 볼 수 있는 자연을 절대적 존재로 받아들여 가게 되었던 것이다.

르네상스 말기, 일찍이 자연을 절대적 존재로 받아들여 자신의 인생관을 확립했던 사상가로는 **몽테뉴***를 들 수 있다.[14] 그는 37세에 관직에서 물러나 죽을 때까지 이성 판단에 의한 인간 관찰이라는 주제로 심혈을 기울여 《수상록*Les Essais*》(1580-1595)을 집필했는데, 그가 이 책의 제1권 제20장의 표제를 '철학을 한다는 것은 죽음을 배운다는 것이다'로 삼을 정도로 이 책에서 죽음의 문제를 많이 논하고 있다. 그럼에도 불구하고 이상하리만치 그 책으로부터는 서구 기독교인들의 저서에서 흔히 발견되는 지옥의 공포 같은 것은 일절 발견되지 않는다. 그가 인간의 특성을 관찰해 감에 있어 인간의 죽음을 중점적으로 관찰하려 했던 것은 고대 이래 불멸하는 신에 대비되어 왔던 인간의 특성이 죽어야 할 운명에 처해 있는 존재로 인식되어 왔었기 때문이라 할 수 있다.

그는 청년 시기에 죽을 뻔했던 낙마落馬 사고를 기억해 내고, '매일 매일을 그대의 최후의 날로 생각하라'라는 호라티우스의 시 한 구절을 인용한 후, '죽음이 어디에서 우리들을 기다리고 있는지 우리는 잘 모른다. 그러나 어디에서든 죽음을 받아들이라. 미리 죽음을 생각하는 것은 미리 자유를 생각하는 것이다. 죽는 일을 배운 사람은 예속하는 일을 잊은 사람이다. 죽는 일을 앎으로써 우리들은 모든 예속과 구속으로부터 해방된다. 생명의 상실이 결코 불행이 아니라는 것을 각오한 자에게 그의 인생에는 어떠한 불행도 없다'라고 말하고 있다. 이것이 그의 본심이라면 그는 어떻게 초연히 죽음을 받아들일 수 있었던가?

---

*몽테뉴Michel Eyquem de Montaigne(1533-1592) : 프랑스의 사상가·모랄리스트·프랑스의 르네상스기期를 대표하는 철학자·문학자이며《수상록》의 저자이다. 자기의 체험과 독서 생활을 근거로, 있는 그대로의 인간, 변천하는 대로의 인간을 그렸다. 자연에 단순히 몸을 맡기는 방법을 통해 인생의 지혜를 추구한다는 입장을 취했다. 참10

만년에 씌어진 다음의 인용문은 우리들의 이러한 궁금증을 어느 정도 풀어 준다. '우리들은 자연에 순응해 있으면 틀릴 일이 없다. 최고의 법도는 자연에 합치되는 것이다. 가장 단순히 자연에 몸을 맡기는 일은 가장 현명하게 자연에게 몸을 맡기는 일이다. 무지와 무관심이야말로 잘난 머리를 쉬게 하는 데 얼마나 상냥하고 부드럽고 건강한 베개인가?'[15] 그러나 그로부터 채 1세기도 못 가서 자연은 더 이상 인간 중심의 시대를 사는 우리들에게 신앙적 대상으로서의 매력을 상실하고 만다

일찍이 인간 중심 시대 신앙 대상으로서의 자연의 허 구성을 드러낸 사람으로 **파스칼***을 들 수 있다. 파스칼의 주저는 그의 사후 친구들에 의해 정리되어 출판된 미완성의 《팡세》이다. 이 책에서 그는 '우주로 향해진 인간의 시야를 차차 확대시켜 상상에 의해 우리들을 공간의 무한대에까지 이르게 해 본다. 그러고 나서 다시 일전一轉하여 자신의 생각을 미소微小한 세계로 향하게 해 볼 경우 우리들은 우리 자신들에 관해 공포를 느끼게 될 것이다. 다시 말해서, 우리들은 자연에 의해 주어진 전체 속에서 무한과 허무와의 두 심연 사이에 걸려 있는 자신을 바라다볼 때 이 경이로움 앞에서 공포에 질리게 될 것'[16]이라고 말한다. 그는 자연의 본질을 파악할 수 있는 이 두 심연의 정체를 무언가 '밑바닥이 보이지 않는', '측정 불가능한', '한없는' 것들로 파악하고 있다. 또 '나는 오만, 호기심, 사욕의 심연이 내 속에 있는 것을 본다'[17]고 말하고 있다.

이를 토대로 생각해 볼 때, 파스칼에게서의 자연은 결코 인간정신을 구제할 수 있는 대상이 아니었다. 그는 죽어야 할 운명을 짊어진 인간 집단을 감옥에 수용된 사형수로 보고 있다.[18] 그렇다면 그는 무엇에 의해 인간이 구제될 수 있다고 생각했을까? 《팡세》의 〈단장 146〉에는 다음과 같은 이야기가 나온다. 인간에게는 두 개의 은밀한 본능이 있다. 하나는 휴식으로, 권태로, 자기 속으로, 죽음으로

*파스칼Blaise Pascal(1623-1662) : 프랑스의 수학자 · 물리학자 · 철학자 · 종교 사상가. '파스칼의 정리'가 포함된 《원뿔곡선 시론》, '파스칼의 원리'가 들어 있는 《유체의 평형》등 많은 수학 · 물리학에 대한 글들을 발표하고 연구를 하였다. 또한 활발한 철학적 · 종교적 활동을 하였으며, 유고집 《팡세*Pensées*》(1670)가 있다. **참10**

향하는 본능이고, 다른 하나는 유희로, 운동으로, 일로 향하는 본능이다. 인간은 항상 이 두 본능 사이를 왕래하고 있다. 어떤 시기에 어떤 쪽으로 향해야만 되는지 생각이 분명한 존재라는 것이다. 그는 그러한 사상에 입각해 인간의 모든 가치이자 또 존엄으로서의 인간 존재가 생각 자체에 의해 구제된다고 피력하고 있다.

그에 의하면, 인간은 자신이 죽는다는 사실을 생각해 알고 있다는 존엄성에 의해 죽음으로부터 구제될 수 있다. 또 자연은 오히려 인간의 존재를 허무한 것으로 인식시키는 대신 인간의 사고는 인간의 허무한 존재의 구원자로 등장하게 되었다. 그는 신을 정열적으로 갈망했던 종교적 인간이긴 했지만, 그의 그러한 인간성을 뒷받침해 주었던 것은, 그 자신이 '나는 과학을 통해 기독교의 신앙에까지 도달했다'고 말하고 있듯이, 《팡세》를 통해 '자연의 질서와 정신의 질서와 사랑의 질서'를 추구해 나갔던 그러한 지적 사고였던 것이다.[19]

인간의 그러한 지적 사고를 토대로 한 인간의 존재 형식은 현대의 실존주의자들에 의해 보다 확고하게 자리 잡히게 되었는데, 실존주의자들에 의해 인식된 인간 존재는 **카뮈***의 《**시시포스의 신화**》**의 주인공 시시포스의 삶으로 충분히 표현된다.

그리스신화에 의하면 시시포스는 인간들 중 가장 교활한 존재여서 지옥에 떨어져 경사진 언덕 위로 바위를 굴려 올리는 일을 해야 했다. 그런데 그가 바위를 굴려 산정 가까이까지 오르면 그 바위가 다시 아래로 굴러 떨어졌고 이 때문에 그는 영원히 그 일을 반복해야 했다. 시시포스는 자신이 하고 있는 일이 완전히 부조리하다는 것을 알고 있었다.[20] 즉, 시시포스는 자신의 그러한 일이 완전히

*카뮈Albert Camus(1913-1960) : 프랑스의 소설가 · 극작가. 1942년 《이방인》을 발표하여 칭송을 받으며 문단의 총아로 떠올랐다. 《시시포스의 신화》, 《칼리굴라》등의 소설을 통해 부조리한 인간과 사상에 대해 이야기했으며 《페스트》를 발표해 더욱 큰 명성을 얻었다. 사르트르와의 친교관계로도 주목받으며, 시사평론을 하면서 청년층의 절대적인 인기를 얻었다. 노벨문학상 수상(1957). 주요 저서는 《이방인異邦人》(1942), 《전락轉落》(1956)이다. 참10

**《시시포스의 신화*Le Mythe de Sisyphe*》(1942) : 프랑스의 작가 알베르 카뮈가 1942년에 발표한 평론. 카뮈는 이 평론을 통해 인간 존재와 세계와의 관계를 '부조리不條理'한 것으로 파악하여 부조리는 인간에 있어서의 출발점이며 이 출발점을 부단히 의식함으로써 비로소 인간적 자유가 얻어진다고 주장하였다. 참40 〈カミュ〉, 참10

허무한 짓이라는 것을 알면서도 자살을 하지 않는 한 그것을 계속할 수밖에 없다는 모순을 안고 있었다. 카뮈는 이 작품을 통해 현대인의 삶도 이와 별다를 바가 없다는 입장을 제시하고 있다.

이 작품보다 20년 전에 발표된 엘리엇의 《**황무지**》*의 〈에피그라프〉에 그려진 인간도 인간 중심 시대를 살아가는 현대인의 모습을 상징적으로 잘 표현하고 있다.

> 나는 정말 쿠바에서 한 무녀巫女가 항아리 속에 매달려 있는 것을 보았다. 아이들이 '무녀야 넌 무얼 원하니?'라고 물었을 때, 그녀는 '나는 죽고 싶다'고 대답했다.[21]

이렇듯 엘리엇은 〈에피그라프〉의 무녀로서 '황무지'를 살아가는 정신적으로 메마른 현대인의 모습과 심정을 상징화시켰다. 즉, 여기서도 현대인의 소원은 죽음으로 표현되고 있는데, 삶이 즐겁고 아름다워야 함에도 불구하고 무녀의 경우처럼 항아리 속에 힘겹게 매달려 있는 것이 사는 것이라면 차라리 죽는 편이 낫겠다는 것이다.

《시시포스의 신화》에서도 의미 없고 부조리한 삶의 해결 방법으로 현대인들은 죽음을 생각하고 있다고 지적되고 있다. 그러나 카뮈는 앞서의 작품을 통해 삶의 부조리의식에 빠져 자살을 기도할 수밖에 없는 시시포스와 같은 현대인을 다음과 같이 설득시키고 있다. 사실상, 인생이 살 만한 가치가 있느냐 없느냐를 판단하는 것은 삶에 있어서 가장 근본적인 문제인데, 살 만한 가치가 없다고 판단했을 때 그 해결 방법은 자살일 수밖에 없다. 그래서 자살을 행할 경우 남는 것은 아마 인생이 살 가치가 없다는 판단에 이른 감각 정도일 것이다. 살면서 치르는 고통이 완전히 무용하다는 판단은 옛부터 있어 왔지만, 과연 그것은 옳은 판단일까? 삶이 부조리하니까 그것을 부조리로 느끼면서 살아가는 것이야말로 부조리한 삶의 해결 방법은 아닐까? 이러한 물음을 토대로, 카뮈는 생존의 무의미를 위안이나

---

*《황무지荒蕪地/*The Waste Land*》(1922) : 이 작품은 제1차 세계대전 후 유럽의 신앙 부재와 정신적 황폐를 상징적으로 표현한 작품으로 그러한 불모不毛를 암시하고 있다. 이 작품에는 프레이저의 《황금가지》와 웨스튼의 《제식祭式에서의 로맨스》 등에서 볼 수 있는 '곡물제穀物祭'에 관한 신화, 또는 전설이 대조적으로 살아 있다. 참10

유희로 호도糊塗해 버리지 말고 오히려 적극적으로 그것을 자각하고 명석한 의지로 강인하게 그것과 계속 투쟁해 갈 것을 제안하고 있다. 다시 말해 카뮈에게서의 삶의 부조리의 해결 방법은 생존의 부조리성을 자각해서 부조리 그 자체가 되어 살아가는 것이다. 그래서 카뮈는 '정상을 향한 투쟁, 그것만으로도 시시포스는 인간의 마음을 충족시키기에 충분하다. 그렇기 때문에 시시포스는 행복해야 한다'[22]는 결론을 내린다.

이상과 같이 인간 중심 시대 말기의 인간의 존재 양식은, 삶이 죽음으로 가는 길이라는 관념 때문에 죽음의식으로 덮여 있는 그런 삶 속에서 삶의 의미를 찾아내려는 의지 작용을 통해 성립되었다. 어떤 면에서는 산다고 하는 것이 죽는다고 하는 것이다. 그런 차원에서 삶이 의식될 때, 삶이란 그 결과로 나타나는 죽음에 대한 의식으로 일관될 수밖에 없는 것이다.

이처럼 허무로 인식되는 죽음이라고 하는 삶 속에서 그래도 끈질기게 삶의 의미를 찾아 어떻게든 살아가려는 인간의 존재 양식이 바로 실존주의자들의 삶의 실현 방법이다. 그러한 의미에서 실존주의 이론의 기초를 세운 **하이데거***는 '오히려 죽음을 생의 최고의 의미 부여자로 삼아 생의 일부에 포함'[23]시키고 있다. 인간의 형이상학적 세계에 대한 인식은 인간에게 죽음이 존재함으로써 형성된다. 하이데거와 동시대인으로서 그와 다른 입장을 취했던 **루카치****는 '미의 개념이 형이상학적 근원을 갖는 것은 의심할 여지가 없다'[24]고 말했다. 이렇게 볼 때

*하이데거Martin Heidegger(1889-1976) : 독일의 실존철학자. 그가 실존 사상의 대표자로 간주된 것은, 이 현존재의 실존론적 분석 부분 때문이다. 불안·무無·죽음·양심·결의·퇴락頹落 등 실존에 관계되는 여러 양태가 매우 조직적·포괄적으로 논술되었다. 주요 저서《존재와 시간》(1927),《칸트와 형이상학의 문제》(1929),《형이상학이란 무엇인가》(1929),《휴머니즘에 관하여》(1947),《숲속의 길》(1950),《니체》(1961) 참10

**루카치Lukács György(1885-1971) : 헝가리 철학자·문학사가. 독일 각지의 대학에서 미학을 전공했다. 특히, 헤겔 철학에 경도되어 있었다. 귀국 후《정신과 형식》(1910),《소설의 이론》(1916) 등을 저술했다. 그 후 마르크스주의에 접근해, 1918년의 혁명에 참여했으나, 그것이 실패로 끝나자, 빈으로 망명해. 그곳에서《역사와 계급의식》(1923)을 저술한다. 제2차 대전 후 조국으로 돌아가 부다페스트 대학에서 강의를 하게 되는데 그 당시 사르트르, 야스퍼스 등과 행했던 논쟁의 결과를《실존주의인가 마르크스주의인가》(1948)로 출판해 냈다. 그 후 그는《이성의 파리》(1954)를 저술하고, 마르크스미학과 인식론의 집대성에 정력을 쏟았다. 참40

인간의 미적 의식도 죽음과 불가분의 관계를 맺고 있다. 이와 같이 인간 중심 시대 인간에게서의 죽음은 삶의 성립 조건이자 의미 부여자로 인식되었고, 어떠한 의미에서든 삶의 문제에 대한 해결 방법의 하나로 여겨져 왔다. 적잖은 인간들이 살해나 살상을 통해 자신들의 문제를 해결해 보려 했었고, 또 자살을 통해서도 그것을 해결해 보려 했었다. 그것들뿐만 아니다. 자신들의 삶을 고통스럽게 실현시켜 나가는 사람들 중에는 죽음이 오래잖아 자신들의 불행한 삶을 혹은 불평등한 삶을 백퍼센트 평등화시켜 줄 것이라는 생각을 해 감으로써 죽음으로부터 마음의 위안을 받아 가며 자신들의 삶을 영위해 가고 있는 자들도 있다. 그런데, 이 인간 중심 시대는 우리 인간이 처해 있는 세계the world가 지구라고 하는 거대한 땅덩이the earth라는 사실을 자각함으로써 확립되어 나왔다. 따라서 우리는 이 인간 중심 시대를 어쓰 시대the Age of the Earth 혹은 지구 중심 시대라 말해 볼 수 있는 것이다. 이 어쓰 시대의 인간은 여러 측면에서의 거대한 땅덩이의 정복과 그것의 개발을 통해 죽음으로 인한 자신들의 생명의 한계성을 극복해 간다는 입장을 취해 왔던 것이다.

제4절 우주 중심 시대의 인간상

이상과 같은 삶의 실현 방법도 1950년대 말의 인간의 우주 개발의 첫 시도를 계기로 그 한계성을 드러냈다. 그때까지만 해도 인간의 삶은 지상에서 실현되었다. 즉, 지상에서 직면해야 하는 문제들을 해결하고 인간으로서 맛볼 수 있는 즐거움을 느끼고 그것을 계발하는 식으로 삶이 방향 지어졌었다. 그러나 우주 개발이 본격적으로 시도된 1960년대부터 인간의 삶은 지상이라고 하는 광장에서가 아니라 전 지상 공간이 포함된, 우주라는 공간 속에서 실현되기 시작했다. 인간이 인공위성을 타고 무중력 상태의 우주 공간으로 나갈 수 있다는 사고는 19세기 전반의 아인슈타인과 같은 우주물리학자들로부터 나왔다.

그러한 과정에서 우리의 삶은 인간 중심 시대로부터 인간의 우주로의 진출을 계기로 개막된 우주 시대를 거쳐 본격적인 글로벌 시대가 시작되었던 우주 중심 시대로 전환되어 나왔다. 그러한 시대적 전환을 통해 인간의 존재 양식은 또한 차례 변화를 맞이하게 되었다. 이 경우에서의 존재 양식의 변화란 인간이 지상에 살면서 자신들의 입장에서 자신의 '죽음의 벽'으로부터 반사되어 나오는 죽음의 빛을 통해 자신들의 존재를 인식하고 그것을 자신들의 입장에서 정당화시켜 이 지상에서 자신들의 존재 의미를 찾아오던 삶의 실현 방법을 포기하고,[25] 우주론적 측면에서 자신들의 존재를 인식함으로써 우주라고 하는 거대한 공간 속에서의 인간의 존재 의미를 찾아 자신들의 삶을 실현해 보려는 쪽으로 나타났던 것이다.

그러한 삶의 실현 방법은 1950년대 말, 60년대 초 우주 개발의 출발 시점에서부터 본격적으로 얼굴을 드러냈던 **구조주의***를 통해 시도되어 나왔다. 구조주의의 본질은, 인간 중심 시대에서의 통시적 측면의 접근을 지양하고 공시적 측면의 접근을 통해 인간과 인간의 존재를 감싸고 있는 것들과의 새로운 관계를 재정립하여 그것들 사이의 새로운 조화관계를 확립시켜 봄으로써 죽음으로 인한 삶의 단절을 극복해 보려는 태도로 파악된다. 그것은 인간의 의식과 의식 대상과의 관계, 개인과 사회와의 관계, 나와 타인과의 관계, 인간과 사물과의 관계, 지상과 우주와의 관계, 정신과 육체와의 관계, 언어 내용과 언어 표현과의 관계, 청자와 화자와의 관계 등에 대한 재정립을 의미한다. 이러한 입장은 인간이 지구상에 살고 있고 지구를 구성하는 다른 존재들과 더불어 이 지구에 존재하고 있다는 사실의 지각을 바탕으로 한다.

이와 같이, 인간 중심주의의 가치 체계가 포기되고 우주 중심주의의 의미 체계가 창조되는 과정에서 인간의 첫 관심 대상이 된 것은 인간의 존재를 구성하는 구성 요소들 간의 관계였다. 그렇다면 그 후 그것은 어떻게 전개되어 갔던 것인가? 다시 말해서 우리들의 삶의 실현 방법으로서의 구조주의는 어떠한 형태로

*구조주의構造主義/Structuralism : 어떤 사물의 의미는 개별로서가 아니라 전체의 체계 안에서 다른 사물들과의 관계에 따라 규정된다는 인식을 전제로 하여 성립되어 나온 사상으로서 개인의 행위나 인식 등을 궁극적으로 규정하는 총체적인 구조와 체계에 대한 탐구를 지향한 철학 사상이다. 참10

전개되어 갔던 것인가? 또 1970년대 이후 소위 후기구조주의가 추구하는 인간에게서의 의미 작용signification의 한계는 어떤 형태로 극복될 것인가?

이미 우주 중심 시대로 들어와 있는 우리는 부지불식간에 우리의 삶을 우주로 쏘아 올린 인공위성이나, 혹은 달이나 태양, 아니면 그 너머의 어떤 별들을 통해 인식하려는 태도를 갖게 되었다. 보다 선동적으로 말하자면, 이제 우리는 현재 지구 밖의 그러한 것들로부터 감시를 받아 가는 삶을 영위해 가게 되었던 것이다. 그런데, 지상의 인간들이 그것들을 통해 인식된 자신들을 의식해 가며 살아야 할 이유는 무엇일까? 아마 현재 지상에서 살면서 부딪히는 인간들의 삶의 문제가 지상의 것으로는 결코 해결될 수 없다는 것을 스스로가 인정하고 있기 때문일 것이다. 결론적으로 말해서, 인간의 삶은 지상을 주관하는 태양, 그 태양을 주관하는 은하 중심, 그리고 그것을 주관하고 있는 외계우주에 의해 지배를 받아가는 존재라고 생각하고, 또 그것의 궁극적 문제는 그러한 우주를 주관해 가는 존재의 정체가 파악되지 않는 한 결코 해결될 수 없다는 확신을 가졌기 때문일 것이다.

그렇다면 이 지상에 살고 있는 인간의 생명을 주관하고 또 생명체들이 존재하는 이 우주 공간을 주관하는 그 무언가의 정체가 과연 인간의 인식과 능력에 의해 파악될 수 있을 것인가? 그것이 파악된다면, 인간은 이 공간 속에서 어떤 형태의 안정된 삶을 누릴 수 있을 것인가? 우리가 그것을 인간의 능력으로는 알 수 없는 것이라고 포기해 버린다면, 앞으로 인간의 삶은 어떻게 될 것인가? 그것이야말로 시시포스의 자살 행위가 아닐까 한다?

대다수의 자살 행위란 사후 세계가 있다고 확신하기 때문에 행해지는 것이 아니라 현재의 삶이 고통스럽거나 의미 없다고 생각되기 때문에 하는 행위임에 틀림없다. 순간의 육체적 고통만 넘길 수 있다면 우리는 현재의 고통스럽고 의미 없다고 느껴지는 삶으로부터 벗어날 수 있을지 모른다. 그러나 우리가 바라는 것은 그 상태를 벗어나는 것만은 아니지 않는가? 모름지기 우리가 바라는 것은 현재 우리가 처해 있는 것보다 좀더 나은 상태인 것이다. 설혹 내세가 있다는 확신 속에 자살이 행해졌다 하더라도 그 내세가 반드시 현세보다 더 나으리라고는 확신이 없지 않은가? 그렇기 때문에 우리는 우리에게 문제가 되는 부분들을 하나둘 없애 나감으로써 보다 나을 것이라고 생각되는 상태들을 차근차근 만들어 가는 수밖에 없다. 이러한 관점하에 이루어지는 삶이 다름 아닌 바로 문화적 삶이다. 인간 중심 시대의 삶이 생산 중심적 삶이었고 또 그러한 삶이 인간에게 생산을 가능케 하는 과학적 사고에 기초한 것이었다면, 우주 중심 시대의 삶은 문화적 삶이라 할 수 있는데, 그러한 삶은 합리적 사고나 어떤 진위성보다는 문제의 대상이 우리에게 직접적으로 부여하는 어떤 가치에 의존하는 삶이라 할 수 있다. 그래서 그것은 양심이 아니라 감각에 의존하고, 진리가 아니라 이해利害관계에 의존하는 삶으로 전락해 버릴 가능성이 내포되어 있다.

우리의 일상생활이 우리 은하계와 같은 무수한 성운단星雲團 너머 아직 우리에게 알려지지 않은 외계우주에 의존되어지고 있는 한, 우리의 인식 대상들에 대한 기본적 입장은 '문제는 그것들이 사실이냐 허위냐가 아니라 그것들이 가치가 있느냐 없느냐 일 것이다'.[26]

우주 중심 시대의 인간들에게는 인간 중심 시대의 인간들만큼은 자신들의 죽음이 절대적인 것으로 인식되지 않을지 모른다. 왜냐하면 인간 중심 시대의 인간들은 자신들의 존재가 죽음으로써 완전히 무로 돌아간다고 생각했었기 때문에 그들의 죽음에 대한 관심은 그야말로 절대적인 것이었다. 그러나 우주 중심 시대의 인간들은 설혹 그들이 죽는다 하더라도 그들의 죽음은 우주 속에 떠 있는 지구 위에서 이루어지는 것이기 때문에 '사후의 모든 것은 지구에 맡기면 된다'고 생각되기 때문이다. 다시 말해 인간이 지구 위에서 죽으면 그 다음에는 이 우주 속에서 지구의 일부로 존재해 가게 된다는 생각이 들기 때문이다.

우리는 자신들이 처해 있는 세계가 광활한 우주 공간을 이동해 가는 공the globe과도 같은 존재이고, 또 전 인류가 바로 그러한 하나의 통일된 이동 공간에 존재해 있다고 인식해 가는 시대라는 의미에서 이러한 우주 중심 시대를 글로벌 시대the Age of the Globe라고도 명명될 수 있다고 말할 수 있다. '세계the world', '지구the earth' 등과 대비되는 '글로브the globe'는 다음과 같이 특징 지어진다. '세계the world'가 신God에 의해 창조된 세계이고, 신의 시야에 펼쳐진 세계, 보다 구체적으로 말해 하늘과 땅으로 이루어진 세계라고 한다면, '지구the earth'는 신이 존재하는 하늘heaven이나 인간이 사후에 가게 될 지옥에 대립되는 세계, 즉 현재 인간이 존재해 있는 세계를 가리킨다.[27]

이렇게 봤을 때 '세계the world'는 신God 중심적 세계이고, '지구the earth'는 신에 대립된 인간 중심적 세계이다. 이에 대해 글로브the globe는 우주의 한 지점에서 파악한 지구the earth를 가리키는 말이다. 우주에서 파악한 지구의 모습은 회전 이동해 가는 조그마한 둥근 천체로 잡힌다. 따라서 그러한 이미지는 첫째로 전 인류가 그러한 하나의 세계에 공존해 있다고 하는 생각을 창출해 낸다. 둘째로 우리 인간이 처해 있는 글로브가 우주 공간을 회전 이동해 간다는 사실을 불러일으킨다고 하는 것이다.

인간 중심 시대가 우주 시대를 거쳐 우주 중심 시대로 전환해 나오는 과정에서의 첫 번째 단계는 하나의 세계one world를 만들어 가는 과정으로 특징지어지고 있다. 현재 우리가 성립시켜 나가고 있는 글로벌 시대라고 하는 것이 바로 그러한 특징을 지닌 시대라 할 수 있다. 현재 글로벌 시대는 글로컬리즘Glocalism이 강조되는 속에서는 미국 중심의 세계화가 진행되어 나가고 있다. 그러한 진행은 지역 간의 팽팽한 역학적 긴장 관계를 형성시켜 나가면서 적잖은 기간 동안 진행되어 나갈 것이고, 또 그것의 완성은 지역 간의 평준화 쪽으로 전환해 나갈 것이다.

그러한 평준화가 행해져 가는 단계에 이르러서는 우주 공간 속에서의 글로브의 회전 이동이 강조되어 나감으로써 지구상의 인간들에게 지구의 우주 공간 이동과 맞물려 있는 인간을 포함한 지구상의 모든 생명체들의 변화들에 대한 의식이 팽배해 나가게 될 것이다. 그러한 단계에 이르러서는 지구상의 인간들이 자신들의 탄생과 죽음을 인간 중심 시대의 인간들과는 전혀 다른 차원에서 받아들여 가게 될 것이다. 그들은 전 우주적 차원에서 인간들의 죽음을 파악해 허무나 무無로의 전환이 아닌 또 다른 어떤 새로운 존재로의 전환 현상으로 인식해 가게 될 것이다.

결론 삶의 방법과 의미

인간에게서의 가장 큰 문제는 개체로서의 죽음과 종족으로서의 죽음이다. 그런데 어떻게 보면 죽음의 문제는 죽음에 대한 의식의 문제에 지나지 않는다. 즉, 그것은 끝을 의식해 가는 하나의 관념상의 문제에 지나지 않는다.

인간이 여타의 동물처럼 자신이나 주위 사람들의 죽음을 의식하지 않는다면, 죽을 당시 얼마간의 육체적 고통을 제외하고는 문제될 것이 없을 것 같다. 그러나 문제는 인간이 그러한 죽음을 의식하지 않으려 해도 자연히 그것이 의식된다는 데 있다. 그러므로 중요한 것은 인간이 어떻게 삶 속에서 죽음에 대한 의식을 양성화시킬 수 있느냐는 점이다. 그것은 인류 역사의 성립 이래 종교·예술·학문 등을 통해 그러해 왔듯이, 앞으로도 인간들의 연구에 의해 그 방법론이 지속적으로 추구될 것이다.

어떠한 형태로든 인간에게서의 삶의 문제는 삶을 구성하는 요소들에 대한 연구를 통해 가능하다. 인간의 능력에는 한계가 있기 때문에 한 순간의 해결은 불가능하다. 그러니까 전생을 통해, 몇 대를 통해 혹은 이 공간 속에서의 인간의 생명이 존재하는 한, 계속해서 노력해 갈 수밖에 없다. 그렇다고 무엇인가를 안다거나 알려고 하는 것이 반드시 문제 해결이나 행복과 직결된다는 것은 아니다. 여기에는 세심한 주의가 요구된다. 그래서 죽음에 대한 의식 또한 실체에 대한 규명 작업을 통해, 구체적으로 말해 보면 우주를 지배하는 존재의 실체 규명을 통해, 그리고 그 실체 규명을 위해 그것과의 유기적 관계 속에서 존재하고 있는 인간의 유전 인자의 실체 규명 등을 통해 해결될 수 있을 것이다.

그리스 최대의 비극작가 **소포클레스***는 **《오이디푸스 왕》****을 통해 앎의 정체에

---

*소포클레스Sophocles(496-406, BC) : 고대 그리스 3대 비극시인의 한 사람. 아테네 교외의 콜로노스 출생으로 아버지가 부유한 무기 상인이었으므로 최고의 교육을 받았다. 아름다운 용모와 재능을 타고났고, 작가로서, 그리고 시민으로서 명예로운 일생을 보냈다. 123편의 작품을 씀으로써 비극 경연대회에 18회나 우승하였고, 상연 형식도 연구하였으며, 합창단과 배우의 수를 늘려 성격을 부각시킴으로써 비극적 긴박감을 높였다. 정치가로서도 탁월한 식견을 지녔으며, BC 443-442년 델로스 동맹 시 재무장관에 임명되어 페리클레스와 더불어 10인의 지휘관직에 선출되었다. 또한 BC 413-411년의 아테네 내정 동요기에 국가의 최고위원 10인의 한 사람으로 선출되어 국가에 공헌하였다. 대표작은《아이아스》,《안티고네》,《오이디푸스 왕》,《엘렉트라》,《트라키스의 여인》,《필로크테테스》,《콜로노이의 오이디푸스》등이 있다. 참10

**《오이디푸스 왕Oidipous Tyrannos》: 고대 그리스의 비극시인 소포클레스의 비극작품. BC 430년 무렵에 상연되었다고 한다. 아이스킬로스·에우리피데스도 같은 제재의 작품을 썼지만 소포클

대해 많은 것을 전달해 주고 있다. 그는 신에 도전하는 인간은 반드시 파멸한다는 이야기를 하기도 하고, 인간이 그렇게 파멸하는 것이야말로 인간의 위대함이고 역병이 든 사회를 정화시킬 수 있는 최선의 방책임을 주장하기도 한다. 무엇보다도 현재 이 책에서 이 작품을 언급하는 이유는, 신에 비해 불완전한 인간이 신탁神託을 거슬러 행동하고 그의 '지적 호기심' 때문에 인간이 알아서는 안 될 것을 끝까지 파헤칠 경우 그것을 알려고 하는 인간 자신은 결국 파멸에 이른다는 이야기가 내재되어 있기 때문이다.

또, 소포클레스는 그 작품을 통해 앎의 궁극적 의미가 무엇인지를 잘 말해 주고 있다. 오이디푸스 왕은 역병의 원인을 반드시 밝혀 나라를 구제하겠다는 의지를 시민들 앞에서 밝힌다. 이는 한 인간이 어떤 사실을 알려고 한다는 것, 즉 어떤 진실이나 진리를 추구한다는 것은 일차적으로 사회적 의미를 지닌 것임을 분명히 밝히는 말이다. 진리 추구란 일차적으로 개인적 행위를 넘어선 사회적 행위, 다시 말해서 공적 행위이다. 그럼에도 불구하고, 사회적 행위로서의 사실 규명이나 진리 추구 등의 행위는 궁극적으로 자기 자신에게 귀착되는 것이어서 자기 자신의 무지의 자각 행위로 귀결되어 있다. 이는 역병의 원인이 자기에게 있었음을 오이디푸스 왕이 깨닫는 과정에서 나타난다.

끝으로, 지식과 관련시켜 소포클레스가 우리에게 말하려 한 것은 자신이 안다고 생각하는 것에 대해 책임을 져야 한다는 것이다. 오이디푸스 왕은 자신이 시민들 앞에서 공언한 것을 지키기 위해 스스로의 손으로 두 눈을 파서 어둠의 세계, 완전한 무지의 세계로 침몰한다. 오이디푸스 왕의 그러한 모습을 보고, 합창단은 '유한한 인간들이여, 사람은 자신의 종말에 유의해야 하오. 그의 행복을 평화로이 무덤에까지 가지고 가지 못하는 한, 우리는 그를 행복한 사람이라 일컬을 수 없

레스의 작품이 특히 유명하다. 아리스토텔레스가《시학》(BC 4세기)에서 소포클레스의 가장 위대한 비극이라고 평가했으며, 20세기에도 그의 비극 중 가장 높은 평가와 인기를 누리는 작품이다. 이 극에서 비극적 주인공인 테베의 왕 오이디푸스는 자신의 숙명에서 벗어나려다 오히려 숙명과 정면으로 맞닥뜨리게 된다. 아리스토텔레스는 이 작품을 비극 형식의 본보기로 꼽았다. 치밀한 구성, 긴장의 상승, 인식과 발견이라는 극적 장치의 완벽한 구사는 이 작품을 그리스 비극 중에서도 가장 강력하고 잊혀지지 않는 작품이게 한다. 참17

소'[28]라고 노래한다. 오이디푸스 왕의 그러한 불행은 그보다 한 세대 늦게 태어난 자로서 학문의 아버지로 일컬어져 온 **소크라테스***가 말한 '너 자신을 알라'라는 경구와 깊이 연관된다. 오이디푸스 왕은 여러 측면에서 자기 자신을 잘 몰랐기 때문에 결국 파멸에 이르렀다고 하는 것이다.

《오이디푸스 왕》은 어떤 것에 대하여 알고 있다든가, 어떤 것의 사실 규명을 통해 알게 되었다든가, 어떤 것을 알아간다든가, 다시 말해 진실이나 진리를 탐구해 간다는 것 등이 인간에게 어떠한 것인가를 잘 말해 주고 있다. 그렇다면 앎에 대한 올바른 입장이란 어떤 것이며, 앎의 본질은 무엇인가?

우리는 앞서 세계 3대 문화권에서의 죽음에 대한 태도를 각각 살펴본 바 있다. 그중에서 유교 문화권에서 제시한 죽음에 대한 입장은 오이디푸스 왕의 불행을 막는 하나의 방법이 될 수 있다. 즉 죽음에 대한 유교 문화권의 입장은 그 원조인 공자의 '삶도 모르는데 어떻게 죽음을 알겠는가?'라는 말로 대변될 수 있다. 이러한 입장에 섰던 사람으로는 불교계에서의 일본 **도겐****선사를 꼽을 수 있다. 그는 '생을 밝혀 죽음을 밝히려는'[29] 태도를 취하였다. 사실상 우리는 죽음에 대해 이러한 태도를 취할 수밖에 없다는 결론이 내려진다.

유교 문화권에서의 학문學問을 통한 지식은 자기 자신의 인격적 수양을 통해

---

*소크라테스Socrates(470경-399, BC) : 고대 그리스의 철학자. 서구 문화의 철학적 기초를 마련한 고대 그리스의 위대한 세 인물인 소크라테스·플라톤·아리스토텔레스 가운데서 첫째 인물이다. 키케로가 말했듯이 그는 '철학을 하늘에서 땅으로 끌어내렸다' 즉 소크라테스는 이오니아와 이탈리아 우주론자들의 자연에 관한 사변으로부터 인간 생활의 성격과 행위를 분석하는 쪽으로 철학의 초점을 옮겼다. 그는 도덕적 가치가 침식된 펠로폰네소스 전쟁의 혼란기에 살면서 '너 자신을 알라'는 충고와 도덕적 용어의 의미에 대한 연구를 통해 윤리 생활을 뒷받침해야 한다는 소명을 느꼈던 자였다. 참17

**도겐道元/Dogen(1200-1253) : 일본 중세의 유명한 승려. 조요 대사承陽大師, 기겐 도겐希玄道元이라고도 한다. 선禪을 조동종曹洞宗의 형식으로 일본에 소개했다. 창조적인 개성의 소유자로서 좌선과 철학적 사색을 결합시켰다. 황실 귀족 출신으로 7세에 고아가 되었고, 13세에 출가하여 천태종의 중심지인 히에이산比叡山에서 불경을 공부했으나 그의 영적 갈망을 채우기에는 불충분했다. 1223-27년에는 중국에서 선을 공부했고, 선승 여정如淨 밑에서 깨달음을 얻었다. 일본으로 돌아온 뒤에는 여러 사찰을 전전하면서 좌선을 전파했으며, 나고야名古屋 북서쪽에 에이헤이사永平寺를 짓고 거기에서 말년을 보냈다. 그는 첫 저작인《후칸자젠기普勸坐禪儀》(1927)에서는 좌선을 간단히 소개했으며, 그밖에 지침서도 많이 썼다. 대표작《쇼보겐조正法眼藏》(1231-53). 참17

얻어지는 세계에 대한 인식을 말한다. **순자***나 **진종황제****나 **백거이***** 등의 〈권학문勸學文〉 등에도 나타나 있듯이, 유가에서의 학문의 목적은 '수기치인修己治人'에 있고, 그 방법은 그럴 만한 사람을 스승으로 삼아 그에게 가까이 하는 것이 제일 편리한 방법이라 했고, 그를 좋아하고 그의 예禮를 배우는 것이 제일 빠른 길이라고 했다.[30] 특히 백거이의 경우 학문은 도리를 알고 예의를 알기 위한 것으로서 그러한 학문을 통해 취해진 지식이야말로 사회에 이바지할 수 있는 지식이라고 하였다.[31] 그렇다면 인간이 자기를 닦는다는 것이나 도리道理나 예의禮義를 안다는 것은 과연 무슨 뜻인가? 인간이 자기를 닦는다는 것은 자기 자신의 지나친 욕망에 사로잡히지 않고 자기 자신을 잘 알아간다는 것이고, 도리나 예의를 안다는 것은 인간이 사회에 대해 인간으로서 취해야 할 입장을 잘 안다고 하는 것이다.

이러한 태도는 소크라테스의 '너 자신을 알라'라는 말과 일맥상통한다. 어떤

---

*순자荀子(298경-238경, BC) : 중국 전국 시대 말기의 사상가. 성은 순荀, 이름은 황況이다. 조趙나라 사람이다. 순경荀卿·손경자孫卿子 등으로 존칭된다. 《사기史記》에 전하는 그의 전기는 정확성이 없으나, 50세(일설에는 15세) 무렵에 제齊나라에 유학遊學하고, 진秦나라와 조나라에서 유세遊說하였다. 제나라의 왕건王建(재위 264-221, BC) 때 다시 제나라로 돌아가 직하稷下의 학사學士 중 최장로最長老로 존경받았던 자였다. 주요 저서 《순자》. 참10

**진종황제眞宗皇帝(968-1022) : 중국 송宋나라의 제3대 황제(998-1023, 재위). 이름은 조항趙恒. 유교를 강화하고 북쪽의 유목 민족인 거란족과 휴전 조약을 체결하여 몇 십 년간 지속되던 전쟁을 끝냈다. 이때 체결한 산하이관山海關 조약(1044)으로 송은 만리장성 이남의 연운燕雲 16주를 영구히 포기하는 데 동의했다. 진종은 신의 계시라고 하여 잇달아 새로운 제식祭式들을 만들었는데, 그것들은 유교의 경쟁 상대였던 불교와 도교의 혼합물이었다. 또한 유교의 영향력을 강화시켜 1011년 모든 지방 도시들에 공자의 사원을 세우라는 명을 내렸다. 이러한 개혁으로 백성들에게 천자의 정통성을 더욱 강하게 인식시킬 수 있었다. 그러나 말년에 정신이상이 생겨 그의 황후가 권력을 잡았다. 참17 〈진종〉

***백거이白居易(772-846) : 중국 중당 시대中唐時代(766-826)의 시인. 자는 낙천樂天. 호는 향산거사香山居士. 본적은 산시성山西省 타이위안太原. 뤄양洛陽 부근의 신정新鄭 출생. 이백李白이 죽은 지 10년, 두보杜甫가 죽은 지 2년 후에 태어났으며, 같은 시대의 한유韓愈와 더불어 '이두한백李杜韓白'으로 병칭된다. 어려서부터 총명하여 5세 때부터 시 짓는 법을 배웠으며 15세가 지나자 주위 사람을 놀라게 하는 시재를 보였다. 대대로 가난한 관리 집안에 태어났으나, 800년 29세로 진사進士에 급제하였고 32세에 황제의 친시親試에 합격하였으며, 그 무렵에 지은 《장한가長恨歌》는 유명하다. 그의 작품 구성은 논리의 필연에 따르며, 주제는 보편적이어서, 유려流麗·평이平易한 문학의 폭을 넓혀 당唐 일대一代를 통하여 두드러진 개성을 형성했다. 주요 저서는 《장한가長恨歌》, 《비파행琵琶行》 등이 있다. 참10

것에 대한 지식이란 나의 입장에서 취해지는 것이어서 그 무엇인가에 대한 참된 지식은 나의 입장이 어떠한 것인가에 대한 정확한 이해를 통해 취해질 수 있기 때문이다.

그렇다면 '나'란 무엇이며 어떤 것에 대한 '나'의 입장이란 무엇인가? '내'가 하는 일은 무엇이고 '내'가 살아간다고 하는 것은 무엇인가? 즉, 우리의 삶이나 존재란 무엇인가? 앞으로의 진리는 이러한 것들에 대한 지식을 통해 얻어질 것이라 판단된다. 또 그러한 지식은 우리의 차원에서 본 우리나, 또는 그러한 우리를 둘러싸고 있는 우주의 시각에서 본 우주 등에 대한 지식을 통해 가능할 것이다. 우주의 시각에서 본 나는 나를 감싸고 있는 존재들과 같은 운명체로서, 그것들과 다각적 차원에서 연결되어 있는 존재이며 그것들과 나는 완전한 하나이다. 그러나 내가 나란 차원에서 나를 바라다볼 때, 나는 나를 둘러싸고 있는 것들과 유리되어 있다. 따라서 우리는 우리를 둘러싸고 있는 존재들과 각각 다른 존재들로 인식된다. 그것은 내가 완전히 잘 수양되지 않았기 때문이라 할 수 있다. 따라서 우리의 시각에서 타자를 보는 것은 우주의 시각에서 우리를 보는 것보다 더 주관적일 수 있기 때문에 우주적 시각에서 자신을 바라봄으로써 우리와 우리를 둘러싸고 있는 존재들과의 동일성을 추구해 가야 한다.

우주 중심 시대에서의 연구는 바로 나와 나를 둘러싸고 있는 것들과의 공통점과 차이점을 추구하는 역할을 담당해야 한다. 이것이야말로 또 우주 중심 시대를 살아가는 인간들의 죽음에 대한 의식의 초극 방법이 될 것이다. 우주 중심 시대에 우리와 우리의 우주를 창조한 신이 존재한다면, 그것은 우리와 우리를 둘러싸고 있는 타자와의 공통점과 차이점의 추구를 통해서만이 발견될 수 있으며, 또 나와 타자가 총체적인 차원에서 동일한 존재라는 사실이 규명되어야만 모든 인간들이 인정할 수 있는 어떤 보편적인 신이 발견될 수 있을 것이다. 다시 말해서 우리 자신들에 대한 지식을 통해 우리를 둘러싸고 있는 타자들을 알아 감으로써 우리는 우리의 본질적 문제를 풀어 줄 수 있는 신을 발견해 갈 수 있으며, 이와 같은 측면에서 발견될 수 있는 우주 중심 시대의 신이란 분명 '지식의 신'일 것이다. 우주 중심 시대의 삶의 문제는 연구를 통해 취해진 지식을 통해서만 해결될 수 있다는 것이다.

이와 같은 측면에서 생각해 볼 때, 우주 중심 시대의 인간의 삶은 인간의 무지로 인해 연결되지 않은 것을 연결시킬 수 있는 지식을 추구해 가는 삶, 즉 연구의 삶으로 특징지어질 수 있다. 어떤 것에 대한 하나의 체계적 지식이나 어떤 것에 대한 학문적 달성은 항상 새로운 문제를 제기하게 된다. 그러한 의미에서 지식이나 학문의 완전한 달성은 영원히 불가능한 것으로 보인다. 즉, 진리의 탐구나 학문의 달성은 그것이 영원한 것인 한 항상 미완성으로 남아 있을 것이다. 연구자는 그 미완성을 완성시키기 위해 끊임없이 노력하는 자이다. 완전하게는 영원히 알 수 없는데도 그것을 완전히 알려고 노력한다는 것은 부조리한 일이다. 그러나 막스 베버가《직업으로서의 학문》에서 학생들에게 말하고 있듯이, **아우구스티누스***가 '부조리하기 때문에 나는 믿는다'라고 하는 말에 해당될 수 있는 경지에까지 신자信者의 신앙이 도달해야 되듯이, 연구자나 학자도 진리를 추구함에 있어 그러한 경지에 도달해야 한다.[32]

베이징 대학 내에는 하나의 커다란 인공호수가 있다. 청말淸末 **서태후****가 국고를 탕진해 가며 판 것이다. 그녀는 그 명칭을 공모했는데 응모한 것 중 마음에 드는 것이 없어 그냥 '미명호未名湖'라 불렀다고 한다. 베이징 대학 출신의 석학들은 개교 90주년 행사로《정신의 매력》이란 수필집을 냈는데, 그 서문을 쓴 세계적 석학 **지셴린***** 등을 비롯한 적잖은 학자들이 이 미명호를 노래하고 있다.[33] 이때

*아우구스티누스Aurelius Augustinus(354-430) : 초기의 그리스도교 교회가 낳은 위대한 철학자이자 사상가. 고대 문화의 최후의 위인임과 동시에 중세의 새로운 문화를 탄생하게 한 선구자였다. 주요 저서인《고백록》에서 관심을 가졌던 것은 신과 영혼이었다. 참10

**서태후西太后(1835-1908) : 중국 청淸나라 함풍제咸豊帝(1850-61 재위)의 황후. 효흠孝欽, 서황후西皇后, 자희황태후慈禧皇太后라고도 한다. 동치제同治帝(1861-75 재위)의 어머니이자 광서제光緖帝(1875-1908 재위)의 양어머니로서 청 제국을 거의 반세기 동안 지배했다. 보수파 부패관료 일당을 기반으로 청을 철권 통치함으로써 중국 역사상 강력한 여성 지배자로 꼽히고 있다. 동치제와 광서제의 섭정을 지냈고 광서제가 입헌파 캉유웨이와 입헌군주제를 위한 전환을 꾀하자 무술정변을 일으켰다. 말년에는 신정을 실시했으나 중국의 반식민지화는 더욱 심각해졌다. 참10

***지셴린季羨林(1915-) : 베이징 대학의 부총장을 지낸 동방학의 세계적 권위자. 산동성 출생. 청화 대학 서양학부, 독일괴팅겐 대학, 베이징 대학 교수. 중국·인도 문화 관계전공. 한국에서는 문화대혁명에 대한 한 지식인의 회고담《우붕잡억牛棚雜憶》(2006)이 번역됨.

정신적 매력이란 지적 매력으로서, 그 토양은 다름 아닌 바로 미완未完의 상태라는 것이다. 바꾸어 말해서 모르는 것을 끊임없이 알아 가려는 태도야말로 우리 현대인들에게서 가장 매력적이라고 하는 것이다. 한국에서의 서양철학 연구의 기틀을 마련한 **박희성*** 교수는 이 경우의 모르는 것을 알아가는 방법과 그 가치를 이렇게 말하고 있다. '우리는 미지의 세계에 끊임없는 부정否定을 부여한다. 이는 긍정肯定에 도달하기 위해서이다. 〔…〕 긍정은 올바른 길을 의미한다. 올바른 길에 나서는 것이 얼마나 중요한가는 크게는 역사가 말하고 적게는 개인의 경험이 말한다. 문제에 따라서는 올바른 길을 찾기에 인류는 천 년을 요하였고 만 년을 요하였다.'[34]

연구나 학문의 본질이 신앙과도 같다는 것은 학문의 아버지라 불리는 소크라테스의 죽음이 명확히 말해 주고 있다. 소크라테스의 죽음은 다음과 같은 두 가지 신화의 씨앗을 현대문명에 뿌려 놓았다. 하나는 인간에게 존재한다고 하는 혼魂의 불사不死 사상의 확립이고, 다른 하나는 자신이 옳다고 확신한 것을 통한 죽음의 초극 방법의 확립이다.[35] 소크라테스는 자신의 육체는 죽어도 그에 내재되어 있는 혼은 불사한다는 생각으로 자신의 죽음을 순순히 받아들일 수 있었다. 이 경우 소크라테스의 위대함은 그가 혼의 불사에 대한 확신을 통해 자신에게 주어진 죽음을 받아들였다고 하는 것에 있다. 자신이 옳다고 믿는 것을 끝까지 행동에 옮겼다는 것이다. 현재 우리가 소크라테스를 학문의 아버지로 일컫는 것은 그가 철학의 토대를 세웠다는 의미라기보다는 죽음의 선택을 통해 지행불이知行不二의 삶을 제자들에게 보여 주었기 때문인 것이다. 중국의 유가에서도 고대 이래 '안다는 것은 그다지 어렵지 않지만, 행한다는 것은 정말 어렵다(知之非難, 行之惟難)'[36]는 말이 있는데, 그것은 유교 문화권에서의 학자란 지행일치知行一致의 인간이어야 함을 증명해 주는 것이다. 많은 위대한 학자들은 원칙에 대한 신념을 통해 모든 어려움을 견디어 내면서 자신들의 학문을 이루어 냈다. 불변하는 법칙

*박희성朴希聖(1901-1988) : 함남 출생. 연희전문, 미시간 대학 대학원 철학과, 고려대 철학과 교수. 저서《회의와 진리》(1989). **필자 보충 설명**

들에 대한 신념에서 위안을 찾아 가며 자기 자신, 가정, 직장, 학계, 국가, 인류 등이 그들에게 가져다주는 역경을 견디어 내면서 자신들의 학문을 이루어 냈던 것이다. 이것은 자신의 학문을 통해 그러한 역경을 견디어 갔다는 말이기도 한 것이다.

학문이나 연구란 미지를 추구하는 하나의 과정이다. 인간은 모르는 것을 알아내고자 하는 욕망을 실행해 가는 과정상의 존재이다. 순자荀子(300경-230, BC)도 일찍이 그의 〈권학편勸學篇〉에서 '배움을 행하는 자는 사람이고 그것을 버리는 자는 금수이다'라고 말하고 있다. **맹자***가 인간의 본성은 원래 선善하다는 성선설性善說을 주장했던 것에 반해 순자는 성악설性惡說을 주장했다. 맹자는 인간이 자신의 본성인 선을 유지해 가기 위해서는 교육이 필요하다는 입장을 취했다. 이에 반해 순자는 인간이 자신의 본성인 악을 무력화해 가기 위해서는 교육을 받아가야 한다고 주장했다. 동아시아의 유교 문화권에서는 순자의 성악설보다는 맹자의 성선설이 유교의 주류를 이루어 왔다. 서구의 기독교 문화권의 경우는 인간이 죄를 저질러 낙원에서 추방된 자로 인식되어 그 원죄론에 근거해 성악설이 주류를 이루어 왔다. 현재 전 지구의 모든 문화권의 인간들은 서구의 신교도들이 일으킨 산업문명의 세례를 받아 근대화를 추진해 왔고, 또 그것을 기초로 해서 글로벌화를 추진해 가고 있다. 이렇게 봤을 때, 현재 우리에게서의 교육과 학문은 인간의 본성에 내재된 악을 퇴치해 가는 역할을 행해 가는 행위라 할 수 있다. 그러나 알아간다는 것은 끝이 없고, 또 어느 정도 알게 되었다 하더라도 그것을 행하기란 정말 어려운 일이다. 그런데 왜 인간들은 알아가려 하고 또 그것을 실행해 가려 하는 것일까? 단도직입적으로 말해서 그것은 우선 일차적으로 비극적 삶을 살지 않기 위해서이고, 이차적으로는 희망을 갖고 살아가기 위해서인 것이다.

*맹자孟子(372경-289경, BC) : 중국 철학자. 공자의 정통유학을 계승 발전시켰고 공자 다음의 아성亞聖으로 불린다. 그가 내세운 기본원칙의 핵심은 백성에 대한 통치자의 의무를 강조한 것이다. 《맹자孟子》는 그의 언행을 기록한 것으로서 인간의 성선설性善說을 주장하고 있다. 성선설은 현대에도 유교학자들 사이에서 열띠게 논의되고 있는 주제이다. 참17

고대 그리스에서의 연극의 일종으로서의 비극의 근원은 '양의 노래' 소리로부터 출발되었다고 말하고 있다. 또 **니체***도 인간에게서의 비극은 쾌락으로부터 탄생했다는 설을 제시하고 있다.[37] 인간에게 모르는 것이 있어 그가 그것을 알기 위해 행동하는 한, 그에게는 늘 희망이 있다. 지식이 있고 그것을 행동에 옮길 수 있는 의지가 있는 한, 그에게는 희망이 있는 것이다. 알고 싶은 것이 있어서 알려고 노력했을 때 인간은 반드시 어떠한 형태로든지 그것을 알게 되며, 이때 인간은 기쁨을 느낀다. 그러나 인간에게 알고 싶은 것이 있어도 그것을 알려고 노력하지 않고 기쁨만을 느끼려 할 때에는 결국 그는 비극적 인간이 되고 만다. 술이나 먹고 노래만 부르려는 비극적 인간이 되고 만다는 것이다. 그러한 사례는 분명히 근대화 과정에서의 우리 역사가 말해 주고 있고 우리 개개인의 삶이 말해 주고 있다. 따라서 인간이 자신을 둘러싸고 있는 미지의 세계를 알아보려는 생각을 한다는 것은 중요한 일이다. 다시 말해서 인간의 삶 그 자체는 문제의식으로부터 출발한다. 우리가 사는 세계는 문제의식에 의해 열리는 세계이다. 서구에서 **후기구조주의****이후 문학 이론의 기초는 텍스트 이론이다. **롤랑 바르트*****의《텍스트의 이론》(1973)이 지적하고 있듯이 텍스트text의 본질은 상호관련성에 있다. 문학의 경우뿐만 아니라 어떠한 분야에 있어서도 그 이론적 기초는 텍스트이다. 우리가 어떤 것을 연구해서 그것에 대한 이론을 정립한다는 것은 그것의 다른

*니체Friedrich Wilhelm Nietzsche(1844-1900) : 독일의 시인·철학자. 쇼펜하우어의 의지철학을 계승하는 '생의 철학'의 기수旗手이며, 키에르케고르와 함께 실존주의의 선구자로 지칭된다. 주저로는 《반시대적 고찰》(1873-1876),《차라투스트라는 이렇게 말하였다》(1883-1885) 등이 있다. 참10

**후기구조주의 : 포스트구조주의post-structuralism. 프랑스에서 일어난 철학 운동. 자크 데리다, 푸코로 대표된다. 포스트구조주의는 구조주의라는 사상이 제기하는 철학적 함의含意를 철저히 하려는 사상이다. 구조주의는 인간 자체를 중시한 나머지 관계라는 것을 경시한 실존주의에 대한 비판에서 등장한 것이다. 이에 대해 후기구조주의는 그러한 구조주의의 인간경시人間輕視에 대한 반작용으로 나타난 것이다. 그러므로 구조주의에서는 무시되었던 종교와 역사의 역할을 중요시한다. 참10

***롤랑 바르트Roland Barthes(1915-1980) : 20세기 중엽 프랑스의 평론가. 파리 대학, 에콜 프라티크 교수를 역임했다. 문학비평 분야에서 신비평, 구조주의, 후기구조주의 시대의 대표적 존재였다. 사회학·정신분석·언어학의 성과를 활용한 대담한 이론을 전개하였다. 저서는《비평과 진실》(1953),《신화 작용》,《기호학 개론》(1965) 등이다. 참40

것들과의 관련성을 정립한다는 것이다. 우리가 어떤 것을 연구하여 그것의 다른 것들과의 관련성을 파악하는 행위는 우리가 그것과 다른 것들과의 관련성을 밝혀 그것에 대한 이해를 통해 그것으로부터 자유를 획득하기 위해서이다. 이렇게 볼 때 우리가 미지의 것을 알아보려는 궁극적인 목적은 그것으로부터 자유로워지기 위해서이고, 그러한 자유를 토대로 미지의 것들을 자기화시켜 가기 위함이다.

이 경우, 어떤 미지의 것들을 알아보려는 생각이나 그것에 대한 문제의식이 무엇보다도 중요한 것만은 사실이지만, 그것들보다 더 중요한 것은 자신이 알고 싶은 것을 알기 위해 노력하는 태도이고 실행해 보는 태도이다. 학문이나 연구의 참된 기쁨은 모르는 것을 알았을 때 느껴지는 희열뿐만 아니라 모르는 것을 알기 위해 노력해 갈 때 부딪히는 느낌들 속에 내재되어 있는 기쁨들이며, 또 참된 지식을 실행해 갈 때 갖게 되는 환희까지를 말한다.

일찍이 공자도《논어》의〈학이편〉에서 학문의 즐거움을 다음과 같이 말하고 있지 않는가. '배우고 때로 익히면 어찌 즐겁지 아니한가. 먼 곳에서 찾아와 주는 친구도 있는데 그것 또한 어찌 즐겁지 않는가. 또 남이 나를 알아주지 않더라도 원망하지 않는 것, 이 또한 군자가 아니겠는가.'[38] 이렇게 볼 때, 학문이나 연구는 인간이 알아가는 행위를 통해 자신의 존재를 실현해 가는 과정에서 자신의 존재를 둘러싸고 있는 세계와의 이상적 관계를 취해 가기 위한 하나의 방법이라 규정될 수 있다. 알기 위해 배워 가고 배워 가다 모르는 것을 찾아내어 알아 가는 것이 연구의 본질이다. 무지無知의 세계를 향해 자신의 인식과 표현을 끊임없이 펼쳐 가는 것이 지적 삶이며 그것이 바로 연구 생활이다. 이러한 연구 생활이 다름 아닌 현대인의 이상적인 삶의 태도인 것이다.

우리는 무엇인가를 듣거나 보고 생각하거나 느끼며 살아간다. 이때 그냥 듣거나 보고 생각하거나 느끼는 것은 지적 삶이 아니다. 듣거나 보고 그것을 가지고 생각하고 느끼고, 혹은 생각한 것을 가지고 느끼고, 또 그런 느낌을 가지고 듣거나 보는 바로 그러한 삶이 지적 삶이다. 다시 말해서 접촉해서 안 것을 가지고 모르는 것을 알아가고 느낀 것을 가지고 아직 느끼지 못한 것을 느껴 감으로써, 자신의 존재 영역과 존재 의미를 넓혀 가는 것이 다름 아닌 바로 학문이고 연구인 것이다. 그러한 삶이 지적 삶이며 현대인의 삶이어야 한다. 그러한 태도를 가지고 듣거나 보거나 접하고 생각하고 느껴갈 때만이 우리는 우리에게 펼쳐진 미지의 세계를 열어 갈 수 있다. 그러한 입장을 가질 때만이 21세기의 우주 중심 시대의 새로운 신을 발견해 갈 수 있고, 그렇게 함으로써만이 우주 속에서의 보다 새롭고 보다 풍요로운 인간의 존재 의미를 느껴갈 수 있을 것이다.

이제 우리들에게 지금까지 지나치게 의식되어 왔던 서구인들의 신God은 더 이상 문제시되지 않는다. 문제는 전 지상의 모든 문화권의 인간들이 받아들여 갈 수 있는 새로운 신을 발견해 가는 과정이다. 따라서 현대인에게서의 생명의 유한의식은 인간 자신에 대한 체계적 연구를 통해서만 극복될 수 있을 것이다.

우리가 어떤 것을 알려고 하는 것은 그것을 자기화시켜 봄으로써 그것으로부터 자유로워지기 위해서이다. 자신의 존재 의미는 자신의 지식으로 창조해 가는 것이다. **괴테***의 《파우스트》의 주인공 파우스트 박사는 인간과 우주의 궁극적인 진리를 밝혀 보기 위해 철학, 법학, 의학, 신학 등을 다 연구한 후에 '결국, 인간은 아무것도 알 수 없다는 것만을 알게 됐구나'라는 말을 한다. 그는 그러한 자각을 계기로 악마의 꾐에 넘어가 욕정과 미적 향락에 빠져들지만 그것들에 결코 만족하지 못하고, 결국은 황무지를 개간하여 만인을 위한 옥토沃土 형성의 작업을

*괴테Johann Wolfgang Von Goethe(1749-1832) : 독일의 시성詩聖, 프랑크푸르트의 유복한 가정에서 탄생. 라이프치히 대학에서 법률학 수학. 25세에 《젊은 베르테르의 슬픔》을 발표해 하루아침에 유명해진다. 26세에 릴리Lili와 약혼을 하게 되나, 결혼이 창작 생활에 방해가 될 것 같다는 생각에서인지 결혼까지는 가지 않았다. 그해 그는 작은 바이마르 공국公國의 젊은 영주領主의 초청으로 바이마르 궁정에 들어간다. 그 후 그는 그곳에서 내각의 수반까지 지내며 일생을 보내게 된다. 그는 그곳에서 10여 년간 폰 슈타인 부인夫人을 사랑하게 된다. 그녀는 당시 아이들이 7명이나 있었고, 남편도 있었다. 괴테는 39세에 가서 23세의 청순한 처녀와 동거해 아이를 갖게 되고, 그로부터 19년 만에 결혼식을 올리게 된다. 67세에는 부인과 사별한다. 74세에는 19세의 소녀에게 구혼하나 부모의 거절로 결혼까지는 성사되지 못한다. 그 후 그는 별로 외출도 하지 않고 저술과 자연 연구에 몰두해 갔다. 그러한 괴테는 그가 사망하기 6개월 전에 《파우스트》의 끝을 다음과 같이 장식한다. '신비의 합창—일체의 무상無常한 만상萬象은 한낱 영상映像에 지나지 않으리라. 지상에서 이루지 못했던 일은 천상에서 이루어지리라. 이루 형언할 수 없는 모든 일들이 여기 천상에서는 이루어지리라.' 주요작품 소설 《젊은 베르테르의 슬픔》(1774), 《파우스트》(1부 1808, 2부 1832). 참38

시작한다. 아인슈타인과 더불어 20세기 최대의 과학자 막스 플랑크는 이러한 사실과 관련시켜 '사실 지식은 실천되지 않으면 무가치하다. 이것은 마치 모든 이론이 궁극적으로 그 각별한 적용 때문에 중요하다는 것과도 같다'라고 말하고, 또 그는 '최종적이자 최고의 교육 목표는 지식이나 일을 하는 능력이 아니라 실천적 행동'이라고 주장한다.[39] 파우스트는 자신의 개인적 이익을 위한 일들을 실천하는 것이 아니라 인류사회를 위한 공익사업에 적극적으로 참여해 가게 됨으로써 자신의 영혼을 악마로부터 구제하게 된다. 작품의 끝에서 천사들은 파우스트를 끌고 가는 악마들에게 장미 꽃송이들을 떨어트려 그들을 태워 죽이고 그의 영혼을 천국으로 인도해 가면서, '지상의 숭고한 인간이 악으로부터 구제되었습니다. 끊임없이 노력하고 구하려는 자를 우리는 구제할 수 있습니다'라고 노래한다. 필자가 여기에서 끝으로 말하고자 하는 것은 인간에게서의 연구 활동이야말로 그러한 공익과 노력과 탐구를 본질로 한다고 하는 것이다.

우리 존재 의미는 우리의 세계와 존재를 좀더 알아가고, 또 그것들에 대한 경이를 자각해 가는 것으로부터 나온다. 우리는 근래로 접어들어 인간과 사회를 위해 어떤 연구를 행해 간다는 것 자체가 가식적 행위인 것 같다는 생각이 들 때가 있다. 우리의 연구 행위가 그렇게 느껴지는 것은 그것이 우리의 한정된 짧은 지식에 의해 판단되어졌기 때문일 것이다. 우리가 인간과 세계에 대해 더 많은 경험과 지식을 갖고 있었다고 한다면 우리 연구 행위가 그렇게 가식적이거나 허무한 것으로 느껴지지 않을지 모른다. 우리가 인간의 존재를 우주적 차원에서 접근해 볼 때 문제는 삶과 세계에 대한 우리의 지식 부족에 있다고 생각하지 않을 수 없다. 그러한 의미에서 인간 중심 시대의 초입기에 출현한 작품 **《파우스트》***의

*《파우스트*Faust*》(1부 1808, 2부 1832) : 괴테의 대표작. 괴테가 이 희곡을 작성해 《초고 파우스트》를 발표했던 것은 24세였던 1774년이었다. 그 후 그는 그것을 여러 차례 가필해 41세였던 1790년에 《단편 파우스트》를 발표했고, 다시 그것을 개작해 59세였던 1808년에 《파우스트 제1부》를 출판했다. 그 다음 그는 영국의 천재 시인 바이런이 그리스의 독립전쟁에서 사망한 것을 계기로 해서 제2부를 집필하기 시작해 그가 사망하기 불과 반 년 전인 82세였던 1831년 8월에 전편을 완성한다. 도합 60년에 걸쳐 씌어진 작품이다. 이 작품의 소재는 15-16세기경에 실재했다고 하는 한 연금술사의 이야기가 토대가 되어 형성된 파우스트 전설로부터 취해졌다. 그 전설이 최초로 작품화된

주인공 파우스트 박사의 지식에 대한 입장은 또 다른 차원에서 해석될 수 있는 것이다.

것은 영국의 말로Christopher Marlow의 《파우스트 박사의 비화》(1588)였다. 말로의 작품을 비롯한 파우스트 전설의 내용은 대체로 다음과 같다. 주인공은 인간으로서의 모든 학문과 재주를 획득하게 되지만 그것에 만족하지 못하고 우주의 신비와 최고의 향락을 맛보기 위해 악마와 계약을 맺는다. 악마는 파우스트에게 모든 요구를 들어주는 대신 24년 후에는 그의 영혼을 자기 마음대로 가져가기로 한다. 파우스트는 악마를 자기의 종으로 데리고 다니며 그의 힘으로 갖은 향락과 욕정을 누리게 된다. 그러나 그는 끝내 그것들에 만족하지 못하고 신에게 기도를 드린다. 그러자 그때 악마는 고대 그리스의 미녀 헬레나를 마술로 재현시킨다. 파우스트는 그녀에 도취해 그녀의 아름다움에 만족해 자신의 마음을 판 나머지 그녀를 포옹하는 순간 그녀는 복수의 여신으로 변신해 그를 지옥으로 끌고 간다. 24년의 계약이 끝났기 때문이다. 이와 같이 전설 속의 파우스트는 파멸로 끝난다. 이에 반해 괴테의 파우스트는 구원을 얻는다고 하는 것이다. 그의 구원은 두 가지 차원에서 논해질 수 있다. 우선 하나는 이 지상에서의 구원이다. 그가 헬레나를 따라가 그녀와 결혼까지 하지만 그것에도 만족하지 못하고, 결국은 지상에 유토피아를 건설해야겠다는 계획을 세워 그것에 정진해 가게 된다. 그는 그 일에 빠져들고 나서야 생의 참된 의의를 발견하게 되어 결국 그 일에 정신이 팔리게 됨으로써 그의 정신이 구원된다고 하는 것이다. 다른 하나는 그가 그러한 사회사업을 행해 가는 것에 삶의 만족감을 느낀 인간의 상태에서 사망하게 됨에 따라 그의 영혼이 천사들에 의해 천국으로 인도됨으로써였던 것이다. 참38

제2장

후기구조주의를 넘어서

들어가면서

이것이 나의 '과정'에 대한 접근의 제2단계이다. '후기구조주의를 넘어서'로 명명한다.

제1단계 '현대인의 삶과 연구의 본질'에서 나는 과정론적 차원에서의 세계에 대한 새로운 인식과 그것을 통한 새로운 삶의 방법과 연구 방법의 필요성을 역설하였다. 여기서는 문화 연구의 한 방법으로서의 과정학을 제시하기 위한 전 단계로서 서구의 현대 사상을 대표하는 후기구조주의의 본질과 그 한계성의 파악을 중점적으로 다룰 것이다. 이를 위해 후기구조주의의 성립, 그 과정에서 형성된 구조주의의 특성, 그것들의 한계성의 극복 방법으로서의 구조에서 과정으로의 인식 전환 등의 측면에서 접근해 갈 것이다.

제1단계에서도 언급했지만, 서구 구조주의에서의 구조란 대상을 공시적 측면에서 접근했을 때 취해진 질서 체계이다. 즉, 한정된 시간이나 공간의 어떤 대상을 이루는 요소들의 공시적 관계들의 질서 체계이다. 이와 같은 구조에 대한 관심은 모든 사물의 본질을 통시적 측면에서 파악하려는 19세기의 역사주의에 대한 반발로부터 출발했다. 20세기 이후 사물에 대한 그러한 구조주의적 접근 방법은 사물들의 공시적 관계를 통해 그 본질을 파악하려는 입장이었다. 이러한 입장은 자연과학에서의 화학과 인문사회과학에서의 지리학 등을 기초로 하여 사회학, 언어학, 문화인류학 등을 통해 확립되었다.

그러다가 서구의 구조주의에서 추구되어 나왔던 '구조structure'가 1960년대 말부터 또 다른 차원에서 인식되어 나왔다. 구조는 서구의 로고스 중심주의를 통해 파악된 것으로 유럽 중심주의의 산물에 다름 아니기 때문에 그것은 전 세계적인 보편적 개념이 결코 될 수 없다고 하는 소위 탈구조주의적 입장이 주장되었던 것이다. 이와 같은 유럽인들의 탈구조주의 사상은 청각기호인 말, 즉 로고스를 기초로 구축된 기존의 구조를 해체시키고, 시각기호, 즉 문자나 문자 이전의 자연물들의 모든 시각적 표현 형식들을 기초로 하여 새로운 차원의 구조들을 모색하자는 후기구조주의로 정착되었다. 이렇게 볼 때 이들이 지향하는 탈구조주의란 유럽인의 형이상학을 기초로 성립된 유럽 중심의 구조에서 전 지상 중심의 구조로의 전환이라는 특성을 띤다. 문화 연구의 경우는 '담화론discourse' 중심에서 '텍스트text' 중심으로의 입장 전환으로 구체화되었다.

그러나 우리는 인문사회과학에서 다루는 인간의 문제가 시간과 공간이 분리된 3차원 세계의 통시적 측면으로나 혹은 공시적 측면 등만으로는 결코 해명될 수 없음을 알고 있다. 그래서 인간의 삶의 본질이 움직임動과 그 움직임의 의미를 향유하려는 의지에 있음을 주시하여 통시적 측면으로나 공시적 측면 등만 으로가 아닌, 시공時空이 결합된 4차원 세계를 형성하는 '과정'이라고 하는 측면에서 인간의 삶과 그 삶의 의미의 문제를 해명해 보려는 입장을 제시하게 되었다. 이러한 입장이 바로 우리가 전 단계에서부터 거론해 온 과정학이라고 하는 입장이다. 아인슈타인의 상대성 이론(1905년과 1915년)이 출현하기 이전까지만 해도 인간들은 자신들의 삶이 3차원의 면들로 이루어진 정지 공간의 세계에서 실현되고 있다는 고전물리학적 사고를 행해 왔었다. 그러나 그것의 출현 이후 인간들은 자신들의 존재가 시간이 개입된 4차원의 이동 공간의 세계 속에서 실현되고 있다고 자각하게 되었던 것이다. 이러한 세계 인식을 바탕으로 성립된 과정학은 이 우주 속에서의 인간 존재의 기초를 이루는 물리적 세계와 생물학적 세계, 또 그러한 동적 세계를 바탕으로 성립된 인간 사회와 인간의 의식 세계 등과 같은 대상들을 연구해 가는 자연과학, 사회과학, 인문과학 등의 학제적interdisciplinary 접근을 통해 확립될 수 있을 것이라 생각된다.

우리는 그간 동과 서의 문화적 접촉 양상을 토대로, 상대 문화의 수용 양상을 다음과 같이 세 단계로 나누어 생각해 볼 수 있다. 우선 **십자군 원정***과 **몽골의 유라시아 정벌****을 기점으로 하여 그 수용 양상이 고찰될 수 있다. 동서의 문화 교류는 7세기에 동의 오리엔트 지방에서 성립되어 나온 이슬람 문화에 의해 주도되었음을 알 수 있다. 십자군 원정 이전의 5세기 동안 서구의 기독교 국가들은 한마디로 오리엔트의 이슬람교 국가들의 공격과 연구의 대상이었다. 서구의 기독교인들은 그 5세기 동안 그들의 칼과 코란의 공포에 시달리다가 11세기 말에 이르러, 그들은 오리엔트 지방을 완전히 복구·점령하여 성경으로 그들의 거친 투혼을 순화시켜 그들로부터의 더 이상의 공격을 모면해야겠다는 생각을 하게 되었다. 그 방법의 하나로 서구인들은 십자군 원정을 시작했다.[1]

이와 같이 서구는 **알렉산더 대왕*****의 동방 원정(334-324, BC) 이후부터 십자군 원정 이전까지의 13세기 동안만 하더라도 동양에 대해 수동적 입장을 취해 왔다. 그러다가 십자군 원정을 계기로 서양인들은 오리엔트로, 인도로, 동아시아로 꾸준히 진출해 나와 동양의 이슬람, 불교, 유교 등의 문화를 배워 그것들을 자신의

*십자군十字軍/crusades 원정(1096-1291) : 11세기 말에서 13세기 말 사이에 서유럽의 그리스도교도들이 성지 팔레스티나와 성도 예루살렘을 이슬람교도들로부터 탈환하기 위해 8회에 걸쳐 감행한 대원정. 참10

**몽골의 유라시아 정벌(1205-1368) : 칭기즈칸이 1209년에 서하西夏, 티베트계의 탕구르트족에 의해 1038년에 오르도스 지방과 내몽고 지역에 건설된 국가를 굴복시킨 것을 시작으로 1227년 그의 사망 후 후계자들에 의해 1231년 페르시아의 멸망, 1241년 모스크바, 폴란드, 헝가리 등 침략, 1258년 바그다드의 아바스왕국 멸망, 1258년 고려 굴복, 1274년 1281년의 2차에 걸친 일본 원정, 1279년 남송 멸망, 1292년 자바 공격 등을 통해 이루어졌다. 참39

***알렉산더 대왕Alexander the Grea(356-323, BC) : 필리포스의 왕위를 계승한 후 인류 역사상 가장 넓은 제국들 가운데 하나인 알렉산드로스 제국을 세운 마케도니아 왕국의 왕(재위 336-323, BC). 우리는 그의 업적을 그려 대왕이라 받들며, 때로는 계승 서열에 따라 알렉산드로스 3세 Alexander III라 일컫기도 한다. 한국에서는 영어의 영향으로 알렉산더 대왕Alexander the Great으로 더 많이 알려져 있다. 또한 이슬람식 이름으로 이스칸달이라고도 한다. 그리스, 페르시아, 인도에 이르는 대제국을 건설하였으며, 그 정복지에 다수의 도시를 건설하여 동서 교통, 경제 발전에 기여하였고, 그리스 문화와 오리엔트 문화를 융합한 헬레니즘 문화를 이룩하였다. 참10

것들과 접합시켜 더 훌륭한 것을 만들고 그것으로써 동양에 진출하여 동양의 것들을 착취해 가기에 이르렀던 것이다.

십자군 원정 이래 줄곧, 서양인들은 자신들의 이익을 위해 동양인들에게 줄 필요가 있다고 생각했던, 예를 들어 성경이나 혹은 자신들의 문화상품들과 같은 것만을 전해 주었다. 또 그들은 가져갈 필요가 있다고 생각했던 것만을 동양으로부터 취해 갔다. 원元의 설립자 **쿠빌라이 칸***에게 17년간 봉임하고 1295년 베니스로 돌아가《**동방견문록**》**을 집필했던 이탈리아의 상인 **마르코 폴로*****나 당시 **프란체스코 교단******이 파견한 이탈리아 신부들이 그러했듯이 말이다. 그리고 서양인들은 자신들이 취한 것들로부터 아이디어를 얻어 정말 자신들에게 필요했던 것을 만들어 냈다. 한편 동양인들은 서양인들이 자신들의 목적 달성을 위해 상대방들

---

*쿠빌라이 칸Kublai Khan/忽必烈汗(세조, 1215-1294) : 칭기즈칸의 손자이다. 묘호는 세조世祖. 중국을 정복하여 원조元朝를 창립하고 초대 황제가 되었다. 국호를 원元으로 고치고 대도大都(현재의 베이징)를 도읍으로 정하였다. 남송을 멸망시켰고, 통일된 다 민족국가의 발전을 위해 공헌하였다. 그는 한때 고려와 연합해 일본을 정복하려 했으나 두 차례 모두 태풍으로 실패했다. 그때 고려에서 만든 배는 거의 침몰하지 않았다고 하니, 우리 선조들의 우월성을 볼 수가 있다. 참6

**《동방견문록東方見聞錄/*Livre des Merverillesdu Monde*》: 정식 명칭은《세계의 기술記述》로 알려졌다. 마르코 폴로가 1271년부터 1295년까지 동방을 여행한 체험담을 루스티첼로가 감옥에서 그로부터 듣고 기록한 여행기. 좀 과장된 점이 있긴 하지만 당시의 서아시아·중앙아시아·중국·남해南海 등에 관한 기사가 풍부하고 정확하며, 특히 중앙아시아가 자세히 언급되어 있다. 참10

***마르코 폴로Marco Polo(1254-1324) : 이탈리아의 탐험가. 이탈리아의 상업도시 베네치아에서 무역상의 아들로 태어났다. 1275년에 서아시아·중앙아시아를 거쳐 원나라의 상도上都에 이르러 쿠빌라이(세조)에게 벼슬한 이후 여러 관직을 지내면서 중국 각지를 여행하고, 1290년에 일 한국汗國 국왕에게 시집가는 왕녀 코카친을 수행하라는 명을 받고 해로海路로 페르시아만灣의 호르무즈섬에 도착한 다음, 1295년에 베네치아로 귀국하였다. 귀국 후 베네치아와 제노바의 전쟁에 참가했다가 포로가 되었는데, 1298-1299년에 제노바 감옥에서 루스티첼로에게 자기의 동방여행 경험을 구술口述하여 필기하도록 한 것이《동방견문록》이다. 참10

****프란체스코 교단Fransiscans(1209년 성립) : 성 프란체스코St. Francesco(1182경-1226)에 의해 설립된 교단. 스콜라학파의 발전과 병행하여 실재론realism과 유명론nominalism의 대립이 생겨났는데, 주지주의主知主義와 주의주의主意主義의 대립이 바로 그것이었다. 그래서 그것은 13, 14세기에 이르러 가장 심각한 신학상의 논점이 되었다. 창조의 원리가 먼저 있었다고 보는 견해는 그리스·로마의 전통적 사고방식에 따른 주지주의 계통이며, 완전한 무에서 창조를 하였다고 주장하는 견해는 주의주의에 속한다. 프란체스코 교단은 실재론과 주지주의의 입장에 있는 토마스 아퀴나스에 대립해 유명론과 주의주의를 주장한다. 이러한 프란체스코 교단의 대표자로 둔스 스코투스와 오캄Willam of Occam을 들 수 있다. 참40

에게 전하려 했던 바로 그러한 것들을 받아들여 그것들을 자신들의 문화와 접합시키려고 노력했다. 그 결과 서양에는 르네상스, 종교개혁, 상업혁명, 지리상의 발견, 산업혁명, 시민혁명, 과학혁명, 해외식민지 개척 등과 같은 긍정적 상황들이 전개되었고, 반면 동양에는 중국의 명·청, 한국의 조선 왕조, 일본의 도쿠가와 막부 등과 같은 제2의 봉건주의국가 시대의 도래, 인도의 식민지국가로의 몰락, 아편전쟁 이래 중국의 반식민지 국가로의 전락, 급진적 서구화로 인한 일본 등에서의 가치관의 혼돈, 그것의 극복 방안의 하나로서의 일본의 대륙침략 등과 같은 부정적 상황들이 전개되어 나갔던 것이다.

다행히 20세기에 들어와서 동양인들, 특히 한국인, 일본인, 중국인 등의 동아시아인들이 서구로부터 유발된 민족적 위기를 극복하고 서구로부터의 안정과 평등을 유지하기 위해 여러 가지의 역사적 수난들을 겪으면서도 능동성을 발휘하기 시작했다. 마르코 폴로가 그들이 필요한 것을 배워 가기 위해 동양으로 떠나기 전 페르시아어를 공부하고 중국어를 수학했듯이, 19세기 후반 이래의 동아시아의 서구 유학생들은 서양 문화와 서양어를 미리 공부하여 필요한 것들을 배우고 자신의 것들과 그것들을 접목시키는 노력을 기울였다. 1세기를 웃도는 기간 동안 동아시아인들은 고국을 떠나 서구에 가서 그들로부터 자신들이 필요한 것들을 열심히 배워 왔다. 반면 19세기 후반 이후 서구인들은 동양에서 파견된 선교사들이나 혹은 서구의 문물을 배우기 위해 서구에 머물고 있었던 동양인들로부터 동양의 것들을 받아들이게 되었다.[2]

인문사회과학의 분야에서는 19세기 후반 이래 그러한 자각이 생겨난 이후부터 동아시아인들은 서구인의 언어와 사상과 제도, 인문사회과학의 연구 방법과 이론 등을 받아들여 그것을 연구해 왔다. 그러나 이제부터 동아시아인들은 그들로부터 배우고 연구해 온 것을 바탕으로 하여 그것들을 동아시아 것들과 접목시켜 이전의 것들보다 더욱 나은 어떤 것을 만들어야 하는 상황에 직면해 있다.

사실상 20세기까지의 동아시아인들은 서구의 것으로부터 모방하기에만 급급했다. 특히 인문과학human science의 경우, 동아시아인들은 서구인들이 자신들의 문제를 해결하고 극복해 가는 과정에서 창출해 낸 이론들을 그대로 가져와 그것들로 자국의 자료를 사용하여 물건을 만들고 제도와 법칙들을 제정해 사용해 가면서 자신들의 정신적 유산을 계발해 갔다. 이러한 과정을 거치면서 동아시아인들은 가치관의 단절로 인한 내적 갈등과 정서불안을 겪어야 했다. 그리하여 안정된 정서 생활의 영위가 불가능해진 것은 말할 것도 없고, 그야말로 산다는 것이 무엇인지조차 정의내릴 수 없는 상황에까지 이르게 되었던 것이다.

그러나 앞서 언급된 동서의 상대 문화의 수용 양상을 고려해 볼 때, 서구인들에 의해 만들어진 인문사회과학의 이론은 다음 두 가지 특징을 갖고 있다. 첫째, 19세기 후반 이후 서구인들이 자신들의 중심으로 동양의 것을 받아들였기 때문에 동양과의 접촉을 통해 새로 창출된 것들이란 서구 중심의 이론들이었다는 것이다. 둘째, 서구 인문사회과학의 여러 이론들이 동양 문화와의 접촉을 통해 만들어진 것이므로, 기본적으로는 그것들 속의 동양의 것들이 서양인의 사유에 맞게 논리화되어 있다고 하는 것이다. 예컨대, 근세 서구의 휴머니즘이란 중국의 인간 중심의 유교 사상이 기독교적 관점으로 굴절되어 논리화된 것이고, 근대 서구의 사실주의 사상은 중국의 실용주의 사상이, 20세기 전반의 서구 실존주의 사상은 인도·중국 등의 힌두교·불교 등이, 후기의 구조주의는 유교의 인간들 간의 관계 사상이라든가, 불교나 도교의 인간과 자연과의 관계 사상 등이 각각 서구인의 논리에 맞게 재구성된 것들로 파악될 수 있다는 것이다.

이와 같이 현재 동아시아인들이 도용하고 있는 서구의 인문사회과학 이론이란 다름이 아니라 사실은 동양인의 것이 서구인의 사유와 정서에 맞게 논리화되어 재구성된 것이라 할 수 있다. 이것은 분명 필자의 서양에 대한 어떤 정신적 우월의식 혹은 동양인의 서양인에 대한 열등의식에서 판단된 것이 결코 아니다. 그것은 이 지구상에서의 지금까지의 문화 현상의 원리와 그 역사가 바탕이 되어 판단된 것이다.

현재 동아시아의 인문사회과학자들은 '서에서 동으로'라는 역사적 전환기에 처해 있다. 근대 이래 동아시아인은 서양인이 동양을 연구한 것보다 훨씬 더 많이 서양을 연구해 왔다. 따라서 현재 우리 동아시아인들은 지금까지의 그 서양 연구의 성과와 동아시아 문화를 토대로, 서양인만으로는 결코 만들어 낼 수 없는 문화

이론, 다시 말해 서양인에게도 적용될 수 있고 동양인의 정서에도 맞는, 이 지구의 모든 인간들의 정서에 맞는 그러한 인문사회과학의 이론을 창출해 내야 할 역사적 사명을 부여받고 있는 것이다.

그렇다면 동아시아인은 어떻게 이와 같은 역사적 사명을 실현시켜 갈 것인가? 우선 그들은 지금까지의 서구인의 인문사회과학의 이론들에 대한 연구 성과를 토대로 출발해야 할 것으로 생각된다. 그러기 위해서는 우선 무엇보다도 현재 서구의 인문사회과학이 어디까지 와 있고 그 한계와 돌파구는 무엇인가에 관한 철저한 고찰이 요구된다. 즉, 현재 서구의 인문사회과학의 대표적 이론은 1960년대 후반에 대두한 후기구조주의인데, 이 후기구조주의의 본질은 무엇이고 이것의 한계와 그 돌파구는 과연 무엇인가에 대한 고찰이 필요하다. 그 다음, 아직 서양인에 의해 발견되지 않은 동양의 질서가 동양인에 의해 적극적으로 연구되어 현대과학에 알맞게 이론화되어야 한다.

그렇다면 동아시아의 어떠한 사람들에 의해 그것들이 실현될 수 있을까? 우선, 동양을 구성하는 오리엔트 문화권이나 인도 문화권의 나라들을 살펴보자. 이 국가들은 엄청난 잠재력을 지니고 있지만 현재로서는 경제적·정치적·교육적 측면에서 서구나 동아시아의 다른 어떤 나라들보다 근대화·현대화가 지연되고 있다. 오리엔트의 경우 이란의 **카자르 왕조***가 무너지고 **팔레비 왕조****가 성립된 1925년을 전후해서야 비로소 근대화가 시작되었고, 1979년 이란의 회교도혁명을 전후해서 현대가 출발되었다. 한편, 인도는 1858년의 세포이반란을 전후하여

*카자르 왕조Qajar Dynasty(1779-1925) : 이란의 근대 왕조. 북부의 아스타라바드Astarabad를 본거지로 했던 투르크계系의 카자르족族의 수장首長 아가 모하마드 칸Agha Muhammad Khan(재위 1794-1797)에서 비롯되며, 테헤란에 도읍하여 약 150년간 존속한 후 1925년 이후 팔레비 왕조로 바뀌었다. 참10

**팔레비 왕조Pahlevi Dynasty(1925-1979) : 1925년에 레자 샤(1878-1944)가 카자르 왕조를 무너뜨리고 세운 이란 최후의 왕조. 팔레비 왕조는 1963년, 농지개혁, 여성 참정권 등 6개 항목의 국정대개혁(백색혁명)을 강행했고, 원유 수출로 쌓인 국부를 바탕으로 경제개발 계획도 실행했다. 그러나 지나게 서구적인 차원에서의 국가 개조와, 1971년의 건국 2500돌 대축제, 1974년 아시안 게임 등과 같은 현대적 행사들은 시아파 이슬람 전통이 뿌리 깊은 국민들에게 환영받지 못했다. 결국 팔레비 왕조는 아야톨라 호메이니Ayatollah Ruhollah Khomeini가 이끄는 1979년의 이슬람 혁명에 의해 무너졌다. 참10

근대화가 비교적 빨리 시작되었고 1947년 인도연방과 파키스탄의 성립 이후 현대화도 또한 비교적 빨리 시작되었다. 그러나 그 추진은 현재 지연되고 있는 상황이다. 따라서 근대화와 현대화의 성과라고 하는 측면에서는 이들은 서구와 대응될 수 없다. 그러나 동아시아의 경우 그 상황은 좀 다르다. 유·불교 문화를 배경으로 서구 문화의 동진에 대처해 온 동아시아는 우선 교육적 측면에서 현재 서구에 결코 뒤처져 있는 상황이 아니며 경제적 측면에서도 대등하거나 그 이상의 위치를 점유하고 있다. 또, 근대 서구의 동침 과정에서의 오리엔트와 인도는 서구의 식민지로 전락했으나 동아시아는 끝까지 이에 대항하여 가까스로 서구로부터의 안정과 평등을 유지해 왔다. 이렇게 현재 동양은 동아시아를 선두로 서구와 보조를 취해 가고 있고 당분간 그러한 상황은 변동이 없을 듯하다. 그러므로 현재 '동서'라 말할 경우 '동'은 일반적으로 동아시아를 가리킨다고 보아도 무방할 것이다.

다시 질문으로 돌아가, 앞서의 동양에서의 그러한 역할은 동아시아의 어떤 사람들에 의해 담당되어져야 할지를 생각해 보자. 결론을 먼저 얘기하자면, 결국은 한국인이 그 선두에 서서 그 역할을 해야 하며 또 그렇게 될 수밖에 없지 않을까 한다.

그 이유로 우선, 한국의 지정학적 위치를 지적할 수 있다. 한국은 중국과 일본 사이에 위치하여 동아시아 역사의 성립 이래 문화교류의 측면에서 항상 대륙과 섬의 교량적 역할을 담당해 왔다. 따라서 한국을 무시한 동아시아에서의 중국과 일본과의 공존은 있을 수 없다. 중국은 한국을 통해서야 일본과의 공통성을 찾을 수 있으며, 일본 역시 한국을 통해서만 중국과의 공통성을 찾을 수 있다. 그러나 안타깝게도 그러한 지리적 특성으로 인해 한국은 중국과 일본으로부터 끊임없는 침략을 당하는 원인이 되어 왔었다. 근대 이후 서구세력이 동아시아에 침투할 때 중국의 반식민지 상태에 처해 있었던 한국은 일본의 식민지로 전락했다. 그 결과 대서구對西歐 관계에서의 한국은 중국의 일부였던 나라로 혹은 일본의 일부인 것처럼 인식되어 오기도 했다.

사실 서구인들에게서의 중국은 그 풍부한 문화적 유산으로 인해 매력을 지니고 있는 나라로 인식되고 있음에 틀림없고, 일본은 현대 이후 서구를 이끌어 온 미국과 정치적·경제적·군사적 등의 차원의 이해관계로 탄탄히 얽혀 있는 나라이다. 이와 같이 서구에서의 중국과 일본은 그 문화적 측면에서나 전략적 측면에서 관심을 끄는 나라로서 그들에 대한 연구가 요청되는 나라인데 반해, 사실상 한국은 서구인들로부터 그렇다 할 아무런 주의를 끌 만한 존재가 되지 못해 왔다.

그 결과 지금까지의 서구에서의 동아시아 연구는 중국과 일본을 중심으로 이루어졌다. 동아시아의 유교나 불교를 논할 때만 하더라도 한국은 열외였다. 따라서 그들이 행해 온 동아시아 연구는 잘못된 것이라 할 수 있다. 한국을 고려하지 않는 한, 중국과 일본의 유불교의 전개 과정은 온전히 파악될 수 없고, 그에 대한 한국의 특징이 파악되지 않는 한, 중국과 일본의 그것들에 대한 특징 또한 제대로 파악될 수 없기 때문이다.

일본과 중국의 경우도 한국에 대한 관심의 면에 있어서 서구와 별 다를 것이 없다. 현재 일본이나 중국은 사실상 문화적 측면에서 한국에 대해 그렇다 할 관심을 갖고 있지 않다. 특히 일본의 몇몇 한국 유학 연구자들을 제외하고는 두 나라의 모든 인문사회과학자들은 한국에 대해 어떠한 관심도 두고 있지 않는 듯하다. 관심을 가져 봤댔자 얻을 것이 없다는 것이다. 그도 그럴 것이, 근대화 이전 동아시아 문화권에서의 문화적 대조류가 중국에서 한국으로 전해지고, 또 그것이 일본으로 일방적으로 전달되었다고 여기며, 중국과 일본은 한국을 중국의 모방국으로 치부해 버렸다. 또 일본은 한국으로부터 받은 문화의 원류가 중국이나 인도라 생각하고 자신들의 문화 연구에 있어서 중국이나 인도를 연구하면 된다는 입장을 취하고 있다. 특히 일본은 현재 자신들의 정신적 지주인 천황가天皇家의 원류가 한국에서 건너왔다는 사실을 은폐하기 위해 과거 자신들의 문화를 한국과 연결시켜 연구하는 입장을 고의적으로 피하고 있는 듯하다.

한국은 그 지정학적 측면에서 풍부한 정신적 유산과 역학力學적 원천源泉을 보유하고 있으면서도, 현실적으로는 이상과 같이 서구인에게는 물론 중국인이나 일본인, 심지어는 한국인 자신들에게도 제대로 인식되지 못하고 있다. 토인비와 같은 세계적 석학들에 의해 간간히 지적된 바 있기는 해도 경제적·정치적 이유나 언어적 장벽 내지 자료나 이론의 부재 등으로 인해, 특히 인문사회과학의 측면에서 한국은 세계인의 이목을 그다지 끌지 못하고 있다.

일본이나 중국은 국내외에서 적극적으로 연구되고 있는 데 반해 한국은 어느 곳에서도 제대로 연구되고 있지 않은 실정이다. 그렇기 때문에 이제부터라도 한국의 연구자들은 자신들만이라도 스스로 자신을 연구하여 각국어로 그 연구물을 번역하여 전 세계에 스스로를 적극 홍보해 가는 수밖에 없다. 우선 한국인들은 일본이나 중국, 그리고 서구 어느 나라보다도 동아시아의식과 지구상에서의 인간 공존의식으로 철저히 무장한 다음, 기존의 일본·중국 중심의 동아시아 연구에 적극적으로 참입해 들어가 한·일·중 3국이 동시에 연구될 수 있도록 해 가야 한다.

한국은 동아시아 3국 중 서구 문화를 가장 객관적으로 받아들일 수 있는 문화적 토양을 소유한 나라이다. 이것이 동아시아의 지금의 상황을 역전시키는 데 있어서 한국인이 그 선두에 서야 한다는 주장에 대한 두 번째 이유이다.

일본의 경우 고대 이래 대륙으로부터 도·유·불교 문화를 받아들여 19세기 후반 이래 서양의 문물을 받아들이는 데 별 어려움이 없었다. 즉, 대륙으로부터의 문화를 받아들이는 데 있어서 한국이 중국에 대해 취했던 입장과는 달리 일본은 중국이나 한국에 대해 대립적 입장을 취하였고, 그 후 근대 이래 서구 문화를 받아들이는 데 있어서도 서구에 대해 그러한 입장을 유지했다. 그러니까, 일본은 기본적으로 서구로부터의 안정과 평등을 유지할 목적으로 필사적으로 서구를 받아들였고 서구에 대한 공격용으로 서구의 것과 자신들의 것을 접합시켜 보다 나은 것을 만들었다. 일본에서의 서구화라고 말해지는 근대화가 제2차 세계대전의 발발에 한몫 했다고 하는 그 자체가 그러한 사실을 여실히 말해 주고 있음을 알 수 있다. 그래서 패전을 맞은 일본은 서구를 리드해 가는 미국과의 동반자 관계를 유지해 가면서 다른 한편으로는 대미전對美戰에서의 패전의 원인과 그로 인한 민족적 위기를 극복해 갈 방법을 연구하여 서구와의 또 한 번의 재대결을 준비하고 있다는 인상을 주고 있는 것이다.

일본인은 자신들의 패전의 원인을 석유 등의 자원 부족으로 파악하고 그동안 자원 축적을 위해 전력을 기울인 결과 이제는 세계 제2의 경제대국으로 성장해 나왔다. 또 그들은 패전의 결과가 가져온 천황의 인간선언 등을 통해 단절된 자신들의 정신 문화의 위기를 극복하기 위해 일본 문화의 계발을 통한 그것의 세계화를 구현해 보려는 노력을 기울였다. 이와 같은 과정에서 일본인들은 일본을 중심으로 한 아시아공영권과 같은 발상을 통해 알 수 있다시피, 세계평화나 지구상에서의 인간 공존 같은 것이 일본인의 세계 지배나 일본 문화의 세계화 실현을 통해서만 가능한 것이라 생각하는 듯하다. 이와 같은 점들을 감안해 볼 때, 일본인들이 자 민족 문화권의 영역을 벗어나 지구상의 모든 민족들의 정서에 부담을 주지 않는 인문사회과학의 이론을 창출해 보려는 의지는 아마 일본의 세계화 실현 이후에나 갖으려 할 것이라는 생각이 필자로서는 들지 않을 수 없다.

그러면 중국의 경우는 어떠한가? 중국은 고대 오리엔트 지방과 알타이 지역으로부터의 철기 문화를 받아들여 그것을 토대로 유교 문화를 성립시켰고, 중세에는 인도로부터 불교를 받아들여 그것을 토대로 정신 세계를 구축했다. 그러나 명대 이후의 근세로 들어와서는 종족 중심주의, 복고주의 등의 입장을 취하면서 외래 문화를 배척하는 입장을 갖게 되었다. 그 결과 근세 말 서구문명과의 접촉과 수용 과정에서, 그동안의 외래문물 수용의 경험 부족으로 인해 반식민지 상태로 전락되고 말았다. 그 후 중국은 과거의 자신들의 정신유산을 뒷전으로 밀어 놓고 대신 서구로부터의 공산주의라고 하는 정치 체제를 받아들였기는 했지만, 인문사회과학적 측면에서는 아직도 중화 사상을 신봉해 가는가 하면 다른 한편으로는 근대 서구문명에 대해서는 열등의식에 사로잡혀 정론화된 입장을 갖추고 있지 못한 형편이다.

따라서 현재 중국인들에게 기대해 볼 수 있는 인문사회과학의 이론이란 기준조차 모호한 동서의 대조론 정도라 할 수 있다. 즉, 서양에는 없지만 우리에게는 있다 라든가, 서양에만 있는 것이 아니라 우리 중국에도 있다는 식의 대조론 말이다. 특히 중국인들에게는 동서에 대한 동의 의미가 중국 중심이어서 지구상의 모든 민족들의 정서에 맞는 이론을 만들어 내는 데 결코 선두주자가 될 수 없다. 중국인에게서의 동서의 '동'의 개념은 동양이나 동아시아를 가리키지 않고 바로 중국 자기 자신을 가리킨다. 물론 정치적 측면에서 중국인에게서의 '동'은 동아시아나 동양의 여러 나라들을 포괄하겠지만 문화적 측면에서는 그렇지 않다. 따라서 중국은 동아시아 민족의 공통성을 인식하는 데 한계를 갖는다. 뿐만 아니라 중국은 아편전쟁 이래의 근대화 과정에서 서구와 일본으로부터 겪은 민족적 수난들로 인해 지나친 피해의식에 사로잡혀 민족의식이 지나치게 편향되어 있어, 앞으로 약 30년간은 아마 중국 민족으로부터 지상에서의 인간 공존에 대한 의식을 기대하기는 힘들 것 같다. 21세기 이후의 **동북공정*** 등과 같은 사업이 그러한 사실들을 단적으로 말해 주고 있다.

그렇지만 한국의 경우 이상의 일본이나 중국과는 사뭇 사정이 다르다. 우선 한국은 고대 이후 중국으로부터 받아들인 유교 문화를 한국에 알맞게 수용했고 불교 문화도 중국을 통해 인도로부터 받아들여 한국 풍토에 알맞게 정착시켰다. 근대 이후에도 한국은 그 지정학적 위치 때문에, 초기에는 중국과 일본을 통하다가, 해방 이후에는 동아시아의 다른 어느 나라보다도 더 직접적이고 능동적으로 서구 문화를 받아들이게 되었다. 그 결과 한국은 이제 중국과 같은 인접국의 문화나 인도 문화권과 같은 인접 문화권의 문화, 혹은 동떨어진 서구 문화 등을 직·간접적으로 수용해 가는 데 있어서 동아시아는 물론 전 지상의 어느 나라보다도 풍부한 경험을 보유하게 되었다.

다음으로 한국은 인간 공존 실현의 에너지원이 지상 어느 곳으로부터도 찾아볼 수 없을 정도로 많이 사장되어 있는 곳이다. 세계는 20세기 이후의 현대화 과정에서 자본 진영과 공산 진영으로 양분화 되어 **냉전****적 상황에 처하게 되었는데, 동아시아 또한 이와 같은 세계적 추세를 모면할 수 없었다. 이 상황에서 한국은 한 민족이 자본 진영과 공산 진영으로 양분되는 비극을 겪어야 했고, 또 그러한

---

*동북공정東北工程 : 현재 중국 정부가 중국의 동북 지역에서 전개되었던 인류의 모든 역사를 중국의 역사로 편입시켜 넣기 위해, 2002년부터 추진하고 있는 동북 지역의 역사에 관한 연구 프로젝트. 필자 보충 설명

**냉전冷戰/cold war : 제2차 세계대전 이후 양극 체제하에서의 사회주의 진영과 자본주의 진영 간의 정치·외교·이념상의 갈등이나 군사적 위협의 잠재적인 권력 투쟁. 무기를 사용하지 않는 전쟁으로, 열전과 대조되는 개념이다. 냉전이라는 용어는 미국의 평론가 W. 리프먼이 저술한 〈냉전〉(1947)이라는 논문에서 비롯되었고, 미국의 재정 전문가이며 대통령의 고문이었던 버나드 바루크가 1947년 의회토론에서 이 용어를 처음 사용하였다. 참10

상황은 글로벌 시대로 들어선 지금까지도 계속되고 있다. 그러나, 전화위복이란 말이 있듯이, 이것은 분명 우리에게 또 다른 가능성을 갖게 한다. 즉, 20세기의 해체와 함께 한반도의 정치적 통일이 이루어지면 두 개의 정치적 이념 체제의 대립은 이 지상에서 사라지게 된다. 바로 그때 한국인은 지난 세기 두 개의 정치 체제를 체험했던 경험을 바탕으로 두 정치 체제의 특성을 활용해서 21세기의 글로벌 시대에 알맞은 새롭고 포괄적인 정치 체제론을 제시할 수 있을 것이다. 나아가 인간에게서의 정치적 이념이란 무엇인가에 대한 가장 보편적인 입장도 제시할 수 있으리라 생각된다.

역사상 전 지구의 정치적 중심 무대는 계속 서진하여 21세기 그 중심 무대는 동아시아가 될 것이란 설이 지난 30여 년 동안 줄곧 있어 왔다. 이것은 근대 이래의 근대화·현대화 과정에서의 동아시아인들의 남다른 희생과 노력에 의한 것이라 할 수 있으며, 이것이야말로 거역할 수 없는 역사의 순리라 여겨진다. 서구인들은 자국어는 할 줄 알아도 동아시아어는 할 수 없듯이 그들은 자신들에 대해서는 잘 알고 있어도 동아시아에 대해서는 무지하다. 반면 현재 동아시아인은 서구어를 구사할 수 있고, 자신들의 장단점은 물론 서구인의 약점과 강점을 잘 알고 있다. 또, 일본이나 중국의 초등학교 일학년 학생들은 교실에서 서구 문자인 로마자 표기법을 배우고 있지만, 서구인들은 지금도 일본이나 중국에 유학을 가서조차도 일본어나 중국어를 자신들의 로마자로 표기하고 있다. 이는 필자가 주장하려는 바를 단적으로 입증해 주는 것이라 할 수 있다.

현재 동아시아인들은 새로운 21세기를 착실히 열어 나가고 있다. 이미 자연과학이나 사회과학 방면에서는 새로운 이론들을 만들어 그것들을 제시해 감으로써 성과를 보여 서구인들을 놀라게 하고 있다. 그러나 인문과학의 경우 상황은 좀 다르다. 서구로부터 도용해 오기만 했지, 서구인들이 가치를 느낄 만한 어떤 이론도 창출해 내지는 못해 왔다. 그래서 장차 동아시아가 자연과학이나 사회과학을 통해 전 지구상의 센터로 부상한다 하더라도 동아시아인은 역사적으로 또 하나의 오류를 범하는 꼴이 될지 모른다. 왜냐하면 자연과학이나 사회과학을 통한 선두적 역할이란 결국 기술대국이나 경제대국으로서의 세계 장악을 의미할 뿐 인간 공존의 윤리의식에 입각한 세계 주도가 아니기 때문이다.

따라서 21세기의 새로운 세계는 20세기를 가장 역동적으로 체험한 동아시아인들에 의해 구축된 인문과학human science에 의해 열려질 수 있고, 또 우선 무엇보다도 민족적 갈등과 이데올로기의 충돌이 빚어 낸 험난한 역사적 체험을 통해 역사를 헤치고 축적해 온 풍부한 인간적 체험들이 사장되어 있는 한국인들에 의해 열려질 수 있다. 이와 같이 동아시아를 구성하는 한국인의 한 사람으로서의 필자는, 지상의 모든 민족이나 인간들의 정서에 알맞은 인문과학의 이론적 연구가 절실히 요청됨을 절감하고 있다.

그렇다면 한국인은 우리 민족의 이와 같은 인간적 체험을 어떻게 이론화시켜 갈 수 있을까? 우선 무엇보다도 한국 민족을 구성하는 국민 한 사람, 혹은 동아시아라고 하는 하나의 문화권을 형성하는 구성원의 한 사람으로서가 아니라, 서구인과 동아시아의 일본인 및 중국인들과 더불어 이 지구상에 공존해 가는 한 인간으로서의 주체적 의식의 확립이 선행되어야 한다. 다시 말해서, 우선 무엇보다도 한국 민족의 남다른 역사적 체험을 바탕으로 한, 지구상의 한 사람으로서의 주체성 확립이 요청된다는 것이다. 그 다음, 그러한 주체성의 확립이라고 하는 측면에서 우선 현대서구의 최첨단 인문과학 이론으로 거론되는 후기구조주의를 고찰하여 그것에 내포된 탈서구성과 그 한계성을 파악하여, 그것을 토대로 동서의 정서를 동시에 아울러 갈 수 있는 하나의 보편적인 인문과학 이론의 성립이 절실히 요청된다.

이상과 같은 입장에서 필자는 본장을 통해 우선 주체성의 확립이라는 측면에서 서구 후기구조주의의 본질을 고찰하고, 21세기의 서구인은 물론 21세기를 주도해 나갈 동아시아인이 금후 주목할 것으로 예상되는 '과정'이라고 하는 개념에 대한 체계적 고찰이 행해질 것이다. 그 이유는 인간들의 과정process에 대한 관심이 21세기에 들어서서 과정학 내지 과정주의로 구체화되어, 결국 전 지구상의 인간들에 의해 지상에서의 인간공존 이론으로 받아들여질 것으로 판단되기 때문이다.

제1절 서구에서의 후기구조주의의 성립 과정

냉전에서 데탕트로

1957년 소련이 인공위성 제1호 발사를 성공시킴으로써 전 지상全地上의 인간들은 소위 우주 시대의 첫발을 내딛게 되었다. 그동안 지상의 대기권 속에서만 살아오던 인간들이 처음으로 대기권 밖의 세계로 나가게 된 것이다. 소련인을 필두로 한 인간들의 대기권 밖 공간으로의 진출은 대기권 밖의 세계를 개발해서 인간의 생활무대를 넓혀 보겠다는 의지의 표현이었다. 그래서 전 지구상의 인간들은 당시의 냉전 체제의 한 축을 이루었던 미국조차 소련의 우주 개발 시도에 찬사를 보냈다. 물론 미국 또한 즉각적으로 우주 개발에 착수해 그 다음해인 1958년에는 인공위성의 발사를 성공시켰다.

이렇게 해서 1959년 소련의 인공위성 제2호의 달 착륙, 1962년 소련의 세계 최초의 유인우주선 발사, 1962년 미국의 세계 최초의 통신위성 발사, 1963년 소련의 랑데부 우주여행 등으로 우주 개발 역사는 진척되어 갔다. 이와 같은 과정을 거치면서 지구상에서의 인간의 공존의식이 형성되었는데, 이는 미·소의 대립에 의한 냉전 상태가 **데탕트**détente*로 전환해 나가는 데에 커다란 역할을 하게 된다.

지상에서의 인간의 공통된 관심사의 성립을 통해 나타난 그러한 데탕트는 다음의 역사적 사건들을 계기로 보다 구체적으로 진행될 수 있었다. 먼저, 미·소의 대립을 가져 왔던 사건들은 다음과 같은 것들이었다. 19세기로 들어서 인류는 영국·프랑스·스페인을 중심으로 한 제국주의 국가들의 식민지 쟁탈전을 치러 나갔고, 20세기로 들어서서는 독일·러시아·이탈리아·일본을 중심으로 발발한 두 차례의 세계대전, 기존의 제국주의 국가들과 전체주의 국가들의 영토 확장 전쟁, 러시아혁명의 성공을 발판으로 성립된 공산 진영과 자본 진영의 대립, 미·소를 양축으로 한 냉전 체제의 성립 등으로 계속 몸살을 앓아왔다. 이러한 제국주

*데탕트détente : 프랑스말로 완화·휴식을 뜻한다. 1970년대 미국과 구소련을 중심으로 한 동서 진영 간의 긴장 완화 내지 해빙 무드. 참10

의 국가들의 이권 분쟁으로 인해 희생을 치러야 했던 민족들은 종전 후 독립국들로 전환해 나왔는데, 그들 중의 일부는 유엔 등을 비롯한 국제기구들과 1961년에서부터 개최된 비동맹제국 수뇌 회의 등을 통해 세력을 결집시켜, 드디어 **제3세계***로 부상해, 미 · 소에 대항하게 되었다. 이후 미 · 소는 **쿠바 위기****를 다시 경험하게 되는데, 그것을 계기로 미 · 소는 점차 전 지구상 인류의 자멸을 자초할, 핵 보유국들의 전쟁이 억제되어야 한다는 의식을 같이하게 됨으로써 미 · 소 간 화해의 분위기가 조성되어 마침내 1963년 8월 모스크바에서의 미 · 영 · 소간의 부분적 핵금지 조약의 조인을 시발로 데탕트 정책이 급속도로 진전되어 나갔던 것이다.

그런데, 종전 후의 냉전 체제의 형성, 제3 세계의 부상, 미 · 소의 우주 개발의 시도, 쿠바 위기, 데탕트 정책의 추진 등의 일련의 역사적 사건들로부터 무엇보다도 정신적으로 가장 큰 충격을 받은 사람들은 유럽인들이었다. 종전까지만 해도 유럽인들은 자신들이 고대 그리스 · 로마 시대 이래 세계의 중심이라 인식해 왔었다. 그러나 유럽인들은 자신들의 손에서 요리되어 오던 세계가 이제는 다른 지역인들에 의해 이끌려 가게 되었고, 게다가 자신들의 운명마저 내주게 된 지경이 된 상황을 감지하게 되었다. 다시 말해 자신들과는 아무 관계가 없는 미 · 소라는 거대하고 위험스런 대칭 구조의 틀 속에 갇혀 살아가게 된 상황에 직면하게 된 것이다.

그 결과 유럽인들은 상기의 종전 후의 사건들을 계기로 고대의 그리스 · 로마 시대 이래의 자신들의 정신적 유산에 대한 불신과 그것에 대한 철저한 재검토의 필요성을 인식하게 되었다. 특히, 이와 같은 시대적 상황에 민감했던 대학을 중심으로 한 프랑스의 지식인들은 1968년 파리의 고등사범학교를 중심으로 모든 정치적 구조 및 권위에 항거했던, 소위 1968년 지식혁명이라고도 일컬어지는 **5월**

*제3세계第三世界/Third World : 통상적인 의미로는 동서 냉전 블록의 어느 쪽에도 가담하지 않은 개발도상 국가들의 총칭. 참10

**쿠바 위기 : 쿠바 미사일 위기Cuban missile crisis의 축약. 1962년 10월 22일-11월 2일의 11일간 소련의 핵탄도미사일을 쿠바에 배치하려는 시도를 둘러싸고 미국과 소련이 대치하여 핵전쟁의 발발 직전까지 갔던 국제적 위기. 참10

혁명*을 일으키기도 했다.

이와 같이 유럽 문화가 창출해 낸 자본주의와 공산주의 등과 같은 정치 체제 등에 대한 불신과 재검토 운동은 사실 유럽에서만 일어난 것이 아니라 미국이나 일본 등 선진 각국에서도 일어났었다. 미국에서의 그와 같은 유럽 문화란 지나친 이성 중심주의의 토대 위에 확립된 격식주의로 인식되었으며 이에 대한 반발 운동이 젊은이들과 지식인들 사이에서 일어나게 되었다. 그리하여 1963년경 히피족의 등장은 1967년경 복장 혁명과 히피 문화의 전개 등을 야기시켰다. 한편 1967년경부터는 인간의 이성적 사고를 통해 구축된 기존의 모든 제도에 반항하는 대학 분쟁이 일어나 그 다음해 전국 각지로 확산되어 갔다. 유럽식의 지나친 이성 중심주의에 반기를 든 문학 분야에서도 예리한 풍자 정신, 철저한 현실 비판과 현실 부인, 현실의 희극화, 패러디화, 현대사회의 부조리상, 광기, 혼란, 비인간적인 것을 주장하는, 소위 '검은 유머black humor'라는 문학 운동이 일어났다. 일본의 경우 공산주의 신봉자와 신좌익파 학생들을 중심으로 유럽에서부터 출발되었던 기존의 자본주의 체제 자체에 대한 반발이 1960년 안보투쟁을 시발로 일찍이 대학 분쟁 등으로 전개되어 갔다. 이는 미·소의 이념전쟁에 휩싸여 일본열도가 미·소전의 전초지가 될 가능성이 있다는 논리에서부터 출발되어, 대학이 기존 자본주의 체제를 유지하려는 보수적 지식인들의 온상지로 인식되면서 비롯되었다.

이상과 같이 1960년대 초의 데탕트 무드를 타고 선진 각국에서 있었던 기존의 사회 체제에 대한 젊은 지식인들의 반발은 유럽인 중심의 사고 체계를 토대로 구축된 세계관과 그것을 기반으로 형성된 사회구조의 모순점과 한계성에 대한 자각으로부터 출발된 것이었다. 이와 같은 현상은 유럽인들에게는 자신들의 사고와 유산들에 대한 자성이었고, 비유럽인들에게는 자신들이 맹목적으로 받아들여 구축해 온 기존의 모든 사회 체제와 그것을 맹신하는 기성세대의 사고에

*5월혁명五月革命/Revolution de Mai : 일명 5월 지식혁명이라고도 함. 드골정부에 의한 사회와 교육의 모순, 관리사회에서의 인간소외 정책 등으로 인해 1968년 5월 프랑스에서 학생과 근로자들이 연합하여 벌인 대규모의 사회변혁 운동. 참10

대한 철저한 불신의 형태로 표출되어 나왔던 것이다.

후기구조주의의 대표자들

1980년대 유럽에서 현대 프랑스 철학의 주류를 형성하며 서구의 현대 사상을 대표하는 사상은 후기구조주의 사상이었다. 이 사상의 창시자들은 60년대 초 데탕트 무드를 타고 일어났던 지식혁명의 주역들이었다. 그러면 이제 이 사상의 대표자들은 어떠한 사람들이고 이 사상은 언제 어떻게 성립되어 어떻게 전개되어 갔는지에 관해 고찰해 볼 필요가 있다.

한국에 잘 알려진 후기구조주의의 대표적 인물로는 장 프랑수아 리오타르, **질 들뢰즈,* 미셸 푸코,** 자크 데리다***** 등이 있다. 데탕트의 직접적인 계기를 가져다준 1962년 쿠바 위기 때 이들은 30대였고, 그로부터 6년 후 있었던 1968년 5월 지식혁명 때는 30대 말에서 40대 초반이었다. 그렇다면 당시 그들은 어떠한 것들에 관심을 갖고 있었던 것일까?

당시 리오타르는《사회주의인가 야만인가》의 편집위원이었다. 그가 그 잡지에 참가하기 시작했던 것은 1954년부터의 일이었다. 그 이후로 그는 그 잡지를 중심으로 한 급진좌파그룹의 한 회원이 되었다. 그러나 1959년경부터 벌어지기 시작했던 그룹 내의 이념 논쟁의 결과 그는 1964년부터 그 그룹으로부터 떨어져

---

*들뢰즈Gilles Deleuze(1925-1995) : 프랑스의 철학자. 대학에서 철학·문학·과학을 강의하다가, 퇴임한 후에는 줄곧 좌파를 옹호하며 집필과 방송 활동을 했다. 구조주의 등 1960년대의 서구 근대 이성의 재검토라는 사조 속에서, 서구의 2대 지적 전통인 경험론과 관념론이라는 사고의 기초 형태를 비판적으로 해명했다. 주요 저서《차이와 반복》(1968),《앙티 오이디푸스》(1972, 공저). 참10

**미셸 푸코Michel Paul Foucault(1926-1984) : 프랑스의 철학자. 정신의학에 흥미를 가지고, 무의식적인 심적 구조와 사회구조, 그리고 언어구조가 일체를 결정한다는 입장을 피력해 갔다. 주체로서의 인간, 자아라고 하는 관념, 허망이라고 하는 반인간주의적反人間主義的 사상 등을 논해 갔다. 주요 저서《광기와 비이성非理性》(1961),《앎(知)의 고고학》(1969) 등. 참10

***자크 데리다Jacques Derrida(1930-2004) : 프랑스의 철학자. 후설의 현상학現象學을 배워, 그것을 기초로 해서 구조주의의 방법을 철학에 도입해 후기구조주의 이론을 정립시켰다. 언어의 기호체계記號體系가 자의적인 것이라는 인식에서 언어 위에 조립된 논리학을 재검토하였다. 특히 서기언어書記言語 에크리튀르가 수행하는 역할을 중시하였다. 주요 저서《근원 저편에》(1967),《그라마톨리지》(동년) 등. 참10

나간《노동자의 힘》으로 옮겨가게 되었다. 결국 1966년에는 급진적 좌익그룹으로부터 완전히 떨어져 나와 1968년 5월혁명을 맞이하게 된다. 들뢰즈는 당시 파리 제8대학 등에서 강사로 철학사를 강의하면서《니체와 철학》(1962),《칸트의 비평철학》(1963) 등을 저술하고 있었고, 푸코는《광기의 역사》(1961)를 출판한 후 대학 강사로 지내며 정신병리학사, 의학의 역사, 경제학사, 자연의학사, 문법, 언어학사, 성性의 역사 등에 관심을 가져《임상의학의 탄생》(1965),《말과 사물》(1966) 등에 대한 저서를 준비해 가고 있었다. 또 자크 데리다는 고등사범학교, 소르본 등에서 강의하면서《후설의 기하학의 기원 서설》(1962)을 출판하고는 이를 통해 글쓰기ecriture의 테마를 포착해 내어 글쓰기를 주제로 한 글을《크리티크》와《텔켈》등에 발표해 갔다. 또 1967년에는 그동안 쓴 논문들을 모아《목소리와 현상》,《글쓰기와 차이》,《문법학에 관하여*De la Grammatologie*》의 세 권을 동시에 출판했다. 그 다음해 5월 그는 그의 모교이자 당시 근무지였던 고등사범학교의 주도하에 일어난 5월혁명을 접하게 되었다.

이들 외 한국에서는 **자크 라캉***, 롤랑 바르트Roland Barthes 등도 언급되고 있는데, 엄밀히 말해서 이들은 1960년대 초 데탕트 무드를 타고 그동안 인간들의 사고를 지배해 가던 모든 정치적, 사회적, 윤리적, 언어적, 심지어는 존재론적, 인식론적 구조에 반기를 제기했던 후기구조주의 세대는 아니었다. 1962년 쿠바 위기 당시 라캉은 62세였고, 바르트는 47세였다. 1968년 5월혁명 당시 라캉은 이미 70대에 접어들었고, 바르트는 50대 중반이었다. 사실, 라캉은 구조주의 시대를 대표하는 정신분석학자였고, 바르트 역시 구조주의 시대를 대표했던 문예 비평가였다. 하지만 라캉은 70에 가까운 나이에 5월혁명의 대열에 직접 뛰어들었고 바르트 또한 이 혁명에 동참했었다. 그래서 5월혁명을 전후해서 그들의 세계관은 완전히 후기구조주의 쪽으로 전환해 그 세계관을 통한 괄목할 만한 많은 업적을 남겼다. 그러한 의미에서 그들은 후기구조주의 시대를 주도한 세대는 아니라

*자크 라캉Jacques Lacan(1901-1981) : 프랑스의 철학자 · 정신분석학자. 언어를 통해 인간의 욕망을 분석하는 이론을 정립하여 '프로이트의 계승자'라는 평가를 받았다. 참10

할지라도 후기구조주의자로 평가될 만하다.

원래 라캉의 전공은 철학이었다. 그러나 1932년경부터 정신분석학자로 활약하면서 1950년대에 이르러서는 정신분석학뿐만 아니라 언어학 · 문학 · 철학에까지 그 연구 영역을 넓혀 1964년에는 파리에 프로이트 학교를 설립해 구조주의의 입장에서 **프로이트***를 연구하게 되었고 1966년 그 성과를 모아《작품》을 출판했다. 바르트는 대학 졸업 후 교사 생활을 해 오다가 글쓰기의 의미를 근본적으로 파헤친《글쓰기의 영도》(1953)로 이목을 끌었고 계속해서《신화 작용》(1957),《라신론》(1963),《비평문》(1964),《비평과 진실》(1966) 등의 저작을 통해 후기구조주의적 입장의 새로운 기수로서, 언어로부터 사회 현상, 전달 등의 문제를 분석하려는 입장을 취한 **기호론****의 중심인물로서 활약해 갔다.

구조주의에서 후기구조주의로

후기구조주의는 구조주의의 한계성을 극복하는 과정에서 성립되었다는 측면에서 그것이 구조주의와 깊이 관련되어 있다. 구조주의의 출발은 **야콥슨*****의 구조언어학, 프로이트의 정신분석학, 마르크스주의 등을 토대로 확립된 **레비스트로스******의 문화인류학에 의해 이루어졌고, 구조주의 사상의 일반화는 그의《슬픈

*프로이트Sigmund Freud(1856-1939) : 오스트리아의 신경과 의사, 정신분석의 창시자. 히스테리 환자를 관찰하고 최면술을 행하며, 인간의 마음에는 무의식이 존재한다고 하였다. 꿈 · 착각 · 해학과 같은 정상심리에도 연구를 확대하여 심층심리학을 확립하였고, 소아성욕론小兒性慾論을 수립하였다. 주요 저서《꿈의 해석》(1900). 참10

**기호론記號論/Sémiotique/Semiotics : 후기구조주의의 시각언어관에 기초해 성립되어 1970년대 이후 후기구조주의의 부상을 배경으로 해서 성립된 학문. 인간 생활에 관계되는 모든 사물이나 현상, 예술적 표현 등을 모두 기호로 파악하고 그 의미 작용을 해명하려는 학문. 1900년대 전반 소쉬르의 기호 체계의 일반적 연구의 기호학sémiologies과 구별된다. 필자 보충 설명

***야콥슨Roman Jakobson(1896-1982) : 러시아 출신의 미국 언어학자로 프라하학파의 창시자가 되었다. 프라하, 하버드 대학교 등에서 강의했다. 언어학과 인접과학과의 통합을 시도했다. 주요 저서《음성분석 서설—판별적 특징과 그 관련량關聯量》(1952, 공저),《선집*Selected Writings*》(7권, 1962-1982). 참10

****레비스트로스Claude Lévi-Strauss(1908-1991) 프랑스의 인류학자로 문화 체계를 이루는 요소들의 구조적 관계라는 관점에서 문화 체계를 분석하는 구조주의의 선구자가 되었다. 랑그와 파롤을 신화의 구조를 해명하는 데 적용하였다. 주요 저서로《친족의 기본 구조》(1946),《슬픈

열대》(1955), 《구조인류학》(1958) 등을 통해 이루어졌던 것으로 고찰된다.

사실 레비스트로스의 구조를 통한 인류학으로의 접근 방법은 뉴욕에서의 야콥슨과의 친교에 의해 이루어졌다. 그의 그러한 방법은 이미 논문 〈언어학과 인류학에서의 구조적 분석〉(1945), 〈친족의 기본 구조〉(1949) 등으로 선보인 바 있다. 그러니까 프랑스에서의 구조주의 시대는 이 두 작품으로부터 출발되었다고 보아도 틀리지 않다. 그런데 《슬픈 열대》가 베스트셀러가 되어 그 전후의 레비스트로스의 논문들이 주목받게 되었고 이로 인해 구조주의 이론이 전 학문 분야에 적용되어 나가게 됨으로써, 구조주의가 《슬픈 열대》로부터 시작되었다는 시각이 형성되어 나왔던 것이다. 그러나 어쨌든 《슬픈 열대》야말로 구조주의 사상의 결정체라는 것은 두말 할 나위가 없다.

당시 레비 스트로스는 문화의 심층과 인간의 개체에 내재해서 그것들을 움직여 가는 인간의 어떤 보편적 정신구조들을 발견하려는 문제의식을 갖고 있었다.[3] 구조주의가 일반화되면서 레비스트로스에 의해 시작된 구조주의의 이론과 방법은 다양화되었다. 그중에는 레비스트로스가 야콥슨의 구조언어학에 관해 가졌던 문제의식을 발전시킨 그룹과 그의 마르크스주의에 대한 관심에 집중했던 그룹이 대세를 이루었다. 롤랑 바르트의 구조주의 문예비평과, 《마르크스를 위하여》(1965), 《자본론해독》(1968) 등을 저술한 루이 알튀세의 마르크스주의의 구조분석 등이 전자와 후자를 각각 대표한다. 또 레비스트로스의 프로이트에 대한 관심 쪽으로 집중했던 그룹도 있었는데 라캉의 정신분석론, 푸코의 역사와 사회이론 등이 그 결과물이다. 바로 이러한 그룹들이 문화의 심층에 내재된 인간의 보편적 정신구조를 파악하려 했던, 레비스트로스의 구조주의 사상을 온전히 받아들인 그룹들이었다.

이렇듯 여러 그룹의 입장들이 일반화되는 과정에서 구조주의자들은 인간을 그러한 거대한 정신적 구조를 형성하는 원소들로 파악하였다. 또 그들에게는 그러한 원소들을 교환 가능한 동질의 것들로 인식하려는 경향도 형성되어 나왔

열대》(1955) 등이 있다. 참10

다. 그런데 문제는 그러한 경향이 형성되어 나가는 과정에서 구조주의자들의 관심이 이성보다는 감성이나 광기에, 의식보다는 무의식에 더 많은 관심이 집중되었던 것이다. 그 결과 그들의 그러한 관심은 결국은 구조에 대한 레비스트로스의 본래의 목적으로 돌아가게 되어, 구조 속에서 주체적 인간을 파악하려는 분위기가 강세를 띠게 되었던 것이다. 이러한 분위기 속에 출간된 것이 푸코의《광기의 역사》(1961), 라캉의《작품》(1966) 등이었다. 이들은 그 동안의 구조주의 사상에 의해 상실된 인간의 주체성을 회복하기 위해 디오니소스 계열의 이미지 체계 구축을 토대로 문화에 내재하는 인간 주체를 파악하려 했고, 특히 라캉의 경우는 무의식의 구조를 파악해서 인간 주체의 지평을 확인하려 했었다. 그러나 그들의 작업은 그 궁극적 목표가 인간을 지배하는 구조와의 관련 방식에 대한 실상 파악을 통해 전체 속에서의 개체로서의 인간의 주체성의 확립에 있었음에도 불구하고 결국 인간의 개체와 전체와의 관련 방식의 확인 작업 정도로 끝나고 말았다.

그 이유는 무엇일까? 인간과 인간들을 얽어매고 있는 구조와의 관계를 밝히려는 인간들이 자신들의 언어에 대한 기본적 입장에 문제가 있었던 것으로 고찰된다. 다시 말해서, 푸코와 라캉의 언어에 대한 입장에 문제가 있었기 때문이었다는 것이다. 그들은 구조주의의 기초가 되었던 언어관을 가지고 구조주의의 한계를 극복하려 했다는 데 문제가 있었던 것이다. 그들의 기본적 언어관은 모든 언어는 하나의 내용과 하나의 형식으로 되어 있다고 하는 이원론적 언어관이었다. 이는 인간을 정신과 육체로 이분해서 파악한 이원론적 인간관에 입각해 이루어진 소쉬르Fernand de Saussure(1857-1913)의《일반언어학 강의》(1916)에도 잘 나타나 있다.

한편, 인간을 그러한 거대한 정신구조를 형성하는 요소로 인식하고 또 그러한 요소들을 교환 가능한 동질의 요소로서 인식하는 그러한 구조주의적 경향에 반기를 든 학자가 있었다. 그가 바로 자크 데리다이다. 일찍이 그는 서구적 이성에 의해 구축된 기존의 이원론적 언어관으로는 그러한 구조주의의 한계성을 극복할 수 없다는 사실을 감지하고, 우선 새로운 언어관의 확립을 시도했다. 그의 그러한 시도는 1963년 데탕트의 역사와 함께 시작되어 1967년 세 권의 책을 동시에 출판하는 결과를 낳았다.

책의 내용을 살펴보면, 구조주의의 기초가 되었던 기존의 소쉬르 언어관은 모든 언어기호가 하나의 닫힌 **기호내용***과 기호표현signifiant으로 되어 있고, 또 그 기호표현이 그것과 다른 기호표현들 속에서 자신이 지닌 내용을 드러낸다는 것이었다. 또 그의 언어관은 언어기호의 기원을 말, 더 나아가서는 음성이나 음성을 감지하는 청각에 두는 입장을 바탕으로 하여 성립된 것이었다. 그래서 그의 그러한 언어관을 기초로 해서 성립된 구조주의에서의 언어 연구에 대한 최대의 성과는 **담화론****이었고, 문학 연구의 경우는 **서술학*****이었다. 이에 대해서 자크 데리다는 모든 언어기호는 기호내용과 기호표현으로 분리되어질 수 없으며, 단지 기호의 표현 내용과 표현 형식이라는 두 개의 측면으로 이루어져 있다고 주장했다. 또, 기호의 표현 형식 자체의 차이 속에서만 기호의 표현 형식이 존재할 뿐이며 그 차이들의 인식에 의해 비로소 기호의 표현 내용이 생성된다는 언어관을 제시하였다.

자크 데리다의 언어관은 언어기호의 기원을 문자, 더 나아가서는 그림이나 인간의 시각에 의해 감지되는 물체의 표상이나 인간의 시각 그 자체에서 찾아야 한다는 관점을 기반으로 한다.[4] 자크 데리다는 자신의 이 같은 언어관을 문법학grammatology이라 불렀는데, 후기구조주의는 바로 이 언어관을 기초로 성립되었다. 그러면 이와 같은 언어관을 기초로 해서 형성된 자크 데리다의 사상은 어떻게 후기구조주의의 기초가 되었는지 다음 절에서 살펴보기로 한다.

---

*기호내용signifié : 기호記號란 어떤 뜻을 나타내기 위해서 쓰이는 부호·문자·표지 등을 통틀어 이르는 말로서 기호내용이란 그 기호가 제시하는 의미 내용을 말한다. 기호학에서 기호내용 signifié은 기호표현signifiant에 대응되는 말이다. 필자 보충 설명

**담화론談話論/discourse : 담론談論, 언술言述, 언설言說이라고도 한다. 일반적으로 담화론은 말로 하는 언어에서는 한 마디의 말보다 더 큰 일련의 말들을 가리키고, 글로 쓰는 언어에서는 한 문장보다 더 큰 일련의 문장들을 가리키는 언어학적 용어이다. 참10 〈담론〉

***서술학narrotology : '서술 이론'으로도 번역되어 있다. 이 '서술학narrotology'이란 말은 토도로프 T. Todorov의 《데카메론의 문법》(1969)에서부터였다. 20세기 전반의 러시아 형식주의자들 Russian Formalists이 20세기 후반의 유럽의 구조주의를 받아들여 발전시킨 문학 이론이다. 의사전달 수단으로서의 언어는 글과 말로 되어 있다. 서술학은 글보다는 말 중심의 언어관에 입각해서 성립된 담화론의 한 분야이다. 말의 의미가 청자와 화자와의 관계 속에서 형성되듯이 문학작품의 내용도 청자와 화자와의 관계 속에서 형성된다는 입장이다. 필자 보충 설명

제2절 후기구조주의의 구조와 본질

후기구조주의와 5월혁명

1968년 5월 프랑스 파리에서 학생, 교수, 노동자, 시민들에 의해 발발된 5월 사태가 현대사에서 '5월혁명'으로 기록되고 있다. 간혹 그것은 지식혁명, 철학혁명 등으로 불리기도 하는데, 그것은 그만큼 그것이 철학자들을 비롯한 많은 지식인들에게 끼친 영향이 크다는 것을 증명한다.

우선 5월혁명의 원인은 다음 세 가지 측면에서 파악될 수 있다. 첫째, 대통령의 과도한 권한집중과 그로 인한 관료들의 권력 남용에 대한 국민들의 반발을 들 수 있다. 보다 구체적으로 말하자면, 그동안 전 지상을 지배해 오던 유럽이 두 차례의 세계대전을 치른 뒤 미 · 소에게 세계의 주도권을 빼앗기고 말았다. 그 결과 유럽은 미 · 소의 대립 사이에서 수동적 입장을 취할 수밖에 없게 되었는데 그러한 상황에서, 프랑스와 유럽에서 제2차 세계대전의 영웅으로 추대를 받던 드골이 1958년 대통령에 당선되었다. 그는 서구문명의 정통을 수호하고 계승해 왔던 나라가 프랑스라는 의식을 가지고 미 · 소와 대항해 갈 수 있는 핵무장 정책과 세계의 비식민지화 등을 추진해 가면서 유럽의 재건을 주창해 갔다. 드골의 이러한 사상을 '드골리즘'이라 하는데, 바로 이 사상을 배경으로 해서 대통령의 과도한 권한 집중과 관료들의 권력 남용이 초래되었던 것이다.

둘째, 정부의 주택이나 물가 정책 등과 같은 사회 정책에 대한 노동자와 도시 하층민들의 불만을 들 수 있다. 종전 후 프랑스는 산업화, 공업화, 기술혁신화 등의 정책 실시를 거치면서 산업사회에 대한 시민들의 의식수준이 많이 향상되었고, 노동단체 등을 중심으로 한 사회주의 운동 또한 활성화된 상태였다. 그런데 정부의 드골리즘 정책의 실현 과정에서 개인의 안락한 생활을 위한 시민들의 복지 정책은 홀대를 당했다. 이와 더불어 셋째, 새로운 공업화 사회에 맞지 않는 대학 교육 정책에 대한 학생과 지식인들의 불만이 터져 나왔다.

이와 같은 이유로 인해 발발한 5월혁명은 우선 교육 정책의 개선을 요구하는 학생들과 교수들의 불만으로 점화되어 조직노동자들과 대도시의 하층민이 합류하면서 확대되었다. 그러다가 적극적으로 가담할 기세를 보이던 조직 노동자들이 정부와의 이해관계에 얽매여 뒷걸음질을 치기 시작했다. 그 거대한 조직이 더 이상 움직여주지 않자, 학생들은 더욱 급진적이고 과격한 입장을 취하게 되어 결국 그것은 일반시민들조차 그들로부터 떨어져 나가게 하는 결과를 초래하였다. 그 결과 사태는 학생 · 교수들과 시민들과의 이반을 노렸던 정부의 승리로 끝나고 말았다. 그러나 약 1개월간 파리를 혼란시켰던 이 사태는 무위로 끝나지 않았고, 드골리즘의 상승세를 꺾고 그 다음해인 1969년 드골의 신임투표 실시 이후 그를 하야시키는 성과도 거두었다. 이러한 측면에서 학생들과 교수들에게서의 5월혁명은 정부의 유럽 중심주의의 재구축에 대한 반발로서의 탈유럽 중심주의의 성격을 띤 혁명이란 의미를 갖게 되었다. 따라서 5월혁명을 기점으로 앞서 언급한 철학자들의 동향과 업적을 고찰하고, 그것을 통해 후기구조주의의 성립과 전개에 있어서 5월혁명이 갖는 의의를 살펴보는 것이 순서일 듯하다.

우선 5월혁명 후 진보적 사상층에서의 괄목할 만한 현상은 좌파지식인들의 퇴조였다. 그동안 사회주의 사상을 신봉해 왔던 좌파지식인들은 사회주의 사상의 실현을 위해 조직적으로 행동하는 모습을 보여 주었다. 그러나 그들은 5월혁명을 경험한 이후 조직을 통해서는 더 이상 사회주의 사상을 실현시킬 수 없다는 사실을 깨닫고 조직과 행동의 세계에서의 새로운 사상을 탐구하기 위해 개인적인 차원에서 또 하나의 지적 세계로 침잠해 갔다.

그 좋은 예가 **리오타르***인데, 그는 앞에서도 지적했듯이 5월혁명이 일어나기

---

*장 프랑수아 리오타르Jean-Francois Lyotard(1924-1998) : 프랑스의 포스트모던 철학으로 표현되는 대표적 철학자. 소르본 대학에서 철학과 문학을 전공하였다. 젊은 시절 마르크스의 사상에 매료되어 소외계층의 고통에 깊이 동참하는 정치적 실천의 전위였고, 낭테르 대학의 강사로 있던 1968년 5월 사태 때도 학생 운동에 정력적으로 참여하였다. 그러나 당시 공산당의 구체적 행태와 당이 표방하는 사회주의 이념 사이에 표출된 엄청난 모순을 목격하게 된다. 이에 충격을 받은 리오타르는 점차 마르크스주의와 단절하고, 변혁을 위한 새로운 이론적 가능성을 탐색하기에 이른다. 그는《모스트모던의 조건》을 통해 근대를 정통화하는 이야기가 이미 무효가 되고 새로운 지의 조건이 나타나 있다고 주장해 갔다. 벵센 대학의 교수로 근무하면서,《담론과 형상》(1971),《마르크스와 프로이드로부터의 표류》(1973),《리비도의 경제학》(1974) 그리고《포스트모던의 조건》(1979) 등 명저를 출판했다. 참13

2년 전에 이미 급진좌익 그룹으로부터 탈퇴해 나와 지적 탐구의 길로 들어서고 있었다. 그 후 그는 라캉, 푸코 등의 디오니소스 계열의 이미지 체계와 자크 데리다의 문법학 언어관과 융합시켜《담화론, 표상》(1971)을 가지고 사상계에 등장, 그것을 발판으로 후기모더니즘의 사상적 기반을 제시한 신철학을 확립시켰다. 5월혁명을 체험했던 당시의 좌익 지식인들 대부분이 그러했듯이, 그 또한 기존의 지식인들의 정신적 토대였던 인간의 보편적 가치에 대한 강한 회의로부터 출발했다. 라캉이나 푸코가 문화나 무의식 속에 내재된 인간의 거대한 보편적 질서 체계를 찾아내 그것을 기초로 인간의 새로운 주체를 확립해 보려 했다면 그는 이와 반대로 보편적 세계가 거절된 다원적 세계 속에서 자유롭게 세계를 향유해 갈 수 있는 인간의 새로운 주체를 확립하려는 쪽으로 나갔던 것이다.

들뢰즈 또한 5월혁명을 계기로 주목할 만한 전환을 보인 지식인이었다. 그는 **흄***에 대한 연구업적인《경험주의와 주관성》(1953)을 펴낸 이래 **칸트****를 비롯한 서구의 근·현대철학자들을 연구해 오다가 그동안의 철학자들에 대한 개별적 연구 방법을 버리고, 당시의 사상가나 지식인 혹은 시민들의 관심 대상들로부터 주제들을 찾아내 그것들에 대한 연구의 결과로《차이와 반복》(1969),《의미의 논리》(1969),《자본주의와 정신분열증》,《리좀》(1976) 등을 출판해 냈다. 그는 이와 같은 저서들을 통해 거대한 구조나 체계의 해체를 주장했고 그것들로부터 탈출해 나온 개체들의 자유로운 삶의 이론적 근거를 추구해 갔다. 그의 철학이 추구하는 이미지들은 무중심, 탈극, 방랑, 대질, 복수 등과 같은 것들이었다.

한편 푸코는 다른 학자들에 비해 5월혁명으로부터의 충격은 그리 크지 않았지만 그것에 대해 당연히 올 것이 왔다는 입장을 보였다. 사실상 그의 업적은 그가 구조주의의 한계성을 충분히 인식하고 있음을 말해 주고 있다. 우리는 그래서

*흄David Hume(1711-1776) : 18세기 영국의 경험론 철학자, 역사가, 경제학자, 저술가. 로크의 경험론적 인식론을 계승하여 철저한 경험론의 입장에서 종래의 형이상학을 적극 비판해 가면서 실체나 인과 따위의 관념이란 심리적 연상聯想에 불과하다는 입장을 취했다. 역사가로서는 계몽주의의 입장을 취하였다. 저서로는《인간 오성론》,《영국사》등이 있다. 참17

**칸트Immanuel Kant(1724-1804) : 독일의 철학자. 서유럽 근세철학의 전통을 집대성하고, 전통적 형이상학을 비판하며 비판철학을 탄생시켰다. 저서로는《순수이성비판》(1781) 등이 있다. 참10

그를 오히려 후기구조주의의 성립과 5월혁명의 폭발을 조성한 한 요인으로 보기도 한다. 따라서 혹자들이 그를 후기구조주의자로 혹은 구조주의와 후기구조주의의 가교자로 평가하는 것은 무리가 아니다. 그는 5월혁명의 소란 속에서도 《말과 사물》(1966)의 주제, 즉 사물들 사이의 유사성과 그 유사성들의 관계, 그것들로 이루어지는 그들의 배열질서들을 인간의 문화가 어떻게 흡수하고 표현해 왔는가 하는 문제를 계속 추구하여 《지식의 고고학》(1969)을 펴내기도 했다. 그러나 1969년경부터 그도 그때까지 자신이 추구해 오던 목적론과 전체화, 구조적 연속성과 불연속성의 문제들로부터 탈출해 나와 자신이 더 이상 구조주의자로 불리기를 원치 않았다. 그리고는 자신의 방법론적 전환을 위해 그의 학문적 출발의 원점이었던 니체에게로 다시 돌아갔다. 그 결과가 바로 논문 〈니체, 계보학, 역사〉(1971)이었다. 그는 여기서 후기구조주의의 중요한 테마의 하나인 '현재'의 문제를 끌어내어 그것이 과거와 어떻게 연결되어 있는가를 검토하고 있다.

그럼에도 불구하고 그는 순수한 후기구조주의자로는 보이지 않는다. 첫째는, 앞에서 지적했듯이 그는 반反역사주의, 반이성주의, 반과학주의의 계보를 추구했던 자였기 때문이었다. 후기구조주의란 서구의 **형이상학***에 기초한 서구적 이성의 해체를 통해 보다 보편적인 새로운 이성을 재구축하려는 입장이었다. 다시 말해 구조주의가 반역사주의였던데 반해 후기구조주의는 역사성을 인정하는 데서 출발했고 인간의 이성과 세계를 포괄적으로 분석해 낼 수 있는 새로운 이성을 탐구해 갔던 입장이었다는 것이다. 둘째로, 그의 분석 자료가 후기구조주의자들의 것들과는 달리 구조주의의 언어관을 창출해 낸 말 혹은 담화론이라고

*형이상학形而上學/ metaphysics : 원래 그리스어의 'meta'(後의 의미)와 'physica'(自然學)가 결합된 말이다. 아리스토텔레스의 저작이 편집될 때 자연학적 논문들 뒤에 배열되어 있는 일군의 논문들이 이 이름으로 불린 것에서 유래된다. 이들 논문의 주제는 아리스토텔레스 자신에 의해 제1철학, 혹은 신학으로 불린 것들과 같은 것들이다. 칸트 전후에 와서는 그것이 신학·정신론·우주론이라고 하는 3영역으로 분리되어 나왔다. 세계의 궁극적 근거를 연구하는 학문. 과학은 어떤 특수한 영역이나 대상을 구성하는 어떤 원리를 탐구한다. 예컨대 경제학은 경제적 현상을 일으켜 가는 경제적 법칙을 연구하고, 물리학은 물리적 현상을 일으켜 가는 물리적 법칙을 연구한다. 이에 대해 어떤 존재나 세계의 궁극적 근거를 연구하는 것이 바로 형이상학이다. 참40 참10

하는 청각기호였기 때문이다. 그의 그러한 입장은 보다 건전한 사회를 위한 이론적 기초의 확립을 위해 《감시와 처벌》(1975), 《성性의 역사》(총 3권, 1976-1984) 등의 집필 쪽으로 전개되어 나갔다.

자크 데리다의 5월혁명에 대한 애초의 입장은 적극적이었다. 그는 자신이 근무했던 고등사범학교에서 열렸던 최초의 총회에도 참석하였고 서명까지도 하였으며 시위행렬에도 가담했었다. 그러나, 그러한 조직을 통한 지적 혁명의 한계성을 감지한 이후부터는 그것들에 대해 거리를 두게 되었다. 그럼에도 불구하고 5월혁명의 전해에 출판되었던 그의 세 권의 저서는 이 지적 혁명의 이론적 근거를 제시한 것이었다. 이후 침묵을 지켜 오던 자크 데리다는 1972년에 《입장》, 《산포》, 《철학의 여백》 등 또 다시 세 권의 저서를 동시에 선보여 후기구조주의 이론을 완성시켰다.

다음은 구조주의적 문예비평을 주도해 온 바르트의 경우이다. 그는 **발자크***의 소설 《사라센인》에 대한 에세이집인 《S/Z》(1970)의 저술을 통해 후기구조주의로 전환해 나온다. 이 저서는 5월혁명 이후 2년 동안 파리고등연구학교에서 행해졌던 강의 내용을 토대로 이루어진 것이다. 그는 이 저서의 서문에서 자기 자신의 모든 작업을 포함한, 그때까지의 모든 구조주의자들의 연구가 오류에 빠져 있었다고 토로한다. 《S/Z》의 이와 같은 후기구조주의적 입장은 사실 《기호학의 요소》(1968)의 언어관을 바탕으로 한 것인데, 바르트는 여기에서 모든 언어기호가 표현 형식과 표현 내용으로 되어 있다는 이원론적 언어관이 탈신화해야 할 자신들의 시대의 적합한 언어관이 아니라는 입장을 표명한다. 모든 언어기호에서의 그 표현 형식은 그 자체의 차이를 통해 존재하며 그 표현 내용도 표현 형식들의 자체적 차이에서 만들어진다는 자크 데리다의 문법학 언어관을 취하고 있다. 더욱 구체적으로 말하자면, 자크 데리다의 문법학 언어관은 모든 언어가 그 표현

*발자크Honore de Balzac(1799-1850) : 프랑스의 소설가. 방대한 양의 장편 및 단편소설들로 이루어진 《인간희극*La Comédie humaine*》이라는 연작을 발표했다. 정통적인 고전소설 양식을 확립하는 데 이바지했고 가장 위대한 소설가 중의 한 사람으로 꼽힌다. 1829년에 발표된 《올빼미당*Les Chouans*》이 첫 번째 소설이다. 대표작 《고리오 영감*Le Père Goriot*》(1835). 참10

측면the expression plane과 내용 측면the content plane으로 되어 있다는 **옐름슬레브***의 언어관을 취한 것으로서 바르트의 그러한 언어관은 이 옐름슬레브의 언어관에 직접 연결되어 있었던 것이다.

그는 언어의 본질이 말에 있다는 관점하에 문학작품을 담화론의 결과물로 파악한 나머지 그것의 구조를 분석했던 그때까지의 입장을 버리고, 언어의 본질이 문자 표현에 있다는 입장을 받아들여 글쓰기의 결과물로서의 텍스트를 분석해 가는 작업에 관심을 돌리게 되었다. 그래서《S/Z》에서 독자의 독서 행위가 텍스트를 통한 독자의 일종의 창작 행위로 분석되었고, 또 그는《S/Z》을 통해 독자의 텍스트의 의미 파악을 다원화시켰다. 이와 같이 문법학을 기초로 성립된 바르트의 텍스트 분석론은 그 후《사드, 푸리에, 로욜라》(1971),《텍스트의 쾌락》(1973),《바르트, 그 자신으로》(1975) 등을 통해 전개되어 갔다.

이상 5월혁명 이후의 프랑스 지성인들의 동향을 정리해 보면 다음과 같다. 5월혁명 전까지만 해도 후기구조주의는 자크 데리다에게 머물러 있었다. 그런데 자크 데리다는 5월혁명 전 해 세 권의 저서를 동시에 출판하였다. 그는 그것들을 통해 구조주의 언어관과는 전혀 다른 언어관을 제시하여 그것을 바탕으로 하여 탈구조주의, 탈유럽 중심주의, 탈서구적 이성 중심주의를 주창해 갔다. 그러한 지적 분위기를 타고 진보적 입장을 취해 왔던 학생들과 지성인들은 당시 유럽 중심주의를 기치로 걸고 시민들을 억눌러온 드골리즘에 반기를 든 5월혁명을 일으켰던 것이다. 그 결과 이 혁명을 계기로 현재 후기구조주의의 특징들로 얘기되는 탈구조주의, 탈유럽 중심주의, 탈서구적 이성 중심주의, 다원주의의 시각이 확립되게 되었고 그러한 시각하에 세계와 인간의 본질을 파악하려는 작업들이 추진되어, 1970년 초부터는 그러한 입장에서 행해진 많은 연구업적들이 쏟아져 나오게 되었다.

이렇게 볼 때, 후기구조주의는 1963년부터의 데탕트의 물결을 타고 자크 데리

*옐름슬레브Louis Hjelmslev(1899-1965) : 덴마크의 언어학자. 일반 문법학 연구로 알려졌고, 독창적인 언어 이론 '글로스매틱스'의 제창자로 유명하다. 그의 그러한 언어 이론은《언어 이론의 기초 확립에 대하여》(1943)에 자세히 서술되어 있다. 코펜하겐 언어학파를 창립하였다. 참10

다를 통해 성립되어 나와서 1968년 5월혁명을 계기로 확립된 후 1970년대로 들어서서 일반화되어 나왔다고 볼 수 있다.

자크 데리다의 디컨스트럭션과 후기구조주의의 일반화 양상

디컨스트럭션이란 용어는 자크 데리다에 의해 철학용어로 쓰이기 시작된 것으로 그의 기본 사상을 함축적으로 잘 표현해 주는 말이다. 이 용어의 개념은 한 일본인 학자가 일본어로 이 말을 어떻게 번역해야 할지를 물은 데 대한 자크 데리다의 답장에서 잘 알 수 있다.[5]

자크 데리다가 이 용어를 꼭 써야겠다고 생각한 것은《문법학에 관하여》(1967)를 집필하면서부터였다고 한다. 그가 이 용어를 취한 것은《존재와 시간》에 쓰인 하이데거Martin Heidegger의 용어, '파괴destruktion'와 '해체abbau'를 접한 후였다. 이 책에서 하이데거는 서구의 존재론이나 형이상학에서 문제시되는 근본적 개념들의 구조라든가 전통적 구성 양식 등을 파괴, 해체하는 작업의 의미로 이 용어들을 사용하고 있었다. 그러나 사실상 프랑스어의 'déconstruction'은 이러한 하이데거의 의도와는 거리가 먼 단어이다. 이 단어는 오히려 니체Nietzsche의 '타파démolition' 등에 가까운 의미, 즉 부정으로부터의 환원을 의미하는 '전멸'을 의미하는 말이다.[6]

그는《리트레》사전에 나와 있는 'déconstruction'의 문법적 · 언어학적 · 수사학적 의미가 '기계적인'이라는 의미와 불가분의 관련을 맺고 있다는 사실을 확인했다. 즉, 그 사전에 'déconstruction'은 '분해 행위action de déconstruire'로, 또 '분해 행위'에서의 '분해' 'déconstruire'는 '기계를 다른 곳으로 옮기기 위해 분해하다', '전체를 부분으로 떼어 내다'(déassember)로 설명되어 있어서 그로부터 그러한 사실을 감지했다는 것이다.[7] 또 자크 데리다는, 기호표현의 차이들이 기호내용을 생성한다는 그의 언어관에 입각해서, 단어의 의미는 다만 특정한 맥락에서만 의미를 지닐 따름이므로 이 용어의 개념 또한 한마디로 설명될 수 없다는 입장을 취했다.

그렇다면 인간에게서의 **디컨스트럭션***이란 무엇을 의미하는가? 자크 데리다는 그 편지에서 그것은 어떤 하나의 '방법'이나 '방법론'이 아니며, 어떤 주체의

'행위'나 '작업'이 아닌, 하나의 '사건'이라고 밝히고 있다. 그렇다면 그가 말하는 '사건'이란 과연 무엇인가?

> 하이데거식의 도식에 따라, 다른 시대에도 그랬었지만, 현재 우리는 스스로를 열어 가면서 동시에 은폐시켜 가는 디컨스트럭션 내 존재의 시대에 처해 있다고 감히 말할 생각은 없다.[8]

이것은 현재 우리가 처해 있는 시대가 어떤 다른 시대보다도 디컨스트럭션의 시대라는 특성을 강하게 지닌 것만은 사실이나 하이데거식으로 우리의 시대를 개념화시켜 폐쇄시켜 버릴 생각은 없다는 의미로 받아들여진다. 그래서 자크 데리다가 가리키고 있는 사건이란 우리 시대에 일어나는 모든 사건들의 총체로 이해된다. 즉, 이것은 우리 시대에 일어나는 모든 사건들은 디컨스트럭션의 형식을 취하고 있다는 해석이 가능하다는 의미이다.

그렇다면 디컨스트럭션의 형식이란 과연 어떤 것인가? 자크 데리다 자신이 밝히고 있듯이, 이 용어가 채용되지 않았다면《문법학에 관하여》(1967)가 쓰일 수 없었다. 한마디로 디컨스트럭션에 의해 이 책이 쓰여 졌고, 또 이 책을 통해 디컨스트럭션이란 용어가 확립되었다고 말할 수 있다. 한편 그가 이 책을 저술하기 시작한 것은 1966년부터였는데, 디컨스트럭션은 이미 1962년 그의 글쓰기론을 통해 성립되어 있었다.

그는 1962년《후설의 기하학의 기원 서설》을 출판해 '현대인식론상'을 수상한 바 있다. 이 책은 **후설***의 기하학에 관한 글을 번역한 글과 그에 대한 자신의

---

*디컨스트럭션deconstruction : 종래의 로고스logos 중심주의적인 철학을 근원적으로 비판한, 프랑스 철학자 자크 데리다(1930-2004)의 독자적인 사고방식에 의해 만들어진 용어. 디컨스트럭션은 일본에서는 '탈구축脫構築'으로 한국에서는 '해체 비평' 등으로 번역되어 나왔다. 참10

*후설Edmund Husserl(1859-1938) : 현상학의 창시자. 오스트리아에서 출생. 1876년 베를린 대학에 입학. 1887년에는 논문〈수 개념에 관하여〉를 완성. 1909년《현상학의 이념》, 1936년《유럽학문의 위기와 선험적 현상학》을 출간. 후설이 연구 대상으로 삼은 현상은 감각적인 현상이 아니라 의식의 현상이었다. 그것은 '눈앞에 나타나 보이는 사물의 형상' 이라는 상식적인 의미의 현상이 아니다. 현상학에서의 현상은 물질적인 현상이 아니라 우리 의식의 현상이다. '나는…을 의식한다'라

해설문으로 엮어져 있는 책이다. 그는 텍스트에 대한 해설문이 좋게 평가되자, 그 후 텍스트 해석에 대한 새로운 방법론으로서의 글쓰기를 시도하게 되었다. 그러한 시도는 주로《크리티크》와《**텔켈**》*등을 통해 이루어졌는데,《문법학에 관하여》(1967)와 같은 해에 출판된《목소리와 현상》,《글쓰기와 차이》등이 그 시도의 결과물이다.

글쓰기를 정립하는 과정에서 그가 천착했던 것은 우선 그동안 그가 추종해 오던 하이데거가 존재의 의미로 파악하고 있던 '현전présence'이 글쓰기와 어떻게 연결될 수 있느냐는 것이었다.[9] 하이데거는 철학의 운명이 존재의 의미를 무엇으로 보느냐에 달려 있다고 보고 존재의 의미를 현전으로 본다. 이것은 어떤 존재가 의미를 가지려면 눈앞에 나타나 있어야 한다. 다시 말해서 존재가 의미를 가지기 위해서는 그것이 의미를 향유하려는 주체 앞에 나타나 있어야 한다는 말이고, 주체가 존재하고 있는 현재라고 하는 구체적인 장소에 그것이 처해 있어야 한다는 말이다. 여기서 자크 데리다는 과거의 어떠한 철학자들의 책도, 현재라고 하는 자신이 처해 있는 구체적인 상황들과 연결될 때만 의미를 가진다는 사실을 깨닫게 되었다. 즉, 현재 자신이 처해 있는 구체적인 상황과 연결되지 않고서는 그들의 책이 아무런 의미를 가질 수 없다는 사실을 이해하게 된 것이다. 그래서 그는 자신이 후설의 어떤 책을 읽거나 분석해서 그것에 관해 논문을 쓸 경우 자신이

는 말에서 볼 수 있듯이 우리의 인식에는 어떤 대상이 있게 마련인데, 현상학은 그 대상의 존재에 관심을 갖는 것이 아니라, 그것이 우리 의식에게 주어지는 방식에 주목하는 학문이다. 이것은 우리의 의식이 지향성志向性/intentionnalit이라는 기본 구조를 갖고 있기 때문에 가능하다는 입장이 제시되었다. 참40

*《텔켈*Tel Quel*》: 1960년 프랑스에서 창간된 아방가르드avant-garde 문학잡지. 1960년 창간 이래 10여 년 동안 포스트구조주의 사상을 널리 알리는 데 이바지한 전위적 평론잡지이다. 이 잡지는 창간 당시에는 프랑스 공산당PCF의 사상을 지지했으나 나중에는 중국의 마오쩌둥毛澤東과 중국 공산주의를 추종했다. 그러다가 1970년대 중반 이후에는 이미 반공산주의적 입장을 취하여 미국의 다원주의를 찬양하였다. 이 잡지의 사상적 노선이 마오쩌둥으로부터 전환된 시기는 1968년 5월 프랑스에서의 노동 운동과 학생 운동이 실패로 돌아간 때와 거의 동일하다고 할 수 있다. 전위 계간지《텔켈》과 밀접하게 관련을 가지고 중심적으로 활동한 평론가 및 작가로는 롤랑 바르트Roland Barthes, 자크 데리다Jacques Derrida, 쥘리아 크리스테바Julia Kristeva, 필리프 솔레르스 Philippe Sollers 등을 들 수 있다. 참10 〈텔켈그룹〉

그 책을 읽고 취해 낸 의미란 그 책을 통해 후설이 한 말의 뜻대로가 아니라 현재라고 하는 구체적인 상황에 처해 있는 자기 자신과 그 책과의 관련을 통해 만들어진 것이라는 입장을 취하게 된다. 이러한 측면에서 후설의 책이 자신에 의해 읽혀지거나 분석되어 쓰인다는 것은 후설에 의해 구축된 책의 구조나 그 구조 속의 내용이 해체되고 해체된 조각들이 다시 현재라고 하는 구체적인 장소에 처해 있는 자크 데리다 자신을 통해 새롭게 구축됨으로써 의미를 갖게 된다는 것이다. 결국, 타자의 텍스트를 분석해 그것에 관해 글을 쓰는 자신의 글쓰기 행위 자체를 자크 데리다는 디컨스트럭션으로 파악했던 것이다.

자크 데리다는 자신의 글쓰기론을 통해 디컨스트럭션론deconstruction을 확립해 가다가 후기구조주의 사상의 기초가 되었던 글 중심의 언어관을 발견하게 되었다. 이제 자크 데리다에게서의 글쓰기는 디컨스트럭션의 행위이고 현전의 삶의 실현 행위 그 자체로 이해되었다. 그는 글쓰기와 말하기와 읽기의 분석을 통해 원글쓰기라고 하는 것들의 공동 영역을 발견해 갔고 그것의 분석을 통해 인간의 행위 그 자체로서의 원글쓰기의 본질을 파악해 갔다. 그래서 그는 인간의 생명 작용으로서의 삶의 행위 그 자체가 주체가 처해 있는 현재라고 하는 구체적인 상황을 통해 해체되고 다시 형성됨으로써 의미를 생성해 가는 디컨스트럭션의 행위라는 사실을 깨닫게 된다. 이렇게 인간의 행위들이 합쳐져 크고 작은 사건들을 만들어 간다고 생각할 때 자크 데리다에게서 디컨스트럭션이 사건이라고 이해되는 것은 아주 당연한 결과였다.

이와 같은 측면에서 자크 데리다의 기본 사상은 주체가 처해 있는 현재라고 하는 구체적인 상황을 기초로 성립된 것이라 이해할 수 있으며, 그러한 의미에서 우리는 자크 데리다를 서구철학에서 '현재'를 발견한 자로 이야기하고 있다.[10] 그렇다면 여기에서 다시 한 번 제기해 볼 물음이 있다. 그가 왜 우리가 처해 있는 '현재'를 그토록 중시했던 것일까? 그에 의하면 존재의 풍만한 의미는 충분한 현전을 통해 가능하다고 하였다.[11] 그렇다면 충분한 현전은 어떻게 이루어질 수 있는가?

그는 고대 그리스 이래 형성된 음성기호관을 바탕으로 형성된 로고스(말) 중심주의의 사고 체계와 그것을 기초로 구축된 서구의 형이상학의 세계가 현재를 토대로 해체하고 재형성해야 한다고 말한다. 이러한 측면에서 이성 중심주의와 탈유럽 중심주의야말로 디컨스트럭션의 일례들이라 말할 수 있다. 후기구조주의 사상은 앞에서도 지적했듯이 자크 데리다의 이와 같은 디컨스트럭션을 기초로 성립되어, 드골의 유럽 중심주의에 반기를 들고 일어난 1968년 5월혁명을 계기로 확립되었다. 그 후 그것은 1970년경을 전후해서, 유럽 쪽에서는 기호분석학sémanalyse, 기호론sémiotique 등으로, 미국을 중심으로 해서는 디컨스트럭션론deconstruction이라고 하는 비평 이론으로 각각 일반화되었다.

우선 기호분석학부터 살펴본다. 자크 데리다가 《텔켈》에 글을 발표한 것은 1963년경부터였다. 이 잡지는 1960년경에 결성된 프랑스 전위그룹의 기관지였다. 이것을 주도했던 사람은 **누보 로망*** 작가들 중에서 가장 전위적으로 평가되고 있었던 **필리프 솔레르스****였다. 이 잡지는 누보로망 이후 언어의식을 더욱 첨예화시킨 문학 이론에 기초해서, '글쓰기écriture', '텍스트texte' 등의 문제를 활발히 다루어 갔다. 그들 중 이러한 문제들에 가장 적극적이었던 사람이 솔레르스의

*누보 로망nouveau roman(신소설) : 20세기 중반의 전위소설. 프랑스에서 1950년대에 나타난 새로운 형태의 소설로 어떤 효과를 목적으로 전통적인 소설 형식이나 관습을 부정한 실험적인 소설을 말한다. 1950년 알랭 로브그리예, 나탈리 사로트, 미셸 뷔토르 등을 중심으로 시작되었으나, '누보 로망'은 공통된 슬로건을 내건 통일된 문학 운동은 아니다. 특정한 줄거리나 뚜렷한 인물이 없고 윤리나 사상성의 통일이 없으며 자유로운 시점에서 세계를 묘사한다는 특징이 있다. 앙티로망anti-roman/antinovel(반소설)이라고도 하는데, '앙티로망'이라는 용어는 장 폴 사르트르가 나탈리 사로트의 소설《어느 미지인의 초상》(1947)의 서문에서 처음 사용하였다. 이 용어는 통상적으로 1950, 1960년대 프랑스의 누보 로망과 관련되어 쓰였지만, 독일의 소설가 우베 욘존의《야코프에 대한 명상》(1959)을 비롯한 비非누보 로망 계열 작가들의 작품도 신원이 불분명한 등장인물, 두서없이 나열된 사건, 의미의 불분명함 등과 같은 반소설적 요소들을 보여 준다. 대표적인 작가로는《고무지우개》,《질투》등의 알랭 로브그리예,《어느 미지인의 초상》등의 나탈리 사로트,《변심變心》등의 미셸 뷔토르,《사기꾼》등의 클로드 시몽 등이다. 참10, 참17

**필리프 솔레르스Philippe Sollers(1936-) : 프랑스 남서부 보르도에서 출생. 소설, 에세이, 전기 등을 넘나드는 전방위적 저술과 문학, 미술, 음악을 가로지르는 다양한 관심, 매체를 가리지 않는 폭넓은 대중성과 그 이면의 예리한 비판력으로 프랑스 문화의 대변자로 일컬어지고 있다. 1958년 간행된 첫 소설《기묘한 고독》으로 프랑수아 모리악과 루이 아라공의 격찬을 받았으며, 일약 프랑스 문단의 별로 떠오른다. 1961년 소설《공원》으로 메디치상을 받았다. 1960년 그는《텔켈*Tel Quel*》이라는 문예 이론잡지를 창간해, 프랑스 후기 구조주의 이론의 탄생을 주도한다. 1983년에는《랭피니》총서와 잡지를 창간했다. 저서에 소설《여자들》,《절대 심성》,《프랑스의 광기》,《비밀》, 에세이《세잔의 낙원》,《경이로운 인물 카사노바》,《물질주의에 관하여》등이 있다. 참7

부인인 **쥘리아 크리스테바***였다. 그녀는 파리 대학을 다니면서 《텔켈》 그룹에 참가하여 자크 데리다의 문법학의 영향하에 문학텍스트의 분석에서의 새로운 기호론적 접근을 시도하여, 《세미오티케—기호분석학을 위한 고찰*Semeiotiké-Recherches pour une Sémanalyse*》(1969), 《소설의 텍스트》(1970), 《시적 언어의 혁명》(1974) 등을 통해 소위 '기호분석학sémanalyse'을 성립시켰다.

그러면 크리스테바에 의해 시도된 문학텍스트 분석에서의 새로운 기호론적 접근이란 무엇인가? 그녀의 기호분석학의 성립 작업을 통한 주된 업적은 기호론에서의 텍스트의 새로운 개념 확립으로 이야기되고 있다. 크리스테바 이전에 텍스트의 개념을 적극적으로 시도했던 것은 **레너드 블룸필드****의 《언어*Language*》(1933)를 기초로 해서 이루어진 미국의 구조언어학에 의해서였다. 특히, 이 구조언어학을 통해 **촘스키*****에게 변형문법의 길을 열어 주었던 **해리스******의

*쥘리아 크리스테바Julia Kristeva(1941-) : 파리대 교수. 정신과의 기호론자. 불가리아 출생. 1966년 프랑스로 건너가 구조주의 영향으로 언어학·정신분석학·기호론 등 새로운 성과를 문학 연구에 응용하였다. 1973년 이래 파리 대학에서 문학텍스트의 승화 작용을 주제로 강의하였고, 분석의 사로서 의료에도 관여하였다. 프로이트의 자아형성론을 수정하면서 주객미분主客未分의 욕동세계欲動世界에 있는 유아가 언어 능력을 갖춘 자기동일적 주체로서 생성하는 구조를 연구하였다. 또한 그 자아형성 모델을 공동체의 문화적 상징질서의 형성 과정에도 적용시켜 종교의례·종교적 텍스트(성서)·문학(특히 현대의 전위문학, L. F. 셀린·G. 바타유) 등이 담당하는 욕동의 승화 작용 분석에 힘썼다. 고정화된 문화상징질서의 심층에서 억압당하고 있는 무의식의 욕동세계가 어떤 구조에 의하여 승화되고 새로운 상징질서를 형성하여 가는지를 탐색한 점에 그녀의 독창성이 있다. 참13

**레너드 블룸필드Leonard Bloomfield(1887-1949) : 미국의 언어학자. 시카고, 예일 대학 교수를 역임하였다. 게르만어가 전공으로 인도유럽어, 아메리카인디언어에도 밝다. 그의 저서 《언어》(1933)는 사적 언어학 면에서 비교언어학 등의 성과에 대한 좋은 개설서가 되고 있다. 참10〈블룸필드〉

***촘스키Avram Noam Chomsky(1928-) : 현대 언어학의 발달에 혁명적 변화를 가져온 미국의 언어학자이다. 그의 변형생성문법 이론은 개개의 언어수행performance에 앞서 존재하며 그것을 생성시키는 인간의 보편적인 언어 능력competence과 언어규칙에 대한 탐구로 언어학의 영역을 확장시켰다. 이는 '촘스키 혁명', '언어학 혁명'이라고 불릴 정도로 현대 언어학에 획기적 전환을 가져온 것으로 평가된다. 그의 언어 이론은 인지과학, 철학, 심리학 등 다양한 학문들에도 커다란 영향을 미쳤다. 또한 1960년대부터 활발히 사회 운동에 참여하여 미국을 대표하는 비판적 지식인으로 평가를 받고 있다. 주요 저서로는 《언어 이론의 논리적 구조》(1955), 《통어론적 구조*Syntactic Structures*》(1957), 《통어 이론의 제상*Aspects of the Theory of Syntax*》(1965) 등이 있다. 참10 〈블룸필드〉

****해리스Z. S. Harris(1909-1992) : 미국의 언어학자. 구조언어학 연구로 알려진 그는 해럴드 블룸필드의 언어기술 개념을 논리적으로 더욱 발전시켜, 음소와 형태소의 선상분포 관계를 발견

논문 〈담화론분석〉(1952) 등에 의해 적극적 시도가 이루어져, 텍스트text란 발화發話된 그 자체로서 자율성과 폐쇄성을 갖는 언어분석 대상의 한 단위로 개념화되었다.

그 후 소쉬르의 정통적 후계자로 이야기되는, 덴마크의 코펜하겐파의 옐름슬레브에 의해 그것은 새로운 측면에서 연구되었다. 그에 의하면 언어기호란 음소 자체가 만드는 표현 형식과 음소들의 차이에 의해 생기는 이음異音에 의해 성립되는 내용 형식이 결합된 것이라고 한다. 이와 같은 언어기호관을 토대로 그는, 소위 **언리학***을 확립시켰다. 자크 데리다의 **차연****, 즉 차이를 만들어 내는 움직임이라고 하는 이론은 이 언어관을 기초로 성립되었다는 설도 있다.[12]

그에게서 텍스트란 개념은 표현 형식이 내용 형식을 만든다는 입장을 기초로 한 표현우월주의를 바탕으로 한 것인데, 그는 이전 학자들보다도 그 개념을 광의로 해석하여 그것이 이야기된 것이든 쓰인 것이든, 긴 것이든 짧은 것이든, 오래된 것이든 새것이든, 발화된 것이라면 모두 텍스트로 규정하였다. 즉, 자신이 분석하려는 텍스트를 청각언어인 말을 토대로 이루어진 담화discourse로서의 텍스트로 이해한 것이다. 텍스트가 글로 된 것이라 할지라도 그것은 기록한 사람이 청자의 입장에서 화자의 말을 그대로 듣고 받아쓴 문장이라고 하는 입장인 것이다. 따라서 이러한 이야기나 문장을 분석하여 그 이야기나 문장의 의미를 파악한다

했다. 해리스는 어린 시절인 1913년 미국으로 건너가 펜실베이니아 대학교에서 학사·석사·박사 학위(1934)를 받고, 그곳에서 1966년 이 대학의 벤저민 프랭클린 석좌碩座 언어학 교수가 되었다. 해리스는《구조언어학의 방법론》(1951)으로 학계에 명성을 확립했다. 그 후 화법 분석을 연구한 해리스는 문장의 경계를 뛰어넘어 기술분석 방법을 확대하기 위한 수단으로 변형을 이용할 것을 제안했다. 해리스는 노엄 촘스키의 스승이었기 때문에 일부 언어학자들은 촘스키의 변형문법이 과연 지금까지 인정받을 만큼 혁명적인지에 대해 의문을 제기했지만, 두 학자는 서로 다른 배경에서 다른 목적을 가지고 변형이라는 개념을 발전시켰다. 변형문법에서 말하는 변형은 심층구조를 표층구조로 바꾸는 장치이지만, 해리스가 말하는 변형은 표층구조의 문장 형태들을 연결시키는 것이다. 참17

*언리학言理學/glossematics : 그리스의 glossa에서 유래한 이 용어는 L. 옐름슬레브에 의해 제창된 언어 이론. 그의 언어 이론은 프랑스의 기호학 형성에 결정적 역할을 하였다. 언리학은 ①종합적 차원에서의 분석, ②형식의 고려, ③표현 면과 내용 면에 걸친 고려, ④기호학적 체계로서의 언어 분석 등의 입장을 취했다. 참31

는 것은 그 이야기나 문장의 화자가 말한 의미를 청자의 입장에서 청각으로 잡아 내는 활동이라고 하는 것이다. 그래서 그에게의 담화분석은 화자가 청자에게 전달하려는 내용을 청자의 입장에서 들어 파악해 내는 행위라 할 수 있다.

그러나 크리스테바에게서의 텍스트의 개념은 이와는 좀 다르다. 해리스에게서의 텍스트의 개념이 미국의 구조의 언어학의 것이고 옐름슬레브에게서의 텍스트의 개념이 유럽의 구조주의 언어관의 것이었다면, 크리스테바의 경우에서는 그것이 후기구조주의 언어관의 것에 속한 것이라 할 수 있다. 우선, 그녀가 가리키는 텍스트는 글로 씌어진 것으로 한정된다. 다시 말해서 음성으로 표현된 기호가 아니라 글로 표현된 기호인 것이다. 다음으로, 그녀가 가리키는 텍스트는 내포된 의미를 전달해 주는 문자기호가 아니라 독자가 끊임없이 의미를 생성하는 문자기호이다. 이 경우 텍스트 분석은 **기호****를 통해 청자를 찾아내서 그를 통해 화자의 말을 듣고 기호의 의미를 파악하는 것이 아니라, 청자의 청각과 화자의 대화 그 이전에 존재하는 시각기호들의 차이화, 성층화成層化, 대결 작업 등에 의해 생성되는 의미들을 취해 내는 행위이다.[13] 이렇게 볼 때 그녀의 텍스트의 개념 정립을 통해 확립된 기호분석학은 후기구조주의 이론을 토대로 확립된 포스트모더니즘 작품의 독서 방법이기도 하다. 자크 데리다가 청각언어 이전에

**차연差延/deférance : 자크 데리다가 만들어 낸 단어이다. 공간적 의미에서의 '차이差異'와 시간적 의미에서의 '지연遲延'이 합성된 개념이다. 옐름슬레브의 언어소론glossématique은 구조언어학의 학파와는 달리 소쉬르의 기표signifiant와 기의signifié를 기호표현expression과 기호내용contenu이라는 용어로 재규정하면서 두 가지 사이에 기호기능이 작용하는 입장이다. 즉 소쉬르처럼 기호는 표현이고 그것이 내용을 가진다고 생각하는 것은 잘못이며 그 반대로 기호는 두 개의 형식(표현 형식과 표현 내용)으로 되어 있다는 것이다. 참25,30면 소쉬르는 자신의 기호학에서 모든 기호는 차이deférence를 통해 의미를 갖게 된다는 기호의 본질을 설명하는 과정에서 디패랑스deférence/差異라는 말을 많이 썼다. 자크 데리다는 소쉬르의 그러한 기호관에 대한 비판적 입장을 취해, 모든 기호들의 의미는 다른 기호들과의 새로운 관계가 형성되는 과정에서 새로운 의미를 갖게 된다는 자신의 기호관을 설명하기 위해, 프랑스어에는 없지만, 발음 면에서는 deférence와 같은 deférance라는 단어를 만들어 냈다. 그는 기호의 의미는 한꺼번에 다 표출되어 있는 것이 아니라 다른 기호들과의 관계가 새롭게 형성되어 나가는 과정에서 그것의 전모가 뒤늦게 표출되어 나온다는 의미에서 deférence 대신에 deférance를 썼던 것이다. 참31

**기호記號/sign : 인간이 자신들의 지식·의지·감정 등을 자신들이 서로 약속한 어떤 부호·문자·표지 등을 통하여 나타내는 하나의 표현 형식. 필자 보충 설명

존재하는 시각언어를 기초로 후기구조주의 시대의 글쓰기 방법을 창안했다면 크리스테바는 당대의 글읽기 방법을 제시한 것으로 이해된다.

한편, 1970년경을 전후하여 확립된 기호론sémiotique/semitics도 자크 데리다의 글쓰기와 크리스테바의 글읽기를 토대로 한 것이다. 기호론은 1969년에 창설된 국제기호론학회의 기관지《세미오티카*Semiotica*》의 간행을 기점으로 구조주의의 기초를 제시한, 소쉬르 계열의 기호학sémiologies보다 더 설득력을 갖는 것으로 평가되고 있다. 한마디로 말해서 **기호학***은 청각언어를 바탕으로 성립된 구조주의 시대의 산물임에 반해, 기호론은 시각언어를 기초로 성립된 후기구조주의 시대의 산물인 것이라고 할 수 있다. 기호론의 특성을 보다 효과적으로 파악해 보기 위해 우선 기호학의 성립 과정과 그 특성을 살펴보기로 한다.

우리들은 시골의 마을에서 저녁때가 되면 집집마다 굴뚝에 연기가 피어오르던 것을 아직도 기억한다. 어머니가 밥을 짓고 있는 것이다. 마을에 사냥하러 들어 온 외국인은 왜 그렇게 연기가 나는지를 모를 것이다. 그렇지만 우리들은 그것을 잘 알고 있다. 누구에게 물어 보아도 그것은 밥을 짓는 것이라고 대답할 것이다. 이 '연기'는 밥을 짓는다고 하는 하나의 좋은 **기호 표현****이 될 수 있고, 어머니가 '밥을 짓는다'는 것은 기호표현인 연기의 기호 내용signifié이 될 수 있다. 우리에게서의 기호표현 '연기'와 기호내용 '어머니가 밥을 짓는다' 사이의 심리적 관계가 바로 **의미 작용*****이다.

그런데 지금 문제 삼고 있는 기호학sémiologies이나 기호론semiotics이란 바로 기호표현과 기호내용 간의 의미 작용을 연구하는 학문이다. 이 학문은 유럽의 경우, 스위스 제네바 대학을 중심으로 창설된 제네바학파와 **소쉬르****** 등에 의해

---

*기호학記號學/Sémiologies : 넓은 의미로 기호의 기능과 본성, 의미 작용과 표현, 의사소통과 관련된 다양한 체계를 연구하는 학문 분야. 청각기호를 자료로 해서 행해진 소쉬르의 기호 연구를 바탕으로 해서 성립된 학문으로 구조주의의 기초를 제시했다. 참10

**기호표현signifiant : 기호내용signifié/signified에 대응되는 말. 프랑스어 'signifiant', 영어 signifier의 번역어이다. 필자 보충 설명

***의미 작용signification : 자기 생각을 표현하거나 다른 사람의 생각을 읽어 내는 행위. 의미 작용 signification은 후기구조주의의 기호론에서의 주요 용어이다. 필자 보충 설명

****소쉬르Ferdinand de Saussure(1857-1913) : 스위스의 언어학자로 오늘날 사상계를 풍미하는

시작되었다. 그의 기호학 이론은 그의 강의를 들었던 제자들의 노트를 기초로 한《일반언어학 강의》(1916)에 의해 정리되었는데, 그것에 의하면 기호학은 사회생활 속에서의 기호들의 삶을 연구하는 학문으로 사회심리학의 한 분야여서 심리학에 통합될 수 있다. 한편, 소쉬르는 그가 일생 연구해 온 언어학을 기호학의 일 분야로 집어넣었다. 그리고 그는 언어학이 기호의 문제를 적절히 제기하기 때문에 기호학에서의 언어학은 필수불가결의 것이라는 입장을 취해 기호학의 성격을 언어학의 본질로부터 찾았다. 이때 언어는 언어기호를 의미하는데, 그것은 모든 기호가 그러하듯 기호표현과 기호내용으로 되어 있고, 음성은 기호표현에, 그 음성이 가리키는 의미는 기호내용에 각각 해당된다.

이와 같이 소쉬르에 의해 제창된 기호학sémiologies은 그 후 1930년대 체코 프라그학파의 중심적 지도자 **트루베츠코이**,* 야콥슨Roman Jakobson(1896-1982) 등에 의해 연구되어 확립된 음운적 대립phonological opposition과 **변별적 특징**distinctive feature, 덴마크의 코펜하겐파 옐름슬레브의 **언리학**,** 1940년대 파리학파의 거장 **마르티네*****의 기능언어학 등의 언어 이론들을 섭취하여 발전해 갔다. 그러다가 1950년대에 들어서서는 그것이 '중요한 기호학적 체계는 언어학을 통해 성립되지 않으면 안 된다, 모든 기호학적 체계는 말에 달려 있다, 기호학은 담화론의 한 커다란 의미 작용 단위의 과학이다'라는 입장들에 의해 언어학의 한 분야로

구조주의의 선구자로 간주된다. 제네바 대학교 교수를 지냈다.〈인도유럽어 원시 모음 체계에 관한 논문〉으로 유명하고, 저서는 그의 제자들에 의해 그의 강의 내용이 정리된《일반언어학 강의》(1916)가 있다. 참10

*트루베츠코이N. S. Trubeetzkog(1890-1938) : 러시아의 언어학자. 모스크바 출생. 소년 시절부터 민족학 · 언어학에 흥미를 가져, 코카서스어 · 핀우그르어 · 슬라브어 등을 연구, 음운론音韻論 연구와 그 원리의 확립에 공헌하였다. 프라하 언어학파 창립자의 한 사람이다. 주요 저서로《음운론의 원리》(1939)가 있다. 참10

**언리학glossematics : 구조언어학의 한 분야. 코펜하겐학파에 의해, 언어에서의 의미를 갖는 최소의 단위라고 하는 형태소의 의존관계의 분석을 주축으로 성립된 언어학이다. 참10

***마르티네André Martinet(1908-1999) : 파리 대학교에서 8년, 베를린 대학교에서 1년간 공부하고, 30세 때 소르본고등학술 연구원의 연구책임자가 되었다. 소쉬르의 구조주의와 프라하 언어학단의 음운론을 배경으로 하는 통시음운론의 발전에 공헌하였고, 각종 언어 단위 사이의 기능을 중시하는 기능언어학의 발전에도 공헌하였다. 주요 저서로는《음 변화音變化의 경제 · 통시음운론 개설》(1955),《일반언어학 요리要理》(1960),《언어의 기능관》(1962) 등이 있다. 참10

취급되게 되었다. 나아가, 1960년대의 구조주의 시대로 접어들어서는 그동안의 기호학이 언어 이론을 기초로 확립되어 나왔던 반면, 언어학 특히 의미론이 기호학의 의미 작용을 받아들여 발전해 갔다. 그 결과 기호학과 언어학은 사실상 구분이 불가능한 상태가 되었다.

1970년대로 들어와서는 다시 그것들이 기호학은 미국의 철학자 피어스C.S. Peirce(1839-1914)의 기호학semiotics과 자크 데리다의 문법학 등을 기초로 기호론으로 분리되어 나왔다. 소쉬르의 기호학이 언어기호에서부터 사회 생활 속의 기호까지를 취급했었다고 한다면, 피어스의 경우는 철학적 입장에서 기호signs에 접근해 갔던 입장이었고, 데리다의 경우는 새로운 언어관을 가지고 소쉬르의 기호학을 비평한다는 입장을 취했다. 그러한 흐름을 타고 1970년 이후의 기호론은 언어기호나 사회 생활 속의 기호는 물론, 문화와 자연에 이르기까지의 모든 시각적 대상을 기호로 취급하였다. 다시 말해서, 이 기호론은 대상을 언어기호에만 국한시킨 것이 아니라 인간의 생활과 관련을 갖고 있는 언어, 문화, 자연 등의 모든 현상들의 표현들을 모두 기호로 파악하여, 그것들의 의미를 해명하려는 학문으로 등장하게 되었던 것이다.

우리들은 한 텍스트의 언어기호표현들의 질서와 그 표현들의 의미 해명을 통해 그 텍스트를 쓴 사람의 의식 상태는 물론 그 사람의 관심이라든가 가치관, 그가 처해 있는 사회 현상, 더 나가서 그의 그러한 것들을 통한 언어 표현의 특징과 인간의 본질까지도 읽을 수 있게 된다.

한편, 모든 문화 현상은 인간의 의식을 통해 이루어져 왔고, 그렇게 이루어져 가고 있다. 문화 현상을 이루는 모든 것들은 인간의 의식을 통해 만들어진 것들이다. 인간이 먹고 입고 사는 음식 · 옷 · 집 등 인간에 의해 만들어진 전 지구상의 모든 것들은 인간의 의식을 통해 만들어진 것이다. 따라서 우리들은 그러한 것들의 표현 질서와 그것들의 의미 해명을 통해 인간의 본질을 알아갈 수 있는 것이다. 우리는 대자연의 식물과 동물, 생물과 무생물들의 표현 질서와 그 특징 파악을 통해 우리가 살고 있는 지상이 어떠한 곳이고 그것들 속에 살아온 인간들이란 과연 어떠한 존재이며, 그것들과 더불어 살아가는 그러한 인간 존재의 의미는 무엇이고, 또 이 대자연 속에서의 인간의 존재 의미는 무엇인지 등과 같은 문제들까지를 파악할 수 있다. 그뿐만 아니라 인간은 언어 속에서 몇몇의 언어를 통해, 문화 속에서 몇몇의 문화를 통해, 대자연을 이루는 사물들의 표현 속에서는 그것들의 몇몇의 표현을 통해 인간의 본질을 어떻게 파악할 수 있을까에 대한 연구들도 행해 갈 수 있다.

이와 같이 인간에 관련된 모든 현상들을 기호로 보고 그것들의 의미를 향유하려는 기호론자들에게서의 한 편의 시나 소설과 같은 문학작품이란 언어기호의 집단, 바로 그 이상의 것이 결코 되지 못한다. 예를 들어, 언어기호로 대리석에 표현된 김소월의 〈산유화〉는 남산 안중근기념관에 소장된 백의白衣 한 벌이나, 혹은 기념관 옆쪽에 서 있는 라일락 한 그루 등과 같은 차원의 기호 세계의 것들에 지나지 않는 존재라는 것이다. 우리는 안중근의 백의를 보고 안중근의 모습을 보았다고 말할 수 없고, 그것을 통해 안중근의 말을 들었다고도 할 수 없다. 우리는 그 백의를 보고 안중근의 모습을 마음속으로 그려 본다든가 혹은 자신이 자신의 안중근을 만들어봄으로써 자신에게서의 그 백의의 의미와 안중근의 의미를 한 정적으로 느껴 볼 수 있을 뿐인 것이다. 한 그루의 라일락 앞에서 우리는 라일락이 우리에게 걸어오는 말을 결코 듣지 못한다. 다만 라일락 가지의 굵기를 보고 그것을 심은 사람의 심정이라든가 혹은 우리가 어릴 적 그곳을 찾았을 때 그것을 본 적이 있었다면 그 당시의 우리의 모습을 상상해 볼 뿐이다.

이처럼, 기호론적 입장을 취해 사물을 접할 경우 우리는 한 수의 시나 한 편의 소설을 읽고 그 작품 속에 내재해 있다고 생각하는 청자를 발견하고 또 그것을 통해 그 작품의 서술자뿐만 아니라 그것을 통해 작자까지를 발견해서 그들의 말들을 듣고 작품의 뜻을 알아내려 하지 않는다. 왜냐하면 우선 작품은 작자가 누구의 말을 듣고 언술한 것이 아니라 언어, 문화, 자연 등의 여러 기호들을 통해 자신의 삶을 실현시켜 가는 과정에서 자신의 의식 속에 나타난 그것들의 표상들을 글로 표현해 낸 것이기 때문이다. 따라서 작품에는 청자도 화자도 서술자도 내재되어 있지 않다. 백의나 라일락에 그러한 것들이 내재되어 있지 않듯이 말이다. 우리가 작품을 읽는다는 것은 종이에 나열된 언어기호들의 의미를 생성해 가는 행위라 할 수 있다. 우리가 그 백의나 라일락을 보고 그것들로부터 들을 수 있는 것은 아무것도 없듯이, 문학작품을 읽고 그것으로부터 들을 수 있는 것은 아무것도 없다. 우리가 그것들을 보고 할 수 있는 것이란 그들 표현들의 특징을 파악해 그것들을 통해 그것들의 의미를 생성해 내는 것뿐이다. 따라서 언어의 세계를 이루는 한 수의 시라든가, 문화의 세계를 구성하는 한 벌의 백의라든가 또는 자연 세계를 이루는 한 그루의 나무와 같은 것들은 그것들을 바라다보는 사람에게서는 지상의 기호 세계를 구성하는 똑같은 존재들로 인식될 뿐이다.

마지막으로 미국을 중심으로 성립된 디컨스트럭션론을 살펴보자. 우선 자크 데리다와 미국과의 관계를 살펴보면 이렇다. 그가 맨 처음 미국에 간 것은 교수 자격 시험에 합격했던 1956년의 일이다. 그는 그해 하버드 대학으로부터 장학금을 받아 그 다음해까지 미국에 머물게 된다. 1957년에는 그곳 보스톤에서 결혼을 하게 되었고, 그로부터 10년 만인 1966년에는 존스홉킨스 대학의 프랑스 문학자 **르네 지라르***로부터 초청을 받아 볼티모어에서 열리는 국제회의에 참석해, 예일 대학에서 벨기에 출신으로 프랑스문학 비교문학 교수 드만Paul de Man(1919-1983) 등을 만난다. 또 그로부터 10년 만인 1975년부터는 드만의 초청으로 예일 대학에서 일 년에 몇 주 동안씩 강의를 시작한다. 이때 그는 그곳에서 예일 대학의 독일태생 비평가이며 비교문학 교수인 **제프리 하트만****, 유태계 비평가 **해럴드 블룸*****,

*르네 지라르René Girard(1923-) : 문학평론가이자 사회인류학자이다. 1947년 파리고문서 학교를 졸업하고, 미국 인디애나 대학에서 역사학을 전공하였다. 인디애나 대학, 듀크 대학, 스탠퍼드 대학 등에서 석좌 교수 등을 지내며, 프랑스의 역사, 문화, 사상을 강의. 1961년에는 존스홉킨스 대학에서 '비평언어와 인문학'에 관한 국제 심포지엄을 개최하였는데, 여기에는 바르트, 데리다, 골드만, 이폴리트, 라캉, 풀레, 토도로프, 베르낭 등 많은 학자들이 참가하였다. 그의 주된 관심은 소설 속의 인물들의 욕망을 규명해 내는 것으로 출발한다. 그것은 그의 첫 저서인《낭만적 거짓과 소설적 진실》(1961)이 다루고 있는 내용이었다. 인간의 욕망과 구조를 밝혀내려는 작업의 결실인《폭력과 성스러움》은 1973년 프랑스 아카데미상을 받았다. 그밖에도 그의 저서들은 대부분 문학작품 분석이 중심을 이루고 있으며, 특히 폭력과 구원에 관한 주제가 주로 다루어졌다. 참13

**제프리 하트만Geoffrey H. Hartman(1929-) : 제프리 하트만의《형식주의를 넘어서》(1970)는 신비평의 한계를 극복하며 새로운 사변적 비평 시대의 막을 여는 한 선언이 되었다. 이 책에서 하트만은 신비평의 비평 수단이었던 해설explication과 분석analysis을 공격의 대상으로 삼고 있다. 따라서 그는 해석과 분석을 주로 하여 비평하는 클렌스 브룩스와 조르주 풀레를 공격했으며, 단순한 해설을 넘어서 비평적 직관과 역사의식을 통해 작품의 객관적 질을 성찰하려고 노력했다. 그러나 비평가이며 영문학자인 밀러Hillis Miller(1928-) 등과 함께 '디컨스트럭션론의 미국 침투'에 대해 토론이 행해지게 되었는데, 이 토론을 토대로 예일학파Yale Deconstructionists가 형성되었다. 그래서 그들은 1977년부터 그들의 기관지격인, 문학 이론의 종합계간지 《글립*Glyph*》(존스 홉킨스 대학 간행)을 창간해 디컨스트럭션비평 이론을 확립시켜 갔다.

이들의 특징을 살펴보면, 우선 밀러를 제외하고는 모두 유럽계라는 점을 들 수 있다. 사실은 밀러도 하버드대를 졸업하고 홉킨스 대학 재학중 **조르주 풀레***로부터 사사를 받은 것이 계기가 되어 예일학파의 일원이 되었는데, 나머지 대부분은 유럽의 낭만주의 연구로부터 출발하여 니체, 하이데거 등의 실존주의, 바르트의 구조주의비평 등을 통해 자크 데리다에 관심을 갖게 된 학자들이었다.

이들에 의해 받아들여진 자크 데리다의 디컨스트럭션은 결국 독서 중심의 비평 이론으로 자리 잡아 갔다. 이것은 작품 속의 이항대립 구조를 파악해 가는 구조주의자들의 비평과는 달리, 독자나 비평가가 작자에 의해 구축된 작품 세계나 그 작품의 구조로부터 벗어나 그들 자신들이 처해 있는 현 상황과 텍스트가

그가 형식주의 그 자체에 반대했던 것은 결코 아니었다. 참37

***해럴드 블룸Harold Bloom(1930-) : 1930년 미국 뉴욕에서 태어나 코넬과 예일 대학에서 수학. 그는 지난 수십 년간 미국 문학 비평계의 거목이자 살아 있는 전설로 세계 문단을 주도해 왔다. 1955년부터 예일 대학에서, 1988년부터는 뉴욕 대학에서 문학 이론과 비평을 가르치고 있다. 1987년에서 1988년까지는 하버드 대학에서 시를 가르치기도 했으며, 로마와 볼로냐 대학에서 명예박사학위를 받았다. 25권이 넘는 문학 및 종교 비평서를 포함해 끊임없이 논문을 발표해 가고 있다. 블룸은 상상력의 자율성을 옹호하며, '문학의 위대성'이란 영혼의 숭고함과 미학적인 강렬함에서 발생한다고 말한다. 또한 문학은 도덕이나 정치적 주장에서 완전히 자유로워져야 한다는 입장을 견지하고 있다. '예일 비평의 마피아'로 불리는 블룸은 '시적 영향'의 개념을 중심으로 비평 이론을 전개했으며, 페미니즘, 마르크스주의, 신역사주의, 포스트모더니즘 등에 대항하여 문학에 대한 미학적 접근법을 강조하고 있다. 주요 저서로는 《시적 영향에 대한 불안》(1973), 《서구의 정전》(1994), 《셰익스피어—인간의 발명》(1998), 《어떻게 읽고 왜 읽는가》(2000) 등이 있다. 참3

*조르주 풀레Georges Poulet(1902-1991) : 벨기에 출생. 프랑스 문학평론가. 리에지 대학교에서 법률과 문학을 전공, 에든버러 대학교 강사를 거쳐 볼티모어의 존스홉킨스 대학교(1952-1957), 이어 취리히 대학교(1957)의 프랑스 문학 교수를 지냈다. 그는 시간·공간이 문학에서 차지하는 위치와 그 의의를 철학적 시점에서 추구하였다. 주요 저서에는 《인간적 시간의 연구》(1950-1964), 《원圓의 변용》(1961), 《프루스트적 공간》(1963) 등이 있다. 참10

갖는 의미의 복합성을 전제로 새로운 의미를 구축해 가는 입장이었다. 이와 같이 미국에서의 디컨스트럭션론은 무엇보다도 독자나 비평가가 작품을 읽거나 비평할 때 작자가 구축해 놓은 세계로부터 빠져 나와야 한다는 점이 강조되었다. 바로 이 점을 고려하여 일본의 미국문학 비평가들은 'deconstruction'을 '탈구축脫構築'으로 번역했던 것이다. 그 후 그들의 이와 같은 독서 중심의 비평은 1980년대에 들어와 인간의 행위 형식의 의미를 읽어 내려는 기호론과 결부되어 전개되고 있다. 제프리 하트만의《텍스트를 구제하며*Saving the Text*》(동년), 해럴드 블룸의《갈등*Agony Towards a Theory of Revisionism*》(1981), 밀러의《디컨스트럭션과 비평*Deconstruction and Criticism*》(1979), 드만의《독서의 비유*Allegories of Reading*》(1979) 등은 디컨스트럭션론에 관한 대표작들이다.

이와 같은 측면에서 생각해 볼 때, 미국에서의 20세기 전반의 신비평은 일종의 작품론이었던 데 반해, 1980년대 이후 디컨스트럭션론은 다름 아닌 하나의 가장 전형적인 독자론이었던 것이다. 그래서 미국비평가들에게서의 디컨스트럭션 비평deconstruction criticism이란 디컨스트럭션적 독서deconstructive readings의 일종으로 취급되고 있다.[14] 19세기의 작가론이 독자나 비평가가, 혹은 작가가 처했던 세계로 돌아간 입장에서 작품 세계를 해체시켜 그것들을 재구성시켰던 비평 이론이었다면, 그 다음의 신비평은 독자나 비평가가 작품 세계로 들어가 그것을 발판으로 자신들의 입장에서 작품 세계를 재구성시키는 비평 이론이었다. 또 그 이후의 독자론은 한마디로 말해서 독자나 비평가가 현재 자신들이 처해 있는 세계에서 작자가 구축해 놓은 작품 세계를 해체시켜 자신들의 측면에서 그것을 재구성시키는 방법을 취했다. 이렇게 봤을 때 독자론으로서의 디컨스트럭션론은 유럽의 텍스트 분석학의 일종으로 이해될 수 있다.

후기구조주의의 본질과 한계

이상에서 고찰해 본 바와 같이 후기구조주의는 1960년대에 구조주의가 전개되는 과정에서 성립되어 1970년대로 들어서서 구조주의의 한계성을 뛰어넘어 현대 구미의 가장 대표적 사상으로 등장하게 되었다. 그렇다면 현대 구미인들은 후기구조주의를 통해 무엇을 발견했고 무엇을 획득했는가? 인간의 본질을 해명해 가는 데 있어서 그것은 과연 어디까지 와 있고 그것이 현재 풀지 못한 문제는 무엇인가?

앞에서도 지적했듯이 1960년대 프랑스를 중심으로 발흥했던 구조주의는 소쉬르, 야콥슨 등의 언어학 이론을 기초로 성립되었다. 소쉬르는 19세기까지의 역사주의적 언어 연구 방법, 즉 통시적 측면에서 언어의 질서를 파악하려는 입장을 버리고, 어느 한 시기의 언어 현상을 공시적 측면에서 파악해 그 언어 현상을 이루는 요소들의 관련 양상을 파악하려는 입장을 취했다. 소쉬르는 어느 한 시기에 일어나는 현상을 일단 물화物化시켜 그것을 구성하는 요소들의 관련 양상의 특징을 구조structure라 했다. 그런데 그의 이러한 관점은 《일반언어학 강의》(1916)를 통해 널리 알려져 현대언어학 연구 방법의 기초가 되었다.

사물의 질서를 파악하는 데 있어서 이와 같은 공시적 접근 방법은 언어학에서의 독보적인 것이 아니었다. 20세기 초 유럽의 철학 세계에 출현한 현상학이 이를 증명한다. 후설Edmund Husserl(1859-1938)은 원래 논리학에 관심을 가지고 있었다. 그런데 그는 당시 학자들이 논리적 사고를 경험적 심리 작용으로 환원시켜 버리는 심리주의에 불만을 갖게 되었다. 그래서 그는 대상 그 자체의 본질을 파악할 방법을 탐구하게 되었는데, 그 과정에서 주체와 객체와의 관계가 의식의 문제로서 문제시되어, 결국 그는 여기에서 '모든 의식은 무언가에 대한 의식이다'라는 사실을 확인하게 된다. 그래서 그는 의식의 지향성, 즉 의식은 항상 무언가의 대상에 대해서의 의식일 것을 주장했다. 이 경우, 의식의 측, 즉 의식이 작용하는 측을 노에시스noesis라 했고, 대상이 되는 측을 노에마noema라 해서 그것을 기초로 해서 《순수 현상학 및 현상학적 철학에 관한 고찰》(1913) 등을 저술하여 현상학을 성립시켰다.[15] 이와 같이 현상학은 소쉬르의 언어학처럼 철학의 분야에서 공시적 측면에서의 대상의 본질 파악의 방법을 취해, 그때까지의 철학에서 주체subject와 객체object라고 말해 왔던 것을 의식과 대상과의 관계 속에서 그 본질을 파악하려 했던 것이었다.

그 후 하이데거, **사르트르*** 등의 사상은 후설의 노에마·노에시스를 받아들여,

그것을 통시적 측면에서 재접근해 인간 존재의 본질을 규명하려 했다. 하이데거는 《**존재와 시간**》*을 통해 세계를 공간과 시간의 합성물로 보고 인간을 '세계 내 존재'로 규정함으로써 인간 존재의 본질을 파악했음을 보여 주었다. 사르트르의 경우 《존재와 무》(1943)를 통해 세계와 인간 존재를 의식에 해당될 수 있는 '즉자卽自/en-soi'와 의식 대상에 해당될 수 있는 '대자對自/pour-soi'와의 결합물로 보아야 된다는 입장을 제시했다.[16] 이와 같이 그들은 공시적 접근을 통해 파악한 존재의 본질을 통시적 측면에서 재접근하였다. 그 결과 그들에게서의 인간이란 시간이 가져다주는 죽음으로 향해 있는 존재라는 입장이 성립되었다. 그래서 그들은 공시적 접근을 기초로 한 통시적 접근을 통해 실존주의를 확립시켰던 것이다.

1950년대로 들어서면서 인간의 의식 현상을 통해서 인간의 존재 본질을 파악하려는 현상학과 실존주의의 접근 방법에 대해 서서히 비판이 일기 시작하였다. 특히 실존주의의 통시적 측면에서의 인간 존재의 접근 방법에 대해 비판이 가해졌다. 왜냐하면 통시적 측면을 통해 파악된, 인간의 존재의식, 보다 구체적으로 말하자면 무無로 개진開進되어 있다고 하는 인간의 허구적 존재의식이란 인간의 의식 현상의 파악 차원만으로는 결코 극복될 수 없다고 생각되었기 때문이다.

소쉬르의 언어학적 방법을 토대로 한 구조주의는 바로 이 시점에서 성립되었다. 앞에서도 지적했듯이, 소쉬르의 언어학적 방법은 일정 시기의 어떤 한 현상을 공시적 측면에서 접근해 그 현상에 내재된 어떤 대립적 구조를 파악해 내는 것이었다. 그렇게 해서 구조주의자들은 통시적 측면의 파악을 통해 드러났던 의식 주체의 유한성을 극복할 방법의 하나로, 인간이 만들어 온 문화들을 대상으로 그것들의 심층에 내재된 보편적 정신 체계를 발견해 가는 한편 그러한 체계가 한 개체로서의 의식 주체와 어떻게 관련되어 있는가의 문제를 함께 연구했다.

*사르트르Jean-Paul Sartre(1905-1980) : 프랑스의 작가·사상가. 시몬 드 보부아르와 평생 반려했다. 철학논문서 〈존재와 무〉(1943)는 무신론적 실존주의의 입장에서 전개한 존재론으로, 제2차 세계대전 전후의 시대사조를 대표한다. 노벨문학상 수상(1964)을 거부하였다. 참10

* 《존재와 시간*Sein und Zeit*》(1927) : 독일의 철학자 마르틴 하이데거Martin Heidegger의 존재론 저서. 그는 이 책을 통해 인간에게서의 시간이 현존재의 존재성을 규정 짓는 것으로 파악하고 있다. 그는 이 책을 통해 현존재의 해석학, 즉 실존의 분석론을 확립시켰다. 참10

즉, 레비스트로스의 인류학, 바르트의 문예 이론, 라캉의 정신분석, 푸코의 지식의 역사, **루이 알튀세***의 마르크스주의, **폴 리쾨르****의 철학 등의 핵심적 관심이 바로 주체와 객체 사이에 숨어 있는 어떤 질서를 점검하는 데 있었다.

그들에게서의 그러한 점검의 궁극적 목적은 한 개체로서의 의식 주체의 토대를 발견하는 데 있었다. 다시 말해서 그들은 인간이 만들어 온 거대한 문화 체계와 개개인의 의식 주체와의 관련 부분의 점검을 통해 의식 주체의 토대를 발견해 보려 했던 것이다. 이렇게 볼 때 구조주의자들의 주된 작업은 결국, 그때까지 인간의 의식 세계에 드러나지 않은 인간의 새로운 주체 영역을 파악해 가는 것이었다. 그 결과 그들은 유기적으로 움직여 가는 인간의 문화 체계 자체가 인간의 주체라는 입장을 취하게 되었다. 구조주의자들의 이러한 작업은 인간의 문화는 담화론discourse에 의해 이루어졌고, 또 그 담화론은 말이라고 하는 로고스 작용에 의해 이루어졌으며 말 자체가 바로 신神이라고 하는 생각으로부터 시작되었다. 그래서 구조주의의 작업은 일단 자신이 소속되어 있는 사회의 모든 현상들을 포함한 인간의 모든 문화 현상 그 자체를 자신의 주체로 받아들임으로써 완성되었던 것이다.

---

*루이 피에르 알튀세Louis Pierre Althusser(1918-1990) : 알제리 출생의 프랑스 철학자. 파리에 있는 에콜 노르말 쉬페리외르(고등사범학교)에서 G. 바슐라르의 가르침으로 헤겔 철학을 연구하였으며, 뒤에 모교에서 철학을 강의하였다. 그는 프랑스 공산당을 선도하는 이론가였으며, 그의 주된 논쟁들은 사회주의의 이데올로기적 근거에 대한 여러 위협들에 대한 응답이었다. 이 위협에는, 마르크스주의 사회학과 경제학에 영향력을 미치기 시작한 경험주의와 유럽의 공산당들을 분열시키기 시작한 휴머니즘 사회주의 및 민주-사회주의가 포함된다. 그는 반反인간주의, 반反경제주의, 반反경험주의와 반反주체주의를 주장하였다. 사실은 그가 프랑스 구조주의의 다른 부류와 결코 간단히 얽히는 우호적 관계를 갖고 있지 않았음에도 불구하고 흔히 구조적 마르크스주의자로 칭해진다. 주요 저서에《되살아나는 마르크스》(1965),《자본론을 읽는다》(1965),《과학자를 위한 철학 강의》(1967),《국가와 이데올로기》(1970),《자기비판》(1974),《공산당 안에서 더 이상 지속되어서는 안 되는 것》(1978) 등이 있다. 참6

**폴 리쾨르Paul Ricoeur(1913-2005) : 철학자이자 해석학자이다. 1913년 프랑스에서 태어났으며, 소르본 대학에서 박사학위를 받았다. 이후 소르본 대학, 파리 10대학 등에서 교수로 재직하였으며, 미국의 예일 대학, 컬럼비아 대학, 노스웨스턴 대학 등에 초빙되기도 하였다. 1967년부터는 폴 틸리히의 후임으로 미국 시카고 대학에서 신학부와 철학부 교수로 재직하였으며, 1992년 은퇴 후에는 프랑스로 돌아가 해석학과 신학 분야에서의 저술 활동을 하였다. 지은 책으로는《악의 상징》,《성서 해석학》,《하나님의 상징—종교, 설화, 상상력》,《역사와 진리》등이 있다. 참4

이와 같이 구조주의를 통해 부상한 후기구조주의의 본질도 결국은 구조주의의 경우처럼 서구인들이 자신들의 주체를 발견하려는 과정에서 형성된 것이라 할 수 있다. 서구인들은 구조주의를 확립시켜 나오는 과정에서 그들 자신들이 일으켜 가는 문화 현상 자체를 자신들의 주체적 토대 혹은 주체 그 자체로 받아들임으로써 자아의 주체 확립과 해방이라는 면에서 큰 성과를 거두었음에도 불구하고 전체성 속에서의 개인적 존엄성의 상실로 대표되는 큰 희생도 치렀다. 그래서 이후 의 서구인들은 문화 현상보다도 더 보편적이고 원대한 자아의 주체를 찾아보려는 입장을 취해 나갔고 그러한 원대한 주체로서의 개인의 존재 의미도 추구하게 되었다. 이러한 입장을 취한 사람들이 바로 후기구조주의자들이다. 우선 그들도 구조주의자들의 경우처럼 문화 현상 자체를 자신들의 주체로 받아들이기는 했지만, 그러나 그들은 그 단계에서 머물었던 것이 아니라 그것을 통해 어떠한 형태로든지 간에 전체성 속에 말살되어 가는 개인의 존엄성을 회복시킬 수 있는 한층 더 보편적인 주체의 토대를 발견해 가려는 입장을 취해 갔던 것이다.

그러한 발견 작업의 첫 시도가 자신들의 로고스를 토대로 형성된 음성 중심의 언어관과 그것을 통해 이루어진 담화 형식, 그것들을 통해 구축된 형이상학의 세계, 그 세계를 기초로 한 자신들의 문화 체계 등의 일체를 모두 해체시키는 것이었다. 그들에서의 그러한 해체 작업은 그들로 말할 것 같으면 그것들로부터의 해방 그 자체였던 것이다.

그렇다면 그들이 자신들의 보다 보편적인 주체적 토대를 찾기 위해 이미 구축된 구조를 해체시킨다는 것은 무엇을 의미하는 것인가?

서구에서의 '주체subject'의 어원은 'hypokeimenôn'(그리스어)이나 'subjectum'(라틴어)에서 찾아진다. 그들의 의미가 '아래에 놓인 것', '근저根底에 있는 것', '기체基體' 등이라는 사실을 감안해 볼 때, 서구인들에게서의 주체를 찾아가는 작업이나 주체를 확립해 가는 작업은 존재의 토대를 찾아가는 작업이요, 또 그것을 찾아가는 방법은 기존의 토대를 깨고 그 아래로 내려가 새로운 기저를 발견해 가는 작업임을 알 수 있다. 다시 말해서, 보다 근본이 되는 세계를 발견하기 위해 기존의 토대를 깨는 작업, 아래로 내려가는 작업, 내려가서 그 아래의 새로운 세계를 발견해 가는 작업, 보다 보편적인 자신의 주체적 토대를 발견해 가는 작업이다. 그러므로 후기구조주의자들에게서의 음성 중심주의의 문화 체계를 해체해 가는 작업은 다름 아닌 자신들이 직면한 문제를 해결할 수 있는, 아직 발견되지 않은 보다 더 근원적이고 보편적인 자신들의 주체적 영역을 발견해 가는 작업으로 이해된다.

그렇다면, 그들은 그러한 해체 작업을 통해 어떤 세계를 발견해 갔던 것인가? 비유적으로 말하자면, 자크 데리다는 자신이 처해 있는 땅 위에 연무와도 같이 자욱하게 끼어 있는 음성들 속에서 과연 무엇을 발견했는가? 결국 그는 말이라고 하는 두터운 연무 속에서 살아남기 위한 하나의 방법으로서 이 세상에 서 있는 자신에게 자신의 존재의 토대를 제시하는 자연의 일부를 이루는 이 지상 세계를 새롭게 의식할 수밖에 없지 않았던 것은 아닌가 한다. 현재 자신이 처해 있는 땅으로 내려앉아 자신이 밟고 있는 지면을 직접 손으로 더듬어 볼 수밖에 없지 않았던 것은 아니었던가라고 하는 것이다. 지금까지 그들은 자신의 의식 대상이 되어 왔던 말들의 연무들이 언제 어디에서 누구로부터 시작되었으며, 또 앞으로 언제 어떻게 사라질 것인지, 그것이 미래의 언제쯤 어디에서 끝나게 될 것인지에만 관심을 가졌었다. 다시 말해서 그때까지의 자신들의 관심은 과거나 미래에만, 혹은 걸어 왔던 곳이나 앞으로 걸어갈 곳에만 집중되어 있었던 것이다. 그러나 그는 자신들이 처해 있는 현재를 고려하지 않고서는 당면한 문제를 풀어 나가는 데 어떠한 해결책도 없다는 사실을 깨달은 나머지 자신들이 처해 있는 현재, 즉 자신들의 현존재의 탄탄한 발판이라 할 수 있는 현재를 새롭게 인식하게 되었다는 것이다.[17]

그래서 그는 그러한 재인식을 계기로 자신이 현재 처해 있는 지면을 구성하는 흙이며 모래며 돌이며 바위들이며, 이름 모를 풀들이며 잡목들이며, 또 그것들의 형태들이 만드는 차이의 세계를 발견하게 되었고, 그것들의 차이들을 더듬어 가며 자신들의 종교적 신화의 두터운 얼음장들을 깨부수고 나가게 됐던 것이다. 이렇게 그의 관심은 자신이 처해 있는 현 지점에서 그것이 처해 있는 지면을 이루는 것들의 관련성들을 파악해 가면서 공간적 이동을 시행했던 것이고, 그러한 공간적 이동으로서의 그의 글쓰기는 말이라고 하는 연무 속에 내재된 나무나 돌과 같은 자연을 구성하는 존재들의 형상적 차이를 감지해 가며 지면에 두텁게 깔려 있는 연무를 뚫고 나아가는 작업이었다.

그렇다면 후기구조주의자들의 그러한 해체 작업은 눈얼음 층처럼 지면에 두텁게 깔려 있는 말들의 흰 구축물들을 깨고 그 아래의 지면을 구성하는 자연 기호들의 세계를 발견해 가는 작업이 아니었던가 한다. 그들에게서의 글쓰기 작업은 그러한 기호들의 세계를 드러내 주는 작업이었고, 텍스트의 분석 작업이나 그것을 읽어 가는 작업은 그러한 기호들이 암시하는 의미들의 뿌리를 캐고 열매를 따는 작업이었다고 말할 수 있다. 그러한 글쓰기와 독서 작업들은 아침햇살에 반짝이는 기호들을 다시 재배해 그것들로부터 새로운 의미들을 생성해 내려 했던 작업들이었던 것이다.

이상과 같은 측면에서 후기구조주의자들의 작업을 살펴볼 때, 구조주의자들이 말로 형성된 담화들의 분석을 통해 문화를 발견하고 또 그것에 내재된 체계들을 발견해 갔었던 반면, 후기구조주의자들은 시각기호관을 받아들여 문자로 이루어진 텍스트들의 분석을 통해 문화의 토대를 발견하고 문화 체계의 원형을 찾아내 그것들의 의미를 파악해서 그것들 속에 존재하는 인간 존재의 의미를 생성해 보려 했던 것으로 이해된다. 이상과 같이 파악해 볼 때 후기구조주의자들의 주된 목적은 문화 현상의 이면에서 그것을 작동시켜 가는 기초를 발견하는 것이 아니라, 그것들이 표현하는 기호들의 의미를 심도 있게 읽어 내는 것이라는 점을 알 수 있다.

그들은 문화의 근저에서 숨 쉬고 있는 대자연의 다채로운 표현기호들에 대해서는 어떤 입장을 취했던 것인가? 앞에서도 지적했듯이 구조주의자들의 주된 작업은 문화 체계를 인간의 주체로 받아들이기 위한 작업이었다. 그 이유는 인간의 궁극적 관심은 세상에 있는 것이 아니라 그 세상을 이루는 문화적 존재의 의미를 향유하는 데 있었기 때문이었다. 그런데 문화의 다채로운 기호들이 제시하는 의미의 향유는 그 존재의 의미를 향유할 주체를 통해 이루어진다.

그렇다면 후기구조주의자들의 경우 자신들이 의식해 낸 대자연의 기호 체계를 자신들의 주체로 받아들여 보려는 어떤 구체적인 시도가 있었던 것인가?

후기구조주의자들의 작업은 가장 확실한 존재의 토대를 발견해 그것을 발판으로 그 위에 서 있음의 의미를 향유하는 것에 그 목적이 있었다고 볼 수 있는데, 1980년대 말까지의 그러한 작업은 구조주의자들이 발견한 문화적 주체가 처해 있는 토대를 발견해 가는 것이 있었다고 말할 수 있을지 모른다. 이렇게 보았을 때, 그 후 후기구조주의자들이 해야 할 일은 구조주의자들이 자신들에게 발견해 준 문화적 주체와 그들 자신들에 의해 발견되어 갔던 문화적 주체의 토대, 간단히 말해서 문화와 그것의 토대인 대자연 등을 일괄하는 어떤 질서 체계에 입각해 확립될 수 있는 하나의 거대한 주체를 발견해 가는 것이었다. 서구의 후기구조주의자들에게서의 그러한 작업은 그들 자신들의 백인신화로부터의 탈출만을 위한 공간적 이동에 끝나는 것이 아니었다. 그것은 그러한 신화가 깔려 있는 문화지대로부터 출발해서 아프리카의 흑색지대를 거쳐 아시아의 황색지대를 지나 자신들이 출발한 지상의 일점으로 다시 되돌아가야만 가능할 것이고 자신들이 아직 발견하지 못한 지상의 기호들의 숲을 헤치고 이동해 나가는 것이었다. 그러한 과정에서 그들은 지상을 이루는 기호들의 깊이와 다채로움을 이해해 갔고, 인간이 존재해 있는 지상이 어떠한 곳이고 이곳에서 사는 인간의 존재 의미가 무엇이어야 하는지에 대한 입장을 갖게 되었다. 이러한 입장들을 창조해 가는 것이 후기구조주의자들의 주된 작업이었던 것이다.

제3절 후기구조주의를 넘어서

주체의 본질

자크 데리다는 우선 로고스, 즉 말의 한계성을 극복하려는 과정에서 말 속에 내재된 물체들의 영상들을 발견해서 그것들을 통해 무수히 다채로운 시각기호들의 세계를 확장시켜 나갔다. 그의 그러한 작업은 음성기호의 부수적 수단으로 생각되어 왔던 문자기호의 기원을 해명해 가는 과정을 통해서 이루어졌다. 이때 시각

기호들의 세계란 자연물들의 세계를 바탕으로 해서 이루어진 것이다. 그런데 자크 데리다의 시각기호들의 세계에 대한 새로운 인식은 서구인들로 하여금 그 세계의 바탕을 이루는 자연물들의 세계에 관심을 갖게 하였다. 그러한 의미에서 자크 데리다의 업적은 서구인들에게 기호의 바탕을 이루는 자연물들의 세계에 대한 새로운 인식의 계기를 마련해 주었다고 평가된다. 한마디로, 자크 데리다가 서구인들로 하여금 대자연의 표면을 새롭게 인식케 한 계기를 마련했다는 것이다.

그런데 왜 자크 데리다를 비롯한 후기구조주의자들은 더 이상의 전진을 보지 못했던 것인가? 그들은 왜 자연물의 다채로운 표현의 유사성이나 차이의 분석을 통해 그 토대를 발견해 볼 생각은 하지 않았던 것인가? 왜 그들은 자연물의 표현을 넘어 한 걸음 더 밖으로 나가 볼 생각은 하지 않고 오직 그 자연물의 표현들을 통해서만 자신들을 읽어 가려 했던 것인가? 인간도 대자연의 표면을 구성하는 자연물들 중의 하나이고 그 표면을 표현해 가는 것들 중의 하나이다. 그러므로 인간 속에는 자신과 자연물을 일관하는 어떤 질서가 내재되어 있다. 그렇다면 그것은 무엇일까? 그것을 포착하지 않고서도 우리가 자연물의 표현을 통해 우리를 다 읽어 낼 수 있을까? 그렇다면 후기구조주의자들은 왜 그 작업까지는 하지 않았던 것인가? 그것은 인간과 자연을 대립적 관계에서 보려는 서구의 형이상학으로부터 완전히 벗어나지 못했기 때문은 아니었을까? 그 결과 인간의 본질을 대자연의 원리와 연결시켜 보려는 시각이 성립되지 못했기 때문은 아니었을까? 그동안 그들은 자신들의 로고스 중심의 형이상학 해체를 실천해 왔다. 그러나 인간과 자연과의 대립적 구조까지는 해체시키지 못했다. 이는 앞서 다른 측면에서도 살펴보았듯이 후기구조주의자들의 주체에 대한 연구가 부진했기 때문이었다. 그러니까 그러한 대립구조는 인간의 주체의 근원적 토대를 해명하려는 시각을 통해서만 해체될 수 있었기 때문이었다.

이제 후기구조주의자들이 놓친 문제를 짚어 보면서 주체의 본질을 파악하고 그것을 통해 자연물은 물론 이 지상에 존재하는 모든 것들의 표현을 지배하는 질서를 규명하고 그것을 토대로 한 새로운 주체의 정립 방법과 새로운 삶의 향유 방법을 고찰 · 제시해 보기로 한다.

'주체主體'란 영어의 'subject'가 번역된 말이다. 이것은 유럽에서 실존철학의 창시자로 이야기되고 있는 **키에르케고르***의 철학에서 사용된 용어를 번역하면서 일반화되었다.[18] 그런데 키에르케고르가 활약했던 1840년대는 **유물론****이 성립되기 시작했던 시대로 그때까지 기독교적 신조를 윤리 생활의 기초로 삼아 살아온 유럽의 지식층이 가장 심각한 정신적 불안에 직면하게 된 때였다. 이때 키에르케고르는 비록 진리가 존엄하다 하더라도 만약 그것이 자신에게 있어서 아무런 의미도 가질 수 없다면 그것은 무의미한 것이라는 입장을 취해, 개인으로서의 인간의 자주적 능동성을 강조했다. 그래서 키에르케고르 이후 실존철학으로 넘어와서부터는, 1800- 1830년대의 유럽 지성인층의 정신 세계를 지배했던 **헤겔*****의 **관념철학******을 비롯한 그때까지의 유럽철학에서 '에센스essence'(본체, 본질)를 의미하던 'subject'가 '이그지스턴스existence'(실체, 실질)를 의미하게 되었다. 키에르케고르 이전의 에센스라는 의미로서의 'subject'는 멀리는 근대철학의 창시자로 불리는 **데카르트*******에서부터 가까이는 칸트Immanuel Kant에서부터 출발된 것으로 보인다. 데카르트의 '나는 생각한다. 고로 존재한다Cogito ergo Sum'는 표

*키에르케고르Sören Aabye Kierkegaard(1813-1855) : 덴마크의 철학자. 그는 대중의 비자주성과 위선적 신앙을 엄하게 비판하였다. 다른 한편에서는 절망의 구렁텅이에서 단독자單獨者로서의 신神을 탐구하는 종교적 실존의 존재 방식을《죽음에 이르는 병》(1849) 등의 저작을 통해 추구하였다. 참10

**유물론唯物論/materialism : 진화론 등에 입각해 물질을 제1차적 · 근본적인 실재로 생각하고, 마음이나 정신을 부차적 · 파생적인 것으로 보는 철학적 입장. 참10

***헤겔Georg Wilhelm Friedrich Hegel(1770-1831) : 칸트 철학을 계승한 독일 관념론의 대성자이다. 18세기의 합리주의적 계몽 사상의 한계를 통찰하고 '역사'가 지니는 의미에 눈을 돌린 데 의미가 있다. 또한 모든 사물의 전개展開를 정正 · 반反 · 합合의 3단계로 나누는 변증법辨證法은 그의 논리학과 철학의 핵심이었다. 주요 저서《정신현상학精神現象學》(1807),《논리학》(1812-1816),《법철학 강요》(1821) 등이 있다. 참10

****관념철학觀念哲學/idealism : 관념론idealism과 동의어. 이론적인 것, 실천적인 것, 관념 또는 관념적인 것을 실재적 또는 물질적인 것보다 우선적으로 보는 입장. 실재론realism 또는 유물론materialism에 대립되는 용어. 플라톤의 이데아론과 중세철학에 기초해 있다. 참10 〈관념론〉

*****데카르트René Descartes(1596-1650) : 프랑스의 철학자 · 수학자 · 물리학자이다. 근대철학의 아버지로 불린다. 형이상학적 사색은 방법적 회의懷疑에서 출발한다. '나는 생각한다, 고로 존재한다cogito, ergo sum'의 명제를 주장하였고, 그 근본 원리가《방법서설》에서 확립되어, 근대 이성주의 철학의 정초를 닦았다. 주요 저서는《방법서설》(1633),《성찰록》(1641) 등이 있다. 참10

면상, 스스로가 생각하고 있는 것을 대상으로 하여 생각할 수 있으므로 자신이 존재한다고 하는 의미이다. 이것은 오히려 근대철학의 기초가 되는, 인식 주체와 인식 대상이라고 하는 이원론적 세계관에 입각한 주체의 개념을 확립시킨 명제라는 측면에서 자주 언급되고 있다. 그런데 이 말은 이후 철학자들에게, 생각하는 주체의 존재를 확인해 주었음은 물론 공간 속에서 존재한다는 물질이 의식과는 독립해서 존재한다는 것도 확인시켜 주었다.[19]

이렇게 데카르트에 의해 제기된 인식 주체와 인식 대상의 문제는 칸트의《순수이성비판》(1781)에 이르러 주관subject과 객관object의 문제로 정착되었다.[20] 칸트에게서의 '주관主觀'은 '대상을 보는 관점을 가진 자'를 의미했지만, 칸트의 관심이 그 관점을 가진 자의 의지보다 관점 그 자체의 역할에 집중되어 있었기 때문에 그에게서의 주체는 어떤 세계를 인식하는 관점으로 특징지어질 수 있었다.[21] 그는 그러한 주관을 통해 인식된 대상이 어느 정도 진실 된 것이고 어느 정도 본질적인 것이냐의 문제를 해결하는 것을 자신의 연구 작업의 궁극적 목표로 여겼다. 그 결과 세계는 인간의 주관에 의해 인식된 현상계, 즉 주관적 세계와, 인식되지 않은 현상 배후에 있을 사유의 요청이 지시하는 **선험적 객관 세계***로 양분되어 버렸다. 이후 헤겔에 와서는 선험적 객관 세계도 주관적 세계도 또 그것을 인식하는 개개의 주관도 모두 절대정신의 변증법적 자기발전으로부터 생산되는 것이라는 입장이 취해져, 결국 주관은 일종의 절대적 정신으로 특징 지어짐으로써 앞서 제기된 본체·본질 등과 관련되어 나왔던 것이다.[22] 이렇게 해서 실존철학 이후의 'subject'는 관점의 의미를 갖는 '주관'의 의미로부터 윤리적이고 실천적 의미를 갖는 '주체'의 의미로 전환되었다.

또 다시 20세기로 들어서서는 주체가 **베르그송****의《의식의 직접적 관여에 관

*선험적 객관 세계ding an sich/thing in itself : 칸트의 용어. 표상이나 현상에 대립되는 말로서 그것들의 원인 근저를 이루는 존재를 가리키는 말이다. 물자체物自體 또는 선험적 객관으로도 불린다. 칸트에 의하면 표상이나 현상은 감각에 부여된 소재(내용)가 주관의 직관 형식(시간·공간)에 의해 질서지어진 것으로 받아들여졌다. 참40

**베르그송Henri Bergson(1859-1941) : 프랑스의 철학자. 콜레주 드 프랑스의 교수를 지냈다. 그는 프랑스 유심론唯心論의 전통을 계승하면서도, C. R. 다윈·H. 스펜서 등의 진화론의 영향을 받아

한 시론》(일명, 시간과 자유, 1889), **제임스***의 《심리학의 원리》(1890), 프로이트 Sigmund Freud의 《꿈의 분석》(1900), 후설의 《엄밀학으로서의 철학》(1911) 등을 통해 '의식적 존재', 혹은 '의식의 소유자'로 특징지어졌다. 그 다음 20세기 중반 레비스트로스 류의 구조주의자들에 의해서는 주체가 인간의 문화 현상을 일관하는 일종의 '체계'로서 정의되어 나왔던 것이다.

이상과 같이 고찰해 볼 때, 우선 서구에서의 데카르트 이래의 주체의 문제는 인간과 인간이 처해 있는 세계와의 관련성 문제, 즉 인간이 자신이 처해 있는 세계와 어떻게 관련되어 있느냐에 관한 문제에 다름 아니다. 서구에서의 주체는 인간이 자신의 세계를 바라보는 입장, 인간이 자신의 세계에 대한 태도 등으로 이해되어, 인간이 자신의 세계에 대한 자신의 입장을 견지하려는 의지적 존재로 인식되어 왔다. 그러한 과정에서 인간과 인간을 둘러싼 세계와의 관계가 문제시됐던 것이다.

다음으로 그것은 주체의 본질이 무엇이냐는 문제로 확대된다. 이는 인간이란 무엇인가, 인간의 본질은 무엇인가, 인간을 지배해 가는 것은 무엇인가, 무엇이 인간을 움직여 가는가 등에 관한 문제인 것이다. 칸트 이래 그것은 인간과 세계를 일관하는 어떤 질서 체계 속에서 추구되어 왔는데, 특히 헤겔은 인간 주체의 본질을 정신과 자연을 일관하는 어떤 진리로 보았다. 이에 반해 후설이나 사르트르 등은 주체의 본질을 인간의 존재를 성립시키는 의식 작용으로 보았고, 구조주의자들은 그것을 문화 현상으로 보았던 것이다.

그렇다면 인간의 의식 작용이나 문화 현상은 무엇에 의해 이루어지고 있는가가 문제시된다. 단적으로 말해, 그것은 인간의 생명 작용에 의해 이루어진다.

생명의 창조적 진화를 주장하였다. 이와 같은 그의 학설은 철학·문학·예술 영역에 큰 영향을 주었다. 1927년 노벨문학상 수상. 주요 저서《의식의 직접적 관여에 관한 시론》(1889),《물질과 기억》(1896),《도덕과 종교의 두 원천》(1932) 등이 있다. 참10

*제임스William James(1842-1910) : 미국의 철학자·심리학자. 절대적인 실체를 부정함으로써 실용주의를 이론적으로 심화하고 연상주의를 배격하여 기능적 심리학을 제창하였다. '의식의 흐름'이란 용어를 처음으로 사용하였다. H. 제임스의 실형. 저서에《심리학 원리》(1890),《종교 경험의 제상諸相》이 있다. 참9

그리고 인간의 생명 작용과는 별개의 것으로 여겨져 온 현상, 예컨대 인간을 움직이는 사회적 현상이나 문화적 현상도 따지고 보면 사회를 구성하는 사람들의 행위나 의식을 통해 이루어진다. 데카르트의 '생각'도, 칸트의 세계를 '보는' 행위도, 니체가 지적한 인간권력을 향한 '의지'도, 전부 인간 자신의 보다 이상적인 생명 활동 방법의 정립을 위한 생명 활동의 일환에 불과하다. 그런데 이 세계 속에서의 인간의 생명 활동은 사회 속에서의 사회적 활동과 대자연 속에서의 생물학적 활동을 통해 이루어진다. 그러므로 우리는 인간의 사회적 활동과 생물학적 활동을 토대로 한 인간의 생명 활동을 주체의 본질로 파악해 볼 수 있는 것이다.

주체의 존재 양식

이상과 같이 주체의 본질이 주체가 처한 사회 속에서의 사회적 활동과 대자연 속에서의 생물학적 활동을 통한 생명 활동으로 파악된다면, 인간의 생명 활동이란 과연 무엇인가? 그 본질은 무엇이고, 또 그것은 사회와 대자연과 각각 어떻게 관련되어 있는 것인가?

생명체의 특성은 무엇보다도 이 지상에서 스스로 움직일 수 있는 능력을 지니고 있다는 점에 있다. 따라서 생명이란 살아 있음을 의미하고 그것은 그 자체로 움직이고 있는 상태를 의미한다. 그러므로 인간에게서의 삶이란 이 지상에서 인간 그 자체로서의 공간적 이동 양상으로 이해할 수 있다. 그런데 인간의 지상에서의 공간적 이동 양상은 자극에 대한 반응, **물질대사**,* 생식 작용, 성장, 진화, 유전 등의 형식을 취하고 있다. 지상의 모든 생명체들은 이러한 형식들을 취해 지상의 공간을 이동하며 살아가고 있는 것이다. 지상에서의 그러한 이동은 생명체마다 각양각색이다. 어떤 생명체는 다른 생명체에 비해 이동이 많을 수도 있고 혹은 적을 수도 있으며, 빠를 수도 있고 혹은 늦을 수도 있다. 그것이 상하 이동일

*물질대사物質代謝/metabolism : 생물체 내에서 일어나는 물질의 분해나 합성과 같은 모든 물질적 변화. 참10

수도 있고 좌우 이동일 수도 있으며, 상하좌우 이동일 수도 있고, 또 반복적이고 점진적인 이동일 수도 있다. 그런데 지상 세계에서의 생명체들의 이러한 이동들은 그것들이 처해 있는 세계나 그것들을 둘러싸고 있는 생명체들과의 관계 속에서 일어난다. 그 단적인 예로 생물의 물질대사를 들 수 있다. 모든 생물들은 지상의 물과 산소 등을 취하고 불필요한 것을 배설해 가며 살아가고 있다.

이와 같은 인간의 생명체로서의 한 존재 양식은 지상을 이루는 물질 세계와의 관계를 통한 공간상의 다양한 이동을 통해 이루어진다. 그러한 인간의 또 다른 존재 양식은 지구의 일부를 구성하는 물체로서의 이동 양식이라 할 수 있다. 인간은 공·자전을 통해 주기적으로 이동하는 태양계나 그 태양계 등이 주기적으로 이동하는 은하계 등으로 이루어진 우주 세계를, 지구의 일부로서 태양계의 일부로서 이동해 가며 살아가고 있다는 것이다. 이것이 우주계에서의 인간의 한 존재 양식이다. 인간의 생명체로서의 지상에서의 이동 방법이나 기간은 지구의 공·자전을 통한 태양계에서의 그 이동과 밀접히 관련되어 있다. 또, 태양계의 일부로서 지구가 은하계의 은하 중심을 주축으로 해서 우주 공간을 이동해 가는 과정에서 태양계나 그 속의 지구, 그리고 그 위의 인간이 은하계의 물질들로부터 받는 영향이란 우리가 상상할 수 없을 정도로 지대하다. 이처럼 인간은 지구상에서 태양계, 은하계, 나아가 우주계 등을 이동하며 살아가는 존재인 것이다.

인간의 지상 생명체로서의 존재 양식이 지상의 물체들과의 관련 속에서 이루어진다는 사실을 다시 한 번 주목해 볼 때, 이 경우 생명체로서의 인간과 물체와의 관계는 우주에서의 물체로서의 이동을 통해 이루어진다. 그래서 인간이란 존재는 지상 공간의 이동이란 형태를 취해 지상 공간의 한 생명체로서 존재해 가는 부분과 우주 공간의 이동 형태를 취해 우주 세계의 물체로서 존재하는 부분의 합일체로 모두 생각할 수 있다. 이 경우 지구를 구성하는 한 존재로서의 인간의 우주 공간 이동결과는 지구 공간에서의 존재 형태의 변화로 구체화되어 나온다고 말할 수 있다.

끝으로, 자신이 무엇이고 우주가 무엇이고 존재의 의미가 무엇인가를 묻는 인간에게는 다른 생명체들의 삶의 존재 양식과 구별되는 또 하나의 존재 양식이 있다. 그것은 의식 세계 속에서의 각양각색의 의식들로 존재하는 양식, 사르트르가 말한 대자對自적 존재로서 자신들의 의식 세계를 통해 살아가는 존재 양식이다. 예를 들어, 한 사람이 문을 나서는 장면을 내가 발견하고서 그의 뒷모습을 계속 생각할 경우 그는 나의 의식 세계 속에 살아 존재한다는 말이다. 그런데 나에게서의 그러한 의식 대상은 끊임없이 변화해 간다. 없어졌다가는 다시 나타나고 나타났다가는 다시 사라진 후 다시 다른 존재로 분장해 나타난다. 이와 같은 의식 세계에서의 의식 현상은 지상 세계에서의 인간의 생명 활동과 깊이 연관되어 있다. 지상 세계에서 인간이 공간적 이동을 행하게 되면 시각이 바뀌어져 인간 자신의 지각 대상도 바뀌게 된다. 그러한 과정에서 생각도 바뀌고 관심도 바뀌어 의식 대상이 바뀌게 되는 것이다. 이와 같이 인간의 의식 세계에서의 의식 대상의 변화는 특히 지상에서의 의식 주체의 공간적 이동과 깊이 관련되어 있다. 그뿐만이 아니다. 지구의 우주 공간의 이동으로 인해 인간의 육체를 구성하는 물질적 변화의 결과로 인해 인간의 의식 세계 자체가 변화해 감으로써 의식 대상이 바뀌게 되는 것이다.

이상과 같이 인간은 지구의 우주 공간 이동으로 일관된 서로 다른 차원의 세계에서 존재해 있는 것이다. 우주 세계에서는 물체로, 지상 세계에서는 생명체로, 의식 세계에서는 대자對自로서 서로 다른 차원들을 넘나들면서 존재해 가고 있는 것이다. 살아 있을 때는 우주 공간과 지상 공간에서의 생명체로 존재해 가고, 사망 후에는 하나의 물체로 존재해서 지구를 타고 태양계를 타고 은하계와 맞물려 비존재 공간으로 이동해 가는 물체로 존재한다. 그런데 인간의 의식 세계에서 움직이는 대자로서의 존재, 지상 세계에서 움직이는 생명체로서의 존재, 우주 세계에서 움직이는 물체로서의 존재 중 가장 근원적이면서 영속적인 것은 세 번째의 경우의 존재가 아니겠는가?

의식 세계 속에서 대자로 움직이는 인간의 존재는 우주에서 이동해 가는 물체로서의 인간의 존재와 지상에서 움직이는 생명체로서의 인간의 존재를 기반으로 이루어지고, 지상에서 움직이는 생명체로서의 인간의 존재는 우주에서 이동해 가는 물체로서의 인간의 존재와 의식 세계 속에서의 대자로 존재하는 인간의 존재를 기초로 성립된다. 이와 같이 이 세계에서의 인간의 존재 양식은 서로 다른 세 차원에 걸쳐 서로 다른 양태로 존재해 있으며 또 그것들은 우주 공간에서의 지구의 이동과 지상 공간에서의 인간의 이동을 통해 서로 관련되어 있다.

한편, 그러한 관련은 각 차원의 세계에서의 이동의 한계성의 극복 형태로 이루어진다. 예를 들어, 지금 우리는 우주라고 하는 공간 속에서 지구, 태양계, 은하계 등의 공·자전에 의해 일정한 속도와 일정한 방향으로 이동하고 있다. 우주 속에서의 이러한 천체들의 이동들을 통한 인간의 우주 공간 이동은 그 속도와 방향은 극히 한정적이고 거의 결정적이다. 그러나 그 과정은 무한히 열려져 있다. 이에 비해 지상 공간에서의 생명체로서의 인간의 이동 양태는 우주 공간 속에서 인간의 이동 양식이 갖는 한계성을 극복한 형태라고 특징지어지며, 그 경우의 이동 속도는 우주 공간 속에서의 물체로서의 그것보다 훨씬 더 떨어질지라도 속도와 방향 면에서는 자율성을 갖는다. 그렇지만 그 이동 과정은 어느 지점에 이르러서는 폐쇄당한다. 이렇게 볼 때 이들 두 공간에서의 인간의 움직임은 시공간의 측면에서 제약을 받게 되고 그 존재 형태의 측면에서도 물체로서나 생명체로서밖에 움직일 수 없는 존재로 규정된다. 그러나 의식 공간의 차원에서의 대자로서의 인간은 그러한 존재 조건들이 극복된 형태로 존재할 수 있게 된다. 시간과 공간의 제약에서 벗어나 어떤 것들과 어떤 형태로든 존재할 수 있게 된다는 것이다. 그러한 형태를 통한 인간의 우주 공간 이동은 지구를 구성하는 물질들의 변화와 맞물려 탄생, 성장, 노쇠, 사망 등의 양태로 구체화되어 나타난다.

존재의 의미와 존재 방법

일반적으로 우리가 흔히 쓰고 있는 '존재存在'란 말은 '있다'는 의미이다. 이러한 의미가 일반화된 것은 20세기 전반 서구의 하이데거와 사르트르 등의 실존주의자들이 즐겨 쓴 '있다'의 뜻을 나타내는 말(라틴어의 esse, 영어의 being, 독일어의 sein, 프랑스어의 être)이 20세기 후반 일본 등에서 '존재'로 번역된 이후부터였다. 실존주의자들에게서의 '있다'의 뜻은 하이데거의 '세계 내적 존재in-der-welt-sein'에서의 '존재'의 뜻이 말해 주고 있듯이, 세계와의 관계 속에서의 있음을 뜻한다. 그런데 이 경우 세계는 특히 시간으로 일관된 공간, 즉 시간에 의해 끊임없이 변화해 가는 공간으로 파악된다. 그래서 세계 내적 존재란 변화해 가는 시간 속의 존재, 변화 속의 존재, 변해 가는 존재 등으로 해석될 수 있다. 이때 변화란 한 주체가 한 장소에서 다른 장소로 이동해 갈 때 그 주체에게 일어나는 현상을 말한다. 이와 같은 측면에서 현재 우리가 일반적으로 쓰는 '존재', 즉 '있다'는 지구의 일부로서의 인간의 우주 공간 이동의 의미가 내포된 것으로, 그러한 이동의 결과로 '변화해 가고 있다'의 뜻으로 해석 가능하다.

이와 같이 '존재'의 의미로부터 '변화'의 의미를 끌어내는 데 있어서 실존주의자들의 '세계'나 '시간' 등과 같은 용어를 굳이 끌어들이지 않더라도, 우리는 앞서 제시한 근거들로 쉽게 '존재'의 의미 속에서 '이동'이나 '변화'의 개념을 발견할 수 있다. 있다'는 말은 이 우주 속에서 혹은 이 지상에서 혹은 우리들의 의식 공간 속에서 '있다'라는 말이다. 그런데 우주 공간 속에서의 모든 존재들은 이동하는 존재들이고, 그러한 이동을 통해 변화해 가는 존재들이다. 지상의 돌멩이 하나도 지구의 공 · 자전을 통해 변화해 가고 지상 공간에서 이동해 가고 있다. 그렇기 때문에, 우리는 '존재'의 의미를 '변화'와 '이동'의 뜻으로 쉽게 해석해 낼 수 있다. 그런데 하이데거가 '현존재dasein'의 특성을 파악하는 과정에서 그것을 '세계 내적 존재'로 규정했고, 또 사르트르가 '현존재'를 '인간 존재réalité humaine'로 한정시켜 번역했듯이, 실존주의자들에게서의 '존재'의 의미가 인간 존재의 의미였다는 것을 감안해 볼 때, '이동을 통해 변화해 가는 존재'의 의미는 결국 '인간의 삶'을 뜻하고 있음을 알 수 있다.[23] 왜냐하면 삶이란 결국 '이동과 변화'로 압축되어 표현될 수 있기 때문이다. 그래서 '존재의 의미'란 무엇인가라는 말은 '인간의 삶'의 의미란 무엇인가라는 말과 똑같고, 인간에게 산다는 것은 무엇을 의미하는 것인가와 똑같은 말이라 할 수 있다.

삶의 의미를 '움직임과 변화'의 의미로 환원시켰을 때, 삶의 의미란 무엇인가라는 말은 인간이 우주 공간, 지상 공간, 의식 공간을 통해 끊임없이 움직이고 또 변해 가고 있음은 무엇을 의미하는가라는 말로 바꾸어 볼 수 있다. 인간은 지구의 일부로서, 태양계의 일부로서, 은하계의 일부로서 어떤 목적하에서 왜 이동하고 있는가, 지구, 태양계, 은하계들은 왜 움직이고 있는가, 인간은 지상에서 하나의 생명체로 어떤 목적을 가지고 어떤 이유로 지상에서 끊임없이 변화해 가고 이동해 가고 있는가, 인간은 왜 의식 공간 속에서 수많은 대자對自들로 존재하는 것인가 등등의 물음들을 통해 우리는 문제의 본질로 접근해 갈 수 있다.

우리의 의식 공간은 지상 공간에 의해 둘러싸여 있고 우주 공간에 의해서도 둘러싸여 있다. 그래서 한 인간의 의식 공간은 그 인간에게 알려진 지상 공간과 우주 공간을 기초로 해서 이루어진다. 또 지상 공간은 우주 공간에 감싸여 있다. 따라서 우주 공간은 지상 공간과 의식 공간을 모두 포함하고 있는 공간이다.

여기서 말하는 우주 공간이란 우리 동양인들이 일반적으로 써 온 우주와 같은 뜻이 아니다. 우주는 질서의 뜻을 갖는 그리스어 'cosmos'나, 하나로 통일된 전체라는 뜻의 라틴어 'universe'를 의미하는 말이다. 즉, 그것은 '우주의 크기', '팽창하는 우주'등에서 쓰이는, 현대 우주물리학자들이 쓰고 있는 우주의 의미로서 우주 공간 속에서 역학적 관계를 맺고 있는 천체들의 집합체와 그 집합체를 둘러싸고 있는 공간을 의미한다. 그러나 여기서 언급한 우주 공간은 천체들이 고려되지 않은 공간, 즉 무한대에 의해 고정되어진 절대 공간만을 의미한다. 이 공간이 어떻게 생긴 것인지 생각할 필요는 없다. 우리가 생각해 볼 수 있는 것은 이 절대 공간 속에서 움직이고 있는 것들 중에서 우리가 상상해 낼 수 있는 최고最古의 것은 어떠한 것일까란 물음일 것이다.

우주의 대폭발(빅뱅) 이전에도 이 절대정지 공간에는 무엇인가 움직이는 것이 있어서 바로 그 움직임의 결과가 대폭발로 나타났을 것임에 틀림없다. 그렇다면 절대 공간 속에서의 움직임은 어떻게 존재할 수 있게 됐던 것인가? 그것은 절대 공간 속에 존재했던 원시 우주의 온도나 그것의 질량 변화에 의한 것이라 할 수 있다. 그것들의 변화로 인해 원시 우주가 움직인 시점이 바로 시간이 성립되는 지점이다. 따라서 그 움직임이 시작된 그 시점이 바로 인간의 생명 현상이 성립된 지점이 되는 셈이다. 그렇다면 그 후 이 절대 공간 속에서 그렇게 성립된 존재들의 움직임은 어떻게 변해 왔는가? 다시 말해 이 절대정지 공간 속에서의 천체들의 이동 양상은 어떠했는가?

지금까지 인간은 태양계the solar system를 이루는 천체, 은하계the milky way system를 이루는 천체, 더 나아가서 대우주the macrocosm를 이루는 천체 등을 발견해 왔다. 태양계를 이루는 천체는 자전을 하며 또 태양의 주위를 공전하며 태양과 함께 은하계를 이루는 천체들과 맞물려 은하 중심을 돌고 있다. 또 은하계의 천체들은 은하 중심을 축으로 하여 우주를 이루는 다른 성운단들과 맞물려 또 다른 차원의 대우주로 이동해 나간다. 이렇게 봤을 때, 이 절대 공간에서의 천체들의 이동이 성립된 이래 지구를 비롯한 어떠한 천체들도 같은 공간을 통과해 오지 않았다고 말할 수 있다.

우리는 오늘 아침 우리가 지나가는 우주 공간이 어제 아침 우리가 지나갔던 공간과 전혀 다른 공간이라는 것을 인식하지 않고 살아왔다. 또 최근 우리가 지나는 공간이 작년 이맘 때 지나다녔던 공간이라고 착각해 왔다. 그것은 지구가 태양을 따라 은하 중심을 선회하고 있다는 사실 등을 고려하지 않고 지구의 공·자전을 반복적 행위로만 보았기 때문이다. 그러나 절대 공간을 이동해 가는 지구의 행적을 그려 보면 어떠한 반복도 발견되지 않는다. 따라서 우리가 아침마다 맞는 우주 공간은 한 번도 지나간 적이 없는 새로운 공간이다. 인간들의 어떤 숨결도 스친 적이 없는 신선한 공간이다. 그래서 우리가 맞는 아침은 항상 새로운 아침일 수밖에 없고, 해마다 맞는 봄도 새로운 봄일 수밖에 없다. 만약 오늘 아침이 어제 아침과 같은 아침이라면 오늘의 나도 어제의 나와 같은 나이어야 되지 않는가? 지금의 내가 작년 봄의 나와 같은 나이어야 되지 않는가? 그러나 사실 오늘 아침의 나는 어제 아침의 나와 다르고 지금의 나는 작년 봄의 나와 다르다. 우선 육체적으로도 변했고 의식 면에서도 차이가 있다. 또 현재 나를 감싸고 있는 사람들, 물체들, 제도들도 과거와 다른 것들이다. 그 이유는 우리가 지구를 구성하는 한 존재로서 태양과 더불어 은하계 그 너머로 이동해 가고 있기 때문이다. 그러한 이동을 통해 우리는 우리 자신을 변화시켜 가고 있다. 그것은 온도의 면에서나 질량의 면에서 차이가 존재하는 공간들과의 접촉을 통해, 우리들이 끊임없이 변해 가고 있다는 의미이다. 한 생명의 영역을 넘어 다른 생명으로 탈바꿈해 가면서, 또 다른 물체로 탈바꿈해 가면서 끊임없이 변화해 가고 있다는 뜻이다. 새로운 것들의 수용과 진부한 것들의 포기를 통해 끊임없이 낡은 자신을 해체시키고 끊임없이 새로운 자신을 형성시켜 가면서 은하계 그 너머로 나아가고 있다는 뜻이다.

우리는 우주가 과연 어떻게 생긴 것인지를 아직은 잘 알지 못한다. 우리는 그것의 궁극적 이동 목적이 무엇인지를 결코 파악할 방법이 없다. 그렇다고 우리 인간은 그것을 영원히 알 수 없다고 무조건 단정해 버릴 수도 없다. 따라서 부족한 인간으로서 그 원인을 밝혀 보려는 입장을 취하는 것이 최선일 수밖에 없지 않겠는가? 그것들이 만일 밝혀진다면 우리는 한층 더 명확히 우리의 본질을 파악하게 되고 그것을 기초로 이 우주 공간 속에서 어떻게 살아가야 할지에 대한 인간의 존재 방식을 정립시킬 수 있는 것이다.

한편, 인간은 그러한 문제를 영원히 풀 수 없을지도 모른다는 생각을 해 보게 된다. 그렇다고 해서 인간이 그 문제풀이에만 매달려 있을 수만은 없지 않은가. 따라서 인간은 항상 새롭고 신선한 공기를 접해 가면서 끊임없이 변화해 가고, 지구의 이동으로 인해 끊임없이 만들어지는 차이들을 감지하여 그것들을 통해 창출되는 인간의 존재 의미들을 향유해 가면서 살아갈 수밖에 없는 것이다.

결론 구조에서 과정으로

우주 공간이라고 하는 절대 공간 속의 천체들은 다양한 역학적 관계로 맺어져 있다. 인간은 지금까지 그 관계들의 일관되고 체계화된 구조들을 연구해 왔다. 그 과정에서 지구와 태양과의 관계, 지구와 태양을 도는 다른 행성들과의 관계 등이 파악되었고, 태양계의 구조와 은하계의 구조, 대우주의 구조 등이 그 윤곽들을 서서히 드러내고 있다. 그런데 아직 조금밖에 밝혀지지 않은 이 거대한 유기적 존재는 어떻게 이동해 가고 있는 것일까? 이제, 절대 공간 속에서의 이 거대한 유기적 존재의 운행 과정을 밝혀 보기로 한다.

우리는 지금, 절대 공간을 운행하는 그러한 거대한 유기적 존재의 일부로서 우주 공간 속을 이동해 가고 있다. 우리들의 의식 세계 속에서의 대자對自로서의 움직임이나, 지상에서의 생명체로서의 움직임들도 천체가 이루는 거대한 유기적 존재의 운행과 유기적으로 연관되어 있다. 그래서 우리는 우리가 존재하고 있는 지구의 이동을 통해서 그 이동과 유기적으로 연결되어 있는 천체의 이동을 파악할 수 있다.

그렇다면 지구의 이동 과정을 해명해 보려는 의도는 어떤 의미가 있는가? 앞에서도 언급했듯이, 은하계는 우주 공간 속의 어떤 물질들의 이동 과정에서 생성되었음에 틀림없고 태양계 또한 그러한 과정에서 생성되었음은 말할 것도 없다. 우리가 발 딛고 있는 지구도 우주 공간 속을 이동해 가는 과정에서 우주 공간을 채우고 있는 무수한 물질들과의 마찰이나, 또 그 이동 과정에서 생기는 여러 물리적 현상들을 통해 형성되어 나온 것이고 지상의 생명체들과 그것들로부터의 인간의 진화도 그러한 과정에서 이루어진 것들임에 틀림없다. 현재 지구에 있는 우리들의 모든 행동과 생각들도 사실은 지구가 우주 공간을 이동해 가는 과정에서의 지구의 우주 공간 속의 갖가지 것들과의 접촉 결과들에 의한 것들로 이해될 수 있다.

아이가 어른으로 성장해 노인으로 노쇠해 가는 것도, 잠이 오는 것이나 목이 마르는 것, 말을 하게 되는 것, 자지 않으려고 노력하는 것, 물을 마시고 상쾌함을 느끼는 것, 말을 함부로 하지 않으려 노력하는 것 등도 따지고 보면 모두 그러한 접촉 결과로 일어나는 현상들이다. 그래서 인간에 의해 만들어진 모든 물건들도 결국은 지구가 우주 공간을 이동해 가는 과정에서 우주 공간을 채우고 있는 것들과의 접촉 결과로 이루어진 것이라 볼 수 있다.

이와 같이 인간의 삶의 토대로 이용되는 지구의 생물과 무생물, 인간에 의해 만들어진 물건들, 그러한 것들 속에서의 인간의 모든 행위와 생각들, 이 모든 것들의 관계와 이것들을 일관하는 모든 질서는 지구의 공간적 이동이 행해지는 과정에서 이루어진 것이다. 따라서 우리 어떤 사물들 속에서 혹은 사물들로 구성된 구조 속에서 질서를 파악해야 할 경우, 무엇보다도 지구의 공간적 이동 과정이 우선적으로 고려되어야 한다. 다시 말해서 지구의 공간적 이동 과정을 통해 질서들이나 관계들이 파악되어야 한다는 것이다.

그렇다면 지구의 공간적 이동 과정이란 과연 어떤 것이며, 그것을 통해 질서를 파악한다는 말은 무엇을 의미하는가? 지구가 우주 공간을 이동해 온 과정은, 앞으로 또 그렇게 해 갈 과정은 지상의 생물과 무생물, 인간의 행동들과 생각들의 결과물들 속에 여러 형태들과 과정들로 내재되어 있고 앞으로도 그렇게 내재되어 갈 것이다. 따라서 지구의 공간적 이동 과정이란 지구를 구성하는 모든 것들 속에 무수한 형태들과 과정들을 내재시키는 원인자라 할 수 있다. 그러한 의미에서 지구의 공간적 이동 과정을 통해 사물들의 질서를 파악한다는 말은 지구를 이루는 것들에 내재된 여러 차원의 다양한 형태들과 과정들을 밝혀 지구를 이루는 사물들의 질서를 파악한다는 뜻으로 풀이될 수도 있다.

지구의 공간적 이동 과정은 여러 다양한 차원들의 형태들로 지구를 이루는 것들 속에 구체화되어 있다. 또, 그 구체화 방법은 지구의 공간적 이동의 양식을 기초로 해서 성립된다. 예로 지상의 생명체들에 구체화된 형태들과 과정들을 상정해 보면, 자극과 반응 과정, 물질대사 과정, 생식 과정, 성장 과정, 진화 과정, 유전遺傳 과정 등을 들 수 있다. 그런데 바로 이러한 것들은 생명체의 특성을 결정짓는 요소들로서 지구의 공간적 이동 양식을 토대로 성립된 것들이다. 그렇다면 왜 무생물, 생물, 문화, 행동, 언어, 사고, 의식 등의 개체들 속에 혹은 그것들의 관계들 속에 내재된 다양한 형태들과 과정들을 밝혀내야 하는가? 그것은 인간과 인간을 둘러싸고 있는 사회, 문화, 자연 등과의 관계를 이해해서 그것들이 인간과 유리되어 있는 것이 아니라 다름 아닌 바로 인간의 일부라는 것을 확인하고 그러한 확인을 통해 무한과 맞물려 유희하는 인간 자신의 존재의 본질적 의미를 향유해 보려는 데 그 목적이 있는 것이다. 그렇다면 어떠한 방법으로 우리들의 관심 대상들에 내재된 형태들과 과정들을 밝혀낼 수 있을 것인가?

우선 첫 번째로 우리는 시간을 주축으로 사물을 인식하려는 입장보다는 공간을 주축으로 사물을 인식하려는 입장을 취해야 한다. '아침에는 그곳에 간다'가 아니고 '그곳은 아침에 간다'와 같은 식이다. 그렇다면 왜 후자의 입장이 사물의 형태와 과정을 밝혀 사물의 본질을 이해하는 데 보다 더 바람직한 것일까?

시간이란 인간이 지구의 공간적 이동을 토대로 만들어진 사물들에 대한 인간의 인식 틀의 일종이라 할 수 있다. 따라서 그것은 주체의 움직임의 형태를 표현해 내기 위해 만들어 낸 기호의 일종에 불과한 것이라 할 수 있다. 사람이 나이를 먹으면 죽는다는 말은 정확한 표현이 아니다. 지구가 공간적 이동을 많이 하면 사람도 죽는다는 표현이 더 정확할 것이다. 따라서 사물의 본질에 한층 더 가까이 접근하기 위해서는 시간적 이동을 공간적 이동으로 환원시켜 생각해야 한다. 시간이 환원될 수 있는 공간적 이동에는 다음과 같은 것들이 있다. 우선 제2, 제3의 공간들의 토대를 이루는 제1의 공간은 우주의 공간이다. 이 우주 공간 속에서 지구의 일부로서의 인간은 다른 천체와 맞물려 움직이고 있고 제1의 공간적 이동을 행하고 있다. 그 다음 제2의 공간은 우주 공간 속을 이동해 가는 지상 공간이다. 인간은 또 이 공간 속에서 다른 것들과 맞물려 제2의 공간적 이동을 행하고 있다. 인간이 우주 공간을 이동해 가는 지구 위에서 걸어가거나 자동차를 타고 다니는 지상 공간을 이동해 가는 행위이다. 나머지 제3의 공간은 인간의 의식 공간이다. 이 공간 속에서도 인간은 심상心象의 형태를 취해 제2의 지상 공간의 것들과 맞물려 심상 제3의 공간적 이동을 행하고 있다.

우리들의 또 하나의 과정 파악의 방법은 다양한 주체들의 다양한 공간 이동에 대한 이해를 통해 모색될 수 있다. 이 경우 주체는 우주 공간을 이동하는 천체일 수도, 지구일 수도 있다. 지상에 있는 생명체일 수도, 그중의 인간일 수도 있다. 인간 중에서도 동일 문화권을 구성하는 한 인종일 수도, 한 민족일 수도 있다. 동시대인일 수도, 한 집단이나 가족, 개인일 수도 있다. 개인 중에서도 지구를 구성하는 한 물체로서의 개인일 수도 있고 한 생명체로서의 개체일 수도 있고, 의식 속의 한 대자일 수도 있다. 공간일 경우에는 우선 우주의 공간일 수도 있고 지상 공간일 수도 의식 공간일 수도 있다. 우주의 공간일 경우 수억 년 전에 통과했던 공간일 수도 있고 작년 여름에 통과했던 공간일 수도 있으며, 또 지난해 혜성이 지구 근처에 왔을 때 통과했던 공간일 수도 있고 서기 2050년에 통과할 공간일 수도 있다. 또 네안데르탈인이 지나갔던 지구상의 공간일 수도 있고 단군과 같은 존재가 걸어 다녔던 은하계의 공간일 수도 있으며, 2000년 1월 1일 0시에 우리가 무언가를 하고 있었을 공간일 수도 있다. 또 그때 우리의 의식 작용에 의해 만들어진 의식 공간일 수도 있는 것이다.

과정 파악 방법의 세 번째는 학제적interdisciplinary 입장을 통해 모색될 수 있다. 인간의 우주 공간 속에서의 물체로서의 이동이나 지상에서의 생명체로서의 이동이나 의식 세계에서의 대자로서의 이동은 유기적 관계 속에서 동시에 이루어진다. 사실 그 공간들 자체도 같은 공간들 속에 공존하는 것인데, 그것들을 통해 만들어진 지상에 내재된 과정들이 밝혀지기 위해서는 물리학, 지질학, 생물학, 화학, 심리학, 역사학, 철학, 문학 등의 총체적 측면에서 접근되어져야 한다.

마지막으로 제시될 수 있는 과정 파악 방법은 1장에서 지적한 대로, 서에서 동으로 돌아와 동의 입장에서 서를 바라다볼 때 그리고 그런 입장을 정립해 가는 과정에서 새롭게 취해질 수 있다. 그동안 발견되어 논리화된 대부분의 대자연의 법칙들과 그것들을 토대로 이루어진 인간본질에 대한 해명은 르네상스 이후의 서구인들의 세계 체험을 자료로 하여 이루어졌다. 그러나 앞으로는 오리엔트의 이슬람교, 인도의 불교, 중국의 유교 문화 등을 통해 이루어진 동양의 삶의 체험들이 보다 보편적인 대자연의 법칙과 인간본질 파악의 자료로서 적극적으로 수집되고 분석되어짐으로써 취해질 수 있다. 유사 이래, 특히 불교 문화나 도교 문화에서는 인간과 자연과의 조화로운 관계가 추구되어 왔고, 동아시아의 유교 문화에서는 인간과 인간과의 조화로운 관계가 추구되어 왔다. 이러한 문화유산들을 적극적으로 검토하여 아직 밝혀지지 않은 인간의 세계 체험 과정을 밝히고 인간의 새로운 세계 체험을 창조해야 하는 것이 우리 동아시아인, 특히 우리 한국인의 임무이다. 이것이야말로 타민족, 타 문화권 등 전 지구상의 인간들에 대한 한국인의 '홍익인간弘益人間'이다.

지상의 모든 것들이 지구의 공간적 이동 과정 속에서 형성되어 왔다는 것은 너무도 자명한 사실이다. 그 이동 과정의 양상이 우리의 인간 존재의 기초를 제시해 주고 있다는 것 또한 자명한 사실이다. 또 지구의 우주 공간의 이동 과정은 지구를 구성하는 존재들의 변화 과정과 그것들의 지상地上 공간의 이동 과정을 창출해 낸다는 자명한 사실이 아닐 수 없다. 이 차원을 달리하는 3종류의 과정, 즉 지구의 우주 공간 이동 과정, 지구를 구성하는 존재들의 변화 과정, 지상에 존재하는 것들의 지상 공간의 이동 과정은 어떻게 인간의 존재를 만들어 왔는가? 또 그러한 과정들을 통해 창조된 인간의 존재는 이 지상에서 어떻게 존재해야 하는지, 이 지상에서 어떤 식으로 보다 풍요로운 존재 의미를 향유할 수 있을지 등등의 문제를 추구해 나가는 것이야말로 이 지상에서 인간이 해 볼 수 있는 가장 고귀하고 가치 있는 일일 것이다. 그러한 의미에서 필자는 인간 존재의 성립 과정을 고려하여 4차원 세계의 존재라 할 수 있는 지구라고 하는 물체의 우주 공간의 이동 과정을 통해 인간 존재의 본질을 해명해 보고자 한다.

제3장

과정의 원리

들어가면서

이것이 나의 '과정'에 대한 접근의 제3단계이다. '과정의 원리'라 명명한다. 이것으로 나의 과정학의 토대가 드러나는 셈이다.

사실 나로서는 '큰 흰 성'을 넘는 기분인데, 본 단계의 '과정의 원리'의 초안이 잡힌 것은 1990년 여름 중국 베이징 대학에서였다. 당시 샤오엔勺園의 한 숙사 창가로 내려다보이는 연못에 연꽃들이 만개해 있었다.

그곳에서의 그 작업은 결코 우연한 것이 아니었다. 십수 년 전 일본 쓰쿠바 대학 때로 거슬러 올라간다. 당시 나는 소속학과 교수 한 분이 문예 이론에 관해서 쓴 글을 접한 적이 있었다. 그것은 서구의 것을 넘어 보려 해도 그것이 눈앞에 '큰 흰 성'처럼 서 있어서 결코 넘을 수 없다는 내용의 글이었다. 나는 그 글을 접하고 여러 가지 것들을 생각해 보았다. 그 교수는 문예언어 연구과의 문학전공 분야에서 문예 이론 과목을 담당하셨던 분으로, 주로 서구의 현대 문예 이론을 가르치고 있었다. 그러나 그분의 그러한 연구의 뒷면에는 동서를 일관할 수 있는 어떤 보편적인 문예 이론을 구축하려는 의도가 있었던 것으로 감지되었다.

나는 그 글을 읽고, '그러면 내가 한번 넘어 봐야겠다'는 생각이 들었다. 그러기 위해서는 직접 서구에 가서 서구인들의 문학 이론의 연구 상황을 살펴볼 필요가 있었다. 물론 그러한 생각은 전부터 해 왔으나 그 글을 읽고 서구로 가야겠다는 생각이 아주 절실해졌다. 일본에서의 연구를 일단락 지은 나는 그곳에서 직접 미국으로 건너가 하버드 대학의 포스트닥터 과정을 밟으며 그 대학을 중심으로 한 서구의 문예 이론의 연구 상황을 살펴보았다. 그런데 그곳의 교수들과 학생들이 그 당시의 쓰쿠바 대학에 비해 문학 이론 연구에 더 열중해 있다는 생각이 들지 않았다. 지금 생각해 보면 당시 내가 그곳의 학문적 분위기를 충분히 탐지하지 못했기 때문은 아닌가 싶다. 어쨌든 그곳에서 내린 당시의 결론은 '이 사람들도 별것 아니구나, 이 정도구나'였던 것 같다.

한국으로 돌아와서도 계속해서 동아시아 문화를 주축으로 한, 동서를 일관하는 어떤 보편 이론을 세워 보겠다는 생각에 사로잡혀 있었다. 그러기 위해서 우선,

중국에서 행해지는 문예 이론의 연구 상황을 살펴봐야겠다는 생각이 들었다. 대륙 쪽에서의 이 분야에 대한 연구는 홍콩의 중원中文 대학과 베이징 대학에서 그런대로 이루어지고 있다는 이야기가 있었다. 다시 중국어 공부를 시작했다. 그로부터 5년 후 나는 중국 현지를 밟았다.

그곳에서도 나의 기대는 어긋나고 말았다. 그들은 서구 문화에 대한 열등의식에 푹 빠져 있었고 문화대혁명의 학문적 공백기를 메우려는 데 여념이 없었으며, 우선 그러한 것들로부터 빠져 나오기 위한 사다리를 만드는 데 급급했다. 그들에게서의 그러한 자구책이란 동서 문학의 비교 연구였다. 그 연구 방법은 과거 중국의 것들로부터 무언가를 끌어내어 그것을 서구의 것에 대응시키는 방식을 취해 '우리에게도 있다, 이미 오래 전부터 있어 왔다'는 것을 증명해 나가는 식이었다. 결코 내가 찾는 동아시아 문화를 주축으로 한, 동서를 일관할 수 있는 어떤 보편적 이론을 추구하는 작업과는 거리가 멀었다. 그래서 나는 동아시아인의 한 사람으로서, 더 나아가서는 이 지구상에서의 하나의 보편적인 인간 문화를 구축해 가려는 사람들 중의 하나로서 나부터 그것을 만드는 일에 착수할 수밖에 없다고 생각하게 되었다. 그러한 생각의 일차적 실천이 그곳에서의 바로 이 '과정의 원리'를 중심으로 한 과정학의 목차 시안이었던 것이다.

그동안 나의 작업에 관심을 갖고 있던 사람들은 '도대체 과정학이란 무엇이냐'고 줄곧 물어 왔다. 설명해 주어도, 2000년대로 들어서기 이전까지만 해도 그저 의아해 할 뿐이었다. 그러나 21세기로 들어서 글로벌리즘이 일반화되어 나감에 따라 이 '과정학'에 대한 이해가 생기기 시작된 것으로 관찰된다.

이제 이것으로 나의 작업은 윤곽을 드러내는 셈이다. 거듭 말하건대, 어쨌든 나로서는 이 '과정의 원리'로 그 '큰 흰 성'을 가까스로 넘는 기분이다.

현대 서구인들은 목적론적 삶의 형태로부터 벗어나 소위 탈목적론적 삶을 지향하고 있다. 사상에서의 후기구조주의, 예술에서의 **포스트모더니즘*** 등이 바로 그러한 실례들이다.

후기구조주의자들이나 포스트모더니스트들이 지향하는 삶이란, 어떤 목적 달성을 위한 기계론적 삶의 형태나 그러한 삶의 형태에 의해 만들어진 구조들로부터 벗어나려는 입장을 토대로 한다. 결국 후기구조주의자들이나 포스트모더니스트들이 지향하는 삶은 과거의 **목적론****적 삶의 입장에 대한 대립적 입장을 토대로 성립된 것이다. 그래서 그들의 입장은, 과거의 목적론적, 중심적, 일원적, 주체적, 총체적, 절대적, 대칭적, 합리적, 미래지향적, 생산적이 아닌, 맹목적론적, 무중심적, 다원적, 무주체적, 부분적, 상대적, 비대칭적, 비합리적, 현재적인, 소비적 특징을 갖는다. 그렇다면 원래 인간의 존재는 그들이 주장하는 바로 그러한 성질의 것인가?

현대 서구인들이 그동안의 자신들의 목적론적 삶의 형태를 폐기하고 그러한 탈목적론적 삶의 형태를 수용하게 된 것은 **우주 대폭발설*****의 등장과 결코 무관하지 않은 것으로 고찰된다. 우주가 대폭발로 인해 생성되었고 앞으로 그것이 점점 팽창해 나가 또 결국은 폭발 이전의 상태로 되돌아갈 것이라는 설이 제시되었고, 또 그러한 설들이 하나하나 검증되어 나갔다. 그 과정에서 서구인들은 자신들의

*포스트모더니즘postmodernism : 1970년대로 들어와서 서구 자본주의 국가들은 생산 중심의 사회에서 소위 후기산업사회라 일컬어지는 소비 중심의 사회로 전환해 나갔다. 포스트모더니즘이란 그 전환 과정에서 형성된 예술 사상이다. 구체적 공간의 특성이나 지역적 특성에 기초한 문화를 주축으로 해서 기존의 생산 중심의 예술 사상에 대립해 형성된 것이라 할 수 있다. 필자 보충 설명

**목적론teleology :인간의 의식적 행동뿐만 아니라 자연, 역사 등과 같은 여러 현상들이 어떤 목적에 의해 규정되어 있다고 하는 가정 내지 이 가정에 기초한 사물들의 파악 방법을 가리킨다. 철학적 목적론과 종교적 목적론을 토대로 구별된다. 참13

***우주 대폭발설 : 빅뱅Big Bang이라고도 한다. 중성자보다도 더 작은 초고온·초고밀도 상태의 입자가 대폭발을 일으켜 팽창하여 오늘날 우주가 이루어졌다고 보는 입장이다. 1940년대 말에 항성 진화론을 발표한, 우크라이나 출생의 미국 국적의 물리학자 가모프G. Gamow(1904-1968)가 제창하였다. 참11

존재에 대하여 후기구조주의나 포스트모더니즘 등과 같은 그러한 입장을 취하지 않을 수 없었던 것이다. 그렇다고 존재의 본질이 반드시 그러한 관점에서 풀이되어야 한다는 것은 아니다. 이제 현대 서구인들은 우주 대폭발설에 대한 충격으로부터 벗어나, 과학적으로 증명되어 나가는 우주 대폭발설을 받아들여 그것을 기초로 존재의 본질을 보다 합리적으로 파악하려는 입장을 취해 가고 있다.

삶에 대한 형태에 대해서는 비서구인들의 경우도 마찬가지다. 동아시아인들을 포함한 비서구인들은 그동안 서구인의 삶의 형태를 무조건 받아들이지 않을 수 없는 입장이었다. 그래서 동아시아인으로서의 우리들은 그동안 근대 서구의 목적론적 삶의 방식을 받아들여 그러한 방식을 취해 우리의 삶을 영위해 왔다. 그 결과 현재 우리 동아시아인의 대부분은 목적론적 삶을 살아가게 되었다. 그렇지만 우리는 무슨 목적으로 혹은 왜 미래를 위해 그토록 열심히 살아가야 하는지 자문해 볼 때가 많았다. 우리의 그러한 자문은 우리가 서구인들의 경우처럼 우주 대폭발설의 충격 때문인 것만은 절대 아니었다. 그것은 우주 대폭발설이 나오기 이전부터 있어 왔고, 사실 동양인에게서의 우주 대폭발설과 같은 것은 삶의 형태를 바꿀 정도로 큰 충격을 줄 만한 것이 되지 못했기 때문이다. 서구인에게서의 우주 대폭발설은 우주의 중심 어디엔가 신이 존재할지도 모른다는 기대를 깡그리 허물어 버렸다는 차원에서 충격적인 것이었다. 그렇지만 동양인은 그 유일신의 존재를 아예 처음부터 생각하고 있지 않았기 때문에 그러한 자문은 한층 더 우리의 삶을 힘 있게 만든 결과를 낳았다.

어떻게 생각해 보면 현대 우리 동아시아인들은 서구인들보다도 훨씬 더 일찍 '시시포스의 바위'를 짊어지고 있었다는 생각이 든다. 왜냐하면 근대 서구의 동아시아 침략 이래 형성된 현대 동아시아인의 목적론적 삶의 저변에는, 서구의 동아시아 침략 이전에서부터 우주는 무한을 토대로 성립되었으며 그것의 이동은 어떤 목적 달성을 위한 것이 아니라는 원래의 동양적 우주관을 토대로 한 세계관이 자리 잡고 있었기 때문이다. 한편, 금세기의 80년대로 들어와 동아시아인들에게 서구의 후기구조주의자들과 포스트모더니스트들의 삶의 형태가 소개되었다. 그들의 일부는 근대 이래 시시포스와 같은 자들의 삶의 형태에 대한 그들 나름대로의 입장 정리도 없이 무조건적으로 그것을 받아들였다. 그 결과 그들의 그러한 성급한 행동에 의해 생산 중심의 삶의 한계성이 충분히 자각되지 못한 채 향락 중심의 사회적 풍조가 조속히 조성되어 가는 조짐이 보여 사뭇 염려스럽다.

이제 현대 서구인이나 동아시아인을 비롯한 지상의 모든 인간들은 이 지상에서의 자신들에게 한층 더 적합한 존재 형태를 창안해 갈 시점에 처해 있는 듯하다. 그러한 존재 형태는 인간에게 우주란 무엇이고 그것과 인간을 구체적으로 연결시켜주는 지구란 무엇인가에 대한 확고한 입장을 기초로 성립될 수밖에 없다. 지동설을 받아들인 이래 서구인들은 지구가 외계의 천체들과 맞물려 끊임없이 우주 공간을 이동해 가고 있다는 사실을 찾아냈으면서도 지구의 우주 공간 운동이 어느 정도 인간 존재의 특성을 규정해 왔는지에 대해서는 체계적 접근을 이루지 못했다. 왜냐하면 인간이나 인간 문화는 지구의 우주 공간의 이동 과정에서 이루어진 것이 아니라 신에 의해 창조되었다는 입장이 지배적이었기 때문이었다.

그러나 앞서 고찰했듯이 분명 인간은 우주 공간을 이동해 가는 지구상에 존재해 있고 지구상의 모든 물질이나 생명체들은 지구의 우주 공간 이동으로 인해 시시각각 변화해 가고 있다. 지상에 존재하고 있는 인간도 이에 예외일 수는 없으며 그 변화 양식은 지구의 이동 양식에 의존적이다. 인간의 탄생과 죽음도 지구의 이동 과정으로 인해 일어나고 생물과 인간의 존재 양식도 지구의 이동 과정 속에서 성립되어 나온 것이라 말하지 않을 수 없다.

이와 같이 지구의 이동과 인간의 존재가 불가분의 관계이면서도 아직까지 인간들은 지구의 이동이라고 하는 각도에서는 인간의 존재 문제를 이해해 보려는 입장을 가져보지 못했던 것이다. 그동안 서구인들은 인간과 그를 둘러싸고 있는 그의 인식 대상들과의 관계를 꾸준히 연구해 왔다. 그 결과 인간과 그의 인식 대상과는 불가분의 관계라는 사실이 발견되었다. 즉, 인간의 인식 대상이 존재하지 않는 한 인간은 존재할 수 없고, 또 인간이 존재하지 않는 한 인식 대상도 존재하지 않는다는 사실을 발견하였다. 그러나 서구인들은 이 우주 공간에서의 지구라고 하는 존재를 단위로 한 인간과 사물과의 관계를 파악하는 데는 이성의 눈이 어두웠었다. 인간과 그의 인식 대상인 사물과의 관계가 사실상 불가분의 관계이듯 인간과 지구와의 관계도 불가분의 관계이며 지구와 우주와의 관계도 그러하다. 우리 인간은 지구를 통해 우주 속에서 살고 있으며 우주와 관계를 맺고 있는 것이다.

지구와 우주와의 관계는 지구가 우주천체와 맞물려 우주 공간 이동을 이행함으로써 이루어진다. 결국, 지구와 우주와의 관계는 지구의 우주 공간의 이동 과정을 통해 이루어지고 있으며, 인간의 지구와의 관계도 지구의 그러한 이동 과정을 토대로 이루어지고 있는 것이다. 과정학processology이란 바로 그러한 과정의 측면에서 인간의 존재 문제를 설명하려는 입장이다. 그것은 지구의 우주 공간 이동에 의거해 형성된 인간의 존재, 그에 의해 만들어진 인간 문화 등 속에 내재된 여러 과정들을 밝히고, 그러한 과정들을 통해 인간의 생명 체계를 정립시켜 이 우주 속에서의 보다 바람직한 인간의 존재 방식과 존재 의미를 파악해 보려는 입장인 것이다.

어떠한 식으로 과정이 우리의 존재와 문화 속에 내재되어 있는가? 이러한 입장에서 이제 우리는 인간과 우주와의 관계 파악을 통해 우주 속에서의 새로운 인간의 존재 방식을 정립시키고 보다 풍요로운 인간의 존재 의미를 창출해 갈 시기에 직면해 있는 것이다.

제1절 과정이란 무엇인가

과정의 일반적 개념

'過程'(과정)이란 영어의 'process'에 해당된다. 1910년대 일본 문학자들에 의해 'process'가 '過程'으로 번역되었다.[1] 그렇게 번역될 당시의 'process'는 '어떤 목적지로 향해진 체계적인 일련의 행위들이나 단계들'을 의미했다.[2] 'process'의 이러한 뜻이 받아들여지기 이전에는 '過程'이 '어떤 정해진 표준에 이르거나 그 표준을 지나다'의 의미로 쓰였었다.[3] 이제 이들 'process'나 '過程'은 학술용어로서 일반적으로 '사물이 생성, 변화, 발전 등을 통해 진행해 가는 양상'을 의미하는 것으로

합치되고 있다.[4]

'process'나 '過程'은 다음과 같이 세 단계의 개념 전개를 거쳤다. 첫 단계는 어원상의 의미 단계이다. 영어 'process'의 어원은 라틴어 'prócessus'에서 찾아지는데, 이 'prócessus'는 '앞으로 나아가다', 'a going forward'의 뜻인 'pró-'와, '굴복하다to yield'의 뜻인 'cédere'의 변형어간 'ced-', 그리고 '행위action'의 접미사 '-tus'가 합쳐져서 만들어진 것으로, '앞으로 나가 굴복하다'의 뜻으로 풀이된다. 또 '過程'의 '過'(과)는 '어떤 특정한 장소를 지나갈 수 있도록 빌다', 그리고 '程'(정)은 '곡식이 잘 되도록 빌다'를 뜻하여,[5] '過程'(과정)은 우선 '어떤 존재가 어떤 장소나 어떤 시기에 다다르다'의 뜻으로 풀이된다. 또, 'process'나 '過程'의 어원에는 공통적으로 어떤 존재의 운명을 좌우하는 신과 같은 절대자, 그러한 절대자로부터 지배당하고 있는 인간과 같은 어떤 연약한 존재, 그리고 그러한 절대적 존재에 대한 어떤 연약한 존재의 소원 등의 이미지도 내재되어 있다.

두 번째 단계의 의미에서 'process'는 어떤 것이 '어떤 상태에 이르기까지의 과정', 혹은 '어떤 상태가 되기까지의 과정' 등으로 해석되는데, 예컨대 치즈의 부패 과정, 어린이의 성장 과정, 음식물의 소화 과정 등에서의 '과정'이 바로 그러한 것이다. 그것은 어떤 주체가 어떤 지점이나 시점에 이르기까지의 공간적 이동을 이행하는 과정에서 일어난 그 이동 주체의 신체적 상태의 변화 과정을 의미한다.

끝으로 세 번째 단계에서의 'process'와 '過程'의 의미는 '어떤 사물이 단계들을 통해 진행해 가는 양상'으로 전개된다. 이 경우, 어떤 정해진 방향으로 어떤 단계들을 통해 진행해 나가는 과정이기는 하지만 어떤 정해진 목표를 향한 진행 과정을 의미하는 것이 결코 아니다. 이 단계에서의 '過程'은 어떤 주체가 어떤 목적지나 정해진 시점에 이르기까지의 과정이나, 그것이 혹은 어떤 상태가 되기까지의 '과정', 즉 어떤 것이 어떤 목적지나 정해진 시점까지나 혹은 어떤 완성된 상태 등으로 향해 가는 과정과는 대립되는 개념으로서의 '過程'이다.

이상과 같이 과정의 일반적 개념은 어떤 약자가 강자가 정해 준 지점이나 시점까지 이동해 가는 과정, 어떤 사물이 어떤 상태에 이르기까지의 과정, 어떤 사물이 어떤 단계를 통해 끝없이 진행·발전해 가는 과정 등으로 전개되어 나왔던 것이다.

과정신학의 과정과 과정학의 과정

'process'와 '過程'의 어원에는 이미 앞에서 지적했던 바와 같이 신神과 같은 절대자의 이미지가 내재되어 있다. 특히 'process'는 '앞으로 나아가 굴복하다'란 뜻을 통해 알 수 있듯이 그동안 서구인들은 낙원으로부터 추방된 이래 신이 강림하면, 즉시 '앞으로 나아가 굴복'해 맞이할 심정으로 자신들을 추방시킨 신의 강림이나 예수의 재림을 기다리고 있었다. 그들은 신이 예수의 모습으로 이 땅에 강림할 그 시점을 향해 회개하며 살아왔었다.

그러나 끝내 그들에게는 메시아는 오지 않았다. 그래서 그들은 신을 찾아 나섰다. 그들은 신이 있다고 하는 우주의 중심을 상상해 왔던 것이다. 그런데 우주 대폭발설이 나오게 됨으로써 그동안 자신들의 상상력이 만들어 온 그러한 세계가 해체되어 나갔다. 그래서 그들은 새로운 차원에서 신의 세계를 찾아가는 길을 찾아내야겠다고 생각한 나머지, 보다 과학적인 측면에서 과정과 신성神性의 테마를 연결시켜 보려는 운동을 일으키게 되었다. 그것이 바로 1950년대부터 미국을 중심으로 하여 성립된 **과정신학***이다.

서구인들의 신에 대한 개념은 초월성a transcendent nature을 기초로 한 것이다. 이는 시간과 공간적 차원에서의 초월적 존재, 즉 시간적으로나 공간적 제약으로부터 자유로운 영원하고 무한한 존재라는 뜻이다. 그동안 서구인들은 그들이 신에게 부여한 시간과 공간에 대한 이와 같은 초월적 성격을 바탕으로 하여, 신이 인간을 위해 우주의 공간과 시간을 창조했다는 생각을 가져 왔던 것이다. 그러나 우주 대폭발설이 일반화되어 나옴에 따라 그들은 공간적 차원에서의 우주의 무

*과정신학過程神學/process theology : 1950년대 미국에서 발생한 신학 사조. 인간과 세계의 진화론적 성격을 강조하여, 신神도 끊임없이 변화해 가는 세계와의 영적인 교류를 통하여 발전해 가는 과정에 있다고 주장해 가는 입장이다. 이 용어는 영국의 철학자 A. N. 화이트헤드가 행했던 〈기포드 강연The Gifford Lecture〉(1927-1928)의 원고 《과정과 실재*process and reality*》(1929)로부터 유래하였다. 참19

한한 팽창 과정에 대한 인식을 통해 또 하나의 신의 속성을 발견하게 되었다. 신의 내재성an immanent nature이 그것이었다. 그 후 그들은 신을 초월성과 내재성이라는 양극을 토대로 성립된 존재로 파악하고 끝없는 과정 속에 신이 존재한다는 입장을 취하게 된다. 신학자들의 이러한 입장에 대해 그 기초를 제시한 자가 다름 아닌 바로 **화이트헤드***였다. 과정신학의 기초가 된 그의 이론은 《과정과 실재*Process and Reality*》(1929)를 통해 이루어졌다.

화이트헤드는 우선 세계를 무한히 팽창해 가는 유기체로 보고 그러한 유기체로서의 세계를 구성하는 기본 단위를 '현실적 계기the actual occasion or actual entity'로 설정하였다. 그는 유기체로서의 세계와 그곳의 모든 것들은 현실적 계기나 혹은 현실적 존재의 과정들로써 설명될 수 있다는 입장을 취했다.[6] 그의 말을 요약해 보면, 하나의 현실적 계기는 유기적으로 다른 현실적 계기들과 관련되어 영향을 받는다. 모든 현실적 계기들은 양극을 가지고 있는데, 하나는 인접해 있는 다른 것들과 관련을 맺는 극이고 다른 하나는 영원한 대상들과 관련을 맺어 가는 극이다. 그런데 이런 현실적 계기들의 구조는 과정으로 되어 있다. 이 경우의 과정은 많은 현실적 세계들이 하나의 상위 현실적 계기로 합생되어 가는 과정임과 동시에 그 다자들many이 상위의 하나one 속으로 소멸되어 가는 그러한 과정들의 일차적인 과정은 '우주의 팽창 과정이다.'[7]모든 현실적 계기들은 자기 나름의 주관적인 목적을 가지고 있고, 그것들은 우주의 팽창 과정에 공헌하고 자기 목적을 실현할 때 자기만족을 획득한다. 한편 신은 최고의 현실적 계기이다. 신이

*화이트헤드Alfred North Whitehead(1861-1947) : 영국의 수학자·철학자. 영국 케임브리지 대학 트리니티칼리지에서 수학을 연구하고, 런던 대학 엠페리얼칼리지에서 응용수학 이론물리학 교수직(1914-1924)을 역임한 후, 1924년(63세)에는 미국 하버드 대학의 명예 교수가 되어 철학을 가르쳤다. 1920년대 중반부터 하버드 대학교에서 가르치며 광범위한 형이상학 이론을 발전시켰다. 처음에는 수학적 논리학(기호논리학) 연구에 종사하였고, B. 러셀과의 공저 《수학 원리》(1910-1913)를 저술하여 수학의 논리적 기초를 확립하려 하였다. 그 다음 《과학과 근대 세계》(1925), 《형성 과정으로서의 종교》(1926), 《상징 작용 —그 의미와 효과》(1927)의 세 저서를 바탕으로, 68세에는 《과정과 실재》(1929)를 통해 유기철학을 완성하였다. 그의 현대과학에 대한 입장이 철학으로 전환해 나올 수 있었다는 것은 당시의 아인슈타인의 상대성 이론 등이 인간들의 세계인식에 끼친 영향하에서였다 할 수 있다. 주요 저서 《수학 원리》(3권, 1910-1913), 《자연인식의 제 원리》(1919), 《관념의 모험》(1933). 참10

없다면 우주의 과정은 이토록 정연하고 창조적인 과정이 될 수 없다. 그것은 단지 혼돈일 따름이다. 화이트헤드는 '과정'을 이렇게 설명하고 있는 것이다. 이상과 같은 측면에서 고찰해 볼 때, 화이트헤드의 과정은 작게는 우주를 구성하는 현실적 계기들의 기본 구조이고 크게는 우주의 팽창 과정인 것이다. 또 그의 과정은 신이 내재된 과정이고 존재의 의미가 생성되는 과정이다. 그의 저서《과정과 실재》(1929)를 통해 제시된 그의 그러한 '우주팽창'에 대한 사고는 1920년대에 아인슈타인의 상대성 이론(특수상대성 이론 : 1905, 일반상대성 이론 : 1915)을 응용해 성립시킨 우주론에 입각했던 것으로 고찰된다. 1922년에 러시아의 수학자 프리드만과 벨기에의 신부 르메르트가 아인슈타인의 상대성 이론을 응용해, 빅뱅 이론을 제안했다. 그들은 현재의 우주는 대폭발을 통해 생겨난 것이고, 또 현재 그것이 팽창해 가고 있는데 그 팽창이 일정한 한도에 달하면 수축으로 전환한다는 이론을 각각 제시했다.

화이트헤드가《과정과 실재》를 출판한 1929년에 미국의 천문학자 허블Edwin P.Hubble(1889-1953)은 **도플러 효과***를 이용해 외계은하가 우리 은하로부터 점점 멀어져 가고, 더 멀리 떨어져 있는 외계은하가 더 빨리 멀어져 간다는 사실을 발견하여 우주팽창설의 과학적 근거를 제시했다.

그 후 우주팽창설은 1940년대에 와서 프리드만의 제자인 러시아 출신 미국 물리학자 조지 가모프에 의해 현재의 대폭발론으로 체계화되어 나왔다. 1965년에 와서는 미국의 벨 연구소의 아노펜지어스Arno Penzias와 로버트 윌슨Robert Wilson이 라디오 안테나의 마이크로파 장음을 제거하는 과정에서, 1940년대에 가모프가 예언했던 우주배경복사Cosmic Microwave Radiation(우주흑체복사 또는 3K 복사라고도 함)를 발견하여 우주팽창성의 구체적 근거를 포착해 냈고, 또 1992년에 와서는 미국 캘리포니아대의 조지 스무트George Smoot 연구팀이 인공위성 코비COBE를 이용해 우주배경복사의 진동을 포착해 우주배경복사의 온도가 절대온도

*도플러 효과Doppler effect : 파동을 발생시키는 파원과 그 파동을 관측하는 관측자 중 하나 이상이 운동하고 있을 때 발생하는 효과로 파원과 관측진 사이의 거리가 좁아질 때에는 파동의 주파수가 더 높게, 그 거리가 멀어질 때는 그것이 더 낮게 관측되는 현상이다. 참10

2.7K (-270.3℃)라는 것을 밝혀내서, 빅뱅 이론의 구체적 근거를 찾아냈던 것이다.

과정신학은 화이트헤드의 이와 같은 과정에 대한 접근 방법을 기초로 해서 성립되었다. 그러므로 과정신학의 과정은 우주대폭발설에 입각한 우주팽창의 입장을 받아들여 우주의 팽창 과정을 기초로 성립된 것이라 볼 수 있다. 그러나 현재 **스티븐 호킹***의 블랙홀 이론이나 양자붕괴설 등을 기초로 성립되고 있는 서구인의 우주관을 살펴보면 우주는 팽창만 해 가는 것도 아니다. 현재 서구의 우주과학자들은 두 종류의 우주관의 모델을 만들어 놓고 있다. 하나는 팽창을 계속해 가다가 흔적도 없이 진공 속으로 완전 흡수되어 없어져 버린다는 우주관이고, 다른 하나는 어느 시점까지 팽창해 가다가 다시 수축하기 시작해 결국에는 한 점으로 압축되었다가 대폭발의 경우처럼 재차 폭발한다는 우주관이다. 여기서 대폭발 이전에 한 점으로 되어 있었던 초기 우주가, 우주의 총 에너지가 0이라는 입장에서 진공으로부터 생겨났다는 입장을 취하지 않을 수 없다는 한 이론물리학의 입장을 고려해 볼 때,[8] 우리는 우주가 이 두 모델을 기초로 하여 폭발·팽창·수축의 반복 과정을 통해 비존재와 완전한 합일을 추구해 나가는 과정이 바로 우주의 진화 과정일 것이라는 추측을 해 볼 수 있다. 그런데 후자의 우주관 모델을 취하는 인간들은 이와 같은 우주의 진화 과정을 받아들여, 팽창해 갔다가 다시 수축해서, 또 다시 폭발한다고 하는, 소위 공간적 유한으로 인한 시간적 무한이 보장된 우주관을 수용해 가고 있다고 하는 것이다.

현재 서구인들이 받아들이고 있는 공간적 유한으로 인한 시간적 무한이 보장된 우주관을 더욱 상세히 고찰해 보면, 한 점 상태로서의 우주가 어느 한 지점에서 폭발을 통해 공간적으로 점점 팽창할 경우, 우리는 그 우주가 공간적으로 열려 있다고 말할 수 있다. 그러나 그것이 어느 지점에 가서 더 이상의 팽창을 멈추고

---

*스티븐 호킹Stephen William Hawking(1942-) : 영국의 우주물리학자. '블랙홀은 검은 것이 아니라 빛보다 빠른 속도의 입자를 방출하며 뜨거운 물체처럼 빛을 발한다'는 학설을 내놓았으며, '특이점 정리', '블랙홀 증발', '양자우주론' 등 현대물리학에 3개의 혁명적 이론을 제시하였고, '양자중력론' 연구에 몰두하고 있다. 그는 태양의 폭발 등으로 인해 인류의 미래는 한계 지어져 있는데, 인류가 그러한 한계로부터 벗어날 수 있는 방법은 태양계가 아닌 다른 천체계로 이주해 갈 수 밖에 없다는 입장을 제시한 바 있다. 참24, 66-67면

다시 수축 쪽으로 돌아설 때 우리는 그 우주가 더 이상 공간적으로 팽창해 나갈 수 없다는 뜻에서 공간적으로 닫혀 있는 존재로 인식한다. 또 그것은 그 시점에서 끝나지 않고, 수축으로 돌아서 계속 수축해 가서 초고온·초고밀도의 한 특이점에 이르게 되어 또 다시 폭발하게 될 수 있다. 현재 우리에게 알려진 우주는 이와 같이 폭발·팽창·수축을 반복해 왔고 또 그러한 반복을 통해 완전히 소멸 상태를 지향하고 있는 존재로 인식되고 있다. 1930년대 우주의 주기모델을 제시했던 캘리포니아 공과 대학의 리처드 톨만Richard Tolman은 '매주기마다 발생하는 엔트로피(광자들의 산란도)의 증가량이 그 다음 주기의 길이를 결정하기 때문에 각 주기는 그 전 주기보다 소요 시간이 길어진다'는 입장을 제시하였다.[9] 그러나 최근에 와서는 톨만의 그러한 주기 모델이 부정되고 끈 이론·막膜/brane 이론*에 의해 새로운 이론이 제기되었다. 그것은 '우리가 살고 있는 3-브레인(3차원의 막 세계)은 수조 년마다 한 번씩 인근에 있는 다른 3-브레인과 격렬한 충돌을 겪는다. 그래서 그 거대한 충돌이 일어날 때마다 우주의 새로운 주기가 시작된다'[10]는 이론이다.

후자의 우주 모델을 취하는 인간들에게서의 우주는 공간적으로는 어느 지점 이상을 뻗어나가지 못하지만 시간적으로는 폭발·팽창·수축의 반복을 통해 영원히 열려 있는 우주이다. 이러한 의미에서 현재 우리에게 알려진 우주는 공간적 폐쇄를 통한 시간적 개방이 보장된 우주이다. 과정신학에서 일차적으로 제시하는 과정이 우주의 시원에서부터 그의 팽창이 멈출 때까지의 공간적 과정이라면, 그 차원에서의 과정학이 제시하는 과정은 그 팽창 과정은 물론 그 다음의 수축과

* 막膜/brane 이론 : 하이젠베르크나 폴 디랙 같은 입자물리학자들은 만물의 기본 단위를 3차원의 덩어리로 생각했었다. 그러나 그 후의 물리학자들은 만물의 기본 단위를 입자로 파악할 경우, 그 입자에 크기를 허용해야 하는데 그 경우 그것의 이동 속도가 빛보다 빨라질 수 있는 모순이 초래될 수 있다고 생각하여, 만물의 기본 단위를 입자로 보려는 입장을 폐기하고 1차원의 점으로 파악해 왔다. 그러다가 1980년대로 들어와 슈워츠와 셰크, 그린 등에 의해 1차원의 점뿐만 아니라 1차원의 끈도 모순을 일으키지 않는다는 입장이 제기되었다. 그러나 그들에게는 만물의 기본 단위를 2차원 이상으로 확장시키는 것은 불가능하다는 생각이 있었다. 그러나 1995년 끈 이론의 선두에 서 있던 에드워드 위튼edward witten이 만물의 기본 단위가 1차원뿐만 아니라 2차원 이상의 것들이 될 수 있다는 M-이론이라는 것을 발표하였다. 그는 P-차원의 객체인 P-brane(막) 입장을 취했다. 참5, 523면

그 다음의 폭발이라고 하는 그러한 반복적 과정들을 통해 완전한 소멸에 이르는 과정까지를 말한다. 다시 말해서 과정학의 과정은 과정신학이 제시하는 우주의 팽창 과정만이 아니라 현재 서구의 우주과학자들이 제시하는 우주의 폭발·팽창·수축의 반복 과정들을 통해 우주가 비존재 공간과의 완전한 합일을 달성할 때까지의 과정을 가리킨다.

과정학의 과정이 의미하는 바는 우주의 팽창에서 완전한 소멸까지의 과정에 그치지 않는다. 과정신학의 과정이 우주의 팽창을 이행하는 다수many가 하나one로 통일되어 나오는 과정을 의미한다면, 과정학의 과정은 서구의 현대우주관이 제시하는, 폭발과 팽창을 통한 우주의 그러한 진화 과정을 통해 지구가 우주 공간을 이동해 가는 과정을 가리킨다.

우리가 일차적으로 존재해 있는 곳은 지구이다. 우리는 지구를 통해 우주 속에 존재해 있다. 이 우주에서의 지구의 존재 양식은 우주의 다른 천체와의 역학적 관계를 형성해 우주 공간을 이동해 가고 있는 것이다. 그러한 지구의 우주 공간 이동은 우주의 팽창과 수축을 통한 비존재 공간과의 완전한 합일을 이행해 가는 과정이기도 하다. 과정학에서는 바로 지구의 우주 공간의 이동 과정을 '지구의 이동 과정'이라 부른다.

지구의 이동 과정과 인간의 존재 양식

인간의 존재와 관련시켜 생각해 볼 때 지구 이동 과정은 우주의 팽창과 수축의 반복 과정과 어떻게 관련되어 있는 것인가? 서구인들의 경우처럼 우리가 지구의 모든 현상을 지배해 가고 있는 어떤 천체들과 그것들이 처해 있는 공간들을 우주라고 정의해 볼 때, 그렇게 정의되는 우주는 현재 비존재 공간으로 팽창해 나가고 있다. 지구의 이동 과정은 지구의 자전과 공전, 또 태양계의 우리 은하를 중심으로 한 회전 이동, 더 나아가서 우리 은하계의 외부 은하계들의 이동 등과 맞물려 우주의 밖으로 이동해 나가는 과정들을 통해 우주의 팽창 과정과 맞물려 있다. 또 지구의 이동 과정은 천체와의 상호 작용 속에서 일어나는 지구의 중력 현상과 우주 공간 속의 온도의 차이로 일어나는 열역학 현상 등과도 관련되어 있다. 지구의 공간 이동과 관련된 지구의 중력 작용이나 우주 공간 내의 열역학 작용은 지구를 구성하는 물질들의 질량과의 관계를 통해 성립된 것이다. 물질에서의 질량이란 사실상 물질의 본질을 의미한다고 볼 수 있다.

그런데 현재 지구를 구성하고 있는 물질들은 결국은 우주의 대폭발 당시 생성된 것들로 이루어진 것이라 볼 수 있는데, 사실 그것들은 대폭발 직전 중성자보다도 더 작은 초고밀 · 초고원 상태의 점 하나로 존재했었던 원시 우주를 구성하고 있었던 것들이었다 할 수 있다.

이렇게 생각해 볼 때 지구의 이동 과정은 지구를 구성하는 물질들과 우주를 구성하는 입자들과의 관계라고 하는 차원에서 우주의 진행 과정과 연결되어 있는 것이다. 《생명의 기원》(1936)을 통해 최초로 생명의 기원의 문제를 과학적으로 파헤쳤다고 평가되는 소련의 생화학자 **오파린***도 이러한 입장에서 생명의 기원을 밝힌다는 입장을 취했다.

이처럼 지구의 이동 과정이 우주의 진행과의 관계를 통해 이루어지고 있는 것만은 사실이지만, 우리 인간에게 아직 알려지지 않은 부분을 포함하는 전 우주가 왜 진행하고 있는지, 그 진행의 원초가 언제 어떻게 이루어졌고, 또 그 끝은 언제 어떻게 될 것인지 등등에 관해서는 아직 구체화된 것이 없다. 그렇다면 왜 우리가 그러한 것들에 관해 관심을 갖고 있는 것일까? 그것은 한마디로 지구의 이동 과정을 통해 인간의 존재가 성립되었기 때문이라 할 수 있다. 즉, 지구상에서의 인간의 존재 양식도 이 우주 공간에서의 지구의 이동 양식을 기초로 성립되었기 때문에, 이 우주 속에서의 인간의 존재란 무엇인가에 대한 이해를 위해서는 당연 그러한 것들에 관한 이해가 수반되어야 하는 것이다.

---

*오파린Aleksandr Ivanovich Oparin(1894-1980) : 러시아의 생화학자. 생명의 기원이란 문제에 관하여 연구하여 종속영양생물이 가장 원시적이라는 결론을 내렸다. 1936년에 지구상에서 생명의 기원에 관한 가설을 제기. 산화 효소계酸化酵素系에 관한 신 이론과 유기 물질의 발생을 논한 '생명의 기원'에서 생명 현상의 설명과 진화의 생화학적 연구의 길을 열었다. 주요 저서에는 《지구상의 생명의 기원*The Origin of Life on Earth*》(1957, 제3판), 《생명, 그 본질 · 기원 · 발전*Life, Its Nature Origin and Developmen*》(1961), 《창세기와 진화 발전*Gensis and Evolutionary Development of Life*》(1968) 등이 있다. 참10

사실상 인간은 지구의 우주 공간에서의 지속적인 이동으로 인해 지상에서 햇살을 받고 공기를 마시며 살아가고 있다. 이 지속적인 이동으로 인해 지상의 인간은 밤과 낮을 맞게 되며 계절을 갖게 된다. 인간은 그것으로 인해 탄생했고 또 그것으로 인해 죽는 것이다. 그렇지만 인간은 그래서 또 희망을 가지고 살아가고 있는 것이다. 그로 인해 인간들은 헤어졌다가 다시 만나게 되고, 또 인간들은 땅에서 솟아나는 새싹을 볼 수 있고 단풍드는 산들을 바라볼 수 있다. 그로 인해 나뭇가지를 훑는 북풍을 맞으며 아직 느끼지 못했던 존재의 의미를 맛볼 수 있는 것이다.

이와 같이 인간에게 일어나는 모든 감각적, 심리적, 사회적, 문화적, 생물학적, 물리적 현상들은 결국 지구의 우주 공간 이동으로 인해 일어나며 그 현상들의 원리는 지구의 우주적 이동 양식을 기초로 한다. 이렇게 지구의 우주 공간의 이동으로 인해 인간이 지구상에 존재해 있게 되었고, 지구의 우주 공간의 이동 양식을 토대로 우주 속에서의 인간의 존재 양식이 정립된 것이다. 우리는 인간에게 감지되는 모든 과정은 지구의 우주 공간의 이동 과정과 그것의 기초를 이루는 우주의 팽창 과정을 기초로 해서 성립된 것이라 이해할 수 있고, 더 나아가서 과정이란 이 우주 속에서의 모든 존재들의 기본 단위이자 그것들의 기본 구조라 할 수 있다.

제2절 과정의 원리

이동 과정과 의미 작용

1.과정과 지구 이동

우리는 현재 무수한 과정들, 예를 들어 의식 과정, 행위 과정, 사회적 과정, 역사적 과정, 생물학적 과정, 물리적 과정 등 수많은 과정들을 통해 살아가고 있다. 사회는 더 복잡해지고 다원화되고 있으며, 또 인간들은 더욱 섬세한 것들을 요구해 가고 있다. 그래서 우리에게는 더 크고, 더 작은, 그리고 더 많은 과정들이 요구된다. 한편 우리에게는 폐기처분해야 할 과정들, 불필요한 과정들, 생략해도 좋은 과정들 또한 많이 있다.

잃어버린 과정들, 아직 발견되지 않은 과정들, 만들 수 있는 과정들도 많이 있다. 그렇다면 현재 우리에게 필요한 과정은 어떠한 것들이고, 불필요한 것은 어떠한 것들인가? 과정은 우리의 삶을 얼마만큼이나 지배하고 있는 것인가? 또 그것들은 현대인의 삶에 있어서 과연 어떠한 역할을 하고 있는가? 인간에게 주어진 삶의 과정을 만들어 가는 것은 무엇인가? 우리는 우리에게 주어지는 수많은 과정들을 과연 어떻게 선용해 가고 있는 것인가? 과연 인간에게서의 과정이란 무엇인가?

현대인의 불행은 그 상당한 부분이 과정과 관련되어 야기되고 있다. 사람과의 만남의 경우, 설명이 필요한 때 설명을 생략해 버림으로써 오해가 생겨 이별의 슬픔을 겪게 된다. 반대로 어떤 사실에 대한 설명 과정에서 생략해야 할 것을 설명해 버림으로써 불행한 시간을 갖기도 한다. 외국어를 잘 구사하기를 원하는 사람은 외국어 학습 과정이 일정하게 요구된다. 자신이 원하는 직업을 갖기 위해 시험을 치러야 한다면 일정기간의 시험 준비 과정이 필요하다. 이 모든 경우 대부분의 행 · 불행은 그러한 준비 과정을 어떻게 가지느냐에 달려 있다.

외국어를 학습하긴 했지만 유용하게 써 볼 기회를 박탈당했다든가, 시험에 불합격했더라도 그것을 학습하고 준비했던 기간이 즐거웠다면 그들에게서의 그 기간은 단순한 준비 기간이 아니라 자신들의 삶을 충실히 실현해 갔던 과정들의 한 부분으로 자리매김할 수 있다. 물론 결과까지 좋았다면 금상첨화겠지만 말이다. 그러나 문제는 결과가 좋든 좋지 않든 준비의 과정이 고통스러울 경우이다. 그 결과가 좋지 않았을 경우는 말할 것도 없고, 만일 참고 또 참아서 좋은 결과를 내게 되었다 하더라도 그 잃어버린 준비기간의 삶들이 되찾아질 것인가?

예외는 있겠지만, 현대인은 대부분이 자신들 스스로가 무엇을 이루는 과정에서 최선을 다한다고 생각할 수는 있어도 그 결과가 꼭 좋으리라는 확신을 갖지는 못한다. 왜냐하면 우선 그들은 그들을 도와줄 신이 있다고 믿지 않기 때문이고, 또 자신들이 따낸 점수에 의해 당락이 결정된다는 확신을 갖지 못하기 때문이다. 그렇기 때문에 현대인에게서의 그러한 과정들이란 그만큼 더욱 괴로운 시간이다. 그렇다면 우리가 꼭 그런 준비 과정을 가져야 하는가? 꼭 가져야 한다면, 우리는 그것을 어떻게 보내야 하는가? 도대체 우리에게서의 삶의 과정이란 무엇인가? 이 시점에서 다시 한 번 과정이란 무엇인가라는 물음을 던질 필요가 있다.

앞서 우리는 지상의 모든 현상들이 지구의 우주 공간 이동 과정을 통해 일어난다는 사실을 확인했다. 우리의 의식, 행동, 역사, 사회, 생물, 물리 등의 모든 현상은 이동해 가는 지상 공간에서 일어나고 있고 그 토대는 분명 지구의 공간 이동이다. 그렇다면 지구의 공간 이동에 내재하는 일관된 양식이나 원리를 파악하여 그로써 지상에서 일어나는 모든 현상들의 특성을 살펴볼 수 있으리란 기대가 가능하다. 과연 지구의 공간 이동에는 어떤 양식이나 원리 혹은 어떤 원인이 있는 것인가? 있다고 한다면 그것들은 어떻게 파악될 수 있는가? 그것은 지구의 공간 이동 과정을 통해 찾아질 수밖에 없는 것이다. 그 이유는 어떤 행위의 양식이나 원리나 혹은 어떤 원인이란 그 행위가 실현되는 과정 속에 내재되기 때문이다.

지구의 우주 공간의 이동 과정은 어떻게 파악될 수 있을까? 지구의 공간 이동 과정이란 지구가 우주 공간을 이동하기 시작해서부터 현재까지의 우주 공간의 이동 과정을 말한다. 즉, 지구가 이 우주에 태어난 것은 약 47억 년 전으로 추정되고 있는데, 그때부터 현재까지 지구가 우주 공간을 이동해 온 과정을 말한다. 그런데 여기서 말하는 지구의 우주 공간 이동이란 지구 자체만의 공간 이동을 가리키지는 않는다. 현재 지구는 하루에 한 바퀴 자전하면서 초속 30km로 공전하고 있다. 또, 그것은 태양계에 편승해 초속 250km로 은하계의 중심을 회전하고 있다. 그것뿐만이 아니다. 지구는 태양계를 포함한 우리 은하계에 편승해 다른 은하계들과 맞물려 우주 공간을 이동해 가고 있다. 다시 말해서, 이와 같은 지구의 우주 공간 이동은, 지구의 자전과 공전, 태양계의 은하 중심의 공전, 우리 **은하계***의

---

*은하계銀河系/Galaxy : 그리스어로 우유라는 뜻. 천구상에 은하수를 형성하는, 태양계가 포함된 은하를 말한다. 나선은하로서 지름 1만 6천 광년의 구형 중심부와 그 주위에 9만 8천 광년 지름에 3광년 두께의 원판이 존재한다. 태양은 은하면 위에 있으며, 중심에서 약 3만 3천 광년 떨어져 있다. 은하의 원판은 회전 운동을 하며, 태양은 2억 5천만 년 주기로 은하 중심을 공전한다. 참10

자전과 공전 등을 통해 우주 공간을 이동해 가고 있다는 표현도 가능하다. 그렇지만 지구의 자전은 공전 과정 내에서의 이동이고, 그 공전은 태양계의 은하 중심 공전 이동 과정 내에서의 이동이다. 은하계의 이동도 그밖에 존재하는 어떤 것을 중심으로 해서 그 외부를 향해 행해 가는 과정을 통해 이루어진다. 지구의 우주 공간의 이동은 이러한 형태를 취해 우주팽창 과정과 관련되어 있다. 그러므로 지구의 가장 근본적인 이동은 우리 은하계와 같은 성운들로 이루어진 세계, 즉 현재 서구인들이 우주라고 부르는 세계의 팽창 과정을 주축으로 해서 우주 중심에서 우주 밖으로 방향 지어진 이동 과정이다.

어떻게 보면 이 우주에는 차원이 다른 세계들이 공존해 있으며 각각의 세계들은 어떤 세계 내에 존재하는 세계들이다. 이 우주 내에서의 지구의 이동 과정은 그러한 지구가 세계들과의 관계들을 통해 이루어진 것으로서 우주의 팽창 과정 내 과정들 중의 하나라 할 수 있다. 이와 같이 지구의 우주 공간의 이동 과정이 차원을 달리하는 세계들 내에 존재하는 한 세계의 이동 과정이라 한다면, 세계 내의 이동들을 통해 이루어졌다면, 그러한 각 세계들과 그것들을 통해 이루어지는 이동 과정들은 어떻게 생성되어 나온 것인가?

2.지구의 이동 원리

현재 지구는 우주 공간을 이동해 가고 있다. 그 이동의 원리는 무엇인가? 그것은 역시 이동의 과정을 통해 분석해 낼 수밖에 없다. 지구는 자전해 가면서 태양을 공전하고 있다. 따라서 지구의 그러한 운동은 분명 태양과 어떤 관련성을 갖고 있음에 틀림없다. 그렇다면 태양계도 은하 중심과 어떤 관련성이 있기 때문에 태양계가 은하계의 중심을 회전하고 있는 것이 아닌가 한다. 이들의 관계를 과학자들은 중력과 열에너지의 작용으로 설명하고 있다. 이 경우 중력이란, 떨어져 있는 두 물체 사이에 물체들의 무게에 비례하고 물체 사이의 거리의 제곱에 반비례하는 힘의 크기로 서로 작용하는 인력을 말한다. 또, 열에너지 작용이란 두 물체 사이의 공간에 존재하는 열에너지가 평형 상태를 유지하려는 열역학 관계를 말한다.

순수한 진공이란 존재하지 않는다고 한다. 이것은 최근의 서구 입자물리학자들의 입장이다. 이 입장을 취해 볼 때 우주가 태어나기 이전의 허공도 순수한 진공 상태였다고는 볼 수 없다. 그것은 어떤 작은 입자들로 채워진 진공 상태에 가까운 공간이었을 것이라 여겨진다. 그런데 그곳으로부터 어떤 티끌만 한 초고온·초고밀도의 점이 발생하여 그것이 폭발·팽창하여 현재의 우주가 된 것이다. 이것이 현재 서구인들에게 가장 설득력 있는 우주기원설이다. 그렇다면 어떻게 해서 그러한 혼돈 속에서 **중력장***으로서의 현재와 같은 우주가 형성되었는가? 또 어떻게 해서 은하계들이 형성되었고, 태양계가 형성되어 나오고 지구가 탄생했는가?

초기우주가 폭발했을 때, 허공에는 두 가지 현상이 일어났으리라 가상되고 있다. 우선 초기 우주가 초고온·초고밀도로 된 것이었기 때문에 그것이 폭발했을 경우, 파편은 진공 상태의 공간으로 무질서하게 흩어졌을 것임에 틀림없다. 초기 우주의 파편이 흩어진 공간과 그 공간으로부터 멀리 떨어진 허공 사이에 온도차가 생겼다. 파편이 흩어져 나온 공간과 그 공간 밖 사이에 열적 평형이 깨어지게 된 것이다.

이 경우 폭발로부터 영향을 받은 공간의 온도가 그것으로부터 영향을 받지 않은 공간의 온도보다 높을 것은 당연하다. 이와 같은 온도차는 그 영향권 내 공간과 영향권 밖의 공간 사이에서만 일어난 것이 아니다. 그러한 온도차는 영향권 내의 공간 속에서도 일어났을 것이다. 초고온의 파편덩어리들이 많이 떨어져 나갔거나 큰 것이 떨어져 나간 곳은 온도가 높고 그렇지 않은 지역은 낮았을 것이다. 또 아무것도 떨어지지 않고 먼지들만 흩어진 곳도 있었을 것이다. 그런데 그 파편들은 그것의 크기에 비례하는 질량을 갖는 존재들, 다시 말해서 그것의 크기에 비례하는 중력을 갖는 존재들이다. 이렇게 볼 때, 폭발 직후의 우주 공간에는 적어도 두 개의 힘이 작용했음을 알 수 있다. 하나는 열역학이고 다른 하나는 중력이다. 우주 내 공간에서는 항상 열적 평형을 이루려는 열역학 작용이 일어난

*중력장重力場/gravitational field : 중력이 영향을 미치는 공간. 어떤 물체의 중력장 안에 있는 물체는 중력을 받아 당기는 힘을 받는다. 중력장의 방향은 중력의 방향과 같다. 참10

다. 그것이 일어남에 따라 그 공간에서의 물질 이동이 생기는 것이다.

서구의 우주과학자들은 폭발 직후의 우주 공간에서의 물질들의 이동 원인의 하나로 공간 내에서의 온도차의 존재를 고려해 왔다. 그러나 그들은 근래까지도 그 실증을 확보하지 못하고 있었다. 그러던 차에 지난 1989년에 쏘아 올린 코브위성이 보내온 자료가 캘리포니아 대학 버클리 분교의 **조지 스무트*** 교수에 의해 분석됨으로써, 1992년 4월 우주 대폭발 시 우주 공간에 만들어진 온도차에 의한 물질파동이 있었음이 실증되었다. 그러나 그 우주 공간에서 열평형 상태를 만들어 보려는 열에너지만으로는 현재와 같은 우주가 형성될 수 없다. 만일 그 공간에 열에너지만 작용했다면 그 공간 속에 무질서하게 흩어져 있는 모든 물질들이 질서정연하게 배열되지 못했을 것이다. 중국의 미국 망명 물리학자 팡리즈 부부는 이 현상을 다음과 같은 식으로 설명하고 있다.

> 찬 기체 분자들이 들어 있는 병 속에 더운 기체 분자들을 투입시켰을 경우 두 기체 분자들은 균일하고 구조가 없는 상태로 진화한다. 이와 같이 열은 구조에서 무구조로, 비균일에서 균일의 상태로 진화한다.[11]

그러나 사실은 그것과 정반대로, 여기저기 무질서하게 흩어진 물질들은 서로 끼리끼리 뭉쳐서 현재와 같은 은하군단들을 만들지 않았던가. 그것은 다름 아니라 그 흩어져 있던 파편들이 질량을 가지고 있었기 때문이다. 중력이 존재하지 않고 열만 존재했다면 그 공간은 열적으로 평형 상태이다. 그러나 그 공간에 질량을 가진 물질이 존재한다면, 다시 말해서 중력이 존재한다면 그 평형 상태는 불안정해진다. 질량이 큰 물질들을 중심으로 물질들이 모이게 되어, 결국 중력이 작용하는 장은 무구조에서 구조의 상태로, 균일에서 비균일의 상태로 전환되어 나온다. 이렇게 해서 생긴 것이 바로 은하군단들로 구성된 우주이다. 따라서

*조지 스무트George F. Smoot(1945-) : 캘리포니아 버클리 대학 물리학과 교수. MIT에서 1970년 물리학 박사 취득. 우주의 빅뱅기원론을 증명해, 2006년 나사NASA 고다드 우주비행센터 존 매더 John C. Mather(1944-)와 노벨물리학상 공동 수상. 필자 보충 설명

전 우주는 일차적으로 은하군단들의 중력장이다. 우리 은하계 내의 우주는 은하군단들에 의해 만들어진 중력을 바탕하여 태양계와 같은 120여 개의 구상성단球狀星團들의 중력으로 이루어진 세계이다. 태양계 내의 우주는 은하군단들에 의해 이루어진 중력을 바탕하여 구상성단들에 의해 이루어진 중력 세계이고, 이를 바탕하여 태양과 그것을 회전하는 지구와 같은 행성도 각각 중력장을 이루고 있다.

이로부터 우주와 우주 밖 허공과의 차이는 다음과 같이 정리될 수 있다. 첫째, 우주는 온도차로 인해 일어나는 물질파동과 중력으로 이루어진 장이다. 진공은 열적 평형 상태를 유지하고 있는 무물질파동과 무중력 상태의 공간이다. 현재 우주는 팽창하고 있다. 이것은 우주 속의 공간이 우주 밖의 공간보다 온도가 높아 두 공간 사이에서 일어나는 일종의 열적 평형 현상에 불과하다. 둘째, 우주는 물질파동과 중력으로 이루어진 공간이고, 서로 다른 질서 체계로 이루어진 차원을 달리하는 세계들의 공간이며, 중력에 의해 만들어진 구조를 갖고 있는 공간이다. 그러나 진공은 차원이나 구조가 존재하지 않는 공간이다. 그래서 우주에서의 지구 이동은 궁극적으로 우주가 진공과의 합일을 지향해 가는 과정에서 일어나는 물질파동이라든가 우주 내 물질들이 우주의 진공과의 합일을 저지하기 위해 다른 물질들과 합일을 지향하는 중력 등으로 이루어진 공간으로 결론지을 수 있다. 즉, 우주 내에서의 지구 이동의 원리는 존재가 비존재와의 합일을 지향하는 물질파동과 존재 내의 존재들이 그 파동을 저지하기 위해 다른 것들과의 합일을 지향하는 중력의 상호 작용으로 설명할 수 있다.

3. 지구 이동과 의미 작용

지구의 이동 양식을 살펴보면 지구의 이동은 우주 공간을 선회해 가면서 절대정지 상태를 지향해 가는 과정임을 알 수 있다. 지구의 우주 공간선회는 열역학과 중력 작용에 의해 일어나고, 절대정지 상태의 지향은 결국은 열역학 작용에 의해 일어난다. 지구의 우주 공간선회가 우주 공간 내에서 일어나는 현상임을 감안할 때, 지구의 우주 공간선회는 중력 작용을 주축으로 해서 일어나고, 그것의 절대정지 상태로의 지향은 전 우주 공간을 지배하는 열역학 작용에 의해 일어나는 현상으로도 볼 수 있다. 열역학 작용을 통한 전 존재 공간의 비존재 공간으로의 진행은 우주를 구성하는 전 존재들의 '숙명적 약속'이다. 이때 지구의 진행은 전 우주의 일부로서의 진행이다.

어떻게 생각해 보면 이 경우의 우주의 진행은 비존재 속에서 비존재로의 진행인 반면, 지구의 진행은 존재 속에서의 또 다른 존재로의 전환을 위한 진행이다. 그런데 지구의 그러한 이동 과정은 결국은 지구가 다른 존재들과 더불어 비존재 상태로 진행되는 과정이라 할 수 있다. 그렇다면 우주의 일부로서의 지구가 비존재로의 진행이란 무엇을 의미하는가? 또 그것이 다른 존재들과의 관계를 통해 그러한 비존재로 향해 나가는 진행이란 과연 무엇을 의미하는가?

존재가 비존재를 향한 전진이란 그것의 비존재와의 합일을 목표로 한 전진이다. 존재가 비존재 영역에 이르게 되면, 더 이상 존재로서의 전진은 있을 수 없다. 유한한 존재의 그러한 전진은 무한과의 합일을 추구해 가는 전진인 것이다. 존재의 비존재와의 합일은 결코 존재의 무화無化를 의미하는 것은 아니다. 오히려 그것은 존재의 무한화를 의미한다. 그러니까 존재로서의 우주는 유한 공간이나 비존재로서의 우주는 무한 공간인 것이다.

동아시아인들에게는 비존재나 무한이 존재로 인식된다. 삶이 행해지는 현세는 유한하고 사후의 세계는 무한하다고 생각했던 사람들이 종종 자살을 시도했다. 그러나 이것은 존재에 대한 오해가 저지르는 비극이 아닐 수 없다. 사후 우리가 맞는 세계는 무한하거나 영원한 세계라고 하는 생각은 잘못된 것이다. 인간은 죽어도 물질적 차원이든 정신적 차원이든 간에 우주라고 하는 공간에 머물러 있게 된다. 그러니까, 살아서 우주에 머물러 있으나 죽어서 우주에 머물러 있으나 마찬가지가 아닌가. 영혼이 존재한다고 가정해 보자. 그것도 우주를 구성하는 존재들 중의 하나에 지나지 않는다. 따라서 사후 물질로서의 인간이나 영혼으로서의 인간이 무한하고 영원한 삶을 누리기 위해서는 어느 시점에까지 기다려야 한다. 신이 강림할 때까지가 아니라 우주가 팽창을 통해서든 수축을 통해서든 무한한 절대 공간과 완전한 합일이 이루어질 때까지 기다려야 하는 것이다.

존재가 비존재와의 완전한 합일 상태란 어떤 상태인가? 열적 평형이 이루어진 상태인 동시에 중력이 존재하지 않는 상태이다. 따라서 어떠한 움직임도 존재하지 않는 상태이며 어떠한 주체도 존재하지 않는 상태이다. 그러한 것들이 존재하는 공간은 존재와 비존재가 완전히 합일된 공간이 아니다. 합일로 가는 공간이든가, 아니면 합일이 깨어져 존재가 발생할 가능성이 있는 공간이다. 그렇다고 합일된 상태가 무의 상태라는 것은 아니다. 모든 존재가 합일된 상태이고 모든 질서가 합일된 상태란 무수히 잡다하고 복잡한 존재들이 하나가 된 상태를 말하며 무수히 복잡한 질서들이 완전히 조화를 이뤄 완전한 균형이 이루어진 상태를 의미한다. 따라서 비존재의 상태란 복잡한 존재 상태를 통해서만이 도달할 수 있는 상태이다.

현재 우주는 단순한 상태에서 복잡한 상태로 진화해 가고 있다. 인간의 두뇌는 지구에 태어난 어떠한 생명체의 두뇌보다도 더 복잡한 형태를 취하고 있고, 또 현재의 우주는 초창기보다도 더 복잡한 질서들로 얽혀져 있다. 그것들의 구성 요소의 면에서와 구조의 면에서 그렇다는 것은 우주보다 완전한 비존재 상태로의 전진을 의미한다.

이와 같이 우주를 구성하는 모든 존재들은 비존재를 향해 전진해 가면서 독자적 행보를 취해 가고 있다. 서로 잡아당기고 잡아당김을 당하면서 타자들과의 관계를 취해 가면서 우주 공간을 독자적으로 이동해 가고 있다. 지구의 자전과 공전, 태양계의 은하 중심의 회전 등을 통한 지구와 같은 존재들의 우주 공간의 이동이 바로 그것이다.

이렇게 봤을 때, 우주를 구성하는 모든 존재들의 이러한 우주 공간의 이동들은 그들 간에 성립되는 근원적 차원의 대립적 관계들을 극복해 나가는 과정들로 해석될 수 있다. 이 경우 그것들이 극복된 중력에 의한 물질의 이동 과정은 우주를 구성하는 물질들의 질량을 열로 변화시켜 나가는 과정이라 할 수 있다. 즉, 그것은 중력이 열로 전환되는 과정인 것이다. 우선, 질량을 가진 물질들이 열과 중력에 의해 공간 이동을 하는 과정에서 공간 속의 다른 물질들과 융합하여 더 큰 물질로 변화해 간다. 다시 그것이 우주 공간을 이동하는 과정에서 중력으로 인해 그중심부에 핵융합 반응이 일어나 열이 발생하면서 다른 원소들이 생성된다. 그러한 열로 인해, 이후 물체가 다 타 버리면 그 물체는 더 이상 중력을 지탱할 수 없어, 결국 대단한 열을 발산하며 폭발해 증발하게 된다. 이러한 과정에서 나온 열은 우주의 공간 속으로 흡수되어 우주의 팽창을 촉진시키고, 폭발 과정에서 열로 분해되지 못한 입자들은 공간 속에 산재되어 있다가 다시 중력에 의해 덩어리로 뭉쳐 있다가 결국 언젠가는 열로 분해되어 나가게 되는 것이다. 이처럼 우주의 모든 물질은 열로 변화될 때까지 이러한 물질의 중력을 통한 결합과 폭발을 반복해 간다. 이것은 국부적 폭발을 통한 팽창에 의해서도 가능하고, 수축 · 대폭발 · 팽창의 반복을 통해서도 가능하다.

이렇게 봤을 때 지구의 우주 공간의 이동 과정은 결국 중력으로 맺어진, 지구를 포함한 모든 천체들이 열로 변화되어 가는 과정이라 할 수 있다. 인간이 지구상에서 움직이고 있는 것을 삶이라 한다면, 삶의 과정도 결국 인간이 자신의 주위에 존재하는 질량을 가진 물질들을 섭취해서 그것들을 열로 변화시켜 대기로 뿜어내는 과정이라 할 수 있다. 우주는 바로 그러한 열들에 의해 팽창해 가고 있는 것이다.

한편, 스티븐 호킹의 블랙홀 이론에 따르면, 우주는 그것이 팽창해 나가 진공으로 흡수되어 나가는 과정에서, 대폭발 때 생긴 우주 내 무수한 **블랙홀***들이 산발적으로 폭발해 간다고 한다. 그런데 우주가 팽창에서 수축으로 돌아설 경우 **열역학 법칙****에 의하면, 그동안의 팽창 시 진공 속으로 흡수된 열은 완전히 다 복구되

*블랙홀 : 일반상대성 이론에 의해 예측된 존재로서 별들이 연료를 다 태우면 그것들이 폭발하게 되는데 그 과정에서 중력으로 인해 그것들의 잔해들 등이 무한정 수축되어 생겨난 천체 내지 그것이 점유하는 시공의 한 영역을 한 영역을 가리킨다. 물체가 극단적인 수축을 일으키면 밀도가 매우 증가하여 중력이 굉장히 커지게 되는데, 바로 그러한 천체를 말한다. 이때의 중력은 빛의 속력보다 커서 빛도 빠져 나오지 못한다. 블랙홀의 생성에 대해서는 다음 2가지 설이 있다. 첫째는 태양보다 훨씬 무거운 별이 진화의 마지막 단계에서 강력한 수축으로 생긴다는 것이다. 둘째는 우주가 대폭발Big Bang로 창조될 때 물질이 크고 작은 덩어리로 뭉쳐서 블랙홀이 무수히 생겨났다는 것이다. 이렇게 우주 대폭발의 힘으로 태어난 블랙홀을 원시原始 블랙홀이라고 한다. 참10

**열역학법칙熱力學法則 : 열역학의 기초가 되는 법칙. 에너지 보존 법칙을 열역학에 확장시킨 제일 법칙, 비가역 과정의 존재를 말하는 제이 법칙, 절대 영도에서 엔트로피에 관한 제삼 법칙과 열평형의 개념을 도입한 제영 법칙이 있다. 참10

지 않는다. 대폭발 이전의 초기 우주의 크기 정도로 수축해 갈 경우 온도나 밀도면에서 다시 완전한 원상 복귀는 불가능하다. 그것은 대폭발 시보다 더 작은 입자로 수축되어야 다시 폭발할 수 있다. 따라서 우주는 그러한 상태에 이르지 못하여 다시 팽창 쪽으로 돌아설 가능성이 높아진다. 이러한 수축과 팽창의 반복을 통해 우주의 물질은 열로 변하여 진공으로 흡수되어 나가다가 어느 시점에 가서는 우주의 물질이 완전히 열로 변해 우주가 완전히 진공 속으로 흡수된다는 것이다.

이상과 같이 고찰해 볼 때 결국 지구의 이동 과정은 절대적인 열평형의 상태를 지향해 가는 과정이고 그러한 지향은 이동, 결합, 해체 등의 형식을 통해 이루어진다. 인간의 존재는 우주 물질들의 이와 같은 과정 속에서 성립된 것이고 인간정신 또한 마찬가지다. 인간의 존재도 지구를 구성하는 한 존재인 한, 우주 속의 다른 존재들처럼 이동, 결합, 해체 등의 형식을 통해 비존재와의 합일 상태를 지향해 가고 있다. 따라서 인간에게서의 존재의 의미는 무한이나 영원이 완전히 보장된 비존재와의 합일을 지향해 나가는 과정에서 생성되어 나오는 것이며, 그러한 의미 작용은 이동, 결합, 해체 등을 통해 이루어진다.

우주의 팽창 과정과 생명의식

1. 우주팽창 과정의 개념

'우주팽창 과정'이란 대폭발을 일으킨 우주가 비존재 공간으로 팽창해 나가는 과정을 의미한다. 한편, 인간의 생명 작용이란 물질들의 복합적 작용의 일종을 말하는데, 그것의 기원이나 본질은 확실히 물질 작용들의 기원에서 출발된다. 이렇게 볼 때, 인간의 생명은 분명 우주의 대폭발에서부터 출발되었다는 입장이 취해진다. 인간에게서의 우주팽창 과정이란 우주 속에서 인간 존재의 성립과 진화 과정이 내포된 과정이고, 또 인간의 전全 우주적 체험 과정도 내포된 과정이라고 말할 수 있다.

그렇다면 그것은 어떠한 단계를 거쳐 진화되었는가? 가장 설득력 있는 우주기원의 한 모델에 의하면, 현재의 우주는 대폭발 전에는 수십억 도에 달하는 초고밀도의 **쿼크*** 수프 상태의 것이었고 중성자보다도 더 작은 크기의 것이었다고 한다. 쿼크란 물질의 기본입자로 알려져 있는 것으로서 양성자와 중성자와 같은 소립자들을 구성하는 물질로 이야기되고 있다. 학자들은 이 쿼크로 구성된 초고온·초고밀도의 우주가 온도가 높아지는 과정에서 폭발되던 것으로 보고 있다. 초기 우주는 그것을 구성하는 쿼크 입자들 간에 상호 작용이 존재하지 않았던 혼합 상태에서 폭발한 것으로 이야기되고 있다. 대폭발 시점으로부터 10^{-43}초 이전까지는 인간 능력의 한계로 인해 무슨 일이 일어났는지 파악되지 않는다. 우리는 그 10^{-43}초의 시점을 '플랑크벽의 시점'이라고도 한다.[12]

스티븐 호킹에 의하면 플랑크벽 이후에 일어난 현상은 다음과 같다.[13] 대폭발 시점으로부터 10^{-34}초의 시점에 와서는 **강핵력***이 다른 두 아원자력, 즉 **전자기력****과 **약핵력*****으로 분리된다. 초기 우주의 크기는 10^{-24}cm에 지나지 않았고, 그 순수한 에너지는 쿼크 수프로 응결되어 있었다. 대폭발 시점으로부터 10^{-32}초까지만 해도 우주는 아직 소프트볼 크기에 머물러 있었다. 그러다가 10^{-20}초에 이르러서는 작은 블랙홀이 형성되고 10^{-10}초에 이르러 전자기력과 약핵력의 분리가 이루어진다. 전자기력이란 전자를 원자핵에 속박시키고 있는 **광자******에 의해 매개

---

*쿼크quark : 미국의 이론물리학자 머리 겔만Murray Gell-Mann(1929-)이 1950-1960년대에 발견된 수많은 종류의 강입자強粒子/hadron가 물질을 구성하는 기본입자가 아니라는 것을 주장하기 위해 그 강입자들에 붙인 이름이다. 겔만은 세 종류의 쿼크(up quark, down quark, strange quark)가 있는데 그것들이 조합되어 수많은 강입자들이 만들어진다는 입장을 제시했다. 쿼크 가설이 입증되어 1969년에 노벨 물리학상을 수상했다. 예컨대 강입자들인 양성자와 중성자는 3개씩의 쿼크로 이루어져 있다. 현재는 앞에 제시한 3종류의 쿼크 외에도 또 3종류(charm quark, bottom quqrk, top quark)가 발견되었다. **참1, 264면**

*강핵력strong nuclear force : 중성자와 양성자를 결속하여 원자핵을 형성시키고 있는 힘으로 중간자에 의해 매개. **필자 보충 설명**

전자기력電磁氣力/electromagnetism : 전자를 원자핵에다 속박시키고 있는 힘으로 광자에 의해 매개. **필자 보충 설명

***약핵력weak nuclear force : 원자핵은 자발적으로 붕괴하며 핵 내의 중성자는 양성자로 전환하면서 전자와 반중성미자가 탄생되어 핵 외로 방출된다. 이 같은 붕괴 현상을 지배하는 힘. **필자 보충 설명**

****광자光子/photon : 소립자의 하나로서 빛의 장場을 이루는 입자. 광양자 또는 포톤이라고도 한다. 질량을 0으로 하고, 진동수를 V로 해서 초속 30만 km로 이동하는 존재이다. 양자역학에 의하면 물질은 파동성과 입자성 두 가지 모두를 가지고 있다. 파동의 성질로 본다면 빛은 전자기파에 해당하며, 입자의 성질로 볼 때, 광자(광양자)로 명명한다. 광자 한 개의 에너지는 플랑크상수(h)에 빛의 진동수(v)를 곱한 값, 즉 hv이고, 운동량은 hv/c(c는 진공에서 빛의 속도)이다. **참10**

되는 힘이고, 약핵력이란 원자핵이 자발적으로 붕괴되어 핵 내의 중성자가 양성자로 전환되면서 전자와 **반중성자***가 탄생되어 핵 외로 방출될 때 이 같은 붕괴 현상을 지배하는 힘을 말한다. 이 시점에 와서 우주는 태양계만큼 커지게 된다.

10^{-6}초에서 10^{-4}초 사이에 우주 물질의 기초 성분이 만들어졌고 쿼크가 세 개씩 결합하여 중성자와 양성자가 생겨났다. 이전에는 에너지가 너무 강하고 너무 빼곡히 차 있어서 핵입자가 만들어질 수 없었다. 그런데 10^{-2}초 후에는 그것들이 서로 충돌해서 생긴 에너지 속에서 수백 가지 입자들이 만들어졌다. 3분이 지나서는 양성자와 중성자가 결합하고 10만 년이 지나서는 물질들과 복사輻射가 갈라진다. 50만 년이 지나서는 양성자, 중성자, 전자와 같은 소립자들이 결합하여 원자를 형성하였다. 그 이전에는 우주가 너무 뜨거워 전자가 원자핵 주변의 궤도에 들어갈 수 없었는데, 이때부터 물질이 응결하여 은하계와 항성이 생겨나게 되었다. 10억 년이 지나서는 현재 우주 공간에서 가장 멀리 떨어진 물체로 알려진 퀘이사들이 형성되기 시작했다.

이상과 같이 고찰해 볼 때, 우주팽창 과정은 초고온·초고밀도 상태의 우주가 대폭발을 일으켜 저온·저밀도의 상태로 이행해 가는 과정이라고도 말할 수 있다. 온도와 밀도가 하강함에 따라 힘과 물질들이 생성되었고 이에 따라 그것들의 새로운 결합 양식이 생성되었다. 이 경우 최초의 힘과 물질은 대폭발 시점에서 10^{-43}초 사이에 만들어진 것들이다. 그 다음은 그 최초의 힘과 물질들이 공간 이동을 통해 변형되어 나온 것들로 이루어진 것들이다. 이렇게 볼 때 우주팽창 과정은 우주의 온도와 밀도의 하강 과정에 따른, 힘과 물질들의 생성과 그것들의 **진화****과정이라고도 말할 수 있다. 그러한 하강에 따른 우주의 팽창 속도는 대략 초속

---

*반중성자半中性子/neutrino : 중성미자. 뉴트리노라고도 한다. 전하를 0으로 하여 약한 상호 작용에 한정되어 있고, 질량을 0으로 하지 않는다. 참11

**진화進化/evolution라는 말은 우주의 진화, 지형의 진화, 사회의 진화 등과 같이 생물 이외의 현상에 대해 적용하는 일도 있다. 생물 진화라는 관념은 현존하는 개개의 생물의 종이 천지창조 이래 변하지 않은 채 존속해 온다는 특수창조설이나, 또는 지표에서 가끔 일어나는 대변 때마다 새로운 생물이 창조되었다는 천변이설 같이 신에 의한 생물의 창조라는 관념을 배제한 데에서 성립되고 있으며, 생물의 연속성과 가변성에 대한 인식이 그 근본이 되고 있다. 참30

30만 km이고 그러한 온도의 하강은 절대온도인 섭씨 약 -273도에까지, 또 밀도의 하강은 우주의 한계밀도인 $10^{-29}g/cm^3$에까지 계속될 수 있다.

이 경우 최초의 생성물은 10^{-34}초에 생성된 강핵력이라는 힘이다. 그 힘은 현재로서는 파장이 짧은 광자(빛)의 형태로 출현했었다고밖에는 상상할 수 없다. 빛의 속도가 초속 30만 km인 것은 그 빅뱅의 폭발 속도가 그러했었기 때문이 아닌가 한다. 그 후 10^{-10}초에 이르러 다른 종류의 힘, 즉 전자기력과 약핵력이 생성되었다. 그러나 이 우주에는 이들 세 종류의 힘 외에도 중력이라는 힘이 존재한다. 문제는 중력이 어느 시점에서 생성되었는지 확실히 밝혀지지 않았다는 데 있다.

블랙홀이 형성된 시점은 10^{-24}초이다. 스티븐 호킹에 의하면, 우주 탄생 시 만들어졌을 것으로 보이는 미니블랙홀들은 약 10억 톤 이상의 질량을 가진 물질이 압력에 의해 짓눌려져서 생성된 것이라고 한다.[14] 이 경우의 물질이란 10^{-24}초에 강핵력을 통해 결합된 쿼크입자들로 이루어져 있다. 이렇게 본다면, 10^{-24}초의 시점에 중력이 존재하게 됐다고 생각해 볼 수는 있으나, 그것이 어떻게 생성된 것인지는 아직 밝혀지지 않고 있다. 다만 한 가지 확실한 것은 전자기력과 약핵력이 생성된 10^{-10}초의 시점에서 현재 우주에 존재하고 있는 네 종류의 힘이 모두 만들어졌다는 것이다.

최초의 물질에 관해서는 폭발 시점 직후 초기 우주의 구성 성분이었던 쿼크수프로부터 10^{-6}초에서 10^{-4}초 사이에 양성자, 중성자와 같은 소립자, 즉 다른 입자들로 합성될 수 없는 궁극적인 입자들이 생성되었다. 물론 이들에는 중력이 작용한다. 이렇게 볼 때 현재 100여 종이나 발견된 소립자들은 쿼크로 이루어진 것들이라 할 수 있다. 이와 같이 우주는 폭발 시점으로부터 1초 이내에 현재의 우주를 이루는 물질을 만들어 냈고, 그 후 그것은 그 물질을 가지고 온도와 밀도의 냉각 과정에 대응하여 현재 우주를 구성하는 모든 물질들을 생성해 왔던 것이다. 이렇게 볼 때 우주팽창 과정이란 우주의 물질적 진화 과정이라고도 말할 수 있다.

2.우주팽창 과정의 전개

현대 서구인들에게서의 우주는 현재까지 자신들에게 알려진 물질과 광자들의 존재 공간을 의미한다. 그렇다면 현재 그것은 우리 은하계와 같은 성운단星雲團들로 이루어진 세계로 국한된다. 다시 말해서, 현대 서구인들은 우주를 구성하는 최대의 성분을 우리 은하계와 같은 성운단으로 생각하고 있다는 것이다. 앞에서 지적했듯이, 이 성운단들이 생성된 것은 대폭발로부터 50만 년이 지난 시점에서였다. 이 시점에서의 미시적micro 세계에서는 양성자와 중성자가 결합하여 원자가 생성되었다. 그 후 우주는 70억 살이 되는 시점까지 그 팽창의 속도가 늦어지고 온도와 밀도가 낮아짐에 따라, 이에 대응해 거시적 차원에서의 성운단들은 내실을 기해 갔고 미시적 차원에서의 원자들은 외적 세계를 구축해 갔다. 그러다가 그것의 팽창 속도의 경우는 70억 살에 이르러서부터는 갑자기 빨라지기 시작해 그 진도가 현재의 150억 살까지 가속화되어 나왔던 것이다.[15] 그 시점에서 그 팽창 속도가 점점 더 빨라지게 된 것은 우주가 점점 커져 그것을 구성하는 물체들 사이의 거리가 멀어지면서 서로를 끌어당기는 중력이 약해졌기 때문이다. 앞으로 100억 년 후에는 대부분의 은하들은 빛보다도 빠른 속도로 멀어져 가게 된다.[16]

거시적 차원에서의 우주팽창 과정은 우주 진화, 지질 진화, 화학 진화, 생물 진화, 인류 진화 등을 전개시켰고, 미시적 차원에서의 그것은 원자, 분자, 물질, 정신 등의 세계를 출현시켰다.

우주 진화*란 우주를 구성하는 성운단들 중의 하나인 은하계가 그것들을 이루는 구상성단들 중의 하나인 태양계를 탄생시키고, 태양계가 그것들을 이루는 행성들 중의 하나인 지구를 탄생시킨 과정을 가리킨다. 티끌만 한 점이 폭발하여 팽창하던 우주는 시간이 경과됨에 따라 어느 시점에 이르러서는 그 팽창 속도가 늦어지고 온도와 밀도가 낮아져 폭발 시 생긴 물질들을 결합시켜 우주 속에서 우리 은하계와 같은 성운단을 형성시켰다. 폭발 시점으로부터 10^3초까지의 우주의 물질은 수소와 헬륨이었다. 그것들은 우주의 대폭발 시 중심부로부터 일어난 핵 반응 과정에서 생성된 것들이다. 또, 우주의 물질로부터 성운단이 탄생된 그러

*우주 진화론宇宙進化論/cosmogony : 우주와 모든 천체의 생성, 진화를 논하고 있다. 초고밀도, 초고온의 작은 부피의 우주가 급속한 팽창을 한다. 온도와 압력이 낮아지면서 우주 초기에 헬륨까지 만들어진 뒤, 더 무거운 원소는 항성 내부 또는 초신성 폭발 때 만들어졌다. 온도에 대응한 복사가 도플러 효과에 의해 3K의 우주복사로서 관측되고 있다고 보고 있다. 참10

한 원리하에서 우리 은하계로부터 태양계와 같은 구상성단이 형성되어 나왔던 것이다.

우주의 나이는 약 150억 년으로 추정되고 있고, 우주에서의 우리 은하계와 같은 성운단은 약 1만 개로 이루어져 있고, 그것들의 평균 퇴행 속도는 초속 약 1천 km이다. 은하계의 경우 지금으로부터 120억 년 전쯤 형성된 것으로 보이며, 타원형의 와권渦卷성운으로서 보다 자세히 말해 약 1만 개의 구상성운으로 되어 있다. 은하계로부터의 태양의 출현은 약 53억 년경으로 추정되며, 태양은 신성新星의 속도가 그러하듯, 자전 속도로 미루어 신성으로 파악된다. 자전의 속도는 적도를 기준했을 때 초속 약 37km이다. 이 별은 지구와 같은 행성들을 동반하여 은하계의 중심을 초속 약 250km로 회전하고 있으며, 그 공전 주기는 약 2억 4천만 년으로 측정되고 있다.

태양으로부터의 지구 출현은 약 47억 년 전으로 추정되며 그 과정은 다음과 같다. 태양이 신성이었기 때문에 그것을 둘러싼 두꺼운 가스와 우주진들이 층을 이루고 있었다. 그런데 어느 시점에서 각 층들의 가스와 우주진들이 그 소속된 층들의 한 점을 중심으로 집중되어 나와 결국 수성, 금성, 지구 등과 같은 행성들이 형성되었다. 그 후 그것들은 자전과 공전을 통해 성간 물질星間物質 등을 흡수해, 점점 커지면서 안정된 구형으로 모양을 취해 갔고, 내부중력의 압력에너지가 열에너지로 변환되어 갔다. 또 방사선원소의 붕괴에 의한 발열이 추가되어, 그것들은 내부온도의 상승으로 철 등을 흡인하여 내부의 중심핵을 형성하였고, 물질 분포 상태가 층계를 이루어 나갔다. 이와 같이 태양계의 행성들이 저온 상태의 우주진과 가스덩어리에서 발생하여 그것들의 중력에너지가 열에너지로 변화되면서 그것들의 중심에 고온이 만들어지게 되었다. 지구와 같은 행성들은 이렇게 출현한 것으로 설명되고 있다.

그렇다면, 지구의 진화는 어떻게 이루어진 것인가? 지구의 진화란 우주의 진화를 토대로 한 것인데 그것은 물질 진화, 화학 진화, 생물 진화 등으로 대별된다. 이때의 물질 진화는 지구 탄생을 기점으로 성립된 것이 아니라, 우주의 대폭발 시점에서부터 이미 시작된 것이다. 지구의 탄생 시점부터는 지구의 모든 물질들이 지구의 우주 공간 이동을 통해 변화해 왔다. 당시 원 시대기를 이루었던 대표적인 것들은 지구 탄생으로부터 10-15억 년 동안 화산 활동과 뇌우雷雨 등을 통해 형성되어 나왔던 수소H_2, 헬륨He, 암모니아NH_3, 메탄CH_4, 수증기H_2O, 아르곤Ar, 네온Ne 등과 같은 것들이었다. 이와 같은 지구의 모든 물질들의 변화는 우주적 차원에서의 공통성을 가지면서도 지구적 차원에서의 개별성을 갖고 있었다. 그래서 지구의 물질 진화는 현재로서는 지구 밖의 어떤 우주 공간에서도 찾아볼 수 없는 방향으로 이행해 나왔다. 그것은 다름 아닌 바로 생명 쪽으로의 진화였던 것이다. 지구의 탄생 때부터 지구의 물질들은 한순간도 정지 상태에 머물지 않고 항상 움직여 왔고, 또 변화해 나와 보다 높고 복잡하고 완전한 상태로 발전해 나왔다. 그것은 낮은 단계에서 높은 단계로 상승해 가면서 그 이전에는 존재하지 않았던 새로운 물질을 획득해 가는 과정이었다.[17]

물질 진화는 생명이 물질 진화의 귀결로 나타났다는 입장과 깊게 관련되어 있다. 생명의 기원과 관련하여, 오늘날에는 생명의 자연 발생이나 우주기원설 대신, 지구의 생명은 지구에서의 유기물 진화의 결과로 생겼다는 생각이 일반적이다. 소련의 생화학자 A. I. 오파린이나 영국의 J. B. S. 홀덴은 천문학과 지구화학 등의 자료를 모아 원시지구의 상태를 상정하여, 원시적 생명체를 구성하는 유기물 등이 어떠한 과정으로 무기물에서 발생되었는가를 고찰하여 생명기원설을 세웠다(1922). 오파린은 저서 《생명의 기원》(1936)에서 그의 생명기원설을 세우는 과정에서 단백질 생성에 중점을 두었지만, 후에 핵산과 단백질이 한데 모여 생물이 생성된다는 관점을 중요시하였다. 한편 미국의 S. L. 밀러는 오파린과 홀덴이 상정한 원시지구의 생리학적 화학적 환경을 모방해 행한 조건의 모델 실험을 통해 유기물 합성이 가능하다는 것을 증명하였다. 지구가 형성된 것은 46억 년 전이고, 이어서 원시바다와 원시대기가 생겼는데, 그 원 시대기는 유기질소를 함유하지 않은 환원성을 지닌 대기라 생각되고 있다. 여기서 밀러는 원시대기권의 가상성분인 메탄, 암모니아, 물, 수소의 혼합기체를 전극을 통하게 한 유리관 속에 봉입하였다. 몇 주간의 방전에 의해 여러 단순한 유기 분자가 기체상에서 분리되어 유리관 바닥에 쌓였고, 그 속에는 몇 종류의 아미노산이 함유되어 있었다. 이러한 생성물의 상당한 종류가 월석이나 운석에서 검출되고 있다. 이것은 간접적이긴 하나, 생명 탄생에 필요한 성분이 무생물적으로 원시지구에서 생성되었다는 가설을 뒷받침해 준다. 생성된 유기물은 원시해저 속에 축적되고, 이윽고 물질대사나 자기복제 능력을 가진 세포 구조를 갖는 생명이 탄생했다고 생각하는 것이다. 그러나 유기물에서 생명으로 발전한다는 경로는 일반적으로 믿고 있지만, 실험적으로 증명된 것은 아니다.

지구상에서의 물질 진화의 제1단계가 **무기물*** 단계라면, 제2단계는 **유기물**** 단계이다. 우리는 무기물에서 유기물로의 물질적 진화를 **화학 진화***** 라고 한다. 유기물은 항상 탄소C를 포함하고 있다는 측면에서 무기물과 구별된다. 탄소는 우리들이 알고 있는 지상의 원소 가운데 가장 녹이기 어려운 단단한 원소이다. 6천 도의 온도에서도 탄소원자는 짝을 이루어 결합하여 차가워지면 더욱 단단히 결합한다. 이 탄소는 지구에만 있는 것이 아니라 우주의 전 지역에 흩어져 있다. 따라서 무기물의 유기물로의 진화가 지구에서의 물질 진화로부터 출발된 것이라

---

*무기물無機物/inorganic matter : 무기화합물無機化合物/inorganic compound. 유기화합물을 제외한 모든 화합물이며, 탄소를 함유하지 않은 화합물과 탄소를 함유하는 간단한 화합물인 산화물(일산화탄소CO, 이산화탄소CO_2 등)·시안화물(시안화칼륨 KCN 등)·탄산염($Na_2CO_3 \cdot 10H_2O$ 등) 등을 말한다. 하지만 무기화합물과 유기화합물 중 어느 쪽에도 속하거나, 분류하기 어려운 것이 있어 그 구별이 엄밀하지는 않다. 참10

**유기물有機物/organic matter : 유기화합물有機化合物/organic compounds. 하나 이상의 탄소 원자가 주로 수소·산소·질소를 비롯한 다른 원소의 원자와 공유결합을 이루고 있는 화합물. 탄소가 주성분인 탄소 화합물(홑원소 물질인 탄소, 산화탄소, 금속의 탄산염, 시안화물·탄화물 등을 제외)을 통틀어 이르는 말. 그러나 1828년 뵐러가 무기 화합물에서 유기화합물인 요소尿素를 합성한 뒤로 유기화합물과 무기화합물의 구별이 없어졌다. 참10

***화학 진화化學進化/chemical evolution : 화학 물질의 우주에서의 진화. 우주의 탄생부터 수소와 헬륨이 생긴 다음, 별의 내부에서 핵융합 반응 등에 의하여 많은 중원소重元素가 생성되었다. 이들 원소는 서로 결합함으로써 처음으로 분자, 즉 화학 물질을 생성하였다. 우리는 이와 같이 생긴 화학 진화를 화학 물질이 조직화됨으로써 새로운 질質 또는 기능을 획득해 가는 과정이라고 말할 수 있다. 보다 구체적으로 말하자면, 원시지구가 탄생한 약 45억 년 전부터 지구 위에 생물이 출현한 약 35억 년까지의 생명 발생에 필요한 물질의 생성 과정을 가리킨다. 예를 들면, 성간星間에서 발견된 분자의 생성과 태양계가 생길 때 원시태양계의 성운星雲 속에 화학 반응의 흔적으로써 남아 있는 탄소질운석炭素質隕石은 모두 우주에서의 화학 진화의 과정을 나타내고 있다. 그러나 좁은 뜻으로는 원시지구에서 생명의 발생에 이르기까지의 물질, 특히 탄소화합물의 조직화 과정을 말한다. 참10

보기는 힘들다. 그것은 오히려 지구가 생성되기 이전부터 시작된 것으로 보아야 할 것 같다. 한편, 현재 생물을 구성하는 유기물과 비슷한, 복잡하고 각양각색인 유기물은 지구의 진화 과정에서 바닷속으로부터 만들어졌음에 틀림없다. 다시 말해 당시의 원시대기의 성분들은 고열과 방전과 강력한 태양광선 등의 높은 에너지를 얻어 상호 작용 끝에 유기물인 아미노산, **단당류**,* 지방산 등으로 합성되었다. 그 후 이것들은 다시 제2차적 중합을 통해 단백질, 핵산과 같은 생명체의 기본 물질로 진화되었던 것이다.[18]

지구 진화에서의 **생물 진화****의 단계를 살펴보기에 앞서, **생명**이란 우선 물질 진화 과정에서 형성되어 나온 유기물로부터 발생된 새로운 물질임을 정의해 둘 필요가 있다. A.V.오파린은《지구상의 생명의 기원》(1957)에서 '생명이 하나의 물질 운동의 형태라고 하는 유물적 변증법의 입장에서서 지구 성립 이래의 물질의 진화에 의해 생명 상태에까지 도달했다'는 입장을 취했다. 보다 구체적으로 말해 '원시지구의 무산소 상태하에서 다량의 유기물이 축적이 되어, 현재 생물을

*단당류單糖類/monosaccharide : 탄수화물의 단위체로 다당류(녹말 · 셀룰로오스 등)를 산 또는 효소로 가수분해했을 때 생기는 구성 단위인 당류를 말한다. 참10

**생물 진화生物進化/biological evolution : 생물이 환경 속에서 생식生殖을 통하여 대代를 이어 가는 사이에 변화해 가는 현상을 가리킨다.(이 경우, 지구상의 생명체에서의 대代란 지구의 공·자전 과정과 깊게 관련되어 있다.) 진화론進化論을 확립한 C. R. 다윈은 진화를 '변화의 내력'으로 단정하고, 그 법칙 탐구의 일환으로, 생물의 계통성을 주안점으로 하여 새로운 종이 형성되는 과정을 고찰하였다. 그것은 장구한 시간 경과와 함께 생물이 대代를 이어 가는 가운데 변화해 가는 현상이라 할 수 있다. 보다 구체적으로 말해, 생물 진화란 생물의 형질·형태·생리·행동 등이 환경과의 관계 속에서 보다 적합하게 변화되어 가고, 그 과정에서 기존의 종種으로부터 새로운 종이 형성되어 나가고, 그리고 단순한 원시생명으로부터 복잡 다양한 것이 출현해 가는 현상인 것이다. 사실은 생명의 기원의 문제도 생물 진화의 차원에서 논해질 수 있다. 생명은 화학 진화를 기반으로 해서 형성되어 나왔다. 모든 생명체는 단세포이건 다세포이건 소수의 공통된 분자들, 즉 단백질, 핵산, 탄수화물, 지방으로 이루어졌다는 것이고, 또 그것은 그러한 것들로 구성된 세포를 최소 단위로 하여 존재하고 있다고 하는 것이다. 우리는 원소로 이루어진 분자들은 환경과의 접촉을 통해 단백질 등과 같은 유기물들로 형성되어 나오고, 또 그것들은 세포로 형성되어 나온다. 보통 생물은 그 구조나 기능에 있어서 간단한 것으로부터 더욱 더 분화되고 복잡한 것으로 발전하며, 적은 수의 종류로부터 많은 종류로 갈라져 가는 현상을 말한다. 종의 기원과 발달로, 현재 생재하고 있는 생물은 과거의 생물로부터 수정을 거쳐 계승된 결과로 존재하고 있는 것이다. 생물 진화는 원시세포가 장기간에 걸쳐서 서서히 오늘날과 같이 다양한 동식물과 미생물종으로 분화한다는 진화설이다. 그것은 다윈의《종의 기원*Origin of Species*》(1859)에 의해 점화되었다. 필자 보충 설명

구성하는 복잡한 유기 분자인 단백질 등과 같은 고분자가 형성되어 나와' 그것을 주축으로 하여 항상 변화해 가는 환경에 대한 적응 형태라 할 수 있는 진화와 도태를 통해 자기보존과 증식 등과 같은 고차의 능력을 구비한 생명 상태에 이르렀다는 것이다.

이러한 **생명*** 상태는 지구의 물질 진화의 제2단계인 유기물 단계를 기초로 형성되었다. 생물 진화의 단계는 지상에 생명체가 처음으로 출현한 약 35억 년 전으로 거슬러 올라가며, 그것의 기원은 화학적 진화 과정을 통해 추적된다. 생명의 물질적 기반은 탄소, 수소, 산소 등의 19개 내외의 원소로 이루어져 있고, 그 물질적 본체는 원형질로서 그것은 여러 세균이나 아메바, 곰팡이 등 간단한 생명체를 포함한 모든 동물이나 식물 세포의 기초를 이룬다. 생물은 생장, 생식, 진화, 자극 반응성, 호흡, 물질대사, 자기복제 등의 특성을 가지고 있다는 면에서 무생물과 구별된다. 생물에서의 이와 같은 공통된 특성을 지닌 기본 단위가 **세포****이

* 생명生命/life : 생물이 살아서 숨 쉬고 활동할 수 있는 힘이다. 모든 생물에 공통적으로 존재하는 속성이다. 정확하게 정의하기는 매우 어렵다. 때에 따라서는 생물과 그 활동을 통틀어 생명이라고 부르기도 한다. 지금까지 내려진 생명에 관한 정의를 몇 가지 살펴보면, 유기 물질을 바탕으로 구성된 생체유기 물질生體有機物質의 생산, 하나의 세포로부터 시작되는 성장 · 구성 · 조절성 · 자극 반응성 · 물질대사 · 증식 등이 있다. F. 엥겔스는 '생명이란 단백질의 존재 양식이다'라고 정의했는데, 이 정의는 물질대사를 생명 현상의 기본으로 간주하는 입장이다. 이 정의는 생물체 내에서 일어나는 모든 물질대사는 효소라는 단백질이 주체가 되는 사실을 암시하는 것이기도 하였다. 물질대사에 대해 주목한 것은 생물체가 끊임없이 물질의 출입과 변화, 그리고 이에 수반되는 에너지의 전환 및 출입을 경험하면서 일정한 평형을 유지하고 있는 점에 주목한 것과도 연관이 있는 일이다. 1940년대에 이르러 핵산의 중요성이 인식되기 시작하면서 단백질 또는 물질대사만으로 생명을 정의한다는 것은 불충분하다는 의견이 유력하게 되었다. 핵산 중에서도 DNA는 유전자의 본체이어서 증식의 기초가 되는 물질이므로 물질대사보다는 오히려 증식이 생명의 기본적 특성이라고도 볼 수 있게 되었다. 이와는 달리, 거의 모든 생물체의 현상이 피드백 feedback 조절이 기본적인 역할을 하고 있는 점으로 미루어 '생명이란 제어制御 바로 그것이다'라는 정의도 제안되기에 이르렀다. 참10

** 세포細胞/cell : 모든 유기체의 기본 구조 및 활동 단위이다. 박테리아 등의 일부 유기체는 단지 세포 하나로 이루어진 단세포 생물이다. 반면, 인간을 포함한 다른 유기체는 다세포이며, 인간의 경우 대략 100조 개 이상의 세포로 구성되어 있다. 세포 이론은 1839년 마티아스 슐라이덴과 테오도르 슈반에 의해 확립되었다. 이 이론은 모든 유기체는 하나 이상의 세포로 구성되어 있으며, 모든 세포는 기존의 세포에서 출발했고, 모든 생명 활동 역시 세포에 기반하며, 마지막으로 세포는 스스로의 기능을 정의하고 다음 세대로 정보를 넘겨 주기 위해 어떠한 방식으로든 유전

며 생물은 이를 단위로 진화해 간다. 한편, 생물의 화학적 진화란 무기물에서 유기물로의 진화이고 그것은 단세포생물까지의 진화로 한정된다.

생물 진화의 제1단계는 단세포로 되어 있는 소위 타가영양체heterotrophs인 원시생물의 등장이다. 이것이 언제 등장했는지는 불분명하다. 그러나 화학합성에 의한 **자가영양생물***인 청록조青綠藻의 출현이 약 32억 년 전으로 추정된다는 것을 감안할 때, 박테리아(세균)와 같은 원시생물의 출현은 32억 년 전보다 훨씬 빨랐을 것임에 틀림없다. 원시 대기에서 살았던 원시생물은 원 시대기에 산소가 없었기 때문에 태양에너지, 특히 자외선, 방전, 지열 등의 에너지로 탄수화물 CH_2O, 물H_2O, 암모니아NH_3 등의 분자로 이루어진 유기물을 산화하여 그때 취해지는 화학적 에너지를 이용했다. 그렇게 해서 이들 타가영양체가 번식해 나가자 유기물의 합성에너지원이 고갈되기 시작하였다. 그 결과 자외선의 양이 줄어들고 지열이 차츰 내려갔으며, 화산 활동과 뇌우의 빈도가 줄어들었다. 그래서 타가영양체는 자가영양체를 수단으로 해서 생존해 가지 않을 수 없었다. 이때 타가영양체가 선택한 분자가 바로 엽록소였다. 그 결과 타가영양체는 엽록소를 취해 자가영양체인 광합성생물로 전환해 갔다.

이렇게 생물 진화의 제1단계는 광합성생물의 등장을 계기로 제2단계로 발전되게 된다. 그때가 앞서 지적한 약 32억 년 전이다. 이로 말미암아 지구상의 생물 형태와 대기조성이 일변하게 된다. 광합성생물의 광합성 작용 과정에서 부산물로 나온 산소가 물속으로부터 방출되었고 그것과 부딪힌 자외선이 대기의 상층에서 오존O_3층을 형성하였다. 또, 지상에서는 산화 현상이 일어나게 되었고, 오존층에 의해 자외선이 차단되면서 물속에 살던 생물들이 차차 지상으로 올라오

정보를 가지고 있을 것이라고 설명하였다. 세포란 용어는 작은 방을 의미하는 라틴어의 cella에서 유래하였다. 이 이름은 1665년 로버트 훅이 그때 관찰하였던 코르크 세포를 수도승이 살던 작은 방에 비유한 데서 유래하였다. 참6

*자가영양생물autotrophs/自家榮養生物 : 다른 생물을 잡아먹지 않거나 그들에 의존하지 않고 생존해 가는 생물이다. 화학자가영양생물chemoautotroph과 광자가영양생물photoautotroph이 있다. 화학자가영양생물은 화학 반응으로부터 얻은 에너지를 사용하고 광자가영양생물은 빛을 이용하여 무기물을 합성한다. 광자가영양생물이 빛 에너지를 생물체 내에서 사용가능한 화학에너지 형태로 전환시켜, 저장하는 과정을 광합성이라고 한다. 참6

게 되었으며 그동안 부족했던 유기물들이 풍부해짐으로써 타가영양체가 단세포생물에서 다세포생물로 한층 더 진화하게 되었다. 이때가 약 10-15억 년경이다.

생물 진화의 제3단계는 무척추동물의 척추동물로의 진화이다. 이것은 약 3억 년 전쯤으로 파악되는 해파리 등과 같은 환형동물의 칠성장어와 같은 동물로의 진화이다. 척추동물은 중추신경이 두개골과 척추脊椎에 의해 보호되어 신경계의 중추화가 극도로 발달했다는 특징을 갖는다.

척추동물로부터 포유류哺乳類가 출현하는 것이 생물 진화의 제4 단계이며, 때는 7천만 년 전으로 추정된다. 포유류가 그 전 단계인 파충류와 다른 점은 생리적인 면에서의 태생胎生, 포유哺乳, 온혈溫血이다. 포유류는 일정한 체온을 유지함으로써 외계의 온도가 변하더라도 활동성을 유지, 계절을 극복하고 땅 위에서 자율적으로 활동할 수 있는 조건을 갖고 있다.

생물 진화의 제5단계는 포유동물에서 영장류靈長類의 출현이고 약 2억 5천만 년 전이라 추정된다. 그 특징은 손과 눈이 다른 포유류보다 더 발달되었다는 점이며, 영장류에는 여우원숭이, 안경원숭이, 유인류, 그리고 사람 등이 포함된다.

이상과 같이 우주의 진화, 지구의 진화, 생물의 진화 과정 등을 짚어 보았는데, 끝으로 인류의 진화 과정을 짚어 보자. 인류는 원류猿類에서 **원인**猿人*으로의 진화로 시작되어, 계속해서 **원인**原人,** **구인**舊人,*** **신인**新人**** 등으로 진화되어 갔다. 포유류로부터 여우원숭이, 안경원숭이와 같은 영장류가 진화된 것은 약 2억 5천만 년 전으로, 이러한 영장류에 속하는 원류猿類로부터 인류에 속하는 원인猿

*원인猿人/Pithecanthropus erectus : 직립원인直立猿人. 300만 년경 전에 출현. 100-300만 년 이전에 생존하였던 가장 오래되고 원시적인 화석 인류를 통틀어 이르는 말. 주로 오스트랄로피테쿠스 이후 네안데르탈인 이전의 진화 단계에 있는 화석 인류로, 아프리카의 동부와 남부에서 발견되었는데 두개골과 치아의 모습이 현생 인류와 가까우며 직립보행을 하였다. 참9

**원인原人/ahominid : 직립원인直立原人/Homo erectus. 원시인. 150만 년 전에 출현해 지금의 인류보다 이전에 지구상에 살았던 원시적 인류. 하이델베르크인, 베이징원인, 자바원인 등이 이에 속한다. 참23

***구인舊人 : 약 10-20만 년에 나타났던 화석인류化石人類. 인류 진화 과정상 원인猿人과 신인新人의 중간 단계로 선先호머사피엔스였던 네안데르탈인 이에 속한다. 참9

****신인新人 : 인류의 신화 과정에서 현재의 인류와 같은 종류인 호모사피엔스에 속하는 화석인류. 5만 년 전의 크로마뇽인이 이에 속한다. 참23

人이 진화된 것은 300만 년 전으로 추정된다. 화석으로 발견된 유골들을 살펴보면 원류의 치아는 송곳처럼 날카로운 반면 원인의 것은 현재 인간들의 치아처럼 무디다는 것을 발견할 수 있다.[19]

이것으로 미루어 추측해 봤을 때 원인은 날카로운 송곳니 대신 어떤 보충 수단을 발전시켰을 것이라 여겨진다. 다시 말해, 손으로 어떤 도구들을 사용하게 됐을 거라는 것이다. 현재처럼 손으로 어떤 도구를 사용하는 한, 두 발로 보행하지 않을 수 없었다. 여러 과학적 · 역사적 사실로 증명되었듯이, 사실상 원인은 돌과 같은 도구나 언어를 사용하고 보행하는 직립원인直立猿人이었다. 그들은 주로 수상樹上 생활을 했는데, 그래서인지 특히 시각이 발달하였다. 그 후 150만 년 전 인류는 원인原人 단계로 진화해 갔다. 이 원인 단계의 인류는 불을 사용하고 동굴 생활을 하며, 집단을 형성하여 사회생활을 이루어 갔다. 열대 지방에서 온대 지방으로의 이주도 가능하여 집단 이동 생활이 행해졌다. 전문적인 사냥 활동이 이루어졌고, 분업에 따른 남녀의 성 구별이 행해졌을 것으로 추측되고 있다.

다음은 구인舊人 단계로의 진화이다. 약 10-20만 년 전으로 추정되는 이 단계에 이르러 인류는, 죽은 자들의 매장을 행하고 종교의식을 갖게 된다. 뇌가 전 단계의 인류보다 현저히 커져 현대인과 같은 크기의 뇌를 갖게 되고 언어가 발달되고 추상적 사고가 가능해져 예술 행위가 이루어진다.[20] 다음은 신인新人 단계로의 진화인데, 약 5만 년 전의 일로 인류가 구석기 시대에서 중석기 시대로 전환되는 시점으로 세석기, 토기 등을 사용하게 된 시기였다.

이상과 같이 인류의 진화는 뇌의 진화와 그것을 통한 도구의 발달 과정을 통해 파악될 수 있다. 뇌란 인간의 의식 활동을 담당하는 신체기관이다. 인간은 감각에 기초한 본능적 단계에서 감정과 정서, 자의식과 자각, 지능과 지각의식을 바탕으로 한 정신적 단계로 진화해 나온 것이다.

필자가 여기에서 말하고자 하는 것은 지구상에서의 이상과 같은 물질 진화, 생물 진화, 인류 진화 등은 지구의 우주 공간 이동을 기초로 해서 행해져 나왔다고 하는 것이다.

3. 우주의 팽창 과정과 생명의식

우주는 대폭발로부터 시작하여 팽창 과정을 통해 비존재와의 합일을 향해 나아가고 있다. 무기물들의 인간정신 단계로의 진화도 우주의 팽창 과정을 통해 행해져 나왔다. 다시 말해 그것은 대폭발로부터 출현한 광자들이 광자들로 해체되어 비존재로 전환해 나가는 과정을 통해서 행해져 왔던 것이다. 그렇다면 우주의 팽창 과정은 또 어떤 단계들을 만들어 비존재와의 합일 상태에 다다를 것인가?

우주의 비존재와의 합일은 이 우주 속에서의 중력을 갖는 물질들로 응결된 단계를 거쳐, 다시 그것들이 질량들이 연소되어 완전히 열로 변해서 비존재 공간과의 열적 평형이 이루어짐으로써만이 가능하다. 따라서 우주가 그러한 합일에 도달하기 위해서는 우주 내의 모든 물질들이 뭉쳐서 폭발하고, 미처 다 광자들로 분해되지 못한 물질들이 또다시 뭉쳐서 폭발함으로써만 가능한 것이다. 또 그러한 물질적 결합과 폭발은 그것들이 불가능해질 때까지 지속되어야 한다. 이렇게 볼 때, 우주의 팽창 과정은 비존재로부터의 우주의 출현 시점에서부터 다시 비존재로의 우주의 완전한 회귀 시점까지로 상정될 수 있다. 우주의 그러한 완전한 회귀는 무수한 폭발과 팽창과 수축이라고 하는 반복 과정을 통해 이루어질 수 있다. 우주팽창 과정은 그러한 모든 과정을 포함한다. 요컨대 우주팽창 과정은 우주라고 하는 존재가 비존재로부터 출발해 존재 단계를 거쳐 다시 비존재에 이르는 과정이라고도 말할 수 있다. 우리는 이 우주팽창 과정을 인간의 대생명 과정으로 명명해 볼 수 있다.

현재 인간은 정신적 단계에 도달해 있다. 그런데 인간의 정신 작용은 인간의 생명 작용을 토대로 이루어진다. 생명 작용의 결과로서 정신 작용이 출현된 것이다. 인간에게 생명 작용이 지속되어 오지 않았던 한 정신 작용이란 일어날 수 없다. 이렇게 인간의 정신 작용은 생명 작용을 기초하여 형성되어 나와서 현 단계에 와서는 인간의 생명 작용을 지배해 가고 있다. 우리는 생명 단계의 초월적 단계를 바로 정신적 단계라 말할 수 있다. 다시 말해 정신적 단계는 모든 생명 작용의 수렴점을 기초로 성립된 단계이다. 인간의 뇌는 인간의 모든 생명 작용의 결과로 생성된 것으로서 인간의 모든 생명 작용을 지배해 가고 있는 것이다.

그렇다면 인간의 생명 작용은 어떻게 일어났는가? 기독교에서는 신이 진흙덩이에 생명을 불어넣어 인간이 생명을 갖게 되었다는 입장을 취하고 있다. 그러한 입장은 물질 현상과 생명 현상과의 관계를 완전히 단절시켰다. 그래서 중세 이후 서구인들은 생명의 본질을 신으로부터 찾으려 했다. 그러나 그들은, 19세기로 들어와, 무無에서 유有로의 과정에 신이 개입되지 않았다는 설이 객관화되면서 생명의 단절 의식을 느끼게 되었고, 그로 인해 자신의 존재에까지 불안을 느끼게 되었다. 그들은 그 불안의식의 극복 방법의 하나로 생명의 고향이 신이나 신이 존재하는 어떤 낙원이 아니라 바로 물질 세계라는 것을 차츰 인정하게 되었다.

인간의 생명 작용은 인간의 육체를 구성하는 유기물들의 유기적 관계를 기초로 이루어진다. 그런 유기물들은 앞에서 고찰한 바와 같이 물질 세계를 구성하는 무기물들의 상호 작용을 통해 이루어져 나왔다. 지구의 모든 생명체는 자신이 처해 있는 외부 세계와의 관계를 통한 물질대사, 생체 내에서의 그것을 구성하는 각 기관들의 유기적 관계를 통한 생장, 자기복제를 통한 생명유지 등을 통해 생명 현상을 일으켜 간다.

물질대사物質代謝/metabolism는 생명체와 외계 사이에 이루어지는 물질의 주고받음을 가리켜 왔으나, 최근에 와서는 생체 내에서의 물질 변화 과정 그 자체를 가리킨다. 그러한 물질 변화 과정이란 **동화***와 **이화****를 통해 이루어진다. 전자

---

*동화同化/anabolism : 생물이 외부로부터 받아들인 저분자유기물이나 무기물을 이용해 자신에게 필요한 고분자화합물을 합성하는 과정. 생합성biosynthesis이라고도 한다. 녹색식물은 외부로부터 취한 이산화탄소와 같이 간단한 분자를 가지고 녹말과 같은 복잡한 분자를 합성해 낸 이 과정이 바로 광합성이며 광합성은 동화 작용의 대표적인 예이다. 참10

**이화異化/catabolism : 생물이 체내에서 분자유기물을 분해하여 저분자 물질로 만드는 과정. 이화 작용이 진행되면 에너지가 생성되어 방출된다. 이때 방출된 에너지는 생물체가 활동하는 데에 쓰인다. 세포 내에서 행해지는 이화 작용의 대표적인 예는 호흡이다. 탄수화물은 소화기관을 거치면서 포도당으로 분해되고, 각 세포로 운반된다. 그 후 세포질에서 해당 과정을 거쳐 피루브산으로 다시 분해되고 TCA회로에 투입되어 결국 아주 간단한 물질인 이산화탄소와 물을 만든다. 이때 부가적으로 만들어진 물질들이 전자전달계를 거치면서 산소를 이용해 많은 양의 에너지를 낼 수 있는 ATP 분자들을 만들어 낸다. 이 외에 세포 내에서 일어나는 호흡뿐 아니라 소화기관에서 일어나는 소화 역시 이화 작용의 한 예이다. 또 간에서는 혈당량을 일정하게 유지하기 위해 포도당과 글리코겐의 전환이 일어나는데, 혈당이 낮을 때 글리코겐을 포도당으로 분해하여 혈당을 높이는 작용 역시 이화 작용이다. 참10

는 생물체가 외부에서 취한 물질을 자체의 구성 물질로 변화시키는 과정을 말하는데, 화학적으로 간단한 물질을 복잡한 것으로 만들어 가는 과정이라 할 수 있다. 그 과정에는 당연 에너지 공급이 수반된다. 식물의 경우에서는 빛에너지를 이용해 탄소를 유기물로 만드는 광합성 작용이 그것에 해당되고, 동물의 경우는 외부에서 당이나 아미노산을 흡수해 그 일부를 분해해 얻은 에너지를 이용해서 다당이나 단백질을 합성해 가는 과정을 가리킨다. 우리는 이 과정을 합성 과정 혹은 환원 과정이라 말하고 있다. 후자의 이화는 화학적으로 복잡한 화합물을 간단한 물질로 분해하는 대사 과정을 말한다. 이 과정은 체내 속의 어떤 물질에 산소가 결합되어 그것으로부터 수소 등이 떨어져 나감으로써 산화에너지가 방출되어 나오는 현상을 가리킨다.

생명의 본질이 당연 이러한 산화와 환원 작용들을 통해 살아서 움직이는 것이라면 그것은 움직이는 것들 속에서 찾아져야 한다. 우리는 최근까지 물질들은 움직이지 못한다고 생각해 왔다. 그러나 사실은 결코 그렇지 않았다. 모든 물질은 분자나 원자의 차원에서 끊임없이 움직이고 있다. 우리가 살고 있는 지구도, 우주도 끊임없이 움직이고 있다. 생명의 본질이라 할 수 있는 움직임은 바로 이러한 물질들의 변화를 기초로 일어나고 있다. 현대인들은 자신의 생명을 부모로부터의 탄생에서 자신들의 죽음에 이르기까지의 생명 현상으로 생각하고 있다. 이것은 현미경으로만 들여다보아도 사실이 아니라는 것을 알 수 있다. 왜냐하면 길게는 모든 원소들의 원자핵이 핵분열을 일으켜 새로운 원소로 변해 가고 있고, 짧게는 원자들로 이루어진 모든 분자들이 분해와 결합을 통해 다른 분자들로 변해 감으로써 새로운 물질들을 만들어 가고 있기 때문이다. 그러한 것들의 변화는 우주를 이루는 모든 물체들의 상호 작용을 통해 존재에서 비존재로 이행해 가는 과정과 맞물려 있는 것이다.

소련의 세계적 생화학자 A. I. 오파린Aleksandr Ivanovich Oparin(1894-1980)에 의해, 생명과학은 생명에 대한 기존의 관념론적 사고를 뒤엎음으로써 성립되었다. 그는 그의 저서 《생명의 기원》(1936)에서 다음과 같이 말하고 있다.

생명! 이것은 물질 운동의 특수한 형태이다. 그러나 이 형태는 영원한 옛날부터 존재하고 있었던 것이 아니다. 그렇다고, 그것이 뛰어넘을 수 없는 생명에 의해 무기 물질로부터 격리되어 있는 것도 아니다. 그것은 우주의 진화 과정에서 어떤 물질들로부터 새로운 질로 발생해 나온 것이다.[21]

이러한 의미에서 그는 생명기원의 문제를 해결할 확실한 방법이란 물질의 발전 역사를 연구하는 것 외에 있을 수 없다는 결론하에서, 생명을 이루는 물질의 기원을 추구해 감으로써 생명과학을 성립시켰다. 그래서 이제 생명과학은 생화학, 분자생물학 등을 통해 물질 현상과 생명 현상과의 관계를 규명해 가고 있다.

생명의 고향을 물질 세계로 파악해 생명에서의 의식 작용의 근원을 추구해 가고 있는 옥스퍼드 대학의 생물학자 **라이얼 왓슨***도 그러한 부류에 속한다. 그에 의하면 생명 작용으로 일어나는 인간의 의식은 무의식을 토대로 성립되었으며, 또 그 무의식은 인간이 영원히 알 수 없는 영역을 토대로 성립되었다는 것이다.[22] 이들의 경우처럼 인간의 생명이라고 하는 것이 변화해 가는 물질을 기반으로 한다는 입장을 받아들일 때 우주팽창 과정이야말로 다름 아닌 인간의 대생명 과정임에 틀림없다. 이렇게 볼 때 현재 우리 인간에게 주어진 생명은 우주팽창 과정의 수많은 단계를 통해 진화해 나온 것으로 보인다. 따라서 인간의 생명은

*라이얼 왓슨Lyall Watson(1939-) : 1939년 4월 12일 남아프리카에서 태어났다. 1958년에 케이프타운에서 식물학과 동물학 학위를 받고, 이어서 의학 공부를 하다가 고인류학으로 전환해 해부학 교수이자 오스트랄로피테쿠스의 발견자인 레이먼드 다트 밑에서 조수 생활을 했다. 그 뒤 독일과 네덜란드에서 인류학을 연구하고, 런던 동물원에 있던 데스먼드 모리스의 지도를 받아가며 논문을 집필한 뒤 1963년 런던 대학교에서 동물 행동학으로 철학 박사 학위를 수여받았다. 그 후, 요르단과 나이지리아, 인도네시아, 브라질 등지에서는 인류학 연구에 몰두하고, 이스라엘과 터키, 페루에서는 고고학 발굴 작업에 참여했으며, 아프리카 남부와 동부에서는 고인류학, 인도양에서는 해양 생물학, 멕시코 북서부에 있는 소노라의 사막에서는 식물학, 필리핀에서는 의학 연구에 열중했다. 국제 포경捕鯨 위원회에서는 인도양에 있는 세이셸 공화국을 대표하고 있다. 1973년에 출판된《초자연》이 100만 부 이상 팔려 자유롭게 연구 활동을 하게 된 왓슨 박사는, 늘 과학적으로 설명되지 않은 이상하고 색다른 것을 찾아 여행하면서 지금까지 20권 이상의 책을 저술했다. 주요 저서로는 인간의 진화 과정에서 음식이 어떤 역할을 했는지를 기술한 *Omnivore*(1972), *Gifts of Unknown Things*(1976), 무의식의 생물학이라는 부제가 붙은 *Life Tide* (1979), 바람의 박물지인 *Heaven's Breath*(1984), 초자연적 현상의 새박물지인 *Beyond Supernature* (1986), 인도양에 관해 기술한 *Monsoon*(1996), *Dark Nature*(1997), *Jacobson's Organ*(2001) 등이 있다. 참18

이 지구가 태양으로부터 탄생되기 그 이전부터 존재해 있던 것으로 볼 수 있고, 좀더 구체적으로 비존재로부터 출발한 초기 우주에서부터 출발된 것으로 보인다. 이와 같은 측면에서 생각해 볼 때, 생명의 고향은 비존재로 보지 않을 수 없다. 인간의 정신은 현재로는 인간이 해결할 수 없는 문제를 어떠한 형태로든지 간에 극복해 볼 수 있는 또 하나의 새로운 생명 영역의 단계를 열어 가고 있는 것이다.

과정의 기본 구조

1. 공간과 이동 주체

앞에서 우리는 지구가 우주 공간을 이동해 가는 과정, 초기 우주를 이루었던 쿼크 물질이 물질, 생물, 인류 등의 진화들을 통해 비존재로 진화해 가는 과정 등을 고찰하였다.

지구가 우주 공간을 이동하는 과정은 지구가 자전하면서 태양 주위를 공전하는 것만을 가리키지 않는다. 그것은 태양계에 동반되어 은하 중심을 회전 이동하고, 또 그것이 은하계에 동반되어 비존재 영역으로 이동해 나가는 과정까지를 의미한다. 따라서 지구가 우주 공간을 이동해 가는 과정이란 지구가 태양으로부터 분리되기 이전의 경우까지의 과정도 해당된다. 왜냐하면 당시 지구는 태양의 일부로서 은하 중심을 이동했고, 태양계가 생성되지 않았을 때는 은하계의 일부로서 비존재 공간으로 이동해 나갔기 때문이다.

지구 이동 과정은 지구를 이루는 물질들이 우주 공간과의 접촉을 통해 변화해 가는 과정이다. 이에 비해 우주팽창 과정은 우주를 이루는 광자들이 비존재 공간과의 접촉을 기반으로 해서 변화해 가는 과정이다. 따라서 지구 이동 과정은 지구 차원에서의 우주 공간의 체험 과정이고 우주팽창 과정은 우주 차원에서의 비존재 공간의 체험 과정이다. 단, 지구의 차원이든 우주의 차원이든 인간의 공간 체험 과정이라는 측면에서는 다를 바 없는 과정이다. 따라서 현재 우리에게 상정되는 지구 이동 과정은 지구가 우주 공간을 이동해 가는 과정이고 우주팽창 과정은 우주가 폭발 시점에서 출발하여 비존재 공간으로 팽창해 나가는 존재 과정이다. 이렇게 볼 때 지구 이동 과정은 우주팽창 과정을 기초로 해서 성립된 것으로서, 우주팽창 과정이야말로 지구 이동 과정의 창출 과정이라고 말할 수 있다.

그렇다면 여기서 이와 같은 지구 이동 과정과 우주팽창 과정을 기초로 우리에게 상정되는 과정이라고 하는 관념의 기본 구조를 파악해 보기로 한다. 예컨대, 내가 눈이 온 벌판을 걸어가고 있다고 가정해 보자. 춥고 지쳐서 벌판에 주저앉았다. 코트를 뒤집어썼다. 한번 굴러 보았다. 벌판에 쌓였던 눈이 코트에 달라붙었다. 눈사람이라도 되어 볼까 하는 생각에 계속 굴러 보았다. 앞으로도 굴러 보고 옆으로도 굴러 보았다. 눈덩이가 되어 굴러갈 만큼 굴러가다가 멈추어 눈덩이 속에서 머리를 내밀어 보았다. 눈덩이가 굴러온 길이 보였다. 그 길에는 별로 눈이 없었다. 한동안 눈덩이 위에서 내가 굴러온 길을 바라다보았다. 지나가던 사람이 눈사람이 춥겠다고 자기 모자를 벗어 씌워 주었다. 거기서 그 모자를 쓰고 자신이 그렇게 큼직한 눈사람이 되어 나오기까지의 과정을 다시 되돌아보았다.

눈길을 걸어오다 발이 무거워 잠시 앉았던 지점이 보였다. 그 지점에서부터 현재 눈사람이 되어 서 있는 지점까지 굴러온 길이 한눈에 보였다. 굴러온 길에는 눈이 별로 쌓여 있지 않았다. 그 이유는 그 길을 굴러올 때 몸과 땅 사이에 마찰이 생겨 눈의 일부가 몸에 짓눌려 땅에 꽉 달라붙어 버렸고, 또 일부는 몸에 붙어 땅으로부터 떨어져 왔기 때문이다. 몸이 계속 땅 위를 굴러감에 따라 몸을 감싼 눈덩이는 점점 커져 갔고 몸은 훈훈해졌다. 그러다가 다시 몸이 추워져 왔다. 그래서 좀더 빨리 굴러 보았다. 눈이 덜 쌓인 곳은 빨리 굴러갔고, 많이 쌓인 곳은 천천히 굴러갔다. 빨리 굴러가면 몸이 더워졌고 천천히 굴러가면 한기가 느껴졌다.

여기서 우리는 여러 가지 과정들을 상정해 볼 수 있다. 우선 생각해 볼 수 있는 것은 '나'라고 하는 주체가 주저앉아 구르기 시작한 지점에서부터 눈사람으로서 있는 지점까지의 공간적 이동 과정이다. 이동거리가 얼마나 되는가, 그리고 시간적으로는 또 얼마나 걸렸는가, 어떤 경로를 통해 이동했는가, 그 과정은 내가 이동 시 그 공간에 어떠한 흔적을 남겼는가, 다시 말해 눈벌판은 내가 그곳을 이동해 갔을 당시 나로부터 어떠한 영향을 받았는지 등에 대한 문제들과 관련된 과정들이다. 더 나아가서 그것은 내가 눈벌판을 굴러올 당시 몸과 눈벌판과의 접촉 과정, 즉 접촉 작용의 과정과 관련된 과정이다. 몸은 눈벌판을 구르면서 눈벌판에 어떠한 영향을 주었고 눈벌판은 나에게 어떠한 영향을 주었는가, 그러한 주고받음은 어떻게 지속되었는가, 그 접촉 작용의 에너지원은 무엇인가 등에 대한 관심과도 연결된 과정이다.

또 언급할 수 있는 것은 내가 눈사람이 되어 있기까지의 과정이다. 내가 눈사람이 되어 서 있게 된 것은 우선 눈벌판을 걸어오지 않고 굴러왔기 때문이다. 다음으로 굴러오는 동안 눈이 내 몸에 달라붙었기 때문이다. 그렇다면 내가 눈벌판을 이동해 오는 동안 내 몸은 눈벌판으로부터 어떠한 영향을 받았는가? 나의 눈벌판과의 접촉 작용의 결과는 무엇인가? 결론적으로 말해, 어떻게 눈사람이 되었는가에 대한 관심과 연결된 과정이다.

마지막으로 그것은 눈벌판을 굴러오면서 눈벌판과의 접촉 과정 등을 통한 나의 눈벌판에 대한 체험 과정과 관련된 과정이다. 눈벌판에 대한 체험 결과로 결국 내가 눈사람이 되었다. 따라서 나는 이제 눈사람으로서만 세상을 바라다볼 수밖에 없다. 눈 속에 파묻혀 그동안 눈벌판을 굴러오며 느끼고 생각했던 것들을 갖고서 자신이 굴러온 길을 바라다볼 수밖에 없다. 이렇게 볼 때 눈벌판을 바라다보는 나는 눈벌판을 굴러온 결과물로서의 나인 것이다.

우리가 현재 지구 위에서 우주를 바라다보고 있는 것은 바로 이 삽화挿話 속의 눈사람으로서 눈벌판을 바라다보는 것과 결코 다를 바 없다. 나는 지구에서 태어나 지구에서 살고 있다. 살고 있다는 것은 지구에 앉아 있든가 서 있든가 혹은 누워 도회의 풍경들을 바라다보며 때로는 걸어 왔던 길을 되돌아보고 느끼며 생각해 보는 정도이다. 이 땅 위에 태어나서 이 지상을 걸어 다니면서 먹고 느끼고 만나고 반성하며 생각해 왔던 바로 그 결과물이 현재 이 세상을 바라다보고 있는 바로 나인 것이다. 현재의 나는 내가 이 세상을 살아온 과정의 결과물로서 그 체험 과정을 가지고 세상을 바라다볼 수밖에 없는 존재이다. 이 경우 내가 지상에 펼쳐져 있는 세상을 바라다보고 그것들을 이해하고 그것들에 대하여 느낄 수 있는 것은 내가 그 세상을 살아왔기 때문이다. 세상을 살아오는 과정에서 그 세상을 체험해 왔기 때문이다. 따라서 인간이 지상의 어떤 것을 바라다보고 어떤 것을 깨닫고 느낀다는 것은 세상을 체험해 오는 과정에서 체득했던 것들을 일깨워서 현재의 측면에서 재구성시키는 작업인 것이다.

그렇다면 나는 천 년 전의 세상을 살아본 적이 없는데 어떻게 그 당시의 것과 접하여 그것을 이해하고 느낄 수 있는 것인가? 그것은 나의 개체로서는 그 당시의 세계를 체험하지 않았어도 나의 선조를 통해 체험한 것이 유전 인자를 통해 나에게 들어와 있기 때문인 것으로 이해할 수 있다. 우리가 한 번도 가보지 못한 우주의 세계를 이해할 수 있는 것도 우리가 태어난 지구를 통해, 지구가 태어난 태양을 통해, 태양이 태어난 은하계를 통해 그동안 우주의 세계를 체험해 온 결과로 생각해 볼 수 있다. 현재까지 인간은 은하계로, 태양계로, 지구로 우주 공간을 이동해 오면서 우주라고 하는 존재의 공간을 체험해 왔다. 그 최대의 결과물들 중의 하나가 다름 아닌 바로 인간들이고, 그 인간들 중에서도 그들의 정신 영역이다. 인간은 정신에 의해 움직이는 주체로서의 인간이다. 인간의 정신 영역은 그가 지각知覺하고 있는 자신을 의식할 때, 다시 말해 그의 의식이 지각 상태에 있을 때만 만들어지는 영역이다. 주체란 다른 것이 아니고 바로 자신이 지각해 가는 존재임을 지각해 가는 존재를 말한다.[23] 따라서 과정학에서 이야기하는 진정한 의미의 주체는 우리 인간이 현재 이동해 가는 지구 위에 존재해 있다는 사실을 자각하고 있는 자를 의미한다.

앞에서도 고찰했듯이 우주 대폭발 이래 우주의 팽창 속도와 온도의 하강에 따라 우주의 물질적 구조는 더욱 복잡해졌다. 은하계는 우주 공간의 이동을 통해 은하계 자신보다 더 복잡한 태양계라고 하는 구조를 창조해 냈고 태양계는 자신보다 더 복잡한 원소들과 질서들로 체계화된 지구를 만들어 냈다. 지구는 자전과 공전은 물론 태양계의 은하계공전 · 은하계의 이동 등을 통한 우주 공간의 이동 과정을 통해 지구 자신보다도 더 복잡한 구조를 갖는 생명체들을 지상에 창출해 냈다. 그러한 생명체들 중에는 지상 공간을 이동해 다니는 동물과 같은 것들이 있다. 그것들은 지구가 우주 공간의 이동 과정을 통해 만들어 낸 것들 사이를 이동해 다니면서 정신 영역을 만들어 냈던 것이다.

따라서 인간의 정신 영역은 지구의 이동 과정을 통한 인간의 우주 체험의 총 결산물이라 할 수 있다. 우리는 인간의 정신에는 우주에 관한 정보들이 모두 저장되어 있다고 생각해 볼 수 있다. 우리가 우주 밖의 비존재 영역까지 논할 수 있다고 생각되는 것은 인간이 우주를 통해 비존재 영역을 체험한 결과 그 비존재에 관한 정보가 인간의 정신 속에 사장되어 있다고 생각할 수 있기 때문이다.

이제 나는 눈사람이 되어 오던 길을 바라만 보기가 겸연쩍어서 모자를 벗어던지고, 눈덩이 속으로 다시 들어가 더 멀리 눈벌판을 굴러가 보기로 했다. 가능한 한 굴러가 볼 수 있는 데까지 더 멀리 굴러가 보기로 했다. 비존재 공간으로의 우주의 팽창 과정을 따라 나아갈 수 있는 데까지 이동해 가고 있는 지구와 마찬가지로 계속 굴러가 보기로 했다. 그러니까, 우리는 현재 지구의 일부로서 우주 공간을 이동해 가고 있고 지구는 나의 일부로서 그 공간을 이동해 가고 있다. 그러한 우주 공간을 이동해 가면서 행해지는 나의 느낌과 생각이야말로 이러한 나의 우주 체험의 총 결산물이라 할 수 있는 것이다.

이와 같은 측면에서 고찰해 볼 때, 우리는 과정이 우선 일차적으로 어떤 공간과 그 공간을 이동해 가는 어떤 이동 주체를 기초로 성립된다는 결론에 도달할 수 있다. 이렇게 볼 때 공간과 이동 주체는 과정의 기본 구조를 이루는 요소들로서 파악되고, 또 그것은 이동 주체의 공간 이동 과정과 그 과정을 통한 이동 주체의 성립 과정과의 관련을 통해서만 그 실체가 파악될 수 있다는 결론에 이르게 된다. 이와 같이 인간은 자신의 세계를 체험해 온 과정들의 결과물이라 할 수 있는 존재이다. 다시 말해 인간이란 육체적 차원이든 정신적 차원이든 간에 이 세상을 체험해 온 과정들의 결과물로서 출현해 있는 존재라고 하는 것이다. 그러한 의미에서 인간이란 과정적 존재라고 말할 수 있는 것이다.

2. 단계와 방향

지구는 우주라고 하는 한 존재 영역에서 어떤 비존재 영역으로 진행해 가고 있다. 그런데 그 진행 과정에는 단계와 방향이 있다. 현재 지구를 감싸고 있는 우주는 비존재 영역으로 팽창해 가고 있고, 앞으로 그것은 우주의 어떤 국부적 부분들의 폭발을 거쳐 비존재 영역과 합일되든가 아니면 더 이상의 팽창을 멈추고 다시 수축 단계로 들어갔다가 다시 폭발해 팽창 단계로 전환될 것이다. 그래서 그것은 무수한 폭발과 팽창과 수축의 반복 과정을 통한 점진적 소멸들을 통해 결국 언젠가는 비존재와의 합일에 다다를 것이다.

우리는 현재 그러한 반복 과정들 중의 한 과정 속에 존재해 있다. 그런데 그 과정은 앞에서 지적했듯이 폭발과 팽창과 수축이라고 하는 반복 과정들을 통한 소멸 과정의 단계들로 이루어져 있고, 현재 우리가 처해 있는 단계는 그중 팽창 단계에 속한다. 팽창 단계에서는 그 속도와 온도의 하강에 따라 우리 은하계와 같은 성운단星雲團들이 형성되어 나왔고, 그것들 속에서 태양계와 같은 구상성단球狀星團들이 형성되었다. 또 구상성단 속에서 지구와 같은 행성들이 탄생했고 그 행성 속에서 인간과 같은 생명체가 탄생했다. 이와 같이 한 차원의 공간을 이동해 가는 주체는 그 공간 이동의 체험을 토대로 새로운 단계를 만들어 새로운 공간을 이동해 간다. 이와 같이 과정은 주체의 한 공간 이동과 그 공간 이동 체험의 결과로 이루어지는 새로운 단계를 통해 진행된다.

지구의 일면이 지구의 자전을 통해 우주 공간을 이동한다는 것은 그 일면이 우주와 같은 공간을 반복적으로 순환하는 것이 결코 아니다. 지구가 한 바퀴 자전했을 경우 내가 하루 전에 출발했던 우주의 한 지점으로 다시 돌아가는 것이 아니다. 태양에 면했던 지구의 일면이 하루 전의 경우와 유사하다는 의미일 뿐이다. 지구가 한 바퀴 자전하는 동안에도 태양은 지구를 동반하고 앞으로 더 전진해 간다. 따라서 지구의 자전은 동일한 반복이 아니라 나선형의 반복과도 같은 것이라 할 수 있는 것이다.

그것은 지구 위의 생물들 변화를 통해 더 정확히 파악될 수 있다. 오늘 아침 목련꽃은 어제 아침보다 더 크다. 오늘의 나는 어제의 내가 결코 아니다. 공전의 경우도 마찬가지다. 현재의 목련은 작년 이맘 때 목련보다 가지가 더 굵어졌다. 현재의 나는 작년 이맘때의 내가 아니다. 1억 년 전의 지구상의 생물들은 지금의 생물들과 똑같지 않다. 이와 같이 지구 위의 모든 것들은 지구의 자전과 공전, 태양계의 은하 중심의 회전 등을 통해 일정한 방향으로 변화해 가고 있다. 목련은 매듭과 나이테를 만들어 가며 변화해 가고, 생물들은 개체의 탄생과 죽음을 통해 유전학적으로 변화해 가고 있다. 이와 같이 지구는 반복적 운동을 통해 새로운 단계를 만들어 새로운 우주 공간을 이동해 가고 있는 것이다. 인간은 지구를 매개로 해서 태양이나 은하계와의 관계를 맺어간다. 그러한 관계 과정이 지구의 반복적 운동을 통해 단계들과 방향들로 구성되어 있다는 것이다.

천체의 반복적 운동은 단계들과 방향들로 이루어져 있다. 그것들은 처음과 끝, 처음에서 끝까지의 과정, 그 과정상의 전환점으로 이루어진다. 처음은 전 단계의 결과를 기반으로 형성되고 끝은 현 단계의 전환점의 결과로 이루어진다. 이와 같이 과정은 무수한 단계들로 이루어져 있고, 각 단계들은 무수한 과정들로 이루어져 있다.

과정을 이루는 요소에는 단계 외에 방향이 있다. 지구의 모든 부분들은 서에서 동으로 공간 이동을 하고 있고, 그 방향으로 태양을 공전해 가고 있다. 태양계도 일정한 방향으로 은하 중심을 회전해 가고 있고 은하계도 일정한 방향으로 전진해 가고 있다. 그러한 방향은 우주가 비존재 상태로 진화해 가는 방향과 일치한다. 그런데 인간의 차원에서 생각해 볼 때, 지금까지의 지구의 이동 방향은 비존재에서 인간의 존재 영역으로 향해 있었고, 앞으로의 그것은 인간의 정신 영역에서 비존재 영역으로 향해질 것이다. 다시 말해서 인간의 존재 기반을 이루는 과정은 비존재에서 인간 쪽으로 진행해 왔고, 앞으로 그것은 인간으로부터 비존재로 진행해 간다는 것이다. 비존재에서 인간 쪽으로의 방향이란 밖으로부터 안으로의 방향이고 인간으로부터 비존재 쪽으로의 방향은 안으로부터 밖으로의 방향으로 파악될 수 있다. 전자의 방향은 과거에서 현재로 향해지고 후자는 현재에서 미래로 향해지는 방향이다. 이러한 측면에서 고찰해 볼 때, 과정을 이루는 일차적 단계는 우선 비존재 영역에서 인간에 이르는 단계이다. 즉, 그것은 비아非我가 현재의 나에 이르는 단계이자 내가 성립된 단계이다. 그 다음으로 그것은 인간이 비존재로 나아가는 단계이고 비존재에 이르는 단계이다. 따라서 그것은 현 지점에서 밖으로 나아가는 단계이다.

이상과 같이 과정은 단계나 방향으로 이루어져 있다. 지구는 서쪽에서 동쪽이라고 하는 일정한 방향으로 회전 이동해 가고 있는 것이다. 그러한 일정한 방향으로의 지속적인 회전 이동은 인간과 그의 현실에 새로운 질서를 부여해 간다. 그 결과 이 지구상의 인간들은 끊임없이 새로운 문제들에 직면하게 되고 그러한 문제들을 초극해 보려는 새로운 입장을 항상 취해 가게 되는 것이다.

3. 접촉과 힘

지구의 우주 공간의 이동은 결국 지구의 우주 공간을 구성하는 물질들과의 구체적 접촉을 통해 이루어진다. 은하계나 혹은 그것의 일부인 태양계나 또는 그것의 일부인 지구는 그것들이 우주 공간을 이동하는 과정에서 성립된 것들이다.

앞에서도 지적했듯이, 비존재 공간에서 초기 우주가 폭발하여 그 비존재 공간에 우주가 존재하기 시작했다. 당시 폭발해 팽창해 나가는 우주의 열적 분포는 고르지 못했다. 그래서 폭발 당시 발생했던 우주 내의 모든 열들은 뜨거운 곳에서 차가운 곳으로 이동해 갔다. 다시 말해 열량의 밀도가 높은 곳에서 낮은 곳으로 흘러갔다. 그러한 과정에서 우주 공간 내에 물질들의 움직임이 시작되었다. 다시 말해 우주 공간에서의 열적 평형이 이루어지는 과정에서 우주 세계가 형성된 것이다.

우주 공간은 가스, 먼지, 광자와 같은 미립자 등의 여러 물질들로 꽉 차 있었다. 이 열적 평형이 이루어지는 과정에서 만들어진 그것들이 이동해 갔던 것이다. 그런데 우주 공간 속에서는 어떠한 물질도 그 나름의 질량을 지니게 되고, 또 그 질량은 그것만 한 크기의 중력을 지니게 된다. 질량이 큰 물질은 그것보다 작은 질량의 물질들을 자기 쪽으로 끌어들인다. 그 결과 조그만 덩어리의 물질들이 그러한 식으로 결합되어 별들로 생성되어 왔다. 그렇게 해서 생성된 별들은 다른 별들과의 사이에서 형성된 중력 작용과 우주 공간에서 행해지는 열적 평행 작용으로 인해 미립자 등으로 꽉 차 있는 우주의 공간을 이동해 간다. 그 과정에서 별들은 공간을 채우고 있는 물질들과 연속적으로 접촉해 간다. 지구도 그러한 별들 중의 하나이다. 지구도 처음에는 기체덩어리의 상태였다. 그러나 그것의 공·자전을 통한 성간 물질들과의 끊임없는 접촉 과정을 통해 현재의 지구로 형성되어 나온 것이다.

접촉이란 무엇인가? 그것은 주체와 대상과의 상호 작용을 의미한다. 상호 작용이란 어떤 대상과의 관계에서 서로 영향을 주고받음을 의미한다. 다시 말해 그것은 주체가 대상에 어떤 영향을 주는 대신 대상으로부터도 어떤 영향을 받는 현상이다. 지구의 경우도 우주 공간을 이동하는 과정에서 우주 공간 속의 것들에 영향을 주고 한편으로 그것들로부터 영향을 받으며 현재의 지구로 형성되었다. 그렇다면 지구가 우주 공간에 주는 영향은 무엇인가? 또 우주 공간으로부터는 어떤 영향을 받아왔는가?

지구가 접하는 우주 공간은 중력을 지닌 별들로부터 시작해 광자에 이르기까지 각종의 양자量子들로 가득 차 있다. 지구는 그러한 공간을 헤치고 이동해 간다. 그것은 잠수함이 물 분자 등으로 가득 찬 바닷속을 이동해 가는 것과 같다. 바닷속을 이동해 갈 때 잠수함의 선체는 물 분자들과 접촉하고 그것들과 부딪힌다. 그러한 과정에서 잠수함은 바닷속에 파문을 만들고, 대신 잠수함은 일차적으로 물 분자들로부터 압력을 받는다. 다음으로 선체를 구성하는 물질들은 그러한 물 분자들과의 지속적인 접촉 과정 속에서 화학적 반응을 일으켜 간다.

우주 공간 속에서의 지구도 이와 마찬가지다. 지구의 표면은 그것이 우주 공간을 이동해 가는 과정에서 성간 물질들로부터 압력을 받는다. 지구의 표면을 구성하는 물질들은 일정한 방향으로 이동해 가는 광자들로 구성된 햇빛이나 우주진 등과 같은 물질들과의 접촉을 통해 화학적 반응을 일으킨다. 지구 표면의 모든 무생물과 생물들은 성간 물질들과의 그러한 접촉으로 인해 화학적 반응을 일으켜 변화해 가는 것이다. 그 대표적인 예가 식물의 광합성 작용이다. 지구가 탄생했을 당시 대기는 주로 이산화탄소와 수증기로 이루어져 있었다. 그것은 산소를 20퍼센트 정도 함유하고 있는 현재의 대기와는 전혀 달랐다. 그 당시의 지표도 생물로 꽉 찬 현재와 상당히 달랐다. 지표는 우주 공간 속의 햇빛과의 접촉을 통해 엽록소를 발생시켰다. 그 엽록소는 우주 공간으로부터 태양에너지를 받아들여 그것을 이용해 탄소동화 작용을 하면서 산소를 만들어 냈다. 그 후 지표는 산소를 에너지원으로 하는 움직이는 생물을 발생시켰다. 이렇게 해서 지표상에는 산소를 함유하는 대기가 꽉 차게 되었고, 식물과 동물이 가득 차게 되었다.

이와 같이 지표는 우주 공간을 이루는 성간 물질들과의 지속적 접촉을 통해 화학적 변화를 일으켜 가고 있는 것이다. 인간이 지상에서 성장하고 또 쇠퇴해 가는 것도 지구의 우주 공간의 이동 과정 속에서 **광양자***와 같은 입자들과 충돌해 가면서 일으키는 일종의 화학적 반응에 의한 것으로 파악된다.

지구의 우주 공간과의 이와 같은 접촉에는 지표를 구성하는 개체들 나름의 접촉 방법들이 있다. 예를 들면 지상의 모든 생물들은 대기를 매개로 하여 우주 공간 속의 태양광선과 접촉한다. 다시 말해 지구가 우주 공간을 이동해 가는 과정에서 지구와 우주 공간 사이에 지구와 우주 공간과의 접촉 지대가 형성되어 있다. 그것은 대류권, 성층권, 중간권, 전리권 등으로 이루어진 대기권이다. 이들 각각은 지구의 생물이 우주 공간의 광양자와 우주진과 같은 성간 물질들과 접촉하는 과정에서 제각각의 역할을 담당한다. 예를 들어, 오존층으로 되어 있는 성층권은 햇빛 속의 자외선을 차단해 그것으로부터 생물을 보호한다. 태양은 고도로 이온화된 기체로 되어 있는, 방대한 플라즈마라고 하는 대기에 싸여 우주 공간을 이동해 가고 있다. 태양의 경우 이 플라즈마 지대가 우주 공간과의 접촉 지대이다. 이 지대는 자기장이기도 해서 태양은 이 자기장을 통해 자신의 운동량을 우주 공간으로 방출한다. 우주 공간을 이동해 가는 은하계의 경우도 마찬가지이다. 그것도 전파를 내는 일종의 가스인 고에너지전자로 이루어진 은하 코로나로 둘러싸여 있다. 은하계에서는 이것이 은하계와 우주 공간 사이의 접촉 지대를 이룬다.

지구의 우주 공간의 이동에너지는 어디로부터 나오는 것일까? 지표는 우주 공간과의 접촉을 통해 광양자와 같은 성간 물질들을 받아들이고 그것을 열로 변화시켜 우주 공간으로 방출한다. 그렇게 지구로부터 방출된 열은 우주 공간으로 퍼져 나가 우주의 열적 평형에 동참해 존재 공간을 팽창시켜 가며, 우주 공간 속의 천체들을 이동시켜 간다.

---

*광양자光量子/photon : 아인슈타인의 광양자 가설(1905)에 의해 개념화된 것으로 광자라고도 한다. 빛을 구성하는 에너지를 가진 불연속적인 많은 알갱이(입자). 질량을 0으로 하고, 진동수를 V로 해서, 초속 30만 km로 달리는 빛 입자이다. 필자 보충 설명

그런데 지구가 성간 물질들을 받아들여 그것을 열로 만들어 내는 방법에는 여러 가지가 있다. 첫째, 지구가 광양자를 받아들였을 경우이다. 그 광양자들은 지표의 바위와 같은 물체에 부딪혀 열에너지로 변화한다. 바위가 따뜻해진다거나 바위 주위의 온도가 올라간다. 태양열이 지표에 흡수되어 그 열이 식물에 흡수되었을 경우 식물은 산소를 만든다. 그 산소는 산화 작용을 일으키고, 인간 등은 그 산화물을 섭취하여 다시 열로 만들어 대기로 뿜어낸다. 이렇게 볼 때 생물들의 모든 생명 활동은 열을 만들어 우주 공간으로 뿜어내는 작업이다. 인간의 생명 작용도 결국은 물질들을 섭취해서 그것들을 열로 만들어 우주 공간에 방출시켜 우주의 열적 평형 과정을 통해 자기 자신으로 하여금 비존재 상태에 이르게 하려는 우주의 존재론적 차원의 한 현상이다.

둘째, 지구는 자신의 중력을 통해 성간 물질들을 지구에 받아들여 다시 그것들을 지구의 중심부로 밀어 넣어서 그것들로 하여금 핵분열과 핵 결합을 일으키게 한다. 핵분열이나 핵 결합이 일어날 때는 막대한 열이 발생하고 그 열은 우주 공간에 재방출된다. 그러한 과정에서 생긴 물질들은 지구에 남아 있을 수도 있고, 열과 함께 우주 공간으로 방출될 수도 있다. 지구에 남아 있는 것들은 언젠가는 다시 핵분열이나 핵 결합을 일으키게 되고, 우주에 방출된 물질들은 언젠가는 다시 지구 혹은 어떤 다른 별에 흡수되어 핵분열을 일으켜 열로 분해해 나가게 된다.

이렇게 봤을 때, 지구의 우주 공간의 이동을 가능케 해 가는 에너지원은 일차적으로는 지구의 성 물질들과의 접촉 과정에서 만들어진 열이라 할 수 있다. 그러나 그러한 열은 접촉을 통해 이루어진다는 사실을 감안해 볼 때, 그 이동 과정의 에너지원은 지구의 성간 물질들과의 접촉 그 자체라고 말할 수 있다.

제3절 과정학의 전망

과정학의 좌표

우리는 어떤 관심 대상들의 구성 분자들, 그것들의 관련 양상, 그것의 외형적 구조나 혹은 그것들에 영향을 끼쳐 온 것들 등을 파악해서 그 관심 대상 등의 본질을 파악한다. 우리는 그러한 관심 대상의 본질적 이해를 통해 그것으로부터 벗어나 자유를 향유한다. 이러한 입장이 다름 아닌 구조주의 내지 후기구조주의로 정의될 수 있는 입장이라 할 수 있다. 구조주의 내지 후기구조주의가 이렇게 정의된다면 **과정학**processology*은 한마디로 말해 다음과 같이 정의될 수 있다. 즉 우리의 관심 대상들을 창출해 온 과정을 파악하여 그것을 통해 대상의 내적질서와 그 대상의 본질을 이해해 간다고 하는 입장이다라고.

이상은 과정학을 연구 대상적 측면에서 구조주의와 관련시켜 그 개념을 살펴본 것이다. 이제 그 성립 과정의 측면에서 과정학과 구조주의와의 관련성을 살펴보자. 서구에서의 구조주의는 그것의 한계성이 지각되어 그것을 극복해 보려는 쪽으로 전환해 나왔다. 이러한 과정에서 출현한 것이 바로 후기구조주의였던 것이다. 이러한 후기구조주의가 유럽인들의 로고스 중심주의적 세계관이 해체되는 과정에서 형성된 것이라면, 과정학은 지난 4-5세기 동안 전全 지상의 세계관을 대표하다시피 했던 서구 유럽 중심의 그러한 세계관이 해체되고 2000년대로 접어들면서 서서히 전 지구상 인류의 공통된 세계관이 요구되는 과정에서 형성된 것으로 이해해야 할 것이다.

후기구조주의가 지향하는 탈유럽 중심주의의 이상적 형태는 전지상주의全地上主義의 구축을 위한 탈유럽 중심주의여야 했는데, 사실은 그렇지 못했다.

---

*과정학processology : 지구의 우주 공간의 이동 과정(지구 이동 과정), 우주의 팽창 과정(우주팽창 과정), 빛의 직진 과정, 빛의 물질로의 응결과 물질의 빛으로의 분해과정 등을 주축으로 해서 지구상의 물리적·생물학적 현상과 인간의 사회적·의식적 현상 등을 유기적으로 연구하려는 학문. 과정학은 필자의 기획에 의한《과정학과 문예연구》1-6(1992-1995)를 통해 성립되어 나왔다. 필자 보충 설명

어디를 중심으로 한 세계관이어야 했는데, 그러한 명확한 입장이 확립되어 있지 않은 상태에서 취해진 입장이었기 때문에 '탈유럽 중심주의' 정도가 된 듯하다.

유럽인들의 이와 같은 탈유럽 중심주의에 대한 입장이 이해되지 않는 것은 아니다. 이것은 세계사의 중심무대가 더 이상 유럽이 아니라는 자각으로부터 취해진 것으로 당연히 그러한 상황에서는 역사에 대해 보다 덜 적극적일 수밖에 없다. 한동안 자신들의 것이었던 세계사의 주도권이 자신들의 손아귀에서 빠져나간 시점에서 그들은 신속히 인간 역사의 전지상주의를 부르짖고 나왔어야 했다. 그러나 그들은 그러하지 못했다. 그 이유는 세계사의 주도권이 그동안 자신들에게 종속되었던, 예를 들어 동아시아와 같은 유불교 문화권 등으로 넘어 가고 있는 현실을 솔직히 인정하려고 들지 않았기 때문이었던 것으로 파악된다. 그것은 그 시점에서 서구인들이 자신들의 기독교 문화권으로부터 완전히 빠져 나가지 못했기 때문이었다라고 할 수 있다.

그런데 설혹 전 지상의 문화적 주도권이 서구 기독교 문화권에서 동아시아의 유불교 문화권의 이동한다 하더라도 서구 기독교의 세계관이 동아시아의 유불교 문화권의 세계관으로 전환될 가능성은 거의 희박하다. 왜냐하면 현재 동아시아의 유불교권 문화가, 서구인들의 말을 빌려 표현한다면, 이미 상당 부분 서구화되었기 때문이다. 지난 3-4세기 동안 동아시아를 비롯한 지상의 모든 문화권들은 서구의 기독교 문화를 통해 성립된 과학문명을 필사적으로 받아들여 서구적 이성 중심의 사회를 이룩해 왔다. 그 결과, 앞으로 문명의 중심이 동아시아로 완전히 이동해 온다 하더라도 이후의 전 지구상의 문화는 전 지구상 규모의 보편성이 확보될 수 있는 문화로 확립될 소지가 크다. 그러나 구미의 후기구조주의자들은 지적 여유가 없었던 나머지 이와 같은 예상을 하지 못했던 것 같다.

후기구조주의 사상은 1962년 쿠바 위기와 그 이듬해 미 · 소 간의 부분적 핵금지 조약 등을 계기로 성립되어 나와 자크 데리다의 《문법학에 관하여》(1967) 등 세 권의 저서들의 동시적 출판이 행해지고, 그 이듬해 프랑스에서 소위 지식혁명 등이 일어났던 상황 속에서 확립되었다. 또 그것은 1970년을 전후로 크리스테바

Julia Kristeva의 《세미오티케—기호분석학을 위한 고찰》(1969), 《소설의 텍스트》(1970) 등을 통해 일반화되었다. 그러다가 1990년대로 들어와, 앞에서 지적한 탈유럽 중심주의적 경향 등과 같은 소극적 대처가 유럽의 비후기구조주의자들에 의해 후기구조주의의 약점으로 지적되어 나왔다. 비후기구조주의자들에 의해 후기구조주의란 구조주의의 한계성이 자각되는 과정에서 구조주의 계열의 일부 지식인들에 의해 야기된 일종의 '정신분열적 붕괴 현상'에 지나지 않은 것으로 비판되기도 했다.[24]

한편, 후기구조주의란 그것을 신봉하는 자들이 일반론이란 있을 수 없다는 자신들의 입장을 내세우는 데 있어서 그들 자신에게 필요했던 또 하나의 일반론에 불과했다는 지적도 있었다. 그래서 후기구조주의자들은 그들이 주장하는 것에 대해 어떠한 근거도 내세우지 못했다는 점에서 그들 자신들에 있어서도 후기구조주의는 그러한 아이러니한 것으로 받아들여졌다는 비판도 나왔던 것이다.[25] 어떤 비판론자는 단도직입적으로 이렇게 말했다.

> 유일신적 신화도 다신론적 신화도 신화란 깃발의 나부낌과 연결되어 있는 과학적 비판도 과학의 신화화도 그 어떠한 것도, 우리에게 늘 난처하게 다가오는 지구적 문제들의 인간적 해결을 가져다줄 수 없었다. 그런데 '다국적 신화'라는 입장을 취한 후기구조주의가 제시하는 그러한 전 지상적 문제들에 대한 인간적 해결책은 과연 무엇인가.[26]

이 외에도 후기구조주의에 대한 유럽인 자신들의 비판적 입장을 찾아보려면 얼마든지 찾아볼 수 있고, 또 후기구조주의의 확립자로 지목되는 자크 데리다의 사상을 비판한 학자들의 논문들이 책[27]으로 묶여 나오기도 했다.

후기구조주의에 대한 유럽인 자신들의 이와 같은 비판적인 입장은 후기구조주의의 한계성을 적절히 지적한 것으로 평가될 수 있다. 그렇다면 그들 비판자들의 해결책은 무엇인가? 소위 '유럽의 몰락'에 대한 그들의 대안은 무엇인가? 사실은 그들 역시도 그렇다 할 대안을 제시하지 못하고 있다. 그렇다면 유럽의 몰락에 대한 대안으로 정치 일각에서 나온 지역적 통합, 즉 '유럽통합'에 대해 그러한 비판자들의 입장은 어떠한가? 유럽통합은 한마디로, 미국 중심의 세계통일에 대항해 과거와 같은 유럽 중심의 세계통일을 재 정립시켜 그것을 지향하겠다는 의도에서 출발한 것으로 알려져 있다. 사실이 그렇다면 후기구조주의에 비판적인 입장을 취하고 있는 유럽의 지성인들은 정치적·경제적 측면에서의 유럽통합과 같은 대안이 유럽의 몰락을 막을 수 있는 훌륭한 대안이라고 생각하지는 않았을 것이다. 왜냐하면 그들은 정치적, 경제적 측면은 말할 것도 없고, 정신적인 측면까지도 유럽의 몰락을 생각해 왔었기 때문이다.

필자가 판단하기에도, 유럽의 몰락은 격변하는 세계 속에서 정치적 측면에서는 전 지구상 차원에서, 사상적 측면에서는 전 우주적 차원에서의 어떤 보편적인 인간 중심주의 사상이 형성될 논리적 근거가 그들에게 마련되어 있지 않았다는 점이 원인으로 고찰된다. 이렇게 봤을 때 후기구조주의에 대해 비판적 입장을 취하고 있는 유럽의 지성인들 또한 유럽의 몰락 문제를 풀어 가는 데 있어서 서구적 이성을 가지고 후기구조주의자들의 사상 속에서 논리적 모순만을 찾아내고 있는 또 하나의 소극주의자들로밖에 생각되지 않는다. 물론 그들의 시각이 유럽 문화 속에 갇혀 있기 때문에 탈유럽 중심주의의 대안이 제대로 잡혀지지 않는 것은 어쩌면 당연한 결과인지도 모른다. 필자로 말할 것 같으면 후기구조주의에 대한 그들의 그러한 비판이 글로벌리즘과 같은 범 세계주의가 각 측면에서 나날이 급속히 추구되고 있는 이 시점에서 결코 긍정적으로만은 받아들여지지 않는 것이다. 왜냐하면 그러한 대안 없는 비판은 구조주의를 비판한 후기구조주의나 혹은 유럽 중심의 세계주의를 비판한 입장에 대해 대립된 입장을 취함으로써 유럽 중심의 세계주의의 편에 설 수 있는 또 다른 차원의 논리적 근거를 재구축시킬지도 모르기 때문이다.

그렇다고 후기구조주의에 대한 그들의 비판이 평가될 수 없다는 것도 아니다. 앞에서도 지적했듯이, 그들의 비판은 그들 차원의 변증법적인 입장에서 행해진 것이기 때문에 그것은 그 나름대로 평가될 만하다. 그들이 진정으로 구조주의나 유럽 중심주의에 대한 한계성을 자각한 입장에서 후기구조주의에 대한 비판적 입장을 취한 것이라면, 그들은 후기구조주의자들보다 한 단계 더 가까이 탈유럽 중심주의의 입장에 서 있는 사람들이라 할 수 있다. 그러나 그들에게 아쉬운 점은 그들이 탈유럽 중심주의를 지향함에 있어서 세계사의 중심이 유럽 문화권에서 다른 어떤 문화권으로 이동해 가고 있다는 것을 받아들이지 않으려 한다는 것이다.

이상과 같은 측면에서, 구조주의의 한계성을 비판하고 나온 후기구조주의나 후기구조주의의 한계성을 비판하고 나온 유럽 지성인들의 한계성 극복 방법은 다름 아닌 앞서 제시한 '어디' 중심의 세계에서의 '어디'가 명확히 파악되어 그것이 구체적으로 제시될 때만이 극복될 수 있다는 입장이 취해진다. 혹자는 후기구조주의란 탈중심 사상이기 때문에 '어디' 중심이란 것은 후기주조주의와는 모순된다는 입장을 제시할지 모른다. 그러나 필자가 여기에서 궁극적으로 논하고자 하는 것은 첫째는 '어디'란 지구상의 어느 한 지역이 아니고 전 지구상全地球上이어야 한다는 것이고, 둘째는 탈유럽 문화가 전 지구상의 문화가 되기 위해서는 그들이 기존의 유럽 중심의 문화가 비유럽권 중심의 문화로 전환해 나가는 것을 인정해야 한다는 것이다. 그런데 우리가 여기서 후기구조주의와 관련시켜 파악할 수 있는 과정학적 입장은 바로 이 '어디'를 명확히 제시함과 동시에 서구 중심 문화가 비서구권 중심의 문화로의 전환을 인정함으로써 성립된 입장이다.

과정학에서의 그 '어디'는 다름 아닌 바로 '전 지상全地上'이며, 후기구조주의가 지향하는 진정한 의미에서의 탈유럽 중심주의나 탈서구 중심주의는 전 지상 수위의 인간 문화의 구축을 위한 탈유럽, 탈서구적 사상이었어야 했던 것이다. 그렇다면 과정학이 현대의 서구권에게나 동아시아와 같은 여타 문화권에게 받아들여져 전 지구상의 인간들에게서의 삶, 자신들의 삶의 실현 방법과 그 실현 사상으로 정립될 가능성이 있는 것인가? 이와 같은 견해는 현재 인간의 삶의 방법과 사상을 지배해 온 근세 이후의 과학 문명의 전개 과정의 이해를 통해서만이 가능할 듯하다.

과정학의 사상적 전망

1. 서구인들의 세계관의 성립과 전개

현재까지 서구인들은 삶의 문제들을 어떻게 해결해 왔는가? 그들은 어떠한 식으로 삶에서의 죽음과 같은 문제들을 처리하고 삶의 의미를 추구해 왔는가? 앞으로는 어떠한 식으로 그것을 추구해 갈 것인가?

인간에게서의 삶에 대한 기본적 입장은 세계관을 토대로 성립되었다. 세계관 世界觀/Weltanschauung이란 형이상학적 관점에서 세계를 통일적으로 파악하려는 입장으로서 우리가 살고 있는 세계가 어떠한 곳이며 그것이 인간과 어떻게 연결되어 있는가에 대한 견해를 말하는데, 서구인에게서의 이러한 세계관은 자신들이 살고 있는 지구가 태양이나 별과 같은 천체들과 어떻게 연결되어 있으며 그것들이 존재하는 우주는 어떠한 곳인가에 대한 지식들을 토대로 성립되었다. 즉, 서구인의 세계관은 그들의 우주관의 변천 과정을 따라 변화해 왔다. 그래서 우리가 서구인들의 우주관의 변천 과정을 파악한다는 것은 그들의 현재까지의 삶의 의미추구 방법을 고찰하는 것이 될 것이고, 그 후 그들이 어떠한 삶의 방법을 취해 갈 것인지에 대한 사전답사가 될 것이다.

서구인들에게서의 우주관이란 천체가 존재하는 세계가 어떠한 곳이고 그것은 어떻게 존재하고 있으며, 또 그것들은 자신들이 살고 있는 지구와 어떻게 관련되어 있는지에 관한 지식들을 토대로 성립해 나왔다. 이러한 서구인들의 우주관은 역사적으로 천동설, 지동설, 우주 대폭발설 등으로 전개되어 왔다. 그렇다면 이러한 설들을 토대로 서구인들의 삶의 형태는 어떻게 변모되어 나온 것인지, 여기서부터 접근을 시도해 보자.

서구인들이 **천동설***을 폐기하고 지동설을 수용하게 되었던 시기는 대략 코페르니쿠스의 《천구의 회전에 관하여》(1543)에서부터 뉴턴의 《프린시피아》(1687)까지이다. 코페르니쿠스에 의해 지동설이 제기되고, 그것이 17세기 초 케플러의

*천동설天動說 : 아나크시만드로스, 피타고라스, 플라톤 학파, 아리스토텔레스 등을 거쳐 2세기경 그리스의 유명한 천문학자 프톨레마이오스Ptolemaios에 의해 체계화된 지구 중심설.

행성의 태양 회전 운동 연구, **갈릴레이***의 수학과 망원경을 통한 천체 연구 등으로 이어져 와서 뉴턴에 이르러 지동설이 근대서구인들에게서의 우주관으로 확립되어 나왔던 것이다.

천동설은 고대 오리엔트인들에 의해 성립되어 그것이 고대 그리스·로마와 중세의 기독교 문화를 통해 확립되었다. 천동설 시대의 서구인들의 우주관과 세계관은 대략 이러했다. 바다가 있다. 그 위에 섬처럼 지구가 떠 있다. 태양, 달, 별과 같은 천체들이 하늘에서 서쪽 바닷속으로 들어 왔다가 동쪽 바다로부터 다시 나와 하늘로 올라간 인간들은 천체가 있는 하늘에서 추방되어 지구로 내려와 살고 있는 죄인들이다. 지구상의 풀이나 나무 등의 식물과 물고기가 뱀 등의 동물은 하늘에 살고 있는 하나님이 인간들을 위해 지구에 만들어 놓은 것들이다. 이와 같이 인간이 살고 있는 지구를 천체가 회전함에 따라 지구의 모든 것들이 변화해 간다.

대지에서 살아간 인간들에게 바라다 보이는 것은 구름이 몰려와 죄인의 땅에 비를 뿌려서 타는 곡식들을 살리고 태양이 떠올라 볕을 쪼여 과일을 익게 하는 것들이다. 인간들은 하늘의 낙원에서 자신들을 추방시켰던 하나님이 언젠가는 구름이나 태양의 경우처럼 자신들에게로 다시 찾아와 추위와 굶주림, 이별과 죽음의 공포가 서려 있는 이 저주받은 땅으로부터 자신들을 구출하여 다시 자신들을 하늘의 낙원으로 데리고 가는 것이다.

그들은 자신들의 죄가 너무 크기 때문에 그들이 신을 찾아갈 생각은 엄두도 내지 못했다. 아니면 그들은 태양과 같이 자신들을 찾아와 베풀어 줄 존재로 하나

---

*갈릴레이Galileo Galilei(1564-1642) : 이탈리아에서 태어난 철학자이자 과학자, 물리학자, 천문학자, 수학자. 그의 주요업적은 진자의 등시성 및 관성법칙 발견, 코페르니쿠스의 지동설에 대한 지지 등이다. 그는 근대 천문학의 아버지 또는 근대 물리학의 아버지라 불린다. 그는 요하네스 케플러와 동시대 인물이다. 그는 아리스토텔레스의 이론을 반박했고 교황청을 비롯한 종교계와 대립했다. 지동설을 확립하려고 쓴 저서《프톨레마이오스와 코페르니쿠스의 2대 세계 체계에 관한 대화》는 교황청에 의해 금서로 지정되었으며, 이단 행위로 재판받았다. 주요 저서는《프톨레마이오스와 코페르니쿠스의 2대 세계 체계에 관한 대화》,《두 개의 신과학新科學에 관한 수학적 논증과 증명》등이 있다. 참10

님을 생각하고 있었기 때문에 찾아갈 것까지는 없다고 생각했는지도 모른다. 어쨌든 그들에게서의 신은 태양이나 구름처럼 찾아오는 존재였다. 그들은 자신들의 죄를 회개하면서, 언젠가는 찾아올 존재를 기다리며 낙원에서의 영생을 꿈꾸며, 삶의 의미를 느껴 가면서 살아갔던 것이다.

다시 말해서 그들은 지금까지 저지른 죄를 회개하며 찾아올 신을 기다리며 낙원 복귀의 희망을 가지고 살아감으로써 삶의 의미를 느껴갔던 것이다. 이렇듯 언제나 회개하면서 살아가는 사람들에게 죽음 같은 것은 별 문제가 되지 않았다. 그들은 죽은 후에도 연옥 같은 데서 혹은 교회당의 지하실 같은 데서 시체로서 신이 올 그날까지 기다리기만 하면 되는 것이었기 때문이다. 살아서 기다리나 죽어서 기다리나 별 차이가 없다고 여겼기 때문이다. 차이가 있다면, 그것은 죽으면 회개나 속죄할 기회가 없지만 살아 있으면 속죄할 기회를 좀더 많이 가질 수 있다는 것뿐이었다.

이것이 천동설 시대의 서구인들이 이 지상에서의 삶의 의미를 추구해 갔던 방식이다. 그들이 우주에 대해 가졌던 관심은 하늘에 있는 낙원으로부터의 자신들의 추방 과정이요, 그 낙원으로부터 하나님이 언젠가는 자신들을 찾아올 그날까지를 기다리는 과정이다. 그것은 하나님이 자신들의 죄를 용서해 주고 자신들을 낙원으로 인도해 갈 과정, 즉 자신들의 낙원으로의 복귀 과정이다. 이와 같이 태양이 찾아와 지구에 햇살을 내려 주고, 하늘로부터 추방당해 지구상에 살고 있는 인간들을 하늘로 거두어 간다. 그렇게 함으로써 지상에서의 인간의 일은 끝나고 역사도 끝난다. 이와 같이 천동설 시대에는 소위 천체들이 향해 가는 그 너머의 어느 한곳의 낙원으로부터 출발하여 지상을 거친 후 다시 그 낙원으로 복귀한다는 순환론적 세계관이 지배적이었던 것이다.

이 세계관은 세 개의 과정들로 이루어져 있다. 우선, 천상의 낙원에서 인간이 저지른 원죄로 인해 인간이 낙원에서 지상으로 추방되는 과정을 꼽을 수 있다. 다음은, 지상 인간들이 자신의 죄에 대한 끊임없는 회개와 천상의 신의 인간에 대한 지속적인 사랑의 결과로 이루어지는 과정, 한마디로 말해 천상으로부터의 신의 지상강림을 기다리는 과정이다. 마지막으로 신의 강림으로 생길 인간의 낙원 복귀의 과정을 들 수 있다. 이와 같이 순환론적 세계관을 이루는 각 과정들은 어떤 역사적 사건들의 결과들로 이루어진 것들이다. 그러한 의미에서 순환론적 세계관은 그 세계관을 가지고 살아가는 인간의 삶의 형태가 어떤 사건의 결과로 인해 결정된다는 의미에서 결과론적 세계관이라고도 얘기된다. 이와 같이 천동설 시대의 삶의 방식이, 기다리는 인간과 찾아올 신을 토대로 성립된 결과론적 삶의 형태라면, 그 후 지동설 시대의 그들의 삶은 찾아가는 인간과 숨어 버린 신을 축으로 이루어진 목적론적 삶의 형태를 띠고 있다.

지동설을 기초해서 성립된 서구인의 세계관은 태양 중심의 우주관, 우리 은하 중심의 우주관, 모든 은하계들로 구성된 우주 중심의 우주관 등으로 확립되어 갔다. 우선 지동설은 태양과 같은 천체가 지구를 중심으로 회전 이동하는 것이 아니라, 지구가 다른 천체와 더불어 태양을 중심으로 회전 이동한다는 주장에서부터 출발하였다. 이 태양 중심의 우주관은 우주의 중심이 태양이고 모든 천체가 우주의 중심인 태양을 중심으로 회전 운동을 하고 있으며 그 회전 운동의 원리는 중력법칙에 의한다는 입장을 기초로 성립되었다. 이 우주관을 기초로 뉴턴 이후의 서구인들은 자신들이 현재 우주의 다른 모든 천체와 더불어 끊임없이 기계처럼 정확한 속도로 중력에 묶여 태양을 타원 회전하는 지구라고 하는 한 천체 속에 살고 있다는 소위 태양 중심의 세계관을 갖게 되었던 것이다.

그러나 그 후 은하계가 태양을 회전하고 있는 것이 아니라 **태양계***가 은하계의 중심을 회전하고 있다는 사실이 밝혀지면서 그러한 세계관 또한 붕괴되고 만다. 20세기 초까지만 해도 서구인들은 태양계가 은하계의 중심에 위치해 있으며 **은하계****의 모든 별들이 태양을 중심으로 수레바퀴와 같이 회전하고 있다고 생각했

---

*태양계太陽系/the solar system : 현재와 같은 태양계의 개념이 형성된 것은 17세기 초 G. 갈릴레이의 망원경에 의한 천체관측을 시작으로 17세기 후반 I. 뉴턴의 만유인력론에 의한 혹성 운동의 해명을 통해 이루어졌다. 영어에 태양계를 의미하는 'solar system'이 처음 문헌에 나타난 것은 18세기 초이고 19세기 초 영국의 천문학자 하셰르F. W. Herschel(1738-1822)에 의한 태양계의 공간 운동의 발견을 계기로 태양계의 개념이 형성되어 나왔다. 참33 〈태양계〉

**은하계銀河系/Galaxy : 태양계의 둘레 근처에 분포되어 하나의 집단을 구성하고 있는 별들과 성간 물질들의 역학 체계를 가리킨다. 17세기 초에 G. 갈릴레이에 의해 처음으로 발견된 이래

었다. 그러나 1918년 **섀플리***에 의해 태양계가 은하계의 중심에 위치해 있는 것이 아니라 그것의 가장자리 근처에 위치해 있다는 사실이 발견된다. 그로부터 10년 만에 **오르트****에 의해 은하계를 이루는 모든 별들이 은하 중심을 축으로, 태양을 돌고 있는 행성들처럼 회전하고 있고 태양계도 그들과 함께 은하 중심을 회전하고 있다는 사실이 밝혀졌다. 이렇게 해서 은하 중심의 우주관이 형성되었고, 이것을 토대로 인간은 은하 중심을 회전하는 태양계의 한 행성에지나지 않은 지구 속에 살고 있다는 은하 중심의 세계관을 갖게 되었던 것이다.

한편 은하 중심의 우주관이 성립되는 과정에서 1929년 **허블*****에 의해 은하계의 외부에 또 다른 은하계들이 있다는 것과 그 은하계들의 이동 방향이 일정하다는 사실 등이 발견되었다. 그렇지만 서구인들은 우리 은하계가 우리 은하계 밖에 존재하는 모든 은하계들의 중심이라고 생각했었다. 그러나 1952년 미국의 천문학자 **월터바데******에 의해 우리 은하계도 외부의 다른 은하계들 중의 하나에 지나지 않는다는 것이 발견되었다. 그 결과, 우리 은하계를 포함한 모든 은하계들로 이루어지는 또 하나의 우주 공간과 그 공간 세계의 중심이 상정되었다. 그리하여

그 후 여러 천문학자들에 의해 그것이 연구되어 나왔다. 은하수Milky Way란 지구에서 본 은하단을 일컫는 말이다. 참11

*섀플리Harlow Shapley(1885-1972) : 미국의 천문학자. 미주리 대학교와 프린스턴 대학교에서 공부하고, 1914년 윌슨산 천문대 연구원, 1921년 하버드 대학교 천문학 교수겸 하버드천문대 대장이 되었다. 1913년 별의 크기를 측정하는 방법을 발견하였고, 1914년에는 구상성단球狀星團 속에 있는 별들의 주기－광도 관계를 밝히고 이를 이용하여 성단의 거리를 측정하여, 그 공간분포로부터 은하계의 모습과 규모를 추정하였다. 1918년 항성의 공간 분포에서 국부적 항성계恒星系를 생각해 내고, 1932년 외부은하들이 은하군이라는 무리를 이루고 있음을 발견하고, 은하계도 그중에 포함된 것임을 확인하였다. 주요 저서로는 《성단*Star Clusters*》(1930), 《은하*Galaxies*》(1943) 등이 있다. 참10

**오르트Jan Hendrik Oort(1900-1992) : 네덜란드의 천문학자. 1927년 은하계 자전을 확인하였고, 혜성의 궤도 분포를 연구하여 그 유래를 밝히려 했다. 또 성간 물질을 연구했고, 은하계의 크기, 거성의 생성, 은하성운, 태양 부근의 고 속도성의 이상분포 등에 대하여 논했다. 참10

***허블Edwin Powell Hubble(1889-1953) : 미국의 천문학자. 1929년 은하들의 스펙트럼선에 나타나는 적색 이동赤色移動을 시선 속도視線速度라고 해석하고, 후퇴 속도後退速度가 은하의 거리에 비례한다는 '허블의 법칙'을 발견하여 우주팽창설에 대한 기초를 세웠다. 참10

****월터 바데Walter Baade(1890-1960) : 독일 출신의 미국 천문학자. 미국의 윌슨산 천문대에서 은하계와 외부은하 관측에 종사하며 근무했다. 참10

서구인들은 우리가 소속되어 있는 우리 은하계가 다른 은하계들과 더불어 그 상정된 우주 중심을 어떤 형태로든 회전 이동하고, 우리가 소속되어 있는 태양계가 우리 은하계의 중심을 타원 회전하며, 우리가 살고 있는 지구 역시 태양계의 중심인 태양을 타원 회전하는 그러한 우주 세계에 살고 있다는 의식을 갖게 되었다. 그 결과 우리 은하계 중심의 세계관은 붕괴되었고 외부 은하계들 중심의 세계관이 형성되었다. 그리하여 17세기 후반 태양 중심의 우주관을 주축으로 확립되었던 근대 서구인들의 세계관이 20세기 전반의 은하 중심의 우주관, 20세기 중반 외부 은하 중심의 우주관 등으로 인해 여지없이 해체되어 나왔던 것이다.

서구인들은 지동설을 받아들인 이래 지구가 태양을 돌고 태양계가 은하 중심을 돌고 은하계가 그 무엇을 돌고 있는 데는 반드시 어떤 목적이 있는 것이 아닌가라는 생각을 해 보지 않을 수 없었다. 인간이란 신에 의해 만들어진 그러한 유기적 과정과 단계를 통해 신이 존재하는 낙원, 즉 천국의 중심이나 절대적 정신 세계에 이를 수 있다고 헤겔, 토인비, 화이트헤드 등이 말해 왔듯이 서구인들은 그러한 과정과 단계를 신이 인간으로 하여금 자기가 있는 낙원을 스스로 찾아오도록 인간을 위해 만들어 놓은 낙원에 이르는 에스컬레이터들이라고 생각했는지도 모른다. 이와 같이 지동설을 기초로 한 우주관이 지배했던 시대에서의 인간들의 삶의 형태는 하나의 커다란 목적 달성을 위해 모든 것이 이미 결정되어 있는 **기계론적 세계관***을 토대로 형성되었다. 서구인들은 신이 인간으로 하여금 자신이 숨어 있는 우주의 대중심에 이르게 해서 그것과의 합일合一을 통해 낙원 복귀를 달성시키려 했다고 생각해 왔는지도 모른다. 그들은 그러한 의식을 가지고 기계적으로 움직이고 있는 우주의 천체 중의 하나에서 살아왔는지도 모른다는 것이다.

*기계론적 세계관 : 기계론적 유물론機械論的唯物論/mechanical materialism과 같은 의미로서 일체의 현상이 기계적 운동에 의해 생긴다고 보는 세계관. 인간의 개인적 의지, 역사적 관점, 변증법적 발전, 유기적 전체 등을 인정하지 않는 입장이다. 기원은 운동을 본성本性으로 하는 원자atom의 집합과 이산離散으로 모든 것을 설명한 고대 그리스의 데모크리토스나 에피쿠로스의 원자론에 있으며, 근대에 와서는 T. 홉스, P. 가생디 등에 의해 계승되었다. 참40

그러한 의미에서 우리는 그들의 세계관을 **목적론적 세계관***이라말 할 수 있을지 모른다.

이 시대의 서구인들은 예를 들면 지구가 태양을 회전하는 것을 태양계가 은하 중심을 회전하기 위한 필연적 과정으로 생각했었다. 따라서 이 시대의 모든 과정들은 신에게로 보다 가깝게 가기 위한 어떤 단계를 만들기 위한 수단이었고, 인간의 삶은 주어진 과정을 통해 소정의 목적을 달성하되 그 과정이 다음 단계의 과정과 연결될 때에만 의미를 가질 수 있었다. 그래서 이 시대의 인간들의 삶은 정해진 목적을 달성하기 위한 무수한 과정들로 이루어져 있고, 그 과정들의 결과에 의해 그 성패가 결정되었다. 이 경우 삶의 성패에 대한 판단기준은 인간의 영혼이 그 대 중심에 이르는 데 그 삶이 어느 정도 도움이 될 수 있는 것인지 어떤지의 것이라 할 수 있다.

이 시대의 지상에서의 유럽인들의 존재목적은 신의 영역에 이르는 것이었고, 또 그들 하나하나의 행동들은 그것을 위한 소기의 목적을 달성하기 위한 수단들로 여겨졌다. 그들은 그것을 위한 소기의 목적이 달성되어졌다고 생각되었을 때에만 각각의 행동들을 통해 삶의 의미를 느꼈던 것이다. 그러니까 그들에게 낙원 복귀의 길은 두 가지였다. 하나는 보다 깊이 회개하면서 보다 적극적 인간으로, 더 멀리 더 깊이 숨어 버린 신을 찾아내는 방법이다. 다른 하나는 우선 우주의 대 중심을 찾아내서 그곳으로 잠입해 들어가 그곳에서 군림하는 신을 찾아내 빛에 의해 질서 지어진 이 우주의 밖으로 추방시켜 버리는 것이었다.

20세기로 들어와 외부 은하계들 중심의 세계관과 함께 우주폭발팽창설을 토대로 한 또 다른 세계관이 서서히 부상해 왔다. 그것이 최근 유럽인의 세계관으로 자리 잡은 과정을 살펴보면 다음과 같다. 우주폭발팽창설은 우주팽창론, **대폭발설****, 블랙홀 이론, 포말 이론, 진공팽창 이론 등을 토대로 성립되어 나왔다.

*목적론적 세계관目的論的世界觀 : 인간의 행위, 역사적 현상, 우주의 현상 따위를 목적론으로 설명하려는 세계관. 기독교의 세계관이 그 한 예이다. 참9

대폭발설大爆發說/big bang theory : 허블의 우주팽창설을 기초해 우주 내의 모든 물질을 포함했던 초원자가 폭발해 우주가 생성되었다는 설로 1922년 A. 프리드만과 르메트르가 최초로 제안한 우주팽창론이 최초로 제기된 것은 1922년 소련의 수학자 **알렉산더 프리드만*에 의해서였다. 그는 수백억 년 전에 폭발로 인해 생겨난 우주가 지속적으로 팽창해 감에 따라 우주의 온도와 밀도가 내려가 원소, 은하, 별 등의 천체가 형성되고 진화되어 현재의 상태에 이르게 되었다는 입장을 제시했다. 그는 현재도 우주가 계속 팽창해 가고 있는데, 우리가 앞으로도 영원히 이 팽창이 계속될 열린 우주에서 살아가고 있을지, 아니면 그것이 어느 시점에서 정지되어 다시 우주가 수축되는 닫힌 우주에서 살아가고 있을지에 대한 문제와 관련시켜 일찍이 '열린 우주'와 '닫힌 우주'라는 두 우주 모델을 제시하였다.

1929년 허블은 외부 은하계들의 관측 자료를 토대로 외부 은하계들이 우리 은하계와의 거리와 비례하는 속도로 멀어지고 있다는 사실을 발견해 냄으로써 우주팽창의 직접적 증거를 제시하였다. 1981년에도 진공팽창 이론이 제기되어 우주팽창설이 일반화되어 나왔는데, 우주의 팽창은 어떻게 시작되었으며 앞으로 그것이 어떻게 전개될지가 문제의 핵심이었다. 한편, 1927년과 1931년에 벨기에의 천문학자 **르메트르****가 대폭발 이론을 제시하고, 또 1946년 **조지 가모프*****가

우주론을 말한다. 우주가 점과 같은 상태에서 약 200억 년 전에 대폭발이 일어나 팽창하여 현재에 이르고 있다는 이론이다. 빅뱅론이라고도 하며, 먼 은하일수록 우리은하와 빠르게 멀어진다는 사실, 3K의 우주배경복사 등을 근거로 한다. 참10

*알렉산더 프리드만Alexander Friedmann(1888-1925) : 러시아 기상학자·물리학자. 허블이 천체 관측을 하기 전인 1922년 팽창우주론을 제시. 우주상수가 포함되지 않은 원래의 아인슈타인 방정식을 이용하여 은하들이 매우 빠른 속도로 서로 멀어져 가고 있음을 증명하였다. 참24, 66-67면

**르메트르Georges Lemaitre(1894-1966) : 벨기에의 천문학자·우주론자. 우주가 조그만 원초原初 '초원자超原字'의 대폭발로 시작되었다는 현대의 대폭발 이론大爆發理論을 만들었다. 토목공학자였던 그는 제1차 세계대전 동안 벨기에 군대의 포병장교로 복무했다. 전쟁이 끝난 뒤 신학교에 입학해 1923년에는 사제로 임명되었다. 1923-1924년 케임브리지 대학교의 태양물리연구소에서 1925-1927년에는 미국 케임브리지의 매사추세츠공과 대학에서 공부했는데, 여기서 우주팽창에 관한 미국의 천문학자 에드윈 허블과 할로 섀플리의 이론을 접하게 되었다. 1927년 루뱅 대학교의 천체물리학 교수가 되면서 대폭발 이론을 제안했다. 이 이론은 아인슈타인의 일반상대성 이론으로 은하들의 후퇴를 설명했다. 우주팽창론은 네덜란드의 천문학자 빌렘 드지터에 의해 전에도 논의된 바 있지만, 조지 가모프에 의해 개선된 르메트르의 이론이 우주론을 주도하게 되었다. 그의 저서로는 《우주 진화에 대한 논의》(1993)가 있다. 참17

***가모프George Anthony Gamow(1904-1968) : 러시아 태생의 미국 물리학자. 우크라이나 오데사 출생. 원자핵 이론, 특히 α 붕괴 이론에 처음으로 양자 이론을 적용하여 가이거 누탈의 법칙

초기 우주의 조밀한 상태는 열핵 반응이 일어날 만큼 뜨거웠을 것이라는 설을 제안함으로써 대폭발설이 성립되었다. 이 설에 의하면 우주는 최초에는 원자핵의 밀도 정도로 대단한 고온·고밀도로 응축되어 있었는데, 그 후 그것이 폭발함으로써 팽창하기 시작했고 팽창함에 따라 온도가 내려가 수소H의 원자핵으로부터 헬륨He이 형성되어 나왔다는 것이다.

그 후 1974년 스티븐 호킹의 블랙홀 이론과 1981년의 **포말 이론***에 의해 대폭발 과정이 보다 구체적으로 파악됨으로써 현재의 폭발우주팽창론이 정립되게 되었다.

스티븐 호킹은 우주팽창모델과 대폭발설을 받아들여, 우주에는 출발점이 있었고 거기에서 일체의 물질은 한 점에 집중되어 있었음을 증명하고 싶었던 것으로 파악된다. 그는 대폭발 과정의 분석을 통해 어떻게 우리 우주를 구성하는 시공, 즉 현재 우리에게 지각되는 공상적인 시간과 공간이 창출되었는지, 네 개의 힘이 어떻게 분리되었는지, 물질들이 어떻게 생성되었는지 등을 수학적으로 설명하고자 했다. 그 과정에서 그가 집중적으로 관심을 쏟은 부분이 블랙홀의 탄생 과정이었다. 그때까지만 해도 블랙홀은 물체를 삼키기만 하고 빛조차도 빠져 나갈 수 없는 천체의 일종이라는 견해가 일반적이었다. 그러나 1974년 스티븐 호킹은 원자에서 빛이 나오는 현상, 즉 원자핵이 붕괴되면 양자가 서서히 흘러나오는 양자붕괴를 모델로 해서 블랙홀이 물질을 흡수할 뿐만 아니라 입자를 방출하고 있으며 그로 인해 차츰 수축하여 마침내 폭발하게 된다는 입장을 제안하

Geiger-Nuttall's law을 도출했다. 또한 핵 반응론의 지식을 기초로 천체의 구조와 원소의 기원을 풀이한 항성 진화론을 발표하였다. 또한 일반인의 과학 계몽에도 기여하였다. 참10

*포말 이론the foam theory/泡沫理論 : 거품우주론이라고도 한다. 프린스턴 대학교의 천체물리학자 J. 리처드 고트Richard Gott가 1917년 처음으로 거품우주론을 연구하기 시작하였다. 1980년대 이후부터 스티븐 호킹 등에 의해 일반화된 우주론이다. 리처드 고트의 가설에 의하면 우리들의 우주란 대단히 크면서도 한정된 밀도의 뜨거운 액체 속의 거품처럼 무한수의 우주들 가운데 하나일 뿐이며, 그의 계산에 따르면 우주 하나하나가 팽창의 각도에서 본다면, '열려 있고' 무한하며 영원히 식지 않고 커진다. 한 세대 동안 대폭발론은 단단히 제구실을 해 왔으나 여러 문제점이 드러나 다른 우주론들이 주목받고 있다. 그중의 하나로 대표적인 우주론이 거품우주론이다. 1981년 시작된 이 우주론은 대폭발설의 문제점을 거의 제거한다. 그러나 다른 한편으로는 전혀 다른 문제를 일으킬 수 있다. 참24, 135-150면

게 되었다.

그는 이러한 제안을 통해 블랙홀의 생성 과정을 다음과 같이 설명한다.

> 어떤 별이 핵연료를 다 태워 버리고 밖으로 향한 압력을 유지할 수 없게 되면 그 별은 중력 때문에 붕괴되기 시작한다. 별이 찌그러져 작아지면 작아질수록 별 표면의 중력장은 강해져서 탈출 속도(어떤 물체가 중력장으로부터 탈출해 나갈 수 있는 속도가 그만큼)가 커지게 된다. 별의 반지름이 30km가 되면 중력장으로부터 물체의 탈출 속도는 초속 30만 km가 되는데 이것은 빛의 속도이다. 별이 더 찌그러져 그 이후에는 별에서 방출된 어떠한 빛도 무한한 저편으로 날아가지 못하고 중력장으로 되돌아오게 된다. 특수상대성 이론에 따르면, 어떤 것이든 광속보다 더 빨리 움직일 수 없기 때문에 빛이 도망치지 못한다면 어떤 것도 도망치지 못하는 것이다. 이렇게 해서 블랙홀이 생긴다. 블랙홀이란 무한한 저편으로 뛰쳐나갈 수 없는 시공이다.[28]

또 그는 많은 작은 블랙홀들이 우주에 흩어져 있을지도 모른다고 말한다. 그것은 별의 중력 붕괴로 생겨난 것이 아니라 우주의 기원인 대폭발 과정에서 생겨났던 것들로서, 대폭발 과정에서 우주의 중심부에 있는 물질이 주위의 강력한 힘에 의해 짓눌려져 10억 톤 정도의 물질로 부서져 만들어진 것들이라고 한다.

그렇다면 이와 같은 것들은 대폭발 과정에서 어째서 그렇게 많이 생겨날 수 있었던 것일까? 이 문제는 당시의 대폭발설로는 해결될 수가 없었다. 그래서 그가 제시해 낸 것이 바로 그간의 대폭발 이론의 결함을 제거해서 만든 1981년의 포말泡沫 이론이었다. 대폭발설에서는 하나의 점이 폭발해서 우주가 되었다고 했는데, 이 이론에 의하면 우주는 태초에 에너지화된 대단한 고온·고밀도의 입자들로부터 출발되었다는 것이다. 다시 말해 그러한 입자들이 무질서하게 혼합되어 있었는데, 그것들이 순식간에 팽창되는 바람에 그것들이 별안간 열을 잃고 초고속으로 냉각됨에 따라 그 과정에서 일어난 냉각 현상으로 인해 생긴 초냉각대에 방대한 음중력의 에너지가 쏟아져 내려 폭발이 일어났다. 그 폭발 과정에서 생긴 포말들 하나하나가 우리 은하계와 같은 독자적인 우주가 되었다는 것이다.[29] 이와 같은 블랙홀에 관한 정보를 기초로 스티븐 호킹은 이상과 같이 별들이 폭발되어 새로운 별들로 탄생되는 과정이나 우주의 대폭발 과정에서 현재 존재하는 블랙홀들이 생겨난 것들이기 때문에 그것들의 생성과 소멸 과정을 통해 우주의 생성과 소멸을 파악할 수 있다는 입장을 표명했던 것이다.

이상과 같이 고찰해 볼 때, 현대 서구인의 외계은하 중심의 우주관을 주축으로 형성되어 나온 삶은 그러한 폭발우주팽창관에 입각해 행해지고 있는 삶이라고 규정된다. 그렇다면 그들은 그러한 세계관을 토대로 어떤 식의 삶을 살아가고 있는가?

2. 폭발우주팽창관과 현대 서구인의 존재 양식

우리가 앞에서 지적했듯이, 17-19세기의 서구인의 삶이란 비유적으로 말해 태양 중심설, 우리은하계 중심설, 외부은하계 중심설 등의 우주관들을 토대로 하여 그것들의 중심에서 존재하고 있을지도 모른다고 생각되었던 신을 찾아가는 삶이었다고 말할 수 있다. 그래서 그들의 삶은 그러한 목적 달성을 위한 삶이었고, 삶의 의미는 그 목적 달성을 이행해 가는 과정에서 생성되었다. 그 시대의 전기를 살았던 파스칼Blaise Pascal(1623-1662)은 바로 여기서 그곳에 있을 신을 '생각하는 갈대roseau pensant'와도 같은 존재가 바로 인간이라고 하였다. 또 그 시대의 후기를 살았던 **키에르케고르***도 신이 없는 바로 여기에서 놀라움과 공포로부터 그곳

*키르케고르S. A. Kierkegaard(1813-1855) : 19세기 덴마크의 철학자이자, 신학자, 실존주의의 선구자로 보고 있다. 그는 대중의 비자주성과 위선적 신앙을 엄하게 비판하였다. 그의 활동은 활발하여 1843-1846년의 짧은 기간에《이것이냐 저것이냐》(1843),《반복》(1843),《공포와 전율》(1843),《불안의 개념》(1844),《인생행로의 여러 단계》(1845) 등과 같은 이른바 미적 저작과《철학적 단편》(1844) 등의 철학적 저작을 모두 익명으로 출판하였고, 이 밖에도 그리스도교에 관한 많은 교화적인 강화講話를 발표하였다. 그 후 저술에 싫증이 난 그는 시골의 목사가 되어 조용한 생활을 보내고 싶어 했다. 그러나 이때에 풍자신문《코르사르》에 그의 작품과 인물에 대하여 오해에 찬 비평이 실려, 그것을 둘러싸고 격렬하게 논쟁하는 사이에, 또 다시 그리스도교도로서의 새로운 정신활동과 저술을 향한 의욕이 용솟음쳤다. 그는 신문의 무책임한 비평과 세간의 비웃음에도 굴복하지 않고, 한편에서는 대중의 비자주성과 위선적 신앙을 엄하게 비판하였다. 다른 한편에서는 절망의 구렁텅이에서 단독자單獨者로서의 신神을 탐구하는 종교적 실존의 존재 방식을《죽음에 이르는 병》(1849),《그리스도교의 수련》(1850) 등의 저술을 통해 추구하였다. 1909년부터 독일에서 그의 번역집이 출판되어 당시 신진이었던 P. 바르트, J. H. 하이데거, K. 야스퍼스 등의 변증법 신학자와 실존주의자에게 커다란 영향을 주었고, 그로부터 그의 명성은 현대 그리스도교 사상과 실존 사상의 선구자로서 세계에 알려졌다. 참10

에 있는 신을 향해 비약하고, 또 절망을 초극하려 하는 것이 바로 인간이라 하였다. 이와 같이 그 시대의 인간들은 자신들의 삶이나 행동들이 인간의 절대적 존재로 향해 가는 인간의 대사업에 어떠한 형태로든 기여해야 한다는 생각을 갖고 있었다. 그것이 확인되었을 때에만 인간은 삶의 의미를 느낄 수 있다는 입장을 취해 갔던 것이다.

그러나 20세기로 들어와 그들은 자신들이 추구해 가는 세계가 언젠가는 태양, 지구, 우주의 대폭발 등으로 인해 무로 돌아가 버리고 말 것이라는 사실을 알게 되자, 그들은 그때까지 자신들이 찾고 있었던 신이 존재하지 않을지도 모른다는 생각을 갖게 되었다. 설혹 자신들이 찾고 있었던 신이 존재한다 하더라도 인간을 시시포스로 만드는 신을 더 이상 원치 않게 되었던 것이다. 서구인들은 폭발우주 팽창관이 성립됨으로써 서구인들은 자신들이 무無에 던져져 있는 존재라는 생각을 확고히 하게 되었던 것이다. 그래서 그들은 그때까지의 목적론적 삶의 방식을 던져 버리고 시시포스의 경우처럼 무신론적 입장을 취하게 된다.

처음에는 시시포스의 경우처럼 자신의 노동이 어떤 결과를 가져오지 못하고 허무로 끝나 버린다는 데 괴로움을 느꼈다. 삶의 과정에서 어쩔 수 없이 행해야 하는 모든 일들이 한낱 포말에 지나지 않는다는 데서 오는 삶의 허무감은 말할 것도 없고 그러한 허무한 짓을 영원히 반복해야 된다는 사실에 경악하지 않을 수 없었다. 그래서 그들은 인간의 존재란 어떤 이념이나 신의 어떤 원리가 구체화된 것이 아니고, 다만 이곳에 이렇게 있을 따름인 존재라 생각했고, 또 그들은 차라리 절망하고 있는 것이 논리적으로 정확하고 정신적으로 건전한 것이 아닌가라는 생각을 갖게 되었다. 허무에 빠져 있는 것이 어떤 진리에 빠져 있는 것은 아닌가라는 생각까지 하게 된 것이다.

그 다음 단계로 그들은 《시시포스의 신화》를 통해 던져진 카뮈의 제안을 받아들인다. 카뮈에 의하면 시시포스의 진정한 고통은 그가 바위를 지고 산언덕을 오를 때에 있지 않다는 것이다. 그것은 단지 육체적 고통으로서 한 발짝 한 발짝 조심스럽게 산을 올라가는 과정에서 잊혀질 수 있는 고통이기 때문이다. 오히려 바위가 다시 굴러떨어진 후, 다시 그것을 끌어올리기 위해 바위를 향해 내려가며 이러한 허무한 짓을 영원히 반복해야 한다는 사실을 의식하게 될 때 진정한 고통이 있다는 것이다.

여기서 카뮈는 시시포스에게 '신을 경멸해 버리고 허무한 짓을 영원히 해야 한다는 의식 그 자체를 의식하지 말라'고 제안한다. 그렇게 한다면, 바위가 언덕에서 굴러떨어지는 순간부터 자신은 바위로부터 해방되어 언덕 아래로 떨어져 내린 바위에 이르기까지 밑으로부터 불어 올라오는 바람을 쐬며 언덕 아래에 펼쳐진 대자연의 아름다움과 자유를 만끽하게 될 것이라는 것이다. 이와 같이 카뮈는 존재의 허무의식에 대한 극복 방법으로서, 신을 무시해 버리는 무신론의 입장에서 인간에게 주어진 운명을 받아들이되 그것에 얽매이지 않고 인간 스스로가 주체적으로 의미를 찾아 삶을 실현해 가야 한다는 입장을 제시했다.

카뮈는 인간이 폭발팽창의 우주설을 인정하면서 미래를 위한 목적론적 삶을 살아가는 한 틀림없이 인간의 운명은 시시포스의 운명일 수밖에 없다고 주장하고 있는 것이다. 그것은 인간이 이 지상에서의 어떠한 노력들의 결과도 결국은 우주의 수축을 통한 또 다른 폭발을 통해 무로 없어져 버릴 것이고, 또 다시 인류가 수축과 폭발을 통해 다시 형성된 우주에 탄생해 인간의 낙원을 건설해 간다 하더라도 결국은 또 다시 찾아올 수축과 폭발을 통해 소멸해 버릴 것이라는 확신이 그에게 있었기 때문이었을 것이다.

그 정도에 그치지 않고, 카뮈는 시시포스가 굴러 떨어진 바위를 주워 올리기 위해 언덕 아래로 내려가면서 다시 올라올 때와 내일을 왜 생각해야 하느냐는 것에 주목한다. 앞을 생각한다고 해서 앞이 없어지는 것이 아니다. 오히려 그것은 바위로부터 해방되어 즐겨야 할 현재가 없어질 뿐인 것이다. 그럼에도 불구하고 왜 인간은 자유로운 현재에서 앞을 생각해야 하는가? 카뮈에 의하면, 유럽인에게서의 그러한 현상은 그때까지의 자신들의 존재가 신이나 절대적 존재에게로 향해진 존재였기 때문이라는 것이다. 그래서 그는 인간이 현재에 충실하기 위해서는 신의 존재를 인정하지 않아야 한다고 주장하는 것이다. 여기서 신으로 향해진 존재란, 신을 찾아가는 존재, 즉 목적을 가지고 움직이는 존재라는 뜻으로써 미래 지향의 목적론적 삶을 살아가는 존재로도 해석된다. 결국 카뮈는 시시포스의 삶을 통해 현재를 죽이면서 미래지향의 목적론적 삶을 살고 있던 당시의 유럽인들을 경고했던 것으로 보인다. 카뮈는《시시포스의 신화》를 통해 현대인은 시시포스의 경우처럼 바위를 메고 뚜벅뚜벅 현재를 밟고 짓눌러 내리는 고통을 맛보며 삶의 언덕을 걸어 올라가는 존재임을 이야기하고자 한 것이다.

인간의 존재가 구원이 없는 현재에 던져진 존재라고 하는 측면에서 우리는 인간의 존재를 실존적 존재라 말하고 있다. 그런데 여기서 살펴본 바대로, 인간의 실존적 의식이 현대 유럽인들에게 형성된 것은 폭발우주팽창론이 부상하면서부터였다. 팽창되었다가 다시 수축되고 그것이 다시 폭발되어 형성된 우주는 무수한 원자들로 이루어진 세계이다. 저마다의 고립된 세계를 가지고 뿔뿔이 흩어져 있는 원자들로 구성된 세계이다. 팽창했다가 수축되어 다시 폭발하는 과정이 영원히 반복되는 우주에서의 인간들이란 어떤 목적을 가지고 존재해야 할 아무런 이유가 없다. 그냥 아무런 의미도 없이 인간들도 이 원자들의 경우처럼 우주를 이루는 하나의 구성인자로서 그냥 우주 속에 존재해 있을 따름이다. 그런 우주 속에서 바로 그렇게 살아가는 것이 인간의 참모습일 수도 있다. 이러한 의미에서, 우주의 폭발팽창설을 바탕으로 성립된 세계관을 원자론적 세계관이라 말할 수 있고, 그러한 세계관을 토대로 형성된 삶을 실존론적 삶이라 일컬을 수 있다.

그렇다면 실존론적 삶의 형태에서의 존재의 의미는 어떻게 느껴질 수 있는가? 카뮈는《시시포스의 신화》를 통해 인간 생존의 부조리성을 적극적으로 자각해 생존의 무의미함과 싸워 가면서 생존의 의미를 느낄 수밖에 없다는 입장을 취하고 있다. **하이데거***는**《존재와 시간》****의 서설에서 존재의 의미를 물으면서 존재의 의미란 인간의 실존적 상황에 대한 이해로 느껴질 수 있는데 존재의 그러한

---

*하이데거Martin Heidegger(1889-1976) : 독일의 실존주의 철학자 후라이부르크 교수. 훗설의 현상학을 해석학적, 존재론적 방향으로 발전시킨 현대 독일의 실존철학의 대표자. 그의 철학은 존재하는 자들의 존재 의미를 규명해 내는 것을 궁극적 목적으로 했다. 참13

**《존재와 시간*Sein und Zeit*》(1927) : 하이데거의 실존철학의 기초를 구축한 명저. 인간 존재의 '세계 내 존재'로서의 걱정과 개시성開示性 등의 여러 문제들을 끌어내서 실존의 구조를 시간성의 평면에 놓고 고찰하고 있다. 참40〈하이데거〉

의미란 무無에 걸려 있는 인간의 실존적 상황으로부터 느껴지는 절망이나 불안과 같은 것이라 하였고, 존재의 그러한 의미로서의 절망이나 불안은 존재와 현재와의 통일을 통해 극복될 수 있다는 입장을 보였다.[30] 사르트르Jean-Paul Sartre는 존재가 무에 던져져 있다고 하는 것은 절망이 아니라 자기의 책임하에 미래를 창조하기 위한 선택을 자유롭게 할 수 있다는 의미에서 오히려 희망적일 수 있다는 입장을 제시했다.

그렇다면 사르트르에 의해 제시된 미래는 과연 어떠한 미래인가? 그의 그러한 실존 사상을 작품화시킨 《구토》*에서 주인공 로캉뎅은 어떠한 형태이든지 간에 삶의 의미를 느끼며 살아보기 위해 파리로 나가기 직전 카페의 축음기 속에서 들려오는 노랫소리에 마지막 관심을 보인다. '나처럼 살아야지, 적당히 괴로워해야지'라는 말이었다. 그 노랫소리에는 앞으로의 로캉뎅의 파리 생활을 예견해주는 말이었다. 이러한 말을 토대로 생각해 볼 때 사르트르가 우리에게 제시하는 미래는 고통이 없는 미래가 아니다. 현재와 같이 괴로워하면서 살아가는 세계이다. 그러나 그 세계에서 인간의 고통은 신이 아닌 인간 바로 그 자신의 선택에 의해 만들어진 것이기 때문에 받아들여질 수 있는 고통인 것이다. 따라서 사르트르에 의해 제시된 미래는 시시포스가 신의 존재를 무시해 버리고 바위로부터 해방된 즐거움과 바위에 짓눌리는 고통을 함께 맛보면서 언덕을 오르내리며 살아가듯이 인간 자신의 선택에 의해 만들어지는 희열과 고통을 함께 맛보며 살아가는 세상이다.

로캉뎅은 이러한 생각을 딛고 한걸음 더 전진한다. 그 가수는 이미 죽었을 것이다. 그러나 그의 노래는 젊고 힘차게 그대로 남아 현재 여기에 있는 나를 기쁘게 한다. 저 노래가 현재 여기에 있는 나를 기쁘게 했다면 우선 저 노래는 나에게 가치가 있는 것이다. 만일 그 가수가 그전에 누군가가 불렀던 노래를 듣고 자신이 기뻐했듯이 그 누군가도 자신의 노래를 듣고 기뻐할 것이라 생각하고서 노래를

*《구토*La Nausée*》(1938) : 서구의 현대 실존주의 소설의 모델작으로 평가되고 있는 작품으로서 사르트르의 실존주의 사상이 작품화된 것이다. 인간이 죽으면 완전 무로 돌아가게 되는 이 세상에서 인간은 과연 어떻게 살아가야 하는가의 문제를 다룬 작품이다. 필자 보충 설명

부르고 기뻐했다면, 저 노래는 그 가수에게도 충분히 가치가 있었던 것이다. 그렇다면 내가 죽은 후에도 여기에 남아 있는 실존하는 인간들을 기쁘게 할 그 무엇인가를 만들면서 그것이 저 노래처럼 남을 기쁘게 할 것이라고 기뻐하면서 살아갈 수도 있지 않겠는가? 그는 파리행 기차를 기다리면서 앞으로 자신이 무슨 일을 할 것인가를 생각하게 된다.

이상과 같이 우주의 폭발팽창설을 토대로 성립된 원자론적 세계관을 갖고 살아가는 현대 유럽인들은 그 전의 목적론적 삶의 경우처럼 미래의 어떠한 시점으로부터가 아니라 현재 자신의 인식 대상으로부터 느껴지는 느낌으로부터 자신의 존재 의미를 찾으려 한다. 그래서 그들은 보다 풍요로운 자신의 존재 의미를 창조해 가는 과정에서 20세기 후반으로 들어와 현존하는 인간과 사물과의 관계를 보다 체계적으로 연구하게 되었다. 그 결과 예술 분야로부터는 **누보 로망***이라고 하는 소설 양식과 **포스트모더니즘**** 등이 탄생했고, 사회과학 분야으로부터는 **구조주의*****가 인문과학human science 분야으로부터는 **후기구조주의******가 성립되었다. 누보 로망 계열의 소설은 작품 내 세계의 현재에 처해 있는 주인공과 그 주인공의 의식 대상인 물체들과의 어떤 관계가 추구되어 주인공의 의식과 의식 대상에 의해 통일된 세계가 묘사되어 있다. 포스트모더니즘의 경우 현재 실존해 있는 인간의 의식이 그 의식 대상으로부터 잡아낸 세계를 표출해 내는 방법이 추구되었고, 후기구조주의는 실존하는 인간, 즉 현재 여기에 존재하는

---

*누보 로망nouveau roman : 프랑스에서 1950년대에 출현한 것으로 종래의 소설과는 이질적 형태를 취한 '새로운 소설'을 지칭하는 용어이다. 19세기에 확립된 낭만주의, 사실주의, 자연주의 등의 소설들은 인간에게 고유의 성격이 있다는 것은 자명한 이치라는 입장을 취해 개개인이 지닌 고유한 성격들의 대립관계를 통해 작중 세계의 사건들을 성립시키고 발전시켜 나갔다. 그러나 누보 로망은 인간에게는 고유의 성격이 있다고 하는 자명성을 부인하려는 입장을 취했다. 시몽Claude Simon, 로브그리예Alain Robbe Grillet 등과 같은 누보 로망의 작가로 취급됐던 작가들은 인간과 물체와 자연과의 관계를 비인간화시켜 작중 세계를 재구성시켜 나갔다. 참41

**포스트모더니즘postmodernism : 모더니즘이 인간의 합리주의 사상에 입각해 전근대적 전통적 권위나 기성도덕에 반대해 자유와 평등, 시민 생활과 기계문명 등을 찬양하는 사상 내지 예술상의 풍조를 가리키는 말이라면, 포스트모더니즘은 합리주의에 입각한 모더니즘이 한계성을 어떠한 형태로든지 극복해 보려는 예술상의 풍조를 가리킨다. 모더니즘이 이성적 사고에 입각한 것이라면 포스트모더니즘은 감성적 내지 감각적 사고에 입각한 것이라 할 수 있다. 참40〈모더니즘〉

인간들과 그들을 둘러싼 기호들 간의 의미 현상이 추구되었다.

이상과 같이 서구의 지성인들은 폭발우주팽창론의 부상을 계기로 지금까지 우주의 중심 어딘가에 인간을 구제할 신이나 그 무엇이 존재하고 있을 것이라는 생각을 완전히 버리고, 현재 자신들에게 느껴지는 느낌들, 예를 들면 시각, 청각, 후각 등으로 느끼는 느낌들을 통해 존재의 의미를 찾아보려는 입장을 취하게 되었다. 다시 말해 서구의 현대인은 미래의 어떤 한 시점에서 현재의 인간의 문제가 한꺼번에 풀릴 것이라는 희망을 통해 존재의 의미를 느껴 가는 것이 아니라, 현재 여기에 실존해 있는 인간이 자신의 현재의 실존적 토대와의 통일성을 추구해 가는 과정에서 느끼는 고통이나 희열을 통해 존재의 의미를 추구하려는 입장을 취해 갔던 것이다.

3. 21세기의 세계관과 인간의 존재 형태

앞으로 서구인들은 현재 자신들의 폭발우주팽창관을 어떻게 소화해서 어떤 세계관을 정화시켜 어떤 식으로 자신들의 존재 형태를 취해 나갈 것인가? 우선 그들은 동양인의 공간 관을 참작하여 자신들의 유한우주관을 무한우주관으로 전환

***구조주의structuralism : 구조주의는 F. 소쉬르의 기호학을 기초로 해서 출발하였다. 그는 20세기 초에 주네브 대학에서 일반언어학을 강의하고 있었다. 그는 그때 경제학과 경제사가 사회과학으로부터 분리되어 나오는 것에 주목하고 그때까지의 언어 연구가 언어사言語史에 지나지 않았다라고 생각한 끝에 당시 사용되고 있는 언어의 존재 양태에 대한 연구를 언어학으로 한다는 입장을 취했다. 경제학과 언어학이 모두 가치를 취급하는 학문인데, 그 경우 가치란 관계 속에서 결정된다. 주어진 사회 집단(동일언어 집단)에서의 모든 관계들의 주체는 체계system로 생각할 수 있다라는 입장을 취하게 됐던 것이다. 사후 그의 제자들은 그들의 강의노트를 기초로 해서 《일반언어학강의》(1916)라는 책을 간행했다. 그 책은 '체계systems'를 '구조structures'로 바꾸어 놓았고, 또 그것은 소위 구조언어학을 정착시켰다. 그로부터 30여 년 후 레비스트로스는 문화인류학에 이 방법을 적용시켜, 《친족의 기본 구조》(1947) 등에서와 같이 인간을 유기적 전체(구조)와의 관계 속에서 파악하려는 입장을 취했다. 또 그는 《야성의 사고》(1962)에서는 사르트르의 실존주의적 입장을 근대 서구사회의 인간만을 모델로 한 역사주의의 산물이라는 비판적 입장을 취했다. 그러자 세인들은 사르트르의 실존주의에 대립시켜 그것에 대항해 갈 수 있는 새로운 사상으로서 구조주의란 용어를 만들어 내기에 이르렀던 것이다. 참41, 375면

****후기구조주의poststructuralism : 구조주의가 1960년대에 레비 스트로스 등을 중심으로 해서 청각기호, 언어 표현과 언어 내용의 구조, 화자와 청자의 구조 등을 기초로 해서 성립되어 나왔다고 한다면, 후기구조주의는 1970년대에 J. 데리다 등을 중심으로 해서 시각기호, 책과 독자와의 구조를 토대로서 성립되어 나온 것이라 할 수 있다. 필자 보충 설명

시켜 갈 것으로 예상된다.

동양인들의 공간에 대한 의식은 '빈 공간'에 대한 의식으로 출발해 그것에 들어 있는 '내용물'에 대한 의식으로 전개되어 간다. 이 경우 공간은 크고 그것에 들어 있는 내용물은 작다. 그래서 동양인들의 공간은 언제나 넓게 보이고 여유 있게 느껴진다. 동양인 화가에 의해 잡혀진 공간은 언제나 무한대에 연결된 열려져 있는 공간이다. 이에 비해 서구인의 공간의식은 어떤 물체에 대한 의식에서부터 시작되어 그 물체가 점유하는 공간에 대한 의식으로 전개된다. 그들의 공간은 물체에 의해 점유당한 공간을 의미한다. 그래서 그들의 공간은 언제나 좁게 보인다. 화폭에 담겨진 공간도 무언가에 의해 폐쇄돼 닫힌 공간이다.

공간에 대한 동·서양인들의 이와 같은 차이는 동양인에게서의 공간이란 무한한 것이고 서양인에게서는 유한하다는 인식이 있었기 때문이다. 동양인에게서의 공간이란 물체의 밖에 있는 공간 내지 물체를 둘러싸는 공간, 아니면 물체 밖의 빈 공간과 물체가 점유하는 공간까지를 의미한다. 그러나 서양인에게서의 공간이란 물체가 점유할 바로 그 공간만을 의미한다고 볼 수 있다.

이와 같은 공간에 대한 개념이 바탕이 되어 동양인은 우주가 유한하다는 생각을 감히 하지 못한다. 그러나 서양인의 경우 현재까지도 유한우주관을 고수하고 있다. 서양인의 그러한 우주관은 현재 우리와 우리가 존재하는 세계를 지배해 가는 질서에 의해 일관된 천체들과 그것들이 점유한 공간의 세계를 우주로 본다는 데서 비롯된다. 그들은 그러한 세계가 분명 유한하고, 또 그것이 너무 커서 그 너머의 어떤 빈 공간을 상상할 수 없다는 입장이다. 그러나 동양인의 경우는 그러한 세계가 유한하다면 그 유한한 세계의 밖에는 반드시 빈 공간이 있고, 또 그 빈 공간은 현재 우리를 지배하는 질서 체계와는 다른 차원의 질서에 의해 일관되어 있는 공간일 수도 있다고 생각하고, 또 그 빈 공간의 어딘가에 또 다른 천체가 있을지도 모른다고 생각한다. 근래에 서구인들에 의해 순수한 진공이란 있을 수 없다, 어떠한 순수한 진공 상태도 입자로 채워져 있다는 이론이 제기되었다. 그들의 그러한 진공관도 그들의 유한 공간관에 입각해 나온 것이라 할 수 있다.

이와 같은 동양인의 공간관으로 현대 서구인의 폭발우주팽창설에 접근해 볼 때 그들의 유한우주관에 대한 논란의 여지는 많다. 폭발우주팽창설에 의하면 우주는 하나의 점으로부터 출발되었다. 그 점이 폭발해 팽창해서 현재 우리에게 알려진 우주가 되었다. 그 점의 폭발 시점이 우주에서의 최초의 운동시점이다. 그 운동을 시발점으로 우리의 시간과 공간이 생성되었고, 현재 우주에 있는 모든 것들의 존재가 시작되었다. 따라서 그 이전은 결코 상상될 수 없는 영역으로 받아들이고 있는 것이다. 현재 그들이 생각하는 우주는 열, 광자, 천체 등으로 이루어진 공간으로서 중력장의 일종으로 일컬을 수 있는 공간이다. 그 공간은 온도차와 같은 물리적 현상이 존재하지 않는 절대 공간으로 감싸여 있는 공간을 가리킨다. 이것이 현대 서구인의 우주관이다. 그러나 동양인에게는 현재 그들의 그러한 우주관이 좀처럼 납득되지 않는다. 그 이유는 그 점이 폭발되기 이전에 그것이 어떤 공간에서 어떻게 존재해 있었는지, 또 그 점이 어떻게 만들어졌는지에 대한 의문이 가시지 않기 때문이다.

현재 서구인들이 생각하는 그러한 우주는 팽창해 가고 있다. 그러나 그것은 현대 서구의 우주물리학자들의 생각처럼 어느 시점에 가서는 또 수축되어 하나의 점이 되어 결국 또 폭발할지 모른다. 그렇다면 그 점이란 이전의 한 우주가 수축되어 이루어졌던 것임에 틀림없다. 또 그 우주를 형성시킨 물질들은 그 전의 폭발로 인해 생긴 것들임에 틀림없다. 그렇다면 현재 서구인에게 알려져 있는 우주의 시원이었던 그점을 감싸고 있었던 공간은 과연 어떤 공간이었던가? 그 공간을 채웠던 존재들은 어떤 것들이었고, 또 그것들은 어떻게 만들어졌던 것인가? 혹시 그 입자들의 운동은 현재 우리 인간에게 알려진 우주의 밖에서 우리우주를 감싸고 있는 더 큰 어떤 우주의 회전 운동에 지배되어 움직이고 있었던 것들은 아니었을까? 또 그 입자들은 우주 밖의 우주의 폭발 과정에서 생겨난 입자들은 아니었을까? 그렇다면, 또 그 이전은 어떠했을까? 동양인의 공간적 사유란 바로 이렇게 무한히 펼쳐져 나갈 수 있는 것이라 할 수 있다.

이러한 차원에서 생각해 보면, 우리는 현재의 서구인이 폭발우주팽창설에서 제시하는 유한우주관만을 순순히 받아들일 수 없는 것이다. 우리의 우주관은 그 유한우주관이 제시하는 우주의 시원의 근저에 존재하는 어떤 무한 영역을 기초로 해서 성립된 것이기 때문이다.

그렇다면 왜 우리에게는 이런 유한우주관보다 무한우주관이 요구되는 것인가? 서구인의 유한우주관은 인간의 생명이나 존재의 본질이 어떤 절대자에 의해 만들어졌다고 하는 기독교적 세계관과 생명관에 입각해서 이루어졌다는 생각을 버릴 수 없다. 앞에서도 제시했듯이, 인간의 생명이란 물질 작용에 기초해 있고, 또 그러한 물질 작용은 물질들을 이루는 입자들과 그 입자들의 역학 운동으로 이루어진다. 인간의 생명이란 그것을 이루는 물질들의 입자나 그것들의 역학 운동의 근원만큼이나 무한하고 영원한 것이다. 따라서 우리 인간의 생명의 본질은 현재 서구인들이 이야기하는 그 최초의 한 점과 최초의 운동에서부터 찾을 것이 아니라 그 이전 그것들의 모체로부터 찾아져야 한다는 입장이 취해진다. 그러한 측면에서 생각해 볼 때, 서구인이 제시한 폭발우주팽창설은 인간으로부터 생명에 대한 신비와 그것에 기초한 존엄성을 불러일으킬 만한 것이 결코 되지 못한다. 우주의 반복된 폭발은 결국 시시포스의 반복된 암락岩落에 불과한 것으로 받아들이지 않을 수밖에 없다.

이제 우리는 어떤 우주관을 정립시켜야 할 것인가? 어떤 우주관을 토대로 어떠한 식의 삶의 형태를 취해 존재의 의미를 향유해 갈 수 있을 것 인가?

우리는 지금 지구상에 존재해 있다. 이 지구는 우주 공간에 싸여 있고, 또 그 공간은 여러 물체들과 입자들로 채워져 있다. 지구는 그 입자들을 헤치고 태양 둘레의 공간을 끊임없이 이동해 가고 있다. 동시에 태양은 지구를 동반하여 우리 은하 중심을 회전해 가고 있고, 또 우리 은하계는 태양계를 동반하여 우리 은하계 밖의 어떤 존재를 중심축으로 해서 우주 공간을 회전 이동해 가고 있다. 또 우리 은하계를 비롯한 모든 은하계들은 그 어떤 지역을 중심으로 그 밖의 우주 공간으로 회전 이동해 가고 있을지 모른다. 이와 같이 인간은 보다 큰 천체계와 맞물려서 우주 공간의 어디론가를 회전 이동해 가고 있는 지구라고 하는 한 천체 위에 존재해 있는 것이다.

이 유기체가 얼마나 큰지 얼마나 빠른 속도로 이동해 가고 있는지 어디로 가고 있는지 우리로서는 완전히 알지 못한다. 다만 확실한 것은 인간이 지구상에 존재한다는 것과 지구가 우리로서는 알 수 없는 그 무엇들과 맞물려 어디론가 우주 공간을 이동해 가고 있다는 것뿐이다. 우리는 폭발우주팽창설을 통해 인간의 존재를 재발견하게 되었고, 그 존재의 목적이 실현되는 현재를 발견하였다. 그리고 그것을 계기로 존재의 본질이 추구되고 인간에게서의 인식의 대상과 인간과의 관계가 파악되어, 이제 인간은 인식의 대상인 물체를 인간 존재의 조건으로 받아들이게 되었던 것이다. 그 결과 인간은 자신과 물체와의 통일성을 추구하게 됨으로써 지구라고 하는 하나의 물체가 자신의 가장 확실한 존재 기반이라는 사실을 깨닫게 된 것이다.

인간의 존재는 지구와의 관계가 규명됨으로써 그 본질이 분명해질 수 있다. 그렇다면 지구란 무엇인가? 앞에서 지적했듯이 그것은 어떤 것들과 맞물려 끊임없이 우주 공간을 이동해 가고 있는 존재이다. 우리는 그것이 어디로 가는지, 왜 가는지 확실히 알지 못했다. 그래서 이렇게 우주 공간을 끝없이 이동해 가는 지구상에서 인간은 무엇을 할 것인가를 확실히 깨닫지 못했다. 무한과 맞물려 있는 지구가 우주 공간을 이동하는 과정 속에서 인간은 무엇을 할 수 있을까? 어떤 삶의 형태가 취해질 수 있을까? 또한 무엇을 통해서 삶의 의미를 느낄 수 있을까? 등을 생각해 보지 못했던 것이다. 바로 여기에 인간적 문제의 본질이 내재되어 있는 것이다.

앞에서의 고찰을 통해 알 수 있듯이, 지구의 우주 공간 이동은 태양계, 은하계, 외부 은하계 등의 중심들의 회전 운동과 연동되어 이행된다. 이와 같은 사실들을 통해 지구는 무한한 중심들의 회전 운동에 의해 이동해 가고 있음을 추측해 볼 수 있다. 그러나 그렇다고 단정해 버릴 수만은 없다. 결국, 현재로서는 확실히 알 수 없다는 입장을 취할 수밖에 없다. 이와 같이 현재 인간 존재의 토대는 우리가 처해 있는 우주 세계에 대한 무지無知를 기반으로 성립되어 있다. 따라서 인간이 이 지상에서 할 수 있는 가장 고귀한 일은 인간의 존재 기반이 무엇인지를 밝혀 가는 작업이다. 즉, 그것은 인간의 존재 기반을 밝혀서 이 우주 속에서 인간 존재의 본질을 파악해 가는 작업인 것이다.

인간 존재의 토대는 인간이 영원히 도달하지 못할지도 모르는 무한과 연결되어 있기 때문에 아무리 밝혀 보려고 노력해도 완전히는 밝혀지지는 않을 것이다. 그러나 인간이 그것을 밝혀 가는 한, 다시 말해서 밝히려고 노력해 가는 한, 인간의 존재는 무한과 연결되어 있는 영원한 것이 되지 않을 수 없다.

알아가는 것이 알아버린 것보다 더 안전하다는 말이 있다. 이러한 의미에서 인간은 자신의 존재의 토대를 알아갈 때만이 가장 안전하다고 생각된다. 그렇게 노력할 때만이 인간은 자신의 존재를 무한하고 영원한 것으로 만들 수 있는 토대 위에 존재하게 되는 것이다. 따라서 이 지상에서 인간의 가장 건전한 존재 형태는 무지의 영역을 밝혀 가는 모습이고, 그 영역을 밝혀 감으로써 존재의 의미를 향유하는 것이다. 그러니까 지상에서의 삶은 모르는 것을 밝혀 가는 과정이고 그러한 작업을 통해 존재의 의미를 느껴가는 과정이다. 바로 그러한 작업이야말로 인간의 존재 영역을 넓혀 가는 작업이고 생명 체계를 창출해 가는 작업이기 때문이다.

그렇다면, 과연 앎은 어떠한 것이고, 또 그런 앎을 통해 존재의 의미를 향유한다는 것은 무엇인가? 인간이 미지의 세계를 향해 이동해 가는 지구를 자신의 존재의 토대로 받아들일 때 인간은 항상 공간 이동을 하고 있다는 의식을 하게 된다. 그러한 의식은 이 지상에서의 인간의 육체적 이동을 저하시키고 정적 생활을 조장시켜 갈 것이다. 현재 서구사회의 원형으로 이야기되는 목축사회의 삶의 양식이 지양되고 동아시아의 유교사회의 원형으로 이야기되는 농경사회의 정적 삶의 양식이 추구될 것이다. 목축사회의 삶의 양식은 자신의 육체적 이동을 통해 변화되는 현실을 이용한다. 다시 말해서 인간을 둘러싸고 있는 현실이 변화를 가져오지 않기 때문에 이쪽에서의 공간적 이동을 통해 현실로부터 변화의식을 느끼게 되는 것이다. 그러나 농경사회의 삶의 형태는 계절의 변화에 따라 인간의 의식 대상이 변화해 감으로써 인간 자신이 공간적 이동을 하지 않고서도 변화의식을 느껴갈 수 있는 것이다. 사람들은 달리는 기차 안에서는 달리는 게임을 하지 않는다. 다만 창가에 편히 앉아 변해 가는 전경들을 바라다볼 뿐이다.

바로 이러한 현상과 같은 것이다. 이와 같이 이동해 가는 지구를 존재의 토대로 받아들일 때, 무엇보다도 인간은 외적 변화 속에서 내적 안정을 추구해 가는 존재가 될 것이다. 신이나 물체를 존재의 토대로 받아들였던, 이전의 기계론적 세계관을 가지고 살았던 시대의 인간들은 신이나 우주의 대중심을 향해 정신을 열어 놓았던 존재들이다. 그러나 이동해 가는 지구를 존재의 토대로 받아들일 시대의 인간은 미지의 세계를 향해 무한대로 감각과 의식을 열어 가는 존재들이었다. 따라서 금후의 인간은 감각과 의식을 통해 사물을 식별해 가고 존재의 의미를 향유해 갈 것이다. 따뜻하게 느껴지는 것은 단순히 따뜻한 것이 아니라 그 이상의 것이 될 것이며, 차가운 것도 단순히 차가운 것이 아니라 그 이상의 것이 될 것이다. 이제 색깔이 더 발견되고, 소리들도 더 발견되어 그것들은 더욱 세분화될 것이다. 어떤 것에 대한 본질이 더 다양한 감각들을 통해 드러날 것이다.

앞으로 인간의 청각은 아마도 우주의 공간 속에서 지구가 달리는 소리까지도 잡아내고 인간의 시각은 지구의 창밖을 스쳐가는 우주의 전경들까지도 감지하게 될 것이다. 이제 인간은 감각을 통해 지구의 이동과 함께 끊임없이 변해 가는 세계들을 향유해 갈 것이고, 지금까지 인간이 개발하지 못했던 초감각을 개발해서 그것으로 새로운 세계를 감지해 갈 것이다.

인간에게 안다는 것의 본질은 분별分別한다는 것이다. 보다 본질적으로 말해 차이를 의식한다는 말이다. 그런데 인간이 어떤 것을 의식하고 있다는 것은 결국은 그것과의 합일合一 상태를 추구하고 있다는 것을 의미한다. 인간은 어떤 것과 합일이 이루어질 때 기쁨을 느끼게 된다. 어떤 것이 의식되어 그것에 대한 앎이 이루어지는 과정에서 그것에 대한 의미를 향유하게 되는 것이다. 그렇다면 삶에 대한 어떠한 태도가 보다 풍요로운 존재의 의미를 향유케 할 것인가? 우리가 현재 이동해 가는 지구상에 존재해 있다는 사실에 대해 명확한 입장을 취하게 될 때, 우리의 감각은 더 멀고 더 섬세한 부분들에게까지 열리게 될 것이다. 앞으로 인간은 자신들에게 한 번도 알려지지 않은 세계를 향해 이동해 가는 지구 위에 자신들이 존재하고 있다는 사실을 항상 의식하면서 살아가는 태도를 취하게 될 것이다.

과정학의 방법론적 전망

1. 인문과학에서의 방법론의 성립 — 거시와 통시

현재 우리의 사고 체계와 행동 양식을 지배해 가고 있는 근대과학은 유럽인들에 의해 확립되었다. 메이지明治 초 일본의 양학자들에 의해 '科學'으로 번역된 영어 'science'는 라틴어 'scientia'로부터 유래되었다. 이 단어는 원래 감정이나 신앙 등으로부터 구분되는 인간의 지적 활동 일반을 의미한다. 보다 전문적 용어로서의 의미는 경험적·개인적 지식으로부터 구별되는 논리적·체계적 지식이며 '學'이나 '學問'과 동의어로도 사용되었다. 이와 같은 의미로서의 '科學'은 고대 그리스에 성립되어 있었던 개념으로 '哲學'의 의미와 별반 차이가 없었다. 이와 같은 의미를 가졌던 과학이 근대 유럽인들에 의해 확립되어 현재 우리의 삶을 지배하게 된 것은, 중세 말 기독교적 세계관을 가졌던 유럽인들이 십자군 원정, 몽고의 유럽 원정, 신대륙 발견, 인도항로 발견 등으로 인한 이 문화권異文化圈들과의 접촉을 계기로 유럽인들의 세계관이 상대적으로 인식되고 그들의 세계관이 붕괴되는 과정에서 그들 앞에 드러난 물리적 자연의 세계가 자신들의 존재 기반으로 받아들여짐으로써 시작되었던 것이다.

우선 중세 말, 근세 초 유럽인들에게서의 그러한 상황은 기독교적 유일신이 아니라 인간 자신들에 의해 찬란히 빛났던 자신들의 옛 문화를 재생시키고 그것들에 대한 간접적 경험을 통해 전개되었다. 이러한 운동은 자연히 과거의 찬란한 인간 중심의 문화를 보유하고 있었던 그리스, 로마 지역에서 일어났다. 그 후 근세 중엽으로 들어서면서 이탈리아와 서유럽인들에 의해 인간의 존재 기반으로서의 물리적 자연이 발견되어, 이를 계기로 그러한 상황은 본격적으로 전개되었다. 그러한 과정에서 근세를 거쳐 근대과학이 확립되었는데, 이러한 측면에서 과학에서의 논리적·체계적 지식이란 인간의 물리적 자연에 대한 논리적·체계적 지식을 의미하게 되었고, 또 우리가 여기서 말하는 근대과학도 사실의 관찰이나 실험을 통한 인간의 자연법칙에 대한 논리적·체계적 지식을 의미하는 것으로 받아들여지게 되었다.

'신이 세계와 인간을 만들었다. 세계와 인간은 신의 피조물이다. 그렇기 때문에 인간은 오직 신을 통해 세계와 자신에 접근해 갈 수 있다.' 이것이 서구 중세인들의 세계관이었다. 이와 같은 세계관으로부터 탈피하기 전까지 유럽인들은 줄곧 신과 자신들과의 이상적 관계를 추구하는 쪽으로만 생각을 발전시켰다. 그러나 신의 존재가 부정되자 자연히 그들은 직접적으로 자신들의 삶을 지배하고 있는 물리적 세계와의 관계를 정립하지 않으면 안 되었다. 그러기 위해서 실제로 자신들의 세계를 이루는 물리적 자연에 대한 체계적 지식 획득이 요구되었다. 물리적 자연의 연구에 대한 그 첫 시도는 인간이 살고 있는 지구와 우주의 천체와의 관계를 탐구하는 것이었다.

앞에서 이미 언급한 바와 같이, 당시 그들에게 알려져 있던 지구와 천체와의 관계는 태양을 비롯한 우주의 천체가 지구를 중심으로 이동한다는 천동설로 파악되었다. 그러나 폴란드의 천문학자 코페르니쿠스의《천구의 회전에 관하여》(1543)에 의해 그러한 천동설이 부정되고 대신 지동설이 제창되었다. 항성의 일주운동은 지구의 자전에 기인하며 지구도 다른 행성들처럼 태양의 주위를 원운동한다는 태양 중심설에 기초한 지동설이 제창되었던 것이다. 그때까지만 해도 유럽인들은 천체가 우리가 살고 있는 지구를 중심으로 회전 운동을 하고 있다는 것으로만 알고 있었으나 태양 중심설의 부상을 계기로 이 지구 중심설이 부정되기에 이르렀던 것이다. 그 후 지동설은 독일의 천문학자 케플러의 연구에 의해 1601-1621년경 소위 케플러의 행성 운동의 법칙으로 더욱 구체화되었고, 또 그것은 당시의 갈릴레이의《천문대화》(1662)에 의해 더욱 뒷받침되고, 1665-1667년경 뉴턴에 의해 연구되어 결국,《프린시피아》(1687)를 통해 체계화된 만유인력 등의 법칙에 의해 확립되었다.

이와 같이 유럽인들의 태양 중심의 세계관은 16세기에 성립되어 17세기에 확립되었다. 태양 중심의 세계관은 한마디로 지구를 비롯한 모든 천체가 태양을 중심으로 끝없이 회전 운동을 한다는 것으로, 지구가 우주의 중심이 아니고 태양이 우주의 중심이며 지구가 정지해 있는 것이 아니라 끊임없이 원운동을 하고 있다는 것으로 특징지어진다. 이러한 특징들을 통해 당시의 유럽인들에게는 자신들이 살고 있는 세계가 끊임없이 회전 운동을 하며 태양과 맞물려 그 주위를 돌고 있는 거대한 유기체로 인식되어졌다. 그 결과 유럽에서는 16세기 중반에서 18세기 중반의 약 2세기 사이에 지구 중심의 천동설이 폐기되고 태양 중심의 지동설이 수용되는 과정에서 인간의 세계가 태양을 중심으로 원운동을 반복하고 있다고 하는 기계론적 세계관이 성립되었다.

이러한 세계관이 성립되어 나오기까지는 영국 **베이컨***의 최대의 역작《신기관新機關*Nevum Organum*》(1620), 프랑스 데카르트의 유명한《방법서설*Discours de la Méthode Essaie*》(1637), 영국 **로크****의《인간오성론*An Essay Concerning Human Understanding*》(1690)과《정치론*Two Treaties of Government*》(1690), 독일 칸트의 초기 역작《천체의 일반자연사 및 이론*Allgemeine Naturgeschichte und Theorie des Himmels*》(1775) 등의 역할이 컸다.

이와 같이 지구와 그것을 둘러싸고 있는 천체와의 관계에 관한 체계적 지식이 추구되는 과정에서, 자연과학自然科學/natural science은 뉴턴의 물체들의 운동법칙을 토대로 확립된 물리학을 선두로 성립되었다. 인문 계열 또한 이러한 분위기에 동승하여, 사변적 차원에서 그것들의 관계를 논리적으로 추구한 자연철학, 지금으로 말할 것 같으면 인문과학도 성립되어 나왔다. 이때 칸트의《천체의 일반 연구사 및 이론》에 의해 은하계의 존재와 그것의 회전 운동에 대한 가정이 제시되었고, 그 후 1783년 **윌리엄 허셜*****에 의해 은하계의 존재가 확인되었다.

---

*베이컨Francis Bacon(1561-1626) : 르네상스 후의 근대철학, 특히 영국 고전경험론의 창시자이다. 인간의 정신 영역 구분에 따라서 학문을 역사·시학·철학으로 구분했다. 또 그는 다시 철학을 신학과 자연철학으로 나누었는데, 그의 최대의 관심과 공헌은 자연철학 분야에 있었고 과학 방법론·귀납법 등의 논리 제창에 있었다. 주요 저서《학문의 진보》(1605),《노붐 오르가눔》(1620),《뉴 아틀란티스》(1627),《수필집》(1597) 등이 있다. 참10

**로크John Locke(1632-1704) : 영국의 철학자이자, 정치 사상가로 계몽철학 및 경험론철학의 원조로 일컬어진다. 자연과학에 관심을 가졌고 반스콜라적이었으며《인간오성론》(1690) 등의 유명한 저서를 남겼다. 교육에도 많은 관심을 보여 소질을 본성에 따라 발전시켜야 한다고 주장하였다. 참10

***윌리엄 허셜John Frederick William Herschel(1738-1822) : 영국의 천문학자. 윌리엄 허셜은 1738년 독일의 하노버에서 태어났다. 그는 7년 전쟁에서 1757년 탈영하여 영국으로 도망쳤다. 그 후 런던의 교회에서 오르간 연주자로 일하면서 천문학에 관심을 가지고 천체에 관해 연구하였다. 1774년 초점거리 5.5피트 반사망원경을 직접 제작하였다. 1781년 7피트 망원경으로 혜성과 비슷한 천체를 발견해 그것이 새로운 행성인 것을 알아냈으며 천왕성이라 명명하였다. 1783년에는 천구면天球面 위의 항성분포 밀도를 조사하기 시작하여 항성 집단의 체계가 원반 모양임을 발견

그 결과 유럽인들은 태양계도 은하계에 소속되어 있다는 학설에까지 도달하였고, 은하계도 태양을 중심으로 수레바퀴와 같이 회전 운동하고 있다고 파악하고 있었다.

그러나 유럽인의 그러한 우주관은, 1918년 섀플리에 의해 태양이 은하계의 중심에 위치하는 것이 아니라 은하계의 가장자리에 위치해 있다는 사실이 발견되고, 또 1926-1927년에 린드블라드와 오르트에 의해 은하계가 그것을 이루는 별들이 은하의 중심지를 축으로 해서 회전하고 있다는 사실 등이 발견되기 전까지는 변하지 않았던 것으로 보인다.[31]

이와 같은 우주관에 입각해 형성된, 유럽인의 기계론적 세계관은 기본적으로 16세기 중반에서부터 19세기 초까지 유럽인의 정신 세계를 지배해 왔던 것으로 파악된다. 그 결과 19세기 그러한 기계론적 세계관이 확립되어 나옴에 따라 시간을 축으로 하여 사물의 동적 형태를 파악하려는 과학적 입장이 취해져 그것을 통해 자연과 인간에 대한 연구가 본격화되었다.

다시 말해서 19세기로 들어와 유럽인들은 태양 중심의 지동설과 중력을 통해 이루어지는 물체들의 운동법칙에 입각한 기계론적 세계관을 가지고 지구 표면을 이루는 물질 세계, 그것을 토대로 존립하는 생물 세계, 또 그러한 세계들 속에서 생존해 가는 인간들의 세계 등과 같은 다양한 차원의 세계들을 체계적으로 연구해 가기 시작했던 것이다.

그런데 인간에게서의 은하계 중심의 태양계 이동을 기초로 확립된 기계론적 세계관은, 한마디로 세계를 구성하는 요소들의 통시적 차원의 유기적 변화관계들을 통해 파악되는 세계관이다.

이와 같은 세계관의 확립 과정에서 일찍이 16세기부터 우리가 살고 있는 물질 세계와 외부의 우주 세계와의 통시적 차원의 유기적 변화관계의 추구를 목적으로 한 물리학을 선두로 한 자연과학, 자연철학을 선두로 한 인문과학 등이 확립되어 나왔다. 19세기로 들어와서는 이와 같은 물리학이나 자연철학의 방법론을

하여, 은하계에 대한 초기 개념을 정리하였다. 참6

토대로 화학, 생물학, 사회학 등도 확립되었다. 사실은 19세기 이전에 확립된 물리학이나 자연철학의 경우는 지동설에 입각하여 형성된 물체들의 역학관계를 다룬 뉴턴의 운동법칙을 그 토대로 했다. 그 시대의 물리학은 물질이 그 특성을 잃지 않는 한도 내에서의 변화 현상을 의미하는 물질적 변화를 연구 대상으로 했다. 그러나19세기로 들어와 확립된 화학은 물질이 그 특성을 완전히 잃어버리기까지의 변화 현상을 의미하는 화학적 변화를 그 연구 대상으로 한다는 점에서 차이가 있다.

그동안 물리학자들은 물질의 물리적 변화 운동의 근원을 찾아가는 과정에서 태양계를 발견하였다. 그 발견을 계기로 유럽인들에게는 분자라고 하는 물질을 구성하는 최소 단위가 발견되었다. 코페르니쿠스 이전의 지구 중심설을 믿고 있던 시대에는 우주의 중심을 이루는 지구가 여러 물질들로 이루어졌다고 믿었었다. 지구를 구성하는 기본 단위를 물이나 불이나 흙과 같은 물질로 보고 있었던 것이다. 그러나 태양 중심설이 제창된 이후 지구를 구성하는 기본 단위가 물질들이 아니라 그것들을 구성하는 분자라는 사실이 발견되었다. 그 후 18세기 말에 와서는 거시적 차원에서는 은하계의 존재가 확인되었고 미시적 차원에서는 18세기 말에서 19세기 초에 걸쳐 **라부아지에***와 **돌턴****에 의해 원자의 존재가 확인되었던 것이다.

은하계의 경우가 그러했듯이 원자의 경우 그것의 내부 구조에 대해서는 18세기 말에야 뒤늦게 드러나게 되었다. 분자의 발견자인 영국의 돌턴은 그것을 기초

---

*라부아지에Antoine-Laurent de Lavoisier(1743-1794) : 프랑스의 화학자. 새로운 연소 이론을 확립하였으며 새로운 화학 이론을 발표하기 위해 베르톨레, L .B. 기통 드 모르보, A. F. 푸르크루아 등과 협력하여 낡은 화학술어를 버리고 새로운《화학명명법》을 만들어 출판했다. 이것은 현재 사용되는 화학술어의 기초가 되었다. 주요 저서로는《화학명명법》(1787),《화학교과서》(1789) 등이 있다. 참10

**돌턴John Dalton(1766-1844) : 영국의 화학자·물리학자이자, 근대원자론의 창시자. 가난한 퀘이커 교도의 아들로서 초등학교를 졸업하고 형과 함께 초등학교를 경영하며 기상 관측을 시작했다. 그는 기상을 연구하다가 기체물리학으로 관심을 전환시켜 30세 이후에는 화학으로 전향했다. 그의 최대 업적은 현재의 원자론에 관련되는 근대 원자론의 기초를 확립한 것이다. 그의 원자 개념은 라부아지에의 단체관에 원자란 개념을 결합시킨 것으로서 무게를 가진 원자의 결합에 의한 화합물의 생성이라는 근대적 물질관을 확립하였다. 참10, 40

로 물질 분자를 이루는 원자들이 어떻게 서로 결합해서 분자량을 결정하느냐의 문제를 연구한 끝에 1802년 돌턴의 법칙을 발견해 근대화학을 창시했다. 이 화학의 경우 그것은 물질의 본질을 이루는 최소 단위의 화학적 변화를 이루는 원자들간의 결합 양식에 기초해 모든 물리적 현상을 연구하는 학문이라는 하나의 입장을 유지하고 있다. 한편 생물 세계의 경우도 그 세계를 이루는 낱낱의 식물과 동물이 통시적 측면에서의 유기적 변화를 파악하려는 입장에서 접근되어 결국 생물학이 확립되었다.

이 경우 생물 세계를 이루는 식물과 동물의 생명 현상이 물질 세계의 경우처럼 외적 측면과 내적 측면에서 각각 접근되었다. 우선 생물들의 외부의 변화하는 물질 세계와의 관계가 파악되는 과정에서 프랑스 **박물학***자 **라마르크****의 《동물철학*Philosophie Zoologique*》(1809)에 의해 생물의 발생 과정과 형태 변화가 연구되어 **진화론*****이 제창되었다. 그것은 이후 독일의 **폰 베어********에 의한 여러 척추동물의

---

*박물학博物學/the study of nature : 동물학 · 식물학 · 광물학 · 지질학 등을 통틀어 이르는 말. 참10

**라마르크Chevalier de Lamarck(1744-1829) : 프랑스의 박물학자 · 진화론자. 생명이 무기물에서 가장 단순한 형태의 유기물로 변화되어 형성된다는 자연 발생설을 역설하면서 이것이 필연적으로 여러 기관을 발달시키고 진화시켜 왔다고 주장하였다. 또, 진화에서 환경의 영향을 중시하고 습성의 영향에 의한 용불용설을 제창하였다. 저서 《무척추동물의 체계》(1801), 《동물철학》(1809). 참10

***진화론進化論/evolution theory : 좁은 의미에서의 생물 진화요인進化要因에 관한 학설. 넓은 의미로는 생물의 진화에 관해 연구하는 학문 분야를 말한다. 고대 그리스의 자연철학자들 중에는 사물의 생성生成 문제를 논한 사람이 많았다. 그중 한 사람인 엠페도클레스는 지地 · 수水 · 풍風 · 화火 4원소의 결합 분리로 경험 세계의 생멸生滅의 사실을 설명하려 하였고, 동물체의 여러 부분이 발생하여 지상에서 결합되었다고 했으며, 아낙사고라스는 사람은 물고기 모양의 조상에서 유래하였다고 설명하였는데 흔히 사람들은 이들의 설이 진화관념의 효시라고 여긴다. 진화론을 확립한 사람은 E.다윈의 손자인 C. R. 다윈이다. 그는 저서 《종의 기원》에서 자연선택설을 근간으로 하여 새로운 종이 생기는 메커니즘을 설명하였는데 변이變異의 원인 중의 한 가지로 라마르크의 용불용설用不用說도 채용하였다. 그러나 다윈은 라마르크의 '전진적 발달'을 배격하였다. 다윈은 자연선택설을 제창했을 뿐만 아니라 진화의 증명이 될 수 있는 생물학상의 사실적인 예도 많이 들어 생물 진화를 사람들에게 확신시키는 데 공헌하였다. 참10

****베어K. E. von Baer(1792-1876) : 에스토니아 피에프 태생의 독일의 발생학자. 포유동물의 난자와 척색을 발견했다. 1819-1834년 판더의 배엽형성 개념을 모든 척추동물에까지 확대함으로써 비교 발생학의 기초를 확립했다. 1827년에 포유동물의 난세포에 관한 발견을 《포유동물의 알과 인류의 기원에 관하여》에 기술해 인간을 포함한 포유동물은 모두 난세포에서 발생한다는 사실을 확립했다. 1861년 독일 인류학회를 설립. 그는 염소 및 영양과 같이 매우 유사한 동물끼리는 어떤 관련성이 있을 것이라고 생각했는데, 《종의 기원》에 표현된 것처럼 살아 있는 모든 생물이 하나

형태상의 변화 과정 연구에 도움을 주어 1828년 **발생학***을 확립시켰고, 또 그것은 영국의 박물학자 **다윈****에 의한 생물의 변이분포, 화석 등에 대한 관찰의 결과로 이루어진 《종의 기원*Origin of Species*》(1859)에도 도움을 주어 진화 사상을 확립시켰다.

한편 생물들의 체내 현상들을 통해 생물들의 변화 과정을 파악하려고 한 입장은, 물질 연구 영역에서의 돌턴의 분자 발견을 계기로 1838년 독일의 식물학자 **슐라이덴*****에 의해 식물이 세포로 구성되어 있다는 사실이 발견되고, 1839년 역시 독일의 **슈반******에 의해 1839년 동물도 세포로 되어 있다는 사실이 확인되면서 본궤도에 오르게 되었다. 그것은 결국 독일의 한 승려 출신 식물학자 **멘델*******의 《식물잡종실험*Versuche Über Pflanzenhybriden*》(1865)에 의한 유전법칙의 발견으로 확립되었다. 그렇지만 당시 그의 설은 묵살되어 결국 20세기에 가서야 빛을 보게 되었다. 생물학 또한 발생학, 진화론, 유전 법칙을 통한 통시적 측면에서, 생명체의 내·외부를 구성하는 것들의 유기적 변화관계가 파악되었고 그것들을 통해 생명체

또는 몇몇 공동 조상으로부터 진화해 왔다는 개념에는 강력하게 반대했다. 《동물 발생에 관하여》(1권 : 1828, 2권 : 1837)는 중요한 발생학 저작 중의 하나이다. 비교해부학과 함께 비교 발생학이라는 새로운 과학 분야를 확립했으며, 지리학 · 민족학 · 체질인류학 분야를 개척했다. 참10

*발생학發生學/embryology : 생물학의 한 분야. 생물의 개체 발생에 대한 연구 분야. 필자 보충 설명

**다윈Charles Robert Darwin(1809-1882) : 생물 진화론을 확립시킨 영국의 생물학자. 해군 측량선 비글호에 승선하여, 남아메리카 · 남태평양의 여러 섬과 오스트레일리아 등을 항해 · 탐사했고 그 관찰기록을 《비글호 항해기》로 출판하여 진화론의 기초를 확립하였다. 1859년에 진화론에 관한 자료를 정리한 《종種의 기원起原》이라는 저작을 통해 진화 사상을 공개 발표하였다. 참10

***슐라이덴Matthias Jakob Schleiden(1804-1881) : 독일의 식물학자. 도르파트 대학 교수를 지냈다. 《식물의 기원》(1838)을 발표하여 생물체의 기본 구조가 세포라고 역설하였다. 이 견해는 T. 슈반의 견해와 더불어 세포설 확립에 일역을 담당하였다. 참10

****슈반Ambrose Hubert Theodor Schwann(1810-1882) : 노이스 출생. 독일의 생물학자 · 해부학자. 위액에 알코올을 가하여 생긴 침전에 산을 넣어서 단백질에 작용하면 펩톤이 되는 것을 보고 펩신이라 명명하였다. 신경섬유의 바깥쪽을 싸는 얇은 막인 슈반초Schwann's sheath를 발견하였다. 1838년 M. J. 슐라이덴과 함께 식물도 동물과 같이 세포로 되어 있다는 세포설을 주창하였다. J. P. 뮐러의 조수로 있다가 가톨릭 대학 교수를 거쳐 1848년 리에지 대학 교수가 되었다. 1838년 M. J. 슐라이덴과 함께 식물도 동물과 같이 세포로 되어 있다는 세포설을 주창하였다. 그 결과로 《동식물의 구조와 성장의 일치에 관한 현미경적 연구》(1839)를 발표하였다. 참10

*****멘델Gregor Johann Mende(1822-1884) : 오스트리아의 유전학자이자 성직자. 멘델의 법칙을 통해 유전학을 개척해 낸 과학자로 유명하다. 주요 저서 《식물의 잡종에 관한 실험》. 참10

의 본질 파악이 시도되었다.

사회라고 하는 인간 세계에 대한 학문적 접근이 그동안 전혀 시도되지 않았던 것은 아니다. 인간의 경험론적 입장에서 경험론적 사회론이라는 관점이 성립되어 있었는데, 19세기경 프랑스의 철학자이자 사회학의 창시자로 알려진 콩트의 〈사회재조직의 과학적 기초Plan des travaux scientifiques nécessaires pour réorganiser la sociéte〉(1822)를 시초로 자연과학의 입장에서 인간 세계에 대한 접근이 이루어짐으로써 사회과학이 확립되었다. **콩트***는 당시 유럽사회의 위기를 극복하기 위해 그의 차원에서 현재의 사회학을 의미하는 '정치학'을 '사회물리학'으로 보아야 한다는 입장을 취하였다. 그의 입장은 '정치학'을 우선 사회과학으로 보고, 사회를 하나의 유기체와 같은 운동체로 파악하여 물리학과 같은 자연과학의 입장에서 파악한다는 것이었다. 이 주장에 입각해 당시 그의 관점에서 현재의 사회학을 의미하는 '정치학'은 '사회물리학'으로 일컬어졌고, 그 후 그것은 '사회과학', 내지 '사회학'으로 개명되었다. 이와 같이 콩트는 사회를 하나의 운동하는 물체나 살아 움직이는 생명체와 같은 유기체로 파악하고 그 유기적 변화를 체계적으로 접근하는 방법으로써 근대 사회학 연구 방법의 기초를 확립하였다. 그의 입장을 그대로 이어받아 그것을 보급시킨 사람이 영국의 철학자 **스펜서****였다. 그는 성운의 생성으로부터 인간사회의 도덕적 원리의 전개에 이르기까지 진화의 원리에 근거하여 전 10권의 《종합철학 체계》를 집필하였다. 특히 제8권 《사회학 원리*Principle of Sociology*》에서는 사회를 생물유기체와 비교하여 사회유기체설을 제창해 **사회 진화론*****을 전개시

---

*콩트Auguste Comte(1798-1857) : 프랑스의 철학자·사회학의 창시자. 여러 사회적·역사적 문제에 관하여, 온갖 추상적 사변을 배제하고, 과학적·수학적 방법에 의하여 설명하려고 하였다. 3단계 법칙에서는 인간의 지식의 발전 단계 중 최후의 실증적 단계가 참다운 과학적 지식의 단계라고 주장하였다. 주요 저서는 《실증철학 강의》(1835-1842)가 있다. 참17

**스펜서Herbert Spencer(1820-1903) : 영국의 철학자.《종합철학 체계*A System of Synthetic Philosophy*》(1860-1896, 전10권)는 36년간에 걸쳐 쓴 대작이었다. 성운의 생성에서부터 인간사회의 도덕 원리 전개에 이르기까지 모든 것을 진화의 원리에 따라 서술하였다 참9

***사회 진화론社會進化論 : 19세기 찰스 다윈이 발표한 생물 진화론에 입각하여, 사회의 변화와 모습을 해석하려는 견해로 허버트 스펜서가 처음 사용한 용어이다. 그 이후 19세기부터 20세기까지 크게 유행하였다. 사회 진화론이 인종차별주의나 나치즘을 옹호한다는 견해도 있다. 사회 진화론적 생각은 18세기 유럽 사회에서는 매우 일반적이었다. 18세기 유럽에서는 계몽 사상이

켰다. 이와 같이 19세기에 들어와 확립된 사회과학의 경우도 기본적으로는 사회의 본질을 그것의 토대가 되는 물질 세계나 생물 세계와의 유기적 변화 과정을 통해 파악하려 했다는 것을 알 수 있다.

그렇다면 현재 인문과학 분야로 분류되는 철학, 역사, 문학과 같은 경우는 어떠했는가? 사회과학의 주된 연구 대상이 인간의 사회적 행위 활동에 의해 이루어지는 현상들이라면, 인문과학의 경우 그 대상은 인간의 정신 현상이나 그것을 중심으로 하여 이루어지는 현상들이다. 사실 인간의 정신 활동이 직접적인 연구 대상으로 부각된 것은 20세기 초 **프로이트*** 이후이다. 따라서 진정한 의미의 인문과학의 연구는 20세기 이후부터 출발되었다고 할 수 있다. 그래서 현재 인문과학이 다루고 있는 철학, 역사, 문학, 영어학, 심리학 등은 20세기 이전까지만 해도 사회과학에 편승되어 있었다. 그러다가 화학이나 생물학의 경우가 그랬듯이 그것들도 물리학과 같은 자연과학의 입장에서 접근되기 시작했고, 이로써 사회학의 경우처럼 과학의 한 분야로 성립되었다. 그 대표적인 예가 역사, 철학, 문학이었

크게 유행했는데, 헤겔과 같은 철학자나 사상가는 사회는 거듭하면 할수록 더욱 발전한다고 보았다. 허버트 스펜서 이전에 사회 진화론적 의견을 가졌던 이들은 사회 본연의 모습을 투쟁임을 강조하였다. 허버트 스펜서는 다윈의 진화론을 범우주적인 법칙으로 확대할 수 있다고 보았다. 또한, 사회학은 사회의 진화를 밝히는 학문이라고 주장했다. 허버트 스펜서는 다윈의 생물 진화론과 마찬가지로, 사회는 단순한 상태에서 진화하여 더욱 복잡한 형태로 된다고 보았다. 또한, 이러한 변화 과정에서 생물이 진화하면서 몸의 기능이 분화하거나 통합하는 것처럼, 사회도 발전하면서 그 기능이 분화하거나 통합한다고 보았다. 그리고 생물 진화론의 적자생존처럼, 사회도 적자생존의 원칙에 적용된다고 보았다. 이러한 사회 진화론은 기존의 사회 이론과는 크게 다른 점이 많은데, 이는 사회 진화론이 사회학에 다윈의 생물학 이론이 적용된 것이기 때문이다. 그 이후 사회 진화론은 월터 베젓 등과 같은 학자들에게 연구되었고 다양한 의견이 나오게 되었다. 참6

*프로이트Sigmund Freud(1856-1939) : 오스트리아의 신경과 의사, 정신분석의 창시자. 히스테리 환자를 관찰하고 최면술을 행하며, 인간의 마음에는 무의식이 존재한다고 하였다. 꿈·착각·해학과 같은 정상심리에도 연구를 확대하여 심층심리학을 확립하였고, 소아성욕론小兒性慾論을 수립하였다. 그는 빈 대학 의학부 졸업 후 얼마 동안 뇌의 해부학적 연구, 코카인의 마취 작용 연구 등에 종사하였다. 1885년 파리의 사르베토리에르 정신병원에서 샤르코의 지도 아래 히스테리 환자를 관찰하였고, 1889년 여름에는 낭시(프랑스)의 베르넴과 레보 밑에서 최면술을 보게 되어, 인간의 마음에는 본인이 의식하지 못하는 과정, 즉 무의식이 존재한다는 것을 굳게 믿게 되었다. 이보다 앞서 J. 브로이어는 히스테리 환자에게 최면술을 걸어 잊혀져 가는 마음의 상처(심적 외상)를 상기시키면 히스테리가 치유된다는 사실을 발견하였다. 프로이트는 브로이어와 공

다. 역사와 철학은 헤겔G. W. F. Hegel(1770-1831)에 의해 역사과학과 철학과학으로 성립되었는데, 당시 태양 중심의 지구 이동 현상을 주된 연구 대상으로 삼고 있던 물리학을 기초로 한 자연과학의 입장에서 인간의 역사적 · 철학적 현상이 처음으로 접근됐던 것들이었다. 헤겔의 첫 업적은 〈정신 현상Phänomenogie des Geistes〉(1807)이었는데, 그는 이 논문을 통해 우주론에 입각한 기계론적 세계관의 측면에서 자연과 정신의 현상들을 통일적으로 이해해 보려는 입장을 취함으로써 결국 근대철학을 확립시켰던 것이다.

이와 같이 철학 연구가 헤겔에 의해 자연과학의 입장에서 접근되기는 했으나, 지나치게 물리학 성립의 초석을 제시했던 우주론의 측면에서 접근되는 바람에 **관념***적이고 형이상학적이라는 비판이 또 다른 자연철학자들에 의해 제기되었다. 그래서 헤겔의 철학은 **관념론****철학으로 분류되었고, 세계를 우주론적 측면

동으로 그 치유의 방법을 연구, 1893년 카타르시스Katharsis/淨化법을 확립하였다. 그러나 얼마 후 이 치유법에 결함이 있음을 깨닫고 최면술 대신 자유연상법을 사용하여 히스테리를 치료하고, 1896년 이 치료법에 '정신분석'이라는 이름을 붙였다. 이 말은 후에 그가 수립한 심리학의 체계까지도 지칭하는 말이 되었다. 1900년 이후 그는 꿈 · 착각 · 해학과 같은 정상심리에도 연구를 확대하여 심층심리학을 확립하였고, 또 1905년에는 소아성욕론을 수립하였다. 그의 학설은 처음에는 무시되었으나, 1902년경부터 점차 공명하는 사람들(슈테켈, 아들러, 융, 브로일러)이 나타났으며, 1908년에는 제1회 국제정신분석학회가 개최되어 잡지《정신병리학 · 정신분석학 연구연보》(1908-1914),《국제정신분석학잡지》등이 간행되었다. 또 1909년 클라크 대학 20주년 기념식에 초청되어 강연한 일은 정신분석을 미국에 보급시키는 큰 계기가 되었다. 제1차 세계대전 후 사변적 경향을 강화하여 이드id · 자아 · 상위자아上位自我와 같은 생각과, 생의 본능과 죽음의 본능이라는 설을 내세웠다. 20세기의 사상가로 그만큼 큰 영향을 끼친 인물은 없으며, 심리학 · 정신의학에서뿐만 아니라 사회학 · 사회심리학 · 문화인류학 · 교육학 · 범죄학 · 문예비평에도 큰 영향을 끼쳤다. 주요 저서에는《히스테리의 연구》(1895),《꿈의 해석》(1900),《일상생활의 정신병리》(1904),《성性 이론에 관한 세 가지 논문》(1905),《토템과 터부》(1913),《정신분석입문》(1917),《쾌감원칙의 피안彼岸》(1920),《자아와 이드》(1923) 등이 있다. 참10

*관념idea : 원래 불교에서의 관념이란 말은 진리를 관찰하고 사념思念한다고 하는 말로 사용돼왔다. 그러나 지금은 그리스어의 이데아로부터 유래된 서양어 'idea' (영), 'idee'(독), 'idée' 등의 역어로 사용되고 있다. 플라톤의 〈대화편〉에서는 그것이 사물의 초감각적 원형으로 생각되어졌고, 중세철학에서도 그리스트교의 교리와 관련되어 신은 자신의 마음속에 있는 이데아를 원형으로 해서 만물을 창조했다는 사상이 지배적이었다. 그러나 근세에 이르러 신 중심적 사고에 대해 인간 중심적 사고가 유력해짐에 따라 데카르트라든가 영국의 경험론 철학자들에 의해 이데아가 인간의 마음속에 나타나는 표상, 상념, 의식 내용을 의미하는 것으로 생각되었다. 참40

**관념론觀念論/idealism : 의식이 존재에 의해 규정된다고 하는 유물론唯物論적 입장이나 그것이

에서 관념화시켜 그것을 절대자의 변증법적 발전의 한 체계로 파악했다는 점에서 **변증법***적 관념론을 토대로 성립된 것이라 이야기되었다.

이와 같은 헤겔 철학의 관념성을 비판하고 나선 대표적 자연철학자들 중의 한 사람이 바로 **마르크스****이다. 마르크스는 헤겔이 물질로 구성된 세계를 신이라는 절대자의 변증법적 발전의 한 체계로 파악했다고 하는 것은 물질로 구성된 세계보다 절대자를 인정하는 관념을 우위에 두었기 때문이라고 비판하고, 물질이나 물질로 이루어진 세계가 오히려 관념이나 정신을 변화시켜 간다는 관점하에 변증법적 유물론을 제창하였다. 무엇보다도 여기서 내가 지적하고 싶은 것은 그들이 관념론적이라든가 유물론적이라든가의 차이를 가지더라도, 통시적 측면에서 연구 대상의 동적 양태를 파악하려 했다는 공통성을 갖는다는 점이다.

근대문학의 과학적 연구는 프랑스의 **생트 뵈브*****와 텐H. A. Taine에 의해 성립된

경험에 의해 규정된다는 경험론經驗論적 입장에 대해 존재가 의식에 의해 규정된다는 유심론적 입장唯心論, 근대 서구철학은 '나는 생각한다. 고로 존재한다cogito, ergo sum'라고 하는 데카르트의 관념론적 입장을 기초로 해서 성립되어 나왔다고 말 할 수 있다. 참40

*변증법辨證法/dialectic : 변증법이란 말은 그리스어의 'dialektikētechnē'로부터 유래된 말로서 '문답대화의 기술'을 의미하는 말이었다. 내용상으로는 문답에서의 경우처럼 견해의 대립이나 충돌을 매개로 하여 산물의 본질을 탐구하려는 학문적 사고 방법을 가리키게 되었고, 근대에 와서는 헤겔이 관념론적 입장에서 정반합正反合이라고 하는 사고의 발전법칙으로서의 변증법을 정식화定式化시켰다. 그 후 마르크스·엥겔은 헤겔의 그러한 관념론적 변증법에 대한 비판적 입장을 취해 '자연·인간사회 및 사고의 일반적 운동·발전의 법칙'을 주축으로 한 유물론적 변증법을 주창하였다. 참40

**마르크스Karl Heinrich Marx(1818-1883) : 독일의 경제학자·정치학자. 헤겔의 영향을 받아 무신론적 급진 자유주의자가 되었다. 엥겔스와 경제학 연구를 하며 집필한 저서《독일 이데올로기》에서 유물사관을 정립하였으며,《공산당선언》을 발표하여 각국의 혁명에 불을 지폈다.《경제학비판》,《자본론》 등의 저서를 남겼다. 참9

***생트 뵈브Charles Augustin Sainte-Beuve(1804-1869) : 19세기 프랑스의 문예비평가·시인·소설가. 프랑스 근대비평의 아버지라고 불린다. 학교에서 문학·약학을 배웠고, 과학적 정신과 방법을 익혔으나 1824년《글로브*Le Globe*》지紙를 통하여 비평 활동을 하였고, V. M. 위고 등과 친교를 맺어 낭만파 시인으로서 문단에 데뷔하였다. 시집《조제프 들로름의 생애·시·사상*Vie, poésies et pensées de Joseph Delorme*》(1829)과 소설《쾌락*Volupté*》(1834)을 발표하였으나, 시인·소설가로서의 야망은 실패하였다. 그 뒤로 인상주의와 과학적 비평을 융합한 새로운 형의 비평에 전념하였다. 로잔 대학에서의 강의를 바탕으로 한《포르루아얄*Port-Royal*》(1840-1859)로 인간상을 뛰어나게 표현하였고,《문학적 초상화*Portraits littéraires*》(1844)를 발표하였다. 1849년 이후 신문에 연재한 기사를 모은《월요한담*Causeries du lundi*》(15권, 1851-1862),《속續월요한담》(13권, 1863-1870)

것으로 이야기된다. 생트 뵈브는 작가론의 창시자로도 알려져 있는데 그의 학문적 토대는 자연과학, 특히 생리학, 해부학 등에 대한 연구를 통해 실험과 관찰을 바탕 한 과학적 정신과 방법을 터득함으로써 성립된 것이다. 그의 비평적 입장은 《현대작가의 초상*Portraits Contemporains*》(1846) 등을 통해, 낭만주의와의 관계를 끊고 인상주의와 과학적 비평을 융합시킴으로써 확립되었다. 그는 대표작《월요한담*Causeries du Lundi*》(1851-1870)을 통해 역사상의 인물, 학자, 정치가, 군인, 문학자 등 모든 인물의 사상과 작품을 여러 각도로부터 논함으로써 작가론적 입장을 유감없이 보여 주었다. 그는 작가의 기질이나 성격은 물론, 그의 생활환경과 교육, 교우관계까지 철저히 파헤쳐 그것으로써 작가의 내면적 초상을 묘사하고 그것을 통해 정신적 박물학의 체계를 세운다는 입장을 취했다. 그는 박물학에 종種과 변종變種이 있듯이 정신도 그에 해당되는 족族이 있다는 사상을 갖고 있었다.

한편 현재 우리에게 **실증주의***의 대표적 사상가로 알려져 있는 **텐****은 문학 분야에서 문학사 연구의 확립자로 자리 잡고 있다. 그의 과학적 문학 연구는 문학 작품의 기원에 관한 몇 가지 가설을 증명하기 위해 시도했던《영국문학사*Histoire*

에 의하여 19세기 프랑스 문예비평에 부동의 지위를 굳혔다. 그의 비평 방법은 작가의 기질과 성격·생활환경·교양·교우관계 등을 철저히 조사하여 작가정신의 초상을 만들어 내고, 그것을 분류하여 최후에는 '정신의 박물학'의 체계를 형성하려는 것이었다. 그의 본령은 오히려 그 유연한 비평정신과 깊은 인간 통찰에서 생긴 뛰어난 인간 해부에 있었다. 인상주의, 과학적 비평을 융합한 새로운 형의 비평에 전념했다. 저서는《포르루아얄》,《문학적 초상화》,《월요한담》등이다. 참10

*실증주의positivism : 프랑스의 공산주의 사회주의자 상 시몽(1760-1825)이 자연과학의 방법과 그 철학의 특징을 논할 때 쓰기 시작하여 콩트(1798-1857)에 의해 채용된 이래 19세기 후반부터 20세기 초까지 반 세기에 걸친 철학 운동을 나타내는 말이 되었다. 그 근원은 프랑스 계몽 사상, 로크, 흄 등과 같은 영국의 경험론으로부터 찾을 수 있다. 경험적 사실의 배후에 어떠한 초경험적 실재를 인정하지 않고 모든 지식의 대상은 경험될 수 있는 영역에 존재하는 사실들에 한정시킨다는 입장을 취해 근대 자연과학적 방법에 기초해 물리적, 정신적 현상 세계의 통일적 설명을 목표로 한다는 입장이다. 콩트에 의해 확립된 실증철학은 현상現像의 배후에 가공적 존재자나 추상적 실체를 가정하지 않고 현상을 현상으로 설명하고 현상들 간의 법칙을 파악해 보려는 사유 방법에 의해 확립되어 나왔다. 참40

**텐H. Taine(1828-1893) : 프랑스의 철학자·비평가. 르난과 병행되는 프랑스 실증주의의 대표적 사상가. M.졸라의 자연주의 이론에 커다란 영향을 끼쳤을 뿐만 아니라, 근대의 과학적 문학 연구의 혁신에 공헌하였다. 그의 이론은 문학·예술을 내외로 규제하는 조건으로서의 인종·시대·환경의 3대요소를 주축으로 이루어졌다.《영국문학사》(1863),《예술철학》(1865-1869) 등. 참10

de la Litérature》(1863)를 시발로 확립되었다. 이 책의 서문을 통해 그는 자신의 문학사 기술 방법론을 제시하고 있는데, 문학이나 예술은 인종, 시대, 환경의 유기적 관계 속에서 이루어진다는 것이 그 골자이다. 특히 그는 환경을 강조하고 있는데, 이는 자연환경과 사회환경을 의미한다.

이상과 같이 문학 분야에서도 자연과학의 입장에서 문학 연구가 시도되어 근대 문학 연구의 양대 방법론이라 할 수 있는 작가론과 문학사가 성립되었다. 이는 작가의 성장 과정과 작품들과의 유기적 관계를 밝혀 작가의 정신 세계를 파악한다거나 한 민족이나 국가의 역사적 전개 과정과 작가의 정신 세계와의 유기적 관계를 밝혀 일국의 민족혼이나 문학 정신을 이해해 보려는 입장이 바탕이 되었다.

19세기로 들어와 성립된 근대의 자연과학과 인문사회과학은 이미 19세기 이전에 확립된 물리학을 기초로 성립된 것이었다. 19세기 이전의 물리학은 우주의 중심체로 알려져 있던 태양의 주위를 회전하는 지구를 비롯한 행성들의 운동법칙을 연구하는 과정에서 성립된 것인데, 행성들의 운동법칙을 연구한다는 것은 태양과 그것을 회전하는 행성들의 유기적 관계를 지배하고 있는 원리를 파악해 낸다는 것이었다. 이러한 행성들 간의 역학적 관계의 원리를 찾아내 그것을 기초로 물체들의 운동법칙을 확립해 낸 것이 바로 뉴턴의 만유인력의 법칙이다.

당시의 물리학은 바로 이 법칙을 토대로 확립되었고, 그것을 기초로 19세기 자연과학과 인문사회과학이 성립되었다. 따라서 물리학을 토대로 성립된 과학적 연구 방법이란 우선 우리가 연구하려는 어떤 연구 대상의 기본적 요소들을 파악한 후 다시 통시적 측면에서 그것들의 유기적 관계의 변모와 그 변모의 원리를 파악한다는 것이다. 이와 같이 인문과학은 자연과학, 특히 물리학을 기초로 성립되었음을 주목해 둘 필요가 있다.

2. 인문과학에서의 방법론의 전개 — 미시와 공시

20세기로 들어서서, 19세기와는 다른 새로운 차원에서의 사물의 접근 방법이 성립되었다. 역사주의라고 하는 사물의 통시적 접근 방법이 일반화되는 과정에서 19세기 후반 새로운 측면에서의 물리학이 성립되었다. 광학, 전기학, 자기학, 열역학 등에 대한 연구가 그것들이다. 앞서 언급했듯이 19세기 후반까지만 해도 유럽인들에게서의 물리학은 태양과 행성들의 운동에 기초한, **뉴턴역학***과 중력을 중심으로 이루어졌었다. 다시 말해서 지구와 그것에 외재하는 것들과의 유기적 관계, 그리고 그것을 지배하는 원리에 대한 연구가 중심이 되었다. 이후 물리학은 지구에 내재하는 것들, 특히 지상에서 움직이는 빛, 전기, 자기, 열 등과 같은 것들을 주로 연구해 갔다. 이것들은 육안으로 감지되는 가시적 세계, 즉 거시적 macro 세계의 것들로 그것들의 작용 원리를 파악하는 것에 연구의 초점이 두어졌다.

연구자들의 관심은 20세기로 들어와 연구 대상을 구성하는 최소한의 구성 단위나 작용 단위에까지 이르게 되었다. 육안으로는 감지되지 않는 미시적 세계의 것들인 원자와 양자가 바로 그것들이다. 우리는 일반적으로 20세기 이전의 물리학을 고전물리학이라 하고 그 이후를 **현대물리학****이라 말한다. 고전물리학이 거시적 세계의 것들을 다루었다면, 현대물리학은 미시적 세계의 것들을 다루고 있다는 면에서 대별적이다. 그런데 이러한 미시적 세계에 대한 연구는 물질을 구성하는 최소의 단위로 파악해 온 원자를 중심으로 이루어졌다. 따라서 사람들은 현대물리학을 흔히 원자물리학이라고도 한다.

19세기 **분자*****의 구조가 연구되는 과정에서 이미 **원자******의 존재가 확인된 바

---

*뉴턴 역학Medhanics of Newton : 뉴턴Isaac Newton(1643-1727)의 《프린키피아》(1687)에서 운동의 공리公理/axiom로, 제시된 관성의 법칙, 운동방정식, 작용, 반작용의 법칙이라고 하는 3법칙을 기초로 성립된 역학을 말한다. 근대 고전물리학은 물체들 사이에 작용하는 힘에 대한 연구를 중심으로 성립되어 19세기 후반으로 들어와서 열역학, 기체론, 전기역학 등으로 발전했고, 20세기 초로 들어와서는 아인슈타인의 특수상대성 이론, 양자역학 등을 기초로 해서 현대 물리학으로 전개되었다. 참40〈역학〉

**현대물리학現代物理學 : 소립자 물리학, 물성物性 물리학, 우주 물리학, 생물 물리학, 초고층超高層 물리학, 인공두뇌학 따위에 미치는 물리학을 통틀어 이르는 말. 참9

*** 분자分子/molecule : 분자는 두 개 이상의 원자가 어떤 힘에 의해 일정한 형태로 결합한 것으로 1개의 독립된 입자로 행동한다고 볼 수 있는 원자의 결합체를 말한다. 비금속원소의 홑원소 물질(H_2, Cl_2, O_2), 비금속원소 간 화합물(NH_3, CH_4, CO_2)과 대부분의 유기화합물에 대해서는 기체의 상태뿐만 아니라 액체, 고체의 상태에서도 대체로 그들 분자의 존재가 확인되고 있다. 그러나 이온결합에 의해 만들어지는 여러 가지 염류결정이나 금속결합으로 만들어지는 금속의 결정에서는 독립 입자로서 분자를 구성하지 않기 때문에 분자로 간주하지 않는다. 참10

****원자原子/atom : 화학 원소로서의 특성을 잃지 않는 범위에서 도달할 수 있는 물질의 기본적인 최소 입자. 현재 100종 남짓한 각 원소에 대하여 각각 대응하는 원자가 존재한다. 원자라는 용어는 물질의 궁극적 입자라는 뜻을 가리키며, 원자의 영어명인 'atom'이라는 말도 그리스어의 비분할

있다. 그 후 19세기 말 **음극선***의 입자로 전자가 발견되고 그것을 계기로 원자의 실재성이 인식된다. 그리고 서구인들은 원자 간의 결합원인과 원자의 **화학****적 성질이 완전히 전자에 의해 이루어진다는 사실까지도 발견하게 된다. 1896년 **방사능*****발견을 계기로 **퀴리 부부****** 등에 의해 원자에 대한 연구가 보다 적극적으로 진척됨으로써, 원자라는 것이 화학적 변화라는 차원에서만 불가분의 입자이고, 또 그것이 구조를 가지고 있는데 그 구조가 변해 간다는 사실 등을 발견하게 되었다. 또 음전기를 지니는 요소와 양전기를 지니는 요소가 어떻게 결합되어 있는가에 대한 연구가 진행되는 과정에서 원자의 내부 구조와 그것을 구성하는 요소들의 기능이 밝혀져 결국 1915년 원자 모형이 확정되게 되었다.

원자 연구의 진행 과정에서 원자는 양성자와 중성자로 구성된 원자핵과 그것의 둘레를 타원형으로 회전하는 전자로 이루어져 있다는 원자구조론이 성립되었다. 또 양성자와 중성자가 쿼크라는 입자로 구성되어 있다는 설이 나오고 쿼크

非分割을 의미하는 'atomos'에서 유래한 것이다. 즉, 물질을 쪼개고 또 쪼개는 과정을 반복하면 더 이상 쪼갤 수 없는 입자를 얻게 되며 이를 원자atom라 부른 것이다. 그러나 전자, 양성자, 중성자 등의 존재가 밝혀지면서 원자가 단일하고 불가분不可分한 입자가 아니고 복잡한 구조를 가진다는 것을 알게 되었고, 이제는 소립자素粒子라고 하는 한 무리의 입자가 물질의 궁극입자로 연구되고 있다. 그러나 화학 원소로서의 특성을 유지하는 입자로는 여전히 원자가 가장 작은 단위이다. 참10

*음극선陰極線/cathode ray : 음극에서 방출된 전자들의 흐름이다. 진공방전이 일어나고 있는 방전관 내부에서 기체가 이온화되어 만들어진 양이온이 음극 주위에 모여 전자를 밀어 내면서 음극선이 발생하게 된다. 음극선은 형광 작용과 감광 작용이 일어나게 하며, 기체를 이온화시키는 능력이 강하다. 음극선에 대한 연구는 16세기 전기적인 성질을 알아낸 이후 계속되었다. 18세기의 헉스비Francis Hauksbee(1666-1713)는 공기를 뽑아낸 유리관에 전기를 통하면 불꽃 방전이 있어난다는 사실을 실험으로 알아냈다. 음극선은 브라운관 등의 분야에 넓게 응용되며, TV브라운관이나 전자현미경 등에도 이용되고 있다. 이와 같은 음극선의 이용이 기술적으로 완성을 보게 된 것은 1930년대이다. 기술적으로 완성되면서 실용화가 되자 응용이 뒤를 이어 확대되었다. 현재 그 응용기술은 전자공학의 기초 분야이다. 참10

**화학化學/chemistry : 물질의 성질 · 조성 · 구조 및 그 변화를 다루는 학문으로, 물리학과 달리 완전한 체계화는 이루어지지 않은 상태이나, 라부아지에의 화학적 변화에서의 질량보존의 법칙, 돌턴의 원자설原子說, 아보가드로는 분자설分子說, 멘델레예프의 원소의 주기율표 등을 거쳐 양자역학으로 발전되어 현대화학의 기초가 거의 완성되었다. 참10

***방사능放射能/radioactivity : 불안정한 원소의 원자핵이 스스로 붕괴하면서 내부로부터 방사선을 방출하는데, 이 방사선의 세기를 방사능radioactivity이라 한다. 참10

****퀴리 부부Frédéric and Irène Joliot-Curie : 프랑스의 물리학자 마리 퀴리Marie Curie(1867-1934)와

에 어떤 구조가 존재하고 있는지에 대한 여부가 연구되는 과정에서 구조론이 심화되어 입자론이 성립되었고, 그것을 기초로 1930년대 입자물리학이 성립되었다.

이와 같이 20세기 들어서, 19세기 말에 발견된 전자가 원자핵과 관련되어 연구되었고 또 그것과 관련된 원자핵의 구조와 그 원자핵을 이루는 입자들이 연구됨으로써 미시적 세계의 구조와 그것을 이루는 입자들이 점차 밝혀졌다. 이와 같이 원자에 대한 연구는 구조론과 입자론의 측면에서 연구되는 한편, 전자를 중심으로 한 원자에 대한 연구는 전자의 발견을 계기로 작용이라고 하는 측면에서 행해져 나갔다. 그리하여 1910년대에 양자론이 성립되었고 1920년대에 들어서서 양자론을 기초로 한 양자역학이라는 양자물리학이 성립되었다.

양자*라는 개념은 **막스 플랑크****의 양자 가설量子假說(1900)에 의해 물리학에

남편 피에르 퀴리Pierre Curie(1859-1906)를 말한다. 이 부부는 1898년 7월, '우라늄Uranium'의 330배나 되는 방사능을 가진 새물질 '폴로늄Polonium'을 발견한데 이어, 12월에는 '라듐Radium'까지 발견함으로써, 인류는 희망과 절망의 시대를 동시에 열었다. 라듐은 광선光線을 뜻하는 라틴어에서, 폴로늄은 퀴리 부인(마리 퀴리)의 조국인 폴란드에서 그 이름을 땄다. 퀴리 부부는 이 업적으로, 1903년도 노벨상 수상자로 선정되었다. 1906년 남편이 교통사고로 사망하자, 퀴리 부인은 남편의 뒤를 이어 파리대 교수가 되고, 1911년에는 퀴리 부인이 노벨화학상을 수상한다. 참11

*양자量子/quantum : 어떤 물리량이 연속 값을 취하지 않고 어떤 단위량의 정수배로 나타나는 비연속 값을 취할 경우, 그 단위량을 가리키는 용어이다. 예를 들어, 광자는 전자기장의 양자이며, 보스-아인슈타인통계에 따르는 소립자가 장場의 양자론의 양자라 한다. 참10

**막스 플랑크Max Karl Ernst Ludwig Planck(1858-1947) : 독일의 물리학자. 엔트로피 · 열전 현상 · 전해질용해의 연구 등으로 열역학의 체계화에 공헌하였다. 또한 열복사 문제를 연구하여 '플랑크의 복사식'을 발표하고, 보편상수 h(플랑크상수)를 도입하는 등으로 양자론을 전개시켜 물리학에 커다란 전기를 가져 왔다. 주요 저서《열역학강의》(1897). 참10〈플랑크〉 현대 물리학은 양자론으로부터 시작되는데 그것에 대한 이야기는 막스 플랑크로부터 시작된다. 초기 양자역학의 기초를 확립시킨 덴마크 물리학자 닐스 보어에 의하면 플랑크의 양자론은 자연현상의 과학적 해석에 극단적 개혁을 일으켰으며 양자론의 입장에서 행해진 우주에 대한 묘사는 고전 물리학과 전혀 달랐다고 평가되었다. 불확정성 원리를 발견한 베르너 하이젠베르크도 그의 양자론이 지니는 과학적 포괄성과 수학적 간결성이 원자 구조를 설명해 낼 학설로 발전되리라고는 프랑크 자신도 예상할 수 없었을 것이라고 칭찬을 아끼지 않았으며, 아인슈타인도 그의 연구가 과학의 발전을 도모하는 추진력 중에서 가장 강력한 것을 제공했다고 말하고 있다. 대학 시절 그의 물리학에 대한 연구는 의심할 여지없이 그것이 궁극적으로 인류의 운명을 결정 짓는 인간 지식의 필수 불가분한 요소라는 믿음으로부터 출발했다. 플랑크는 42세에 양자론을 제창한 후 20년

도입된 후 아인슈타인의 광양자설에 의해 확립되었다. 당시 열역학자였던 플랑크는 열의 복사輻射 현상에서의 광에너지 작용을 연구하면서, 에너지가 연속적인 양으로 무한히 작게 분할될 수 있다는 그때까지의 생각을 버리고 에너지를 어느 단위 이하로는 더 이상 분할될 수 없는 불연속적인 입자로 보았다. 그는 이 입자를 **에너지 양자***로 이름 붙였다. 한편 아인슈타인은 **광전 효과****를 설명하는 과정에서 열의 복사가 공간으로 퍼져 나갈 때 불연속적인 에너지를 갖는 입자로 나아간다는 가정을 세웠는데, 그 가정하에서의 그 입자를 '광양자'로 이름 붙였다.

이렇게 해서 양자에 대한 개념이 성립되었고, 그것을 바탕으로 작용이 양자화될 수 있고 모든 현상이 불연속적으로 묘사될 수 있다는 이론적 근거가 나오게 되었다. 덴마크의 물리학자 **보어*****의 원자구조론(1913)을 계기로 소위 양자론이 성립되어 하이젠베르크W. Heisenberg(1901-1976) 등의 행렬역학matrix mechanics/行列

만인 1918년에 노벨물리학상을 받았고, 또 그의 학문은 과학계에서의 확고한 위치를 차지했다. 그러나 그의 개인 생활은 결코 평탄치 못했다. 그의 두 딸은 결혼하자마자 모두 죽었고, 그의 큰 아들 카를은 1916년 베르던 전투에서 전사했고, 둘째 아들 에르빈은 테러가 횡행했던 1945년 1월에 살해되었다. 그의 그러한 상황 속에서도 전 생애를 통해 차분한 위엄을 유지했다. 그의 그러한 쓰라린 기억들이 그의 성격에 어떤 심오한 명상에 잠기는 듯한 특성을 심어 주었으며 신비롭다고 할 만큼 따뜻하게 달아오른 불꽃을 주는 듯 보였다. 그는 연구에 전심전력으로 몰두함으로써 고통을 해결하려는 사람이었다. 그는 아인슈타인과 마찬가지로 능숙한 음악가였고, 베토벤을 좋아했다. 그의 과학적 노력에서 예술가적 상상력을 발휘해 자연에 숨은 조화를 찾으려 했다. 그는 1900년 10월 베를린 물리학회에 새로운 복사공식을 제출했다. 그의 그 복사공식은 오늘날 고전 물리학이라 불리는 것의 마지막과 자연의 법칙을 보는 인간의 생각과 견해에 새로운 기원을 알리는 신호였다. 당시 과학자들은 그가 제출한 그 복사공식을 그럴 만한 가설 이상의 것으로 받아들이는 데 수년이 걸렸지만, 플랑크 자신은 자신이 발견한 것이 얼마나 중요한 것인지를 명확히 깨닫고 있었다. 그는 그 공식을 제출한 그날 아들 에르빈과 산책하면서 '나는 오늘 뉴턴이 발견한 것만큼이나 중요한 것을 발견했다'고 말했다. 참22, 261-267면

*에너지 양자energy quantum : 현대물리학인 양자역학에 의하면 에너지는 연속적이지 않고 항상 어떤 소량小量의 정수배整數倍로 행해지는데 우리는 그 소량을 에너지 양자로 부르고 있다. 에너지 소량 ε는 hvc(h는 자연상수, v는 열복사의 진동수(1초당)로 표시된다. 이를 에너지 양자라 한다. 참10

**광전 효과光電效果/photelectric effect : 물질이 빛을 흡수하여 광전자가 생기는 현상을 말한다. 짧은 파장의 빛이 금속 면에 닿으며 금속에서 전자가 튀어나온다. 참10

***보어Niels Henrik David Bohr(1885-1962) : 덴마크의 물리학자. 보어의 원자 이론으로 고전론과 양자론이 결합되었고, 전기前期양자론 연구의 계기가 되어, 후에 양자역학으로 발전하였다. 노벨물리학상 수상(1922). 참10

力學(1925)과 오스트리아의 슈뢰딩거Erwin Schrödinger(1887-1961)의 **파동역학*** 등을 기초로 1926년에 **양자역학****이 성립되었다.

보어의 원자구조론은, 전자가 항상 빛을 발하거나 흡수하는 것이 아니라 원자가 어떤 정상 상태로부터 다른 상태로 옮겨질 때만이, 다시 말해서 전자가 어떤 궤도에서 다른 궤도로 옮겨질 때만이 빛을 방출하거나 흡수한다는 가정하에서 이루어졌다. 이와 같이 보어의 원자구조론은 전자의 운동이나 운동량의 불연속성을 기초로 성립된 것이지만 관측자가 궤도를 회전하는 전자의 위치나 운동량 같은 것을 정확히 알아낼 수는 없었다. 하이젠베르크의 **행렬역학*****은 바로 여기에서부터 출발하였다.

파동역학은 설사 실험적으로 측정할 수 없다 하더라도 실제로 물질파가 존재한다고 하는 실재론적 입장을 취해 행렬역학의 허점을 보충했는데 이로써 양자역학이 확립되었다. 하이젠베르크는 양자역학이 확립된 그 다음해인 1927년 그것을 기초로 해서, 인간이 전자와 같은 어떤 물체의 위치와 속도를 동시에 정확히 측정하는 것은 사실상 불가능하다는 것을 주장하는 과정에서 **불확정성의 원**

---

*파동역학波動力學/wave mechanics : 1926년 E. 슈뢰딩거에 의해 제창된 물질입자의 운동을 기술하는 양자역학의 이론을 말한다. 프랑크의 양자 가설(1900)로 시작해, 아인슈타인에 의한 광전효과의 설명(1905) 등을 거쳐, 빛이 중성 개념이 확립되어, E(에너지)=h(프랑크상수)× v(진동수)라든가 p(운동량)=h(프랑크상수)/λ(파장) 등과 같은 관계들의 존재가 발견되었다. 그러자 드브로이는 전자와 그 밖의 물질입자에 관해서도 이것과 같은 관계로 맺어진 파동성이 수반된다는 것을 예상하고 물질파의 이론을 세우기에 이르렀다. 슈뢰딩거는 이것을 한층 더 발전시켜 파동방정식을 기초로 하여 파동역학이라는 이론 체계를 세웠던 것이다. 참40

**양자역학量子力學/quantum mechanics : 양자론의 기초를 이루는 물리학 이론의 체계이다. 원자, 분자, 소립자 등의 미시적 대상에 적용되는 역학으로 거시적 현상에 보편적으로 적용되는 고전역학과 상반되는 부분이 많다. 양자역학의 등장으로 물성물리학을 비롯한 다양한 물리학 분야에서 큰 발전이 이루어졌다. 참10

***행렬역학行列力學/matrix mechanics : 하이젠베르크에 의해 창시된 양자역학의 한 형식. 그는 인간의 자연 현상에 대한 기술은 실제로 관측가능한 양과 개념만을 가지고 행해야 하는 것으로서 관측불가능한 양과 개념은 부인했다. 따라서 전자의 궤도와 같은 개념은 본래 존재하지 않는다는 입장을 취하는 대신 원자가 방출하는 방사의 강도만으로 논리를 구성하였다. 그는 전자가 원자내에서 어떤 특정한 점이나 특정한 궤도에 존재한다고 생각하지 않았다. 다만 그는 전자들의 위치를 보어궤도들 위에 퍼져 있음을 나타내는수들의 배열로 바꾸어 놓았고, 또 그는 전자의 운동량(질량× 속도)도 수들의 배열로 바꾸어 그것의 위치와 운동량과의 관계를 기술해 내기

리*를 제시했다. 그의 그러한 주장은 일정한 속력으로 직선을 따라 움직이는 전자의 위치를 측정하는 과정에 대한 분석을 통해 이루어졌다.[32] 직선 위에 있는 전자의 위치를 알려면 그것을 보아야 하는데, 인간이 그 전자를 보려면 우선 그것을 향해 광선을 비쳐야 한다. 그래야 광선 속의 광자가 그 전자에 충돌해 그것이 반사해서 우리 눈으로 들어와야 우리는 그 전자를 볼 수 있게 되는 것이다. 우리에게 그 전자가 보이게 되면 우리는 간단한 반사 원리를 적용하여 그 전자의 위치를 추론하게 된다. 그런데 문제는 광선 속의 광자는 그 전자로부터 반사하면서 전자에게 자기 운동량의 일부를 전달하게 됨으로써 그 전자의 운동량에 대한 우리의 지식에 오차를 유발시키게 되는 것이다. 보다 구체적으로 말해 우리가 전자의 위치를 보다 정확히 측정하기 위해서는 가능한 짧은 파장을 갖는 광자를 전자에 쪼여 주어야 한다. 그런데, 그러한 광자는 높은 에너지를 지니고 있어 그것이 전자에 부딪히면 전자의 운동량에 큰 오차를 가져오게 되는 것이다.

이상과 같이 현대물리학은 미시적 세계의 구조와 그것의 구성입자들을 연구하고, 그 미시적 세계의 작용에너지를 파악해 가는 과정에서 확립된 것이다. 그런데 20세기 모든 학문은 바로 현대물리학이 확립되는 과정에서 성립된 구조론과 작용론을 기초로 한다.

우주 연구의 분야에서부터 그 예를 고찰하면 다음과 같다. 19세기 지상의 물질은 분자 차원에서 연구되었고 우주는 태양과 그것을 회전하는 행성들과의 유기적 관계 파악이라는 측면에서 연구되었다. 그러나 20세기로 들어와서 지상의

위해 두 행렬을 곱했다 행렬역학의 행렬이란 그렇게 배열된 수들의 행렬이었다. 이 와 같이 행렬역학은 원자 내에서의 위치에 따른 전자들의 에너지 순위와 그것들의 전이轉移 확률을 기초로 해서 이루어진 것이다. 한편 슈뢰딩거는 전자의 전이轉移라는 개념을 피하기 위해 1923년 발표된 드브로이Louis-Victor De Broglie(1892-1987)의 물질파 개념을 받아들여 파동역학이라는 또 하나의 양자역학을 성립시켰다. 드브로이의 물질파란 빛이 파동성과 입자 성을 모두 가지고 있다면 전자와 같은 물질들도 이러한 이중성을 가질 것이라는 가정하에서, 그 입자의 파동성을 물질파라 명명하고 그 물질파의 진폭은 운동량에 반비례한다는 입장을 제시했다. 즉 이러한 논리를 토대로 그의 파동역학이 출현했던 것이다. 참40 334면 참조

*불확정성의 원리不確定性原理/uncertainty principle : 양자역학에서의 입자와 파동의 이중성에 관해 입자적 기술의 한계를 이해하기 위해 하이젠베르크가 1927년 처음으로 도입한 이론이다. 참10

물질은 원자의 차원에서 이루어졌고 우주 연구는 은하 중심과 그것을 회전하는 태양계와의 유기적 관계 파악, 즉 은하계 연구라는 측면에서 이루어졌다. 다시 말해서 20세기 유럽인들은 안으로는 원자의 구조를 파헤치고 밖으로는 은하계의 내부 구조를 규명해 가고 있었다. 그 결과 1918년 은하계 내에서의 태양계의 위치를 정확히 파악하게 되고 태양계가 우주의 중심이 아니라는 사실을 밝혀내게 됐던 것이다. 그 다음 1926-1927년에는 은하계를 이루는 별들이 은하의 중심을 회전하고 있으며 태양계도 다른 별들처럼 그것을 회전하고 있다는 사실이 밝혀졌다. 1952년에는 우리 은하계가 나선형이라는 사실도 밝혀졌다. 이와 같이 20세기 전반을 통해 유럽인들에게 은하계의 내부 구조가 밝혀짐으로써 그때까지 그들의 세계관의 기초가 되었던 태양계 중심의 우주관이 해체되고 은하계 중심의 우주관이 성립되어 나옴으로써 20세기 전반을 통해 그들에게는 은하계 중심의 우주관을 기초로 한 새로운 세계관이 성립됐던 것이다.

한편, 1929년 미국의 천문학자 허블에 의해 은하계 밖에 또 다른 은하들이 있다는 것이 발견된다. 그것들에 대한 관찰이 계속되면서 외부 은하들이 은하로부터 점점 멀어져 가고 있고 그것들의 후퇴 속도가 은하계로부터의 그것들의 거리에 비례한다는 사실이 발견되었다. 그리하여 1929년 허블의 법칙이 공표되어, 《성운의 세계*The Realm of the Nebulae*》(1936)를 계기로 외부 은하계들에 대한 연구가 시작되었다. 또, 20세기 후반인 1952년에는 미국의 천문학자 바데W·Baade(1893-1960)에 의해 우리 은하계가 다른 은하계의 중심이 아니라 그것들 중의 하나에 지나지 않다는 것이 발견되었다. 이에 의해 우리 은하계와 다른 은하계들이 소속된 또 하나의 세계가 상정되었다.

현재 유럽인들은 우리 은하계와 그 외부에 있는 다른 은하계들로 이루어진 세계를 우주라고 말하고 있다. 그러한 우주는 팽창해 가고 있으며 또 그것은 대폭발로 인해 생겨났고, 그렇게 해서 생겨나 팽창해 가고 있는 우주의 중심에는 은하계의 중심이나 외부 은하계의 중심에 존재하는 어떤 블랙홀과 같은 것이 존재할 가능성도 상상되고 있다.

여기에서 지적하고 싶은 것은 이와 같은 우주 연구가 현대물리학이 창출해 낸 미시적 세계에 대한 구조론적이고 입자론적이고 작용론적 접근 방법을 토대로 한다는 것이다. 특히 20세기 천문학자들은 원자의 내부 구조와 그것을 이루는 입자들에 대한 지식을 토대로, 은하계의 내부 구조와 은하계에 외재하는 외부 은하들에 의해 이루어진 우주의 내부 구조, 그것의 탄생 원리, 그것을 이루는 원소들을 연구해 갔고, 이와 같은 현상은 우주 연구의 분야에만 국한되지 않았다.

화학 분야의 경우, 19세기경 돌턴의 원자설에 입각해 이탈리아의 아보가드로A. Avogadro에 의한 분자설이 제안되었고 그것이 19세기 후반 S. 카니차로에 의해 확인되면서 화학 반응의 기본 단위인 분자의 개념이 정의되었다. 그 후 분자를 이루는 원자의 내부 구조가 밝혀짐에 따라 19세기 말에 이미 발견된 전자의 운동량을 가지고 모든 물질 현상을 설명하려는 입장이 성립되었다.

그 첫 단계가 독일의 물리학자 하이틀러W. Heitler와 런던F. London에 의해 이루어졌다. 그들의 연구로 원자 간의 결합은 서로 간의 원자 내 전자교환으로 인해 이루어진다는 사실이 발견되었다. 이와 같이 그들의 연구에 의해 화학 결합의 본질이 밝혀지자 사람들은 분자의 구조와 그 분자성질과의 관계를 밝히려는 쪽에 주목했다. 그것을 계기로 1930년대 화학계에서는 소위 구조양자화학이 성립되었고, 1940년대에는 화학 반응과 양자역학이 결합되어 반응양자화학이 성립되었다. 이렇게 해서 20세기에 들어서서 어디까지나 분자 차원의 물질을 다루는 화학 분야에서도 전자의 차원에서 분자를 다루고 구조와 반응의 측면에서 그것을 연구하게 되었다.

20세기 전에는 생물의 외적 형태의 변모에 대한 관찰을 통해 생명체의 본질을 파악하려 하였다. 그러나 20세기로 들어서서 생물학의 주된 연구는 생명체의 세포의 내부 구조를 밝히고 그 세포를 구성하는 요소들의 기능과 그것들의 화학적 성분을 파악해 가는 것이었다. 그러한 과정에서 20세기 초에는 생명체를 구성하는 물질들의 화학적 구조를 밝혀 생명 현상을 밝혀 보려는 생화학이 성립되었다. 1901년 드 브리스H. de Vries 등에 의한 멘델의 법칙의 재발견, 1910년 모건C. L. Morgan(1852-1936)의 유전자 발견 등이 그 구체적 성과들이다. 20세기 중반에는 **왓슨***과 크릭F. H. C. Crick에 의해 세포핵 속에 내재된 DNA의 구조를 밝혀 분자의 차원에서 생명근원을 밝혀 보려는 소위 분자생물학이 성립되었다. 이렇게 생명 현상이 분자의 차원에서 밝혀지자 DNA를 구성하는 단백질 내의 전자 이동에 대한 고찰을 통해 생명 현상을 파악하려는 양자생물학이 성립되었다.

인문사회과학의 경우도 거시적 차원의 접근이 지양되고 미시적 차원의 접근이 이루어졌다. 인간의 사회 현상을 다루는 법학, 정치학, 사회학, 경제학과 같은 사회과학은 인간의 행위 차원의 접근 방법을 지양하고 심리 차원의 접근 방법을 취해 갔다. 인간의 정신 현상을 다루는 역사, 문학, 언어학과 같은 인문과학은 인간의 정신적 차원의 접근 방법을 지양하고 의식적 차원의 접근 방법을 모색해 갔다. 그리고 행위적 측면에서 접근되었던 심리학도 의식적 측면에서 접근하게 되었다. 이상과 같이 인문사회과학의 연구 대상은 외부에 존재하는 것에서 내부에 존재하는 것으로 전환되었다. 이 같은 과정에서, 예를 들면 사회학에서의 심리사회학, 문화사회학 등이 성립되었다. 역사학에서는 역사적 사건 그 자체에 대한 관심보다는, 그 사건을 인식하려는 역사적 인식이나 그 사건을 기술하는 기술 방법의 면으로 관심 전환이 이루어졌다. 철학과 심리학에서는 프랑스의 베르그송, 독일의 후설, 미국의 제임스, 독일의 프로이트 등에 의해 인간의 정신 현상을 의식이나 무의식의 차원에서 접근해 보려 했던 입장이 성립되었다.

19세기에서 20세기로의 전환 과정에서 현대물리학이 인문사회과학에 끼친 또 하나의 영향은, 사물의 접근 방법을 '전체나 보편에서 부분이나 개별'로 전환시켰다고 하는 것이다.

예를 들면, 현대 물리학자들은 가장 간단한 수소 분자의 분석을 통해 얻어 낸 지식으로 보다 복잡한 분자들에로 접근해 현대의 원자물리학을 성립시켰는데, 그 결과 사회과학에서도 사회학적 측면에서나 경제학적 측면에서 개별적인 지

*왓슨James Dewey Watson(1928-) : 프랜시스 크릭과 함께 1953년 DNA의 이중나선 구조를 발견한 미국의 생물학자이다. 이 업적으로 1962년 노벨생리학, 의학상을 수상했다. DNA 구조 규명 이후 미국의 하버드 대학 생물학과 교수로 분자생물학 연구를 하고 있다. 게놈 프로젝트를 주창했고, 이 프로젝트의 초대 책임자를 맡기도 했다. 주요 저서《이중나선—핵산의 구조를 밝히기까지*The Double Helix*》(1968),《DNA—생명의 비밀*DNA:The Secret of Life*》(2003). 참6 〈제임스 왓슨〉

역이나 시대의 문제가 철저한 실증주의적 측면에서 연구되기에 이르렀다. 인문과학에서도 한 개인의 구체적 언행이나 그것의 결과물이 연구 대상의 한 단위로 설정되어 접근되었다. 광인狂人이 서술한 말의 분석을 통해 광인의 병의 원인을 파악해서 인간 일반의 정신병의 원인을 찾아간다는 심리학에서의 정신분석학적 방법이 그 한 예이다. 하나의 작품을 분석 단위로 해서 그것을 분석하고 그것을 토대로 다른 작품들로 접근해 가는 문학 연구에서의 뉴크리티시즘new criticism도 그 한 예가 될 것이다.

3. 방법론에서의 미시와 공시의 전개 — 구조와 작용

원자물리학에 의해 영향을 받은 인문사회과학의 또 하나의 연구 방법은 연구 단위의 구조적 측면에서의 접근 방법이라 할 수 있다. 원자물리학이 하나의 원자를 연구함에 있어서 그것의 구조와 구성 요소들과 그것들의 기능들을 파악해 갔듯이, 인문사회과학의 경우도 하나의 연구 대상을 설정해 그것의 구조와 구성 요소들, 그리고 그것들의 기능들과 유기적 관계들에 대한 파악을 통해 연구 대상의 특성을 밝히려는 입장을 취했다. 또 20세기 초 원자물리학이 원자의 구조와 그것들을 구성하는 입자들의 기능과 성분 등을 연구해 가는 과정에서 입자물리학을 성립시켰듯이, 인문사회과학에서도 구조론, 기능론, 입자론 등이 성립되었고, 이들을 토대로 20세기 중반 언어학을 필두로 한 구조주의가 확립되었다. 특히 원자물리학에서의 전자의 운동량의 기술 방법을 기초로 성립된 양자역학은 금세기 60년대로 접어들면서 나타난 후기구조주의의 토대가 되었다.

이상과 같이 1970년대 이후 후기구조주의를 정점으로 한 유럽인의 인문과학human science은 일차적으로 19세기 뉴턴의 물리학을 바탕으로 한 자연과학을 토대로 확립되어 20세기 원자물리학을 토대로 다시 한 번 구체화되었던 것이다. 이때 뉴턴의 중력의 법칙을 바탕으로 한 과학은 근대과학이라 불리고 20세기 원자물리학을 바탕으로 한 그것은 현대과학이라 불린다. 따라서 인문과학은 우선 근대인문과학과 현대인문과학으로 구분되어 그 특징이 고찰될 수 있고, 다시 현대인문과학은 20세기 초반의 원자물리학이 20세기 후반의 입자물리학 쪽으로 구체화되면서 성립된 후반 초의 구조주의와, 원자물리학이 중반의 양자물리학 쪽으로 나아가면서 성립된 20세기 중엽의 후기구조주의로 나누어 고찰될 수 있다.

앞에서도 언급했듯이 19세기 인문과학은 가시적 차원의 인간의 삶을 그 연구 대상으로 삼았다. 이 경우 근대인문과학은 지동설이 폐기되고 태양 중심설이 수용되는 과정에서 성립된 것이기 때문에, 인간의 삶을 지배하고 있는 것은 태양이 지구를 지배하듯 인간 존재의 외부에서 인간 존재를 지배하는 것들, 예를 들어 사회나 자연이나 우주의 태양과 같은 천체, 아니면 그 너머에 존재하는 그 무엇이라 생각했었다. 근대인문과학자들은 인간과 인간에 외재하는 것들과의 관계를 파악해 삶의 본질을 파악하려고 했던 것이다. 반면 현대인문과학은 인간과 인간에 내재하는 것들과의 유기적 관계를 파악해서 인간의 본질을 파악하려는 입장을 취하게 되었다. 다시 말해서 인간의 본질을 인간의 내부로부터 끌어내려는 입장을 취했다. 이와 같이 근대인문과학과 현대인문과학의 인간에 대한 접근 방법이 대별되는데, 그렇다면 현대인문과학에서의 구조주의적 차원에서의 인간에 대한 접근 방법과 후기구조주의적 차원에서의 그것과는 어떻게 다를까?

앞에서 우리는 구조주의는 원자물리학이 입자물리학으로, 후기구조주의는 그것이 양자물리학으로 세분화되는 과정에서 성립된 것이라는 입장을 확인했다. 원자물리학은 어떻게 입자물리학으로, 또 그것은 어떻게 양자물리학으로 나오게 된 것일까? 이 차이점을 통해 구조주의와 후기구조주의는 본질적 차원에서 그 차이를 명확히 드러낼 것인데, 앞서 언급했듯이 원자물리학은 원자의 구조, 그것을 이루는 요소들의 기능, 그것들의 유기적 관계 등을 밝혀 가는 과정에서 성립되었다. 그것들이 밝혀지자 원자물리학은 또 다른 차원에서의 원자 세계를 연구하게 되었는데, 그것은 원자를 구성하는 전자나 원자핵을 구성하는 양성자보다 더 기본적인 입자가 존재하는지에 대한 의문으로부터 출발하여, 쿼크라는 입자로 되어 있다는 전자나 양성자 혹은 그밖에 광자와 같은 입자들을 통해 더 기본적인 물질의 구조를 파악해 보려고 했던 것이다. 이렇게 볼 때 원자물리학에서 입자물리학 쪽으로의 전개는 물질의 보다 기본적인 구조를 파악해 가는 과정에서 이루어졌다고 할 수 있다. 따라서 구조주의의 본질은 인간의 정신 활동에 의해 만들어진 문화 속에 아직까지 밝혀지지 않은 어떤 기본적인 구조를 파악해 내려는 것이었다.

한편, 원자를 이루는 입자들의 구조보다는 그 입자들의 운동, 보다 구체적으로는 원자의 성격을 결정하는 원자 내 전자 운동을 중심으로 한 연구가 진행되는 과정에서 원자물리학에서 양자역학 쪽으로의 전개가 이루어졌다. 그 후 그러한 연구는 양자역학이라는 독자적 연구 분야로 확립되었는데, 자연의 모든 운동 작용이나 운동 상태는 어떤 에너지양을 갖는 입자들의 운동으로 이루어진다는 입장과, 그러한 운동 작용이나 운동 상태는 측정 불가능한 입자들의 위치나 궤도 운동으로는 결코 기술될 수 없고 입자들의 운동량을 양자화量子化시켜 기술할 수밖에 없다는 입장이 그 기초가 되었다.

전자의 경우, 다시 말해서 자연의 모든 운동 작용이나 운동 상태를 입자들의 운동으로 파악할 경우, 그때까지 믿어 왔던 자연의 연속성을 폐기하고 자연의 불연속성을 받아들이지 않을 수 없다. 이와 같이 양자역학은 유럽인들로 하여금 자연의 모든 현상을 입자들의 운동으로 파악하게 했고, 나아가 그들의 기계론적 세계관에 커다란 충격을 안겨 주었다. 또 후자는 유럽인들에게 관측자에 의해 관측된 양은 결국 관측 대상과 관측자와의 상호관계 속에서 이루어질 수밖에 없다는 시각을 유럽인들에게 제시해 주었다.

사실상, 자연 현상에 대한 모든 인간의 인식은 관측 행위를 통해서만 가능하다. 이것은 인지하는 주체와 인지당하는 객체와의 상호 작용을 의미한다. 후기구조주의가 이와 같은 특성을 갖는 양자역학의 입장을 기초로 성립되었다는 시각을 가질 때 우리는 후기구조주의의 본질이 무엇인가를 명확히 파악할 수 있다.

후기구조주의의 핵심은 의미 작용signification과 탈구축deconstruction이다. 의미 작용은 인간과 사물 사이에서 일어나는 현상을 의미한다. 의미란 사물 속에 내재된 것이 아니라 인간과 사물과의 만남에 의해 만들어진다. 그러므로 인간의 사물에 대한 적극적인 참여는 보다 많은 의미를 생성해 낸다. 인간의 삶이란 사물들과의 만남을 통한 의미의 생성 과정이다. 따라서 인간에게서의 삶이야말로 의미 작용 그 자체이다. 또 디컨스트럭션이란 의미 작용의 구체적인 한 방법론으로서 자연과 문화를 구성하는 기호들의 해독 행위이다. 문학에 있어서는 언어로 형성된 텍스트와의 접촉을 통해 새로운 의미를 생성해 가는 작업이다.

이상과 같이 인문과학은 뉴턴물리학, 입자물리학 계열의 원자물리학, 양자물리학 계열의 원자물리학 등을 통해 성립되었다. 이와 같이 인문과학은 자연과학, 특히 물리학을 기초로 발전되었는데, 뉴턴물리학을 기초로 했던 19세기 인문과학은 한마디로 진화론적 측면에서 인간의 정신 현상을 파악하려 했었다. 진화론적 측면에서 어떤 현상을 파악한다는 것은 관심 대상의 변화 현상을 통해 대상의 특성을 파악한다는 뜻이다. 다시 말해서 시간 경과에 따른 대상의 변모 양상의 파악과 그것을 통한 변화 원리의 파악으로 대상의 특성을 이해하려 한 것이다. 이 경우 시간의 경과란 설정된 어떤 시간 단위, 예를 들어 1개월이나 1년이 2개월이나 2년으로 늘어남에 따른 시간의 경과 혹은 그러한 시간의 어떤 단위 내에서의 시간 경과를 말한다. 그러한 시간의 경과에 따른 대상의 변모 양상은 종種이나 개체 혹은 개체 내의 어떤 기관 등의 다양한 차원에서 접근될 수 있다.

우리는 이러한 사물의 특성 파악의 방법을 통시적 차원의 파악 방법이라 한다. 이에 대해 입자물리학 계열의 원자물리학을 기초로 한 20세기 초·중반의 인문과학은 소위 공시적 차원의 파악 방법을 취했다. 즉, 인간의 정신 현상 속에 내재된 구조나 그 정신 현상을 이루는 입자들에 대한 이해를 기초로 인간의 본질을 파악하려는 입장이었다. 이와 같은 공시적 차원에서의 파악 방법은 어떤 시간적 단위, 초, 분, 시, 하루, 일 년, 한 세대, 한 시대 등을 기초로 하여 사물을 파악할 수 있는 시점을 설정하여 그 시점 내에서의 시간경과에 따른 사물의 변화 양상의 파악은 완전히 무시하고 그 시점에서 파악된 사물의 구조적 특성과 그 사물을 구성하는 입자들에 주목한다.

진화론적 차원에서의 사물에 대한 접근 방법은, 관심 대상에 대한 시간적 차원에서의 다른 대상과의 전후관계나 그러한 차원에서의 다른 대상들과의 비교를 통한 차이점 등을 파악하여 관심 대상의 특성을 파악하려는 것이다. 이에 비해 구조와 입자론적 차원에서의 접근 방법은 대상에 대한 공간적 차원에서의 다른 대상과의 전후나 좌우관계 혹은 상하관계 아니면 그러한 차원에서의 다른 대상과의 비교를 통한 차이점 등을 이해하여 그 대상의 특성을 파악하려는 것이다.

이와 같은 통시적이거나 공시적 차원의 접근 방법에 대해 양자물리학 계열의 원자물리학을 기초로 성립된 20세기 후반의 인문과학은 관심 대상의 다른 대상들과의 관계나 비교를 통해 그 대상의 특성을 파악하는 방법이 아니라, 대상과 그 대상에 대해 관심을 갖는 인간과의 상호 작용을 통해 그 대상의 특성을 파악하려는 입장을 취하고 있다. 이러한 방법은 의미론 차원의 접근 방법이라 이름붙일 수 있는데, 이 방법은 어떤 대상의 특성이란 그 대상이 어떤 특성을 갖는 사람에 의해 인식되느냐에 따라 달라진다는 입장을 기초로 성립되었다. 별이나 원자라 하더라도 어떤 망원경이나 현미경을 가지고 관찰하느냐에 따라 그것들의 구조나 그 입자들이 달리 기술될 수 있다는 입장이다. 그래서 이 방법에서는 인간에게 유용하게 사용될 수 있고, 또 어떤 의미를 줄 수 있는 차원으로 의미를 끄집어 낼 수 있는 도구란 어떤 것이어야 하는가의 문제가 그중심을 이루고 있다. 그러한 의미에서 이러한 입장의 접근 방법을 의미론적 차원에서의 접근 방법이라 명명할 수 있었다.

4. 과정과 방법론의 혁명

그렇다면 이와 같은 의미론적 차원의 연구 방법이 인간 연구에서 가장 적합한 방법이라 단정할 수 있는가? 이 물음에 대해 필자는 다음과 같은 세 가지 차원에서 이것들에 대한 입장을 제시하고자 한다. 그 첫째는 양자물리학이 제시한 후기구조주의에서의 의미론의 한계성 지적이 될 것이고, 둘째는 새로운 인문과학의 모색을 위한 현대물리학 연구의 향방에 대한 고찰이 될 것이며, 마지막으로는 현대물리학의 향방을 통한 새로운 인문과학 연구에 대한 방법론 제시가 될 것이다.

우선 후기구조주의에서의 의미론이란 무엇인가? 시간적 추이에 따른 관심 대상의 변모 양상을 통해 그 관심 대상의 특성을 파악하려는 방법이 20세기로 들어와서 공간적 이동에 따른 대상의 변모 양상을 통해 그 대상의 특성을 파악하려는 방법으로 전환되어 왔다. 그것은 전자의 그러한 통시적 차원만으로는 대상의 특성이 파악될 수 없었기 때문이었다. 게다가 대상의 특성이 그러한 공시적 차원에서도 파악되어야 제대로 파악될 수 있다는 입장이 성립되었기 때문이다.

사실상 공시적 차원의 접근 방법이란 따지고 보면 통시적 차원의 접근 방법을 토대로 성립된 것인데, 이와 같은 공시적 차원에서의 대상에 대한 접근 방법은 두 단계를 거쳐 이루어졌다. 그 첫 단계는 연구 대상의 내적 구조와 그것을 이루는 구성 요소들에 대한 고찰, 그 대상과 다른 대상들과의 관계 파악 등으로 이루어진다. 다음 단계는 대상과 그것을 인식하는 자와의 관계 파악이다. 이렇게 볼 때, 첫 단계의 구조주의의 입장은 통시적 차원의 접근을 전제로 한 공시적 차원의 접근 방법이지만, 두 번째의 후기구조주의의 입장은 통시적 차원의 접근을 전제로 한 공시적 차원의 접근 방법이 아니다. 그것은 관찰자의 현재를 시점으로 한 공시적 차원의 접근 방법일 뿐이다. 따라서 앞으로의 후기구조주의나 혹은 후기구조주의 다음으로 나타날 어떤 방법론은 보다 객관적 차원에서 사물의 특성을 파악할 하나의 방법으로, 통공시적 측면에서의 관찰 대상과 관찰자와의 상호작용을 파악하려는 입장을 취할 수밖에 없을 것이다.

그렇다면 후기구조주의의 공시적 차원의 접근 방법을 토대로 한 통시적 차원의 접근 방법이란 과연 어떠한 것인가? 그러한 접근 방법은 현대물리학이 직면하고 있는 문제에 돌파구를 제시할 수 있는 방법이면서, 현대물리학이 직면하고 있는 문제를 통해 후기구조주의의 한계성이 극복될 수 있는 어떤 방법론을 제시해 주는 것임에 틀림없다.

현대물리학이 이룩해 가고 있는 최대의 작업은 물질과 힘으로 되어 있는 우주의 완전한 통일이론을 정립하는 것이다. 현대의 입자물리학자들은 물질을 구성하는 최소의 단위로 이야기되는 원자 안에 내재된 세 가지 힘들의 토대를 밝혀 그것을 통해 우주의 완전한 통일 이론을 정립해 보려 하고 있다. 양자물리학자들은 물질에 대해 어떤 힘을 갖는 최소량의 단위를 의미하는 에너지양자라는 개념을 도입하여 물질과 에너지는 동등하다는 입장으로써, 우주과학자들의 경우는 대폭발 이론으로써, 각각 완전한 통일 이론에 접근해 가고 있다.

물리학적 측면에서의 우주의 완전한 통일 이론이란 우주에 내재하는 최대의 물체들인 항성들 간에 작용하는 중력이라는 힘과, 우주를 구성하는 물질들의 최소 단위인 원자에 내재하는 세 가지 종류의 힘들, 즉 강핵력, 전자기력, 약핵력 등과의 통일 이론을 의미한다. 원자 내 존재하는 강핵력이란 중성자와 양성자를 결속시켜 원자핵을 형성시키는 힘이다. 이 힘은 중성자와 양성자를 결합시키는 π 중간자를 매개로 이루어진다. 한편, 전자기력이란 전자를 원자핵에 결속시키고 있는 힘이다. 이 힘은 광자photon를 매개로 이루어진다. 이에 비해 약핵력이란, 원자핵이 자발적으로 붕괴하여 핵 내의 중성자가 β 붕괴에 의해 전자 유트리노를 핵 밖으로 방출하면서 양성자로 전환됨으로써 핵 붕괴 현상을 지배하는 힘을 말한다.

아인슈타인은 그의 일생의 마지막 40년을 이 통일성을 찾는 데 바쳤으나 결국 성공하지 못했다. 그 후 20세기 후반, 우주학자들에 의해 가설로 제기되었던 우주팽창론(1929 : E. P. 허블)과 대폭발론(1931 : 벨기에의 천문학자 르메트르, 1946 : G. 가모), 대폭발 시 생성된 것으로 판단되는 배경복사의 발견(1965)과 진공팽창의 발견(1981) 등이 기초가 되어 현대 서구인의 표준우주론이 정립되었다. 이 과정에서 스티븐 호킹의 논문 〈블랙홀은 폭발하는가〉(1974)를 시발로 우주 대폭발의 전후 상황을 암시해 주는 블랙홀 이론이 제시됨으로써 우주의 완전한 통일 이론의 정립을 위한 새로운 가능성이 나타났다. 그는 이후 20년 내에 중력을 포함한 **대통일 이론***이 정립될 수 있을 것이라 전망하고 있다.[33] 그런데 그의 블랙홀의 이론적 기초는 입자물리학자와 양자역학자들에 의해 확립된, 원자의 구조와 그것을 구성하는 입자들의 상호관계를 밝히는 원자론이나 원자핵 내의 양자붕괴에 관한 이론, 우주과학자들에 의해 정립된 우주팽창론과 대폭발론 등을 통해 이루어졌다.

이와 같이 그의 이론은 원자론과 우주론의 종합을 통해 성립되었다고 말할 수 있다. 이러한 종합 방법에 대한 이론적 근거는 우주를 구성하는 기본입자를

*대통일 이론 : 통일장 이론unified theory of field이라고도 한다. 중력 현상과 전자기 현상을 결합시키기 위해 전자기장도 만유인력장과 동일하게 물리적 공간의 어떤 성질에 귀착시키려는 장의 이론이다. 아직 이론적으로는 논의되고 있으나 실험적으로 확인할 수 있는 단계까지는 발전하지 못하였다. 참10 〈통일장 이론〉

점입자点粒子로 보지 않고, 고무바퀴와 같은 것으로 연결된 일종의 끈(弦)과 같은 것으로 보았다는 데 있다. 사실상 우주를 구성하는 기본입자가 끈과 같은 것이라면 원자도 그것을 구성하는 끈을 통해 우주의 원리와 연결될 수 있다. 이렇게 볼 때 스티븐 호킹의 **블랙홀 이론***은 우주의 구성입자를 일종의 고무바퀴와 같은 것으로 연결된 끈으로 보는, 소위 **초현 이론****을 토대로 성립되었다고 볼 수 있다. 스티븐 호킹 자신도 우주의 완전한 통일 이론은 소립자 이론이나 양자론을 통해서가 아니라 초현 이론을 통해 정립될 수 있다고 주장하고 있다.[34]

초현 이론이란 무엇인가? 초현을 이루는 고무바퀴와 같은 것은 무엇이며 그 초현은 어디에서부터 시작되어 어디로 연결되는 끈인가? 초현을 이루는 고무바퀴와 같은 것은 우주를 구성하는 기본 단위라 할 수 있는 것이다. 지금까지 살펴본 원자나 그것을 구성하는 기본 단위를 말한다. 원자나 소립자들은 현재의 입자물리학자나 양자물리학자들에 의해 공시적 차원에서 연구된 대상이다. 그것들로 연결된 초현은 현재 우리가 처해 있는 지점에서 외부 은하들의 어떤 중심지에까지, 혹은 현시점에서 우주의 대폭발의 시점에까지 이어진다. 그런데 이 시점에서의 우리들의 관심은 공시적 차원에서 밝혀진 입자들이 어떻게 연결되어 있느냐에 있다. 중력을 포함한 대통일 이론도 원자에 내재하는 세 개의 힘이 어떻게 중력과 연결되어 있느냐에 대한 해답을 통해 정립될 수 있다. 그런데 이 초현 이론이 이전의 이론과 다른 점은 우주를 구성하는 기본 단위를 3차원의 입자로

*블랙홀 이론 : 블랙홀이 에너지를 흡수하기만 하고 방출하지 않는 불안정한 상태가 아닌 에너지적으로 평형 상태를 이룬다는 이론이다. 즉 블랙홀의 물질 표면에서 나타나는 전자기적 흐름에 의한 에너지의 이동이 있다는 것. 결과적으로 블랙홀 이론은 호킹에 의해 '모든 물질과 에너지를 흡수하는' 것이 아닌 '모든 물질과 에너지를 흡수하면서 동시에 에너지를 방출하는 물질'이라는 것이다. 참24, 99면

**초현 이론超弦理論/Superstring Theory: 초끈 이론이라고도 한다. 우주를 구성하는 최소 단위를 끊임없이 진동하는 끈으로 보고 우주와 자연의 궁극적인 원리를 밝히려는 이론이다. 상대성 이론의 거시적 연속성과 양자역학의 미시적 불연속성 사이에 존재하는 모순을 해결할 수 있을 것으로 생각되는 이론 후보 중 하나이다. 우주를 구성하는 최소 단위를 양성자·중성자·전자 같은 소립자나 쿼크 등 구球의 형태가 아니라, 이보다 훨씬 작으면서도 끊임없이 진동하는 아주 가느다란 끈으로 보는 이론이다. 1970년대 초부터 등장하기 시작해, 1980년대 미국의 이론물리학자 J. 슈워츠와 영국의 M. 그린이 본격적으로 연구했다. 참10 〈초끈 이론〉

보지 않고 4차원 이상의 에너지 끈으로 본다고 하는 것이다.

그러므로 초현 이론이란 결국 공시적 접근 방법을 기초로 한, 공간이나 시간적 이동을 통한 접근 방법을 의미한다. 다시 말해서 그것은 어떤 시간이나 공간을 단위로 한 어떠한 시점이나 하나의 지점에서 파악된 사물의 특징을 공간적 이동이나 시간적 이동에 따른 변화와 결합시켜 그 사물을 파악하는 방법이다. 따라서 이 초현 이론은 고리와 고리가 어떻게 연결되어 있는가를 탐구하는 일종의 연결 이론이다. 이와 같은 측면에서 앞으로의 서구의 인문과학도 초현 이론을 기초로 전개될 가능성이 크다.

이상과 같이 근대 이래의 유럽의 인문과학은 19세기까지 시간을 축으로 하는 소위 통시적 측면에서 사물의 특성을 파악하려는 입장을 취했다가, 20세기경 어떤 한 시점과 공간을 축으로 하는 소위 공시적 측면에서의 입장을 취하게 되었다. 그러나 이제 시간이나 공간 그 어느 하나만을 축으로 한 정보는 요구되지 않는다. 그래서 초현 이론과 같은 공시적 접근을 전제로 한 통시적 차원의 접근 방법이 성립되었다.

그렇다면 시공간을 축으로 한 사물의 접근 방법은 과연 어떠한 것인가? 시간이나 혹은 공간을 축으로 한 사물의 접근 방법은 시간이나 혹은 공간 중의 어느 쪽의 변화에 따른 어떤 대상의 변화 현상의 특성을 파악해 내는 방법이다. 이렇게 볼 때, 시간과 공간 양쪽을 모두 축으로 한 접근 방법은 시간과 공간 두 축의 변화에 따른 어떤 대상의 변화를 파악하는 방법이라 할 수 있다. 예를 들면 어떤 물체 운동에 따른 그 운동물체 내외의 어떤 사물의 변화 현상을 파악해 내는 방법이다.

그런데 인간의 의식에 잡힌 모든 현상은 지구의 우주 공간 이동의 과정에서 일어난 것들이다. 따라서 그러한 현상들의 특성은 지구의 공간 이동 과정을 축으로 파악되어져야 한다. 그러한 측면에서 파악된 정보만이 앞으로의 인간의 문제를 해결할 수 있을 것이기 때문이다. 시간이나 공간 중의 어느 한쪽만을 축으로 해서 얻은 지식이 3차원의 세계에서 얻어진 것이라면 시공간을 하나의 축으로 해서 얻은 지식은 4차원의 세계에서 얻어진 지식이다. 사실상 우주 공간을 이동해 가는 지상 세계는 4차원의 세계로서, 지구를 축으로 하여 우주에서 일어나는 현상을 파악한다는 것은 4차원의 세계에서 사물을 파악한다는 뜻이다.

이와 같이 지구의 이동 과정을 축으로 사물의 특성을 파악하려는 입장은 보다 더 객관적인 차원에서 자신을 발견해서 보다 풍요로운 주관적 세계를 향유해 가며 인간답고 의미 있게 살아가려는 사람들에 의해 취해질 것이다. 그리고 그러한 사람들에 의해 취해질 입장에 대한 보다 확고한 논리적 근거확립의 작업은 과정학processology이라고 하는 하나의 방법론을 성립시킬 것이다.

결론 과정과 신

우주는 비존재 영역으로부터 생성되었고, 현재 그것은 비존재 영역으로 이동해 가고 있다. 그러한 과정에서 우주 공간의 온도와 밀도가 하강해 우주 공간 내에서 은하계와 같은 성운단星雲團이 형성되었다. 그 성운단들도 우주의 비존재 영역의 이동을 기초로 우주 공간을 이동해 갔는데, 그러한 과정에서 지속적으로 하강하는 우주의 온도와 밀도에 의해 성운단들 내에는 성운단들보다 더 복잡한 태양계와 같은 구상성단들이 형성되었다. 역시 태양계와 같은 구상성단들도 은하계와 같은 성운단 내 세계들의 공간을 이동해 갔고 그러한 과정에서 태양계와 같은 구상성단 내 세계들로부터 지구와 같은 행성들이 생성되어 구상성단 내 세계들의 공간을 이동해 갔다.

인간이 태어난 것은 바로 이러한 행성들 중의 하나인 지구로부터이다. 우주, 은하계, 태양계, 지구 등이 그들 자신들이 태어난 세계 내를 독자적으로 이동해 가고 있듯이, 인간 또한 자신이 태어난 지구 내 세계를 독자적으로 이동해 가고 있다. 지구가 자신이 태어난 태양계 속을 이동해 가는 과정에서 지구 내 지상 세계라고 하는 하나의 세계가 성립되었듯이, 인간에게도 자신이 태어난 지구 세계를 이동하는 과정에서 인간 내에 의식 세계라고 하는 하나의 세계가 성립되었다. 이 경우 의식 세계에서는 여러 의식들이 태어나 그 세계를 이동한다. 이와 같이 인간은 지구로부터 태어나 몸으로는 지구상을 이동해 가고 의식으로는 의식 세계를 이동해 가면서 살아가고 있다.

지상에서의 이러한 존재 양식은 인간만의 존재 양식이 아니다. 우선 의식을 가지고 있는 생명이라면 다 그러한 식으로 이 지상에 존재하고 있다고 보아야 할 것이다. 그러나 지구상의 공간 이동을 하지 못하는 식물은 물리적 · 화학적 변화를 토대로 성립된 본능만을 가지고 생존해 가는 것으로 이해되어야 한다. 이에 비해 지상의 공간 이동을 하는 동물 중 어떤 것은 본능은 물론 본능을 토대로 형성된 의식을 갖고 있는데, 인간은 그 어떤 동물보다도 보다 확실한 의식 세계를 가지고 있다는 차이를 갖는다. 이와 같은 측면에서 생각해 볼 때 의식의 유무를 가지고서는 동물과 인간의 구별이 불가능하며 어느 정도 본능적으로 혹은 의식적으로 살아가고 있느냐에 따라 그 구분이 가능하다.

인간이 다른 동물보다 의식이 더 발달되었다는 것은 무엇을 의미하는가? 의식이란 어떤 것에 대한 의식을 의미하는데, 어떤 것을 지속적으로 의식하다 보면 그 의식 대상을 중추로 하여 관념이 형성되고 그것을 바탕으로 하여 사상이 형성되며, 그것을 핵으로 정신이 형성된다. 즉, 의식 공간에서의 의식들의 이동을 통해 정신과 정신 세계가 형성된다는 것이다. 이렇게 볼 때 의식이 발달된 상태에서만 정신이 형성될 수 있다. 따라서 동물과 인간의 구별은 더 정확히 얘기하자면 정신의 유무로 가능하다.

현재 정신이 있는 동물로는 인간밖에 없는 것으로 알려져 있다. 그렇다면 정신이란 무엇인가? 그것은 의식이나 본능과 어떻게 다른가?

인간은 지구의 생물로부터 태어났고 생물은 지구의 무생물로부터 태어났다. 이 경우 인간의 차원에서 생각해 보면 존재는 비존재보다 더 많은 원소들로 더 복잡하게 구성되어 있을 것 같다. 사실 태양계는 은하계보다 더 많은 원소들로 더 복잡하게 구성되어 있고, 지구는 태양계보다 더 많은 원소들로 더 정밀하고 복잡하게 구성되어 있다. 지구가 무생물덩어리로 형성되자 그것으로부터 생물이 생겼다. 그런데 그것은 지구가 우주 공간을 이동해 가는 과정에서 지구의 성간 물질들과의 접촉 결과로 탄생된 것이다. 그 결과 각각의 생물들을 구성하는 물질들의 요소들은 어떤 한 무생물을 구성하는 물질들의 수보다 더 많으며 그것들의 구조들 역시 무생물보다 더 복잡하다. 생물의 본능 작용은 무생물의 물리나 화학 작용을 토대로 성립되었고, 생물의 의식 작용은 그것의 본능 작용을 토대로 성립되었다. 앞서 지적한 대로 생물의 일종으로서의 인간의 정신 작용은 인간의 의식 작용을 토대로 형성되었다. 그래서 인간의 의식은 본능보다 더 정밀하고 복잡하며, 정신은 의식보다 더 정교하고 복잡한 구조로 이루어져 있는 것이다.

이와 같은 현상은 결국 무엇을 의미하는가? 우주는 비존재 영역의 이동을 통해 비존재를 체험해 왔다. 그래서 우주는 비존재를 통해 재구성된 것으로서 우주에는 비존재의 요소가 내재되어 있다. 은하계는 우주 공간 이동을 통해 우주를 체험해 왔고 태양계는 그러한 은하계의 이동을 통해 은하계를 체험해 왔다. 또 지구는 그러한 태양계의 이동을 통해 태양계의 질서를 체험해 왔는데, 이렇게 볼 때 지구는 이상과 같은 모든 차원들의 질서들을 통해 형성된 것으로 지구 내에는 모든 차원의 질서들이 내재되어 있다. 그러한 지구로부터 생물이 태어났다. 생물들은 세포들로 되어 있다. 세포에는 핵이 있다. 핵에는 유전 인자가 들어 있다. 생물에서의 유전 인자에는 일차적으로는 그 생물이 개체의 차원에서뿐만 아니라 종의 차원에서 지상 세계를 체험해 온 모든 체험담들이 축적되어 있고, 다음으로는 지구에 내재된 모든 질서들까지도 축적되어 있다.

이와 같은 측면에서 인간에게서의 정신 현상은 비존재 영역에서부터 존재 공간의 의식 세계에 이르기까지의 모든 차원들의 세계들을 수렴하는 총체적 질서를 토대로 성립된 것이다. 따라서 인간의 정신 현상은 비존재를 포함한 모든 영역에 내재된 모든 현상들의 총체적 현상의 결과라고 볼 수 있다. 인간은 정신을 통해 우주의 모든 현상은 물론 비존재 영역까지도 이해할 수 있다. 인간은 그러한 것을 이해할 수 있는 정보와 작용소作用素를 지니고 있다.

그러나 문제는 결국 우리의 정신 속에 내재된 아직 의식되지 않은 그러한 것들을 얼마나 일깨울 수 있느냐에 있다. 만일 우리의 정신 현상이 우리의 정신 속에 내재된 모든 차원의 체험들을 다 일깨울 수 있다면, 아마 우리는 그것들을 토대로 우리 자신들의 정신 공간 밖으로 나가서 그곳으로부터 우리의 존재의 전모를 파헤칠 수 있을지도 모른다. 현재 우리는 그렇지 못한 상태에서, 즉 우리 속에서 우리만을 볼 수밖에 없는 차원에 머물러 있다. 그것은 바로 존재 속에 들어가서 존재를 파악하는 격이다. 다시 말해 존재를 가지고 존재를 파악하려는 격이며 정신 현상을 가지고 정신 현상을 파악하려는 격이다. 그러한 의미에서 정신보다 더 높은 예를 들어 신과 같은 어떤 차원의 영역은 파악될 수 없을 것 같다.

이상과 같이 인간의 정신 영역은 비존재 영역으로부터 우주로, 은하계로, 태양계로, 지구로, 생물로, 인간으로 진화해 나온 과정의 결과로서 파악된다. 그러면 앞으로 이 정신 영역으로부터 어떠한 영역이 형성될 것인가? 아마 그것은 초능력의 영역과 같은 것일 것이다. 그때 가서는 인간도 신이나 가지고 있으리라 생각되는 초능력과 같은 것을 갖게 될 것이다.

사실상 인간의 정신이 현재 지향해 가는 경지는 신의 경지이다. 인간은 신처럼 완전하기를 기원하며 전지전능하기를 원한다. 인간은 언젠가부터 그러한 존재가 있다고 믿어 왔다. 그러한 측면에서 인간은 신의 경지를 추구해 왔다. 그러한 경지와 그러한 경지에서 존재할 인간의 신은, 아마 인간의 더 많은 지상 체험 과정의 결과와 그것을 일깨우려는 인간의 정신적 노력 등을 토대로 형성될 것이다.

제4장

존재와 과정

이것이 나의 '과정'에 대한 접근의 제4단계이다. '존재와 과정'이라 명명한다.

나의 과정에 대한 체계적 연구는 결국 우리의 삶의 의미나 가치가 현재를 통해서밖에 느껴질 수 없다는 결단을 내림으로써 시작되었다.

현재란 무엇인가, 현재를 통해서 존재하는 인간이란 무엇인가, 현재 우리는 무엇을 해야 하는가 등의 물음에 대한 대답은 현재나 현재에 처해 있는 우리의 존재가 어떻게 성립되어 나왔고, 또 그것이 어떻게 전개되어 갈 것인가에 대한 것들을 밝힘으로써 얻어질 수 있다.

현재에 살고 있는 우리는 과거와 미래와의 연결을 통해 존재하고 있다. 역사적 측면에서도 그렇고 생물학적·물질적 측면에서도 그렇다. 사실이 그럼에도 불구하고, 의식적 측면에서는 그러한 사실들을 좀처럼 인정하려 하지 않는다. 그 결과 우리는 삶의 과정에서 전쟁과 같은 정신착란적 과오를 많이 범해 왔다. 그러한 과오들로 인해 우리는 현재를 백분 향유해 오지 못했던 것이다. 그러한 의미에서 현재가 과거와 미래를 토대로 이루어졌다는 사실을 여러 측면에서 밝히는 작업이 우리의 과정에 대한 연구의 중심이 되어 왔는데, 이와 같은 과정에 대한 우리의 관심은 우리의 존재가 성립되어 온 과정, 그리고 그것이 앞으로 전개되어 갈 과정 등을 밝혀내 현재를 백분 향유해 가려는 입장을 정립해 보려는 데 그 목적이 있었다.

지금까지 '과정'에 대한 연구가 진행되면서 현대 서구의 후기구조주의의 본질과 그것의 한계성이 논의되었고, 또 그 극복 방법의 하나로 새로운 현대 서구의 과학 문화의 성립과 전개 과정이 논의되었다. 이렇게 되자, 과정학이 인문과학 이론인가 자연과학 이론인가, 그 연구 영역은 무엇인가 등과 같은 물음이 제기되었다. 그래서 이 시점에서 인문과학과 자연과학의 개념을 토대로 과정의 연구의 구체적 대상과 그 연구 영역을 규정하고자 한다. 본 장의 '서론'이 그것이고 각 절은 원론적이고 본질적 입장에서 과정에 접근하여 우주 속에서의 과정의 원리와 인간에게서의 과정의 본질 등을 고찰한다. 또, 결론은 인간에게서의 죽음에 대한 의식의 토대를 이루는 모든 과정들이 수렴되는 지점에 대한 고찰로 이루어졌다.

인간의 현존재는 무수한 과정들로 이루어져 있다. 물질적 변화 과정, 화학적 변화 과정, 생물학적 변화 과정, 의식적 변화 과정…, 이러한 것들이 인간의 존재를 이루는 대표적 과정들이다. 과정 연구의 대상으로서의 인간의 문화 현상은 이러한 과정들 속에 내재된 어떤 원리들을 통해 이루어진다. 필자는 그러한 과정들을 구성하는 과정 인자의 실체를 파악, 그것의 분석을 통해 과정의 본질을 규명하려 하였다.

과학과 자연

현재 우리가 사용하고 있는 '科學'(과학)이라는 말은 영어 'science'의 번역어이다. 영어 'science'의 어원을 추적해 보면, 14세기경 중세프랑스어 'science'에서 'knowledge', 즉 '지식'을 의미하는 라틴어 'scientia'로까지 거슬러 오른다. 18세기 후반까지만 해도, 영어 'science'는 그 어원의 의미로부터 별로 벗어나지 않은, 어떤 일반적 사물에 대한 지식이나 학문의 의미로 사용되어 왔다.[1] 그러나 18세기 말경부터 그것은, 단순한 경험을 통해 얻어 낸 주관적 지식이나 학문에 대립되는, 어떤 실험이나 연구를 통해 얻은 객관적 지식이나 학문 쪽으로 의미 전환하였다. 그렇게 됨으로써 비로소 현재 사용되고 있는 의미로 정착되었던 것이다.

인간은 물리적 세계, 형이상학적 세계나 종교적 세계, 사회나 정치적 세계, 감각적 세계나 예술적 세계 등과 같은 여러 차원의 세계를 경험하며 살아가고 있고, 그러는 동안 그들 세계에 대한 어느 정도의 지식을 갖게 되었다. 그 지식들은 경험자의 경험 정도, 경험 대상 등에 의해 보편적일 수도, 주관적일 수도 있다. 그런데 18세기 당시 서구인들에게서의 충분한 경험과 실험들을 통해 객관적 지식을 얻어 낼 수 있는 대상이란 '자연nature'과 같은 인간의 외면적 세계the external world였다. 그 결과 당시의 객관적 지식의 의미로 사용되었던 'science'는 '자연nature', 혹은 '자연'의 기초를 이루는 물리적 세계나 물질적 세계에 대한 지식이나 학문 등의 의미로 정착되었다. 그래서 그러한 지식이나 학문이 이론적theoretical이고 방법론적 methodological인 것으로 특징지어짐으로써, 18세기 말 영어 'science'는 이론적이고 방법론적 지식이나 학문을 뜻하는 것으로 자리 잡게 되었던 것이다.[2]

현재 동아시아에서 사용되는 '自然科學'(자연과학)이란 영어의 'natural science'를 번역한 말이다. 서구에서 'natural science'란 말이 처음 사용된 것은 약 15세기 초반경이었는데, 이때는 'nature에 대한 지식'을 의미하였다. 그런데 영어 'nature'는 '출생birth'을 뜻하는 라틴어 'natura'로부터 유래하여 12세기경 영어권에 들어 온 것으로, 13세기부터는 어떤 사물의 '본질the essential quality'이나 '본성the essential character'으로, 14세기부터는 세계나 인간에 내재해서 그것들을 움직여 가는 어떤 힘the inherent force'으로, 17세기부터는 '물질적 세계the material world' 등의 뜻으로 쓰이게 되었다.[3] 이렇게 볼 때 15세기 초반에 쓰였던 'natural science'는 '세계나 인간에 내재해서 그것들을 움직여 가는 어떤 힘에 대한 지식'으로 풀이된다.

한편, 서구인들은 18세기경 물질적 세계에 관심을 돌리게 된다. 그러한 과정에서, 물질주의적 경향을 토대로 형성된 합리주의合理主義/rationalism나 기계론적 세계관에 대해 부정적 입장을 취했던 독일의 지식인그룹을 중심으로 새로운 정신 세계가 발견되었다. 그 전개 과정에서 서구 문화 속에 내재된 기독교의 정신과 육체라는 이원론적 세계관을 토대로, 물질적 세계를 대표하는 외면적 세계the external world에 대립되는 내면적 세계the inner world가 정립되었다. 이때 인간의 내면 세계에 속하는 것은 정신 세계이고, 내면 세계에 대립되는 외면 세계에 속하는 것은 자연과 인간의 육체 등이다.

이와 같이 18세기 말경 인간의 내면 세계가 정립되는 과정에서 '자연nature'에 대한 개념도 단순한 '외면적 세계the external world'와 같은 의미로부터 외면적 세계에 내재된 본질적인 것을 가리키는 의미로 전환되었다. 그래서 결국 'natural science'와 'physical science'가 동일한 의미로 사용되기에 이르렀다. 이렇게 해서 서구에서는 18세기를 지나면서 '자연과학natural science'에서의, 육감으로 인식 가능한 물리적 세계the physical world에 대한 이론적이고 방법론적인 학문으로서의 물리학physics이 정립되었고, 19세기를 지나면서는 물질로 구성된 물질적 세계the material world에 대한 이론적이고 방법론적인 학문으로서의 화학chemistry이 확립되었다. 그 후 20세기 전반에 걸쳐서 생물계the biological world에 대한 이론적이고 방법론적 학문으로서의 생물학biology도 확립되었다.

이상과 같이 검토해 볼 때 현재 우리가 사용하는 서구의 'science'의 기본적 개념은 대자연의 물리적 현상을 토대로 성립된 것이다. 즉, 물리적 세계를 일관하는 이론적 지식을 토대로 성립되었다. 물리적 세계를 일관하는 이론적 지식이란 한마디로 힘(力)에 대한 논리를 의미한다. 서구에서의 과학은 물리학을 토대로 성립되었다. 그래서 과학의 의미도 물리학의 의미를 기초로 해서 성립되었다고 해도 과언이 아니다.

물리학은 기본적으로 물체들의 역학力學적 관계를 연구하는 학문이다. 즉, 힘을 연구하는 학문이다. 이와 같이 힘의 원리를 연구하는 물리학을 기초로 확립된 서구의 'science'가 동아시아로 전래되어 '科學'(과학)으로 번역된 것은 1870년대 일본에서였다.[4] 메이지 초에 니시 아마네西周 등의 양학자들에 의해 번역되어 사용되었는데 1880년대의 영일사전에는 등재되지 않았다. 그러다가 일본의 산업이 중공업 단계로 들어가게 된 무렵인 1907년에 와서 일본어사전에 등록되어 비로소 일반적으로 사용되기에 이르렀다.[5] 따라서 '科學'은 일본에서 만들어진 한어라 보아진다.

당시 번역어로서의 '科學'은 천지간의 현상을 경험적 혹은 선험적 방법을 통해 합리적으로 연구하는 체계적 지식 내지 학문의 의미로 쓰였었다. 그렇다면 영어의 'science'가 어떻게 '科學'이라는 말로 번역되어 나온 것일까? 메이지 초 양학자들에 의해 서구의 학술용어가 번역되는 과정에서, 예를 들어 '學科'(학과), '敎科'(교과), '內科'(내과), '社會科'(사회과) 등의 경우에서처럼 '科'란 한자가 많이 이용되었다. 그런데 당시 양학자들에게 '科'는 일정한 표준에 의해 구분되어진 것으로 이해되고 있었다.[6] 이와 같은 점을 감안해 볼 때, 당시 양학자들은 일정한 표준을 세워서 그것을 통해 사물을 구분하여 얻어 낸 지식이나 그 지식을 습득해 가는 학문이라는 의미를 가지고, 당시 그들에게 전래된 'science'의 의미를 설명하려 했던 것 같다.

그런데 당시 양학자들에게 알려진 '科'의 그와 같은 의미는 이미 《논어論語》에서 쓰이고 있었다.[7] 서구에서 사용된 'science'는 '지식'이라는 어원을 중심으로 '자연에 대한 지식', 자연 중에서도 특히 '물리적 세계에 대한 지식', '물리적 세계를 일관하는 물체들 사이에 내재된 힘에 대한 지식'으로 그 의미가 점점 더 구체화되었다. 그러나 동아시아에서의 '科學'(과학)이란 의미의 전개 양상은 이와 달랐다.

우선 '科學'에서의 '科'는 '벼'를 의미하는 '禾'(화)자와, 분량을 측정하는 기구나 단위를 의미하는 '斗'(두)자로 이루어진 글자여서, '科'의 일차적 의미는 벼의 양量을 측정해 양의 크기를 알아내는 기구器具나 단위單位로 풀이된다. 이렇게 볼 때 '科學'이란 벼나 곡물의 양을 측정하는 기구나 단위를 배우고 연구하는 일로 이해된다.

역사적으로 '科學'의 '科'는《논어》등에서부터 양量의 정도程度, 물품物品의 등급等級, 조목條目, 법률法律 등을 의미했는데, 근대로 들어와 'science'가 '科學'으로 번역되어 나올 당시 '내과內科'나 '사회과社會科'의 예처럼 일정한 기준에 의해 구분되어진 영역의 의미로 쓰이게 되었다. 그 후 'science'의 번역어로 취급되어져 '조직組織', '체계體系' 등의 의미로 쓰이면서, 마침내 '科學'은 어떤 대상에 대한 체계적 지식이나 그러한 체계적 지식을 추구하는 학문이란 뜻으로 사용되기 시작되었던 것이다.

어떤 것에 대한 지식이나 지식을 갖는다는 의미가 어원에 내포되어 있다는 점에서 'science'나 '科學'은 공통성을 갖는다. 서구의 'science'가 근세로 들어와 'nature'와 결합하여 현대적 의미를 갖게 되었다는 것을 감안할 때, 'science'나 '科學'은 자연 혹은 자연물에 대한 지식이나 그러한 지식을 갖는다는 공통된 의미를 띤다. 그러나 영어 'science'의 자연이 물리적 세계를, 한어 '科學'의 자연이 생물의 세계, 특히 식물의 세계를 각각 다루고 있다는 점에서, 또 물리적 'science'는 물리적 세계에 내재된 힘의 원리를, '科學'은 식물에 의해 생산되는 곡물들의 양의 크기를 각각 문제시하고 있다는 점 등에서 그 차이도 존재한다. 또 'science'는 원리를 파악해 가려 했고, '科學'은 기준을 설정해 그것을 통한 양의 차이를 알아가려 했다는 차이점도 찾아볼 수 있다.

현재 우리가 살고 있는 자연계는 돌이나 철과 같은 무생물들, 그 무생물들의 세계를 삶의 터전으로 해서 살아가는 풀이나 나무와 같은 식물, 무생물이나 식물의 세계를 삶의 터전으로 삼아 살아가는 벌이나 호랑이와 같은 동물 등으로 이루어져 있다. 이 경우 'science'의 의미는 그러한 자연계의 무생물들의 세계를 연구해 가는 과정에서 형성되었다. 사실 서구인들은 주로 돌과 같은 무생물들을 이용해서 집을 만들어 살아갔고 자연계의 물체들과 같은 무생물들 속에 내재된 힘을 이용하여 주로 동물을 수렵해서 주식으로 이용했으며, 동물의 털이나 가죽을 이용해서 자신들의 의류를 만들어갔다. 이에 반해 동아시아인들은 식물의 잎과 가지들을 이용해서 주거 문제를 해결해 왔고 주로 자연계의 식물의 열매를 채취해서 그것을 주식으로 생활해 왔으며, 식물의 잎이나 가죽을 가지고 자신들의 옷을 만들어 입었던 것으로 알려져 있다.

이와 같이 서구인들은 무생물들이나 그것들을 토대로 살아가는 생물들 중 척추동물과 같은 고등동물의 세계를 이용해 가며, 돌이나 철과 같은 물체들의 속성이나 호랑이나 혹은 사자와 같은 동물의 삶의 방식들로부터 끊임없이 삶에 대한 태도를 배우고, 삶의 지혜를 얻으며 살아왔다. 반면, 동아시아인들은 식물의 세계 속에서 소나무나 대나무와 같은 식물의 존재를 통해 자신들의 성품을 가다듬고, 그러한 식물 속에서 살아가는 벌이나 개미나 거미 등의 곤충들과 같은 하등동물로부터 삶의 지혜를 취해서 살아왔다.

이와 같이 'science'와 '科學'의 어원상 차이는 인간의 자연물들에 대한 체험과정에서 그 구체적 대상들의 차이로 인해 생긴 것으로 이해된다. 여하튼 'science'나 '科學'은 인간의 자연에 대한 체험을 토대로 성립된 말로서, 그 의미는 인간의 자연에 대한 체험의 결과를 통해 생성되었던 것이다.

인간이 자연을 이용하고 그것을 연구해 가는 과정에서 성립된 자연이란 인간에 있어서 어떠한 자연인가? 과학과 합성되어 성립된 자연과학自然科學이란 말이 있다. 이는 영어 'the natural science'의 번역어이다. 이 경우 영어의 'nature'는 '자연自然'으로 번역되었다. 앞서 과학의 개념을 파악하는 과정에서도, 서구의 'nature'의 의미를 대강 파악해 보았다. 이 시점에서 우리는 그것의 의미를 보다 구체적으로 파악해 볼 필요가 있다.

영어 'nature'는 그리스어 'physis'의 라틴어역 'natura'로부터 유래한 것으로서 그 본래적 의미는 '인간이나 물건의 고유한 성질이나 본질'이었다. 그리스·로마 시대에는 그러한 의미를 토대로 인위人爲나 인공人工의 대립 개념으로 쓰여, 그것 자체가 어떤 질서를 가지고 존재해서 성장 발전해 가는 것을 의미할 때 쓰였다. 이후 중세에는 신의 은총이나 계시에 대립되는, 인간이 본래 가지고 있는 어떤 것을 의미하게 되었다. 다시 말해서 'nature'가 고대에는 인간의 능력 밖에 존재하는 어떤 절대적인 신성한 것을 의미했다. 그런데, 중세에 이르러서는 그것이 원죄를 지은 인간들이 살아가는 저주받은 장소를 뜻하게 되었다. 그 다음 근세로 들어와서는 그것이 인간의 정신精神에 대립되는 물질物質적 세계로 의미 전환을 하게 되었고, 근대 전반기에는 인간의 의식 대상으로 나타난 현상現象으로 파악되어 하나의 이념理念이나 신이나 절대정신과 같은 것의 구현체具現體로 인식되었다. 그리고 근대 후반기에 와서는 그것이 유물론唯物論적 입장에서 인간의 의식 밖에 독립적으로 존재해 단계적으로 발전해 가면서 인간, 사회, 문화 등과 같은 것들을 산출해 가는 것으로 이해되었다.

동아시아의 '自然'(자연) 또한 어원을 따지고 보면, 어떤 질서를 가지고 스스로 존재해 있는 어떤 절대적이고 신성한 것의 의미를 가지고 있어, 서구의 'nature'의 어원적 의미와 별 차이가 없다. 그러한 의미를 기초로 성립된 '自然'은《장자壯子》의〈덕충부德充符〉에서의 '人法地, 地法天, 天法道, 道法自然'(사람은 땅을 따르고 땅은 하늘을 따르고 하늘은 도를 따르고 도는 자연을 따른다)처럼 스스로 존재해 있는 근원적인 것의 뜻으로 사용되었다. 그 후 그것은 산, 강, 바다, 초목, 동물, 비, 바람 등, 인위人爲에 의함이 없이 존재하는 것이나 현상의 의미로 전개되었다.

이상과 같이 서구의 'nature'와 동아시아의 '自然'의 의미에는 인간의 문제를 해결할 수 있는 어떤 근원적인 정신이나 원리의 의미가 내재되어 있다. 인간은 자연으로부터 그러한 것들을 찾기 위해 자연을 연구해 왔다. 그러한 과정에서 근대 서구인들에 의해 과학이라고 하는 학문이 성립되었던 것이다.

앞에서 언급했듯이 고대 서구인들에게서의 자연은 어떤 절대적이고 신성한 것으로 인식되었기 때문에 인간이 그것을 파괴한다는 것은 감히 상상할 수도 없었고 연구 대상으로조차도 인식되지 못했다. 특히 중세에는 기독교 정신을 업고 인간이 처해 있는 자연 자체가 저주받은 대상으로 인식되었다. 특히 당시의 결정론적인 관점에 의해 자연은 연구되어 이용될 만한 대상이 되지 못했던 것으로 인식되었다. 그러다가 근대로 들어와, 자연은 그때까지 자신들이 기다리다 못해 찾아 나서지 않으면 안 되었던 신 혹은 그와 유사한 어떤 절대적 정신의 구현체로서 인식되었고, 또 인간이 자연에 내재된 진리들을 발견하는 것은 신이 인간에게 제공하는 은총으로서 생각되어 적극적으로 자연을 개발해 갔다. 이와 같이 근대 이후의 서구인들의 자연에 대한 연구와 개발 행위는 그야말로 신을 찾아가는 행위로 여겨졌고, 그러한 분위기 속에서 근대과학이 성립되었다. 그래서 협의의 과학science은 자연과학natural science을 의미한다.

영어권에서 'natural science'란 용어가 처음 사용된 것은 15세기 초반경이었다. 'science'가 중세프랑스어에서 영어로 들어온 것이 12세기경의 일이고 보면, 그것이 'nature'와 결합되어 'natural science'란 용어가 성립되기까지는 3세기 정도가 소요된 셈이다. 15세기 전쯤만 해도 'science'는 사물에 대한 단순한 '지식'을 의미하는 정도로서만 사용되었다. 그러다가 그것이 15세기 초 'nature'와 결합됨으로써 'science'는 현대적 의미를 지니기 시작했다. 당시의 'nature'의 의미를 고려해 보면, 'natural science'의 의미는 세계나 인간에 내재해서 그것들을 움직여 가는 어떤 힘에 대한 지식들로 파악되었다. 이렇게 볼 때 당시의 'natural science'는 현재의 물리학physics의 의미였음을 알 수 있다.

그러나 그 후 물질, 에너지, 동작 등을 다루는 학문 분야가 17세기경 'natural science'로부터 'physics'란 명칭으로 독립하게 되어 'natural science'는 단순히 'science'로도 쓰이게 되었다. 그러다가 18세기 말경 'science'는 'nature'의 의미로부터 완전히 해방되어, 어떤 사물에 대한 체계적 지식이나 그러한 지식들을 추구하는 학문이라고 하는 현대적 의미를 갖게 되었던 것이다.

자연과학과 인문과학

이와 같이 'science'가 'natural science'를 토대로 현대적 의미를 취하게 되자 'nature'가 이념이나 신 혹은 절대정신 등의 구현체로 이해됨으로써 인간이나 사회 등도 'nature'의 일부로 인식했던 유물론자들을 중심으로 18세기 말경 'science'에 'society'(사회)가 결합된 'social science'란 용어가 성립되었다. 그래서 그것은 자연과학의 방법론으로서 사회나 역사 등을 연구해야 한다는 관점하에 쓰여진 영국의 밀J. S. Mill(1806-1873)의 《논리학대계*A System of Logic*》(1843), 마르크스K. H. Marx(1806-1883)의 《정치경제학비판*Zur Kritik der Politischem Ökonomie*》(1859)과 《자본론*Das Kapital*》(제1권 : 1867, 제2,3권 : 사후 1885-1894) 등을 통해 일반화되었고, 사회의 구조나 기능에 관한 과학적 연구, 혹은 체계적으로 인간의 사회human society를 연구하려는 학문의 뜻으로 널리 쓰이게 되었다. 이렇게 되자 19세기 말경 '생生의 철학lebensphilosophie'을 주장했던 독일의 딜타이W. Dilthey(1833-1911) 등에 의해, 영국의 밀J. S. Mill에 의해 만들어진 'moral science'(도덕과학)가 'geistes wissenschaften'(정신과학)으로 번역되었다. 인간의 정신 작용을 통해 이루어지는 모든 사회적 현상도 자연과학의 경우처럼 과학적 입장에서 접근해야 한다는 영국의 **밀***이나 독일의 마르크스와 같은 입장이란 사실은 당시 프랑스의 콩트 등에 의해 확립된 실증주의의 물결을 타고 부상한 역사과학geschichts-winssenschaft의 입장이었던 것이다.[8]

서구에서 최초로 '정신과학'이란 용어를 쓰기 시작했던 딜타이의 주된 관심은 사회학, 경제학, 정치학, 법학, 교육학 등 인간사회의 여러 현상을 지배하는 법칙을 해명하려는 경험과학erfahrungswissenschaft, 즉 사회과학을 토대로 인간의 정신 현상을 파악하는 것이었고, 자연에 대한 과학적 연구에 대해 인간의 정신에 대한 과학적 연구를 방법론적으로 확립시키려는 것이었다.[9] 그래서 그는 생의 내면적 세계에 대한 직접적 체험을 토대로 생의 철학을 주장하고 심리학을 토대로 정신과학의 기초를 확립시켜 갔다. 또 그러한 관점으로부터 역사를 중시하여 일체의 인간의 정신 활동에 의해 이루어지는 문화를 생의 표현으로 파악함으로써 그것에 대한 과학적 해석을 위해 해석학hermeneutik이라고 하는 정신과학의 구체적인 방법론적 기초를 만들고, 정신과학 내의 예술의 한 분야로서의 문학에 대한 과학적 연구의 방법론으로서 **문예학****을 확립시켰다.[10] 이렇게 해서 19세기 말을 전후

*밀John Stuart Mill(1806-1873) : 영국의 경제학자·철학자·사회과학자·사상가. 초기에는 공리주의에 공명하였으나 후에 사상적으로 전환하여 종래의 공리주의적 자유론을 대신하여 인간정신의 자유를 해설한 《자유론》(1859)을 저술하였다. 참10

**문예학文藝學/Literaturwissenschaft : 독일에서 처음 시작된 문학적 연구 방법. 문학 연구를 특히 학문적으로 체계화하여 연구하고자 할 때 쓰이는 용어로서, 영국의 비평문학, 프랑스의 비교문학과 함께 쓰이는 말이다. 문예학이란 용어는 헤겔파 철학자 T. 문트(1808-1861)가 《현대 문학사》

로 정신과학이란 용어가 성립되었던 것이다.

이렇게 되자 당시까지 'natural science'의 의미, 즉 관찰이나 실험을 통해 얻은 물리적 세계에 관한 체계적 지식이란 의미로 사용되어 왔던 'science'의 개념이 사물의 구조나 법칙을 탐구하는 인간의 이성적인 인식 활동이나 학문으로 일반화되어 나온 반면, 자연 현상의 법칙을 탐구하는 개별과학으로서의 자연과학의 의미도 그러한 정신과학의 대립 개념으로 정립되었다. 그러한 과정에서 19세기 말을 전후로 과학이 자연과학의 의미로부터 완전히 독립되어 나왔고, 사회과학이 정신과학으로 확립됨에 따라, 자연과학의 의미로부터 독립한 과학의 의미를 토대로 모든 과학이 자연과학과 정신과학으로 양분되게 되었다. 그러다가 1940년대 중반경 미국을 중심으로 인간에 의해 이루어지는 모든 현상에 대한 이론적이고 체계적인 지식이나 그러한 지식을 추구하는 연구의 의미로서 'human science'라는 용어가 사용되기 시작되어 그것이 1950년대에 이르러 일반화되기 시작되었다. 그래서 서구에서의 모든 과학은 20세기 후반으로 들어서서 'natural science'와 'human science'로 양분화되어 사용되게 되었던 것이다.

그렇다면 영어권에서는 그동안 'natural science'(자연과학)에 대립되는 개념으로 어떠한 말이 쓰여 왔는가? 딜타이가 자연과학과의 대립되는 말로서 정신과학이란 말을 사용했던 것은 인간의 모든 일이 인간의 정신을 통해 이루어진다는 의미에서였다. 그러한 측면이 고려되어 딜타이의 정신과학은 영어권에서 'the humanities'로 번역되었다. 그래서 20세기 영어권에서는 'natural science'의 대립어로서 'the humanities'가 사용되었는데, 1940년대에 이르러 미국을 중심으로 여러 인문학 분야에 있어서 보다 과학적인 접근 방법이 요구되어 'the humanities'가 'human science'로 쓰이게 되었다.

서구의 'science'가 동아시아에 전래된 것은 1870년대의 일로 일본의 양학자들에 의해 '科學'으로 번역되었다는 것은 앞서 살펴본 바와 같다. 'natural

---

의 서문에서 1842년에 처음 사용했고, 그 무렵 K. 로젠크란츠(1805-1879)의 논문집에서도 쓰였다. 문예학은 인종·경제·심리·양식樣式 등 온갖 입장에서 문학을 연구하고, 이것을 정신과학의 한 분야로 발전시켜 왔다. 참10

science'는 1900년대 초 역시 일본인에 의해 '自然科學'(자연과학)으로 소개되었고, 'social science'는 1920년대 말 '社會科學'(사회과학)으로 소개되었으며,[11] 독일어의 'geisteswissenschaften'은 1920년대 전반에 '精神科學'(정신과학)으로 소개되었다.[12] 한편 'geisteswissenschaften'이 영어권에서 'the humanities'로 번역되고, 영어의 'humanism'이나 독일어의 'humanismus'가 동아시아에서는 '人文'(인류사회의 인간의 문화)과 '主義'(사상이나 학설 등에 대한 일관된 태도)라는 말이 합성되어 만들어진 '人文主義'로 번역되어 나온 점 등이 고려되어, 'geisteswissenschaften'이 '精神科學'뿐만 아니라 '人文科學'으로도 번역되었다.[13] 이렇게 되자 그 후 일본에 들어 온 'the humanities'나 'human science'는 자연스레 '人文科學'(인문과학)으로 번역되었다. 그래서 일본에서 번역어로서의 '人文科學'은 '인류 문화人類文化에 관한 체계적 지식이나 그러한 지식을 탐구하는 학문'으로 풀이된다. 광의의 인문과학은 자연과학에 대응되는 개념이고, 협의의 인문과학은 사회과학에 대응되는 것으로 문화에 대한 체계적 지식이나 그러한 지식을 탐구하는 학문을 뜻하는 '문화학cultural studies'에 해당되는 개념이다.

자연과학과 인문과학의 의미를 이상과 같이 고찰해 볼 때 현재 우리가 사용하고 있는 그것들의 개념은 다음과 같이 간단히 정리될 수 있다. 즉, 자연과학은 대자연의 개별적 대상 연구를 통해 대자연의 보편적 법칙을 찾아내는 학문이고, 이에 대해 인문과학은 대자연의 보편적 법칙을 통해 존재하는 개별적 존재의 가치를 추구해 가는 학문이다. 그러한 의미에서 자연과학이란 자연 현상에 대한 체계적 지식이나 연구를, 인문과학이란 인간의 문화 현상에 대한 체계적 지식이나 연구를 각각 나타낸다고 말할 수 있다.

이 경우 자연 현상이란 의식에 잡히는, 그러나 인간의 의식 밖에서 자위自爲적으로 일어나는 모든 현상을 의미한다. 자연 현상은 서구인들에 의해서는 물체들의 역학적 현상이나 물질들의 화학적 변화 현상 등을 통해 이해되어 왔고 동아시아인들에 의해서는 생물들 특히 식물의 세계를 통해 체험되어 왔지만, 그것의 기본적 개념이해에 있어서는 여러 측면에서 공통성을 지녔다. 이에 비해 인간의 문화 현상이란 인간의 사회적 행위나 언어 행위 등 인간의 의식을 통해 인위적으로 일어나는 모든 현상을 의미한다. 그것은 서구 문화권과 동아시아 문화권에서의 '문화'의 어원과 그 의미의 전개 양상을 고찰해 보면 확연히 드러난다.

서구 문화권에서 문화는 'culture'(문화)의 어원인 'cutura'(경작, 재배)가 암시하고 있듯이, 그것은 고대의 경우 자연의 경작, 즉 자연순화自然純化의 의미로, 중세 기독교 시대에는 '정신의 계발', 즉, 정신순화의 의미로, 근대에는 '인간의 고유한 생활 방식', '언어 사용 방식'등으로 전개되었다.

동아시아의 경우, '文化'(문화)의 '文'은 색과 형태로 이루어진 문양文樣을 가리키는 말에서 기원되었다. 그래서 그것은 글, 말 등의 뜻으로 전개되었다. 이러한 의미를 갖는 '文'을 토대로 성립된 '文化'는 '文治敎化', 즉 형벌이나 권위에 의하지 않고 글文로 인간을 교화한다는 말로부터 유래되었다. 그것은 고대에서부터 근세까지 그런 의미로 사용되었는데, 근대로 들어와 서구문물과의 접촉을 계기로, '세상이 개화되어 생활 내용이 고양되는 일', 즉 '文明開化'(문명개화)의 의미로 쓰이게 되었다. 그리고 현대에 이르러 '인간의 정신 작용에 의해 학문, 예술, 도덕, 종교 등이 행해짐으로써 인간 생활을 고양시켜 갈 새로운 가치창출의 행위' 등의 의미로 쓰이게 되었다.[14] 특히 20세기 후반 그것은 인간의 언어 표현을 중심으로 한, '표현 연구'의 뜻으로 전환되었다.

사실상 현대인에게서의 문화 생활이란 한마디로 표현 생활이다. 자신을 남들에게 어떻게 표현할 것인가? 인간을 인간들에게 어떻게 표현할 것인가? 남에 의해서 표현된 것을 어떻게 읽어 낼 것인가? 인간에 의해 표현되어진 것, 예를 들어 밤하늘의 별이나 바닷가의 너울거리는 파도, 소나무의 모습, 너도밤나무의 잎사귀들은 인간에게 무엇을 말하려 하는 것이며 그것들의 의미는 어떻게 해석해 내야 하는가? 인간이 이와 같은 문제의식을 가지고, 어떤 것을 아름다운 것으로 표현해 내고 해석해 내고 모든 자연물들의 표현을 인간적 차원에서 의미 있는 것들로 읽어 낼 수 있는 능력을 계발해 가는 활동이 현대인에게서의 문화적 활동인 것이다.

이렇게 볼 때 서구 문화권에서의 문화는 내용적 측면에서, 동아시아 문화권에서의 문화는 형태적 측면에서 의식 대상을 보다 인간 생활에 알맞게 변화시켜 왔다는 점에서 차이를 보이나, 인간의 그러한 행위들이 인간에 의해 이루어지는 고도의 정신적이고 의식적인 행위들이라는 면에서 공통성을 지닌다. 이상과 같이 자연 현상과 인간의 문화 현상은 인간의 정신이나 의식 현상과의 관련성 유무가 그 기준이 되어 구분되어 왔다. 다시 말해서 자연 현상은 인간의 의식에 잡힌 것이긴 하지만, 인간의 그 정신이나 의식 현상 그 자체와는 관계없이 정신이나 의식의 밖에서 독립적으로 일어나는 현상이다. 이에 비해 문화 현상은 인간의 정신이나 의식 현상을 통해 일어나는 현상이라는 의미에서 구분된다. 우리는 현대까지 이와 같은 구분법을 받아들여 모든 현상을 자연 현상과 문화 현상으로 양분시켜 이해해 왔고, 연구 영역 또한 자연과학과 인문과학으로 양분시켜 왔다.

이와 같은 연구 영역의 양분은 물론, 연구상의 편리와 전문성이 충분히 고려됨으로써 이루어졌음이 틀림없다. 지금 그것들은 극도로 전문화되어 자연과학과 인문과학이 서로 연관성 없는 완전히 독자적인 학문 영역들로 인식되는 경우가 많다. 그러나 사실은 전혀 그렇지 않다. 다음과 같이 크게 두 가지 측면에서 자연과학과 인문과학은 서로 관련되어 있는 것이다.

첫째, 자연과 문화는 인간의 연구 대상이라는 측면에서 공통성을 갖는다. 우선 인간에게서의 어떤 것에 대한 연구 행위란 그것에 대한 연구의 필요성에 대한 인식으로부터 출발된다. 이 경우 그러한 필요성에 대한 인식의 형태는 연구 대상에 따라 다를 수 있지만, 그것들에 대한 연구는 우선 인간을 기초로 해서 이루어진다는 점에서 서로 관련되어 있다. 그러한 연구 대상의 공통성들을 통해 연구의 방법이나 목적상의 공통성도 찾아볼 수 있다.

둘째, 연구 대상들, 즉 자연 현상과 인간의 문화 현상과의 관계를 통해 그 관련성을 찾을 수 있다. 인간의 의식 현상을 통해 인식되는 자연 현상과 문화 현상은 다음의 두 가지 측면에서 유기적으로 관련되어 일어난다. 앞에서 지적한 바와 같이, 문화 현상은 말할 것도 없고, 인간의 의식을 통해 지각되고 자연 현상도 결국은 인간의 의식 현상을 통해 인간에게 의식된다. 이렇게 볼 때 인간의 의식 작용이 일어나지 않으면 자연 현상은 의식될 수 없다. 그러한 의미에서 인간에게는 인간의 의식 작용의 필요성을 충족시킬 수 있는 자연 현상만이 의식될 수 있다는 말이기도 하다. 다음으로 인간의 문화 현상은 인간의 의식을 통해 이루어지고 인간의 행위는 자연 현상과의 관련 속에서 이루어진다는 점을 지적할 수 있다. 그러니까, 인간의 의식 작용이나 이로써 일어나는 인간의 문화 현상도 사실은 차원들을 달리하는 자연 현상들의 일종들이다.

이상과 같은 측면에서, 인간의 의식은 이 자연과학과 인문과학 두 연구 영역을 구분할 수 있는 기준이 결코 될 수 없다. 그럼에도 불구하고 연구상의 편리성, 전문성, 또 세분화된 연구 대상의 특성이 두드러지게 강조되어, 이제는 극단적으로 보자면 두 연구 영역간의 관련성이 논의될 수 없는 상황에까지 이르게 되었다. 이와 같은 두 연구 영역 간의 극심한 분화로 인한 현대인의 생명 현상에 대한 단절 의식은 연구자들의 책임일 수만은 없지 않은가? 연구자들의 그러한 분화 행위를 당연한 것으로 받아들이는, 연구 성과의 향유자들에게도 그 책임이 있지 않겠는가? 그러한 것을 당연한 것으로 생각해 버리는 향유자들의 태도는 현재 전 지상의 지적 풍토를 조성해 가고 있는, 서구의 기독교 문화를 토대로 해서 형성되었다는 생각을 떨쳐 버릴 수가 없다.

중세 서구는 기독교의 악惡으로서의 땅과 인간, 선善으로서의 천국과 신이라는 대립적 관념을 기초로 확립된 이원론적 세계관이 지배적이었다. 그것은 근세의 물질적 세계와 정신적 세계, 근대의 자연과 문화, 현대의 형식과 내용 그리고 의식 대상과 의식으로 개념전이 되었다. 근래까지 서구의 기독교 문화권에서는 이와 같은 이원론적 세계의 대립을 통해 통일적 세계를 추구해 왔던 것이다. 그래서 이들 서구 기독교 문화권의 지적 사고는 전 지상 수준의 인간 문화를 구축할 수 있는 훌륭한 방법론을 원만히 산출할 수 있을 것 같지 않다.

한편, 현대 동아시아 문화권에서는 그러한 이원론적 세계관의 역사가 짧았던 관계로 그 대립적 관계를 온전히 유지해 오지 못했다. 통일적 세계를 산출해 내지 못하는 대립은 그야말로 대립을 위한 대립인데, 현재 동아시아인들에게서의 대립이 그러한 대립이다. 이와 같은 측면에서 서구의 문화를 받아들여 온 문화권은 그 문화권대로 기독교 문화의 이원론적 세계관을 극복해야 한다. 그 극복 방법으로서 필자는 우선 자연과학과 인문과학과의 지적 단절을 극복할 수 있는 방법론이 정립되어야 한다는 입장을 제시한다.

그러면 그러한 방법론은 어떻게 성립될 수 있을까? 그것은 한마디로 자연 현상과 문화 현상과의 관련 영역을 연구할 수 있는 연구 방법론이 나와야 가능할 것 같다. 그러기 위해서 우선 인간의 문화 현상에서 자연 현상까지의 과정, 자연 현상에서 인간의 문화 현상까지의 과정, 자연과 문화와의 관련 영역 등이 독립된 연구 영역들로 설정되고, 다음으로 그 영역들에 대한 연구 방법론이 정립되어져야 한다. 자연과 문화의 관계는 인간의 의식에 의해 이루어진다. 인간의 의식은 자연 현상의 결과물이고, 자연 현상도 인간의 의식 작용을 통해 드러나므로 결국 인간의 의식 작용의 결과로 이해된다.

이렇게 볼 때 이러한 연구가 효과적으로 이루어질 수 있기 위해서는 그 주된 연구 대상이 관계와 과정인 한, 19세기의 고전물리학이나 사실주의처럼 어떠한 정지된 점으로부터의 시간적 길이나 공간적 거리를 밝히고 또 그 정지된 물체의 모양이나 크기를 밝힌다거나, 혹은 20세기 현대과학처럼 사물의 내부 구조를 밝히는 그러한 것일 수만은 없다. 그것은 자연 현상이 어떻게 인간의 의식을 창출해 냈으며 그러한 의식이 또 어떻게 인간의 문화를 창출해 가는가, 인간의 문화 현상이 어떻게 인간의 의식을 지배해 가며 또 그러한 의식이 어떻게 자연 현상을 감지해 냈는가에 대한 과정들을 밝혀내는 방식이 되어야 하는 것이다. 다시 말해서, 연구 대상에 내외재하는 과정들을 밝혀서 연구 대상의 본질을 파악해 낼 수 있는 방법론이 정립되어야 하는 것이다. 결론적으로, 자연과학과 인문과학과의 단절은 이 두 연구 영역의 가교적 역할을 하는 인간의 의식 작용을 하나의 연구 대상으로 받아들여 그것을 중심으로 자연과 의식과의 관계 과정과 의식과 문화와의 관계 과정을 규명해 감으로써 극복될 수 있을 것으로 이해된다.

문화과학과 과정학

현재까지 인간의 의식 현상은 생물학, 심리학, 철학, 문화학 등을 통해 연구되어 왔다. 생물학에서는 그것을 생명 현상의 하나로 보고 생물의 본능적 반응 등을 통해 의식의 근원을 밝히려고 했고, 유전공학에서는 환경과 의식과의 관계를 연구하였다. 심리학에서는 그것이 식물심리학, 동물심리학, 아동심리학, 정신병리학, 정신 현상학에서와 같이, 생명체에서의 자극과 반응과의 관계를 통해 생명체를 움직이는 에너지나 생명체에 내재하는 욕구의 본질을 파악해 보려는 과정에서 연구되었다. 철학에서는 인식론이나 의식 현상의 본질을 파악해서 인간의 존재 본질을 규명해 보려는 차원에서 연구되었고, 문화 연구에서는 인간의 의식을 통해 한 개인이나 집단 혹은 민족들의 의식구조를 파악해서 그 의식의 주체들의 특성과 그것을 지배해 가는 문화적 특성들을 파악해 보려는 과정에서 연구되었다. 각 분야에서의 이와 같은 연구에도 불구하고 사실상 우리는 의식 현상이란 무엇인가에 대해 분명한 대답을 못하고 있다. 이것은 다름 아니라 현재까지의 인간의 의식 현상에 대한 연구가 자연 현상과 인간의 문화 현상과의 관계를 체계적으로 밝혀 보려는 입장에 서 있지 못했기 때문이라 할 수 있다.

자연 현상과 문화 현상의 관련 부분에 대한 체계적 연구는 이 두 현상의 가교적 역할을 하는 의식 현상의 과학적 연구를 통해 이루어질 수 있다. 이 경우 의식 현상에 대한 '과학적 연구'란 과학의 의미 고찰 시에 살펴보았듯이 한마디로 '체계적 연구'를 말한다. 인간에게서의 의식 현상에 대한 체계적 연구란, 우선 종의 차원에서 생명체로서의 인간이 생명 현상의 하나로서의 의식 작용을 어떻게 형성시켰는지에 관한 규명 작업이다. 개체나 집단의 차원에서도 의식이 어떻게 형성되었는지를 규명해야 한다. 그러한 과정에서 물론 의식의 주체로서의 인류는 어떻게 생물로부터 진화해 왔으며, 또 인류의 원류로서의 생물은 어떻게 무생물로부터 탄생했고, 무엇이 어떠한 식으로 그것들을 탄생시키고 진화시켰는지 규명되어야 한다. 그리고 인간의 의식 작용은 어떠한 식으로 일어나는지, 또 무엇이 그러한 의식 작용을 일으키는지에 대한 고찰도 이루어져야 한다.

그러한 문제 해결은 인간의 의식을 통해 행동이나 언어로 표현되어진 것들의 분석을 통해서만이 가능하다. 예를 들어 인간은 그의 의식을 통해 사건이나 사물의 특징들을 파악하고 그렇게 표현된 의도들을 파악해 낸다. 인간은 인간의 의식이 반영된 표현물의 분석을 통해 표현 주체의 표현의도와 표현 방법을 파악해 낸다. 그러니까 인간이란 무엇인가에 대한 답 또한 인간의 의식을 통해 만들어진 것들에 대한 특성들의 분석을 통해 도출해 낼 수 있다는 것이다.

인간에게서의 자연에 대한 연구도 마찬가지다. 인간의 자연에 대한 연구는 인간에게 표현되어진 자연에 대한 고찰을 통해서만이 가능하다. 이와 같이 인간의 의식 현상에 대한 연구도 그의 연구는 인간의 의식을 통해 이루어지는 행동이나 말을 통해 만들어지고 표현되어진 것들을 대상으로 이루어진다. 이때 우리들은 인간의 행동이나 말을 통해 만들어지고 표현되어지고, 또 그렇게 해서 형성된 것들이 이용되고 감상되는 행위들로 표현되어지는 제반의 현상을 문화 현상이라 한다.

'인간에 의해 만들어진 것'이라는 말은 문화 연구의 차원에서 '인간에 의해 표현되어진 것'이라고 쓰는 것이 더 적합하다. 왜냐하면 문화의 체계적 연구란 인간에 의해 표현되어진 것을 연구 대상으로 하는 학문이기 때문이다. 이와 같은 측면에서 파악해 볼 때, 우리는 인간의 문화에 대한 체계적 연구를 의미하는 현재의 문화 연구Cultural Studies를 통해서도 우리는 자연과학과 인문과학 사이의 단절을 극복할 수 있다는 생각이 든다. 그러나 현재까지의 인문과학은 인간의 의식 현상을 통해 일어난 문화적 현상만을 연구 대상으로 취급해 왔지, 인간의 의식 속에 내재해서 인간의 의식 현상을 지배하고 있는 인간의 생명 현상의 영역까지는 다루지 않았다. 그 이유는 현재의 인문과학이 인간의 의식 작용을 지배해 가는 생명 현상을 자연과학의 연구 영역으로 간주해 왔기 때문이다. 그러한 의미에서 현재의 인문과학이 자연과학의 대립 개념으로 사용되는 한 그 단절을 극복해 낼 수 있는 학문은 되지 못한다. 따라서 우리는 두 연구 영역의 단절부분까지를 연구 영역으로 받아들여 인간의 생명에 대한 단절 의식을 해소시킬 수 있는 새로운 인문과학을 해 나가야 한다는 것이다.

우리는 한때 우리 시대의 자연과학과 인문과학의 단절이 가져오는 정신적 병폐를 치유할 수 있는 새로운 인문과학human science을 정립시켜 보려는 시도를 행한 적이 있었다. 그 한 예가 **문화과학***이었다. 현재 영어사전에 'cultural science'란

*문화과학文化科學/Kulturwissenschaft : 자연과학에 대응되는 과학. 신新칸트학파 가운데 서남西

용어가 등재되어 있지 않지만 독일어에는 이에 해당되는 말로서 'kulturwissenschaft' 라는 단어가 있다. 이것은 독일의 철학자 리케르트H. Richert(1863-1936)에 의해 이루어져 그의 저서《문화과학과 자연과학*Kulturwissenschaft und Naturwissenschaft*》(1899)을 통해 일반화되어 나왔다.

리케르트의 '문화과학'은 그의 스승 빈델반트W. Windelband(1848-1915)의 역사철학을 토대로 성립되었는데, 이때의 역사철학은 자연과학의 대립어로 쓰였다. 빈델반트에 의하면 자연과학의 방법이 '법칙 정립적 방법nomothetische verfahren'이라면 역사과학의 방법은 '개성기술적 방법idiographische verfahren'이어야 한다는 것이었다. 이와 같은 빈델반트의 역사과학적 입장을 이어받아 성립된 리케르트의 문화과학은 다음과 같은 측면에서 자연과학의 상대적 개념이었다. 즉, 그에게서의 과학은 자연과학과 문화과학으로 구분되었고, 이때 자연과학이란 개별적 존재의 보편화를 통해 자연 현상으로부터 어떤 법칙을 정립해 가는 학문이었다. 이에 대하여 문화과학이란 개체에 내재된 초월적 가치에 근거해서 사물의 반복되지 않는 일회적 개별성을 선택해서 기술해 가는 학문으로 파악되었다.[15]

그러나 필자가 얘기하고자 한 새로운 차원의 인문과학이란 리케르트에 의해 사용되었던 문화과학과는 다소 차이가 있다. 우선, 그것은 자연과학의 대립어가 아니라 문화 현상 전반에 관한 연구를 의미한다. 문화 현상의 이면에 자연 현상이 내재되어 있어 그것이 문화 현상을 지배해 간다는 견해로부터 출발된 것으로서 일단 우리는 그것을 **문화 연구***로 명명해 볼 수도 있다.

南 독일학파에 속하는 H. 리케르트는 일반적 법칙을 정립하는 과학으로서의 자연과학에 대하여, 사물의 반복되지 않는 일회적 개별성一回的個別性을 초월적인 가치와 관련시켜 선택하고 기술記述하는 과학을 문화과학이라고 하였다. 그 내용은 W. 빈델반트의 역사학과 같은 의미를 가진 이론인데, 이 이론은 막스 베버의 사회과학 방법론에 많은 영향을 주었다. 참10

*문화 연구cultural studies : 현재 학계에서 쓰이고 있는 '문화 연구'라는 말은 1960년대 영국 버밍엄 대학의 '현대 문화 연구소'(1960년 창립)의 스튜어트 홀Stuart Hall 등과 같이 현대사회 연구자들에 의해 행해졌던 문화 연구의 대상과 방법을 토대로 해서 형성된 말이다. 당시 그들의 연구 대상은 현대 대중사회였고 그 방법론은 문화를 사회적 구조와 역사적 발전과 관련시켜 연구해야 한다는 것이었다. 그러나 여기에서 필자가 제시하는 '문화 연구'라는 말은 문화 현상 전반에 관한 연구를 말한다. 참8, 27면

인간에게서의 자연 현상은 인간의 의식에 인지된 현상들이고, 또 자연 현상을 인지하는 의식은 다름 아닌 자연 현상의 결과물이다. 또 인간에게서의 문화란 인간의 의식을 통해 일어나는 현상이고, 또 그것은 의식 작용의 결과물이다. 이와 같은 측면에서 앞으로 우리에게 요구되는 새로운 인문과학은 인간의 의식 활동을 통해 자연에 내재된 질서가 인지된다는 측면에서 자연 현상도 그 연구 대상에 포함되어야 한다는 것이다. 따라서 문화 현상은 말할 것도 없고 그것과 관련된 자연 현상까지도 연구 대상으로 받아들인다는 입장에서 우리는 현재 우리에게 요구되는 새로운 인문과학을 '문화 연구'로 명명해 볼 수 있다는 것이다.

지금까지 우리는 '인간의 문화 현상 → 인간의 의식 작용 → 자연 현상'으로의 과정을 살펴보면서 '자연 현상 → 인간의 의식 작용 → 인간의 문화 현상'으로의 과정에 대해서도 살펴볼 기회를 가질 수 있었다. 이로써 우리는 인간의 의식 현상의 특성을 다음과 같이 설명해 볼 수 있다. 즉, 우리는 인간의 문화 현상을 통해 만들어진 것들이나 표현되어진 것들의 연구를 통해 문화 현상의 특징을 파악해 왔고, 그러한 문화 현상의 특성을 통해 인간의 의식 작용의 특성이 무엇인가를 파악해 왔으며, 인간의 의식 작용의 특성을 통해 자연 현상의 특성을 파악해 왔다. 그 결과 우리는 다음과 같은 사실들을 알게 되었다. 인간의 의식에 인지된 자연 현상은 그것이 크고 작은 단위들로 형성된 물질들에 의해 이루어지는 것이라는 특징을 갖는다. 또 결합과 분열을 통해 단계적으로 일정한 어떤 방향으로 변화해 가고 있으며 그러한 물질들은 모두 합일合一을 통해 보다 안정安靜된 상태로 변화해 가고 있다는 것이다.

인간의 의식은 이와 같은 자연 현상의 특성을 기초로 형성되었는데, 그 과정은 다음과 같다. 생명체는 소위 물질 변화라고 하는, 물질들의 크고 작은 단위들의 끊임없는 반복적 결합과 분해 과정을 통해 형성되었다. 이 경우 생명체의 생명 단위는 물질들의 결합과 분해의 체험 단위들을 토대로 성립되었다. 생명체의 생명 현상도 물질들의 결합과 분해의 체험 단위를 기초로 이루어졌다. 이러한 결합과 분해는 물질들이 보다 안정된 상태로 변화해 가는 과정에서 일어나는 필연적 현상이라 할 수 있는데, 생명체의 본능 작용이나 의식 작용과 같은 생명 현상들 또한 그러한 차원에서 이해될 수 있다. 생명체에서의 본능은 생명체나 그것을 이루는 물체들이 종족과 개체라고 하는 두 차원에서의 결합과 분해를 단위로 형성되었고, 또 생명체에서의 의식은 그러한 본능 작용을 통해 형성되었다. 그러한 의미에서 인간의 의식은 인간이 더 안정된 상태로 나아가려는 노력의 과정에서 겪은 체험을 단위로 형성되었다고 볼 수 있고, 이것들은 다시 인간들 각자의 체험을 단위로 형성된 것이라 이해된다. 그러므로 인간들의 각자의 의식들도 생명체, 인종, 민족, 사회, 시대, 가족, 개인 등으로서의 각종의 체험들을 단위로 형성되어 온 것이다.

이상과 같이 인간의 의식은 의식 주체로서의 인간이 보다 안정된 상태를 추구하는 과정에서 이루어졌고, 개개인의 의식 작용도 그러한 차원에서 이해될 수 있다. 다시 말해서 인간의 의식은 진화 과정을 통해 형성되었고, 개개인의 의식 작용도 과정을 통해 이루어졌다. 그러므로 한 인간의 의식 상태나 의식 작용의 특징을 파악하기 위해서는 그의 의식이 어떤 의식 대상에서 어떤 의식 대상들로 어떻게 이동해 가는지가 파악되어야 한다. 이렇게 볼 때 인간의 의식에 대한 연구는 의식 과정의 분석을 기초로 이루어져야 하는 것이다.

서구에서의 19세기의 통시적 접근이나 20세기 전반의 공시적 접근 혹은 20세기 후반의 구조적 접근 등은 시공간을 축으로 해서 성립되는 과정을 통해 접근된 연구 방법이 아니었다. 그러므로 인간의 문화 현상을 일관하는 의식 작용의 특성을 파악하려는 문화 연구는 어떤 대상에 대한 과정적 고찰을 기초로 해서 확립되어야 할 것이다. 이와 같은 측면에서 과정학processology이야말로 다름 아닌 이 문화 연구의 방법론이라 말할 수 있고, 또 문화야말로 과정학의 연구 대상이라 말할 수 있다.

그렇다면 인간의 의식에 감지되는 자연 현상과, 그것을 기초로 하여 일어나는 문화 현상을 일관하는 과정이란 과연 어떠한 것인가, 그것은 과연 무엇을 기초로 성립된 것인가, 그것의 정체는 무엇인가, 인간에 게서의 과정의 본질은 무엇인가 등에 대한 고찰을 통해 보다 구체적으로 문화 연구의 방법론으로서의 과정학의 이론적 근거를 살펴보기로 하자.

제1절 존재와 과정

인간에게서의 지구의 이동 과정과 우주의 팽창 과정

20세기로 들어와 아인슈타인의 **상대성 이론***이 등장하였다. 그것을 계기로 자연과학자들에게는 시공간을 축으로 사물을 인식하려는 입장이 성립되었다. 아인슈타인의 그러한 인식 방법은 광양자光量子나 별들과 같은, 공간을 이동해 가는 운동물체들을 연구 대상으로 우주의 법칙을 파악해 가는 과정에서 성립된 것이다. 시공간을 축으로 사물을 인식하는 입장이란 종래의 3차원의 세계에서 사물을 인식해 온 입장과는 달리 시간이 내재된 4차원의 세계에서 사물을 인식하려는 입장이다. 3차원의 세계란 점點, 선線, 면面으로 이루어진 공간 세계이고 4차원의 세계는 3차원의 세계를 이루는 점, 선, 면에 시간을 포함시킨 세계를 말한다. 그렇다면 그 세계는 어떤 세계인가?

점이나 선이나 면 등은 쉽게 이해할 수 있으나 시간에 대한 이해는 그리 쉽지 않다. 우리가 사용하는 가장 대표적인 시간 단위는 하루(日)나 한 해(年)인데, 하루는 밤과 낮의 반복을 통해, 한 해는 사계절의 반복을 통해 우리들에게 인지된다. 밤과 낮의 반복이나 사계절의 반복은 분명 지구의 자전과 공전에 의한 현상이다. 이때 지구의 자전과 공전이란 다름 아닌 지구의 주기적 운동이다. 이렇게 볼 때, 지구의 운동에 의해서 하루나 한 해를 이루는 시간이 생성되고, 그 운동의 주기성에 의해 하루나 한 해와 같은 시간 단위가 만들어진 것이라 이해된다.

이와 같이 하나의 예를 통해 알 수 있듯이, 시간은 운동을 통해 생성됨을 알 수 있다. 즉, 시간의 본질은 운동이다. 그런데 운동이란 어떤 공간 속에서의 주체의 존재를 전제로 한다. 따라서 운동이란 어떤 공간 속에서의 어떤 주체의 운동을 의미한다. 어떤 개체, 즉 어떤 운동의 주체가 존재하지 않는 한 운동이란 일어날

*상대성 이론相對性理論/theory of relativity : 1916년 아인슈타인이 특수상대성 이론(1905년 발표)을 확장하여 가속도를 가진 임의의 좌표계에서도 상대성이 성립하도록 체계화한 이론이다. 특수상대성 이론에 등가 원리와 리만 공간의 기하학적 구조에 대한 중력 이론을 합한 것이다. 시공간이 상대성을 띠고 있으며, 시공간은 물체의 존재에 의해 영향을 받는다는 내용을 포함하고 있다. 참10

수 없고 그러한 의미에서 운동에 의해 생성되는 시간은 존재와 근원적으로 관련되어 있다. 그 역도 성립되는데, 어떤 주체가 존재하지 않는 한, 운동은 존재할 수 없고 어떤 주체의 운동이 존재하지 않는 한 시간이란 존재하지 않는다. 그래서 현대의 우주물리학자들은 시간의 출발점을 이 우주에서의 최초의 운동 주체the first mover의 성립시점으로 인식하고 있다.[16] 하루나 한 해를 이루는 시간의 경우 운동 주체는 우주 공간을 이동하는 지구인 것이다.

시간이란 운동에 의해 생성되는 것이므로 우리는 운동을 통해 시간의 본질을 이해할 수 있다. 따라서 시간이 내포되지 않은 3차원의 세계에는 운동이 존재하지 않고 그런 의미에서 3차원의 세계는 정지된 공간이라 말할 수 있다. 그러나 4차원의 공간은 시간이 내포된 공간으로서 어떤 공간 속을 이동해 가는 공간이고, 우주를 이동해 가는 지구상에 살고 있는 우리 또한 4차원의 공간에 존재한다고 할 수 있다.

아인슈타인의 상대성 이론이 나오기 이전까지만 해도 우리는 우리가 살고 있는 공간을 3차원의 정지 공간으로밖에 인식하지 못했다. 즉, 우리는 정지된 평면 공간 위에 살고 있다는 생각밖에 하지 못했다. 우주 공간을 이동해 가는 공간 속에서 살고 있다는 인식을 하지 못했던 것이다. 그래서 우리는 움직이는 물체 위에서 달을 보고, 별을 보고 있으면서도 정지된 물체 위에서 그것들을 보고 있다고밖에 생각하지 못했고, 그 결과 우리는 그것과 우리와의 관계를 정확히 정의할 수 없었다. 그러나 사실 우리는 4차원의 움직이는 공간에서 살아왔고 지금도 그러한 공간 속에 살고 있다. 4차원의 공간의 한 지점에서 사물들을 인식하고 있는 것이다. 아인슈타인의 업적은 바로 이와 같은 사물에 대한 인식 전환을 이루었다는 점에서 인문과학 분야에서도 높이 평가 될 수 있다.

그런데, 특수상대성 이론을 세운 아인슈타인의 사물의 인식에 대한 새로운 입장은, 사물에 대한 관측자의 시점이 움직이는 물체 위에 위치해 있다는 점이 고려됨으로써 성립된 것이다. 상대성 이론은 그러한 입장을 기초로 인간이 관측하는 사물을 인식케 하는 빛 또한 일정한 속도로 움직이는 물체로 된 것이라는 사실을 고려한 것이다.

현재까지 인간은 움직이는 지구 위에서 지구 밖의 별들이나 지구내의 사물들을 인식해 왔다. 비유적으로 말하자면, 인간은 달리는 기차 안에 앉아서 사과나무들이나 날아가는 비행기를 인식하고, 차 안의 의자에 앉아 있는 사람들의 움직임을 인식해 왔다. 달리는 기차 안의 인간은 인지되는 그것들의 모습이 당연 참모습이라 생각했었다. 그러던 중 그는 비행기나 팔랑개비들의 모습이나 색깔이 평상시와 달리 보일 때가 있다는 사실을 발견하게 되었다. 그 이유가 자신이 타고 있던 기차가 대기의 압력이나 풍향이 일정하지 않은 공간을 일정한 속력으로 이동해 가고 있기 때문인 것이라 생각했다. 그래서 달리는 기차 안의 인간은 기차가 일정한 속도로 어떤 공간을 이동해 가고 있다는 사실을 감안하여 자신에게 인지되는 사물들의 참모습을 파악해야 한다는 입장을 새로이 취하게 되었던 것이다.

달리는 기차 안의 인간이 자신이 타고 있는 기차가 일정한 속력으로 공간을 통과하고 있다는 사실을 감안하여 자신이 기차 안팎의 사물들의 참모습을 파악해야 한다는 것은, 기차의 이동 과정을 통해, 즉 기차의 이동 과정을 축으로 사물들에 접근할 때만이 그것들의 참모습이 파악될 수 있다는 입장을 성립시킨다. 그것은 기차의 이동을 통해 사물들이 인지되었고 기차 안의 사물이 기차의 이동에 의해 그것들의 모습이나 행위가 형성된 것이기 때문이라는 근거를 갖고 있기 때문이다.

이와 마찬가지로, 우리 인간은 특정한 공간을 이동해 가는 지구 위에 생존해 왔다. 지구상에서 동물로부터 인간으로 진화하고 문화를 창출하고 그것을 이용해 가며 살아가고 있다. 더욱 거슬러 올라가면, 동물은 식물로부터 진화해 왔고, 그 식물은 무생물로부터 진화해 왔음을 볼 수 있다. 특정한 우주 공간을 이동해 가는 지구상에서의 이와 같은 진화 현상은, 분명 지구가 특정 공간을 이동해 온 과정을 통해 일어난 것이다. 그러므로 지구가 특정한 우주 공간을 이동해 온 과정을 통해 지상에서 일어난 모든 자연 현상과 문화 현상을 파악할 경우에만 그러한 현상의 본질이 제대로 파악될 수 있는 것이다.

이상과 같이 인간에게서의 지구 이동은 지상에서 일어나는 모든 현상을 파악해 낼 수 있는 일차적인 논리의 축으로서 받아들여질 수 있다. 그렇다면 지구의 이동은 과연 어떠한 것인가? 이것에 대한 체계적 접근은 현대우주론에 대한 이해를 통해 가능하다.

현대 서구의 우주물리학자들에게서의 우주라는 개념은, 현재 지구상에 존재해 있는 우리 인간들에게 일어나는, 생명 현상이나 물리 현상 등과 같은 자연 현상들이 일어나고 있는 공간권으로 한정된다. 따라서 서구인들에게서의 우주는 인간 자신의 최대의 존재 단위로 받아들여지고 있다. 그것은 허공에 떠서 살아 움직이는 하나의 거대한 별들과 같은 물체들, 먼지나 수소와 같은 미립자, 빛이나 열과 같은 것들로 구성된 존재들로 이루어진 존재이다. 우리가 이러한 것들로 구성된 우주에 의해 점령된 공간을 존재 영역이라 말할 수 있다면, 그러한 우주 밖에 존재하는 공간을 비존재 영역으로 분류시켜 볼 수 있다. 그런데 그러한 물질적 존재들로 구성된 이 우주 공간은 질량을 갖는 물체들의 중력의 법칙과 중력의 영향을 받지 않는 열역학 법칙에 의해 지배된다. 따라서 우주의 존재 영역에는 중력과 열이 존재하지만, 우주 밖의 비존재 영역에는 그러한 것들이 존재하지 않는다고 생각하지 않을 수 없다.

현재 우주에서 질량을 갖는 물체들은 열로 분해되어 가고 그 열들은 열들이 존재하지 않는 우주 밖의 공간으로 퍼져 가고 있다. 지구의 이동은 이와 같이 우주 속의 질량을 갖는 물체들이 중력 작용을 통해 열로 분해되고, 그렇게 분해된 열들이 열적 평형 상태를 유지해 가려는 과정에서 이루어져 왔다. 이와 같은 차원에서 우주 공간은 굵고 가는 중력의 끈들로 짜여진 중력장重力場인 동시에, 빛과 열들의 입자 운동들로 채워진 **전자기장***이기도 하다.

우주 속에서의 물체들의 중력 작용은 지구의 우주 공간 이동과 연관되어 있다. 현재 지구는 태양과의 역학적 관계를 통해 자전과 더불어 태양 주위를 공전하고 있다. 태양은 지구와 같은 행성들을 수반하고 은하계와의 역학적 관계 속에서

---

*전자기장電磁氣場/electromagnetic field : 전기장과 자기장을 총칭하는 말로 전기장과 자기장이 서로 연관되어 나타날 때, 양쪽을 합쳐서 전자기장이라 한다. 참10

역시 자전하면서 은하계 중심을 회전해 가고 있다. 한편 우주 속에서의 열역학 작용은 우주 내에서의 열적 평형 상태, 우주의 존재 공간과 우주 밖의 **비존재*** 공간과의 열적 평형 상태 등을 유지하려는 것들을 통해 지구의 우주 공간 이동과 관련되어 있다. 우주 속에서의 이와 같은 지구의 이동은 지구가 탄생한 약 46억 년 전부터 계속되어 왔으며, 앞으로도 지구나 태양계가 폭발할 때까지 지속될 것이다. 어쨌든 우주 속에서 탄생된 이래의 지구는 태양, 은하계 등의 공간 운동, 우주 공간을 채우고 있는 열들의 작용 등을 통해 특정한 우주 공간을 이동해 감으로써 지상 환경을 만들어 왔다.

우리는 지구의 우주 공간의 이동 과정을 이 지구에 전재하는 모든 과정들의 기초를 이룬다는 의미에서 원과정the basic process이로 개념화시켜 볼 수 있다. 보다 구체적으로 말해 그것이 지구상에서 일어나는 모든 자연 현상과 문화 현상을 일관하는 과정들을 창출한다는 의미에서였다. 그러나 이 경우 지구의 우주 공간의 이동 과정은 어디까지나 지구의 우주 공간상의 이동 운동 그 자체를 말하는 것이지, 그 이동의 결과로서 이동 주체에 나타나는 변화 과정까지를 의미하는 것은 아니다.

이 우주에 지구가 탄생해서 우주 공간을 이동해 오는 동안 이동 주체인 지구 자체에도 변화가 있었는데, 그렇게 일어난 지구의 변화 과정은 지구가 탄생되기 이전의 과정과도 연결되어 있고, 또 재붕괴 이후의 그 어떠한 과정과도 연결될 것이다. 지구가 탄생되기 이전의 과정이란 어떤 물질들이 결합되어 지구가 형성되기까지의 과정이고, 더 거슬러 올라가서는 그 물질들이 생성되기까지의 과정일 것이다. 그리고 지구가 붕괴된 후의 과정이란 지구를 구성했던 물질들이 이 우주 공간에서 완전히 미립자들로 분해되기까지의 과정이고, 더 나아가서는 그것들이 열들로 분해되어 우주 밖의 원시 공간 속으로 완전히 사라져 비존재에

*비존재 : 팡리즈, 리슈센에 의하면 '우주의 시작'을 의미하는 '최초의 운동'의 원인은 우주의 바깥에서 구할 수밖에 없는데, 우선, 그 문제를 해결하기 위해서는 우주가 어떻게 '비존재로부터 창조될 수 있는가를 밝히는 것'이라고 말하고 있다. 이 경우 '비존재'는 우주 바깥의 아무것도 존재하지 않는 상태의 존재를 의미한다.참27

이르게 되기까지의 과정인 것이다. 이렇게 지구의 연쇄적인 변화 과정을 통해 파악되는 비존재 공간 속에서의 우주의 변화 과정을 우리는 앞에서 우주팽창 과정이라 명명하였다.

전자기력과 약핵력을 하나로 묶을 수 있는 통일 이론의 확립으로 1979년 다른 두 물리학자와 함께 노벨물리학상을 받은 **글래쇼***는, 물질이 대폭발 이후 10^{-38}초에 나타났고 이후 대략 10^{40}초가 지난 다음에는 모두 사라질 것이라는 입장을 제시하고 있다.[17] 우리가 현재 논하고 있는 우주팽창 과정은 글래쇼가 지적하고 있는, 바로 이 우주에서의 물질의 탄생에서 소멸까지의 우주팽창 과정을 의미한다. 이렇게 볼 때 지구 이동 과정이란 우주 속에서의 지구의 이동 과정을 가리키고, 이에 대하여 우주팽창 과정은 우주에서의 물질들의 변화 과정을 각각 의미한다고 볼 수 있다. 이 경우 지구의 이동이란 단순한 지구만의 이동을 의미하는 것이 아니며, 그것은 우주 밖의 공간으로 끊임없이 이동해 가는 외부 은하계들과 맞물려 우주 공간을 이동해 가는 그런 이동을 말한다. 따라서 지구의 공간 이동이란 사실상 우주가 비존재 공간으로 팽창해 가는 과정과 맞물려 있다.

지구 이동 과정은 일차적으로는 물질들의 공간 속에서의 이동 운동 그 자체이고 이차적으로는 지구가 우주 공간을 이동해 갈 때 그 공간에 남긴 이동 흔적의 과정까지를 내포한 것이다. 그러니까 지구 이동 과정은 주체의 이동 운동이 행해지는 공간적 측면에서 파악되는 과정인 것이다. 다시 말해서 그것은 공간 속에서 행해지는 주체의 이동 운동 그 자체와 공간 속에 그 이동 운동에 의해 만들어진 주체의 이동 흔적의 과정이라 할 수 있다. 이에 비해 우주팽창 과정은 중성자보다도 더 작은 초고밀, 초고온의 원시 우주가 폭발해 팽창해 나가다가 비존재 공간으로 완전히 사라질 때까지의 과정을 의미한다. 이와 같이 우주팽창 과정은 비존재 공간을 이동해 가는 우주라고 하는 주체의 차원에서 파악된 과정이다. 따라서 우주팽창 과정은 한마디로 우주가 비존재 공간을 지속적으로 접촉해 가는 과정

*글래쇼Sheldon Lee Glashaw(1932-) : 미국의 물리학자. 소립자의 통일 모형의 기초를 세웠다. 전자기력과 소립자 간의 약한 상호 작용과의 통일장 이론의 연구 업적으로 노벨 물리학상을 받았다. 참10

에서 겪은 변화 과정을 말한다. 결론적으로, 지구 이동 과정은 지구가 우주 공간을 이동해 가는 과정이고 우주팽창 과정은 우주가 비존재 공간을 이동해 가는 과정이라 정리해 볼 수 있다. 이렇게 볼 때, 지구 이동 과정은 우주팽창 과정을 기초로 성립된 과정이라 이해될 수 있다.

우주의 팽창 과정은 다음과 같이 정리된다. 첫 단계는 빅뱅 단계이다. 초기 우주는 급격한 인플레이션을 겪으면서 아주 짧은 시간동안 엄청난 규모로 팽창했다. 그런 갑작스런 팽창이 있은 지 약 10^{-35}초가 지난 후 그 인플레이션이 진정되면서 여분의 에너지가 일상적인 입자와 복사로 전환되어 팽창된 공간을 균일하게 채워 나갔고, 그러한 급격한 인플레이션을 일으킨 우주는 원만하고 꾸준히 팽창해 나갔다. 그러다가 약 70억년이 지난 시점에서 우주의 팽창 속도가 갑자기 빨라졌다. 그 이유는 공간이 팽창할수록 물체들 사이의 거리가 멀어져서 중력의 팽창을 방해하는 정도가 서서히 약해졌기 때문이다. 그 시점으로부터 또 다시 70억년이 지났다. 앞으로 100억 년이 더 지나면 '대부분의 은하들은 빛 보다 빠른 속도로 멀어져 가게 된다'.[18]

우주적 주체의 존재 양식

우리 인간도 우주를 구성하는 한 성분임에 들림이 없다. 이러한 사실은 우리가 우주적 차원의 주체로서 존재해 갈 수 있다는 논리적 근거를 제시해 준다. 그렇다면 이 지구상에서의 우주적 주체의 존재 방식이란 어떠한 것인가?

현재 우리가 살고 있는 지구는 우주 공간을 이동해 가고 있는 물체이다. 그것은 은하계, 태양 등으로부터의 중력과 우주에서의 열적 평형 상태를 유지하려는 열에너지 등을 원동력으로 하여 이동해 가고 있는 물체이다. 태양 주위의 티끌이나 가스들이 우주 공간을 이동해 가는 과정에서 서로 응결되어 현재 지구라는 물체를 형성시켰듯이, 현재의 지구도 우주 공간을 이동해 가면서 그 전과 마찬가지로 계속 변화해 가고 있다. 이와 같은 현상은 앞에서 논했던, 바람에 설원을 구르는 눈덩이의 경우에 비유될 수 있다. 눈덩이는 설원을 계속 구르면서 형체적인 측면에서 지속적으로 변화를 겪었듯이, 지구 또한 우주 공간을 지속적으로 이동해 감에 따라 이러한 형체 변화를 계속 겪게 된다.

지구가 탄생된 것은 약 46억 년 전쯤으로 추정된다. 당시 지구에는 생물이 존재하지 않았고 30억 년 전쯤에 이르러서야 청록조藻와 같은 식물이 출현하기 시작했다. 지구의 끊임없는 공간 이동으로 인해 지구의 형체가 변하기 때문에 지구의 일부분을 이루는 식물의 경우에 있어서도 청록조의 상태로 멈추어 있을 리 없다. 그래서 그것은 6억 년 전쯤 해파리와 같은 동물의 형태로 진화했다. 또 동물은 2억 년 전쯤에 포유류와 같은 형태의 동물로, 800만 년 전쯤에는 그러한 형태의 동물로부터 인류와 같은 동물로도 출현하게 되었다. 석기나 토기와 같은 간단한 도구들을 만들어 생활했던 인류도 지상을 이동하고 지상을 정복해 가는 과정에서 새로운 도구를 만들어갔다.

이와 같이 지구의 탄생 이래 지상은 끊임없는 변화를 겪었다. 그러한 변화는 물론, 지구의 우주 공간의 이동 운동으로부터 기인한다. 즉, 지상에서의 생물들의 진화나 인간의 문화 현상에서의 모든 변화는 지구의 공간 이동 운동의 결과이다. 이 경우 설혹 지구가 자체적으로 움직이고 있는 것은 아니지만, 그것이 물체로서 존재하지 않는 한 어떠한 이동 운동 같은 것도 일어날 수 없다는 뜻에서, 또 그것이 커다란 하나의 물체라는 의미에서, 더 나아가서는 지구가 그것을 이루는 구성 분자들에 대해 어떤 일률적 역할을 해 가는 존재라는 점에서, 우리는 그것이 이동해 가는 공간에 대하여 그것을 이동의 주체로서 파악할 수 있다.

이동의 주체로서의 지구에게는 이동 운동을 행할 이동 공간이 주어져 있다. 그래서 이동의 주체로서의 지구는 공간 이동을 통해 변화해 간다. 이와 같이 지구는 공간을 이동해 가면서 자신을 변화시켜 가며 우주에 존재해 있다. 이와 같은 차원에서 고찰해 볼 때 주체로서의 지구는 공간의 이동 과정과 주체로서의 변화 과정을 토대로 이 우주에 존재해 있는 것으로 이해된다. 지구를 형성하고 있는 물질들도 그것들이 지구의 구성 분자로 존재하기 이전에는 이 우주 속에서 지구와 같은 형태를 취해 존재해 왔다.

현대의 우주과학자들에 의하면 우주는 초고밀 · 초고온의 양성자 크기보다도 더 작은 미립자가 폭발되어 성립된 것이라 한다.[19] 이 원시 우주가 어떻게 성립되었는지는 아직 구체적으로 이야기되고 있지 않지만, 원시 우주 상태에 대해 한 가지 확실한 것은 이 원시 우주도 진공 상태의 원시 공간 속에 존재해 있다가 폭발되었다고 하는 점이다. 이것은 우주가 그러한 원시 우주의 상태로 존재해 있었을 때에도 그것이 존재할 수 있었던 공간이 있었다는 것이고, 또 그 원시 우주는 그러한 원시 공간과의 관계 속에서 폭발되었다고 하는 것이다. 그러한 폭발은 원시 우주의 원시 공간과의 접촉을 통한 어떤 변화의 결과로 이루어진 것임에 틀림없다. 따라서 원시 공간 속에 존재했던 원시 우주는 어떠한 식으로든 하나의 이동하는 존재였음에 틀림없다. 설혹 우리에게 현재 존재하는 그런 시간은 아닐지 몰라도, 어떤 형태의 시간이 존재해 있었을 것이라는 추측이 가능하다. 다시 말해 그러한 공간 속에서의 원시 우주는 공간으로부터 자극을 받아 폭발 상태로 변화가 일어남으로써 비롯되었다고 추측된다. 이와 같은 차원에서 생각해 볼 때 대폭발 이전의 원시 우주도 그 원시 공간과의 접촉과 변화를 통해 존재했었던 것으로 이해된다.

그 원시 우주가 폭발해, 자유 쿼크, 광자, **경입자***등과 같은 소립자들로 분해되어 나왔다. 그래서 그것들은 우주 공간을 이동하다가 서로 결합하여, 우주가 폭발한 지 3분이 지나서는 양성자와 중성자 등으로 결합되어 나왔다. 그로부터 30만 년이 지난 후에는 그것들이 핵으로 결합되어 나왔고, 우주 속을 이동해 가는 미립자들이 결합되어 수소원자 등이 형성되어 나왔다. 비로소 원자가 탄생한 것이다. 그 후 그 원자들은 우주 공간을 이동해 가는 과정에서 다른 원자들과 결합하여 분자로, 또 그것들은 우주 티끌과 같은 분자들의 집단으로, 또 그것들은 지구나 태양과 같은 별들로 탄생되어 나왔던 것이다.

그렇게 탄생된 별들 또한 우주 공간을 이동해 가는 과정에서 변화를 일으켰다.

---

*경입자輕粒子/lepton : 렙톤이라고도 한다. 강한 상호 작용을 하지 않고 전자기적 상호 작용, 중력 상호 작용, 약한 상호 작용에만 영향을 받는다. 그리고 내부 구조가 없고 공간에서 크기를 차지하지 않는 기본적인 입자이다. 모두 스핀이 1/2인 페르미온fermion이고, 약한 상호 작용을 일으킬 때는 전자와 전자중성미자, 뮤온과 뮤온중성미자가 각각 짝을 이루어 작용한다. 또한 약한 상호 작용시 에는 패리티parity(반전성) 보존의 법칙이 적용되지 않는 성질이 있다. 참10

우선, 그것들은 지구와 같이 빛을 발하지 않는 별에서 태양과 같이 빛을 발하는 별로 변화를 일으켜 갔고, 그 변화 과정은 별이 우주 공간을 이동하는 과정에서 중력을 통해 이동해 가는 공간의 주위에 있는 물질들을 흡수해서 질량이 큰 물질로 변해 갔다. 그렇게 질량이 커져 가는 과정에서 별들의 중심부에 있는 물질들이 중력을 받아 뜨거워져서 그 물질들을 구성하는 원자들이 불안정한 상태가 되어 결국 핵 반응을 일으키게 되는 것이다. 그 결과 별들의 중심부가 핵 반응으로부터 나온 열로 채워지고, 어느 단계에서는 열들이 밖으로 방출되어 결국 별 전체가 고온의 불덩어리로 변해 우주 공간으로 빛과 열을 발산하게 되어 빛을 발하지 않던 별들은 빛을 발하는 별로 변화되는 것이다.

그 다음, 빛을 발하는 별은 결국 그 별을 구성하고 있는 원자들의 지속적이고 단계적인 핵 결합과 핵을 통해 전자와 양성자를 결합시켜 그것을 중력에너지로 만들고, 또 그것들을 분해시켜 열에너지로 만들어 그것들을 우주 공간으로 방출시킨다. 그리하여 별에 중성자들만이 남게 되면 중력을 버티지 못하고 찌그러져 결국 원자핵만큼이나 밀도가 높은, 크기의 측면에서는 반지름이 15km 정도밖에 되지 않는 작은 물체로의 변화가 일어나게 된다.[20]

이렇게 해서 생긴 물체를 우리는 중성자별이라고 하는데, 이 단계에 와서도 중성자별은 대단히 빠른 속도의 자전을 통해 우주 공간을 이동하면서 **펄서***라고 하는 전파를 방출시키며 서서히 변화해 간다. 그러다가 그것은 모든 빛을 흡수해 들이는 블랙홀black hole로 변화한다. 블랙홀 역시 자전을 통해 우주 공간을 이동해 가며 중심으로부터 입자들을 방출시켜 서서히 변화해 가다가, 결국 너무 많은 입자방출로 인해 중력장에서 살아남지 못하고 폭발되어 극히 파장이 짧은 전자파로서 우주 공간에 흩어지게 된다.[21]

---

*펄서pulsar : 0.033-3초를 일정 주기로 펄스 형태의 전파를 방사하는 천체이다. 맥동전파원脈動電波源이라고도 한다. 1967년 A. 휴이시가 발견한 이래, 은하계 내에 65개가 발견되었으며, 게성운星雲 가운데에도 펄서가 있다는 것이 알려졌다. 초신성超新星의 폭발에 의해서 외포부外包部가 날아가 버린 별의 중심핵이 수축되어 중성자별이 되고, 그 단계에서 약 1천만 년 동안 펄스상의 전파를 내는 것으로 추정된다. 참10

이상과 같이 파악해 볼 때 이 우주 공간 속의 모든 존재들은 우선 자신들에게 주어진 자신의 특정한 공간을 이동해 가면서 자신들의 모습을 변화시키며 존재하고 있다는 것을 알 수 있다. 이 우주에 존재하는 모든 것들은 우주의 공간을 이동해 가는 존재인 동시에 변화해 가는 존재이다. 그런데 이 경우 존재의 변화는 존재의 공간 이동을 통해 일어났다. 그러한 의미에서 존재의 공간 이동과 존재의 변화와는 원인과 결과와도 같은 관계를 맺고 있다.

이렇게 존재가 공간을 이동해 갈 때 존재에 변화가 일어나는 원인은 무엇인가? 초기 단계의 별은 우주의 티끌이나 가스들이 뭉쳐진 상태이고, 밀도가 낮은 상태에서 그 별의 중심에 미치는 중력은 핵융합 반응을 일으킬 정도로 크지는 않았다. 그러나 그 후 별이 외부로 에너지를 발산시키게 되는 것은 핵융합 반응이 일어날 정도로 중심부에서 받는 중력이 커졌기 때문인데, 그러한 중력은 결국은 별이 우주 공간을 이동해 가는 과정에서 우주 공간과의 접촉을 통해 공간으로부터 지속적으로 새로운 자극을 받은 결과라고 볼 수 있다.

그렇다면 별은 공간과의 접촉을 통해 어떻게 지속적으로 새로운 자극을 받는 것일까? 우선 우주 공간이란 무엇인가에 대한 의문을 해결해야 한다. 대폭발 이래 우주 공간에는 자유 쿼크, 광자 등과 같은 경입자, 수소와 같은 원자, 그리고 우주 티끌과 같은 물질 등이 존재했다. 이들 중 질량을 가진 것들은 중력법칙에 의해, 또 중력으로부터 자유로운 미립자들은 열적 평형의 법칙에 의해 우주 공간을 이동해 가고 있다. 우주 공간도 그러한 것들의 이동 운동으로 채워진 공간이기 때문에 우주 속에는 어떠한 공간도 동일한 공간이 있을 수 없다. 같은 중력장이라 하더라도 서로 다른 중력의 끈들로 이루어진 공간이다. 같은 전자기장이라 하더라도 서로 다른 양量과 서로 다른 파장의 광자들이 흩뿌려진 공간이다. 따라서 한 별이 우주 공간을 이동해 갈 때 결코 같은 공간을 이동해 가는 것이 아니다. 지구의 경우만 하더라도 앞에서 파악한 바와 같이 결코 같은 공간을 이동해 가지 않는다.

대폭발 이전의 공간은 일단 어디나 똑같았던 진공으로 상정된다. 그러나 대폭발 이후의 우주 내 공간은 각 공간에 내재된 중력의 크기와 열에너지의 양이 다르기 때문에 모든 공간은 같은 공간으로 파악될 수 없다. 우주 내 공간은 광자등과 같은 존재들이 무질서하게 이동해 다니는 운동장이다. 중력장으로서의 우주 공간은 중력을 가진 물질들이 이동하는 운동장이고, 전자기장으로서의 우주 공간은 열에너지를 이루는 빛 광자들이 이동하는 운동장이다. 이와 같이 공간이란 본래 우주 속의 존재들이 운동하는 운동장이다. 다시 말해서 공간이란 그것에 내재된 존재를 움직여 가는 원동력이라 할 수 있는 중력의 크기와 열에너지들의 양들이 여기저기 불균등하게 흩뿌려진 장소이다. 지구의 경우 중력의 크기와 온도가 항상 다른 그러한 공간들을 통과해 왔기 때문에 그것이 항상 변화해 왔고 그러한 변화 과정에서 물질과 생물의 진화 현상이 일어날 수 있었던 것이다. 다시 말해서 지구는 항상 다양한 자극을 받는 공간을 이동해 왔고 또 그런 공간을 이동해 갈 것이기 때문에, 현재의 인간과 같은 생명체가 지상에 결코 영구히 존속해 있을 수 없고 현재와 같은 지구의 환경 또한 계속 유지될 수 없다. 그러한 의미에서 과거에도 앞으로도 '나'와 같은 인간이 이 지상에 존재할 수는 결코 없다. 스위스의 이론 물리학자 **볼프강 파울리***에 의해 1924년 제시된 배타 원리排他原理/exclusion principle는 이러한 입장을 확고히 해 준다. 배타 원리란 한 원자 내에서의 같은 종류의 입자는 같은 위치와 속도를 가질 수 없다고 말하는 원리이다. 필자가 여기에서 말하고자 하는 것은 우주 공간 내에서의 모든 존재들에게도 바로 그 원리가 적용된다고 하는 것이다.

이와 같은 측면에서 별들의 변화는 결국 별들의 우주 공간의 이동으로 인해 야기된다. 다시 말해서 그것은 이동하는 별들이 크고 작은 물질들로 구성된 공간

*볼프강 파울리Wolfgang Pauli(1900-1958) : 오스트리아 태생의 미국 물리학자. 상대성 이론을 전개하는 데 공헌하는 한편, 양자론의 체계화에 힘썼으며 '파울리의 배타원리'를 발견하였다. 이것은 당시의 원자구조론에 크게 공헌함과 동시에, 전자의 스핀을 해명하는 데 기여하였다. 빈 출생, 뮌헨 대학에서 공부하였으며, A. 조머펠트의 지도를 받았다. 괴팅겐에서 M. 보른의 조수로 있다가, 코펜하겐으로 가서 N. H. D. 보어 밑에서 연구하였다. 1923년 함부르크 대학 강사, 1928년 취리히 공업 대학 교수, 1935년 미국으로 건너가, 프린스턴 고등연구소 객원 교수客員教授, 뉴저지 대학, 미시간 대학 교수를 역임했으며, 제2차 세계대전 후 취리히 공업 대학 교수로 돌아갔다. 1945년 노벨물리학상 수상.

과의 접촉을 통해 야기된다. 보다 더 근원적인 차원에서 말할 것 같으면, 그것은 별들이 이동하는 공간들에 불균등하게 분포되어 있는 중력이나 열에너지 등과 같은 것들과의 접촉을 통해 이루어진다. 나아가, 우주 공간에서의 어떤 주체의 존재 양식은 공간의 이동 운동 과정과 그것을 통한 주체 자신의 변화 과정을 기초로 성립된다. 결론적으로 말해서 이 우주 속에서의 모든 존재들은 움직이며 변화해 가는 존재 양식을 취하고 있다는 것이다.

그렇다면 그것들의 그러한 변화를 지배해 가는 것은 무엇인가? **열역학 제1 법칙***이 말해 주고 있듯이, 인간에게 감지되는 자연의 법칙들은 **일****을 열로 바꾸어 가는 쪽으로 질서 지어져 있다. 다시 말해 자연계에서 어떤 일이 열로 전환되는 과정은 인간의 노력이 첨가되지 않고 저절로 진행된다. 인간의 어떤 노력이 첨가되지 않고서는 저절로 열이 일로 진행되지 않는다는 것이다. 자연 속에서 저절로 역학에너지(운동에너지와 위치에너지)가 그러한 일로 바뀌게 되는 그러한 **비가역 과정*****은 좀처럼 일어나지 않는다고 하는 것이다.

예컨대 특별한 상황이 아닌 한 열이 찬 물체에서 뜨거운 물체로는 전이되지 않는다는 것이다. 그런데 이 대자연 속에서 이러한 비가역 과정의 진행들이 증가된다면 우주에 존재하는 무질서의 양이 계속 증가된다고 하는 것이다. 이러한 '비가역 과정은 사용할 수 있는 에너지를 사용할 수 없는 에너지로 바꾸어, 결국 이 자연계에 인간이 사용할 수 없는 에너지를 전체적으로 증가시킨다'.[22] 그런데 필자가 여기에서 결론적으로 말하고자 하는 것은 이 대자연 속에서의 인간의 생명 활동 과정이 일이 열로 전환되어 나가는 그러한 비가역 과정에 기초해 있고, 또 그러한 비가역 과정이 다름 아닌 바로 그 우주의 팽창 과정에 기초해 있다고

*열역학 제1법칙 : 어떤 물체가 외부로부터 취한 열량(에너지)은 그것의 역학적 에너지(운동에너지와 위치에너지)와 열에너지가 합쳐진 상태로 보존된다고 하는 법칙이다. 참11

**일이란 물체에 작용하는 힘에 그 물체의 이동거리를 곱한 것으로 기술된다. 참11 <일>

***비가역 과정非可逆科程 : 비가역 변화라고도 하고 열역학 제2법칙이라고도 한다. 열은 높은 온도에서 낮은 온도로 전이된다고 하는 열 현상 등과 같은 대부분의 자연 현상은 비가역적이므로 변화의 과정이 한쪽 방향으로만 진행될 뿐이고 그 반대 방향으로는 진행되지 않는다. 우리는 이러한 자연 현상의 비가역성을 열역학 제2법칙이라 말하고 있다. 참29, 160면

하는 것이다. 서구의 물리학자들은 열의 산란 상태를 무질서 상태로 파악해 그 무질서 상태를 양量으로 기술해 왔다. 우리는 그 무질서한 정도를 엔트로피라 명명해 왔다. '모든 물리계는 고 엔트로피 상태로 이동해 나아가려는 경향이 있다.'[23] 이 경향을 열역학 제2법칙이라 하는데, 사실은 바로 이 법칙이 우주의 팽창 과정을 만들어 가고 있는 것이다.

지구와 우주의 동인動因과 과정 인자

우주 공간에 존재하는 별 등과 같은 물체들의 변화는 결국 우주 공간을 이동해 가는 과정에서 우주 공간에 내재된 것들로부터의 지속적이고 불규칙적인 자극에 기인된 것이다. 이렇게 볼 때, 우주 속에서의 물질들을 이루는 원자들과 같은 원소들의 변화도 결국의 우주 내에서의 별과 같은 물체들의 이동과 깊게 연관되어 일어난다고 볼 수 있다. 현대 물리학자들은 그 물질들을 이루는 원자들의 양성자 붕괴로부터 시작된다고 말하고 있는데, 보다 구체적으로 말하면 그것은 물질들이 공간과 접촉해 가는 과정에서 공간들 속의 존재들로부터 끊임없이 자극을 받아가는 과정에서 물질들을 구성하는 원자들의 양성자가 불안정한 상태에 이르게 됨으로써 일어난다고도 볼 수 있는 것이다. 그렇다면 물질 변화의 동인이 존재하는 공간이란 어떤 공간인가?

스티븐 호킹은 블랙홀 폭발의 논리적 근거를 제시해 가는 과정에서 양자역학의 이론을 토대로 우주의 공간이란 절대로 비어 있을 수 없는 공간으로서 입자와 반입자의 생성과 소멸이 활발히 진행되고 있는 공간이며, 언제나 무언가 활발히 움직이고 있고, 어지럽게 널려져 있는 공간이라고 규정지었다.[24]

20세기 전까지만 해도 우주의 별들 사이의 공간을 진공 상태의 공간으로 생각해 왔다. 그러나 1920년대의 양자역학의 대두로 인해 우주 공간 속에서의 진공이란 있을 수도 만들 수도 없다는 입장이 제시되었다. 그렇다면 우주의 공간은 어떤 것들로 채워져 있는 것인가? 우주는 150억 년 전 한 점으로 응축되어 있었다가, 그것이 갑자기 대폭발을 일으켜 탄생하여, 현재 팽창을 계속하고 있다는 설은 현대의 우주과학자들에게 정설로 받아들여지고 있다. 이러한 우주의 발생기원이 받아들여지는 근거들 중 하나가 1978년 노벨물리학상을 받은 미국의 천문학자 **펜지어스***와 **윌슨****의 우주배경복사설宇宙背景輻射說이다. 그것은 초고밀 · 초고온의 양성자보다도 더 작은 크기의 원시 우주가 폭발할 당시 무수한 빛들이 공간으로 쏟아져 나가 그것들이 우주 공간의 사방으로 퍼져 나가서 현재 전 우주 공간을 3K(약 -270℃)로의 열적 평형을 이루고 있다는 설이다.

우주배경복사란 '우주마이크로파 배경복사'의 축약어로서 마이크로파의 형태를 취해 우주를 구성하는 천체들의 배경을 이루고 있는 복사열로 이해될 수 있다. 열복사熱輻射 또는 복사輻射란 어떤 가열된 물체가 열이나 빛 등을 내쏟는 현상으로서, 에너지의 전달 방식의 하나로 파악될 수 있다. 그런데, 과학적 용어로 전자기파라 일컬어지는 빛은 복사의 형태를 취해 에너지를 전달한다. 빛(전자기파)의 스펙트럼, 즉 빛의 파장에 의한 빛의 강도 분포는 가열된 물체의 온도에 따라 변한다. 쉽게 말해서 온도에 의해 물체의 색깔이 변화된다는 것이다. 예컨대 검은 철을 가열하면 빨갛게 변하고, 더욱 가열하면 오렌지색 등으로 차차 변해 간다. 그 전자기파의 종류는 파장이 짧은 것부터 나열하면 감마선, X선, 자외선, 가시광선, 적외선, 마이크로파, 전파 등의 순이다. 우리가 눈으로 볼 수 있는 전자기파는 가시광선뿐이며, 그 전자기파의 파장이 짧으면 온도가 높고, 길면 온도가 낮다.

빅뱅 직후 방출된 복사의 파장은 1천 분의 1mm였으나 현재는 1mm로 늘어난 것이다. 우주가 팽창해 나가는 과정에서 빅뱅 때 방출된 전자기파의 파장이 마이크로파로 길어진 것이다. 우주배경복사란 빅뱅 당시 방출된 복사로 현재 우주 속에서 마이크로파로 존재해 있는 빛을 말한다.

절대온도는 모든 입자가 최저에너지 상태로 파악되는 절대영도를 최저치로 한 것이다. 이 경우 절대영도 0K를 섭씨로 환산해 보면 -273.15℃에 해당된다. 온도란 입자들의 활동 상태를 가리키므로 공간의 온도가 -273.15℃에 이르면

*펜지어스Arno Allan Penzias(1933-) : 독일 출신의 미국의 천체물리학자. 우주의 기원에 관한 빅뱅이론을 설명할 수 있는 3K의 우주배경복사를 발견하였다. 1978년 노벨물리학상 수상. 참10

**윌슨Robert Woodrow Wilson(1936-) : 미국의 전파천문학자. 1964년 펜지어스와 함께 3K의 우주배경복사宇宙背景輻射를 발견해, 1978년 노벨물리학상을 공동 수상하였다. 참10

모든 입자들의 활동이 정지된다. 즉, 공간의 온도가 높다는 것은 그 공간 속에 존재하는 입자들의 활동이 활발하다는 것이고 온도가 낮다는 것은 입자들의 활동이 활발치 못하다는 것을 의미한다. 따라서 공간에서의 입자들의 활동이 완전히 정지되었다는 것은 결국 그 공간에 운동이 존재하지 않는다는 것, 즉 시간이 존재하지 않는다는 뜻이 된다. 다시 말해서 그 공간에 어떠한 존재도 있지 않고, 공간에 아무것도 존재하지 않기 때문에 결국은 공간도 존재하지 않는다는 것이 된다. 이 상태의 공간은 우주에서의 최초의 운동, 즉 대폭발이 있기 전의 공간과 비슷한 공간이고, 앞으로 우주 속의 모든 물체들이 원자들로, 소립자들로, 비존재로 분해되어 비존재와 합일에 이를 상태의 것과 같은 공간을 의미한다.

그런데 대폭발 시 만들어졌다고 하는 이 배경복사는 어떠한 열도 존재해 있지 않은 절대 공간의 온도 0K(-273.15℃)보다 약 3℃ 높은 상태로 현재 우주 공간을 이루고 있는 것이다. 그 복사는 열적 평형 상태를 이룬 흑체복사의 일종이다. **흑체복사***란 입사入射하는 모든 복사선輻射線을 완전히 흡수하는 물체를 말한다. 완전흑체라고도 말한다. 복사선이란 물체로부터 방출되는 전자기파, 적외선, 가시광선, 자외선, 엑스선 등을 통틀어 일컫는 말이다. 그 흑체가 내뿜는 복사를 흑체복사라 하며, 그 흑체복사에는 예컨대 에너지의 크기, 파장 등과 흑체의 온도 사이에 물리학적 관계가 성립된다. 따라서 흑체의 온도가 정해지면 흑체복사의 성질이 결정되며 흑체복사의 성질로부터 흑체의 온도를 구할 수 있다. 우주의 별들 사이의 공간은 온도가 존재하는 공간, 즉 입자들이 활동하고 있는 공간인데, 이 입자들이 광자들이고 이것들이 우주 공간 내에서 열적 평형 상태를 이루고 있다는 점을 감안해 볼 때 우주배경의 흑체복사로 인한 이 3K(-270℃)는 광자들의 산란에 의한 온도임에 틀림없다.

광자는 일정한 속도를 가지고 운동하는 존재이고 스스로 공간을 이동해 갈 수 있는 에너지를 가지고 있는 존재이다. 그것이 공간을 이동해 가는 과정에서

*흑체복사黑體輻射/black body radiation : 복사를 투과시키지 않는 벽으로 둘러싸인 공간 내에서 벽과 열평형 상태에 있는 전자기파의 상태를 말하며 공동복사라고도 한다. 참10

어떤 물체와 부딪히면 그 충돌을 계기로 광자의 일부는 물체로 흡수되어 위치에너지로 변화하게 되고 일부는 진동수가 보다 더 작고 파장은 보다 더 긴 광자로 전환된다. 우주는 바로 이러한 광자들의 운동을 통해 비존재 영역으로 팽창해 가고 있는 것이다. 이렇게 볼 때 3K는 산란하는 광자들에 의해 만들어진 온도라 할 수 있다. 이와 같은 점을 고려해 볼 때 우주 공간은 산란 현상을 통해 더 낮은 온도의 열로 변화해 가는 광자들로 가득 차 있다는 것을 알 수 있다. 이 배경흑체복사설은 이와 같은 사실을 증명해 주는 하나의 예라 할 수 있다.

우주 속의 모든 존재는 에너지가 낮은 상태 쪽으로 향해 가고 있다. 예를 들어 별들의 탄생과 소멸 과정에서 알 수 있듯이, 별의 소멸 직전 단계인 블랙홀은 결국 이 우주 속에서 고에너지의 감마선, 즉 극히 파장이 짧은 전자파로 분해된다. 그래서 이러한 전자파를 이루는 광자들이 우주 탄생 시의 배경흑체복사를 배경으로 또 다른 층의 우주배경복사를 이루어 간다. 그것은 앞의 경우처럼 서로 다른 광자들과 충돌해 가면서 진동수가 0에 이르고 파장이 무한에 이를 때까지 변화해 간다.

이와 같은 측면에서 파악해 볼 때, 이 우주 공간에서의 모든 존재들의 공간 이동의 동인動因은 광자들의 직진과 반사 운동을 통해 일어나는 움직임으로부터 찾아낼 수 있다. 현재 우주 공간에서 파악되는 동인은 중력과 열적 평형 상태를 추구하는 열에너지로 알려져 있다. 중력은 한마디로 운동에너지와 위치에너지를 가진 물체들이 서로 충돌하는 과정에서 상대방으로부터 받는 압력이며, 열적 평형 상태는 광자들의 반사 운동에 의해 일어나는 현상이라 할 수 있다.

현재 우주의 모든 존재들의 기반은 우주의 배경복사의 광자들로 이루어진 전자기장이다. 이 경우의 광자는 다양한 파장들을 단위로 존재하는 이동에너지 입자들이다. 따라서 광자들의 입자로 이루어진 전자기장은 광자들의 파동들로 이루어진 전자기파의 장場이기도 하다. 이렇게 볼 때 어떤 존재가 우주의 공간 속에서 존재한다는 것은 결국 빛의 파동 속에 존재하고 있다는 의미이다. 배가 바다에 떠 있는 한, 파도는 끊임없이 배에 충돌한다. 그 결과 배는 움직인다. 이 경우 배의 동인이 파도에 있듯이 우주 공간 속의 존재의 동인도 광파에 있다.

그렇다면 이 우주 공간 속에서 광자들은 어떻게 움직이고 있는가? 우선 광자는 직진한다. 그것이 다른 존재들과 충돌할 때 일부는 반사되고 일부는 굴절되어 충돌 대상에 흡수된다. 그렇게 해서 광자들은 각자의 직진, 반사, 굴절 등의 운동을 통해 그것들이 존재하는 우주의 공간 속에서 결합되고 분해되어 비존재 공간으로 나아가고 있다. 우주 공간 속의 존재들의 근원적 동인이 광자의 움직임에 있다면, 광자는 어떻게 움직이는 것인가의 문제로부터 이야기되어져야 한다.

현대물리학에서는 우주가 양성자의 크기보다도 더 작은 원시 우주가 폭발해서 생겼다고 말하고 있다. 그렇다면 양성자의 크기보다 더 작은 초고밀·초고온의 원시 우주가 폭발해 무엇으로 분해되었느냐가 문제이다. 폭발 당시 우주는 10^{-35}초당 두 배의 크기로 부풀었다. 또, 우주가 폭발해서 10^{-43}초가 지났을 때 우주의 크기는 10^{-33}cm 정도였고, 그것을 이루는 물질과 에너지는 미분화 상태에 있었다고 한다. 그러다가 10^{-9}초가 지났을 때 우주의 에너지는 이미 중력·강핵력·전자기력·약핵력으로 분리되어 있었고, 물질들은 자유 쿼크, 경입자, 광자 등으로 이루어진 수프와 같은 상태에 있었다. **팡리즈·리슈셴***의 이 네 개의 힘의 분리도分離圖에 의하면, 전자기력을 축으로 해서 10^{-44}초에 중력이 전자기력으로부터 분리되었고, 10^{-36}초에는 강핵력이, 10^{-10}초에는 약핵력이 각각 분리되었다고 한다.[25] 이것은 우주가 성립되면서 현재 우주를 구성하는 힘들이 생겨났는데, 맨 먼저 생긴 것이 전자기력이라는 것을 말해 준다.

그렇다면 전자기력은 어떻게 생겨났을까? 결론부터 얘기하자면, 그것은 광자나 그것의 구성 물질의 탄생을 계기로 성립된 것으로 고찰된다. 그러나 뉴욕 시립대학의 이론 물리학 교수 미치오 가쿠 등은 물리학에서 원래의 온도가 1032K에서 1015K로 내려간 10^{-9}초에 이르러 전자기력과 약력이 분리됨으로써 광자의 존재가 비로소 확인되었다고 말하고 있다.[26]

미치오 가쿠 등도 중력이 다른 대통일 이론의 힘들로부터 최초로 갈라져 나갔

*팡리즈方勵之(1936-)·리슈셴李淑閒 : 중국의 반체제 물리학자. 우주물리학자. 1956년 베이징대 물리학과 졸업. 중국 과학기술 대학 교수(1978), 중국의 민주화를 강하게 요구하다가 1989년 천안문 사태 직후 미국대사관에 피사, 1년 후 영국으로 출국. 미국 아리조나 대학 교수. 리슈셴은 1956년 베이징대 물리학과 졸업. 동 대학 교수(1980) 팡리즈 부인. 참27, 8면

다고 말하고 있는데,[27] 중력의 탄생은 질량을 갖는 물질의 탄생을 의미한다. 그러나 그것은 양성자와 중성자를 구성하는 쿼크의 질량에 의한 것으로 보인다. 쿼크는 원시 우주가 폭발될 때 최초로 형성되어 나왔던 물질로 이해되고 있는데, 그것이 대폭발 이전의 우주를 구성하고 있던 물질과 동일한 것이라고는 말할 수 없다. 그 이유는 그것이 업 쿼크, 다운 쿼크, 스트레인지 쿼크 등과 같은 여러 종류의 형태를 취하고 있기 때문이다. 예컨대, 양성자는 2개의 업 쿼크와 하나의 다운쿼크로, 중성자는 1개의 업 쿼크와 2개의 다운 쿼크로 각각 이루어져 있다. 또 서로 다른 유형의 쿼크는 1개의 업 쿼크와 2개의 다운 쿼크로 각각 이루어져 있다. 또 그것은 서로 다른 전기전하를 갖는다. 업 쿼크의 전기전하는 +2/3이고 다운 쿼크는 -1/3이어서 양성자의 전기전하는 +1/3이다.[28] 그것의 이러한 형태를 취하고 있고, 또 그것이 이러한 전기전하를 갖는다는 것은 그것이 대폭발을 통해 얼마간의 초기 우주 공간을 이동했다는 것을 말해 주는 근거라 할 수 있다.

광자의 속성은 우선 일차적으로는 그 원료의 속성으로부터 기인된 것이라 판단되는데, 그 원료들은 원시우주를 구성하고 있던 물질들로 이루어진 것들이라 할 수 있다. 따라서 광자의 속성은 바로 그러한 원료의 속성이라든가, 원시 우주 공간의 속성 등과의 관계 속에서 생긴 것으로 간주된다. 광자의 속도가 유한한데, 그것도 원시 우주를 구성하고 있던 물질에 내재된 힘, 그 물질의 속성, 그것과 원시 공간 등과의 관계 속에서 결정되었음에 틀림없다. 이렇게 볼 때 광자는 원시 우주가 폭발할 당시 그것을 구성하고 있던 물질, 즉 쿼크 원료로부터 튀어나와 원시 우주 공간으로 직진해 나가는 과정에서 형성되었던 것으로 이해된다.

이때 쿼크는 질량을 0으로 하고 초속 30만 Km로 직진하는 광자의 형태로 까지는 완전 분해되지 못한 채 우주 공간을 돌진해 가는 과정에서 양성자와 중성자 등으로 전환해 나왔다고 볼 수 있다. 또 그 후 그것들은 폭발직후의 우주가 우주 공간을 이동해 가는 과정에서 서로 결합되어 원자핵을 형성했다고 하는 것이다. 양성자와 중성자의 결합은 글루온gluon(질량0, 전하0, 스핀1)을 매개로 이루어졌는데, 이는 그것들의 우주 공간 이동 과정에서 글루온이란 입자가 생성되어 나왔다는 것을 의미한다.

여기에서 우리는 우주 속의 모든 물질은 운동에너지로 분해될 수 있다는 아인슈타인의 말을 상기해 볼 필요가 있다. 예를 들어 같은 원소나 서로 다른 원소들의 결합으로 물체들이 형성되는데, 이 경우의 결합은 원자들의 주위를 도는 전자들 간의 상호 작용을 통해 이루어진다. 그런데 전자들은 광자들을 서로 주고받음으로써 상호 작용을 한다. 여기에서 전자들이 광자(빛)들을 서로 주고받는다는 의미는 전자들이 자기들의 근처를 지나가는 타 전자들을 향해 서로 광자(빛)들을 방출시킨다는 뜻이다. 이 경우 방출된 광자들은 타 전자들로부터 방출된 광자들과 충돌하게 되고 그 여파가 반작용의 형태를 취해 모체 전자에게까지 영향을 미치게 되는 것이다. 따라서 그것들 간의 상호 작용은, 그것들로 방출되는 광자들의 직진, 충돌, 반작용 등을 통해 이루어지고 있다고 볼 수 있다.

이러한 현상은 차원을 달리하는 원자핵 속의 양성자와 중성자 간의 상호 작용에 있어서도 마찬가지다. 현대 물리학자들은 원자핵을 구성하는 중성자와 양성자 간의 결합은 그것들이 방출하는 글루온gluon이라고 하는 존재(glu란 접착제의 의미)[29]의 그러한 작용에 의한 것으로 보고 있다.

원자의 전자들이 광자들의 방출을 통해 상호 작용을 해 가는 과정에서 형성된 힘을 전자기력이라 한다. 이에 대해 양성자와 중성자가 글루온이라고 하는 중간자들 방출을 통해 형성시킨 힘을 강핵력이라 한다. 여기에서 우리는 전자기력과 강핵력과의 차이에 대한 논의가 요구된다. 전자기력이란 앞에서도 언급한 바와 같이 전자가 방출한 광자의 직진 운동에 의한 것으로, 이 경우 전자가 방출한 광자의 파장이 중성자와 양성자가 발산한 글루온이란 존재의 파장에 비해 현격히 길다. 두 힘의 차이가 바로 여기로부터 기인된 것이라 할 수 있다. 파장이 긴 빛은 그것이 짧은 것보다 힘이 더 약하다고 하는 원리에 의한 것이라 할 수 있다. 이렇게 볼 때 원시 우주 속에 사장되어 있었던 모든 힘은 원시 우주가 폭발할 때 광속으로 전진해 나가는 전자기력으로 전환해 나왔다고 할 수 있다. 전자기력은 초기 우주를 구성하고 있던 쿼크 원료가 분해되어 생긴 광자들이 지닌 힘을 가리킨다. 그런데 여기에서 짚어 두어야 할 것은 원시 우주가 폭발해 그것이 팽창해 나가는 과정에서 형성된 중성자와 양성자는 광자와 같은 소립자로 완전 분해되기 이전의 쿼크 상태의 물질로부터 생성되어 나왔을 가능성이 크다고 하는 것이다. 요는 중성자나 양성자가 빅뱅 과정에서 분해된 광자와 같은 소립자들이 재결합되어 이루어진 것이 아니라고 하는 것이다. 빅뱅 과정에서 우주 공간의 이동 과정에서 질량이 0일 정도로 분해된 밀입자들은 중력으로부터 자유로운 전자기파의 형태를 취해 공간을 이동해 나간다. 그러나 그러한 것들이 물질들로 변화하여 질량을 갖게 되면 중력장의 영향을 받아 운동에너지나 위치에너지로 변화되게 된다. 그러다가 어떤 상황하에서 중력장으로부터 풀려 나오면 그것들이 다시 광속으로 직진과 반사를 통해 공간을 이동해 간다는 것이다.

우리들은 앞서 과정의 원리의 측면에서 우주의 모든 천체들과 맞물려 우주 공간을 이동해 가는 지구를 단위로 지상에서 일어나는 모든 물질 현상, 생명 현상, 사회 현상, 문화 현상 등을 파악해야 한다는 입장을 제시하였다. 지구의 우주 공간의 이동 양식을 통해 지구 내에 일어나는 모든 변화 양상을 파악해야 한다는 입장인 것이다. 그러한 입장은 지구가 우주 공간의 이동을 통해 변화해 왔다는 시각이 토대가 된 것이라 할 수 있다.

그 결과 우리들은 다음과 같이 정리해 볼 수 있다. 지구의 우주 공간 이동은 지구의 우주 공간과의 접촉을 통해 이루어진다. 이러한 점을 감안해 볼 때, 지구의 우주 공간 이동으로 인해 일어나는 지구상의 모든 현상은 우주 공간 속에 내재해서 지구의 공간 이동을 촉발하는 것들의 특징들을 통해 그 특징이 파악될 수 있다는 입장이 성립된다. 이 경우 지구의 우주 공간 이동을 촉발시켜 가는 근원적인 힘은 우주 공간 속의 광자들의 이동들로부터 취해진 힘으로 간주된다. 이렇게 볼 때, 지구의 공간 이동 과정을 토대로 이루어지는 지상의 모든 현상들의 변화 과정은 결국, 이 우주 공간을 채우고 있는 광자들의 우주 공간의 이동 과정들과 그것들로 인한 광자들의 변화 과정을 토대로 일어나고 있다는 입장이 취해진다. 이러한 의미에서 우주 공간을 이동해 가며 변화해 가는 광자야말로 지상에서 일어나는 모든 현상들을 일관하는 과정들의 인자들로 파악될 수 있다.

제2절 과정 인자의 기본 구조

과정 인자

세포細胞/cell는 생명체의 기본 단위이다. 모든 생명체들은 세포들로 구성되어 있다. 인체도 수많은 세포들로 구성되어 있다. 그런데 그 각각의 세포들의 핵들 속에는 인체 형질의 설계도가 내재되어 있다. 우리는 그 설계도를 유전 인자라 한다. 이와 마찬가지로, 지금까지의 이 우주 공간 속에서의 존재의 기본 구조에 관한 고찰을 토대로 우리는 모든 존재들의 기본적 최소 단위를 광자photon로 파악해 볼 수 있다. 왜냐하면 모든 존재들은 광자들로 구성되어 있고, 그 광자들 속에는 모든 존재들의 기본적 설계도가 내재되어 있는 것으로 파악되기 때문이다. 생명체들에게서의 유전 인자가 우주 체험의 기본 단위라 한다면, 광자란 우주의 비존재 공간의 체험 단위라 할 수 있다.

우리는 앞서 존재의 기본 구조를 과정의 측면에서 파악하였다. 이 우주 속의 모든 존재는 움직이며 변화해 가는 존재인데도 불구하고, 근래까지의 대부분의 인간들은 존재란 정지해 있는 것으로 인식해 왔고 그것이 변해 간다는 것이 이상하다고 생각해 왔다. 그러나 존재란 움직이는 존재이고, 존재의 의미는 움직이며 변화해 가는 과정을 통해 실현된다. 그러한 의미에서 이 우주 속의 모든 존재는 과정상의 존재이다. 모든 존재는 과정을 통해 생성, 발전, 소멸된다. 모든 존재는 크고 작은 무수한 과정들로 구성되어 있으며, 무수한 과정들 속에 존재하고 있다.

그렇다면 그러한 과정들은 어떻게 이루어진 것인가? 앞장에서의 존재의 기본 구조에 대한 고찰을 통해 우리는 이 우주 속의 모든 존재는 다양한 광자들로 이루어져 있다는 것을 알았다. 광자란 원시 우주의 대폭발 시 원시 우주를 구성했던 물질들이 원시 공간으로 터져 나오는 과정에서 형성되어 나온 존재로서 그 물질들을 구성하고 있던 쿼크라고 하는 질량을 갖는 물질로부터 탄생했다고 보아야 할 것이다. 광자의 속도는 그것이 원시 우주로부터 터져 나올 당시의 속도와 거의 같은 속도이며, 그것은 원시 우주 공간과의 관계 속에서 이루어진 것이다. 물리학에서의 광자의 개념은 아인슈타인의 **광양자설***을 통해 성립되었다. 그의 광자 가설에서의 광자란 빛이 공간을 이동할 때 하나의 에너지덩어리로 이동하는데, 바로 그 에너지덩어리를 말한다. 그의 광양자설은 독일의 이론물리학자 플랑크 Max Planck의 양자 가설量子假說, 즉 에너지 양자는 **플랑크상수****에다 복사輻射의 진동수(초당)를 곱한 것(E=hv)이라는 이론을 기초로 해서, 빛이란 그 진동수 f에 비례하는 에너지를 갖는 입자로 되어 있다는 가설을 세우는 과정에서 성립되었다. 그래서 그것은 광자의 에너지는 플랑크상수에 광자의 진동수를 곱한 것(E=hf)이라는 광양자설로 정립되었다.

이렇게 볼 때 에너지덩어리로서의 빛에 대한 접근은 플랑크에서부터 시작되었던 것으로 이해된다. 플랑크는 어떤 작용을 양자화量子化시켜서 파악해 보려는 양자론적 입장에서 물체와 복사와의 관계를 고찰했는데, 그는 복사가 물체로 반사되어 물체에 흡수될 때는 에너지의 수수授受가 연속적이 아니고 항상 그 에너지 소량素量의 정수배整數倍로 이루어진다는 사실을 밝혔다. 그는 이때의 에너지 소량을 에너지 양자로 명명하였다. 그리고 그는 에너지 양자를, 플랑크상수 h, 즉 모든 광입자들이 가질 수 있는 평균에너지(운동에너지+위치에너지)에 진동수(빛의 파동 마루나 골이 한 지점을 지나가는)를 곱한 것으로 정의하였다.

우리가 여기서 말한 광자도 플랑크의 양자 가설, 아인슈타인의 광양자설 등의 경우에서와 같이 빛이 물체에 작용할 때 정수배로 작용하는 에너지를 갖는 광입자로 정의된다. 보다 구체적으로 말해 과정학에서의 광자는 양자역학과 상대성이론에서 사용되는 광자에 대한 개념에 입각해, 질량을 0으로 하고 진동수 f로

---

*광양자설光量子說/light quantum theory(1905) : 빛은 입자로 이루어져 있다는 가설. 입자 하나하나는 진동수와 플랑크 상수(자연상수)의 곱으로 나타내는 에너지를 가지며, 빛은 광양자로서 전파된다는 내용이다. 1905년에 아인슈타인이 플랑크의 양자 가설을 발전시켜 확립하였다. 광양자 가설, 광자 가설이라고도 한다. 참9

**플랑크상수Planck's constant : 자연상수라고도 한다. 양자역학의 기본적인 상수 중 하나. 1900년 M. 플랑크가 도입한 상수로 h로 표시한다. 플랑크상수의 값은 $6.6260755 \times 10^{-34}$J·s (J 열의 일당량, 약 4.2Cal)이다. 1900년 M. 플랑크가 흑체복사의 파장에 따른 세기분포를 이론적으로 설명하기 위해 도입하였다. 이후 양자역학이 확립되면서 양자역학의 기본적인 상수가 된다. 참10

파동 형태를 취해 초속 30만 km로 직진하는 광에너지로 개념화 된다. 따라서 광자는 그 진동수에 따라 그 형태가 달라질 수 있는 존재이다.

이와 같은 광입자들은 시공간을 구성하는 기본 단위라 할 수 있다. 그런데 그것들이 원시 우주 폭발 시 성립되는 과정은 대략 다음과 같다. 우선 원시 우주를 구성하고 있던 존재들이 원시 공간으로 폭발해 나가 그 공간을 직진해 가는 과정에서 결국 광자라고 하는 형태를 취하게 되었다. 그것들이 더 멀리 직진해 나가면서 존재 공간이 넓어 감에 따라 우주 공간이 팽창되어 한 공간에서의 광자들의 활동률이 점점 떨어져 결국 우주 공간의 온도가 하강하게 되었고 그러한 온도의 하강으로 인해 광자들의 운동에너지가 위치에너지로 전환되어 우주 공간 속에 질량을 가진 물질들이 나왔다.

원자에 전자를 쏘아 넣으면 그것이 되튕겨 나온다. 이 경우에도 전자는 원자와 에너지를 주고받게 되는 것이다. 질량을 가진 어떤 존재가 어떤 물체와 부딪혔을 때 그것을 구성하고 있는 원자들의 일부가 그것으로부터 떨어져 나온다.

원자들을 구성하는 전자들은 원자 내에서 또 전자들을 구성하는 광자들은 전자 내에서 계속 직진과 반사 운동을 통해 운동을 계속한다. 이렇게 볼 때 모든 물체는 수많은 광자들이 직진과 반사 운동을 해 가다가 서로 뒤엉키게 된 광자들의 집합체로 파악될 수 있다. 물체는 지상에 정지해 있어도 그 물체를 구성하는 광자들은 물체 내에서 직진과 반사와 굴절 운동을 계속하고 있다.

이와 같은 차원에서 파악해 볼 때, 모든 물체들은 그것들을 구성하는 모든 존재들의 운동 과정들을 통해 형성되어 나왔고, 또 그러한 존재들의 형성 과정은 존재들을 이루는 광자들의 공간 운동 과정과 그것으로 인해 일어나는 광자의 변화 과정을 통해 파악되어야 한다는 입장이 성립된다. 그러한 차원에서 광자는 이 우주 속에서의 모든 존재들의 과정을 이루는 최소 단위 즉 **과정 인자***로 파악되고, 그러한 의미에서 모든 존재의 본질은 이 우주 속에서의 광자의 존재 양식을

---

* 과정 인자過程因子 : 우주팽창 과정을 비롯한 모든 과정들의 기초를 이루는 최소 단위. 광자(빛)의 직진 과정, 혹은 광자光子 그 자체. **필자 보충 설명**

통해 파악될 수 있을 것으로 이해된다.

그러면, 우선 광자의 탄생과 소멸에서부터 고찰해 보자. 앞서 우리는 초기 우주를 구성하고 있던 쿼크가 그것의 폭발 과정에서 원시 공간을 이동하는 과정에서 광자로 전환해 나왔다는 입장을 취했다. 이와 같이 광자는 원시 우주의 구성 물질이 원시 공간을 이동해 가는 과정에서 탄생한 존재이다. 그러한 의미에서 광자의 본질은 원시 우주의 구성 물질, 그것의 폭발 상태, 원시 공간 상태, 그것의 원시 공간 속의 이동 양식 등으로부터 파악될 수 있다. 다시 말해 그것은 원시 우주의 구성 물질이 원시 우주로부터의 폭발력으로 원시 공간을 이동해 가는 과정에서 형성되어 나왔다는 것이다. 이와 같이 광자는 원시 우주가 폭발해 그것을 구성하던 물질이 원시 우주 공간으로 이동해 가는 공간에서 탄생했다. 이 경우 원시 우주 물질은 원칙적으로는 파장과 진동을 갖지 않는 존재였다. 그러나 원시 공간을 이동해 가는 과정에서 그것은 파장과 진동의 형태를 취하게 되었던 것이다.

이렇게 볼 때 광자의 파장과 진동은 원시 우주가 폭발하는 과정에서 형성된 빛의 운동에너지가 원시 공간을 이동하는 과정에서 원시 공간과의 접촉을 통해 성립된 것이라 할 수 있다. 광자는 초고온 · 초고밀의 위치에너지 상태의 원시 우주가 폭발해 거의 완벽한 상태로까지의 운동에너지로 변했던 것이다. 그러나 쿼크는 대폭발 시 원시 우주 공간의 이동을 통해 광자의 경우처럼 완전에 가까울 정도로 운동에너지 상태로 분해된 존재가 아니다.

그러나 아인슈타인의 상대성 이론에 의하면, 어떤 물체의 속도가 무한대인 상태에 이르게 될 때 그 물체는 존재하지 않게 된다. 이것을 토대로 질량을 갖는 물체와 운동과의 관계를 파악해 보면, 운동하는 물체에 속도가 존재하는 한, 그 물체에는 반드시 위치에너지가 존재한다. 다시 말해서 그것에 질량이 존재한다는 것이다. 현대 물리학자들에 의하면 빛은 질량을 갖고 있지 않은 존재로서 중력의 영향을 받지 않으며 초속 30km로 그 속도가 제한되고 있다. 이는 빛이 진공이나 지상의 공간 속을 달릴 경우에 한한다. 예를 들어 물속이나 어떤 물체 속을 빠져 나갈 경우 그 속도는 더욱 느려진다. 다시 말해서 물질들 속에서의 속도는 진공 속에서보다 느리고 그 값은 물질의 종류에 따라 다르다.

이와 같이 빛의 속도는 무한대가 아니다. 그러한 의미에서 빛도 질량을 가진 존재이다. 위치에너지가 완전히 운동에너지 상태로 전환된 존재가 아닌 것이다. 광자도 어느 정도 위치에너지를 소유하고 있는 상태의 존재로서 어느 정도 중력의 영향을 받고 있는 존재인 것이다. 초고온·초고밀의 원시 우주가 폭발하는 과정에서 초고밀의 위치에너지가 운동에너지로 완전히 전환되지 못했던 것이다.

이와 같이 어느 정도 질량을 갖는 존재로서의 광자는 우주 공간을 이동하면서 어떻게 변화해 가는가? 광자의 제1의 속성은 대폭발을 계기로 그것이 원시 공간을 이동해 가는 과정에서 생성되었다는 의미에서 공간 이동이라는 특성을 지닌 존재이다. 그래서 그것은 우선 이동입자로 일컬어진다. 그러니까 광자는 이 우주에서 최초의 이동입자라 할 수 있는 존재이다. 그런데 이 우주 속에서의 이 이동입자는 두 가지 방향으로 운명지어져 있다. 하나는 그것이 우주 공간의 이동 운동 과정 속에서 무수한 존재들과의 충돌들을 통해 무한대의 상태로까지 파장을 해체시켜 비존재 공간과 합일에 이른다고 하는 방향이다. 다른 하나는 그것이 우주 공간의 이동 과정을 통해 다른 광자들과 결합되어 질량이 더 큰 물질과 같은 존재들로 변화해 갔다가 다시 광자로 환원되어 결국 비존재 공간과의 합일에 이른다는 방향이다. 이와 같은 이동입자들의 변화는 결국 그것들보다 더 강하든가 더 약하든가 혹은 그것들과 동일한 그러한 것들과의 직진, 반사, 굴절 운동 등을 통해 각 방향으로 공간 이동을 행해 가는 과정에서 일어난다.

예를 들어, 일련의 강한 이동입자가 약한 이동입자들과 충돌할 경우, 약한 이동입자들이 부서진다. 물론 강한 이동입자들의 일부도 떨어져 나간다. 경우에 따라서는 두 개의 이동입자들의 일부들이 서로 결합되어 질량을 갖는 소립자들로 전환해 나오기도 한다. 또 그것들은 파장이 서로 다른 기체로 변화해 나가다가 흙이나 쇠등으로까지도 변화되어 나간다. 이는 운동에너지가 위치에너지로 변화되어 나간다는 것이다. 그러나 우리는 대자연 속에서 빛과 같은 운동에너지가 어떤 물체나 별과 같이 중력을 지니는 존재들로 변화해 나갈 경우, 그러한 변화 과정을 불가역 과정이라 말하고 있다. 어떤 별과 같은 물체가 폭발해 무수한 광자(빛)로 분해되어 나가는 과정은 있어도 빛들이 모여 물체가 되는 과정은 존재하지 않는다고 생각해 왔기 때문이다. 그러나 사실은 그렇지 않다. 빛을 발하지 않던 어떤 별이 태양과 같이 빛을 발하는 별로 변하게 됐을 경우 빛을 발하게 되었을 때의 별의 온도는 빛을 발하지 않았을 때의 별의 온도보다 당연 높아지게 된다. 태양의 온도가 극도로 높아지면 그것을 구성하던 물질들이 초고온의 불덩어리가 되어 극도로 짧은 파장의 열에너지(파장이 짧은 광자) 광자들로 분해되어 나온다. 어떤 원소를 가열하게 되면 그것이 빛을 발하게 된다. 그런데 그 빛은 원소에 따라서 다른 빛깔의 빛을 발휘하게 된다. 예컨대, 카드뮴은 적색이고 크립톤은 주황색이다. 그 빛은 그 원소의 원자가 내는 빛이다. 종류가 같은 원소에서 나오는 빛의 파장은 모두 일정하다.[30]그러한 초고온 열에너지가 냉각된 공간에 이르게 되면 질량을 갖는 소립자들로 변환해 나오게 되는 경우가 있다. 한마디로 말해 운동에너지가 위치에너지로 변화해 나오게 된 것이다. 그런데 필자가 여기에서 말하고자 하는 것은 우주가 한 차원 더 높은 질서를 만들어 내기 위해서 그러한 불가역 과정을 취했다고 하는 것이다. 다시 말해 우주로 말할 것 같으면 그러한 과정이야말로 불가피한 과정이었다고 하는 것이다. 이렇게 볼 때 우주의 진화 과정에는 이러한 불가역 과정이 내재되어 있다는 것이다. 이 우주 내에서의 블랙홀은 광자들을 빨아들여 그것들을 응결시켜 중력을 지닌 물질로 변환시켜 나가는 역할을 해 가는 존재라 할 수 있다. 이렇게 이 우주 속에서의 블랙홀이란 존재의 경우도 '반역反逆'적 행위를 통해 우주의 진화 작업에 동참하고 있다고 말할 수 있는 것이다.

운동과 열이 자연에서 동일한 존재로서 서로 뒤바뀌어져 나타난다는 사실을 발견한 것은 1세기 반 전인 1845년 **마이어***였다. 또, 물질과 에너지가 동일한

*마이어Julius Robert von Mayer(1814-1878) : 독일의 의사·물리학자. 1841년 그는 날씨가 험하면 바닷물의 온도가 높아지고, 열대에 사는 사람의 피가 더 붉다는 경험을 통해 에너지보존법칙, 즉 열역학 제1법칙을 발견했다. 그러나 그의 연구는 학계의 인정을 받지 못했으며, 1842년의 논문 이외에는 모두 자비로 출판되었다. 그 후 신경증에 걸려 자살미수와 거듭된 정신병원 입원 등으로 말년이 불행하였다. 1862년 틴들이 그의 업적을 높이 평가하여 소개에 나선 후부터 마이어의 이름이 알려지게 되었으며, 1871년 영국 왕립학회는 에너지보존법칙을 발견한 업적을 인정하여 코플리상을 수여했다. 참11

실체로서 서로 뒤바뀌어서 나타난다는 사실은 1915년 아인슈타인에 의해 발견되었다. 지금까지 우리는 물질적 형태의 측면에서 광자의 존재 양상을 파악해 보려는 입장을 취해 왔다. 이제는 에너지 형태의 측면에서 광자의 존재 양식을 파악해 보고 그러한 과정을 통해 이 우주의 모든 힘이 빛에너지에 의해 통일될 수 있다는 입장을 밝혀 봄으로써 우주가 광자의 운동과 운동 양식을 기초로 해서 이루어졌다는 설을 제시하고자 한다.

에너지의 진화 양상

현재 우주에는 전자기력electromagnetism, 중력gravity, 강핵력strong nuclear force, 약핵력weak unclear force이라고 하는 서로 다른 네 힘이 존재한다. 현대 물리학자들의 최대 관심은 GUT, 즉 이들 네 개의 힘을 하나로 통일시켜 보려는 대통일 이론Grand Unified Theory을 정립시켜 내는 데 있다. 이것은 원래 중력을 제외한 나머지 세 개의 힘들에 대한 통일 이론을 의미했었다. 그러나 근래에는 그것에 중력까지를 포함시키는 경향이 생겼다. 현대물리학자들은 아직 이들 힘 사이의 유기적 관계를 파악해 내지는 못하고 있다. 그들은 단지 원래 이 힘들이 미분화된 상태의 것들이었으나 우주가 생성되는 과정에서 분화되어, 현재는 각각 독립적으로 존재하고 있다는 입장을 취하고 있다. 그들은 그것들이 하나로 통일되어 있었다는 가정을 전제로, 네 힘의 원리들을 수렴해 낼 수 있다는 생각에서 그러한 이론을 추구하고 있는 것이다.

아인슈타인은 죽기 전 30년간 빛과 중력과의 통일 이론을 성립시키려 했으나 결국 실패하고 말았다. 그 후에도 여러 물리학자들에 의해 대통일 이론이 연구되어 1967년 당시 MIT 공대의 **와인버그***와 런던의 임피어리얼 대학의 **살람****에

*와인버그Steven Weinberg(1933-) : 미국의 물리학자. 장場의 양자론에서 우주론에 이르기까지 다방면으로 연구했다. 약한 상호 작용과 전자기적 상호 작용에 대한 통일적 모형과 소립자의 통일 모형을 제출했고, 양자색역학을 전개했다. 노벨물리학상 수상(1979). 주요 저서《중력과 우주론*Gravitation and Cosmology*》(1972). 참10

**살람Abdus Salam(1926-19961) : 파키스탄의 이론물리학자. 통일장 이론의 영역에서 전자기력과 소립자 간의 약한 상호 작용과의 통일장 이론 형성에 공헌한 업적으로 1979년 S. L. 글래쇼, S. 와인버그와 함께 노벨물리학상을 받았다. 참10

의해 약핵력과 전자기력이 통일될 수 있는 이론이 제기되었다. 그래서 그들은 그 이론을 구체화시킨 하버드 대학의 글래쇼S. Glashow와 함께 1979년 노벨물리학상을 받았다. 그 후 약핵력과 전자기력의 통일은 게이지 이론이라고 하는 것에 의해 행해졌는데 그 **게이지 이론***을 토대로 하여 약핵력, 전자기력 그리고 강핵력을 통일시키려는 이론이 연구되어 나왔다. 그러다가 1980년대로 들어와서는 스티븐 호킹, 뉴욕시립대학의 이론물리학 교수 미치오 가쿠 등에 의해 초끈 이론을 기초로 하여, 중력까지가 포함된 대통일 이론이 연구되고 있다. 이와 같이 1970년대의 게이지 이론까지 대통일 이론은 주로 기본적 요소를 점點으로 파악하려는 **소립자론****에 의해 기술되어 왔으나, 최근 들어 그 기본적 요소를 일종의 에너지 끈으로 파악하려는 초끈 이론이 등장한 것이다.

초끈 이론superstring theory은 앞에서도 언급한 바와 같이 어떤 힘을 매개하는, 광자, 글루온, 위크보존, 중력자와 같은 게이지 입자들을 자료로 해서 대통일 이론을 세워 보려 했던, 게이지 이론의 대안으로 제기된 이론이다.

게이지 이론자들은 우주를 엮고 있는 4종류의 힘을 하나로 통일해 낼 수 있는 기본입자를 '당구'공과 같은 입자로 생각하고 있었다. 이에 대해 초끈 이론자들은 우주를 구성하는 궁극적 기본 단위를 에너지를 가진, 어떤 진동하는 아주 작은 끈으로 간주하고 있는 것이다. 그런데 이 초끈 이론이 1980년대 중반으로 들어와 물리학계에 대통일 이론으로 등장해 현재 가장 강력한 대통일 후보 이론으로 받아들여지고 있는 것이다. 그러나 2000년대로 들어와서는 이 초끈 이론의 실질

*게이지 이론gauge theory : 게이지gauge란 표준치수나 표준규격, 또는 그 검사에 쓰이는 기계나 기구를 가리키는 말이다. 우리는 전자기력을 운반하는 광자, 중성자와 양성자사이에 작용하는 강핵력을 운반하는 글루온, 중성자와 전자 사이에 작용하는 약핵력을 운반하는 위크보존, 질량을 갖는 존재들의 중력을 매개하는 중력자 등을 게이지 입자Gauge Particle라 말하고 있다. 4차원의 시공간상에서의 예컨대 어떤 입자와 전기장 같은 기본적 물리력 간의 관계를 통일적으로 설명하려고 하는 이론. 참11

**소립자론素粒子論/theory of elementary particles : 물질의 기본적인 요소로서의 소립자의 성질·행동을 지배하는 법칙을 확립하고, 그것에 기초를 두고 자연 현상을 통일적으로 이해할 것을 목적으로 하는 물리학의 한 분야이다. 이것은 양자역학과도 다른 학문으로 소립자의 세계를 이끄는 새로운 법칙 체계이다. 참10

적 성과를 의심하는 일군의 학자들이 출현해 있는 것 또한 사실이다. 초끈 이론에서는 끈의 에너지를 증감시키는 그것의 진동수의 차이가 끈의 특성으로 파악되지 않고 있으며, 또 그 끈이 우주 공간을 이동해 가는 속도도 고려되고 있지 않다고 하는 것이다. '끈 이론은 물질을 이루는 입자(물질입자)와 힘을 매개하는 입자(중력까지를 포함)를 하나의 이론 체계 안에서 일관된 논리로 설명하고 있다.'[32] 끈들은 다른 진동 방식을 취함으로써 다른 끈들과 구별된다. 끈 이론은 '모든 입자들을 아주 작은 영역에서 특정 에너지를 가진 채 진동하는 끈'으로 간주하고 있다. 단, 이 끈은 굵기가 없고 그 길이는 매우 짧아서 약 10^{-34} 정도로 우리가 갖고 있는 가장 강력한 입자가속기를 동원해도 그저 점으로 보일 뿐이다'. 이 끈 이론은, 끈이 크기는 없지만 길이를 가지고 공간의 일부를 점유하고 있기 때문에, 일반상대성 이론과 양자역학을 조화롭게 결합시킬 수 있었다. 대다수의 끈 이론자들은 끈이 물질을 이루는 최소 단위이기는 하지만 현재의 끈 이론에는 핵심적 원리가 빠져 있다고 생각했다. 그러다가 1995년에 와서 에드워드 위튼Edward Witten이 그동안의 다섯 종류의 끈 이론을 하나로 정의해 그것을 바탕으로 M- 이론을 출현시켰다. 그는 그동안 끈 이론자들이 우주의 기본 단위를 1차원의 끈으로 생각해 왔던 입장을 과감히 버리고 그것이 2차원의 어떤 막膜/brane과 같은 것일 수도 있고 3차원의 것일 수도 있으며, 또는 p차원의 것일 수도 있다는 입장을 제시하였다. 그래서 이제 M-이론가들은 방대한 규모의 우주(시공간 전체)는 그 자체로 하나의 거대한 브레인일 수 있다는 입장을 취하게 됐다. 그들의 그러한 입장에 근거해 우리는 시공간을 실체로 하는 3-브레인의 세계에 살고 있다고도 말할 수 있다.

이에 대해 필자는 이 책의 과정학 이론의 기초를 이루는 광자론을 통해 네 종류의 힘들의 대통일 이론을 정립해 보고자 한다.

광자란 파동과 입자의 성격을 동시에 갖는 존재이다. 그것은 질량을 0으로 하고 진동수(초당 파장의 마루가 한 지점을 지나가는 횟수)를 f로 해서 초속 30만 km의 속도로 우주 공간을 직진 이동하는 에너지 입자이다. 그것은 진동수가 높으면 파장이 짧고 에너지가 강한 존재이며, 반면 진동수가 낮으면 파장이 길고 에너지가 강한 존재이다. 또 그것의 진동수가 극도로 높아지면 질량을 갖는 물질로 전환되며, 그 진동수가 극도로 낮아지면 광자로서의 형체가 분해되어 빛보다도 더 빠른 속도로 우주 공간으로 날아가 정체불명의 **암흑에너지***와 같은 것으로 변하게 된다. 초끈 이론에서 말하는 우주의 기본 단위로서의 끈은 '물질을 이루는 입자(물질입자)와 힘을 매개하는 입자(중력자와 같은 입자)까지가 포함된 끈이다'.[31] 과정학에서 말하는 우주의 기본 단위로서의 광자는 힘을 매개하는 입자들(중력자와 같은 입자)은 말할 것 없고 물질을 이루는 입자(물질입자)들까지가 포함된다. 초끈 이론에서의 광자는 끈의 특별한 진동패턴에 대응되는 수많은 소립자들 중의 한 존재로 보고 있으며, 그것의 질량을 0으로 하고 있다. 그렇지만 과정학에서의 광자는 진동수를 f로 하고, 초속 30만 km로 직진하는 질량을 지닌 존재로 파악하고 있다.

과정학에서는 질량을 갖지 않는 존재를 비존재로 파악하고 있다. 따라서 비존재란 어떠한 질량도 어떠한 에너지도 갖지 않는 존재를 가리킨다. 과정학에서의 광자는 질량을 운동에너지로 완전히 전환시키지 못한 존재로 파악된다. 앞에서도 언급한 바와 같이, 초끈 이론의 물리학자들이 광자의 질량을 0으로 보고 있는 것은 그들이 그것을 0으로 규정해 놓았기 때문이지 그 자체가 0이기 때문이 아니라는 것이다. 그런데, '끈'보다도 광자를, 우주를 구성하는 기본 단위로 보는 것이 우주에 존재하는 4종류의 힘을 하나로 통일시키는 데 더 유리하다고 보는 필자의 견해는 광자들이 우주가 대폭발 시 취했던 일정한 속도를 갖는 존재임에 반해 끈은 그렇지 않은 존재라는 것이다. 과정학에서의 광자는 진동수를 f로 해서 초속 30만 km의 속도를 취해 우주 공간을 직진해 나가는 존재로서 정의된 존재이기 때문에 그 에너지의 크기로 모든 물질적 입자나 에너지 입자를 통일시킬 수 있다

*암흑에너지 : 우주에는 양성자와 중성자와 같은 일상적인 입자들이 우주의 5%를 이루고 있으며 25%는 암흑 물질이고, 나머지 70%는 암흑 에너지로 이루어졌음이 확인되었다. 그런데, 암흑 물질과 암흑 에너지의 정체에 대해서는 알려진 바가 거의 없다. '여러 물리 학자들의 의견에 따르면 암흑 물질은 전 우주 공간에 두루 퍼져 있으면서 지금도 매 순간마다 우리의 몸을 관통하고 있다. 한편, 물리학자들과 천문학자들은 우주가 갖고 있는 에너지의 70%는 밖으로 팽창해 나가는 우주상수(공간에 두루 퍼져 있으면서 팽창의 원인이 되는 에너지)에서 기인한다는 결론을 내렸다'. 참5, 584-585면

는 것이다. 그러나 끈 이론자들은 모든 입자들이 단 한 종류의 끈으로부터 만들어지고 또 그 단 하나의 끈이 다양한 패턴으로 진동하면서 온갖 종류의 입자들을 만들어 내고 있다는 입장을 취하고 있다. 그렇다면 그 단 하나의 끈이란 과연 어떠한 끈인가? 끈 이론에서의 끈들의 진동 패턴들은 끈들의 질량상의 크기에 의해 결정된다는 입장인데, 그런데 문제는 그것의 진동 패턴들만 가지고는 끈의 역학적 에너지의 크기를 계산해 낼 수 없다고 하는 것이다. 그래서 필자의 과정학의 광자론이 초끈 이론보다 대통일 이론으로 적합하다는 것이다.

이렇게 봤을 때 우리는 전자기력, 강력, 약력, 중력을 구성하는 각 입자들의 진동수들을 파악해 그것들의 차이점과 공통점을 찾아내서 그것들의 통일 이론을 세울 수 있다는 입장이 취해진다. 그러면 지금부터 필자가 이러한 대통일 이론을 제기하게 된 이론적 배경을 논해 보기로 한다.

우리는 생물의 진화 과정이나 물질의 변화 과정을 파악하여 생물학적 현상이나 물질적 현상을 수렴하는 이론을 찾아낼 수 있다. 우리는 그와 같은 방식으로 네 개의 힘들을 통일시킬 수 있는 이론도 추구될 수 있는 것이다. 물질도 그것의 근원을 이루는 원자들의 결합과 분해를 통해 변화해 왔고, 생물도 그것의 근원을 이루는 유기물로부터 시작해 그것들의 합성 과정들을 통해 진화되어 나왔다. 그랬듯이 이 네 힘의 경우도 힘의 근원을 이루는 것이 결합과 분해 등의 여러 물리적 과정들을 거쳐 변형되어 온 것으로 생각된다. 따라서 대통일 이론을 정립해 보는 것은, 그 힘들의 근원이 무엇이고 그것들은 어떤 물리적 변화 과정을 거쳐 현재의 그러한 모습으로 변형되어 나왔는가에 대한 과정을 밝히는 작업을 통해 이루어져야 될 것이다.

이 우주의 모든 힘들은 하나의 힘으로 묶일 수 있다는 것이 필자의 기본적인 입장이다. 원시 우주가 폭발했을 때 그것을 구성하고 있는 물질이 초속 30만 km로 원시 공간으로 퍼져 나갔다. 이때 그 물질이 원시 우주가 원시 공간을 직진하는 과정에서 광자와 같은 존재로 전환해 나왔다는 것은 틀림없는 사실이다.

광자의 속도는 원시우주가 폭발 혹은 충돌될 당시에 결정되었음에 틀림없다. 광자가 일정한 속도를 지닌 존재인 한, 우리는 그것을 어떤 한 질량을 가진 물질로 결론 짓지 않을 수 없다. 현재 스티븐 호킹과 같은 물리학자는 보통의 우주공간 속에서는 광자가 중력의 영향을 받지 않는다는 입장을 취하고 있다. 물리학에서는 특수한 공간 속에서는 그것도 중력의 영향을 받는 것으로 되어 있다. 어떤 존재가 중력으로부터 영향을 받는 한, 그 존재는 어떤 질량을 갖고 있는 존재로 보지 않을 수 없다. 즉, 모든 존재는 중력이 강하게 작용하는 공간에서는 중력의 영향을 받게 되고, 중력이 약한 곳에서는 그것의 영향을 거의 받지 않는 것으로 측정된다.

이렇게 볼 때 원시 공간에 존재하게 된 가장 근원적인 힘은 초기 우주가 폭발할 당시 광자가 지니고 있었던 운동에너지와 위치에너지로 보지 않을 수 없다. 쿼크에서의 운동에너지와 위치에너지와의 관계는 아인슈타인에 의해 만들어진 $E=mc^2$(E는 에너지, m은 물체의 질량, c는 광속)를 기초로 해서 생각해 보면 어떤 양의 광자의 총에너지 = 운동에너지 + mc^2로 나타내볼 수 있다. 만일 초기 우주가 폭발할 당시의 속도보다 더 빠른 속도로 전진해 나가 그것을 이루는 광자들을 완전히 운동에너지로 전환시켰을 경우, 그것은 질량을 갖게 되지 않았을 것이고 그 결과 비존재로 변화해 원시 공간과의 완전한 합일에 이르렀을 것이다. 그러나 불행히도, 대폭발 시의 폭발 속도가 무한대에 이르지 않아, 위치에너지가 완전히 운동에너지로 전환되지 못했다. 그 결과 광자가 질량을 가지고 이 원시 공간에서 존재하게 되었던 것이다. 현재의 모든 물리적 현상은 대폭발 시 광자 속에 남아 있던 질량을 운동에너지로 바꾸어 가는 쪽으로 방향 지어져 있다고도 볼 수 있다.

이와 같이 원시 우주가 폭발 시 탄생된 광자는 질량을 가지고 운반해 갈 수 있는 공간, 그것을 이동해 갈 수 있는 힘, 이동 속도, 이동 방식 등을 가지고 있는 존재이다. 그것의 이동 방식은 파동의 형태를 취한 직진直進이다. 그러나 현대 물리학에서는 **광자의 질량***을 0이라고 하는 수치로 표현해 가고 있는 것이다.

---

*광자의 질량 : 전자의 질량은 0.51Mev로 계산되어 있다. 그런데, 전자의 그러한 에너지를 갖는 광자는 얼마든지 있다. 전자는 전하를 가지고 있고, 광자는 그것을 가지고 있지 않다. 그렇지만 우리는 광자의 에너지를 전자의 에너지의 두 배에 해당되는 1.02Mev 이상의 힘을 갖는 광자를 강한 전기장이 통과시키면 그 광자가 전자와 양전자(질량과 전하가 전자와 같고 전하의 부호만 반대인

그런데, 필자가 여기에서 말하고자 하는 것은 인간이 우리 우주 속에서의 광자의 질량을 0으로 표시한 것일 뿐이지 광자가 질량을 가지고 있지 않기 때문에 0으로 표시하고 있는 것은 아니라는 것이다. 그러면 현대 물리학자들은 어째서 하필이면 광자의 질량을 0으로 설정하게 된 것인가? 그것은 우주 공간 속에서 광자의 질량이 인간의 능력으로는 측정해 내기 어려울 정도로 극미하기 때문이라 할 수 있다. 아인슈타인은 특수상대성 이론에서 에너지 E와 질량의 등가성을 $E=mc^2$(m은 질량, C는 속도)로 표현해 냈다. 이 공식에 의하면 광자의 운동에너지내지 위치에너지는 광자의 질량 × 광자의 속도 제곱으로 산정될 수 있다. 그런데, 우리가 만일 광자의 질량을 0으로 해서 그것의 운동에너지 내지 위치에너지를 계산해 보려 할 경우 그 광자의 에너지 값은 0으로 나온다. 그러나 우리가 파장이 짧은 어떤 광자들을 물체에 지속적으로 충돌시켰을 때 그 물체가 따뜻해지고, 또 한겨울 햇볕을 쬐고 있노라면 몸이 따뜻해지는 것을 느낄 수가 있다. 그것은 빛의 운동에너지가 열로 전환해 나왔기 때문인 것으로서 이것은 한마디로 광자가 반드시 얼마간의 질량을 가지고 있다는 것을 증명해 주는 일례라 할 수 있다. 만일, 우주가 그와 같은 속성을 갖는 광자로 분해될 수 있다면 우리 우주의 본질은 그러한 광자의 속성으로부터 찾아질 수 있고, 우리가 지금 파악하려는 힘도 그러한 속성을 토대로 파악될 수 있을 것이다.

그렇다면 그러한 속성을 갖는 광자와 쿼크의 속성과는 어떻게 다른가? 대폭발시 그것들은 원시 우주가 원시 공간으로 폭발되어 나가는 과정에서 생성된 존재것들이지만, 광자는 원시 우주를 구성하고 있던 물질이 질량 0의 상태로까지 분해된 것이고 쿼크는 그 상태까지 분해되지 못한 존재이다. 따라서 쿼크도 우주 공간의 이동을 지속해 가다 보면, 언젠가는 핵분열, 양성자 분열 등의 과정을 통해 광자로 분해될 것으로 추정된다. 현재 이 우주 속에서의 양성자의 수명은 대략 1032로 파악되어 있다.

입자) 한 쌍으로 전환해 나오게 되는 것을 알 수 있다. 우리는 이러한 현상을 통해 진동수가 높은 광자는 전자와 같은 질량을 갖는 입자들로 전환해 나올 수 있다는 사실을 확인할 수 있다. 참29, 374면

이처럼, 광자가 원시 우주의 폭발 시 형성된 것이라면 그것은 원시 공간의 최소의 이동 단위로 규정될 수 있다. 이들 단위들에 내재된 특성은 다음과 같이 세 가지 측면에서 파악해 볼 수 있다. 첫째, 광자는 원시 우주의 폭발력을 통해 형성된 것이고, 또 그것은 원시 공간과의 지속적 접촉을 통해 형성된 것이라 할 수 있다. 둘째, 광자는 고온도 · 고밀도의 원시 우주가 폭발될 당시 원시 공간과의 접촉 과정에서 파동의 형태를 취해 직진 이동을 행하게 된 존재이다. 광자는 파동과 직진을 존재 단위로 성립되었기 때문에 파장의 장단을 토대로 그것의 존재 형태를 취하고 있다. 셋째, 이와 같이 광자의 공간 이동 양식은 대폭발로부터 취해진 직진이고, 원시 공간의 이동 과정에서 취해진 것으로서 직진을 토대로 한 파동과 반사 및 굴절의 형태를 취하고 있다. 보다 구체적으로 말하면, 이 광자의 공간 이동 양식은 광자의 직진, 파동, 반사, 굴절 작용 등을 통해 이루어진다. 빛의 직진 운동이 대폭발 시 형성된 것이라면 광자의 파동은 원시 우주와의 접촉을 통해 형성된 것이고, 또 그것의 반사와 굴절은 직진 운동을 할 때 다른 물체들과의 충돌을 통해 각각 형성되었다. 빛이 공간을 이동해 갈 때 파동 형식을 취하는 것은 그 빛이 이동해 가는 공간에 그 이동을 저해하는 어떤 물질이 존재해 있다는 것을 의미한다.

광자가 우주의 밖에 존재해 있는 절대 공간을 지날 때도 그 공간을 이루는 그 어떤 것으로부터도 어떤 저해를 받지 않았을까 생각된다. 이와 같이 생각해 볼 때, 광자의 파동 형식을 취한 직진은 그것이 다른 여러 종류의 광자들이 존재하는 우주 공간을 지나는 과정에서 형성된 것이라기보다는 원시 공간이 지닌 속성과의 지속적 접촉 과정에서 형성된 것으로 봐야 할 것 같다. 그렇다면 우리는 다음과 같이 두 가지 차원에서 광자와 그것이 지닌 파동과의 관계를 파악해 볼 수 있다. 광자는 대폭발 시 원시 우주의 구성 성분이 원시 우주를 이동해 갈 때 생성되었거나 아니면 원시 우주의 구성 성분으로부터 전환해 나온 쿼크의 일부가 우주 공간을 이동해 갈 때 생성된 것이라 생각해 볼 수 있다. 다시 말해서 광자는 대폭발 시 원시 우주의 어떤 구성 성분이 원시 우주로부터 폭발해 나와 원시 공간으로 퍼져 나갈 때 어떤 일정한 파장을 갖는 에너지의 공간 이동 단위로 형성되어 나왔다는 것이다.

현재 우리 우주 밖의 비존재 공간도 완전무결한 비존재 공간이라고는 볼 수 없다. 이와 같은 측면에서 생각해 볼 때 원시 공간에도 어떠한 소립자들이 존재해 있었을 가능성이 있다. 그렇다면 원시 우주의 구성 성분이 원시 공간을 이동해 가는 과정에서 그 공간에 내재된 어떤 존재들로부터 영향을 받아 이동 형식의 한 단위로서 광자가 생성되어 나왔을 가능성이 크다는 결론에 이르게 된다.

이렇게 볼 때, 원시 우주의 구성 성분이 그것의 이동을 저해하는 어떤 것들로 이루어진 원시 공간이나 우주 공간을 이동해 가는 과정에서, 그 공간 속에 내재된 것들과의 충돌을 통해 광자라고 하는 새로운 존재로 변형되어 왔다는 입장이 취해진다. 그렇다면 분명 원시 우주의 구성 물질은 이 우주의 본질적 규명을 위한 일차적 자료이고, 광자는 그 이차적 자료라 할 수 있다. 원시 우주의 구성 성분이 광자나 쿼크로 전환해 나온 것은 최초의 물리적 진화 단계라 하지 않을 수 없다. 광자는 이 우주 속에서의 원시 공간과의 첫 충돌의 산물이다. 광자는 그 모체인 원시 우주의 구성 물질과는 달리 이 우주 공간 속에서의 새로운 존재 형식을 취했다. 그것은 우주에서의 하나의 질량의 단위로서, 또 우주 공간 속에서의 하나의 이동 단위로 생성되었다. 다시 말해서 광자는 원시 우주 공간을 구성하는 존재들과의 충돌을 통해 질량과 파동을 가지고 이 공간을 이동해 가는 존재들로 변형되어 온 것으로 추론된다. 그렇게 해서 이 우주 공간은 질량과 파동 형식을 취해 이동해 가는 광자들로 채워지게 되었고, 이로써 전자기장과 중력장으로 변형되어 나오게 된 것이다.

이렇게 볼 때 원시 우주의 폭발 과정에서 형성된 힘을 우리는 최초의 힘이라 명명해 볼 수 있다. 그런데 그 힘은 공간을 이동해 가는 과정에서 그 공간을 구성하고 있는 존재들과의 첫 충돌을 계기로 제2의 힘으로 변형된다. 그래서 그것들은 계속 공간을 이동해 갈 수 있는 이동 단위로 분해되어 크고 작은 이동 단위를 기초로 직진 운동을 계속해 간다. 우리는 여기서 그 이동의 단위들을 파장이라고 할 수 있다. 이렇게, 원시 우주의 구성 물질이 다른 원시 공간과의 충돌을 통해 다양한 파장들을 가진 광자들로 탄생하여 파동의 형식을 취해 공간을 이동해 간다는 입장을 취했을 때, 이 파동을 통해 우주 공간을 이동해 가는 존재를 우리는 광자라고 말할 수 있고, 이 광자들에 의해 만들어지는 힘을 전자기력이라 말할 수 있다. 다시 말해서 빅뱅을 통해 형성된 최초의 힘이 원시 공간의 접촉이나 우주 공간 속의 다른 광자들과의 충돌을 통해 형성된 것이 전자기력이라 하는 것이다.

서로 다른 파장을 갖는 광자들이 충돌할 경우 광자들은 사방으로 분산되어 파장이 더 길거나 짧은 광자들로 변형된다. 그 결과 충돌을 일으킨 광자들의 운동에너지가 위치에너지로 전환되어 광자의 질량이 입자로 전환되기도 한다. 그것은 광속보다 느린 속도로 공간 이동을 하다가 결국 물질로 변화된다. 그러나 이러한 경우는 대단히 드물고, 대부분은 파장이 서로 다른 광자들이 충돌하여 엉켜 결국 물질로 변형된다. 이러한 현상은 아인슈타인이 M. 플랑크의 양자 가설(1900)을 끌어들여 성립시킨 광양자 가설(1905)을 가능케 한 광전 효과, 그 가설을 사실로 증명해 보인 미국인 A. C. 콤프턴(1892-1962)의 콤프턴 효과comptom effect (1923) 등으로 증명될 수 있다.

광전 효과photoelectric effect는 빛을 금속에 쪼이면 금속에서 전자가 튀어나오는 현상이다. 우리는 그 현상을 통해 그 전자의 운동에너지가 빛의 세기에는 관계하지 않고 다만 그 빛의 파장과만 관계한다는 사실을 알 수 있다. 콤프턴 효과란 χ선 또는 γ선을 물질에 쪼여 산란시킬 때, 산란 χ선 또는 γ선 속에 그것들보다 파장이 긴 전자기파들이 포함되는 현상이다.

파장이나 작용이 서로 다른 광자들이 충돌할 경우 파장이 긴 광자들의 일부가 서로 간의 직진과 반사 및 굴절 운동을 통해 파장이 짧은 광자들 속으로 흡수된다. 이러한 현상은 여러 많은 광자들의 직진과 반사 및 굴절 운동들에 의해 틈이 완전히 없어질 때까지 지속된다. 그런데 이 직진과 반사 운동이 행해질 공간이 그러한 운동을 지속해 가는 광자의 파장보다 짧을 경우 광자의 파장은 더 짧아지게 된다. 그러니까 서로 다른 광자들이 결합하여 그것들이 직진과 반사 운동을 지속시켜 갈 경우, 결국 그것들의 파장은 짧아진다는 말이 된다. 그래서 끝내 짧은 파장을 가진 무수한 광자들이 몇 겹으로 엉켜 옴짝달싹도 못할 정도에 이르게 된다.

앞에서 언급했듯이 광자 하나하나의 운동에너지가 전자기력이라면 이렇게 무수한 광자들의 운동에너지가 직진과 반사 운동을 통해 몇 겹으로 엉켜 있는 상태의 힘들이 바로 강핵력이라고 하는 것이다. 일군의 서로 다른 파장들을 가진 광자들이 직진과 반사 및 굴절 운동을 행해 가는 과정에서 소립자들이 형성되어 나왔고, 또 그것들이 결합되어 중성자와 양성자가 형성되고, 또 그것들이 핵을 형성해 결국 원자들이 출현했던 것이다. 이렇게 볼 때 강핵력도 결국 다양한 파장의 광에너지들이 몇 겹으로 얽힌 상태의 전자기력에 지나지 않는다는 입장이 취해진다.

한편 광자들의 운동에너지가 서로 간의 무수한 직진과 반사 및 굴절 운동을 통해 서로 몇 겹으로 엉켜 위치에너지 상태에 이르게 됐던 광자들의 일부가 그 비좁은 공간의 밖으로 터져 나오게 되는 경우가 있다. 이 경우의 에너지가 바로 약핵력이다. 이와 같은 측면에서 약핵력이란 광자의 운동에너지들이 결합되어 이루어진 강핵력이 다시 해체되는 과정에서 생성된 소립자들의 운동에너지로 파악된다.

그렇다면 마지막으로, 중력은 어떻게 성립된 것일까? 광에너지로는 그것이 어떻게 설명될 수 있을까? 우주 속에서의 어떤 한 물체가 갖는 중력은 그것이 밖으로부터 받는 압력의 총합으로 기술된다. 또 그것은 그 물체가 자기의 무게만큼 다른 물체들을 끌어당기는 인력이나, 또는 자기의 무게만큼 타자들을 밀어내는 척력으로도 기술된다. 그렇다면 물체는 어떠한 식으로 밖으로부터 압력을 받는 것일까? 그것은 한마디로 말해, 밖으로부터 직진해 오는 다양한 파장들의 광자들이 물체와 충돌함으로써 이루어진다. 이렇게 볼 때 어떤 물체의 중력은 그 물체를 향해 직진해 오는 광에너지의 총합으로 기술될 수 있다. 외부로부터 받아가는 그러한 압력의 총합은 그 물체가 이 우주 공간 속에서 자신의 존재를 지탱시켜 가기 위해 행해 가는 인력이나 척력과 동일한 크기의 힘이다. 이 경우 물체를 중심으로 해서 생각해 볼 때 우리는 그 물체가 발산하는 힘을 그것의 중력 또는 그것의 무게라고 말하고 있다. 흔히 우리는 지구상에서 정지해 있는 물체가 지구로부터 받는 힘을 중력 내지 무게라고 한다. 이것은 우리가 지구로부터 그 물체에 가해 오는 압력에 대해 그 물체가 가지고 있는 힘만큼 그것에 저항해 가고 있는 힘이라 할 수 있다.

그렇다면 우리는 지구의 그러한 압력이나 그것에 대한 물체의 저항력의 같은 힘의 매개체는 무엇인가? 이것에 대해 우리는 다양한 파장들로 이루어진 광자들과 그 물체를 이루는 구성인자들과의 충돌 현상을 가지고서밖에 설명해 볼 방도가 없는 것이다. 전자기력의 매개체를 h광자로 보고 강핵력의 그것을 글루온으로 보는 과학자들은 중력의 매개체를 중력자로 보고 있다. 그렇다면 아직 밝혀지지 않은 중력과는 어떻게 규명될 수 있을 것인가. 이 문제와 관련 해 이 우주를 구성하고 있는 입자들을 고찰해 볼 필요가 있다.

양자역학은 우주에 존재하는 모든 입자들을 두 종류, 즉 페르미Fermi와 보손Boson입자로 분류한다. 페르미입자는 전자나 양성자의 경우처럼 원자와 같은 물질들을 구성하는 입자들을 가리키고, 보손입자는 전자와 양성자를 묶는 광자, 질량을 갖는 두 물체를 묶는 중력자, 소립자들의 약한 상호 작용을 매개하는 게이지보손(W 보손), 핵 속의 양성자와 중성자를 묶는 글루온 등을 일컫는다. 그런데 페르미입자들은 그것들의 운동을 양자화한 수치가 스핀spin이 1/2 등 반정수半整數의 **스핀***을 갖는 것에 반해, 보손입자는 0, 1, 2 등 정수 스핀을 갖는다. 그런데, 끈 이론의 물리학자들은 어떤 특정 진동 패턴을 한 반정수스핀을 갖는 페르미입자와 정수 스핀을 갖는 보손 입자 사이에 어떤 대칭Symmetry이 존재한다는 것을 발견하게 되었다. 그들은 '그것들 사이에 전재하는 대칭을 초대칭SuperSymmetry이라 이름 붙였고, 그 초대칭에 도입된 끈 이론을 '초대칭 끈 이론SuperSymmetry String Theory' 또는 '초끈 이론 Super String Theory'이라 불렀다'.[33] 그런데, 필자가 여기서 짚고자 하는 것은 물질입자라 할 수 있는 페르미 입자들과 에너지 입자라 할 수 있는 보손 입자들 사이에 대칭들이 존재하게 된 이유는 무엇인가라고 하는 것이다. 에너지광자의 대칭 형성은 그것이 직진 운동을 행해 가는 과정상에서

*스핀Spin : 자전에 의한 각 운동량角運動量. 각 운동이란 물체가 정해진 직선의 주위를 언제나 같은 거리를 유지하면서 지속적으로 도는 운동을 말한다. 참11. 〈스핀〉

일어나는 물질입자와의 충돌을 통해서 그 충돌을 성립시킨 충돌 대상, 즉 물질이라 말할 수 있다. 이러한 각도에서 중력자의 존재를 생각해 볼 때 진동수가 낮은 에너지 광자의 일종으로 파악된다. 이렇게 봤을 때, 우리는 대칭을 이루는 물질 입자와 에너지 광자를 양자화해서 그것들의 힘을 통일시켜 볼 수 있다는 입장이 취해진다. 이 경우 모든 물질 입자와 에너지 입자를 진동수f 로 하는 에너지 광자로 통일시켜 낼 수 있다는 것이다.

이상과 같이 필자는 중력을 포함한 네 개의 서로 다른 차원의 힘을 광에너지, 즉 전자기력으로 설명함으로써 힘의 대통일 이론의 가설을 제시해 보는 바이다.

광자의 존재 양식과 이동 양식

현재 광자는 여러 형태를 취해 우주 공간에 존재해 있다. 그렇다면 이상과 같이 모든 존재의 기본 단위라 할 수 있는 광자들로 이루어진 우주 공간이란 어떠한 공간인가? 광자는 이런 공간을 어떻게 이동해 가는가? 이러한 이해를 통해 이 우주 속에서의 광자의 존재 양식을 보다 체계적으로 파악해 보기로 한다.

우주를 광자의 집합체로 볼 때 현재 그 집합체로서의 우주는 대폭발 이전의 원시 우주가 존재했던 바로 그러한 공간을 빛의 속도로 사방팔방으로 퍼져 나가고 있다. 그래서 우주의 크기는 빛의 속도에 우주의 나이 100억 년을 곱한 것으로 산출되고 있다. 아직 우주의 빛이 퍼져 나가지 않은 그러한 공간은 원시 우주가 존재했던 그러한 공간과 같은 공간이다. 그렇다면 원시 공간이나 혹은 아직까지 현재 우주의 빛이 퍼져 나가지 않은 그러한 공간은 어떠한 공간일까?

현대의 우주과학자들은 그 공간에까지는 관심을 두고 있지 않은 것 같다. 우주 안의 지식으로는 우주 밖의 특성을 파악해 낼 수 없다는 입장이다. 그렇지만 현재 우리 우주는 빛의 속도로 그러한 공간으로 팽창해 나가고 있다. 우리들의 존재는 우주의 그러한 팽창 과정을 통해 성립되어 왔다. 모든 기체 운동이 완전히 정지된 그러한 절대온도(3K) 상태의 절대 공간이 인간들에게 아직 밝혀지지 않은 어떤 입자로 구성된 공간이라면, 그러한 입자들이야말로 우리의 존재를 구성하는 가장 근본적인 입자임에 틀림없다. 왜냐하면 폭발 이전의 원시 우주도 바로 그것들과의 관계 속에서 존재해 있었을 가능성이 크기 때문이다.

그러나 현재 **빅뱅 이론***을 받아들이는 우주과학자들은 원시 공간에는 중성자보다도 더 작은 원시 우주 하나만이 존재해 있었다고 말하고 있다. 그것이 빅뱅을 계기로 광자들로 분해되어 원시 공간을 이동해 갔다는 입장을 취하고 있다. 이에 대해 우리는 그것에 관해서 다음과 같이 생각해 볼 수 있다.

원시 우주는 분명 원시 공간과의 관계를 통해 폭발되어 나왔음에 틀림없다. 왜냐하면 힘이란 단독으로 존재하는 것이 아니기 때문이다. 그것은 항상 상호관계를 통해 존재하며, 반드시 동시에 작용하고 방향이 반대이기 때문이다. 이러한 점들을 감안해 볼 때 그 원시 공간은 원시 우주를 그 정도의 초고밀·초고온 상태로 만들 수 있는 힘이 내재된 공간이었던 것으로 생각된다. 다시 말해서, 원시 공간에는 필경 원시 공간 자체에 그만 한 정도의 압력을 가할 수 있는 그 어떤 것들이 존재해 있었을 가능성이 있었다는 것이다. 힉스 입장의 존재를 주장하는 자들이나 인플레이션 우주론자들은 그러한 힘이 힉스 입자에 의해 만들어졌다는 입장도 제시했다.

또 이런 생각도 가능하다. 만일 원시 공간이 원시 우주를 흡수해 버렸다면 그것은 완전한 비존재 공간으로 전환되었을 것이다. 그러나 원시 공간은 원시 우주를 완전히 흡수해 버릴 수 있는 그런 공간이 아니었다. 그것은 완전한 합일 상태에 이르기에는 무언가 결함을 가지고 있었던 공간이었던 것이다. 현재 우주는 합일에 이를 수 없었던 어떤 결함을 지닌 공간을 이동해 가고 있다. 다시 말해서 현재

*빅뱅 이론 : 1946년 가모프G.Gamow에 의해 제창된 우주모형의 하나. 표준빅뱅이라고도 한다. 이 이론에서는 대폭발이 우주가 탄생하던 바로 그 순간, 즉 시작=0인 시점에서 발생한 사건으로 간주한다. 1979년에 와서는 앨런구스Alan Guth에 의해 인플레이션 우주론이 제기되어 빅뱅이론이 완성되었다. 그것은 원시 우주가 힉스장의 중력에 내재된 엄청난 척력으로 인해 탄생초기에 급격한 인플레이션을 겪으면서 아주 짧은 시간 동안 엄청난 규모로 팽창하였다는 이론이다. 1995년 에드워드 위튼Edward Witten, 지난 20년간 끈 이론을 선두에서 이끌어 온 학자)이 끈 이론에 기초해 브레인brane/膜 세계 가설을 제시했다. 케임브리지 대학의 폴 슈타인하르트Paul. Steinhardt와 그의 동료 닐 투록Neil Turok은 그 브레인 세계 가설에 입각해 브레인 세계우주론을 제시했는데, 그것에 의하면 현재 우리가 살고 있는 우주는 3차원의 브레인 공간으로 이루어진 두 개의 세계가 충돌해 생성된 것인데, 그것이 수 조년마다 한 번씩 인근에 있는 다른 3차원의 브레인과 충돌해 그것의 새로운 주기를 만들어 간다는 것이다. 참5, 555면

우주가 팽창해 가는 공간은 어떤 결함으로 인해 합일에 이를 수 없었던 상태로부터 모든 존재가 합일에 이를 수 있는 상태로 전환되어 가는 상태에 처해 있는 공간이라는 것이다. 존재가 비존재로 전환되어 가는 상태에 처해 있는 공간이 바로 현재 우리가 처해 있는 우주 공간이다. 우리는 달리는 광자들이 전자기장을 형성하기 때문에 길고 짧은 무수한 파장들의 광자들이 달리는 전자기장에 존재해 있다. 현재 우리는 파장이 길고 짧은 무수한 광자들이 직진과 반사를 통해 사방팔방으로 달리고 있는 공간 속에 존재해 있고, 서로 충돌해서 결합되고 또 분해되는 그러한 공간 속에 존재하고 있다. 다시 말해서 우리는 각 방향의 크고 작은 운동에너지들의 그물들로 엮어진 공간 속에 존재하고 있는 것이다. 그것뿐만이 아니다. 광자가 존재하는 공간은 굵고 가는 중력의 그물들로 엮인 공간이기도 하다. 그래서 동시에 우리들은 광자의 위치에너지들에 의해 만들어지는 중력장 속에 존재하고 있다.

이렇게 볼 때 광자뿐만 아니라 인간이라고 하는 존재들은 어떤 결함을 갖는 어떤 공간이 어떠한 결함도 존재하지 않는, 합일 상태의 공간으로 전환되어 가는 과정상의 공간에 처해 있는 존재들이다. 그러한 공간은 각 방향으로 같은 속도로 직진해 가는 크고 작은 광자들의 운동에너지들로 얽혀져 있고, 또 그러한 광자들의 위치에너지들로 얽혀져 있는 공간이기도 하다. 이러한 공간을 광자들은 어떤 양식으로 이동해 가는 것일까? 원시 공간에서의 광자가 최초로 취한 일차적 존재 양식은 다름이 아닌 직진直進이다. 광자는 원시 우주의 폭발로 인해 원시 공간을 직진하게 되었다. 그런데 우주를 구성하는 광자들의 그러한 직진으로 인해 우주는 광자들로부터 대칭성을 부여받게 되었다. 광자는 원시 공간을 직진하게 됨으로써 우주의 이동 방향을 결정지었고, 이동하는 존재와 정지해 있는 존재와의 대칭적 양상을 형성시켰다. 우주 공간에서의 광자의 직진 이동은 이동하는 광자와 정지해 있는 공간과의 마찰을 일으켜 결국은 상황에 따라 음전하와 양전하를 유발시키는 결과를 가져온다.

앞서 빛은 파동의 형식을 취해 직진하는 존재라는 말을 해 왔다. 빛이 파동과 입자의 이중성을 갖는다는 아인슈타인의 말은 바로 그러한 뜻이다. 아침에 창문으로 들어오는 햇살을 보면 확실히 우리는 빛이 직진한다는 사실을 직감할 수 있다. 그런데 그러한 햇살을 분해해 보면 광자들로 구성되어 있다는 것을 알 수 있다. 아침햇살이란 파장이 같은 광자들의 집합체이다. 그것의 직진 이동은 분명 광자들의 이동에 의해 이루어지는 것이고, 우리에게 감지되는 그 광선은 분명히 광자들의 직진 운동에 의해 이루어진 것이다. 이러한 의미에서 우리는 빛이 파동과 입자의 이중성을 갖는다는 아인슈타인의 말은 입자로서의 광자가 파동 형식을 통해 직진한다는 의미로 받아들일 수 있다.

그렇다면 우주 공간 속에서의 광자의 존재 양식의 하나로서의 입자란 무엇인가? 우선 입자란 아주 작고 독립된 존재를 의미한다. 빛이 입자로 되어 있다는 것은 날아가는 탄환과 같은 덩어리로 되어 있다는 말이다. 빛(가시광선)으로 이루어진 햇살은 흐르는 강물처럼 연속성을 갖는 운동으로 보인다. 그러나 사실은 그렇지 않다. 그것은 무수히 날아오는 총탄들로 이루어진 불연속적 운동이다. 빛에너지가 불연속적 성질을 가지고 있는 것은 빛이 운동입자들로 구성되어 있기 때문이다. 이렇게 볼 때 빛에서의 파동이란 빛을 구성하는 입자로서의 광자가 공간을 이동해 가는 양식을 의미한다. 이것은 미꾸라지나 뱀장어들이 진흙 속을 이동해 가는 것에 비유될 수 있다. 이 경우 그것들은 미꾸라지라고 하는 종의 공통된 이동 방식을 취해 자신들이 지닌 서로 다른 힘들을 사용해 자신들의 존재 공간을 이동해 가는 독립된 존재들이다. 자신들의 존재 공간을 이동해 가는 독립된 존재들이다. 300m 떨어진 진흙 속에 먹이를 파묻어 두면, 그것들은 그 먹이를 향해 줄지어 직진해 갈 것이다. 그것들은 자신이 위치해 있는 지점으로부터 최단거리를 택해서 먹이가 있는 지점으로 직진하되 파동 형식을 취해 전진해 갈 것이다.

입자로서의 광자 또한 그와 같은 파동 형식으로 직진한다. 파동 형식이란 공간 속 입자로서의 광자의 움직임의 한 형식이다. 즉, 공간에서의 입자로서의 광자의 한 존재 형식이다. 그렇다면 이러한 존재 형식은 어떻게 성립되었는가? 그것은 원시 우주의 구성 물질이 이 우주 공간의 이동 단위로서 생성되어 나올 당시부터 취해진 것이다. 다시 말해 광자가 취하고 있는 파동 형식은 그것이 우주 공간을 이동해 가는 과정 중에 성립된 것이라는 것이다. 광자는 원시 우주가 원시 공간을 직진해 나가는 과정에서 원시 우주의 구성 물질로부터 생성되었기 때문에, 우선 그것이 직진 운동을 한다는 특징을 갖게 되었고, 또 그러한 공간의 직진 운동을 통해 입자적 성격과 파동적 성격을 띠게 된 것으로 파악된다. 또 그것은 이 우주 공간에서의 직진 운동을 통해 다른 존재들과의 끊임없는 충돌을 통해 새로운 형태로 변형되어 나가는 존재이기도 하다.

이처럼 광자는 원시 우주의 구성 물질이 원시 공간을 직진하는 과정에서 성립된 것이다. 그러니까 원시 우주의 구성 물질이 원시 공간을 체험해 온 결과의 하나로서 성립된 존재인 것이다. 광자는 원시 우주의 구성 물질이 원시 공간을 직진해 가는 과정에서 형성되어 나왔다는 의미에서 우주 공간에 대한 체험 단위로 그 개념이 규정될 수 있다. 광자의 입자성은 결국 다른 존재들로부터의 독립성을 의미한다고 볼 수 있는데, 그러한 독립성은 광자를 이루는 질료의 특성을 기초로 결정된다. 광원료가 광자를 단위로 분해된 것은 그것이 원시 공간을 직진하는 동안 각 부분에 차이가 생겨, 같은 형태로는 더 이상 존재할 수 없었기 때문이었던 것으로 고찰된다. 그렇게 해서 생성된 광자는 이전과는 또 다른 우주 공간을 접촉해 가는 과정에서 우주로부터 또 다른 내용물을 취해 나갔던 것이다.

그런데 우주 공간을 직진해 가는 광자가 공간으로부터 어떤 내용물을 취해 가나 그 광자는 이전과는 또 다른 형태로 변형해 나간다. 이렇게 봤을 때 광자가 취한 형태야말로 내용물이 그것을 둘러싸고 있는 것들과 차이점을 갖는 한, 언제나 그것은 그 나름의 형식을 갖는다. 형식은 내용물의 우주 공간 이동 과정을 통해 만들어진다. 따라서 형식이야말로 우주 공간에 대한 체험 형식이라 말할 수 있다. 이 경우 그 광자의 우주 공간에 대한 체험이란 그것의 우주 공간의 이동을 통해 이루어지는 체험을 의미한다.

광자의 진행 기점과 방향을 기준으로 해서 그것의 진행 방식을 논해 볼 경우 다음과 같은 기술이 가능할 것이다. 즉 그것은 위로 올라갔다 다시 원점으로 되돌아온 다음, 다시 아래로 떨어졌다가 다시 올라와 원위치에 이른다. 그것은 이와 같은 상하 운동을 반복하며 전진해 가는 것이다. 이 경우 광자의 상하직진 운동을 좌우직진 운동으로도 기술해 볼 수 있다. 이렇게 광자의 상하 운동에는 주기가 있다. 이 경우 그것의 주기 또한 그것이 공간을 직진 이동해 가는 한 형식으로서 그것의 공간 체험의 한 단위라 할 수 있다. 이 지상에서 살아가는 생명체들의 생명 단위란 그 생명체의 지상 체험의 단위이다. 이러한 점을 고려해 볼 때, 우리는 연속적으로 직진해 가는 빛의 공간 체험 단위를 기초로 입자로서의 광자의 개념을 설정해 볼 수 있다. 다시 말해서 광자란 하나의 일정한 진폭을 갖는 파동의 형식을 취해 공간을 직진 이동해 가는 존재라 할 수 있다. 이렇게 개념화할 때만이 아인슈타인의 입자와 파동이라고 하는 빛의 이중성이 통일될 수 있다. 빛을 에너지로 파악할 경우, 광자란 하나의 파동을 단위로 성립된 에너지덩어리라고 개념화시킬 때만이 빛에너지의 불연속성이 제대로 이해될 수 있는 것이다.

여기에서 빛의 파동 형식과 관련해 또 하나 짚어야 할 것은 빛의 종류에 따라 서로 다른 파동 형식을 취한다고 하는 것이다. 빛에 따라서 서로 다른 파동수 즉, 진동수(초당 빛의 마루나 골이 한 지점을 지나가는 횟수)를 취하고 있다는 것이다. 광자의 진동 파장이 짧아지면 광자가 질량을 갖는 입자로 되어 나와 물질로 전환해 나오고, 그것이 커지면 비존재로 전환해 나간다라는 논리가 가능해진다. 진동수가 높은 빛은 힘이 강하고 그것이 낮은 것은 힘이 약하다. 대신 에너지가 강한 광자는 진동파장이 짧고, 그것이 약한 광자는 진동파장이 길다는 것이다. 또한, 다 그런 것은 아니지만, 일반적으로 말하면 힘이 강한 광자는 약한 광자보다 더 늦게 태어난 것이라 할 수 있다. 그렇다면 광자의 진동수는 어떻게 결정되는 것인가? 우선은 그것이 무엇으로부터 어떤 상황하에서 탄생했는지를 조사해 봐야 하고, 그 다음으로 그것이 우주 속에서 어떤 것들과 충돌해 왔는가를 조사해 봐야 한다. 광자는 온도가 높은 물질로부터 태어난다. 또 물질을 구성하는 원소들에 따라서 빛의 진동수가 달라지고, 또 그것들이 직진해 가는 과정에서 다른 것들과 부딪혀 다른 진동 형식을 취하는 것으로 변형되어 가기 때문이다. 수소H 핵 융합 과정에서 나오는 태양이나 별빛은 전자에서 나오는 빛보다 진동수가 높다. 그러나 태양이나 별빛등과 같은 것들은 그것이 우주 공간을 이동해 다니는 과정에서 분해되어 파장이 긴 빛들로 변해 가는 것이다.

제3절 인간과 과정

인간의 존재 양식

현재 인간은 이 지구상에서 하나의 생명체로 존재하고 있다. 대개가 먹고 자며 쉴 수 있는 공간을 마련해 놓고 '그곳'을 드나들며 살아가고 있다. 일반적으로 인간은 거의 매년 거의 매일 그런 식의 생활을 되풀이하며 살아간다. 그러다 어느 날 인간은 죽음을 맞이한다. 자녀들이 모여 장례를 치른다. 그로부터 몇 십 년 후가 되면 그 자녀들도 죽음을 맞게 된다.

사람들은 대개 밤에 '그곳'을 들어갔다가 아침에 나온다. 들어가서는 옷을 갈아입고 몸을 씻고 식사를 한다. TV를 좀 보다가, 식구들과 이야기를 몇 마디 나누다가, 혹은 혼자 무언가를 생각 하다가 잠자리에 든다. 물론 신문을 보면서 혹은 이야기를 하면서 사과를 먹는 경우도 있다. 밖에서 저녁식사를 하고 들어올 때도 있다. 어떤 사람들은 아침식사를 끝내고 설거지를 끝내고 세탁기를 돌리고, 청소기를 돌린다. 집안이 다 정리되면 신문을 본다. 전화를 건다. 할머니의 점심식사를 준비한다. 치운다. 시장을 보러 간다. 저녁을 준비한다. 식구들과 같이 식사를 한다. 할머니가 안 계시면 누군가에게 전화를 걸어 본다던가, 혹은 좀 일찍 외출했다가 시장을 보고서 들어오기도 한다. 유치원을 다니는 아이가 있으면 설거지를 끝내고 아이를 유치원에 데려다 줄 것이다. 이러한 일들은 사람에 따라 있을 수도 있고 없을 수도 있다. 날에 따라 생략될 수도 첨가될 수도 있다.

봄이 되면 사람들은 신록 사이를 거닌다. 가을이면 낙엽을 밟는다. 여름이면 맨발로 해변의 모래 위를 거닐고, 겨울이면 눈이 내리는 제방을 걷기도 한다. 나이나 경제적 여유에 따라 정도의 차이는 있겠지만, 새로운 계절을 맞을 때마다 대개 그와 비슷한 일들을 경험하게 된다. 물론 생략되거나 색다른 일들이 첨가되는 경우도 있다. 그러나 대개가 해마다 이와 비슷한 일들을 하거나 생각한다. 또 아이들이 나이가 되면 학교에 간다. 학교를 졸업하면 직장을 갖는다. 결혼을 하고, 아기를 낳는다. 아이들을 학교에 보낸다. 아이들이 졸업을 하고 직장을 갖고 결혼을 하고 정년을 맞는다. 지난날들을 회상하다가 죽음을 맞는다. 이때도 가정형편이나 건강상의 이유로 어떤 단계가 생략되기도 하고 특수한 과정이 끼어들기도 하지만, 현대를 살아가는 대부분의 사람들은 거의 대동소이한 삶의 과정을 살고 있다.

이와 같이 인간의 일들은 대개 한 해와 하루를 기준으로 성립된다. 인간에게서의 하루란 지구가 한 바퀴 자전을 행하는 시간 동안 인간이 우주 공간을 체험하는 과정이라 말할 수 있다. 예를 들어, 한 인간이 아침이 되어 일어나서 아침식사를 하고 일터로 나간다. 밤이 되어 집으로 돌아와 저녁식사를 하고 잠자리에 든다. 이 경우 그가 잠자리에서 일어난 것은 아침이 되었기 때문이고 집으로 돌아온 것은 밤이 되었기 때문이며 잠자리로 든 것은 밤이 깊었기 때문이다.

아침이란 그가 처해 있는 지구의 표면이 태양빛을 받기 시작해 밝아진 현상이고, 밤이란 그가 살고 있는 지구의 표면이 태양빛을 받지 못함으로써 어두워진 현상이다. 우리는 지구의 표면이 햇빛을 받는 시간을 낮이라 하고 그것을 받지 않는 시간을 밤이라 한다. 밝다는 것은 태양으로부터 직진해 온 광자들의 산란도가 높다는 것을 의미하고, 어둡다는 것은 그 산란도가 낮다는 것이다. 이때 산란 현상이란 무엇인가? 태양으로부터 온 광선이 지구상의 물체들과 충돌하여 일부는 굴절 현상을 통해 물체 속으로 흡수되고 일부는 반사되는데, 이때 반사되어진 빛들이 서로 충돌해 가는 현상이 산란 현상이다. 이 경우 흡수된 빛들은 물체 속으로 들어가 물체의 온도를 높이고 다시 위치에너지로 변형되어 물체의 질량과 중력으로 전환된다. 반사된 광자들은 다른 광자들과 충돌하여 역시 지상 공간의 온도를 높인다. 이렇게 볼 때, 명암 또한 결국 광자들의 산란도라 말할 수 있는데, 우리는 그것을 온도라 칭한다.

이러한 의미에서 하루란 태양으로부터의 광선들이 지구상에서 산란되는 정도라고 하는 측면에서도 이해될 수 있다. 그러므로 인간에게서의 하루란 인간이 이 지상에서 태양광선을 체험하는 과정의 한 단위이며, 이러한 의미에서 한 해 또한 그와 마찬가지로 이해될 수 있다. 한 해는 하루하루의 반복을 통해 이루어진 것이지만, 인간이 하루 동안 이 지상에서의 태양광선을 체험한 과정을 생각해 볼 때, 그 반복되는 하루는 사실은 같은 하루하루가 아니다. 같은 아침이라 하더라도 어제 아침의 광선의 산란도는 오늘 아침의 광선의 산란도와 동일하지 않다. 다 아는 사실이겠지만, 하루는 지구의 자전으로 이루어지고, 한 해는 지구가 태양을 한 바퀴 도는 공전을 통해 이루어진다. 봄은 지구가 광선을 쏟아내고 있는 태양으로 가까이 다가가는 계절이고, 여름은 지구가 태양에 가장 가까이 다가가서 가장 강한 에너지를 가진 광선들을 접하게 되는 계절이다. 가을은 태양으로부터 멀어져 가는 계절이고, 겨울은 가장 멀리 떨어져 있는 시간들이다.

그러니까 하루의 일이나 한 해의 일들은 인간이 그 기간 동안 지상에서 태양광선을 체험해 가는 과정을 기초로 해서 구성되었음을 알 수 있다. 인간이 에너지가 강한 광선들을 접하는 과정에서의 일들과 열에너지가 약한 광선들을 접하는 과정에서의 일들은 기본적으로 다르다. 만일 무더운 날에 인간이, 에너지가 약한 광선들을 접하면서 했던 일들을 계속하려면 냉방장치를 설치해야 한다. 혹은 밤에도 귀가하지 않고 작업을 계속하려면 작업장에 전기시설을 갖추어야 한다. 인간에게서의 문화적 행위라는 것도 결국 따지고 보면 인간의 전기시설 가설 행위와 같은 종류의 것이라 할 수 있다. 그것은 이 지상에서의 각 시간과 공간을 통해 광자들의 산란도를 줄이거나 높여 가는 행위의 일종이라 할 수 있다.

문화란 인간의 의식주를 해결하려는 행위를 중심으로 이루어지는데, 그러한 의식주의 행위들의 본질을 분석해 보면 결국 광자들의 산란도를 골고루 분배하려는 행위임에 다름 아니다. 인간이 옷을 입는다는 것은 결국 인간의 체온조절의 수단을 토대로 성립된 것이고 먹는다는 것도 마찬가지다. 배가 고프다는 것은 몸 안에 몸의 온도를 유지할 열에너지가 부족하다는 사실을 느끼는 현상이다. 인간이 집을 짓고 그곳에서 산다는 것도 자기가 살고 있는 공간에 존재하는 낮과 밤, 여름과 겨울 사이의 광선의 산란도의 차이를 없애기 위해서라 할 수 있다.

이와 같이 지구상에서의 인간의 모든 일들은 광선의 강도에 대한 체험 과정과, 각 시공에 따른 광선의 강도의 차이를 없애려는 노력의 과정 등을 토대로 성립되었다. 그렇다면 인간에게서의 그러한 과정들은 과연 무엇을 토대로 해서 성립되어 왔는가? 광자들의 산란도의 차이는 광자들의 산란도가 높은 상태에서 낮은 상태로 이동해 감으로써 없어진다. 즉, 광자들의 이동을 통해 그 산란도의 차이가 없어진다고 하는 것이다. 인간이 지구상에서 체험하는 광선의 강도도 광자들의 산란도와의 관련 속에서 성립된다. 또 그러한 과정들은 광자들의 우주 공간의 이동 과정에서 일어나는 광자들의 충돌로 인한 광자들의 파장 변화의 과정을 기초로 성립된다. 이 우주 공간에서의 광자들의 산란도도 광자들의 공간 이동과 그것으로 인해 일어나는 광자들의 변화 과정을 기초로 그 차이가 없어지게 되는 것이다.

이 지상에서 일어나는 모든 인간들의 일들은 이상과 같은 광자들의 이동 과정과 그로 인한 파장의 변화 과정을 토대로 성립된다. 그러한 의미에서 인간에 의해 이루어지는 모든 일이나 사건에는 과정이 있다. 예를 들어 세탁을 할 경우 그것에는 세탁 과정이, 식사를 할 경우에는 식사 과정이, 작업을 할 경우에는 작업 과정이 있다. 뿐만 아니라 대자연 속에서 인간이 직면하는 모든 자연 현상에도 그 자연 현상을 이루는 것들의 과정이 있다. 비가 오려면 우선 하늘에 바람이 불어야 한다. 그 다음 하늘에 먹구름이 생겨야 한다. 그래서 그것이 찬 공기와 충돌해야 한다. 이러한 과정들을 통해 비가 비로소 지상에 내리는 것이다. 식물이 자라는 데도 과정이 있고 꽃이 피는 데도 과정이 있으며 그것이 열매를 맺는 데도 과정이 있다. 이와 같이 지상에서 일어나는 모든 자연 현상이나 문화 현상은 무수한 크고 작은 과정들로 구성되어 있다.

지상에서 일어나는 생물 현상의 경우도 마찬가지다. 모든 생물 현상은 지상의 모든 물리적 현상을 토대로 성립되어 왔다. 물리적 현상의 특징은 물체들의 운동이다. 그것은 에너지의 역학적 관계 속에서 일어나고, 그 역학적 관계란 궁극적으로 파장이 다른 무수한 광자들로 구성된 소립자들의 전기화학적 현상을 기초로 해서 일어난다. 우주에는 전자, 양성자, 중성자 등과 같은 페르미온이라 부르는 물질입자와 글루온, 광자 등과 같은 보손boson이라 부르는 상호 작용을 매개하는 에너지 입자 등과 같은 소립자들로 구성된, 수소나 산소 등과 같은 100여 개 이상의 원소들이 존재해 있다. 그 원소element들은 보통의 화학적 방식으로는 더 이상 쪼갤 수 없는 성분들이다. 또 그것들은 전기화학적 현상을 통해 이산화탄소CO_2 물H_2O 등과 같은, 물질들의 성질을 갖는 최소 단위라고 하는 분자molecule를 이룬다. 그것은 동식물 등의 유기체에 의해 생성되는, 결합력이 강한 탄소원자C가 함유된 유기화합물과 그렇지 않은 무기화합물로 대별된다. 그러한 유기화합물들은 지구의 우주 이동 과정을 주축으로 끝없이 행해지는 물리적 변화와 화학적 변화 과정을 통해 생명체의 최소 단위를 이루는 세포를 탄생시켰고, 무기화합물들은 무생물들로 이루어진 물질들을 탄생시켜 나왔던 것이다.

이러한 차원에서 생명체의 생명 현상을 고찰해 볼 때, 물질대사, 생장과 생식, 유전 등과 같은 주된 생명 현상들이 분자 수준에서 지구의 우주 공간의 이동 과정과 맞물려 일어나고 있는 것이다. 예컨대 왓슨과 크릭은 1953년 세포핵을 구성하는 DNA를 분자수준에서 고찰하여 DNA의 2중 나선구조를 규명해 냄으로써 1962년도에 노벨상을 수상했다.

물질 현상과 정신 현상

인간의 의식이나 정신 현상도 생명 현상의 하나인 이상 예외일 수는 없다. 인간이 정신을 가지고 있다는 것은 무엇을 의미하는 것이고, 또 정신은 의식과 어떻게 다른가라는 문제부터 생각해 보자.

인간의 정신 현상은 의식 현상과 관련시켜 생각해 볼 때 일종의 심화된 의식 현상으로 간주될 수 있다. 철학적 측면에서의 의식의 본질은 인간의 경험의 결과를 의미한다. 인간에게서의 어떤 경험은 인간이 어떤 사물을 의식하기 시작함으로써 성립된다. 이러한 인간의 경험은 경험 내용과 그것에 대한 의식 작용으로 양분해 볼 수 있는데, 인간에게서의 그러한 의식 작용은 다양한 경험 내용들을 통일시키려는 의지 작용을 말한다. 철학에서는 바로 이러한 의지 작용을 의식 또는 의식 작용이라 한다.

한편, 현대의 양자생물학에서는 인간의 의식 작용을 일종의 전기화학 현상으로 보고 있다. 예를 들어, 우리가 꽃을 바라보았을 경우 안구에 꽃의 모습이 비치는데 그것만으로는 꽃이 의식될 수 없고, 안구에 비친 꽃의 영상이 신경세포를 자극해 신경을 통해 뇌로 전달됨으로써 비로소 꽃이 인식된다. 이 과정은 꽃으로부터 반사되어 나온 광자들이 안구의 신경세포를 자극시킴으로써 일어나는 이온 현상에 의해 지배된다. 이온ion 현상이란 원자가 전자를 잃거나 얻어서 전기를 띠게 되는 현상이다. 원자는 일정한 양의 전자수를 유지하려는 경향이 있다. 그러기 위해 원자는 자기가 얻은 전자를 다른 원자에 보내거나 혹은 잃은 전자를 다른 원자로부터 가져 와서 전체적으로 전기적 측면에서 중성을 유지하려 한다. 그런데 신경에 자극이 가해지면 신경 속의 이온에 농도 차가 생기는데, 그 농도 차가 해소되는 과정에서 급격한 전위(전기적 위치에너지) 변화가 일어남으로써 꽃이 인식된다는 것이다.[34]

양자생물학에서의 전기화학 현상은 음극으로 향하려는 양이온과 양극으로 향하려는 음이온을 기초로 하여 일어난다. 양자역학이나 양자생물학에서의 양자量子란 원자핵 둘레를 도는 전자를 단위로 성립된 개념인데, 일반적으로 양자란 더 이상 나눌 수 없는 물질의 최소량의 단위를 말한다.

앞에서 지적했듯이, 서구의 현대 물리학에서의 양자란 플랑크의 양자 가설(1900)에서부터 나온 것으로서, 열복사 현상을 연구하는 과정에서 열복사로부터 물질의 최소량의 단위가 발견되어 그것이 에너지 양자로 명명되었다. 그 후 아인슈타인은 플랑크에 의해 발견된 에너지 양자가 빛으로 공간을 이동한다는 사실을 발견하고, 그것을 토대로 광양자가설(1905)을 제시하였다. 또, 그는 에너지 양자가 빛으로 공간을 이동할 때의 양자를 광양자光量子라 명명하였다.

필자는 이 우주에서의 물질을 구성하는 최소량의 단위를 광자로 명명해 논리를 전개시켜 왔다. 그렇다면 이 경우의 광자는 원자原子와 어떻게 관련되어 있는가? 원자란 중심에 원자핵이 있고 주위에 얼마간의 전자를 가진 존재로서 원소로서의 특성을 잃지 않는 범위 내에서 인간이 쪼개낼 수 있는 최소의 미립자를 의미한다. 그러한 의미에서 원자는 모든 물질을 구성하는 최소 단위이다. 이렇게 볼 때 원자는 예컨대 언어학에 빗대어 볼 경우, 형태소들로 이루어진 의미소意味素에 해당되는 것으로서 의미를 나타낼 수 있는 최소 단위에 해당되는 존재이고 광자는 의미소를 구성하는 형태소에 해당되는 존재라 할 수 있다.

여기서의 우리들의 논점은 현대 서구의 물리학이 플랑크의 양자 개념을 토대로 성립되었다는 것이다. 사실 아인슈타인의 상대성 이론도 플랑크의 **양자 가설***

을 기초로 출발하였다. 그는 플랑크의 양자 개념을 받아들여 광양자설을 세우고 이러한 광양자의 미시적 세계를 별들의 거시적 세계로 끌어내어 거시적 우주 공간에서 광양자들로 이루어진 빛과 별들의 관계를 조명할 수 있는 시점을 확보함으로써 그의 천재성을 발휘했던 것이다. 그 후 플랑크의 양자 개념은 원자 모형原子模型을 연구해 오던 덴마크의 물리학자 보어에 의해 1913년에 받아들여짐으로써 그 후의 **하이젠베르크***의 행렬역학, 오스트아 슈뢰딩거의 파동역학(1926) 등을 통해 양자역학을 확립시켰던 것이다.

전자가 처음 발견된 것은 1879년 영국의 물리학자 톰슨 경에 의해서였고, 원자핵의 발견은 1911년 역시 영국의 물리학자 **러더퍼드****에 의해서였다. 또 러더퍼드는 양전하가 그 핵 속에 밀집해 있음을 알아내고 또 전자가 핵 주위를 돌고 있다고 제안했다. 그는 이러한 생각을 기초로 해서 원자 모형을 제안했다. 그들의 원자 모형에 대한 연구는 전자가 음전하를 띤 것이라는 사실을 알아내고 그것이 양전하를 띠는 것과 어떻게 연결되어 있는지, 또 그것이 원자핵과는 어떻게 연결되어 있는지 등의 문제를 중심으로 행해졌다. 그러다가 1913년 보어가 플랑크의 양자 개념을 끌어들여 원자 내에서의 전자 운동을 설명했다.

불연속적인 에너지를 갖는 정상 상태의 원자는 빛을 내거나 그것을 흡수하지 않는다. 원자가 빛을 방출하거나 흡수하는 것은 그 원자가 한 정상 상태에서 다른

---

*양자 가설量子假說/quantum hypothesis : 물질에 의한 열복사의 방출 또는 흡수는 연속적으로 일어나는 것이 아니라 단위 에너지(hf)의 정수배로 일어난다는 이론이다. 그것은 아인슈타인의 광양자설과 보어의 원자구조 등에 적용되었고, 이후 양자역학이 시작되는 계기가 되었다. 참10

*하이젠베르크Werner Karl Heisenberg(1901-1976) : 독일의 물리학자. 뮌헨 · 괴팅겐 · 코펜하겐의 여러 대학에서 공부하고 물리학을 연구하여, 라이프치히 대학 이론물리학 교수가 되었다. 주로 양자역학을 연구하고, 1925년 양자학의 한 표현 형식인 매트릭스 행렬역학을 창시하였다. 이 표현은 슈뢰딩거의 파동역학과 함께 현재 이론양자물리학의 가장 중요한 핵심을 이루고 있다. 이 두 가지 이론은 이후에 동일한 결과를 내는 것으로 실증되어 양자를 포함한 일반적 이론 체계로서의 양자역학이 생겼다. 1932년 노벨 물리학상을 수상하였다. 참9

**러더퍼드Ernest Rutherford(1871-1937) : 영국의 물리학자. 처음에는 J. J. 톰슨의 지도하에 기체의 이온화 현상을 연구하다가 더 나아간 우라늄방사선 연구를 하였다. 1902년에 방사능이 물질의 원자 내부 현상이며 원소가 자연붕괴하고 있음을 지적하여 종래의 물질관에 커다란 변혁을 가져왔다. 1911년에는 원자 내에 원자핵이 존재한다는 것을 발견했다. 그는 그것을 근거로 1913년에는 보어의 양자론量子論을 도입해 러더퍼드 보일의 원자 모형을 만들었다. 참10

정상 상태로 전환될 때 행해지는 것으로, 한 정상 상태와 다른 정상 상태와의 에너지의 차는 방출 혹은 흡수된 복사에너지로서 계산해 낼 수 있다. 원자는 한 상태에서 다른 상태로 전환될 때 빛을 방출한다. 보어는 그것에 대해 원자 내에서 원자핵 둘레를 도는 전자가 궤도를 한 단계 낮추는 과정에서 방출된다는 가설을 제시했다.

그런데 보어는 어디까지나 고전물리학의 입장에서 전자 하나의 운동량을 문제시했던 것 같다. 그 후 독일의 물리학자 하이젠베르크는 보어의 가설이 제시한 전자 하나의 운동량을 실제로 측정하는 과정에서 인간의 능력으로는 전자 한 개의 정확한 운동량을 측정한다는 것이 불가능하다는 사실을 밝혀냈다.

뉴턴의 고전물리학에서의 한 개의 전자 한 개의 운동량(p)이란 질량(m)에다 속도(v)를 곱한 것이다. 그런데 하이젠베르크는 전자 하나의 운동량을 측정해 보기 위해 전자의 질량과 속도를 파악하려 했으나 그것이 실제적으로 불가능하다는 것을 깨달았던 것이다. 그런데 전자의 위치를 알려면 우선 전자를 보아야 하고 전자를 보기 위해서는 그것을 향해 광선을 보내야 한다. 이때 광선 속의 광자가 전자에 충돌하면 광자가 반사되어 우리의 눈으로 들어온다. 그것이 우리의 눈으로 들어오면 우리는 간단한 반사 원리를 적용하여 전자의 위치를 추론하게 되는데, 광선속의 광자가 전자와 충돌하려면 파장이 짧은 광선을 보내야 한다. 파장이 긴 광선의 광자는 전자와 충돌함 없이 빗겨가기 때문이다. 그래서 전자와 충돌할 수 있는 광선을 전자에 보내기 위해서는 파장이 짧은 광선을 쪼여야 하는데, 파장이 짧은 광선의 광자는 에너지가 커서 전자와 부딪히면 전자의 위치와 속도를 바꾸어 놓아 우리로 하여금 전자의 정확한 위치와 속도를 동시에 측정할 수 없게 만든다. 즉, 전자의 위치를 정확하게 파악하려면 그것의 속도를 정확히 파악할 수 없게 되고, 속도를 정확하게 파악하려면 위치를 정확히 파악할 수 없게 된다는 것이다.

그 결과 하이젠베르크는 자연 현상의 기술은 실제로 측정가능한 양量들과 개념들만을 가지고 행해야 된다는 입장을 취해 **불확정성의 원리***를 제시하였다. 그래서 그는 전자 하나의 운동량을 고찰하는 데 있어서 전자의 궤도 등과 같은 개념은 존재하지 않는 것으로 생각하고, 그 대신 원자가 방출하는 방사放射의 강도나 혹은 그 방사로부터 나오는 빛의 진동수 등만으로 원자 내 전자들의 에너지양을 측정할 수 있는 이론으로 양자역학 이론을 제시하였다.[35]

그 결과 원자의 형태에 신경 쓰지 않고 단지 원자를 수의 집합으로만 취급하여 양자역학의 대표적 이론인 **행렬역학***이 만들어졌다. 이와 동시에 오스트리아의 물리학자 슈뢰딩거는 결국 행렬역학과 같은 것으로 판명된 것이긴 했지만, 전자도 파동으로 움직인다는 프랑스의 물리학자 드브로이의 **물질파****이론을 이용한 파동방정식을 제시하였다. 이렇게 해서 1927년 이들의 두 이론은 헝가리 태생의 미국 수학자 노이만에 의해 결국 같은 것으로 판명됨으로써 양자역학이 확립되었던 것이다.

근대 이래 과학의 기초를 제시해 왔던 물리학은 양자역학의 확립을 계기로 고전물리학에서 현대물리학으로 넘어오게 되는데, 이상의 고찰을 통해 알 수 있듯이 현대물리학에서 파악해 내는 물리량은 불연속적이고 인과율因果律의 측

---

*불확정성 원리不確定性原理/uncertainty principle : 양자역학에서의 기본적인 원리 중 하나로 입자의 위치와 운동량을 동시에 모두 정확하게는 알 수 없다는 원리이다. 참10

*행렬역학行列力學/matrix mechanics : 1925년 W. K. 하이젠베르크가 창시한 양자역학의 이론 형식을 말하며 매트릭스역학이라고도 한다. 1913년 제창된 N. H. D. 보어의 원자 모형은 그 당시 설명할 수 없었던 원자의 안정성이나 원자가 복사하는 스펙트럼을 부분적으로 설명해 낼 수 있었다. 하지만, 또 그것은 원자 내의 미시적 세계에 대하여는 고전역학 및 고전전자기역학을 전면적으로 적용시킨다는 것이 불가능하다는 점을 갖고 있기도 했다. 1925년 보어의 영향하에서 이 분야를 연구하던 하이젠베르크가 원자 내의 전자에서 볼 수 있는 미시적 운동 상태가 무한차원無限次元의 복소複素벡터vetor(방향을 가진 양量)로 나타내질 수 있다는 입장을 제시하였다. 행렬역학 확립에서 하이젠베르크는 '물리학의 이론을 구성하는 요소는 직접 관측이 가능한 물리량에 한해야 한다'는 경험주의적 입장을 역설하였다. 이 경우 행렬行列/matrix은 일반적으로 비가환非可換인 양(A, B를 두 행렬이라 하면 AB≠BA, 또는 AB−BA≠0) 으로 표현되었다. 행렬의 가로줄을 행, 세로 줄을 열이라 한다. 행렬에는 결합법칙 및 배분법칙이 성립하며, 덧셈·뺄셈·곱셈의 연산이 성립한다. 그러나 곱의 교환법칙은 성립하지 않으므로 나눗셈에는 조건의 첨가가 필요하다. 행렬은 이론적으로 매우 명쾌하며, 기호적으로도 간결하기 때문에 그 응용이 상당히 넓으며, 수학이나 물리학, 특히 양자역학에서는 꼭 필요한 존재이다. 참10

**물질파物質波/material wave : 운동량을 가진 모든 물질입자는 입자성과 동시에 파동의 성질을 가진다. 1923년 드브로이de Broglie, Louis가 도입하여 드브로이파라고도 하며, 하이젠베르크Werner Heisenberg의 불확정성 원리로 정식화되었다. 참10

면에 있어서 확률적이다. 즉, 고전물리학은 결정론적 지배를 받는 연속적 자연관이 바탕이 되어 있는 반면, 현대물리학은 확률적 인과율의 지배를 받는 불연속적인 자연관이 바탕이 되어 있다고 하는 것이다.[36]

이상과 같은 양자역학의 확립을 통해 현대물리학이 나오게 되자, 새로운 차원에서 인간과 자연간의 관계가 정립되었다. 뉴턴의 고전물리학에서의 인간과 자연의 관계는 구체적인 시공간의 관계를 통해 기술되었다. 인간이나 인간의 관심 대상이 언제 어디에 있느냐에 대한 정확한 기술을 통해 인간이나 그의 관심 대상의 특성을 파악하려 했고, 그것을 통해 에너지양을 측정하려 했다. 그러나 양자역학에 이르러 우리의 존재의 토대를 이루는 미시적 세계가 파악되는 과정에서 인간에게서의 관측의 문제가 근본적으로 제기되었던 것이다.

물리학에서의 자연과 인간과의 관계는 우선 일차적으로 자연 현상에 대한 인간의 인식을 통해 이루어지고, 또 이 인식은 인간의 관측 행위를 통해 이루어진다. 관측 행위란 인지하는 쪽의 주체가 지닌 관측 도구와 인지당하는 객체와의 관계 속에서 이루어진다. 관측 대상이 미시적 세계의 것들일 경우 인간의 관측 행위와 관측 도구 그 자체로 인해 일어나는 착오는 결코 무시될 수 없다. 그 결과, 대상 그 자체가 가지고 있는 특성을 파악해서 그것이 인간에게 어떠한 영향을 줄 수 있는가를 파악하려는 기존의 입장이 폐기되고, 관측 대상이 인간에게 얼마만한 힘을 행사하고 있는가에 대한 관찰을 통해 인간과 관측 대상과의 관계를 파악하려는 입장이 성립되었다. 다시 말해 어떤 관측 대상의 본질이란 관측자 자신의 특성으로 인해 파악이 불가능할지 모른다. 그렇기 때문에 관측 대상이 관측자에게 주는 영향의 강도만을 측정해서 관측자와 관측 대상과의 관계를 파악한다고 하는 입장인 것이다.

이 경우 관측 대상 자체가 갖는 크기나 속도나 모양은 문제시되지 않는다. 인간 세계에서의 어떤 존재란 전자와 같이 끊임없이 움직이며 어떠한 식으로든 인간에게 어떤 힘을 행사하는 것이라는 사실을 알고 있으면 된다. 문제는 그것들이 인간에게 어떤 힘을 어느 정도 끼치고 있느냐를 알아내는 것이다. 이 경우 관측 대상이 개체이건 집단이건 그것은 문제되지 않는다. 전자 하나가 인간에게 미칠 수 있는 영향이란 그것이 가지고 있는 에너지양이다. 그런데 그 에너지가 너무 미소할 때는 같은 양의 에너지를 갖는 전자들을 한 덩이로 묶어 그 전자들의 집합체가 관찰자에게 끼치는 힘의 크기를 계산하면 된다. 그 전자들이 어디에 위치해 있으며 어느 정도의 속도로 달리고 있는지는 문제시되지 않는다.

이와 같이 양자역학의 경우 인간과 자연과의 관계는 자연의 본질 그 자체를 통해 파악하려는 입장에 서 있지 않고, 자연이 인간에게 어떤 힘을 어느 정도 행사하고 있느냐에 대한 관찰을 통해 인간과 자연과의 관계를 파악하려는 입장에 서 있다. 양자역학의 성립 이전까지만 해도 서구인들은 인간과 자연, 관찰자와 관찰 대상, 주체와 객체 등의 관계를 파악하는 데 있어서 서구의 방식은, 관찰자와 같은 주체가 자연이나 관찰 대상자와 같은 객체에 어떤 영향을 어느 정도 줄 수 있느냐의 문제에 관심이 집중되어 있었다.

그들은 그러한 문제를 해결해 가려는 과정에서 자연물들을 구성하는 구체적인 물체나 물질들 자체가 가진 속성을 파악해 가려는 입장을 취하게 되었다. 그러나 양자역학에 이르러 그 입장에 대한 한계성이 지각되었던 것이다. 그래서 서구인들은 양자역학의 성립을 계기로, 자연에게 주체적 위치를 넘겨주게 되었다. 주체로서의 자연이 객체로서의 인간에게 어떤 영향을 어느 정도 끼치고 있는가에 대한 관찰을 통해 인간과 자연과의 관계를 정립해 보려고 하였다. 그 구체적 방법은 장 이론the theory of field의 도입을 통해 이루어졌다. 20세기로 들어와 서구의 물리학자들은 중력장, 전자기장, 양자장, 힉스장 등과 같은 개념을 도입해 공간을 주체로 보고 공간에 존재해 있던 주체를 객체로 파악해 주체와 객체와의 관계를 재정립시켜 나갔던 것이다.

사실은 사물과 인간의 관계를 파악하는 데 있어서의 이와 같은 입장이야말로 동양적 입장이라 말하지 않을 수 없다. 동양의 불교, 도교, 유교, 샤머니즘 등의 근원적 주체는 자연이다. 인간은 대자연 속에서 객체로서 살아가는 하나의 존재일 따름이다. 자연 속의 인간은 자연의 구성물들과 관계를 맺고 살아가는데 인간의 그것들과의 관계는 인간이 그것들로부터 어떤 영향을 어느 정도 받고 있느냐의 관점에서 파악된다. 그 결과 서구에서는 1900년에 플랑크에 의해 발견되어 문제시된, 힘을 구성하는 최소량의 단위라고 하는 양자가, 동양인들에게는 일찍부터 관심을 끌어왔다. 동아시아에서는 선진先秦 시대 이래 운동을 구성하는 최소량의 단위를 기氣로 파악하고 있었다.[37] 그러나 서구인들에 의해 발견된 원자, 즉 물질을 구성하는 최소 단위 같은 것은 생각지 못했다.

기氣는 기체 상태의 존재들, 즉 구름, 증기, 연기 같은 것들을 구성하는 최소량의 입자를 의미한다. 그리고 그러한 입자는 공간을 이동해 다니는 입자라는 면에서 돌이나 나무 조각과 같은 고체 상태의 존재를 구성하는 분자들과 일단 구분되었다. 그렇지만 그러한 고체 상태의 존재들도 결국 대자연 속에서 끊임없이 변화해 가는 존재들이라는 점이 고려되어, 동양인들에게는 기가 모든 물질의 최소량의 단위로도 받아들여졌다. 그러한 기의 이동 원리를 이理라 했다. 이 경우 기는 개체로서는 인간에게 영향을 주지 못하나 그것들이 모여 연기나 구름을 이루어 인간에게 커다란 영향을 준다. 또 인간이 기로부터 영향을 받기 위해서는 우선 기를 모아야 한다.

그렇다면 인간은 인간의 힘으로 기를 모을 수 있는가? 이 경우 인간은 정말 기를 모을 수 있는 능력을 가지고 있는가의 문제에 부딪히게 된다. 물질을 이루는 최소량이 기라면, 인간도 자연의 일부인 한, 기로 구성되어 있다는 관점이 성립한다. 기들은 끊임없는 상호 작용을 통해 움직이고 있고, 또 그것들은 서로 결합하여 물질이나 물체를 만들고, 또 해체됨으로써 물질이나 물체를 변화시킨다. 움직이는 기 입자들의 결합과 해체로 인해 의식이나 정신 작용이 일어난다면, 우리 인간은 의식 작용을 통해 일어나는 생각을 바꿀 수 있는 능력을 갖고 있다는 입장이 취해진다. 이러한 입장은 기를 통해 정신과 물질의 통일 상태를 추구해 보려는 사상을 형성시켜 왔다. 다시 말해서, 기가 우주의 모든 현상을 지배한다. 또 그것은 모든 물질의 근원임과 동시에 인간의 정신 세계조차를 지배해 간다. 바로 이러한 사상을 토대로 하여, 동양인들은 인간의 정신 현상이 기를 통해 이루어지므로 그 역으로 인간의 정신이 기를 조절하고 이용해 갈 수도 있다는 입장을 가지게 된 것이다. 이러한 입장을 기초로 성립된 것이 바로 기 철학이다.

이상과 같은 점들을 고려해 볼 때, 현대 서구의 양자역학과 동아시아의 기 철학은, 원자와 같은 물질을 구성하는 최소량의 단위로써 인간과 자연의 관계를 파악하려 한다는 점에서 공통점을 가진다. 서구의 양자역학의 토대가 된 플랑크의 양자는 인간이나 다른 물질에 영향을 줄 수 있는 물질을 이루는 최소량을 말한다. 즉, 물질적으로 그것이 얼마만 한 크기의 것인지 얼마만 한 속도로 달리고 있는 존재인지에 대한 지식을 통해 양자가 개념화된 것이 아니라, 그것이 인간에게 작용하는 힘의 크기를 기준으로 개념화된 것이다. 기 철학의 경우도 마찬가지다. 우리가 현재 기의 존재를 인정하는 것은 그것들이 집합적으로 인간에게 작용하는 어떤 힘을 감지할 수 있기 때문이다. 다시 말해서 힘을 통해 인간에게 표현된다는 점에서 양자와 기는 공통성을 갖는다.

그렇다면 힘이란 무엇인가? 이것은 인간과의 관계를 통해서만이 존재할 수 있는 것이다. 즉, 관찰자와 관찰 대상의 상호 작용을 통해 관찰자로부터 지각되는 것이다. 그러한 상호 작용은 관찰자와 관찰 대상과의 관계를 형성시키는 존재들, 보다 구체적으로 말해 광자나 기 입자의 경우처럼 스스로 움직일 수 있는 힘을 소유한 입자들의 충돌과 결합과 분해 등을 통해 이루어지는 것이다. 이상의 입장에서 생각해 볼 때 우주의 만물은 양자나 기 입자, 혹은 광자와 같은 움직이는 입자로 구성되어 있다기보다는, 오히려 그것들의 존재가 힘을 통해 우리에게 인식되고 있는 한, 움직이는 입자들의 운동 과정과 그 운동 과정을 통해 일어나는 입자들의 변화 과정으로 구성되어 있다고 볼 수 있고, 인간의 존재 양식도 그러한 측면에서 파악될 수 있다는 입장이 취해진다. 다시 말해 우주의 만물은 무수한 입자들의 구성체로 존재해 있거나 그러한 구성체들 속에 존재하고 있는 것이 아니라, 과정학에서 말하는 무수히 다른 파장들을 가진 광자들의 운동 과정과 그것들을 통해 일어나는 광자들의 변화 과정들로 이루어진 것들이라고 생각해 볼 수 있다는 것이다.

우리가 인간의 존재를 구성하는 기본 단위를 광자의 이동 과정으로 파악해 볼 경우, 인간의 정신 작용과 인간의 육체를 이루는 물질이나 물질 작용과의 통일 영역은 무수한 광자들의 이동 과정들의 분석을 통해 찾아낼 수 있을 것으로 생각된다.

과정과 문화 현상

인간은 크고 작은, 또 길고 짧은 무수한 과정들 속에 존재해 있다. 그래서 인간의 존재는 무수한 과정들로 이루어져 있다고 말할 수 있다. 광자들, 그것들로 이루어진 물질들의 운동 과정들, 그것들을 통해 이루어지는 광자들과 물질들의 변화 과정들 등으로 이루어져 있는 것이다. 그런데 인간의 존재를 구성하는 이와 같은 과정들은 운동 주체들의 성립을 통해 이루어진다. 그렇다면 그러한 운동 주체들은 어떻게 이 공간에 성립되어 나온 것일까? 모든 과정들이 과정 인자, 즉 광자의 공간 이동 과정과 그것을 통한 광자의 변화 과정으로 이루어졌다는 점을 감안해 보면, 역시 공간 속에서 과정을 만드는 이동 주체도 광자들이 결합하여 물질을 이루게 되고 또 그것들이 물체를 구성하게 됨으로써 성립된다.

이 경우 광자들이 결합하여 하나의 이동 주체들로 전환해 나와, 또 그것들이 새로운 과정을 만드는 과정은 다음과 같다. 우선 광자가 직진하는 과정에서 다른 광자나 물체와 부딪힌다. 이 경우 직진광자는 충돌을 계기로 파장이 짧은 것들이 되고 또 일부는 파장이 긴 것들로 깨진다. 그래서 일부는 반사 운동을 통해 다른 곳으로 직진하고 또 다른 일부는 굴절 운동 등을 통해 충돌물체 속으로도 흡수된다. 흡수된 그것들은 위치에너지로 변화하여 충돌물체의 질량의 일부로 전환된다. 이 경우 직진광자가 어떤 대상과 부딪혀 반사해 나갈 때, 그냥 나가는 것 같지만 사실은 그렇지 않다.

1905년에 아인슈타인에 의해 발표된 광양자설의 초석을 이루는 **광전 효과*** 에 의하면, 금속에 빛을 충돌시키면 그 금속의 표면으로부터 전자가 튀어나온다. 물론 언제나 전자가 튀어나오는 것은 아니다. 그 금 속도 결국 어떤 파장을 갖는 광자들로 이루어진 것으로서 그 금속을 이루는 광자의 파장보다 짧아야 그렇게 되는 것이다. 바꾸어 말해서 금속 내 광자의 파장보다 긴 파장을 아무리 강하게 충돌시켜도 그 금속으로부터는 전자가 튀어나오지 않는다. 이는 파도가 아무리

---

*광전 효과光電效果/photoelectric effect : 아인슈타인이 빛의 입자성을 이용하여 설명한 현상으로 금속 등의 물질에 일정한 진동수 이상의 빛을 비추었을 때, 물질의 표면에서 전자가 튀어나오는 현상이다. 튀어나온 전자의 상태에 따라 광이온화, 내부 광전 효과, 광기전력 효과로 나뉜다. 참10

와 부딪혀도 꿈쩍하지 않던 해변가의 바위가 대포알을 맞고 대번에 튀어나오는 현상과도 같다.[38]

이 우주는 무수한 종류의 파장을 가진 광자들이 산란하는 장소이다. 파장이 짧은 빛이 그것보다 더 파장이 짧은 빛과 충돌할 경우도 있고, 더 긴 파장의 빛들과 충돌할 경우도 있다. 파장이 짧은 빛과 긴 빛이 충돌할 경우는 반사보다도 굴절 현상이 더 강하게 일어난다. 이 경우 파장이 짧은 빛은 파장이 긴 빛의 광자를 취하게 된다. 빛이 어떤 물체에 가서 부딪힐 경우도 마찬가지다. 파장이 짧은 강한 빛일 경우는 그 물체에 흡수되는 양이 많고, 파장이 긴 빛일 경우는 반사되는 양이 많다. 이와 같이 서로 다른 파장의 광자들이 충돌함으로써 이동 주체가 형성되기도 하고 해체되기도 한다.

이처럼, 어떠한 주체도 무수한 광자들의 이동 과정 속에 존재해 있고 그것들과의 관계를 통해 변화해 가고 있다. 하나의 이동 주체가 다른 장소로 이동해 간다든가, 또는 한 상태에서 어떤 다른 상태로 변화해 간다는 것은 이상과 같은 무수한 광자들과의 충돌을 통해 그것이 가지고 있는 광자들을 뺏고 뺏기는 과정 속에서 일어난다. 다시 말해서 이동 주체는 빛을 받는 과정에서 빛으로부터 자신이 소유하고 있는 것보다 더 강한 광자를 받고, 받은 광자보다 덜 강한 자신의 광자를 자신에게 던진 빛에 내보낸다. 이동 주체가 충돌하는 빛과의 관련 속에서 말해본다면, 이동 주체는 직진을 통해 자신과 충돌한 빛으로부터 자신이 필요로 하는 광자들을 받아들이고, 반사 운동을 통해 자신이 가지고 있는 광자들의 일부를 상대에게 넘겨 줌으로써 변화해 간다. 즉, 그것은 이러한 수수授受 작용을 통해 여러 차원의 물질적 단계들을 만들어 변화해 간다.

우주 공간의 빛 속에 존재하는 모든 것들은 빛의 직진, 반사, 굴절 운동을 통해 이러한 수수 작용을 해 감으로써 변화해 가고 있다. 원자 속에서의 전자의 경우도 마찬가지다. 전자는 외부로부터 들어오는 광자들과 부딪혀 핵 둘레를 회전해 가면서 반사 운동을 통해 자신이 가지고 있는 광자들을 밖으로 내보낸다. 핵을 이루는 중성자와 양성자의 경우에 있어서도 마찬가지다. 그것들은 비좁은 공간 속에서의 직진, 반사, 굴절 운동을 통해 각종 파장들의 광자들과 무수한 충돌들을 통해 필요한 광자들을 받아들이고 불필요한 광자들은 방출한다. 그러한 과정 속에서 핵의 결합과 분해 현상이 일어나게 되는 것이다.

만일, 외부로부터 직진해 오는 광자들로부터의 충격에 인한 자극이 적으면 적을수록 이동 주체의 이동 운동과 그로 인한 이동 주체의 변화는 적게 일어난다. 이와 같은 현상은 핵의 변화 차원에서 적용되는 것이 아니다. 물체의 물리적 변화, 즉 물질의 상태 변화, 물질의 성질 변화, 즉 물질의 화학적 변화, 식물이나 동물의 생물학적 변화 등도 결국 이와 같은 광자들의 충돌 과정에서의 광자반사와 굴절 작용을 통해 일어나는 것으로 여겨진다.

식물이나 동물의 경우에서의 성장이나 변화는 물질대사物質代謝/metabolism의 작용을 통해 일어난다. 물질대사란 대개 **광합성***과 같은 **동화 작용****과 **발효*****와 같은 **이화 작용********을 통칭한다. 이 경우 동화 작용이란 생물 A가 외부로부터 필요한 것들을 흡수해서 그것들을 합성해 축적해 가는 과정에서 발생한다. 이에 대해 이화 작용은 그 축적된 에너지를 분해해서 방출해 가는 과정에서 일어나는 현상이다. 이 경우 생물은 물질대사에 소요되는 에너지원을 외부로부터 흡수한다. 예를 들어, 식물의 경우 녹색식물의 탄소동화 작용에 필요한 에너지는 광자의 운동에너지이다. 동물의 경우 식물이 탄소 작용을 통해 만들어 놓은 광합성 물질을 섭취하여 그것에 내재된 에너지를 이용, 외부로부터 산소를 받아들인다. 그래

---

*광합성光合成/photosynthesis : 녹색식물이 빛에너지를 이용해 이산화탄소CO_2와 물H_2O로부터 유기물을 합성하는 작용. 참10

**동화 작용同化作用/anabolism : 생물이 외부로부터 받아들인 저분자 유기물이나 무기물을 이용해, 자신에게 필요한 고분자 화합물을 합성하는 작용. 녹색식물은 이산화탄소와 같이 간단한 분자로부터 녹말과 같은 복잡한 분자를 합성한다. 이 과정이 바로 광합성이며 광합성은 동화 작용의 대표적인 예이다. 동화 작용은 생체 내에서 일어나는 물질대사 중 합성이 진행되는 과정을 말한다. 참10

***발효醱酵/fermentation : 미생물이 자신이 가지고 있는 효소를 이용해 유기물을 분해시키는 과정을 발효라고 한다. 발효 반응과 부패 반응은 비슷한 과정에 의해 진행되지만 분해 결과, 우리의 생활에 유용하게 사용되는 물질이 만들어지면 발효라 하고 악취가 나거나 유해한 물질이 만들어지면 부패라고 한다. 참10

****이화 작용異化作用/catabolism : 생물이 체내에서 고분자 유기물을 좀더 간단한 저분자 유기물이나 무기물로 분해하는 과정. 참10

서 그것을 가지고 산화 작용을 통해 음식물을 분해해서 그것으로부터 나오는 에너지를 가지고 움직여 가며 변화해 간다. 이와 같이 생물도 직진해 오는 광자들의 충돌로 인해 일어나는 광자들의 반사와 흡수 운동 과정에서 일어나는 이산화탄소의 흡수와 산소의 배출 작용을 기초로 변화해 가는 것이다.

이와 같은 차원에서 식물은 여러 광자들을 통한 물질들의 합성기관이고 동물은 광자들로 합성된 물질들의 분해기관이라고 말할 수 있다. 또, 인간이라는 동물은 식물뿐 아니라 광자들의 합성물을 잔뜩 축적하고 있는 동물을 섭취해서 살아가고 있는 존재이다. 이 점을 감안해 볼 때, 우리는 인간을 동물과 분리시켜 생각해 볼 수 있다. 인간은 왜 식물과 동물에 의해 만들어진 광합성 물질을 섭취하여 그것을 분해해 가고 있는 것인가? 우선 생물학적으로 대답해 보면, 인간은 움직이기 위해 그것을 분해해 간다. 그러면 인간은 왜 움직여 가고 있는가?

인간의 삶은 육체적·정신적 운동을 통해 이루어진다. 그러한 운동은 다른 사람들과 무언가를 해 가고 무언가를 만들어 가는 과정에서 행해진다. 그러한 운동들은 결국 기존의 도구를 가지고 더 좋은 도구를 만들어 그것들을 통해 보다 의미 있는 삶을 실현해 보려는 쪽으로 이루어지고 있다. 인간에게서의 도구란 보다 편리하고 효과적으로 일을 해 낼 수 있는 수단이다. 인간의 먹이로 이용되는 식물의 열매가 식물의 광합성 작용의 결과라면, 역시 인간의 먹이로 취해질 수 있는 동물의 근육 또한 식물의 광합성 작용의 결과로 만들어진 것들의 축적물이다.

인간의 경우에서의 도구란 식물의 열매나 동물의 근육에 해당되는 것으로 보아야 할 것 같다. 식물이 호흡 작용을 통해 열매를 만들어 놓았다면, 동물은 육체적 활동을 통해 그것들을 자신의 몸속에 축적해 놓았다. 이에 대해 인간은 식물에 의해 만들어진 열매나 산소, 동물에 의해 만들어진 지방 등을 섭취해서 일을 행해 간다. 인간은 일을 통해 집을 짓고, 도로를 만들고, 기계를 만들고, 글을 써서 책을 만들어 간다. 식물과 동물을 섭취해서 그러한 도구들을 만든 사람들은 그것들을 후세에 남겨 놓고 세상을 떠난다. 후손들은 그것들을 이용해서 그것들보다 더 나은 것을 만들어 간다. 이렇게 도구를 만들어 가는 인간의 행위를 우리는 인간의 문화적 행위라 한다.

이상과 같은 측면에서 고찰해 볼 때, 과정의 성립 요소의 하나로서의 이동 주체는 직진해 오는 무수한 광자들과의 충돌을 통해 성립되어, 충돌 시 광자들로부터 받는 운동에너지를 통해 공간을 이동해 가면서 자신을 변화시켜 새로운 과정들을 만들어 간다. 이 경우 이동 주체는 직진해 오는 광자들과의 충돌 과정에서 일어나는 반사와 굴절 운동을 통해 필요한 것을 받아들이고 불필요한 것을 폐기시킴으로써 자신을 변화시켜 나간다. 또 그것은 그러한 지속적인 수용과 폐기 작용을 통해 새로운 이동 주체로 전환되어 새로운 과정을 창출해 간다. 인간 또한, 다양한 차원에서 필요한 것을 섭취하고 불필요한 것들을 버리는 물질대사 작용과 문화 현상 등과 같은 여러 작용들을 통해 지상 공간을 이동하며 자신을 변화시켜 나가고, 또 끊임없이 새로운 도구들을 만들어 새로운 과정들을 창출해 간다.

이와 같은 인간의 문화적 행위는 인간과 인간 자신이 처해 있는 환경과의 관계를 한층 더 높은 미학적 상태로 변형시키려는 행위임에 틀림없고, 결국은 기존의 불필요한 것들을 버리고 새로운 것을 받아들이는 행위임에 틀림없다. 즉, 인간에게서의 문화 현상은 수용과 폐기 행위를 통해 일어나는 현상이다. 도덕적으로 말할 것 같으면, 인간의 그러한 문화적 행위란 자기 것을 버리고 남의 것을 받아들이는 행위이다. 또 사회적으로는 자기의 일부를 버리고 남의 일부를 받아들여 보다 더 훌륭하고 조화로운 것을 창출해 가는 행위이다.

문화적 행위를 통해서만이 인간은 자신의 한계성을 극복하고 새로운 인간으로 전환해 신과 같은 초월적 경지에까지 이를 수 있다. 이러한 인간의 문화적 행위는 그동안 물질적 변화, 생물학적 변화, 문화적 변화 등을 통한 우주 체험의 과정에서 불편한 상태를 불편한 상태로 인식해 내고 이상적인 것을 이상적인 것으로 인식해 낼 수 있는 의식 현상을 통해 이루어져 왔다. 이러한 측면에서 인간의 문화적 행위는 인간의 의식이 불편한 것과 편리한 것, 선한 것과 악한 것, 현실과 이상, 흰 것과 검은 것, 아름다운 것과 추한 것 등에 대한 구분이 불필요할 때까지 지속되어 갈 것이다.

인간은 의식 현상과 생명 현상, 그리고 물질 현상의 세 차원의 현상들을 통해 존재하고 있다. 의식 현상이란 지상 공간에 살고 있는 인간의 의식 세계에서 일어나는 현상이고, 생명 현상이란 우주 공간에 처해 있는 지구의 지상 공간에서 일어나는 현상이다. 또, 물질 현상은 절대 공간에 처해 있는 우주 속에서 일어나는 현상이다.

의식 현상이란 인간의 의식 세계 속에서의 의식 운동과 의식 변화 등을 가리킨다. 의식 세계에서의 의식 운동과 의식 변화는 인간의 지상 공간의 이동을 통해 일어나고, 생명 현상은 지상 공간에서의 생명체들의 운동과 생명체들의 변화로 구성된다. 그런데 지상 공간 속에서의 이러한 생명 운동과 변화는 지구의 우주 공간 이동을 통해 일어난다. 물질 현상은 우주 공간 속에서의 물질 운동과 물질 변화를 가리키고, 그것은 우주가 절대진공을 이동해 가는 과정에서 일어난다. 이와 같이 인간에게서 의식 현상이란 생명 현상을 토대로 이루어지고 생명 현상은 물질 현상을 토대로 이루어진다.

이와 같은 점을 감안해 볼 때, 인간의 존재는 의식적 차원, 생물학적 차원, 그리고 물질적 차원의 삶으로 이루어진 것으로 이해된다. 사실상 인간은 어느 때는 의식적 차원을 통해, 어느 때는 생물학적 차원을 통해, 또 어느 때는 물질적 차원을 통해 삶을 영위해 간다.

인간에게서의 의식적 차원의 삶이란 어떠한 것인가? 의식으로서의 삶이란 어떠한 것인가? 인간에게서의 의식이란 '무엇'에 대한 의식이다. 따라서 인간으로서의 의식적 차원의 삶이란 인간이 '무엇인가'에 대해 의식하면서 살아갈 때 성립된다. 의식의 대상들로 이루어진 삶이란 의미이다. 무엇인가에 대해 의식을 하고 그것을 통해 삶의 가치를 느끼며 살아가는 삶이다. 인간은 많은 것들을 생각하면서 살아가고 그것들을 의식해 가면서 살아간다. 그러니까 의식적 차원의 삶이란 그러한 생각들이나 의식들로 이루어진 삶을 말한다.

예를 들어, 한 인간이 가족과 떨어져 있으면서 항상 가족들을 생각하고 그들이

웃는 얼굴을 상상하고는 기쁨을 느끼며 그들의 우울한 모습을 기억해 내고는 감상에 젖어 살아간다면, 그의 삶은 가족과 함께 살아가는 삶, 가족들을 통해 살아가는 삶이 된다. 반대로 가족과 같은 집에 살면서 그들을 의식하지 않거나 생각하지 않고 살아가는 삶은 그들과 함께 살아가는 삶이라 볼 수 없다. 그러니까 항상 표현의 대상만을 의식해 가며 살아가는 예술가의 삶이나 혹은 항상 신을 찬양하고 약한 자를 생각하며 살아가는 종교인의 삶이라든가 또는 우주만물을 탐구해 가며 살아가는 철학자의 삶 등이 의식적 차원의 삶이라 할 수 있다. 어떤 것을 생각하거나 의식할 때, 또는 어떤 것을 보거나 들었을 때의 느낌을 통해 가치를 찾으려는 삶이 가장 전형적인 의식적 차원의 삶인 것이다.

이 경우 우리들의 의식 대상들이 누구의 것들인가는 결코 문제되지 않는다. 즉, 의식 대상이 내 것이든 남의 것이든 문제되지 않는다. 의식적 차원의 삶에서의 존재는 이와 같이 소유권을 초월한다. 시공간도 초월한다. 설혹 앞으로 만날 수 없는 사람이더라도 그를 생각하며 그와의 추억을 그리워하며 그와의 정다웠던 일들을 기억해 내며 살아가는 삶은 그와 더불어 살아가는 삶인 것이다. 실제 만나서 기쁜 것이나 실제 그를 생각해서 기쁜 것이나 의식적 차원에서는 똑같은 가치를 갖는다.

의식적 차원의 삶을 지향해 가는 사람들은 도시의 건물들 사이를 지나가며 건물들을 보고 그것들이 누구의 것인지에 관해 관심을 갖지 않는다. 그들은 그 건물들의 선線들에 내재된 아름다움을 직접적으로 향유하려 할 뿐이다. 고흐의 그림을 소유해서 기쁨을 느끼는 것이 아니라 고흐의 그림을 보고 그것 속의 풍경이 좋아서 기쁨을 느끼는 것이다. 이와 같이 인간에게서의 의식적 차원의 삶이란 인간이 자신들의 의식 대상들을 통해 자신의 삶을 영위해 가는 차원의 삶을 의미한다.

이에 대해 인간에게서의 생물학적 차원의 삶이란 어떠한 삶인가? 앞에서도 지적했다시피, 인간에 의해 해석되는 생물학적 차원의 삶은 한마디로 활동에너지를 축적해 가는 삶이다. 식물은 탄소동화 작용, 산화 작용을 통해 외부로부터 취한 물질들을 에너지로 전환시켜 축적해 간다. 동물도 식물에 의해 만들어진

에너지를 자신의 몸속에 축적해 간다. 식물의 삶은 필요로 하는 것을 밖으로부터 빨아들이고 불필요한 것들을 버려가며 자신과 종족의 번식에 필요한 에너지를 축적해 가는 삶이다. 동물의 삶은 식물에서 취한 에너지를 이용해서 지상을 이동하면서 식물이나 다른 동물이 만든 에너지를 거두어들이는 삶이다. 따라서 식물과 동물의 삶은 외부로부터 자기 쪽으로 필요한 것을 취하려는 쪽으로만 발달되어 있다. 필요한 물질을 소유하고 불필요한 것을 버리는 삶이다. 먹이를 취해 자신의 몸속에 저장해 두려는 데만 관심이 있다. 그러니까 맛이 있는지 없는지 의식해 가면서 먹는 것 같지는 않다.

이와 같이 생물들의 삶은 무엇을 보고 느끼거나 의식하는 것이 아니라, 무엇인가를 취해서 그것을 소유하려는 생각들과 그러한 생각들을 실현하려는 행위들로 일관된 삶이다. 돼지를 다루어 본 사람은 돼지를 이해할 수 있다. 돼지는 죽어도 그저 먹이를 취하려는 데만 관심이 있다. 인간도 생물의 일종이고 특히나 동물의 일종인 한, 인간의 삶에도 식물이나 동물과 같은 그러한 생물학적 삶이 내재되어 있다.

인간에게서의 생물학적 차원의 삶이란 여타 생물의 경우처럼 자신에게 필요한 것을 소유해 감으로써 삶의 의미를 느껴가는 삶이다. 어떤 사과나무는 바람이 불면 자신의 몸을 지탱하지 못할 정도로 끊임없는 탄소동화 작용과 산화 작용을 통해 많은 사과열매를 맺는다. 감나무나 호박이나 벼도 마찬가지다. 거름이 있으면 있는 대로, 비료를 주면 주는 대로 다 흡수해서 나중에는 스스로 몸을 가누지도 못하고 비바람에 쓰러지고 만다. 소나 돼지도 배가 터지도록 먹이를 다 먹는다.

생물학적 삶을 지향하는 사람들도 그와 마찬가지일 것이다. 일평생 다 쓰지도 못할 정도로 많은 재산을 축적해 놓고서도 법을 어겨 가면서 더 축재하다가 쇠고랑을 찬다. 정상적인 사람들은 필요한 것을 취하고 불필요한 것을 버리는 과정에 삶의 의미를 느끼는 자들이다.

고흐의 그림을 보고 기쁨을 취하려는 것이 아니라 그것을 자신이 소유함으로써 기쁨을 취한다. 인간에게서의 생물학적 차원의 삶은 생물의 경우처럼 끝없이 자기를 복제해 가려는 삶이다. 끝없이 자신을 유지해 가려는 삶이다. 식물이나 동물이 DNA를 통해서 끊임없이 자신을 복제해 자신을 표현해 가듯, 인간의 삶에도 끊임없이 자신을 표현해 가려는 일면이 내재되어 있다. 예술가가 자신을 사람들에게 표현하고, 절대적인 것에게 인간을 표현하려는 욕망을 통해 행해지는 삶은, 의식적 차원의 삶에 해당되는 것이 아니라 생물학적 차원의 삶에 해당된다. 예술가가 자신이나 자신과 같은 인간을 음이나 문자로, 혹은 그림이나 조각으로 물화物化시켜 가는 삶은 의식적 차원의 삶이기는 하지만, 그것에는 자기 자신을 끝없이 소유해 보려는 생물학적 삶도 내재되어 있는 것으로 이해된다.

물질적 차원의 삶이란 어떠한 것인가? 한마디로 물질로서의 삶을 의미한다. 인간의 몸은 여러 물질들로 구성되어 있다. 엄밀히 따지고 보면 인간의 정신 작용도 물질 작용의 일종이다. 물질이란 높은 에너지 상태에서 낮은 에너지 상태로, 또 동적 상태에서 정적 상태로 전환하려는 속성을 갖는 존재이다. 자기와 같은 것은 배척하고 자기와 다른 것은 끌어당기는 속성을 갖는 존재이기도 하다. 물질의 본질을 이루는 광자photon가 그러하듯이, 물질은 끊임없이 공간을 이동하면서 자신을 변화시켜 가는 존재이다. 인간도 물질로 구성된 존재인 한, 인간에게도 그러한 물질의 속성들이 내재되어 있다. 인간의 몸에는 양전기도 들어 있고 음전기도 들어 있다. 그래서 어떤 것으로부터는 끌리고, 또 어떤 것으로부터는 배척당한다. 정적인 것을 위해 동적인 것 추구해 간다. 다시 말해서, 동적인 것의 추구는 그보다 차원 높은 정적인 세계를 추구해 가는 과정에서 행해진다. 인간의 기본적 행동 양식은 광자의 경우처럼 직진과 반사와 굴절 운동을 기초로 해서 이루어진다.

그렇다면 인간은 왜 어떤 대상을 의식해 가고, 왜 어떤 대상을 소유하려 하고, 또 소유한 것을 변화시키려 하는가? 인간의 의식 활동은 생물학적 현상과 물리적 세계를 토대로 하여 일어난다. 그것은 인간의 생물학적 현상의 출발을 통해 시작되었고 그것과 맞물려 이루어지며 그것의 정지와 함께 끝난다. 앞에서도 언급했듯이 인간의 의식은 어떤 대상에 대한 의식을 말한다. 따라서 어떤 대상이 없으면 의식은 존재하지 않는다. 한 인간에 있어서 의식 대상이 완전히 사라지면 그 인간은 설혹 생물학적으로는 살아 있다 하더라도 의식적 차원에서는 죽은 것이나 다름없다. 한 인간이 기억 속에서 어떤 것을 완전히 지어 버렸을 때, 그 인간에게서의 그것은 죽은 것이나 다름없다. 바꾸어 말하자면, 의식차원의 삶이 의식 대상들로 이루어진다면, 적어도 사라져 버린 의식 대상들로 이루어졌던 삶의 부분은 없어져 버린 것이나 다름없다. 이와 같이 인간에게서의 하나하나의 의식은 그 의식 현상을 일으키는 생물학적 현상이나 의식 대상을 이루는 물리적 세계와는 관계없이 의식 세계의 차원에서의 독자적인 생명을 갖는 존재이다.

이와 같은 차원에서 생각해 볼 때, 인간이 의식 현상을 일으키는 생물학적 삶을 영위해 가는 한, 얼마든지 의식적 차원에서의 죽음을 기도할 수 있다. 이 죽음을 우리는 '의식으로서의 죽음', 혹은 '의식 차원의 죽음'이라 명명해 볼 수 있다.

인간에게는 의식적 죽음 외에도 또 다른 두 차원의 죽음이 있다. 그것은 '생물학적 차원의 죽음'과 '물리적 차원의 죽음'이다. 즉, 인간의 생물로서의 죽음과 물질로서의 죽음을 가리킨다. 그런데 우리가 이야기하는 인간의 죽음은 생물학적 차원의 죽음, 즉 생물로서의 죽음을 가리킨다. 인간에게서의 이러한 사생관은 극히 최근에 성립되어 나온 것으로, 현대인의 사생관은 바로 이 생물학적 사생관을 기초로 하여 이루어진 사생관이다. 그것은 인간의 모든 현상을 생물학적으로 파악하려는 입장을 토대로 성립되었다. 그러나 복합적 차원으로 구성된 인간의 삶을 분석해 보면, 인간은 분명 생물로서 만은 살아가고 있지 않는 존재는 아니다. 의식으로서도 살아가고 물질로서도 살아간다. 생물의 특징이 그것이 처한 물리적 환경 속에서의 유기적 움직임에 있다면, 의식 또한 그것이 처한 의식 세계 속에서 유기적임에 있다고 볼 수 있다. 인간의 몸을 구성하는 물질들의 경우도 독자적으로 변화해 가고 있다. 인간이 생물학적으로 죽었다고 하더라도 물질적 차원에서는 그것이 처해 있는 물질들과의 물리적 관계를 가지고 계속 움직이며 변화해 가고 있다.

이와 같은 측면에서 파악해 볼 때, 앞에서도 언급했듯이 인간에게서의 생물학적 차원의 죽음이란 이차적 죽음에 지나지 않는다. 인간에게서의 일차적 죽음, 즉 제1의 죽음이란 의식 차원의 죽음이다. 다음으로 생물학적 차원의 죽음이 제2의 죽음이고, 인간의 궁극적 죽음이라 할 수 있는 물질적 죽음이 제3의 죽음이다. 일반적으로 죽음이란 끝을 가리킨다. 어떤 것을 과정으로 이해했을 때 그 과정의 끝이란 죽음을 의미한다. 인간의 죽음이란 생명을 통해 이루어지는 삶의 과정의 끝을 의미한다.

현재 인간은 인간의 생명체로서의 유기적 활동의 정지를 죽음으로 보고 있다. 이것에 대한 인간의 감정은 일반적으로 슬픔으로 표현된다. 죽음에 대한 의식은 물리적 측면에서의 생명체로서는 유기적 활동의 정지이며, 그 자체가 무엇을 의미하든 일단 허무한 것으로 표현된다. 그렇다면 현대인들은 왜 생명체로서의 유기적 활동의 정지 상태를 허무한 것으로 의식하게 된 것인가? 그것은 일차적으로 죽음을 직면하는 의식 그 자체에 문제가 있기 때문이다. 그것을 직면하는 인간의 의식이 생물학적 속성만을 통해서 그 유기적 활동의 정지 상태를 해석해 내려 하기 때문이다. 즉, 그것은 인간에게서의 가장 대표적인 생물학적 속성이라 할 수 있는 소유욕을 가지고 인간의 생명체로서의 유기적 활동의 정지 상태에 접근해 갔기 때문이다.

인간의 생명 작용은 물리적 현상을 토대로 해서 성립되었다. 그래서 그것은 물리적 현상의 지배하에서 이루어진다. 따라서 인간에게서의 생명 작용의 의미는 물리적 현상의 본질적 파악을 통해 이해될 수 있다. 그러한 의미에서 인간에게서의 생명 활동의 끝으로서의 죽음에 대한 의식이나 의미도 생명 현상의 토대를 이루는 물리적 현상의 본질적 이해를 통해 파악될 수 있다. 그러한 의미에서 인간에게서의 생명 과정의 끝에 대한 의식, 즉 인간의 죽음에 대한 의식은 생물학적 차원에서보다는, 그것의 토대를 이루는 물리적 차원에서 파악되어져야 한다는 입장이 제기된다. 그렇다면 인간에게서의 물리적 현상의 끝은 어떠한 것이며, 또 그것은 어떻게 인식될 수 있는가?

현재 인간이 살고 있는 우주는 중성자보다도 더 작은 원시 우주가 폭발해서 성립되어 나온 것이다. 당시 원시 우주가 폭발하게 된 것은 그것이 존재해 있던 원시 공간과의 이상적 관계가 유지되지 못했었기 때문이다. 그래서 원시 우주는 원시 공간과의 새로운 관계를 모색하기 위해 자신을 해체시켰던 것이다. 그것이 대폭발이다. 대폭발 이전 우주는 수축을 통해서 원시 공간과의 조화로운 관계를 모색해 보려 했던 것 같다. 그것은 원시 우주가 초고온·초고밀 상태로 수축했던 것으로 보아 추측할 수 있다. 그러나 그것이 불가능해지자 이번에는 해체를 통해 원시 공간과의 합일에 이르려는 단계에 접어들었다. 현재 우주는 우주팽창 과정을 통해 우주 속에 존재하는 모든 물질들을 광자로 재차 분해시켜 가고 있는 것이다. 우주 공간이 절대진공과의 열적 평등 상태를 지향해 나가는 우주팽창 과정과 맞물려, 우주의 모든 존재들은 빛(열)으로의 자기분해에 동참해 가고 있다.

모든 천체들은 중력 작용을 통해 생성과 소멸을 반복해 가면서 물질을 빛(열)으로 전환시켜 나가고 있고, 물질대사·생장·번식 등과 같은 생명 현상들을 통해 물질들을 빛(열)으로 분해시켜 나가고 있다. 또 모든 무생물들은 분자를 원자들로 분해시키고, 또 그것들을 핵분열을 통해 소립자들로 또 그것들을 광자(열)로 전환해 나가고 있다는 것이다.

현재의 우주는 절대진공과의 합일을 시도해 가는 과정이다. 그 가능성의 여부는 현재의 인간으로서는 알 수 없다. 단지 인간은 우주가 어떠한 폭발도 일어나지 않을 합일 상태로 가는 과정 속에 존재해 있다는 사실만을 이해할 수 있을 뿐이다. 그러한 우주와 그것을 둘러싸고 있는 절대진공과의 합일시점이 물리적 현상의 정지점으로 상정되어질 수 있다. 우리는 그러한 물리적 현상이 정지된 상태를 물질의 **절대적 정지 상태***라 말할 수 있다. 절대적 상태란 모든 것이 포용된 상태이다. 절대적 상태가 더 이상의 운동이 필요치 않은 정지 상태라면, 그 상태 또한 또 다른 살아서 움직이는 어떤 활동 상태이기도 하다. 절대적 정지 상태란 대립이 해소된 상태이다. 있음이 없음이고 흰 것이 검은 것인, 그런 상태를 의미한다. 모든 것이 존재하지 않는 상태이고 모든 것이 존재해 있는 상태이다. 만나려면 모든 것들과 만날 수 있는 장소이고 그러지 않으려면 모든 것과 만나지 않을 수

*절대적 정지 상태 : 헬름홀츠Hermann Helmholtz는 1854년 열역학 제2법칙에 의거해 '우주는 최종적으로 온도 일정의 상태가 되어 영원한 휴지 상태에 빠지게 된다'는 입장을 취했다. 우주의 온도가 절대온도 3K에 다다르면 우주 내의 모든 기체 운동이 완전 정지된다는 것과 같은 말이다. 이에 대해 팡리즈·리슈센은 그의 그러한 '열적 죽음설은 우주의 팽창설'에 의해 극복될 수 있다는 입장을 제시하고 있다. 참27, 103면

있는 장소이기도 하다. 의식 현상, 생물학적 현상, 물리적 현상을 토대로 성립되어 있는 인간의 생명 현상이 끝나는 지점이란 바로 이러한 지점일 것임에 틀림없다. 인간의 생물학적 죽음이 인간의 물질적 죽음이 이루어지는 그러한 상태를 통해 인식되어짐으로써, 현재 그것이 불러일으키는 생에 대한 허무의식이 극복될 수 있다. 뿐만 아니라, 현대인은 인간의 그러한 물질적 죽음에 대한 의식을 통해 존재의 무한한 의미를 창조해 갈 수도 있을 것이다.

이상과 같이 인간의 존재는 다섯 차원, 즉 비존재, 우주, 지구, 생물, 의식으로 이루어져 있다. 이 경우 하위차원은 상위차원의 존재 공간을 구성하는 존재들의 존재 공간으로 존재하게 된다. 이처럼 인간은 다섯 차원의 공간이 공존하는 공간 속의 한 존재로 존재해 있다. 이와 같이 생각해 볼 때, 인간에게서의 죽음은 여러 차원의 공간들과 존재들이 합일에 이르는 과정에서 일어나는 현상으로 파악된다.

이러한 측면에서 고찰해 볼 때 이러한 우주 공간에서의 한 생명체로서의 인간의 탄생과 죽음은 우주의 대생명 체계라 할 수 있는 우주팽창 과정과 맞물려 열려 있는 인간의 생명 과정의 한 단계로 인식되지 않을 수 없는 것이다.

현재 인간에게서의 죽음은 단지 생물학적 차원에서 인식된 죽음을 의미한다. 그런데 여기에서 필자가 강조하고자 하는 것은 인간이 자신의 죽음을 생물학적 차원에서만 문제시했다고 하는 것이다. 그 이유는 인간을 생명체로만 인식했기 때문이다. 그러나 사실은 결코 그렇지 않다.인간은 생명체 이전에 각종 물질들로 이루어진 물체이고, 물체 이전에 무수한 종류의 광자들로 이루어진 빛덩이이기도 하다는 것이다. 따라서 문제는 인간 중심적 차원 내지 생명 중심적 차원에서만 인간의 죽음을 인식해 왔기 때문이었다고 하는 것이다. 생명 체계의 기초를 이루는 유기물이나 혹은 그것의 토대를 이루는 무기물의 차원에서 인간의 죽음을 이해해 본다면 죽음의 문제는 이론적으로 해결 될 수 있다는 것이다. 입자 물리학자들에 의하면 '인간은 생리학적으로 3차원보다 더 높은 차원의 공간을 지각하도록 설계되어 있지 않으며 빛이나 중력은 물론 말할 것도 없고 세계를 파악하기 위해 만들어진 모든 관측 도구들은 오로지 3차원 공간만이 존재하는 것처럼 보여주고 있다'는 것이다.[39] 그러나 사실 이 우주에는 3차원 이상 공간이 존재한다고 하는 것이다. 예컨대 스웨덴 출신의 오스카르 클라인Oskar Klein 등와 같은 수학자는 이미 1926년에 이 우주에는 3차원 이외의 여분 차원의 공간이 10^{-33}cm 크기로 말려 있을 것이라는 학설을 제시한 바 있다. 우리가 처한 세계에 대한 과학자들의 이와 같은 언급에 대해 우리는 더 이상 들어 볼 필요가 없다. 원자핵은 중성자와 양성자로 되어 있다. 또 그것들은 쿼크들로 이루어져 있다. 또 원자는 전자와 원자핵으로 이루어져 있다. 분자는 원소들로 구성되어 있고, 물질은 분자들로 구성되어 있다. 필자가 여기에서 말하고자 하는 것은 원자핵에는 그것을 구성하는 중성자, 양성자의 세계가 있고, 원자에는 그것을 구성하는 전자와 원자핵의 세계가 존재하며, 분자에는 그것을 구성하는 원소들의 세계가 존재한다는 것이다. 한마디로 말해 그러한 세계들도 인간이 존재해 있는 지상에 대응될 수 있는 세계들이라고 하는 것이다. 이러한 점들을 고려해 볼 때 인간의 죽음은 이 지상 세계에서의 생물학적 차원의 죽음에 불과하다는 것이지 분자나 원자 등과 같은 물질적 차원의 죽음은 아니라고 하는 것이다.

제5장

방법과 과정

들어가면서

이것이 나의 '과정'에 대한 접근의 제5 단계이다. '방법과 과정'이라 명명한다.

'방법론方法論/methodology'에서 '방법'은 그리스어 'meta'(-을 따라서)와 'hood'(길)라고 하는 어원으로부터 그 원래의 의미를 찾아볼 수 있다. 또 그것은 한자의 '方(-쪽으로)+法(물의 흐름)'이라고 하는 글자의 조합으로부터 원의를 찾을 수 있다. 이렇게 볼 때 방법은 유럽의 경우 '어떤 길을 따라서'이고, 동아시아의 경우 '물이 흐르는 쪽으로'의 의미를 갖는다. 이와 같이 유럽어에는 동작의 주체가 명시되어 있지만 동아시아어의 경우는 그것이 명시되어 있지 않다.

동서의 '방법'의 어원에는 '동작' 내지 '움직임'의 의미가 내포되어 있음을 알 수 있다. 그런데 그 동작이나 움직임은 단순한 움직임이 아니고 어떤 것에 의거한 동작 내지 움직임을 뜻하며, 또 그것들에는 그것들의 지표指標·근거·토대 등과 같은 의미가 내포되어 있음을 알 수 있다. 이렇게 볼 때, '방법'은 '어떤 주체가 어떤 것을 근거로 해서 움직이다'는 뜻으로 풀이된다. 따라서 어떤 사람이 어떤 것에 대한 방법을 문제시할 때, 그것은 인간이 무엇을 근거로 그것을 해야 하느냐에 관한 것이 된다. 이와 같은 측면에서 방법의 의미를 이해할 때, '방법론'이란 어떤 주체가 무엇을 근거로 하여 어떤 것을 해야 하느냐에 관한 의논議論으로 풀이된다.

신神의 유무도 불확실하고 사회의 발전도 불확실한 이 시대에, 또 인간의 생명이 유한한 이 지상에서, 인간이 정말 의지할 수 있는 것은 과연 무엇인가? 정말 그러한 것이 아무것도 없다고 느껴지는 시대가 바로 현대가 아닌가 싶다. 이러한 의미에서 '현대는 근거 부재의 시대이다'라는 말이 나올 만하다.

그렇지만 현대는 다른 어떤 시대보다도 어떤 것을 행해야 할 '근거'를 문제시하는 시대이기도 하다. 인간이 어떤 것을 행해야 할 '근거'에 대한 활발한 논의가 요구되는 시대이다. 항상 '무엇을 어떻게 할까'라는 문제의식을 가지고 살아가는 인간들에 있어서 그 '무엇'에 대한 관심보다는 '어떻게'에 대한 관심이 증폭되는 시대이다. 현대인은 어떻게 살아갈까, 어떻게 할까, 어떻게 말할까, 어떻게 표현

할까 등을 자문하면서, 항상 '어떻게'와 함께 살아가고 있는 것이다. 그러한 의미에서 이 책에서의 우리들의 '방법과 과정'에 대한 내적 관계에 관한 고찰은 그 나름의 의미를 지니고 있다.

현재까지 방법론에 대한 연구를 고찰해 볼 때, 방법론은 일반 방법론과 개별과학 방법론으로 대별된다. 이것은 일반 방법론의 차원에서 접근된 것이다. 이 경우 '일반 방법론'이란 말은 '개별과학 방법론'과 대응시켜 볼 때, '일반과학 방법론'의 약어로 이해할 수 있다. 일반 방법론은 세계관 내지 시대적 이념의 변천 과정을 따라 변화해 왔다. 즉, 각 시대의 가치관과 깊게 관련되어 변화해 왔다. 이에 대하여 개별과학의 방법론은 연구 대상의 특성에 따라 분류된다. 즉, 연구 대상의 특성과 깊게 관련되어 있다. 그렇다고 해서 일반 방법론이 개별과학의 방법론과 무관한 것은 결코 아니다. 일반 방법론은 개별과학 방법론을 통해 변화해 나왔고, 개별과학 방법론은 일반 방법론을 기초로 성립된 것이다.

본 장은 방법의 본질을 '과정'으로 파악하고, 또 그 과정의 근거를 '광자'로 파악하여 21세기의 방법론을 구축한다는 시각에서 씌어진 것이다.

방법론이란 어떤 대상을 연구하려고 할 때 그 대상의 특성을 어떤 식으로 잡아낼 것인가라는 문제에 대한 논의를 말한다. 연구자들에게서 연구 행위란 어떤 사물을 인식하거나 해명하기 위해 체계적으로 분석하고 고찰하는 행위이다. 그것은 다시 말해, 어떤 대상을 조사하고 분석해서 그것으로부터 어떤 질서를 찾아내서 그 대상을 이용하기 위한 어떤 이론을 만들어 내는 작업이다. 이러한 연구 행위에서의 방법이란 연구 대상을 어떻게 조사하고 분석해서 그것으로부터 어떤 이치를 어떻게 찾아내느냐에 관한 문제인 것이다. 이렇게 볼 때 연구 방법은 연구 대상의 특성과 연구의 목적에 따라 달라질 수 있다. 예를 들어, 빛에 관한 연구, 지질 연구, 암세포 연구, 은하계 연구, 사회발달사 연구, 인간의 의식 작용 연구, 문학작품 연구 등의 경우에서처럼 서로 다른 대상들을 연구하는 방법에 있어서는 대개 차이가 있게 마련이다. 더 나아가 인문과학과 같은 개별과학 내에서도 그 연구 대상이 철학, 문학, 역사 등 어느 분야이냐에 따라 그 방법도 조금씩 다를 수 있다.

이와 같이 연구의 방법상의 차이들이 연구 대상의 특성상의 차이들로부터 생긴다고 하는 것은 두말할 나위가 없다. 그뿐만 아니라 연구의 목적이 무엇이냐에 따라서 그 방법이 달라질 수도 있다. 즉, 인간에게서의 모든 연구 행위의 목적은 궁극적으로 인간을 위한 것이라는 점에서는 동일하다고 볼 수 있으나, 세세하게는 그 목적이 어느 정도 다를 수 있고 이에 따라 연구 방법도 다를 수 있는 것이다. 끝으로 각 분야의 연구 진척도에 따라 그 방법이 달라질 수도 있다. 예를 들어, 같은 문학 분야 중에서도 선고대문학과 같은 미개척 분야는 숨겨진 어떤 내적 연구를 해 나가는 데 있어서 실증주의적 관점이 별 흥미를 끌지 못한다. 그러한 차원의 연구는 누구나 다 할 수 있고, 또 해봤댔자 현재로서는 별 쓸모가 없는 것일지도 모른다. 그 대신 사실에 대한 구조적 접근을 통해 그 사실과 다른 것들과의 숨겨진 내적 관련성을 밝히는 작업을 진행하는 구조주의적 관점이라야 아마 흥미 있는 결과를 내게 될 것이다.

현대의 과학적 연구는 우선, 귀납적 추론에 의한 실증주의적 연구 단계에서 출발하여 귀납법의 한 특수 형태라 할 수 있는 **가설 연역법***에 의한 **논리실증주의적****연구 단계로 전환했다가, 다시 가설 연역법에 의한 구조주의적 연구 단계로 전개되어 왔음을 알 수 있다. 그 연구사에서 볼 수 있듯이, 현재 어떤 연구가 어떤 이론을 끌어낼 만한 상태에까지 진척되지 않았을 경우에 있어서는 귀납적 추론에 의한 실증주의적 연구가 가장 유효하고, 어떤 이론을 끌어낼 정도로 실증주의적 연구가 이루어졌을 경우 가설 연역법에 의한 논리실증주의적 차원이나 구조주의적 차원에서의 연구가 가장 유효한 것으로 여겨진다.

이와 같이 개별 연구의 어느 정도의 방법론상의 차이는 불가피하다. 그러나 어떤 대상에 대한 연구 행위가 그 대상을 조사하고 고찰해서 그것으로부터 어떤 체계적 질서를 파악하려는 행위인 한, 다시 말해서 인간의 연구 행위의 목적이 연구 대상으로부터 어떤 질서를 체계적으로 파악해 보려는 것인 한, 그 질서 파악을 위한 최선의 방법이란 동일한 시대에서는 하나일 수밖에 없다.[1]

우리는 과학의 시대에 살고 있다. 따라서 이 시대에서의 최선의 연구 방법이란 과학적 연구 방법이라 여겨진다. 그렇다면 과학적 연구 방법이란 무엇인가? '과학science'이란 어원상으로 어떤 것에 대한 '체계적 지식'을 의미한다. 따라서 과학

---

*가설 연역법假說演繹法/hypothetical deductive method : 어떤 사물을 통일적으로 설명하기 위하여 두 단계 이상의 가설을 세워서 검증하는 방법. 어떤 사물이나 현상을 연구하는 경우 관찰, 실험, 조사 등으로 입수된 자료를 검토하여 가설을 세운다. 근본적인 전제가 되는 가설은 실험이나 경험에 의해 증명될 수 없기 때문에 실천을 통하여 검증되어야 한다. 즉, 그 가설로부터 몇 개의 명제가 연역되고 그것이 실험이나 관찰, 관측을 통하여 조사됨으로써 그 결과가 전제로 삼은 가설의 참됨 또는 거짓됨을 검증한다. 연역법은 전제되는 가설을 참으로 가정하고 출발하는 데 반하여, 가설 연역적 추론은 전제로 삼은 가설이 참 또는 거짓인지를 알아내는 것에 큰 비중을 둔다. 제시된 명제가 전부 실험에 합격하는 것이 확인되면 원래의 가설은 진리성을 지닌 이론이라는 자격을 얻는다. 검증의 결과가 불만족스러운 경우에는 처음에 설정한 가설을 수정하거나 파기한 뒤, 객관적 실재를 좀더 정확하게 반영하고 검증에 합격할 가능성이 있는 가설을 다시 설정하여야 한다. 이러한 추론 방식은 E. 마하 (실증주의)와 B. 러셀의 (논리학)이 결합하여 이루어졌다. 대부분의 자연과학 이론이 이러한 가설 연역적 추론에 의해 성립한다는 견해가 많으며, 오늘날에는 사회과학에서도 유용한 탐구 방법으로 비중 있게 쓰인다. 참10

**논리실증주의論理實證主義/logical positivism : 1924년경 M. 슐리크를 중심으로 결성된 빈학파Wien學派의 실증주의 철학. 참10

적 방법이란 어떤 대상을 관찰하고 분석해서 그것에 대한 체계적 지식을 취해 내는 방법이다. 그런데 이러한 과학적 방법이 시도된 것은 인간의 육감에 의해 감지되는 세계, 즉 우리의 육감에 의해 감지되는 자연물들로 구성된 자연계를 관찰하고 고찰하는 과정에서부터였다. 자연계를 이루는 어떤 자연물에 대한 관찰은 인간의 육감에 의해 파악된 관찰 대상의 특성들을 기초로 해서 이루어졌다.

당시의 인간들이 자신들의 육감에 의해 감지되는 자연계에 대한 체계적 지식을 취하려는 목적은 그러한 지식을 가지고 인간의 육감에 의해 감지되지 않는 세계에 대한 지식을 갖기 위해서였던 것으로 추측된다. 즉, 과학적 연구의 목적은 육감으로 감지되는 현상계現象界에 대한 체계적 이해를 통해 육감으로 잡히지 않는 세계를 이해해 보려는 것이었다. 이 경우 과학적 방법이란 **귀납적 추론법***을 의미했다. 이것은 인간의 감각에 의해 지각된 구체적인 사실들의 공통적 특징을 통해 인간의 감각에 의해 지각되지 않는 세계의 어떤 질서를 체계적으로 파악하려는 방법이다. 인간의 모든 연구 대상은 자연계, 인간사회, 그리고 인간의 의식세계로 삼등분할 수 있다. 그래서 현재 우리는 이러한 과학적 방법론을 가지고 자연을 연구하는 학문을 자연과학, 사회를 연구하는 학문을 사회과학, 인간의 의식 세계에 의해 이루어지는 인간의 문화적 행위를 연구하는 학문을 인문과학이라 각각 부르고 있는 것이다.

이러한 과학적 귀납법이 확립된 것은 17세기 이후였는데, 그때 이래 서구에서의 학문 연구의 방법론은 귀납적 추리법으로 일반화되었다. 귀납적 추리법이 학문 연구에서의 일반 방법론으로 확립된 것은 인간이 기댈 수 있는 것이라고는 인간의 감각에 의해 직접적으로 감지되는 자연계, 특히 자연계를 일관하는 물리적 질서뿐이라고 하는 생각이 일반화된 이후였다. 따라서 과학적 귀납법이 형성되었던 서구의 근세에서의 어떤 대상의 연구란 그 대상을 일관하는 물리적 질서를 파악하는 것이었고, 그들에게서의 그러한 물리적 질서는 바로 진리眞理였던

---

*귀납법歸納法/inductive method : 귀납적 추리법이라고도 한다. 개별적인 특수한 사실이나 원리로부터 그러한 사례들이 포함되는 좀더 확장된 일반적 명제를 이끌어 내는 것을 귀납歸納/induction이라 하며, 이러한 귀납적 추리의 방법과 절차를 논리적으로 체계화한 것을 귀납법이라 한다. 참10

것이다. 그러한 방법이야말로 자연계를 일관하는 진리라고 하는 어떤 보편적 질서를 통해 대자연을 창조한 절대자를 찾아낼 수 있는 유일한 길이라 생각되었기 때문인지도 모른다.

그렇다면 이러한 과학적 귀납법은 어떻게 성립된 것인가? 과학적 귀납법이 성립되기 이전, 서양의 중세인들은 인간이 살고 있는, 인간의 육감에 의해 인지되는 자연계를 절대적 · 초월적 존재자인 신에 의해 만들어진 세계로 생각하고 그러한 신에 의해 질서가 부여된 세계로 여겨 왔다. 다시 말해서 자연계를 이루는 일체의 만물은 신에 의해 예정된 하나의 조화로운 질서 속에 존재하고 있는 것들로 생각되어 왔던 것이다. 그래서 그들은 자신들과 자신들이 살고 있는 인간 세계에 대한 체계적 이해를 위해 그것에 질서를 부여한 절대적 존재, 즉 궁극적 존재를 연구해 갔다. 중세인들은 그러한 절대적이고 초월적이며 궁극적인 존재를 신이라 규정하고 신에 대한 탐구를 신학이라 하였고, 그 이전의 그리스 · 로마 시대에는 그러한 초월적 존재나 그러한 세계에 대한 탐구를 형이상학metaphysics이라 하였다.

그렇다면 이러한 초월적 존재나 그러한 세계는 어떻게 존재해 있는 것인가? 탐구나 연구가 개별적이고 감각적인 것들로부터 보편적이고 초감각적인 것, 즉 궁극적인 원인이나 원리를 끌어내 보려는 작업인 데 비해, 형이상학이 다루는 초월적 존재나 그러한 세계는 현상계, 다시 말해서 인간이 살고 있는 자연계를 이루는 만물들로부터 끌어낸, 보편적이고 초감각적인 것이라 할 수 있는 궁극적인 원인이나 원리로 이루어진 존재나 세계이다. 그렇다면 근세 이래 과학의 목적이 현상계, 즉 자연계를 이루는 것들을 가지고 그것들을 일관하는 어떤 보편적인 것들을 파악해서 그것들로 존재나 세계의 본질을 이해해 보려는 것이라면, 아리스토텔레스 이후의 형이상학의 목적은 보편적인 것, 즉 궁극적 존재로 현상계인 자연계를 구성하는 것들을 이해해 보려던 것이었다. 이 경우 구체적인 세계를 토대로 보편적인 세계를 이해해 보려는 과학적 탐구 방법은 귀납적 추론을 통해 이루어져 온 반면, 보편적 세계를 통해 구체적인 세계를 이해해 보려는 형이상학적 방법은 연역적 추론을 통해 이루어져 왔다.

이상과 같이 고찰해 볼 때, 학문 연구의 방법론은 크게 학문의 개별적 차원의 방법론과 학문의 일반적 차원의 방법론이라고 하는 두 종류로 나누어 볼 수 있다. 학문의 개별적 차원에서의 방법론은 시대적 관심 변화에 기초해 변천해 나왔고, 학문의 일반적 차원의 방법론은 학문의 개별적 차원의 방법론의 공통기반을 토대로 성립되었다. 서구에서의 일반적 방법론은, 다시 두 단계를 거쳐 발전했다. 아리스토텔레스 이후에서 베이컨Francis Bacon에 이르기까지의 형이상학적 연역법이 그 첫 단계이고, 베이컨 이래 최근까지의 과학적 귀납법이 그 두 번째 단계이다.

형이상학이란 말은 **아리스토텔레스***의 제자들에 의해 편집된《아리스토텔레스 저작집》의 서명書名이나 학명學名으로부터 유래된 말이지, 아리스토텔레스 자신이 직접 쓰던 말은 아니다. 이 말은 '자연학에 관한 글들의 뒤편에 수록된 글들' 혹은 '자연학의 후속학ta meta ta physika'으로부터 유래된 말이다. 이렇게 볼 때, 현재의 형이상학이란 말은 아리스토텔레스의 '근본철학'의 의미로부터 유래된 것으로 고찰된다. 그러한 의미에서 아리스토텔레스의 '근원적 지식의 추구 행위', 즉 근본철학의 의미는 인간이 '모르는 것을 항상 배우고 물어 가는' 행위의 의미인, '학문學問'의 의미와 일맥상통한다. 우리에게 있어서 진실로 모르는 것이란 '궁극적인 존재나 세계'임에 틀림없다. 이와 같이 인간에게서의 학문이란 인간이 알 수 없는 그 어떤 것들을 탐구해 감으로써 인간의 한정된 존재영역을 넓혀 가는 작업이다. 그러한 의미에서 서양과 동양에서의 학문의 어원은 상통한다.

그런데 아리스토텔레스에 있어서 우리 앞에 존재해 있는 것들을 통해 그것들 이전에 존재하는 것들을 추구해 가는 방법은 경험주의에 입각해 있었다. 그가 이전에 존재해 있는 것을 추구해 가는 궁극적 목적은 우리 앞에 존재해 있는 현상계의 존재원인들을 이해해서 말로 설명하려는 것이었다. 이 경우 그의 현상계를

*아리스토텔레스Aristoteles(384-322, BC) : 고대 그리스의 철학자. 플라톤의 제자이다. 플라톤이 초감각적인 이데아의 세계를 존중한 것에 대해, 아리스토텔레스는 인간에게 가까운, 감각되는 자연물을 존중하고 이를 지배하는 원인들의 인식을 구하는 현실주의 입장을 취하였다. 주요 저서《시학》,《오르가논》,《니코마코스윤리학》이다. 참10

이루는 존재들에 대한 존재원인의 설명 방법은 연역적 추론에 의해 이루어졌다. 즉, 그는 모든 존재의 존재 양태를 이전처럼 존재와 비존재의 대립이라는 형태로 파악하지 않고, 모든 존재는 어떤 가능한 상태로부터 현실로 향하는 운동 중에 있는 존재로 파악하였다. 또, 어떤 가능한 상태를 개개의 사물들의 목적 운동을 가능하게 하는 궁극적 원인자로 파악하여, 그 자체는 움직이지 않지만 다른 일체의 존재들을 움직이는 존재로 정립시켰다. 그래서 그는 궁극적 원인으로부터 천문, 기상, 생물, 사회 등의 모든 현상들을 연역적으로 해명하고 조합시켰던 것이다.

이와 같이 아리스토텔레스는 진리, 즉 보편적이고 근원적인 원인을 추구해 가는 방법으로는 경험주의, 즉 귀납적 추리법을 택했고 현상계의 존재들의 존재원인에 대한 설명은 연역적 추리법에 의거했다. 다시 말해, 그는 진리의 접근 방법은 경험주의에 입각한 귀납적 추리법으로 정립시켰고, 파악한 진리를 인간 세계에 드러내는 방법은 연역적 추리법으로 정립시켰던 것이다. 이렇게 해서 아리스토텔레스에 의해 정립된 연역법은 형이상학적 연역법으로 명명되어, 그 후 중세 스콜라철학자들에 의해 계승·발전되어 베이컨의 시대에까지 이르렀다.

앞에서 필자는 아리스토텔레스의 저작물이 편집될 당시 자연학ta physika 논문들 뒤에 배열된 일군의 논문들이 'ta meta ta physika'로 이름 붙여졌다는 사실을 지적한 바 있다. 그런데 중세의 스콜라철학자들에 의해 '후後'를 뜻했던 'meta'가 '초월'로 받아들여짐으로써 《아리스토텔레스 저작집》의 'ta meta ta physika'가 '감각적 자연계를 초월한 세계'의 의미로 전환되었다. 이렇게 해서 'ta meta ta physika'의 말로부터 'metaphysica'란 말이 나오게 되었다. 이렇게 중세의 스콜라철학자들은 아리스토텔레스에게서의 근원적 원인자를 신神으로 설정함으로써 아리스토텔레스의 형이상학적 연역법을 계승·발전시켰던 것이다.

스콜라학자들에 의하면 세계란 초월적 존재자로서의 신에 의해 무로부터 창조된 것이기 때문에 일체의 만물은 신에 의해 예정된 하나의 조화로운 질서 속에 존재한다는 것이다. 궁극적인 세계는 개개인의 유한한 경험을 넘어 이미 존재하는 세계인데, 인간은 신으로부터 부여받은 이성에 의해 그것을 알 수 있다는 것이다. 그렇기 때문에 인간은 이성을 통해 궁극적 세계나 신으로부터 세계를 구성하는 일체의 의미를 파악해 낼 수 있다는 것이다.

서구인은 중세에서 르네상스를 통해 다시 태어났다. 서구인에게서의 르네상스란 중세를 버리고 고대 그리스를 다시 받아들인다는 것이었다. 그러한 과정에서 그들의 세계관이 신 중심주의로부터 인간 중심주의로 전환함으로써 그들의 연구 방법도 형이상학적 연역법에서 과학적 귀납법으로 전환되었다. 이 경우 과학적 귀납법은 아리스토텔레스의 '근본철학', 즉 근원적 지식을 추구해 가는 태도를 재생시킨 것이라 할 수 있다. 기존의 형이상학적 연역법이 근원적 존재를 설정해 놓고 그를 통해 현상계를 이루는 개별자를 설명해 가는 형식이었던 데 반해, 과학적 귀납법이라고 하는 일반적 방법론은 현상계를 이루는 개별적 존재들에 대한 연구를 통해 그것들을 일관하는 보편적·근원적 존재를 추구해 가는 방법이었다.

과학적 방법은 근세 초의 물리학 특히 코페르니쿠스, 케플러 등의 천문 연구의 방법론으로 출발해서 베이컨의 《노붐 오르가눔*Novum Organum*/新機關》(1620) 등에 의해 논리화되고 밀의 《논리학대계*A System of Logic*》(1843) 등으로 확립되어 나와, 사회학, 역사학, 심리학 등의 다른 학문 분야에서도 그 방법론이 받아들여짐으로써 학문의 일반 방법론으로 확립되어 나오게 되었다. 베이컨, 밀 등에 의해 성립되었을 당시 과학적 방법이란 주의 깊은 관찰과 실험에 의한 사실들의 수집과 그 수집된 사실들로부터의 이론 도출이라고 하는 것이었다. 예로써, '아버지가 돌아가셨다. 어머니도 돌아가셨다. 할아버지도 할머니도 증조할아버지도 증조할머니도 다 돌아가셨다. 따라서 모든 인간은 다 죽는다'는 논리 전개를 살펴보자. 이 경우 인간은 자신의 육친들의 죽음에 대한 경험을 토대로 모든 인간은 죽는다고 하는 하나의 이론을 끌어냈다. '인간은 다 죽는다'고 하는 진리가 도출되는 과정이 바로 과학적 귀납법이다.

그러나 당시 과학적 귀납주의자들에 있어서 진리의 근거라고 하는 것은 논리가 아니라 인간들의 경험이었기 때문에, 귀납법에 의해 취해진 공리公理란 인간의 경험에 의해 얻어진 다소간의 근거에 지나지 않는다는 과학적 귀납법의 한계성이 지적되었다. 그 극복 방법의 하나로, 역시 귀납법의 일종이라 할 수 있는 가설 연역법hypothetical deductive method(연역적 귀납법이라고도 한다)이 성립되었다. 과학적 귀납법을 성립시킨 물리학의 경우 이미 18세기 말경부터 그러한 과학적 귀납법의 한계성이 드러나 가설 연역법이 출현하게 되었던 것이다.[2] 귀납법의 한 특수 형태로서의 이 가설 연역법은 어떤 가설로부터 논리적 결과를 연역해서 그 결과가 현실의 경험적 사실과 합치되는지의 여부를 검증함으로써 법칙을 확립하려고 하는 방법이었다. 다시 말해서 개별적인 자료가 충분히 수집되었을 때, 그것들로부터 어떤 법칙이나 이론의 가설을 세워 본 후 그 가설로부터 연역해서 어떤 개별적 사건이나 현상을 예상해 낸다. 그 예상된 사건이나 현상이 관찰에 의해 사실로 확인되면 그 가설의 확실성이 증가된다. 즉, 검증檢證된다는 것이다.

한때 어떤 사람이 자신의 집안 족보를 읽어 가다가 족보에 기재된 사람들의 대부분이 장수長壽한 것 같다는 생각을 하게 되었다. 그 생각을 근거로 '우리 집안 사람들은 모두 장수한다. 만일 그것이 사실이라면…'이라고 하는 가설을 세워 그것으로부터 '나 자신도 장수한다'고 하는 논리적 결과를 연역해 낼 수 있다. 이 경우, 정말 내가 장수할 가능성이 큰지 어떤지를 확인해 보기 위한 한 방법으로, 정말 우리 집안사람들이 장수하는지 아닌지를 검증해 볼 수도 있다. 그 검증은 우리 집 족보에 기재된 사람들 중, 이미 사망한 사람들의 평균수명을 계산하고, 다른 사람들의 족보에 기재된 사람들의 평균수명을 계산하여 그것들을 비교함으로써 가능하다. 그래서 족보들을 수집해 평균수명을 계산해 볼 경우, 우리 집 족보에 나와 있는 사람들의 평균수명이 다른 집 족보에 나와 있는 사람들의 평균수명보다 10년 더 길 가능성이 있다는 근거를 끌어낸다. 이 경우, 가설은 진실로 받아들여지고 그것으로부터 연역된 논리가 역시 진실로 받아들여진다. 이와 같은 가설 연역법은 고전물리학을 비롯한 근대과학에 의해 대개 18세기 말경부터 의식·무의식적으로 취해 온 방법론이었다.

그런데 이와 같은 가설 연역법에 있어서도 가설의 절대적 정확성이 얻어질 수 없다는 것이 문제이다. 앞의 예에서 어떤 사람의 집안 족보에 실려 있는 사람들의 평균수명과 비교해 보기 위해 수집한 다른 집 족보들이 주로 그 사람 집안과 같은 남부 지방의 것들이었다고 가정해 보자. 그리고 만일 북부 지방의 것들을 수집해서 평균수명을 계산해 볼 경우, 가설은 얼마든지 참이 아닌 것으로 판명될 수 있다. 만일, 역시 북부 지방 족보들의 평균수명도 남부의 것들과 마찬가지로 그 사람 집안 것의 평균수명보다 10년 짧게 나온다면, 이번에는 동부와 서부 지방의 것들을 조사해서 그 집안 것의 평균수명보다 긴지를 조사해 봐야하는 것이다.

이와 같은 가설 연역법의 한계성은 논리실증주의자들에 의해 극복되었다. 논리실증주의자들이란 1920년대 후반 **비트겐슈타인***의 《논고*tractatus*》(1922)를 중심으로 활약했던 자들로, 그들의 철학관은 철학은 지적 활동이고 그 지적 활동의 성과는 일련의 철학적 명제가 아니라 그 명제의 의미를 명료하게 한다는 것에 있다는 것이었다. 즉, 논리적 차원의 실증주의는 세계나 인간에 대해 이야기하는 것이 아니라 세계나 인간에 대해 이야기하는 명제에 관해 이야기하는 입장이었다. 그 후, 1930년대로 들어와서 이러한 논리실증주의에 대한 반발로 **비판적 합리주의****가 나타났고, 또 그러한 과정에서 가설 연역법은 검증에 대응되는 반증을 통해 진리를 추구한다는 입장의 소위 반증주의로 변환되었다.[3]

그와 같은 논리실증주의자들의 **반증주의*****는 특히 플랑크의 양자 가설(1900),

---

*비트겐슈타인Ludwig Josef Johann Wittgenstein(1889-1951) : 오스트리아 빈 출생의 영국 철학자. 1920년대에는 오스트리아학파에 많은 영향을 주었다. 그 무렵의 사상은 논리적 원자론原子論에 속하는 것이었으며, B. 러셀과의 상호 영향에 따라 형성된 것이었다. 그 후 점차 인공언어人工言語에 의한 철학적 분석 방법에 대해 의문을 갖게 되었으며, 1939년에 영국 케임브리지 대학 교수로 있으면서 일상언어日常言語 분석에서 철학의 의의를 발견하게 되었다. 생존 중에 출판된 저작은 1921년에 간행된《논리철학론》뿐이지만, 구두논의口頭論議로 영국의 분석철학계分析哲學界에 끼친 영향이 크다. 최근에《철학적 탐구》(1953) 등 많은 유고遺稿가 출판되었다. 참10

**비판적 합리주의批判的合理主義 : 사회철학 및 과학철학의 쌍방에 걸쳐서 전개시킨 철학이다. 이 입장의 중심에 있는 생각은 우리들의 인식은 모두 오류일 수 있고, 따라서 공공적 비판에 의해 개선될 수 있다고 하는 생각이다. 이성은 그 한계를 극복하기 위해 서로의 비판을 허용하고 반증을 통해 점진적 방법으로 나아가야만 진리에 도달할 수 있다. 단순히 여러 가지 과학적 사례들을 검증하는 데서 한 걸음 나아가 반증하는 것으로 과학적 명제를 확정해야 한다는 것이 포퍼K. R. Popper(1902-1994)의 반증론이며 비판적 합리주의다. 참13

***반증주의Falsifictionism : 어떤 문제나 이론을 정의하거나 증명할 때 그 반대의 현상이나 이론을 제시하려는 경향. 경험과학의 이론은 시공상 무한의 영역에서 타당해야 하기 때문에 단 한 개의 반례에 의해서도 반증될 수 있다는 입장이다. 오스트리아 빈 학단의 논리실증주의에 맞서 칼 포퍼K. R. Popper가 반증가능성을 제시하는 방법론을 전개하였는데 이를 반증주의라 한다. 예컨대 99마리의 백조가 희더라도 그것은 '모든 백조가 희다'는 증명이 되지 못하므로 오히려 한 마리

아인슈타인의 광양자설(1905) 등의 양자론量子論, 하이젠베르크의 불확정성 원리(1925)와 **슈뢰딩거***의 파동역학(1926) 등과 같은 양자역학의 성립과 아인슈타인의 특수상대성 이론(1905) 및 일반상대성 이론(1915) 등을 기초로 해서 결국 고전물리학을 현대물리학으로 전환시켰다. 그런데 사실상 반증주의도 반증을 통한 가설 연역법으로서, 결국은 귀납법의 일종인 가설 연역법의 한 부류에 지나지 않는다. 예를 들어, '우리 집안사람들은 장수한다'라는 가설의 진위를 가리는 과정에서 우리 집안사람들이 장수가 아니라는 근거를 찾는 것이다. 만일 그것을 찾았을 경우, 가설은 참이 아니게 되고 그것을 찾지 못했을 경우 그 가설은 비로소 참으로 받아들여지게 된다.

그러나 1960년대로 들어와 반증을 위한 확실한 관찰 방법이란 있을 수 없다는 입장이 제시됨에 따라 반증주의자들의 입장은 흔들리기 시작했다. 예를 들어 '우리 집안사람들은 장수한다'라는 가설의 진위를 밝히기 위해 장수가 아니라는 근거들을 찾아내야 하는데 그것을 찾아낼 확실한 방법은 결코 있을 수 없다는 것이었다. 왜냐하면 그것은 가설의 진위를 밝히려는 내가 동서고금의 모든 사람들의 족보들을 다 수집할 수 없기 때문이다. 처음부터 족보가 없는 가문의 사람들이 허다하며, 또 미래의 우리 집안사람들이나 다른 집안사람들의 수명을 현재의 한정된 자료들을 가지고는 결코 예측할 수 없기 때문이다.

논리실증주의자들이 주장하는 그러한 반증주의의 한계성은 구조주의적 입장에 의해 극복되었다. 특히 과학적 방법론에 관한 연구 분야에서의 이러한 구조주의적 입장은 **토머스 새뮤얼 쿤****의 《과학혁명의 구조*The Structure of Scientific*》(1962, 1970),

의 검은 백조를 찾아내 '모든 백조가 희지 않다'고 기존의 진리를 반증하라는 것이다. 참13

*슈뢰딩거Erwin Schrödinger(1887-1961) : 오스트리아의 이론물리학자. 1925년에 드브로이의 물질파의 착상을 발전시킨 파동역학을 창시하였다. 이 속에서 슈뢰딩거의 파동방정식을 이끌어 내어, 이 공적으로 1933년 노벨 물리학상을 받았다. 1938년 나치스에 쫓기어 아일랜드로 피신하여 연구를 계속하였다. 1944년의 저서《생명이란 무엇인가》는 물리학의 방법으로 생물학을 다루는 분자생물학의 탄생에 자극을 주었다. 참12

**토머스 새뮤얼 쿤Thomas Samuel Kuhn(1922-1996) : 미국의 과학철학자. 하버드 대학에서 물리학 박사학위를 취득. 1956년 버클리 대학의 과학사 과정에서의 강의 등을 바탕으로, 62년《과학혁명의 구조》라는 유명한 저술을 발표하였다. 64년에서 79년까지 프린스턴 대학의 과학사와 과학철

라카토슈*의《반증과 과학 연구 프로그램의 방법론*Falsification and the Methodology of Scientific Reserch Programmes*》(1974) 등을 통해 성립되었다. 토머스 쿤은 그의 그러한 입장을 전개시켜 소위 토머스 쿤의 패러다임이라는 연구 방법론을 성립시켰고, 라카토슈는 하나의 **패러다임****에는 하나의 견고한 핵을 지닌다고 하는 연구 프로그램이라는 방법론을 성립시켰다.

그런데 이들의 연구 방법론은 패러다임이나 프로그램의 핵을 기초로 하여 가설 연역법을 통해 숨겨진 이론적 구조들을 드러내는 방법이다. 이 경우 토머스 쿤은 하나의 패러다임으로 존재하는 어떤 이론적 구조를 통시적 차원에서 파악하려 하였다. 예를 들어 코페르니쿠스의 지동설이라고 하는 하나의 패러다임이 있다. 이 패러다임은 코페르니쿠스 이래 여러 측면에서 연구가 거듭되면서 그의 이론적 구조가 보다 구체화되고 확장되었다. 이와 같이 이론적 구조로서의 토머스 쿤의 패러다임은 통시적 측면에서 파악되는 패러다임이고, 이에 비해 라카토슈의 연구 프로그램은 그 연구 프로그램의 핵을 중심으로 하는 공시적 측면에서 접근된 논리적 구조를 갖고 있다.

학과 교수로 재직하였고, 79년부터 91년에는 MIT 대학의 언어학 및 철학과 교수직을 역임하였다. 쿤에 의해 코페르니쿠스의 업적에 나타난 혁명적인 모습과 보수적인 모습에 대한 분석이 이루어진 그의 저서《코페르니쿠스 혁명》이 1957년에 나왔다. 이 책으로 쿤을 물리학자가 아닌 과학사학자로 확실히 자리매김하였다.《코페르니쿠스 혁명》으로 능력 있는 과학사학자로 학계에서 인정받은 쿤은 보다 과감하고 도전적인 내용을 담은《과학혁명의 구조》를 출간했다. 이 책은 출간과 동시에 과학자와 과학철학 연구자들에게 엄청난 충격을 주었고 많은 논란을 불러일으켰다. 책 출간 후 얼마 지나지 않아 쿤의 견해를 주제로 한 학회가 여러 곳에서 열렸다는 사실이《과학혁명의 구조》가 학계에 미친 영향이 어떠했는지를 알 수 있게 한다. 그는 이 책을 통해 과학자 집단이 공통적으로 갖는 과학의 규범을 '패러다임'(모형)이라고 하는 개념으로 나타냈다. 그러나 그는 그후 그것을 '전문적 학문의 모형'으로 바꾸어 불렀다. 참13

*라카토슈Imre Lakatos(1922-1974) : 영국 과학철학자. 헝가리 출생의 유대계이며, 제2차 세계대전 중에는 반反나치 운동에 투신하였다. 전후에는 스탈린주의에 반대하다가 3년간 옥중 생활을 겪은 후 . 반反스탈린주의를 내걸고 서방으로 망명. 캠브리치대에서 수학철학을 연구해 박사학위를 취득. 영국에서 같은 유대인 철학자 K. R. 포퍼와 교류. 그는 포퍼의 후임 교수가 되어 논리학·수학 문제에 대한 관심에서 포퍼의 반증 이론反證理論을 사용한《수학적 발견의 논리》를 발표하였다. 그 후 같은 세대인 T. S. 쿤 · P. K. 파이어벤트 등의 새로운 과학사 · 과학철학의 조류에 맞서서 포퍼의 반증 이론과 합리주의를 지키기 위하여 '과학적 연구 프로그램론'을 전개시켜 정교하고도 치밀한 반증주의의 입장을 취하였다. 참13

그러나 이와 같은 입장들도 파울 **파이어아벤트***의 《방법에 대한 도전*Against Method*》(1975) 등이 출판됨으로써 그 한계성이 지적되었다. 사실상 토머스 쿤의 패러다임은 통시적으로 파악되는 질서를 문제시한 방법론이다. 그런데 통시적 차원의 질서란 시간적으로 나열되는 것들 자체의 시각을 통해 도출된 질서를 말한다. 이와 같은 통시적 측면에서 접근된 토머스 새뮤얼 쿤의 패러다임에서의 진리나 진리의 기준은 개인적 입장이나 관련된 공동체의 합의일 수밖에 없다. 즉, 통시적 차원에서 파악된 진리는 과학자나 과학자 집단이 무엇을 가치 있는 것으로 결정하고 선택하느냐에 따라 달라진다. 이 경우 어떤 합리적인 과학자가 어떤 결정을 필연적으로 내리도록 해 주는 그러한 보편적 기준은 존재하지 않는다. 따라서 한 개인이나 공동체가 주장한 것이 설혹 보편성을 띠고 있다 하더라도 다른 시점의 다른 개인이나 공동체에 대해서는 상대적일 수밖에 없다.

이에 대하여 라카토슈의 연구 프로그램은 공시적 차원에서 도출해 낸 질서들을 문제시한다. 공시적 차원에서 도출해 낸 질서란 현시점에서 역사적 사실들이 조망되어 합리적으로 하나로 종합된 질서를 의미한다. 이러한 공시적 측면에서 접근된 라카토슈의 연구 프로그램의 방법론은 본질적 세계에 대한 진리에 접근하는 데 있어서 가장 적합한 원리를 끌어낸다는 입장이다. 그렇다면 본질적 세계에 대한 진리에 접근하는 데 있어서 가장 적합한 것으로 판단되는 기준은 과연

**패러다임paradigm : 어떤 한 시대 사람들의 견해나 사고를 지배하고 있는 이론적 틀이나 개념의 집합체. 미국의 과학사학자이자 철학자인 쿤Thomas Khun이 그의 저서 《과학혁명의 구조》(1962)에서 처음 제시한 개념이다. '패러다임'은 '사례 · 예제 · 실례' 등을 뜻하는 그리스어語에서 유래한 것으로, 언어학에서 빌려 온 개념이다. 즉 으뜸꼴 · 표준꼴을 뜻하는데, 이는 하나의 기본 동사에서 활용活用에 따라 파생형이 생기는 것과 마찬가지다. 이런 의미에서 쿤은 패러다임을 한 시대를 지배하는 과학적 인식 · 이론 · 관습 · 사고 · 관념 · 가치관 등이 결합된 총체적인 틀 또는 개념의 집합체로 정의하였다. 참10

*파울 파이어아벤트Paul Feyerabend(1924-1994) : 오스트리아 태생의 과학철학자. 1946년 빈에서 연극학, 역사, 사회학, 물리, 수학, 천문학의 공부를 시작한다. 박사학위 취득 후 영국 문화원British Council의 장학금 지원을 받아 런던에서 칼 포퍼Karl Popper 밑에서 연구한다. 그러나 나중엔 과학적 방법의 기본이 되는 법칙을 찾으려는 시도를 전면적으로 거부한다. 1955년과 1990년 사이 버클리, 함부르크, 오클랜드, 카셀, 예일, 런던, 베를린 등지를 돌아다닌다. 마지막엔 버클리와 취리히의 두 군데에서 동시에 교수직을 가지고 있었다. 1990년에 버클리와 취리히에서 명예교수직을 취득한다. 주요 저서 《이성이여 안녕》, 《방법에 대한 도전》. 참6

무엇인가? 라카토슈 자신은 대상에 대한 연구를 통해 파악된 이론의 역사를 가장 합리적으로 설명해 낼 수 있는 것이 가장 적합한 기준이라 생각했다.[4]

그렇다면 라카토슈가 생각한 이론의 역사란 보다 구체적으로 어떠한 것인가? 이론들의 역사를 설명하려면 우선 그것들의 역사를 수렴해야 한다. 그 역사를 수렴하기 위해서는 그것을 조망할 시각이 요청된다. 그렇다면 그 역사를 조망하는 시각의 소재所在는 어디인가? 그 역사를 설명해 내는 주체가 인간인 한, 그는 어느 한 구체적인 시점時點에 처해 있어야 할 존재이다. 그러한 존재로서의 그가 그 역사를 가장 합리적으로 설명하기 위해서는 그의 전全 역사를 바라볼 수 있는 현시점에 처해 있어야 한다. 그 전 역사를 설명하려고 하는 주체가 그것을 가장 합리적으로 설명하려는 한, 그 역사가 진행해 온 최첨단의 시점에서 역사적으로 일관된 전全 이론들을 종합해서 그 종합된 이론들로부터 가장 합리적인 이론을 만들어 내야 한다.

그 이론들의 전 역사가 조망되는 현시점에서 전 이론이 종합되어 가장 합리적으로 만들어진 이론이, 역사적으로 일관된 전 이론을 설명해 낼 수 있는 기준이 된다. 그러나 현재라고 하는 시점이 언제나 변한다는 것을 감안해 보면 그 기준이란 언제나 변해야 하기 때문에 라카토슈의 연구 프로그램의 방법론도 주관성을 벗어나지 못했다는 의견들이 나오게 되었다. 이렇게 볼 때 통시적 차원의 질서를 끌어내서 그것을 문제시하는 토머스 새뮤얼 쿤의 패러다임은 각각 역사적 사실들의 차원에서 도출된 질서를 문제시한다는 의미에서 상대주의적 입장으로 몰리고, 공시적 차원의 질서를 도출해 내서 그것을 문제시하는 라카토슈의 연구 프로그램은 현시점에서 역사적 사실들을 조망해서 그것들을 종합해 합리화한다는 측면에서 합리주의적 입장으로 몰림으로써 그것들의 한계성이 지적되었다. 이와 같이 이론을 통시적 측면에서와 공시적 측면에서 구조로 파악했던 입장들은, 개인적 차원이건 공동체적 차원이건 구체적 시점에 처해 사물을 인식할 수밖에 없는 인간의 차원에서 어떤 사실들로부터 질서들을 끌어낸다는 의미에서 주관주의라는 비판을 받게 되었다.

그러한 **주관주의***에 대한 대표적 비판자가 《객관적 지식*Objective Knowledge*》(1979)

의 저자 **포퍼***이다. 그는 객관적 의미에서의 지식은 인식하는 사람이 존재하지 않는 지식, 즉 인식의 주체가 존재하지 않는 지식이라고 했다.[5] 예를 들면, 1990년 1월 1일 오전 9시 정각에 필자는 집에서 무언가를 보면서 생각을 하고 있었다. 이 경우 4년이 지난 시점에서 필자가 그때 그 무엇을 보고 있었으며 그 무엇을 생각하고 있었는지에 대한 정확한 지식을 얻어 내기란 쉽지 않다. 만일 그것에 대한 지식이 절실히 요망될 경우 사람들은 그것에 대한 지식을 얻기 위해 여러 가지 방법들을 동원해 볼 것이다. 그러나 그것에 대한 지식은 객관적으로 엄연히 존재하고 있지만 사람들은 그 사실들을 영원히 끌어내지 못할지도 모른다. 필자가 당시 무엇을 보고 무슨 생각을 했는지 기억을 하고 있지 않다거나, 설혹 기억하고 있다 하더라도 그것을 필자 스스로 발설하지 않는다면 말이다.

이와 같이 인간의 의지나 인간의 신념 등과는 무관하게 인간의 의식으로부터 독립되어 저 건너편에서 스스로 존재하는 어떤 객체가 있을 경우, 그 객체의 차원에서 그 객체를 인식하고 그 객체의 차원에서 인식 주체가 그 자신의 존재나 세계를 인식하려는 입장을 우리는 **객관주의****라 한다. 인간의 의식구조는 사회적 존재의 구조에 의해 결정된다는 마르크스의 입장도 객관주의적 입장이라 할 수 있는데, 인식 주체의 입장에서 사물을 이해했던 합리주의 혹은 **상대주의*****등과 같은

---

*주관주의主觀主義/subjectivism : 인식론이나 윤리학에서 개인의 주관을 강조하는 주의. 참10

*칼 포퍼Karl Riamund Popper(1902-1994) : 영국 철학자. 반증주의 제창. 오스트리아 빈 출생. 청소년기에 마르크스주의에 경도됐었으나 그것의 과학성에 근본적 회의를 느껴 빈 대학에서 철학·수학·물리학·심리학을 연구. 유대인인 그는 나치스를 피해 뉴질랜드로 망명, 제2차 세계대전이 끝난 뒤 영국으로 이주, 런던 대학 강사를 거쳐 49-69년 동 대학 논리학과 과학 방법론 교수를 지냈다. 논리실증주의에 대한 비판을 통하여 '비판적 합리주의'를 창시한 그는 과학을 대담한 추측과 이에 대한 반증反證을 통하여 발전하는 것으로 보았으며, 과학과 비과학을 가르는 기준으로 반증가능성의 원리를 제시하였다. 저서에는 과학철학의 고전이 된《탐구의 논리》(1934), 사회철학의 명저《열린사회와 그 적들》(1945),《객관적 지식》(1972) 등. 참13

**객관주의客觀主義/objectivism : 어떤 관념의 객관적 타당성을 인정함으로써 진리에 도달할 수 있다고 하는 입장. 근대 이전에는 실재론에, 근대 이후에는 경험론에 근거한다. 실재론이란 이데아의 경우처럼 어떤 본질적인 것이 마음의 움직임에 의존하지 않고 독립적으로 존재하는 실체가 있다는 입장이다. 경험론의 경우는 경험적 대상들로부터 존재 일반의 원형을 찾으려는 입장이다. 참13

***상대주의相對主義/relativism : 절대적으로 올바른 진리란 있을 수 없고 올바른 것은 그것을

주관주의 등은 인식 대상인 사물의 입장에서 사물을 인식하려는 이러한 객관주의에 의해 비판되기에 이르렀다.

그러나 객관주의적 입장 또한 다음과 같은 차원에서 곧 비판받게 되었다. 첫째로, 인식 주체인 인간은 인식 대상, 즉 객체의 입장에서 객체나 인식 주체인 자신 혹은 세계를 인식할 수 없고, 인간 자신의 입장에서 객체를 파악할 수밖에 없다. 따라서, 설혹 인식 주체가 인식 대상의 입장에서 인식 대상인 객체를 인식했다 하더라도 객체 그 자체는 아니다. 따라서 그렇게 해서 인식된 객체들이 객체 자체라고 말할 수 있는 기준은 존재하지 않기 때문에, 그렇게 인식된 객체들은 주관적인 것일 수밖에 없다는 것이다. 둘째로, 인식 주체가 인간인데도 불구하고 인식의 밖에 존재하는 객관적 상황이 인식 주체의 선택과 행동의 가능성을 제약함으로써 인간의 그러한 선택과 행동의 결과에 영향을 미친다는 점이다. 이와 같은 객관주의의 한계성은 주로 주관주의자들에 의해 지적된 것이었다.

이때 지식의 참된 토대는 사유하는 생각이며 감각에 의해 개인이나 집단에 주어지기 때문에, 결국 만물의 척도는 인간이며, 우리에게 궁극적으로 남는 것은 우리의 주관적 원망일 수밖에 없다는 입장이 천명되었다.[6] 이것은 곧 《방법에 대한 도전》을 통해 밝힌 파울 파이어아벤트Paul Feyerabend(1924-1994)의 입장이었다. 나아가 파울 파이어아벤트는 다른 형태의 지식들과 비교해 봤을 때 체계적 질서를 추구한다는 과학이 결코 다른 학문보다 우월하다고 볼 수 없기 때문에 우리가 이데올로기적으로 경직된 과학의 속박에서 사회를 해방시켜야 한다고 주장했다.[7] 즉, 우리들의 과학적 방법론이란 하나의 아나키즘적 인식론에 불과하고 이 과학적 방법뿐만 아니라 모든 방법은 그 나름의 한계를 가지고 있기 때문에 결국 어떤 방법을 취해도 좋다는 입장이다.

이상과 같이 과학적 방법은 과학적 귀납법, 논리실증주의와 구조주의 등의 가설 연역법 등을 거쳐 절대객관주의와 절대주관주의에 빠짐으로써 방법론적 위기에 처해 있는 상황이다. 그렇다면 이러한 과학적 방법론의 위기는 무엇을

정하는 기준에 의해 정해지는 것이라는 주장. 참10

의미하는가?

17세기 전반 아리스토텔레스 이래의 일반 방법론으로서의 형이상학적 연역법이 위기에 직면하자, 그것에 대신하여 또 하나의 일반 방법론으로서의 과학적 귀납법이 성립되었던 것이다. 그러한 일반 방법론의 전환은 신 중심주의에서 인간 중심주의로 세계관이 전환되는 과정에서 이루어졌다. 그와 같이, 20세기 말로 들어서면서 인간 중심주의가 우주 중심주의로 전환되고 있고 그러한 과정에서 또 하나의 일반적 방법론상의 전환이 기대되고 있다. 그렇다면 이 시대를 주도할 또 하나의 일반적 방법론이란 과연 어떠한 것일까?

우선 17세기 전반에 형이상학적 연역법이 어떻게 해서 과학적 귀납법으로 전환되어 나왔는지에 관해서부터 생각해 보도록 하자. 고대 그리스 시대 형이상학적 연역법은 플라톤과 그의 제자 아리스토텔레스 등 당시의 철학자들의 세계관을 기초로 성립되었고 플라톤의 세계관은 이데아론을 기초로 구축되었다. 플라톤에 의하면 이데아는 시공을 넘어선 비물체적인 영원한 실재實在이고, 감각적 지각의 대상이 아니라 이성적 인식의 대상이며, 이에 대하여 감각적 세계의 개별적 존재들은 그러한 이데아를 원형으로 한 모상模像들이었다. 플라톤에 비판적 입장을 취했던 아리스토텔레스는 형이상학에 해당되는 '근본철학', 즉 스스로는 움직이지 않지만 자연계의 일체를 움직여 가는 근원적 존재를 정립定立해 그것으로부터 자연계의 모든 현상을 연역해 내는 방법을 취했다. 이와 같이 고대 그리스의 철학자들은 인간이 존재해 있는 세계의 기본 구조를 인간의 감각으로는 감지되지 않고 이성으로만 파악될 수 있는 초월적 세계, 즉 형이상학적 세계와 인간의 감각으로 감지되는 자연계로 이해하여 인간의 육체가 처해 있는 자연계가 인간의 이성과 내통된 형이상학의 세계에 종속되어 있다고 여겼다.

그들의 이와 같은 세계관은 중세의 기독교 세계관과 융합되어 스콜라철학자들에 의해 신이 존재하는 내세와 인간이 존재하는 현세라고 하는 이원적 세계관으로 전환되었다. 이와 같이 고대 그리스 시대에서부터 16세기까지의 서구 지성인들은, 인간의 이성이나 혹은 정신과 관련된 영역에 초월적 존재자와 그것이 존재하는 형이상학의 세계가 있고, 그것에 종속된 세계로서 인간의 감각과 관련된 인간이 존재하는 자연계가 존재한다는 세계관을 갖고 있었다. 그래서 인간이 자연계 속에 존재해 있는 한 평화롭고 의미 있는 순간들을 보내기 위해서는 인간 자신과 인간 존재의 토대를 이루는 자연계에 대해 알 필요가 있다고 생각했다. 그 결과, 현실 세계의 원형이라 할 수 있는 형이상학적 존재나 그러한 세계의 본질을 통해 인간과 그가 처해 있는 현실 세계에 대한 지식을 파악하려고 했다. 이러한 과정에서 형이상학적 연역법이 형성되었던 것이다.

그렇다면, 우리는 형이상학의 세계나 신과 같은 절대적 존재 내지 그러한 존재들이 있다고 하는 초월적 세계를 통해 인간이나 인간이 존재해 있는 현실 세계를 이해할 수 있을까? 그리고 당시 이데아와 같은 형이상학의 세계나 신과 같은 절대적 존재가 과연 실재했던 것일까? 현재 그러한 것들이 존재하지 않는다면 그 당시에도 존재하지 않았음에 틀림없다. 근세 이전의 서구 지성인들은 인간이 그들 자신들의 이성이나 정신을 통해 그러한 초월적 존재나 형이상학의 세계와 관련을 맺을 수 있다고 생각했을 뿐이었다.

현대의 과학적 귀납주의자들은 17세기 이전의 서구 지성인들이 생각했던 그러한 형이상학의 세계나 절대적 존재가 존재한다는 것을 믿으려 하지 않는다. 그들은 근세 이전의 서구 지성인들이 그것들과 관련되어 있는 것들로 생각했던, 인간의 이성이나 정신 작용에 의해 그것들이 만들어진 관념이라고 파악하고 있다. 인간에게서의 관념이란 인간이 현실 세계를 구성하는 개개의 사물들과의 접촉을 통해 얻은 지식들의 축적물의 일종이라 할 수 있다. 이와 같이 현대의 과학적 귀납주의자들의 입장에서 이데아와 같은 형이상학의 세계와 신과 같은 초월적 존재의 본질을 파악해 볼 때, 인간에게서의 형이상학의 세계야말로 의식이나 정신 세계를 의미하는 것이고 그런 초월적 존재야말로 의식이나 정신 작용에 의해 만들어진 관념적 존재라고 파악된다. 그런데, 이런 관념적 존재들은 현실 세계에 대한 경험의 축적물들이기 때문에, 그것들은 현실 세계에 대한 경험의 일면을 설명하고 그것의 특징을 판단해 내는 기준이 될 수 있다.

이와 같이 중세에서 근세로 넘어오는 과정에서 서구인들의 세계관은 신 중심주의에서 인간 중심주의로 전환되어 나왔다. 그 과정에서 중세 이전의 형이상학의 세계나 신과 같은 초월적 존재는 부정되고, 그 대신 자연계에 존재하는 인간의 심적 내부 세계에 존재하면서 그 세계와 관련되어 있다고 생각되어 온 인간의 이성 · 의식 · 정신 등이 형이상학적 세계나 존재들로 받아들여졌다. 그러나 근세 이후 과학적 귀납법 시대에서의 인간의 정신 · 이성 · 의식 등은 인간의 지속적인 세계 체험을 통한 결과로 형성된 존재일 뿐이라고 여겨지게 되었다. 다시 말해서, 과학적 방법론의 시대에 와서는 인간의 정신 · 이성 · 의식 등이 인간의 자연계 체험의 한 소산으로 이해되면서, 자연계의 그 너머에서 그것을 지배하며 존재한다고 하는, 플라톤의 이데아와 같은 초월적 세계라든가 기독교에서의 천국이나 그러한 것에 존재하는 초월적 존재나 신과 같은 절대자들의 존재는 더 이상 믿을 수 없게 되었던 것이다. 그래서 과학주의 시대로 넘어와서는 과학주의 시대의 지성들이 더 이상 초월적 세계나 신과 같은 절대자를 통해 현상계를 설명할 수 없게 되었다. 그 결과 이제 그들은 인간의 자연계 체험을 통해 얻은 정신 · 이성 · 의식 등을 통해 자연계를 구성하는 개체들을 설명하게 되었던 것이다.

이 경우 과학 시대의 인간들이 자신들의 이성 등을 통해 자연계의 개념들을 보다 합리적으로 설명해 내기 위해서는 자연계의 개개의 사물들에 대한 보다 포괄적이고 면밀한 경험이 요망되었다. 이것만이 보다 합리적인 이성을 형성시킬 수 있기 때문이었다. 즉, 보다 합리적이고 이성적인 사고를 할 수 있는 보편적 지식을 획득할 수 있기 때문이었다. 이와 같은 과정에서 자연계의 개체들의 특성들을 파악해서 보편적 이론을 이끌어 내는 과학적 귀납법이 형성되었다. 만일 형이상학적 세계나 신과 같은 절대적 존재가 있다고 가정할 때, 그러한 세계나 그러한 존재를 지배하는 원리를 파악해 보려고 하는 것이 다름 아닌 바로 과학적 귀납법이기도 한 것이다. 이 과학적 귀납법은 육감으로 지각되는 것들의 질서를 가지고 육감으로 지각되지 않는 것들의 질서를 파악해 내는 방법이다. 우리 앞에 존재해 있는 것들로써, 그 변화를 지배해 가면서도 변하지 않는 근원적인 것을 찾아내는 방법이다.

이상과 같이 본질 중심주의자나 신 중심주의 시대에서의 방법론은 현상의 원인이 되는 근원을 가지고 원인의 결과에 해당되는 현상의 특징을 설명해 내는 과정에서 성립되었다. 즉, 자연계 개개의 현상들이 어떻게 해서 그러한 특성을 가지게 되었는지 그 근원을 가지고 설명해 내는 과정에서 성립된 것이다. 다시 말해서, 본질 중심주의나 신 중심주의 시대의 방법론은 근원이 되는 원인으로부터 어떤 결과가 나오게 된 경위를 알아내고, 그것을 설명해 내게 되는 형이상학적 연역법으로 성립되었다. 이에 비해 인간 중심주의 시대의 방법론은 현상에 해당되는 어떤 결과로부터 원인을 밝히는 과정에서 성립된 것으로서 과학적 귀납법으로 성립되었다. 그런데, 본질 중심주의나 신 중심주의 시대의 형이상학적 연역법은 인간의 정신이나 이성과 관련된 형이상학이라고 하는 관념으로부터 연역하여 현상계라고 하는 구체적 세계의 특징을 설명해 내는 방법이다. 그리고 인간 중심주의 시대의 과학적 귀납법은 인간이나 인간이 존재하는 구체적인 현상계라고 하는 감각적 존재들로부터 그 감각적 존재들을 지배하는 관념적 형태인 어떤 원리를 추구하는 방법이다.

한편, 과학적 귀납법 시대로 들어와서는 다음과 같은 두 가지 형태의 방법론적 전환이 있었다. 첫째, 근세로 들어와 이데아와 같은 형이상학적 세계나 신과 같은 절대적 존재가 부정되어지자 그것과 관련되어 있던 인간의 정신적 세계, 즉 인간의 관념적 세계만이 인정됨으로써, 세계 체험을 통해 축적된 관념들을 가지고 세계를 구성하는 개별적 존재들을 구성한다든가 그것들의 의미를 파악해 가는, 소위 관념적 연역법으로의 전환을 들 수 있다. 이 과학적 귀납법 시대의 한 방법론으로서의 관념적 연역법은 정신 속의 어떤 관념이 원인이 되고 그 관념의 결과로 나타난 것이 자연계의 현상으로 파악될 때 성립될 수 있는 방법이다. 이 경우, 자연계의 모든 원인은 인간의 정신 속에 내재되어 있는 관념들이고 이 관념들의 결과물이 바로 현상계를 구성하는 개별적 존재들의 특성이라는 것이다. 인간의 정신 속에 내재하는 관념들은 현상계를 구성하는 개별적 존재들의 체험을 통해 형성된 것들이기 때문에, 그러한 관념들은 현상계의 개개의 사물들의 특성과 의미를 파악해 그것들을 설명하고 파악해 낼 수 있는 기준이 될 수 있다. 현대인의 일상적인 대화는 일반적으로 이러한 관념적 연역법에 의해 행해지고 있다.

둘째, 가설 연역법으로의 전환을 들 수 있다. 한 명제와 어떤 구체적인 개개의 사물과의 관련성을 가정해 보는 차원에 있어서 연역적 추리가 개입된다. 그러나 그 가설의 진위를 밝히는 과정은 귀납적 추리에 의해 이루어진다. 이는 어떤 원리나 이론을 추구하는 과정에서의 연역적 추리란 가정 이상의 의미를 가질 수 없다는 것을 의미하며, 그러한 가설의 진위를 밝히는 차원에 있어서는 귀납법적 추리가 적용되기 때문에 엄밀한 의미에서 이 가설 연역법이란 과학적 귀납법의 한계성의 하나가 관념적 연역법의 한 장점을 받아들임으로써 극복된 형태라고 할 수 있고, 그렇기 때문에 귀납법의 일종으로 볼 수 있는 것이다.

제1절 방법론과 세계관

전통적 사고 체계의 붕괴

과학적 귀납법은 근래 어떻게 그 한계성을 드러내게 되었는가? 과학적 귀납법은 인간의 인식이 신 중심주의에서 인간 중심주의로 전환되는 과정에서 성립된 방법론이다. 이때 인간 중심주의란 인간이 신에 의해 만들어졌기 때문에 인간의 모든 행위나 생각이 신을 통해 행해져야 한다는 입장을 버리고, 인간은 대자연으로부터 자연스럽게 태어난 존재이기 때문에 인간의 모든 행위나 생각은 인간 자신의 대자연에 대한 경험을 토대로 이루어져야 한다는 입장이다.

신 중심 시대에서의 인간의 대자연에 대한 경험은 신과 같은 절대적 존재나 근원적 존재가 내재해 있다고 여겼던 그러한 정신이나 이성에 의해 이루어지는 것으로 생각되었다. 그러나 인간 중심주의 시대에 와서는 인간의 육체가 대자연을 구성하는 구체적인 존재들을 접촉하는 과정에서 인간의 육감이 그 구체적인 존재들의 특성을 감지해 내고 그 감지해 낸 것들을 토대로 인간의 이성이 성립되고 또 그러한 이성을 토대로 정신이 형성되어 온 것으로 고찰된다. 그러한 의미에서 인간 중심주의 시대의 경험은 인간의 감각 작용을 통해 성립되었고 그러한 감각 작용이 인간의 이성과 정신 작용의 기초를 이루고 있는 것으로 판단된다.

여기서 인간의 감각 작용을 보다 구체적으로 파악해 보면, 인간의 감각 작용은 대자연의 구체적인 존재들과의 접촉을 통해 그것들의 특성을 파악하고 축적해 가는 활동을 한다. 그 축적물들은 우리가 대자연을 구성하는 구체적인 존재들에 대한 경험의 결과물들인데, 그러한 경험의 결과물들에는 그것들을 일관하는 어떤 질서가 있다. 여기서 필자가 지적하고 싶은 것은 그 질서가 인간의 이성을 창출해 냈고 그러한 경험의 결과물들의 범주가 인간의 오성을 형성시켜 왔으며 더 나아가 그렇게 만들어진 이성과 오성이 인간의 정신 활동을 이루어 간다고 하는 것이다. 이러한 시각에서 볼 때 인간의 정신 활동을 이루어 가는 이성이나 오성 작용은 인간의 육체가 대자연의 개개의 사물들과의 접촉을 통해 경험한 것들의 결과물들로부터 유래된 것으로 보인다. 그러니까 인간의 육체와 대자연의 개개의 사물들과의 접촉 과정에서 일어나는 감각 작용이 인간의 정신 작용의 토대가 되어 온 것이다.

이 경우 인간의 육체와 대자연의 구체적 존재들과의 접촉 과정에서 일어나는 감각 작용은 대자연의 구체적인 존재들을 어떻게 인식하느냐에 따라 달라질 수 있다. 즉, 대상과 접촉을 갖게 되는 인간의 육체에 내재된 인식기관의 인식 능력이 어떠하냐에 따라, 대상을 인식하려는 인간이 그 대상을 어느 정도 합리적으로 인식해 낼 수 있느냐에 따라 달라진다. 이때, 합리적이란 둘 이상의 주체가 논리적으로 공존할 수 있는 영역을 공유하고 있어 타자의 입장과 자신의 입장을 서로 인정할 경우를 표현하는 말이다.

이에 비해 둘 이상의 주체가 논리적으로 공존할 수 있는 영역을 찾지 못해 각 주체가 타자의 입장을 인정하지 않고 자신의 입장만을 인정하려는 경우가 있다. 이러한 상황하에서의 각 주체들은 자신의 주체만을 인정하려는 그러한 타자들과의 관계를 통해서만이 존재하게 되고, 또 그것들은 어떤 한쪽이 다른 쪽에 대해 상대적이라고 말할 수 있는 것들이다. 예를 들어, 어떤 대상을 인식하려는 인식 주체가 미성년자이거나 노인이었을 경우, 또는 중세 서구의 기독교인이거나 20세기 말의 서구 비기독교인이었을 경우, 또 사회주의자이거나 자유민주주의자였을 경우, 일본인이거나 한국인이었을 경우, 그 인식 주체들이 경험하고 주장하는 것들은 상대주의적일 확률이 크다. 그런데, 그들이 같은 것들을 체험하고 그것들에 대한 경험들을 토대로 그들의 입장에서 그것들의 가치를 주장할 경우에는, 설혹 그들의 주장들이 서로 다르다 하더라도 아마도 그들이 주장하는 것들이 모두 인정되어야 할 것이다. 왜냐하면 그들은 그들 자신들 차원에서 어떤 대상들을 체험하고 그것들을 토대로 그것들로부터 느낀 것을 주장하고 있기 때문이다. 그들이 어떤 대상에 대한 체험을 통해 얻은 지식이란 다른 사람들이 그런 식으로 얻어 낸 지식보다 덜 합리적이든 덜 주관적이든 간에 자신들의 경험의 차원을 통해 얻은 지식을 토대로 주장할 경우 결코 그것이 틀린 것이라고는 말할 수 없기 때문이다.

다시 말해서, 천 권의 소설을 읽고 소설을 정의한 그 사람의 소설에 대한 개념과 만 권의 소설을 읽고 그것을 정의한 사람의 그것에 대한 개념은 다를 수 있다. 그런데 소설을 천 권 읽고 그것을 정의한 사람의 소설에 대한 개념 정의는 그것을 천 권 정도 읽은 사람들에게 있어서는 합리적으로 들릴 수 있을지 모르지만 그것을 만 권 읽은 사람들에게는 설득력이 없을 수 있다. 이 경우 상대적 입장에서 누가 소설에 대하여 더 합리적으로 정의하였는지를 말한다는 것은 힘들다. 왜냐하면 우선 두 입장의 진위를 판단해 낼 절대적 기준이란 있을 수 없기 때문이다. 아마도 만 권을 읽은 사람의 말이 더 합리적일 수 있다고 생각될지 모르나 수치적·통계적 진리를 절대적으로 믿을 순 없기 때문이다.

이와 같은 합리주의적 정신 활동은 사물을 판단하는 자, 즉 자아나 정신 등과 같은 사물을 감지하는 자가 자신의 감각에 감지되는 대상들을 구별해서 그것들을 재차 통일해 가는 작업이라 볼 수 있는데, 합리주의의 본질은 인간의 정신이나 자아가 그와 같은 구별의 입장을 취해서 그것들에 감지되는 인식의 대상들만을 분석해서 그것들을 일관하는 어떤 보편적 법칙을 끌어내어 이론을 세워간다는 데 있다. 이렇게 볼 때 합리주의는 인식하는 자와 인식 대상과의 이원론二元論적 입장을 토대로 성립된 것으로, 인식 주체가 대상을 인식할 경우 능동적 입장을 취하든 수동적 입장을 취하든 인간의 지식은 결국 인식 대상으로부터 유래한다는 입장이다. 전자의 경우는 현재 문제 삼고자 하는 합리론, 즉 합리주의로 발전하였고, 후자의 경우는 경험론으로 발전하였다.

합리주의는 사물과의 직접적인 접촉을 통해 일어나는 인간의 의식 작용 내지 정신 작용에 눈을 돌려 그러한 내의 근원적 인식을 찾아내서 그것을 통한 인간 자신의 근원적 본질을 개시開示함으로써 그 유일한 원리로부터 일체를 연역하여 지식의 통일성을 주장해 나가는 의지 작용이라 할 수 있다. 그러나 이와 같은 합리주의는 다양하고 무질서한 경험에 현혹되어 협소한 견지로부터 논리성이 결여된 결론을 끌어내는가 하면, 논리의 과신과 경험의 경시 등으로 인해 독단에 빠지기도 한다. 다시 말해서 합리주의는 어떠한 형태로든 당면한 대상을 통일적 견지로부터 평가하려는 입장이어서, 현상을 있는 그대로 인식하지 못하고 현상을 불확실하게 파악하고 기만할 가능성이 있다.

이상과 같이 어떤 대상에 대한 경험을 토대로 그것을 경험한 주체들이 그 경험 대상의 특성을 논할 경우, 경험의 주체가 능동적으로 대상을 인식함으로써 그것이 경험 대상을 제대로 인식해 내지 못할 경우가 있을 뿐만 아니라, 그것들의 의견들이 일치되지 않아 결국 어느 것이 옳다고 판단할 길이 없는 수도 생긴다. 왜냐하면 어떤 것이 옳다고 할 절대적 기준이란 존재하지 않기 때문이다. 예로써, 보름달을 볼 때 어떤 사람은 안경을 쓰고 보고 어떤 인간은 망원경으로 보고, 또 어떤 인간은 맨눈으로 보았다면 이들이 내린 보름달의 모습에 대한 정의는 각각 다를 것이다. 인식 주체인 인간들 각자가 자신들이 가지고 있는 도구들을 이용해서 능동적으로 달을 보았을 경우 우리는 누구의 정의만이 절대적으로 옳다거나 누구의 정의가 가장 옳다고 말할 수 없다. 왜냐하면 우주론적 시각에서 보름달의 모습에 대한 절대적 기준은 없기 때문이다. 결국, 구체적인 인간들의 감각을 통해 취해 낸 대상의 특성은 그것을 취해 낸 구체적 인간들의 경험 대상에 대한 경험 차이로 인해 상대적으로 인식될 수밖에 없다.

이러한 상대적 인식도 결국 대상을 인식하는 인간의 정신이나 인식 작용의 차이로부터 유래되는 것이다. 물체의 운동 속도, 크기, 무게 등은 다른 물체의 그것들과의 비교를 통해서만 이야기될 수 있다. 예를 들어, 달리는 기차의 속도는 기찻길 옆에 정지해 있는 신호등을 기준으로 계산될 수 있는 속도이다. 그러나 더 엄밀히 그 기차의 속도를 계산해 본다면, 신호등이 존재하는 지구의 이동 속도를 감안해야 하고 태양계의 공전과 맞물려 있는 은하계의 공·자전 속도까지도 고려해야 할 것이다. 물체의 크기나 무게의 경우도 마찬가지다. 물체의 크기나 무게는 다른 물체의 크기나 무게와 비교되어 더 크거나 더 작다고 할 수 있을 뿐이다. 이와 같이 우주 속의 모든 존재의 특성은 사실상 상대적으로만 인식될 수밖에 없다.

이상과 같이 신 중심주의에서 인간 중심주의적 사고방식을 취하게 됨으로써 성립된 과학적 귀납법이 그 한계성을 드러내게 된 것은 우선 인간의 합리주의적 사고가 상대적으로 인식되기 시작함으로써였다. 물론 과학적 귀납법의 한계성이 자각된 것이 이상과 같은 합리주의나 상대주의 때문만은 아니며 주관주의나 객관주의로부터도 유래되었다. 근세 이후 인간의 인식구조가 신 중심주의에서 인간 중심주의로 넘어오게 되자, 개개인의 인간들에게 주체성이 요구되었다. 신 중심주의 시대에 있어서의 주체는 어디까지나 신과 같은 절대자였고 이에 대해 인간은 자연과 더불어 한낱 객체에 지나지 않았다. 그 후 인간 중심주의 시대에 이르자 자연과 같은 수준으로 취급되었던 인간이 신과 같은 절대자를 대신해서 주체로 부상하게 되었고 자연만이 주체로서의 인간에 대립되는 객체로 남게 되었다.

원래 '주체'라는 말은 'subject'의 번역어이다. 'subject'의 어원을 살펴보면 '아래에 놓인 것'이라는 뜻이다. 이러한 어원을 기초로, 예컨대 '이 돌은 신기하다'라는 말을 살펴보면, '신기하다'고 느껴지는 성질을 지녔거나 그러한 상태에 놓여 있는 '이 돌'이 그 성질의 주체가 된다. 이 경우 주체란 '신기하다'고 하는 어떤 성질이나 상태가 변해도 근저에서 변하지 않는 것으로서의 주체이다. 문장 측에서의 '돌'은 문법적으로는 주어에 해당되고, 화자와 청자의 관계에서는 주제에 해당된다. 서구의 경우 특히 중세 스콜라철학 이래 18세기경까지는 주체가 이러한 의미로 쓰여졌었다. 그러나 그 후 근대서구철학에서 성질·상태·작용 등을 지닌 주체들 중에서도 특히 인간이라고 하는 존재를 그 중심으로 생각하기에 이르자 주체는, 예를 들어 '이 돌은 신기하다'의 경우 '이 돌'을 신기하게 느끼는 인간을 주체로 보게 되었던 것이다.

이때 근대철학에서는 의식을 갖는 대부분의 인간이 그 '돌'을 보고 신기하게 느낄 것이라 생각하여 인간 일반을 주체로 파악했었다. 그러나 현대철학에 이르러 그 '돌'을 보고 신기하게 느낄 사람도 있을 것이고 아름답게 느낄 사람도 있고 그 밖의 다른 식으로 느끼는 사람도 있을 수 있다고 생각하게 되면서, 주체는 그 돌을 신기하게 느끼고 그렇게 발화한 구체적 인간인, '자아自我'를 의미하게 되었다. 이와 같이 'subject'가 구체적 개성들, 남다른 경험들, 심리적 세계들을 지닌 각각의 자아로서의 주체라는 의미로 쓰어지는 단계에 이르러 동아시아에 전래됨으로써 이 말은 현대철학에서의 '주관'의 의미로 번역되어 나왔던 것이다. 그래서 현대철학에서의 '자아'는 주로 다른 인간과 구별되는 한 개인의 신체와 관련된 개인의 '신체적 자아', 그의 심리적 세계와 관련된 개인의 '심리적 자아', 다른 동물과 구별되는 한 인간으로서의 개인의 '선험적 자아' 등으로 분별해서 사용되고 있다. 이는 인간의 입장을 벗어나서는 결코 객관적 세계에 다다를 수 없다는 말이 된다.

그렇다면 여기서 말하는 객관적 세계란 과연 어떠한 세계인가? 그것은 한마디로 인간의 의식이 지향하는 대상들로 이루어진 세계라고 할 수 있다. 인간이 지향하는 대상들은 인간의 관념 내에 존재하는 표상表象들과 관념의 밖에 존재하는 물체들로 이루어져 있다. 우선 현대철학의 측면에서 그 의미를 살펴보면 '객관'이란 말은 'objectum'의 번역어로, 그 어원에는 인간의 의식을 '향해 던지는 것'이란 의미, 즉 의식의 대상이란 뜻이다.

이 객관이란 말은 스콜라철학 이래 17세기의 데카르트René Descartes(1596-1650) 등과 같은 합리론자들에게까지 인간의 의식적 대상이란 뜻으로 쓰여졌다. 그런데 그러한 의식 대상이 표상表象으로서 인간에게 의식되는 한, 그것은 의식에 의해 드러나는 것으로 생각되지 않을 수 없다. 그러나 역시 17세기 베이컨 등의 경험론자들에 의해 객관은 개인의 의식 밖에 존재하는 실재實在로 생각되었고, 또 개인의 감각적 경험의 의식에 의해서만 부분적으로 드러나지는 것으로 생각되어, 결국 그것은 의식 속의 표상을 의미할 뿐만 아니라 의식 밖의 실재도 의미하게 되었던 것이다. 그 후 차차 인간 개인의 의식에 드러나지 않는 실재 그 자체는 무의미한 것으로 생각되어 객관의 의미는 인간 개인의 감각적 경험의 의식에 의해 드러난 것으로 한정되기에 이르렀다.

그런데 이 경우, 모든 것을 의식 대상으로 파악한다 하더라도 의식 작용을 행하는 의식 주체가 없는 한 의식 대상은 결코 드러날 수 없다. 이러한 의미에서 주체, 즉 주관은 객관에 대하여 주관적일 수밖에 없고 반면 객관도 주관에 대하여 객관적일 수밖에 없다고 하는 주체와 객관의 관계가 칸트 등에 의해 성립되었다.

그런데 객관이 주체에 대하여 객관적이라 하지만, 주관에 의해 드러난 객관이란 다시 주관적일 수밖에 없다. 이 경우 객관주의의 주관성은 다음과 같은 차원에서도 지적될 수 있다. 과학적 귀납법 시대의 관념론자들은 인간의 의식이 지향하는 관념 내의 표상들은 인간의 관념 밖에 존재하는 물체들에 대한 경험들을 통해 취해진 것이라 보고, 그러한 관념 내의 표상들의 객관적 타당성을 인정해서 그것에 의해 진리, 즉 보편적 세계에 도달할 수 있다는 입장을 취해 왔다. 한편, 관념 내의 표상의 토대가 된다고 하는 객관이란 인식 주체가 대상을 승인함으로써 성립되는 의식 내용이라는 입장도 나왔다. 그러나 인간의 의식 밖의 객관적 세계에 대한 경험을 통해 취해진 표상은 인간의 차원에서 굴절된 것으로서 의식 밖의 객관적 세계의 것과는 다르다는 입장이 제기되었고, 그러한 입장이 타당한 것으로 일반화됨으로써 우리의 의식이 지향하는 객관적 세계는 우리의 의식 밖에 존재하는 사물, 다시 말해 주체로부터 독립해서 존재하는 바로 자연물들의 세계임에 틀림없다고 하는 유물론적 입장이 대두되었던 것이다.

사실상 인간과 인간을 둘러싸고 있는 물리적 세계와의 관계는 인간의 의식기관을 통해 맺어져 왔다. 그런데 인간과 인간을 둘러싸고 있는 물체들과의 관계를 맺어주는 인간의 의식은 인간이 인간을 둘러싸고 있는 물체들과의 대자연 속에서의 보다 이상적인 조화관계를 추구해 가는 과정에서 형성된 것이고, 인간이 그러한 것들과의 관계를 지속적으로 추구해 가는 과정에서 의식기관으로 구축되어 나온 것이다.

그렇다면 인간이 인간의 의식기관을 통한 의식 작용에 의해 의식의 밖에 존재해 있다고 하는 객관적 세계를 과연 있는 그대로 파악할 수 있을까? 이 물음에 대한 답은 '어느 정도 많이, 어느 정도 정확하게'라는 정도가 아닌가 싶다. 객관적 세계란 인간의 상상을 초월할 정도로 다양한 것들로 구성되어 있다. 예를 들면, 우리의 눈에 보이는 물체들의 색채와 형상, 그것들을 구성하는 입자들의 움직임, 귀에 잡히는 소리들, 코에 느껴지는 냄새들, 그리고 우리의 의식이 아직까지는 감지해 내기 힘든 그 무엇들 등, 우리의 의식이 지향하는 객관적 세계는 그러한 무수히 다양한 것들의 복합체이다. 그런데, 현대의 과학적 입장에서 생각해 볼 때, 인간은 자연으로부터 태어난 존재로 생각된다. 따라서 인간은 의식적 측면에서든 무의식적 측면에서든 인간이 대자연의 일부인 한 대자연과 묶여 있다. 사실 인간의 의식은 대자연과의 묶여진 끈을 극히 일부만 인식하고 있다. 그렇지만, 인간이 대자연으로부터 태어났고, 또 크게는 대자연의 일부로 존재하고 있는 한, 인간의 본질을 파악하여 인간의 존재 영역을 넓히고 보다 풍요로운 존재의 의미를 향유하기 위해 인간과 관련된, 보다 구체적으로 말해 인간에 의해 감지된 대자연을 가지고 인간의 존재를 창출해 낸 대자연의 본질적 세계를 파악해 갈 필요가 있는 것이다.

그러나 근대로 들어와서, 인간에 비친 대자연의 질서만을 가지고는 인간에게 인식되지 않은 대자연의 질서들을 파악해 가기가 어렵다는 입장들이 제기되기 시작했다. 그렇다고 해서 인간이 현상계로부터 태어나서 현상계 속에서 그것과 어떤 관련성을 가지고 존재해 가는 한, 현상계 속에 인간의 존재를 완전히 내던져 버릴 수는 없다. 왜냐하면 현상계는 전과는 다른 식으로 끊임없이 변화해 가고, 인간도 끊임없이 그러한 변화에 적응해 가면서 이전보다도 더 이상적인 관계를 수립해 보려는 욕망을 가지고 있기 때문이다. 그런데, 대자연에 대하여 자신이 알고 있는 조그마한 지식을 토대로 대자연과의 이상적 관계를 추구해 가려는 과정에서 자신의 차원에서 대자연과의 관계를 맺어 보려고 한 나머지, 인간은 타자인 한 개인, 한 집단, 한 민족, 한 동시대인에 대하여 주관적 입장을 취하게 되었다. 인간의 그러한 입장을 우리는 주관주의 라고 하는데, 인간의 세계와 우주의 질서를 파악하려는 이와 같은 주관주의가 상대주의와 함께 과학적 귀납주의 시대에 부상하게 되었다.

이상과 같이 20세기 현대로 들어와서 합리주의는 상대주의로, 객관주의는 주관주의로 전환되었다. 그렇다면 그 이유는 무엇인가? 과학적 귀납법의 방법론을 제시한 것은 근대물리학이다. 근대물리학 중에서도 지구와 천체와의 역학적 관계를 중심으로 성립된 코페르니쿠스, 갈릴레이 등의 지동설이나 뉴턴역학 등과 같은 천체물리학이나 운동역학과 같은 것들이었다. 이러한 물리학을 중심으로 과학과 과학적 귀납법이 성립되었고, 이러한 것들의 성립을 배경으로 신 중심주의적 사고가 인간 중심주의로 전환되었다. 인간 중심주의는 신이 인간과 인간이 이용해 가는 만물을 창조했다고 하는 입장이 부정되는 과정에서 성립되었다. 즉, 기존의 신에 대한 개념이 해체되는 과정에서 성립되었다. 그러한 신에 대한 부정은 코페르니쿠스, 갈릴레이 등의 지동설 등으로 이루어지기 시작했다. 그렇게 되자, 이제는 만물을 이용해 가는 인간이 그 무엇인가에 의해 '창조된' 우주의 주인으로 부상하게 되었다. 인간 중심주의적 사고가 성립되었던 것이다. 이 경우 인간 중심주의적 사고란 인간의 입장에서 지상의 모든 것과 우주의 모든 것을 인식하려는 것이고, 또 이것은 인간의 삶이 이루어지는 지구를 중심으로 우주를 인식할 수밖에 없다는 지구 중심주의적 세계관과도 밀접히 관련되어 있다.

그러나 현대로 들어와서 인간도 인간의 이용 대상이었던 동물의 일종에 불과하고 인간이 살고 있는 지구도 태양을 중심으로 공전해 가는 존재라는 사실이 일반화되어 나왔고, 다시 근래에 들어서 동물도 식물의 일종이고 또 그러한 식물도 결국은 물질로부터 진화되었으며, 태양계도 은하계의 일부로서 은하 중심을 향해 공 · 자전한다는 사실이 밝혀짐으로써 각종의 물질들로 구성된 자연이나 무수한 자연들로 이루어진 우주로부터 인간을 인식하려는 시각이 성립되었다.

여기서 우리가 지적하고 싶은 것은 이와 같이 대자연이나 우주를 통해 인간을 인식하려는 입장이 성립되는 과정에서 합리주의가 상대주의로, 객관주의가 주관주의로 전환되었다는 점이다.

대자연을 통해 인간을 인식하려는 태도는 동양의 불교와 유교의 근본 사상이다. 즉, 자연 중심주의적 세계관은 동양의 기본적인 세계관이다. 한편, 태양계 너머의 은하계, 은하계 너머의 아직 밝혀지지 않은 우주를 통해 인간사를 인식해 보려는 입장은 서구의 근대우주론적 세계관, 우주 중심주의적 세계관이다. 그렇다면, 이러한 동서의 인간관은 세계관들과 어떻게 관련되어 있는 것인가?

인도의 불교, 중국의 유교 등을 중심으로 한 인도·중국·한국·일본 등의 기본적 인간관은, 불교의 경우처럼 인간을 물질로부터 유래된 것으로 보거나 유교의 경우처럼 인간을 대자연에서부터 유래된 것으로 보는 등 인간을 대자연으로부터 유래된 것이라 파악하는 데 그 핵심이 있다. 서구의 현대우주론의 경우에 있어서도 인간이나 인간이 존재해 있는 지구는 중성자보다도 더 작은 초고밀·초고온의 초기 우주가 폭발해서 생겨난 것으로 이해되고 있다. 이렇게 볼 때 동양의 전통적인 인간관과 서구의 현대우주론은 물질적 차원에서의 인간의 근원적 존재를 통해 인간의 본질을 파악하려 한다는 점에서 공통점을 갖는다. 또, 불교와 유교에서는 존재의 본질을 물질로 보고 그것이 끊임없이 움직이고 변화해 가는 것이라 파악하였는데, 서구의 현대우주론에서도 존재의 본질을 광자와 같이 공간을 이동해 가며 자체적으로 변화해 가는 것이라 파악하였다. 이와 같이 유·불교를 바탕으로 한 동양의 전통적인 사상은 이상과 같은 두 가지 측면에서 서구의 현대우주론에서의 인간관과 깊게 관련되어 있다.

그런데 필자가 여기서 언급하려는 핵심은, 이와 같은 동양의 전통적 사상과 서구의 현대 우주론에서의 인간관이 합치됨으로써 기존의 서구의 사상과 그것을 받아들여 온 현대의 동아시아인의 사상에 혼란이 야기되었다고 하는 것이다. 결론부터 말하자면, 현재 동서양을 막론한 전 지상에서는 인간의 물질적 근원을 통해 인간의 본질을 이해하려는 인간관이라든가, 공간적으로 이동해 가면서 자체적으로 변해 간다는 물질관을 바탕으로 형성된 우주관 등의 부상으로 인해 합리주의적이고 객관주의적인 사고 체계가 붕괴되고 상대주의적이고 주관주의적인 사고 체계가 형성되어, 전 지상의 인간들에게 가치관의 혼란이 야기되고 있다.

20세기의 사고 체계와 그 혼돈 양상

그렇다면 이상과 같은 상대주의나 주관주의의 부상으로 인해 현대인의 가치관에 혼란이 야기된 이유는 무엇인가?

우리 현대인은 과학주의 시대를 살고 있다. 따라서 현대인은 과학을 통해 인간의 존재를 설명해 왔고, 그러한 과학적 사고를 통해 우리의 인식이 이루어지고 있다. 이러한 의미에서, 설혹 과학 그 자체의 한계성이 지각되었다 하더라도, 현재로서는 과학적 사고를 통해 과학의 한계성을 논하고 그 너머에 있는 질서를 파악해 갈 수밖에 없다. 이때 과학이란 무엇인가? 과학은 서구의 'science'의 번역어로 그 어원을 따져보면 '지식'이란 뜻이었다. 그러다가 중세를 통해 근세로 넘어오는 과정에서 지식의 탐구 방법이나 그 탐구 목적인 학문 체계 일반 내지 학문 자체의 의미로 전환되었다. 그 후 근세로 들어와 학문 체계 일반이나 학문은 자연과학을 시발로 개별적 학문으로 분과分科되었고, 그 과정에서 서구의 '분과分科'적 의미가 내포된 'science'가 동아시아에 소개되어 '科學'(과학)으로 정착되었던 것이다.

서구에서의 현대적 의미로서의 과학은 '자연과학natural science'을 토대로 개념화된 말로서, 이는 인간이 자연에 대한 경험을 통해 획득한 지식의 총체를 가리킨다. 인간이 자연에 대해 경험한다고 말할 때의 자연은 어떠한 자연이며, 인간이 자연을 경험한다고 하는 것 자체는 결국 무엇을 의미하는가? 이 경우의 인간에게 감지되는 자연이란 일차적으로 '물질matter'적 세계를 의미한다. 물질이란, 인간의 의식에 반영되기는 하지만 의식으로부터는 독립해서 존재하는 객관적 실재를 의미한다. 이차적으로 자연이란 이러한 물질을 구성하는 요소들과 그것을 구성하는 원리들을 말한다. 이것들에 대한 경험이란 그것들에 대한 인간의 감각을 통한 접촉을 의미한다. 그런데 인간은 그러한 반복적 접촉들을 통해 자연의 물질들을 구성하는 요소들과 그것들의 구성 원리들에 대해 알게 되는 것이다.

고대 서구인들은 인간이 보거나 만져서 경험할 수 있는 거시巨視적 세계를 구성하는 사물들이 미시微視적 세계를 구성하는 원소元素들로 이루어져 있고, 그 원소들의 하나하나는 불변하는 것들이라는 입장을 가지고 있었다. 이 경우 거시적 차원의 사물들이 항상 변화해 가는데, 그 변화가 그러한 불변하는 궁극적인 원소들의 재구성再構成 때문이라고 생각했다. 이 경우 인간의 물질에 대한 경험은 불변하는 원소들의 구성물들과 그것들을 이루는 불변하는 원소들의 구성을 통해 일어나는 변화에 대한 그것을 의미한다. 근세 초의 서구인들의 과학적 지식은 거시적 사물들의 종류들과 그 사물들을 이루는 원소들의 종류들, 그리고 그 사물들의 결합 원리와 그 사물들을 이루는 원소들의 구성 원리 등에 대한 연구들을 통해 획득되어졌다. 그 후 이러한 분야에 대한 연구가 체계화되는 과정에서 근대 물리학이 성립되었다. 한편 거시적 차원의 사물들의 변화를 가져온다고 하는 미시적 차원의 원소들의 재구성 원리에 대한 학문으로서 화학이라고 하는 학문이 성립되었다. 이것을 바탕으로 생물학도 성립되었다. 그 다음 인간이 육안으로 볼 수 있거나 손발로 만져 경험할 수 있는 거시적 차원의 사물들의 결합 원리와 그 거시적 차원의 사물들을 이루는 궁극적으로 변하지 않는다고 하는 미시적 차원의 원소들의 구성 원리 등이 다르다는 것이 인식되었다. 이러한 과정에서 가장 거시적인 사물들에 대한 결합 원리에 대한 학문으로서 천체물리학이 성립되어 나왔고, 또 가장 미시적인 사물들에 대한 구성 원리에 대한 학문으로서 원자原子물리학이 성립되었다. 현대에 들어와서는 거시적 사물의 결합 원리에 대한 연구의 연장선상에서 천체물리학을 토대로 우주물리학이 성립되었고, 미시적 원자들의 구성 원리에 대한 연구의 연장선상에서 원자물리학을 중심으로 한 **소립자물리학***이 성립되었다. 한편, 거시적 차원의 사물들의 변화를 가져온다고 하는 미시적 차원의 원소들의 재구성 원리에 대한 연구 분야인 화학의 연장선상에서 생물학을 바탕으로 한 생화학도 성립되었다.

이상과 같이 현대로 들어와 인간의 자연에 대한 경험이 거시적이고 미시적 차원에서 세분화되면서 우리의 존재의 바탕을 이루는 자연에 대한 지식이 과거와는 다른 차원에서 획득되었었다. 앞에서 지적한 바와 같이 물질로 이루어진 자연에 대한 인간의 경험은 처음에는 육안으로 보고 손으로 만져 봄으로써 이루

*소립자물리학素粒子物理學/elementary particle physics : 소립자의 성질이나 상호 작용을 연구함과 더불어 소립자의 본질을 밝히려는 물리학 분야이다. 초기에는 핵물리학과 비슷하게 연구되었지 장비의 발달로 두 분야가 나뉘었고, 가속기를 이용하여 고에너지 상태를 재현시켜 연구를 하기 때문에 고에너지물리학이라는 다른 이름으로 불리기도 한다. 참10

어졌다. 그러나 그 후 인간의 그러한 물질들에 대한 경험은 현미경이나 망원경과 같은 도구들을 통해 이루어짐으로써 보다 미시화되고 거시화되었던 것이다. 그렇게 됨으로써 인간의 자연에 대한 경험은 도구들이 이용되는 과학적 방법으로 지속되어 갔다.

그러나 인간이 그러한 도구들을 통해 과학적으로 물질에 대한 세계를 이해해 간다 하더라도 그것에는 한계가 있음을 깨닫게 되었다. 우선, 물질들을 구성하는 원소들과 그것들의 구성 원리, 천체들과 같은 거시적인 물체들의 결합 원리, 그러한 원소들이나 천체들의 재분배 원리들을 완전히 이해할 수 있는 현미경이나 망원경과 같은 도구들을 만들어 내서 그것들을 인간의 감각으로 완전히 확인해 낸다는 것은 불가능하다는 점이 지적되었다. 과학이란 어떠한 형태로든, 예를 들어 망원경이나 현미경과 같은 도구들을 이용해서 은하계 너머의 그 어떤 성운단들의 형태들과 그것들의 구조를 잡아내고, 또 물질들을 이루는 최소 단위라고 하는 원소元素들을 이루는 소립자들의 구조나 그것들의 결합 원리를 육안으로 확인해 그것들에 대한 지식을 획득해 가는 작업이다. 그런데 문제는 인간이 이러한 과학을 통해 인간의 문제를 근원적으로 해결하려 하는 한, 그것이 결코 불가능하다는 것이다. 왜냐하면 인간은 자신이 살고 있는 자연의 그러한 궁극적인 실체를 인간에 의해 만들어진 도구나 수단 등을 이용해 인간의 감각들로 확인하는 것이 불가능하기 때문이다.

현대인이 앞서 언급한 상대주의나 주관주의에 빠져들게 된 이유는 바로 이와 같은 인간의 문제를 해결하는 데 있어서 그동안 인간이 믿어 왔던 과학의 한계성에 대한 자각이 있었기 때문인 것으로 고찰된다. 인간이 자신의 감각을 통해 자신의 존재의 바탕을 확인할 수 없음을 자각하게 되어 버린 한, 그러한 과학적 방법으로는 인간의 문제를 해결할 수 없다는 입장을 취하게 되었다. 그렇다고 과학적 방법을 대신해 인간의 궁극적인 문제를 해결할 수 있는 방법이 찾아진 것도 아닌데 말이다. 이렇게 인간에게 보편적이고 절대적인 것이 존재하지 않게 됨으로써 인간은 자신의 문제나 자신이 살고 있는 우주나 우주를 구성하는 궁극적인 원소들에 대한 문제들을 자기들의 지적 수준에 맞게 생각해서 그런 생각들을 바탕으로 자신들의 문제를 자신들의 차원에서 해결해 갈 수밖에 없다는 입장을 취하게 되어, 결국 그러한 입장들이 취해지는 과정에서 상대주의와 주관주의가 부상하게 되었던 것이다.

그렇다면 상대주의나 주관주의는 현재 우리 인간에게 어떠한 영향을 끼치고 있는가? 우리에게서의 궁극적인 문제는 결국 인간의 존재 의미의 문제이다. 그러한 의식이 형성되는 과정에서 역사적 문제나 사회적 문제를 중심으로 한 인간의 존재 의미를 창출해 그것을 향유해 가려는 입장이 성립되어 나왔다.

현재 모든 인간들은 자전과 공전을 하는 지구상에 살고 있다. 자전과 공전으로 인해 지상의 모든 물질들이나 생명체들은 어떤 물리적이고 화학적이고 생물학적인 질서를 부여받아 그것들을 통해 존재해 있다. 어떠한 인간도 이러한 지상을 떠나서 살아갈 수는 없다. 인간은 나무와 풀, 물과 공기가 있는 지상에서만이 존재할 수 있을 뿐이다. 그러한 의미에서 모든 인간에게서의 지상은 하나의 보편성을 지닌 공간이다. 인간이 존재해 있는 공간이 이러한 보편성을 지닌 공간이기 때문에 지상에 있는 모든 인간은 두 손, 두 발, 두 눈 등 공통된 형태를 갖고 있다. 한편, 빛을 많이 받는 곳과 적게 받는 곳이 있고 비가 많이 오는 곳과 적게 오는 곳이 있음으로 인해, 살결이 검은 사람들이 있는가 하면 흰 사람이 있고 키가 큰 사람이 있는가 하면 키가 작은 사람이 존재하게 된다. 또 빛을 비슷하게 받는 지역이라 하더라도 사람들에 따라 어느 정도 살결이나 키가 다르기 마련이다. 이러한 원인은 풍토학적 측면보다는 오히려 역사적 측면에서나 사회학적 측면에서 파악해 보면 더욱 쉽게 이해될 수 있을 것이다.

또, 다음과 같은 경우를 생각해 볼 수도 있다. 태양계를 구성하는 모든 천체들은 태양으로부터 빛을 받고 있는 존재들이다. 그런 의미에서 태양계 내의 모든 존재들은 공통성을 지닌다. 그러나 태양에 가까운 수성이나 금성 등은 그것으로부터 멀리 떨어진 천왕성이나 해왕성보다 빛을 더 많이 받는다. 태양으로부터 빛을 많이 받으면 많이 받는 대로, 혹은 적게 받으면 적게 받는 대로 그 나름의 특징을 지닌다. 즉, 태양계에 존재하면서 다 같이 태양의 빛을 받아 어떤 공통된 반응을 보인다는 차원에서 태양의 빛은 각 행성들에게 보편성을 제공한다. 그러면서도 그 빛의 양적인 면에 있어서는 각각 다르다는 점에서 태양의 빛은 그들에게 특수성을 제공한다. 또 태양계의 모든 행성들이 태양의 빛을 받는 과정에서 비슷하게 변해 가면서도, 태양빛을 받는 양이나 행성들 자체를 이루는 물질들의 특성들로 인해 각 행성들은 그들 나름대로의 특수성을 지니게 된다.

이와 같이 지구상이나 이 우주 내에 존재하는 모든 존재들은 우선, 어떤 보편적 원리를 통해 존재하고 또 그러한 보편성을 기반으로 성립되는 특수성을 통해서도 존재한다. 이것은 이 우주에서의 모든 존재의 기본적 존재 원리이다. 그러나 혹자는 이러한 보편성이나 특수성보다 이 우주에서 상대주의나 주관주의가 더 본질적이라고 생각하는 자가 있을지 모른다. 그러나 사실은 그렇지 않다. 그 이유는 다음과 같다. 사실상 인간의 어떤 대상에 대한 상대주의적이거나 주관주의적 인식은 은하계 너머 어떤 성운단들이 어떻게 존재해 있는지를 현재의 인간의 능력으로서는 알 길이 없고, 또 원자를 구성하는 양자, 중성자, 전자와 같은 소립자나 그러한 소립자간에 작용하는 힘을 매개하는 광자光子와 같은 소립자들의 구조, 그리고 그러한 소립자들의 구성 원소와 구성 원리, 소립자들의 변화 과정 등과 같은 것들 또한 인간의 능력으로서는 밝힐 길이 없기 때문에 생긴다.

그렇다고 해서 그러한 것들에 대해 인간이 완전히 무지하지만은 않다. 첫째, 지금보다 더 정밀한 망원경이나 현미경과 같은 도구를 발명하게 되면 인간은 그것들에 좀더 가까워질 수 있을 것이다. 둘째, 우리는 그것들이 현재 우리에게 밝혀진 것들과의 관계 속에 존재해 있는 것이라 생각하기 때문에 그것들의 존재 형식, 존재 원리 등에 대한 가설은 세울 수 있다. 따라서 문제는 현재 우리가 그러한 것들에 대하여 실체를 확실히 밝혀내지 못했다는 것이지, 그것들에 대하여 완전히 무지하다는 것은 아닌 것이다. 즉, 그것들에 대한 존재 방식과 존재 방향에 대해서는 충분한 지식을 가지고 있다는 것이다. 셋째, 현재 우리가 인간의 문제를 해결하기 위해 그러한 것들을 밝혀 내려고는 하지만 그것들이 현재 우리가 존재하고 있는 우주의 질서를 넘어 또 다른 어떤 질서 체계로 이루어진 것들이라 생각해 볼 때, 설혹 그것들이 밝혀진다 하더라도 현재의 우리 인간의 문제를 풀어나가는 데는 그리 큰 도움이 되지 못할 가능성이 있다는 것이다. 만일, 현재 우리가 추구해 가는 은하계 너머의 어떤 성운단들이 현재의 우리의 우주의 밖에 존재하는 것들일 경우라든가 혹은 전자나 광자와 같은 소립자들을 구성하는 원소들이 현재 우리가 살고 있는 우주가 생성되기 이전에 이미 만들어진 것들이라고 한다면, 현재 우리가 추구해 가는 은하계 너머의 성운단들이나 소립자의 구성 요소와 구성 원리에 대한 지식은 우리가 현재 해결하려는 인간의 본질에 대한 문제를 해결하는 데 결코 직접적인 도움이 되지 못할 것이다.

끝으로, 설혹 인간 자신이 추구해 보려는 것에 대해 무지하다 하더라도 그것은 그것대로 인간에게 또 다른 차원의 지식을 제공해 준다. 그것에 대해서, 현재로서는 혹은 당분간은, 아니면 영원히 혹은 결코 알 수 없다고 하는 지식을 인간에게 준다는 것이다. 그러한 지식을 충분히 감안한 상태에서 어떤 사물에 대해 입장을 세운다면 그러한 입장은 결코 상대적이거나 주관적일 수 없다. 다시 말해서 우리가 우리의 존재 기반에 대해 결코 알 수 없다는 사실을 깨닫게 될 때, 이를 감안한 상태에서 인간의 문제에 대한 입장을 세울 수 있게 되는 것이다. 이상과 같은 측면이 고려될 경우, 상대주의나 주관주의는 결코 성립될 수 없다.

오히려, 그러한 것들이 고려될 때의 상대주의나 주관주의는 특수성으로 전환된다. 보다 구체적으로 말하자면 다음과 같다. 인간의 물질적 존재 기반은 이 우주 내의 물질과 그것을 일관하는 질서이고 인간의 생물학적 존재 기반은 지구와 지구를 일관하는 질서이다. 또 의식적 차원의 존재로서의 인간은 이러한 물질적이고 생물학적 차원의 존재를 토대로 성립된 존재이다. 그러므로 인간들에 의해 만들어지는 역사나 사회는 원래가 이러한 보편성을 토대로 이어지고 있는 것이다. 따라서 인간의 이러한 존재적 보편성을 고려하지 않는 사상들이 물질적 대상에 대한 인식이나 혹은 역사나 사회에 대한 인식이 상대주의나 주관주의로 빠지는 것은 어쩌면 당연한 결과인지도 모른다.

상대적이고 주관적인 역사의식이나 사회의식은 개인주의적이고 지역 중심주의적이며 민족 중심적이고 인간 중심적인 것들로서 그것들을 집단적 이기심을 조장시켜 갈 수 있는 요소들을 내포하고 있다. 우리는 당연히 이러한 집단적 이기심을 경계해야 한다. 왜냐하면 인간이 우주의 일부인 지상에서 태어나서 보편과 특수성을 지닌 우주나 지상의 모든 것들과 조화롭게 화합해 가는 데 있어서 그것이 큰 장애물로 작용할 것이기 때문이다. 인간과 자연과의 불화不和는 결국 자연에 대한 인간의 패배를 의미한다. 자연으로부터 태어나 자연의 일부로 이 지상에 존재해 있는 인간의 존재 의미는, 자연과의 조화를 통해서만이 찾아질 수 있다. 즉, 그것은 자연의 질서를 통해서만이 창출될 수 있다. 자연의 질서를 파악해서 그것으로써 인간의 존재 의미를 알아내고 그것을 향유해 가는 한, 자연 속에서의 인간과 자연과의 투쟁은 아마도 인간의 승리가 될 것이다. 이렇듯 자연 속에서 대자연과 조화롭게 존재하며 존재의 의미를 향유해 가기 위해서는, 인간과 우주가 서로 조화롭게 존재해 갈 수 있는 지식이 필요하다.

새로운 방법론의 필요성

우주와 조화롭게 존재해 갈 수 있는 유일한 방법론이란 있을 수 없다. 그러한 이유 등으로 인해 많은 현대인들이 상대주의나 주관주의에 빠져 결국 집단주의자로 전락해 있다. 이렇듯 가치관의 혼돈 속에서 존재 의미를 향유하지 못하고 상대주의나 주관주의에 빠져 있는 사람들을 구제하기 위해서는, 무엇보다도 제3의 새로운 일반 방법론의 정립이 절실히 요청된다. 즉, 제1의 일반 방법론은 형이상학적 연역법이었다. 그것은 서구의 고대 그리스 시대부터 중세 말의 16세기까지 신이나 대자연 등과 같은 초월적 존재와 인간과의 조화 방법을 추구했던 방법론이었다. 제2의 일반 방법론은 과학적 귀납법으로서 서구의 17세기 근세 이후부터 20세기 말의 근래까지 물질 세계로 인식된 대자연과 인간과의 조화 방법을 추구해 왔던 방법론이었다. 그렇다면 제3의 일반 방법론은 어떻게 명명될 수 있는 방법론이며 이 경우 대자연은 어떤 존재로 인식될 수 있을까? 또 그것과 인간과의 조화관계는 어떻게 추구될 수 있을까?

우선, 형이상학적 연역법이 어떻게 성립되어 나오게 된 것인지부터 살펴보자. 이 명칭은 서구의 고대인과 중세인들의 세계관과 밀접히 관련되어 있는데, 그들의 세계관은 한마디로 아리스토텔레스의 세계관으로 요약된다. 그는 지구를 중심으로 한 우주의 안쪽 부분을 지상계地上界로 보았고 그 밖의 세계를 천상계天上

界로 보았다. 또, 달을 지상계에 속해 있는 것으로 보아 그 궤도는 지상계와 천상계의 경계를 이룬다고 했다. 별은 천상계에 속해 있는 것으로, 별들의 궤도는 천상계와 그 밖의 아무것도 존재하지 않는 세계와의 경계를 이룬다고 보았다. 천상계 너머의 아무것도 존재하지 않는 세계는 공간까지도 존재하지 않는데, 천상계 내부의 모든 천체들은 에테르라고 하는 물질로 구성되어 있고 그것은 우주의 중심을 기준으로 원환운동을 한다고 했다.

이와 같은 아리스토텔레스의 세계관은 그 후 다른 천문학자들에 의해 수정되어 천상의 모든 행성은 지구를 중심으로 지구 주위를 원형 회전하는 것으로 파악되었다. 이러한 세계관에서의 천상계는 질서정연하고 부패하지 않는 성질을 띠고 있음에 반해, 지상계는 그 물체들이 흙, 공기, 불, 물의 네 요소들의 혼합물로 되어 있고, 이들의 혼합비율에 따라 물체들의 성질이 규정된다고 보았다. 그리고 이들 네 요소는 지상에서 자신들의 자리들을 각각 차지하고 있으며, 또 그것들은 그 자리에서 어떤 한 방향을 향해 운동하려는 성질을 가진 것들이라 파악되었다. 즉, 흙의 자리는 지상의 중심에 물은 흙의 표면에, 공기는 흙의 표면에, 불은 공기의 윗부분에 각각 위치하는 것으로 보았다. 그래서 흙의 성분이 가장 많은 돌은 지구의 중심 쪽으로, 불의 성분이 가장 많은 물질은 달 궤도 쪽으로 운동해 간다는 것이다. 즉, 화살 운동은 활의 추진력에 의해, 전차는 말의 힘에 의해 움직인다는 것이었다.[8]

이와 같은 고대 그리스의 세계관은 중세로 들어와, 신에 의해 만들어진 세계라는 식으로 받아들여졌다. 그리하여 인간이 살고 있는 세계가 무엇에 의해 어떤 형태로 만들어진 것인가가 중점적으로 설명되어졌다. 이 세계관은 다음과 같은 몇 가지의 특징을 갖는다. 첫째, 인간이 존재해 있는 우주는 지상계와 천상계로 이분화되어 있다는 것이다. 둘째, 이 두 세계를 구성하는 것들은 모두 움직이는 것들이라는 것이다. 셋째, 이들 세계들과 이 세계들을 구성하는 움직이는 것들의 창조주는 근원적인 것으로서, 그것은 바로 신이라는 것이다. 끝으로, 인간이 사는 지상계는 부패한 것들로 되어 있고, 천사가 사는 천상계는 깨끗한 것으로 되어 있다는 것이다. 이 경우 세계는 현대적 의미로 말할 것 같으면, 인간의 가시적 세계로서의 자연계로서 신에 의해 만들어진 형이상학적·근원적인 것이라 할 수 있다.

이상과 같이 지상계가 네 원소들의 배합물들로 되어 있고, 그러한 세계의 형태와 그 구성 요소들이 하나님에 의해 만들어져 조정된다고 하는 세계관의 특징들을 토대로 형성된 세계는, 형이상학적 연역법에 의해 연구되고 설명되어져야 한다는 입장이 취해지지 않을 수 없다. 그런데 근세로 들어와 고대·중세의 그러한 형이상학적 세계관은 변화되어 갔다. 우주는 인간이 사는 지상 세계와 그것을 둘러싼 우주로 되어 있으며, 지상 세계에는 인간을 비롯한 수많은 생명체들이 살고 있고 우주에는 별들과 같은 수많은 천체들이 존재해 있다. 그러한 지상 세계와 그것을 둘러싸고 있는 우주의 천체들은 물질로 되어 있는데 이들 물질은 어떤 질서에 의해 재배합되어 스스로 변해 가면서 우주 공간을 이동해 간다는 것이다.

이 경우 인간은 지상 세계와 그것을 둘러싼 우주 속의 천체들이 어떻게 이루어졌는지, 우주가 어떠한 형태를 취하고 있는지는 결코 알 길이 없었다. 즉, 인간은 미지의 우주 속에 존재해 가는 존재였다. 그 결과 인간은 자신의 감각으로 감지되는 지상 세계의 물질들을 통해 지상을 둘러싸고 있는 우주 속의 천체들의 형태와 그것들의 생성 과정을 파악해, 지상 세계와 우주가 어떻게 존재하기 시작했는지를 추구해 갔다. 앞에서도 언급했듯이, 과학이란 인간의 감각을 통해 취해 낸 물질들에 대한 지식을 의미한다. 귀납법이란 인간의 감각들에 잡힌 구체적인 물질들에 대한 특징들에 대한 파악을 통해 지상 세계와 우주 속의 천체들을 일관하는 질서들을 파악하고, 그러한 질서들을 통해 지상 세계에 존재해 있는 인간의 본질적 의미와 우주의 실체를 파악하려는 방법이다. 이러한 의미에서 이상과 같은 세계관에 대한 지식을 가진 서구의 근세 이후의 인간들은 과학적 귀납법을 통해 인간과 세계의 본질을 파악하려고 했던 것이다.

이상과 같이 인간과 세계에 대한 탐구 방법으로서의 과학적 귀납법은 그 이전의 서구의 고대와 중세에서의 인간과 세계에 대한 예측과 설명 방법에 대한 한계성의 극복 방법에서 나온 것이다. 사실상 서구의 근세 이전의 형이상학적 연역법은 자연계나 인간의 본질에 대한 탐구 방법이었다기보다는 그것들에 대한 설명이나 예측 방법이었다. 인간이 살고 있는 자연계가 예측불허로 변해 가는 한, 인간 자신의 진면목을 알아보고 또 자연의 질서를 파악해서 인간의 존재 의미를 향유하고 자연으로부터 오는 재앙을 막는다고 하는 것은 대자연 속에 살아가는 인간들의 기본적 욕망이었을 것이다. 그러나 서구의 고대나 중세에는, 인간과 자연을 지배하는 것이 있다고 생각하고 그것을 통해 인간의 일면이 자연의 일부임을 설명하고 예측해 보려고만 했지, 인간 자체나 자연 자체를 연구해 보려는 입장은 적극적으로 취하지 않았던 것이다. 근세 서구인들의 과학적 귀납법은 바로 그러한 근세 이전인들의 생존 방법에 대한 극복 방법으로 나타난 것이었다.

그렇다면 제3의 일반 방법론은 앞으로 어떠한 모습으로 나타날 것인가? 제2의 일반 방법론인 과학적 귀납법의 출현 과정을 참고로 하면, 제3의 일반 방법론은 제2의 일반 방법론의 한계성을 극복하는 과정에서 나타날 것이라 생각된다. 그런데 제2의 일반 방법론인 과학적 귀납법의 한계성은 인간이 물질과의 접촉을 통해 취해 낸 지식을 가지고는 인간이 밝혀내려는 우주의 본질을 결코 밝혀낼 수 없다는 것이다. 물론 어느 선까지는 우주의 신비를 벗겨낼 수 있다. 그러나 앞에서 제시한 바와 같이 과학적 귀납법으로는 영원히 우주 공간의 모든 원소들과 우주 밖의 비존재 공간을 일관할 수 있는 어떤 법칙을 결코 발견해 내지 못할 것이고, 또 은하계 너머의 어떤 성운단들의 형태들이나 그것들의 결합 방식, 그것들과 비존재 공간과의 관계들을 결코 파악하지 못할 것이다. 그러니까 과학적 귀납법의 궁극적 목적은 물질들에 대한 경험들을 통해 얻은 지식을 토대로 그것들을 끊임없이 추구하는 데 있지만, 그러나 그것들의 관계는 과학적 귀납법으로는 결코 풀릴 수 없는 문제라는 것이다. 과학적 귀납법의 한계성은 바로 그러한 것들에 대한 자각을 통해 극복될 수 있다.

제2절 현대인의 세계관

현대인의 세계관 구축과 현대물리학

과학적 귀납법의 한계성을 극복할 수 있는 방법은 어떠한 것인가? 현대인의 세계관은 우선 플랑크Max Planck의 양자 가설量子假說(1900)과 아인슈타인의 광양자 가설光量子假說(1905) 상대성 이론, 하이젠베르크의 양자역학, 허블의 **우주팽창론***, 소립자물리학과 대통일 이론 등을 기초로 이루어진 것이다.

이와 같이 현대 서구인의 세계관의 한 초석을 이루는 양자론量子論/quantum theory은 독일의 이론물리학자 플랑크가 발표한 에너지 양자 가설量子假說에서부터 성립되기 시작했다고 볼 수 있다. 양자量子라는 개념은 플랑크의 양자 가설에 의해 처음으로 물리학에 도입된 것이다. 그는 자신이 제출한 양자 가설에 관한 논문에서 물체와 복사와의 관계를 나타내기 위한 하나의 방안으로 복사가 방출放出되거나 흡수될 때의 에너지의 주고받음이 연속적이지 않고 항상 어떤 소량의 정수배로 행해진다는 가설을 제시하면서 그 소량을 에너지 양자라 이름 붙였다. 그리고는 자연상수自然常數(h)와 복사의 진동수振動數(v)를 이용해서 에너지 양자 E=hv의 공식을 만들어 냈다. 플랑크의 이와 같은 생각은 그 전의 고전물리학의 근본적인 가설인 자연의 연속성에는 분명히 모순된 것이었다.

플랑크의 그러한 양자 가설은 아인슈타인에 의해 받아들여져, 그에 의해 1905년 광양자 가설光量子假說이 제출됨으로써, 양자의 개념은 더욱 구체화되었다.

---

*우주팽창론宇宙膨脹論/theory of expanding universe : 1912년 베스토 슬리퍼Vesto Slipher(1875-1969)가 관측한 적색편이red shift 현상에 의해 허블이 제안한 이론이다. 적색편이 현상이란 빛이 도플러 효과에 의해 적색으로 치우쳐 보이는 현상으로 멀어져 가는 두 물체에서 방출하는 빛의 파장은 멀어지는 속도가 클수록 상대 물체에 있는 관측자에게 원래 파장보다 길게 관측된다. 따라서 1929년 허블은 적색편이의 크고 작음에 따라 그 별의 지구로부터의 거리를 측정할 수 있다고 가정하였고, 우주가 팽창하고 있음을 밝혔다. 이 우주팽창론을 바탕으로 빅뱅 이론이 나오게 되었던 것이다. 우주의 나이는 우주가 팽창하는 속도를 역으로 계산하여 추측한 것이다. 그러나 적색편이 현상은 멀어져 가는 별빛에 의해서만이 아니라 모든 별들이 갖고 있는 중력에 의해서도 생긴다는 것을 아인슈타인이 주장하게 되었다. 참24, 66-67면

그는 빛이 공간을 이동할 때 hv(자연상수×진동수)의 에너지덩어리로 진행한다는 가설을 세웠고, 그 에너지덩어리를 광양자라 이름 붙였다. 사실, 이 가설은 짧은 파장의 빛이 금속 면에 닿을 때 전자電子가 튀어나오는 현상, 즉 광전 효과를 설명해 내는 데 고안된 것이었다. 그런데 그 후, 비교적 작은 원자량의 물체에 짧은 파장의 엑스선이 닿으면 파장이 긴 엑스선이 산란되는 현상, 즉 **콤프턴 효과***가 발견됨으로써 이 가설은 정당화되었다. 또 광양자설은 빛이 단지 파동波動으로서의 성질뿐만 아니라 동시에 입자粒子로서의 성질을 갖는다는 것을 확인시켜 줌으로써 그 후의 양자역학의 성립을 유도하였다. 아인슈타인의 이와 같은 광전 효과와 콤프턴 효과 등을 통한 그의 광양자설의 증명은, 아인슈타인으로 하여금 보다 적극적으로 빛에 대한 관심을 갖도록 유도했다. 그의 빛에 대한 적극적인 관심은 빛에 대한 속도에 관한 것으로부터 시작되었고, 그의 그러한 광속에 대한 관심은 영국의 물리학자 **맥스웰****의〈전기와 자기에 관한 논문〉(1837)으로부터 출발하였다. 맥스웰은 이 논문에서 전자기파의 존재와 빛의 압력을 예언했다.

영국의 물리학자 **패러데이*****가 전기와 자기의 연구에서 19세기를 대표하는 실험가라면, 맥스웰은 그것에 대해서의 19세기를 대표하는 이론가라는 말이 있다. 패러데이는 1831년 막대자석을 코일에 접근시키거나 멀리 떨어지게 하면, 코일에 전류가 흐른다는 것을 발견하였다. 맥스웰은 그때까지의 그러한 실험에

---

*콤프턴 효과Compton effect : X선 또는 γ선을 물질에 쬐어 산란시키면, 산란하는 X선(γ선) 속에 그 X선(γ선)보다 파장이 긴 것이 포함되는 현상이다. 이는 X선 또는 γ선을 전자기파가 아닌 광자로 생각할 때 광자와 물질 내의 전자가 충돌하는 현상으로 이해될 수 있다. 참10

**맥스웰James Clerk Maxwell(1831-1879) : 영국의 물리학자. 1856년 애버딘 대학 자연철학 교수가 되었는데. 1865년 병을 얻어 교수직을 그만두기까지의 5년간 색채론에 관한 연구를 했다. 명저《전자기학》(1873)을 발표하고, 열학熱學에 관한 간단한 저술도 했다. 케임브리지 대학에서 1871년 교수직이 개설되고, 맥스웰이 실험소 설립을 담당했다. 그는 유명한 전자기장의 기초방정식인 맥스웰방정식(전자기방정식)을 도출하여 그것으로 전자기파의 존재를 증명했다. 전자기파의 전파 속도가 광속도와 같고, 전자기파가 횡파라는 사실도 밝힘으로써 빛의 전자기파설의 기초를 세웠다(1873). 참10

***패러데이Michael Faraday(1791-1867) : 영국의 화학자·물리학자. 벤젠 발견 등 실험화학상 뛰어난 연구를 하였고, 물리학의 전자기학 부분에서 여러 가지 전기의 동일성을 간파하여 통일 개념으로서의 전기를 제창하였다. 그 외 진공방전에 관한 '패러데이암흑부'(1838), 자기장磁氣場에 의한 편광면偏光面의 회전(패러데이 효과) 등 중요한 공헌이 많다. 참10

의해 밝혀진 자기와 전기와의 관계에 주목해 전류 대신 전기가 작용하는 공간인 전기장이 시간적으로 변하는 경우에도 자기 작용이 일어난다는 사실을 밝혀내어, 전기장과 자기장이 번갈아 가며 서로를 발생시킨다는 사실을 알게 되었다. 맥스웰은 이와 같이 시간적 변화에 따라 전기장과 자기장이 서로서로를 발생시켜 한 방향으로 진행해 가는 파를 전자기파라 했고, 또 그는 이 진행 속도가 진공 속에서는 광속과 같다는 사실을 발견하고 빛이 곧 전자기파라는 결론에 도달했다. 아인슈타인은 맥스웰의 이와 같은 전자기장에 대한 이해를 토대로 진공 중의 광속도는 모든 관측자에 있어서 같은 값을 갖는다고 하는, 소위 광속불변의 원리를 제시했고, 이에 덧붙여 물리학의 기본법칙이 모든 **좌표계***에서 같은 형식으로 나타난다고 하는 원리를 첨가시켜 소위 상대성 이론의 체계를 세웠다.

아인슈타인의 이와 같은 상대성 이론은 사실 모든 물리법칙은 어느 좌표계에서도 동일하게 성립되지 않으면 안 된다고 하는 요청을 통해 성립되었다. 보다 구체적으로 말해서 자연 현상을 기술하는 데에는 어떤 좌표계가 필요하다. 예를 들어, 어떤 입자의 위치, 속도, 운동량, 운동에너지 등과 같은 물리량은 좌표계를 설정해야만 비로소 그 값을 이야기할 수 있다. 그러니까 물리적 법칙은 어떤 좌표계를 통해 표현된 얼마간의 물리량의 값 사이에 성립되는 하나의 방식으로 정식화된다. 만약 다른 좌표계를 설정할 경우 물리량의 값은 달라져야 하고, 또 다른 좌표계를 통해 표현된 물리량의 값 사이에 똑같은 형태의 방정식이 성립되어져야 한다는 요청이 바로 상대성 원리인 것이다. 구체적인 예를 들면, 운동은 본질적으로 상대적인 것이어서 운동, 즉 위치 변화가 어떤 위치 혹은 계를 특별한 것으로 지정하지 않는 한, 그것은 결코 정의될 수 없다. 이러한 사실은 이미 갈릴레이에 의해 확실히 이해되었다. 그래서 이 원리를 갈릴레이의 상대성 원리라 부른다. 아인슈타인은 **갈릴레이의 상대성 원리****와 맥스웰의 전자기장 방정식을 받아들여

*좌표계座標系/coordinates system : 직선 · 평면 위 또는 공간 내의 임의의 어떤 점을 설명하기 위해 도입한 체계. 참10

**갈릴레이의 상대성 원리 : 시각, 위치 및 방향은 절대적인 의미를 갖지 않으며, 서로 다른 관찰자에게 다르게 측정될 수 있는 상대성을 말한다. 관찰 대상에 대한 관찰자의 관점이 고려될 때

자신의 **상대성 이론***을 정립시켰던 것이다.

아인슈타인은 이 우주 속에서 인간에 의해 가장 확실한 좌표로서 이용될 수 있는 것이 바로 빛이라고 생각하고, 두 종류의 상대성 이론을 제기했다. 우선 하나는 중력이 작용하지 않는 진공 속에서 서로 등속도等速度로 운동하는 계系와 계 사이의 전자기電磁氣 현상을 취급하는 특수 상대성 이론이고, 다른 하나는 서로가 속도를 가지고 운동하는 계들 사이의 전자기 현상을 취급하는 일반 상대성 이론이다. 다시 말해서, 특수상대성 이론이란 뉴턴역학을 넘어서 아인슈타인에 의해 정립된 역학계에서의 등속 운동을 다룬 이론이다. 움직이는 물체의 속도는 정지해 있는 사람이 보는 경우와 일정한 속도로 달리는 차 안에 있는 사람이 보는 경우가 서로 다르다. 그러나 빛의 속도는 정지해 있는 사람이 측정하거나 달리는 차 안에 있는 사람이 측정하거나 똑같다.

아인슈타인은 특수상대성 이론으로 그 이유를 설명하여 그때까지의 시간과 길이에 대한 개념을 근본적으로 바꾸어 놓았다. 그것은 한마디로 그때까지 절대적으로만 생각해 왔던 시간과 공간이 관측자에 따라 상대적으로 인식되는 존재에 지나지 않는다는 것이다. 보다 구체적으로 말해 정지하고 있는 사람에게서의 시간이나 길이는 움직이고 있는 사람에게서의 시간이나 길이와는 별개의 것이라는 이론이다. 그것은 한마디로 인간에게서의 시간과 거리는 항상 일정한 속도로 달리는 빛을 통해서 감지되기 때문이다. 아인슈타인은 이 이론을 기초로 물질의 질량이 감소하면 그 몫만큼 운동에너지가 증가한다는 질량과 에너지의 동등성의 원리, 즉 $E=mc^2$(E는 에너지, m은 질량, c는 속도)를 끌어낸 것으로도 유명하다.

관찰된 대상의 특성이 제대로 파악된다는 원리이다. 참21, 100-101면

*상대성 이론相對性理論/theory of relativity : 아인슈타인이 만든 이론으로 특수상대성 이론과 일반상대성 이론으로 나뉜다. 특수상대성 이론은 등속도로 운동하는 관측자에 대해서는 모든 물리법칙이 동일하게 적용된다는 것을 설명하고 있고, 일반상대성 이론은 중력을 관성력과 동등한 것으로 볼 수 있음을 밝히고 있다. 관성력慣性力이란 물체가 외부의 작용을 받지 않는 한 정지 또는 운동의 상태를 계속 유지해 가려는 힘을 가리킨다. 두 이론의 공통점은 시공간이 관측자에 대해 상대적인 값만 가진다고 설명한 것이다. 참10

이에 대해 1915년에 발표된 일반상대성 이론은 1905년에 발표한 특수상대성 이론을 가속도 운동에까지 확대 · 일반화시킨 것이다. 특히 중력 효과를 통해 정립된 이 이론에서 시간과 공간으로 이루어진 4차원의 공간은, 예를 들어 구면상球面狀과 같이 굽은 공간으로서 그 굽은 모양이 다름 아닌 바로 중력을 나타낸다고 볼 수 있다. 요약해 말하면, 특수상대성 이론은 중력이 작용하지 않는 진공 속에서의 정지해 있는 사람이 보는 현상과 운동하고 있는 사람이 보는 현상과의 관계를 정립한 이론인데 반해, 일반상대성 이론은 그것을 중력이 작용하는 공간으로까지 확장시킨 이론이라 할 수 있다.

아인슈타인의 두 상대성 이론에서의 가장 문제가 되는 것은 역시 시간과 공간과의 관계이다. 뉴턴이나 칸트에게서의 시간과 공간은 우주를 구성하는 기본적 요소로서 이 우주 속에서 절대적인 것으로 파악되었다. 그러나 아인슈타인의 상대성 이론의 출현에 의해 그것들에 대한 개념에 변화가 생긴 것이다. 뉴턴이나 칸트는 이 세계나 그것을 감싸고 있는 우주가 점, 선, 면 등으로 이루어진 공간, 즉 3차원의 세계라고 인식하고 있었다. 그러나 아인슈타인은 인간이 존재하는 이 지상 세계나 이것을 감싸고 있는 우주가 점, 선, 면, 공간, 시간으로 이루어진 움직이는 공간, 즉 4차원의 세계라고 인식하였다.

어떤 물체가 존재해 있는 공간에 시간이 개입될 경우, 그 물체에 대해 공간은 정리된 공간이 아니라 움직이는 공간으로 인식된다. 즉, 움직이는 공간 속에 어떤 물체가 존재해 있을 경우, 그 공간은 물체에 대해 움직인다고 말할 수도 있고 그 물체는 그 공간에 대해 움직인다고도 말할 수 있다. 그렇다면 왜, 어떤 존재가 있는 공간에 시간이 개입되면 그 공간 속에 존재하는 그 어떤 존재는 그 공간에 대하여 움직이는 존재가 되는 것인가? 그것은 이 우주에서 가장 확실한 좌표계로 받아들여진 빛이 일정한 속도를 가지고 일정한 방향으로 움직이고 있기 때문이다. 즉, 공간에 대하여 그 공간 속에 존재하는 어떤 존재가 움직인다고 하거나, 혹은 어떤 존재가 있는 공간이 그 공간 속의 어떤 존재에 대하여 움직인다고 할 경우, 그것은 그 공간에 일정한 속도와 방향을 가지고 움직이는 빛이 존재한다는 것을 의미하며 그 공간 속에 그런 식으로 존재해 있는 빛이 존재해 있음을 인간이 인식한다는 뜻이다.

이와 같은 측면에서 파악해 볼 때, 어떤 공간 속에서 움직이고 있는 물체에 대하여 공간과 시간은 불가분의 관계이다. 즉, 어떤 물체에 대하여 움직이는 공간은 시간과 통일된 상태이고 어떤 공간 속에서 움직이는 물체에 대하여 시간은 공간과 통일된 상태, 즉 시공간時空間의 상태이다. 한마디로 4차원의 세계에서의 시간과 공간은 일체화되어 있는 것이다. 이상과 같이 현대인은 일정한 속도와 방향을 가지고 이동하는 빛으로 엮어진 세계 속에 살고 있음을 인식하게 되었다.

현대인이 자신들의 세계관을 형성시키는 데 있어서 영향을 받은 또 하나의 이론은 하이젠베르크의 양자역학이다. 이는 우리가 일상적으로 경험하는 거시적macro 세계를 다루던 고전물리학 이론으로는 이해할 수 없는 미시적micro 세계를 다루는 물리학의 한 분야이다. 특히 이 양자역학은 종래의 역학계, 즉 뉴턴역학과는 달리 에너지의 비연속성을 기본 원리로 하여 성립된 학문으로, 거시적 세계의 체험을 통해 성립되었던 고전물리학이 미시적 세계를 다루는 과정에서 직면했던 모순이 이 양자역학의 성립을 계기로 타개되었다. 이것은 아인슈타인에 의해 빛이 파동과 입자의 이중성을 갖는다는 사실이 밝혀지고 또, <u>드브로</u>이*에 의해 전자를 비롯한 모든 물질들의 입자들이 파동성을 갖는다는 것이 밝혀짐으로써, 고전물리학적인 역학이나 전자기학으로는 미시적 세계가 기술될 수 없다는 입장에서부터 출발되었던 것이다.

프랑스 명문가의 귀족 출신인 드브로이의 물질파 이론은 아인슈타인의 광양자설을 기초로 성립되었다. 즉, 드브로이는 아인슈타인이 파동이라고 생각했던 빛에서 입자성을 볼 수 있다면 물질의 입자인 전자도 파동성을 나타낼 것이라는 가정하에, 모든 물질에서 입자로 튀어나오는 전자가 파동성을 가질 수 있으므로

---

*드브로이Louis Victor de Broglie(1892-1987) : 프랑스의 이론물리학자. 1924년 〈양자론의 연구〉라는 논문에 물질파(또는 드브로이파)에 관한 견해를 제시했다. 이는 물질입자라고 보는 전자도 파동의 성질을 지닌다고 주장한 설로 데이비슨과 저머가 전자파의 회절을 실증해 파동역학 연구가 시작되었다. 1929년 노벨물리학상을 수상했다. 참10

전자를 통해 입자성을 갖는 모든 물질이 파동성을 갖는다는 가설을 이론화시켜 제시했던 것이다.

그의 그러한 가설은 아인슈타인에게 인정되었고, 그로부터 3년 후 실험에 의해 파동과 입자의 이중성은 반드시 빛에만 적용되는 것이 아니라 모든 물질들을 구성하는 입자들에도 적용된다는 사실이 입증되었다. 즉, 전자의 파동성이 입증되었던 것이다. 이와 같이 빛뿐만 아니라 자연계를 구성하는 모든 물질들이 파동성과 입자성을 동시에 갖는다는 입장이 확립됨으로써 양자역학이 정립되었다. 그것은 파동성과 입자성의 모순을 통일시키고, 미시적 세계를 양자화量子化시켜 그것을 기술해 냄으로써 성립되었다. 이 경우 양자화란 전자나 광자와 같은 소립자들을 양자화시킨다는 의미이고, 양자역학이란 어떤 물질이나 전자장電磁場과 같은 장을 양자들로 구성된 역학力學적 관계들의 장場으로 파악하여 그 장에 내재된 힘을 계산해 내는 이론적 체계를 의미한다.

이 양자역학은 앞에서도 언급했듯이 플랑크의 양자 가설(1900), 아인슈타인의 광양자설(1905) 등으로부터 시작되었다. 당시 양자역학은 빛이나 복사열과 같은 차원에서의 양자의 개념 정의 정도로 이루어졌다. 그 후 빛이 물질로부터 방출되고 또 그것이 물질에 흡수되는 것을 생각해 볼 때 물질 그 자체에 대해 양자의 개념을 적용할 수 있다는 생각을 하게 되었고, 이에 덴마크의 물리학자 보어가 원자구조에 양자 개념을 도입하게 되었다.

19세기 말경부터 물리학자들은 원자의 구조를 밝혀 보려는 데 지대한 관심을 가져왔다. 그 결과 1911년 영국의 러더퍼드에 의해 원자의 중심에는 양전하가 응집된 핵이 있고 그 주위에 음전하의 전자가 회전하고 있다는 것이 확인되었다. 그런데 여기서 곤란한 문제가 생겼다. 당시의 전자기학에서는 전자가 회전 운동을 하면 그것이 빛(전자기파)을 방출하며 에너지를 상실한다는 사실이 당시의 전자기학으로부터 알려져 있었다.

그렇다면, 전자는 차츰 회전 반지름을 축소시키면서 불과 10초 만에 핵 속으로 흡수되어 버리는데, 그때 전자가 방출하는 빛의 파장은 나선계단을 내려갈 때마다 연속적으로 짧아진다는 결론이 나온다. 그러나 원자로부터 나오는 빛을 분광기로 조사해 본 결과 사실은 그렇지 않았다. 이 문제에 대해 1913년 멋진 해석을 제시한 사람이 바로 보어였다. 그는 핵 주위를 회전하는 전자가 특정 궤도만 돈다는 가설을 세우고 그 특정 궤도를 '정상 상태'라 명명하여, 전자는 이 정상 상태에 있을 때 빛을 방출하지 않고 전자가 어떤 궤도에서 다른 궤도로 옮겨갈 때에만 그 에너지가 E에 대응하는 진동수 L=E/h의 빛을 방출한다고 주장했다. 이렇게 되면 확실히 원자로부터 나오는 빛의 스펙트럼은 연속적이지 않게 되고 파장은 간헐적인 값만 갖는 것으로 된다. 그 이유는 전자가 파동성을 가지고 있기 때문이다.

이러한 설들을 기초로 1925년 하이젠베르크가 미시적 세계를 기술하는 행렬역학 이론을 확립시켰고 그 다음해 드브로이의 이론을 기초로 슈뢰딩거가 파동역학을 성립시킴으로써, 오늘날 두 이론은 양자역학이라고 하는 새로운 미시적 세계의 기술 체계로 형성되었다. 원래 양자역학은 원자 차원에서 문제시되었던 역학 체계였는데, 그 후 그것이 더욱 발전하여 원자핵 등과 같은 소립자 차원의 현상기술에도 적용되게 되었다.

하이젠베르크는 그 후 미시적 세계를 관찰하면서 인간의 노력으로는 어찌 수 없는 측정 정밀도의 한계가 존재한다는 이론을 끌어냈다. 우선 그는 자연 현상에 대한 기술은 실제로 측정 가능한 어떤 양量이나 개념만을 가지고 행해야 한다는 입장을 취했다. 그 결과 그는 인간이 실제로 측정 불가능한 전자의 궤도와 같은 개념을 버리고, 대신 원자가 방출하는 빛의 강도나 진동수 등만으로 이론을 구성했다. 이렇게 되자, 기존의 전자의 위치나 속도 등을 통한 시공간적 기술이 의미를 상실함으로써 새로운 차원에서의 관측의 문제가 발생하였다.

자연 현상에 관한 인간의 과학적 인식은 모두 관측 행위를 통해 가능한데, 이것은 인지하는 측인 주체와 인지되는 측인 객체와의 상호관계를 의미한다. 그런데 측정 대상이 미시적 세계인 경우, 주체가 객체를 명확히 인식할 수 없다든가 또는 객체가 주체에 의해 명확히 인식될 수 없을 경우 주체와 객체와의 사이에는 어떤 틈이 생기게 된다. 이 경우 측정결과는 당연히 주관적 해석에 좌우될 수밖에 없다. 이와 같은 생각이 1927년 하이젠베르크의 불확정성 원리로 정의되었다. 그와 당시의 학자들이 미시계微視界에 대한 기존의 시공간적 기술時空的 記述의 가능성에 대해 실험 등을 통한 논의를 계속한 결과, 전자와 같은 입자의 운동량(속도)과 위치에 관한 측정은 불확정不確定적일 수밖에 없다는 결론을 내렸던 것이다.

그것은 다음과 같은 이유 때문이다. 원자핵 주위를 도는 모든 전자의 속도와 위치를 알아야 전자가 갖는 힘의 크기를 알아낼 수 있는데, 핵 주위를 도는 원자의 위치와 속도를 알려면 그것이 육안으로 잡히는 가시可視적 존재가 아니기 때문에, 원자가 도는 궤도에 광선을 비추어 반사된 빛을 렌즈에 모아 궤도를 회전하는 전자상電子像이 맺히게 하여 그것을 육안으로 확인해야 했다. 이 경우, 전자들의 힘이 강하고 짧은 파장의 광선을 전자에 쪼이게 되면 위치와 속도를 파악하려는 전자가 자신의 궤도로부터 이탈하여 결국 위치를 파악할 수 없게 되고, 대신 파장이 긴 광선, 즉 관측할 대상의 크기보다 파장이 긴 광선을 쪼이게 되면 빛은 상대의 존재를 알아차리지 못하게 되어 궤도를 돌던 전자가 그냥 지나치는 바람에 시각적으로 잡하지 않아 결국 그 속도를 파악할 수 없게 되었다. 이로써 한쪽을 성립시키면 다른 한쪽이 성립되지 않아 전자의 위치와 속도가 동시에 파악될 수 없다는 결론이 내려졌다. 하이젠베르크는 이것을 불확정성의 원리uncertainty principle라 명명하였다.

이러한 원리들이 의미하는 바는 인간의 의식 과정이 시공의 개념과 밀접히 관련되어 있다는 것이다. 좀더 구체적으로 말하면 이렇다. 거시적 차원에서는 시공간적 기술이 가능하다. 따라서 그러한 차원에서는 시공간적 기술을 통해 세계의 특성을 잡아낼 수 있다. 그러나 미시적 차원에서는 그러한 시공간적 기술이 불가능하다. 그래서 그들은 거시적 차원에서 시공간적 기술을 통해 세계의 특성을 파악하려는 그러한 관점을 버렸다. 그 대신 그들은 파동으로 움직이는 입자들로 구성된 미시적 세계가 인간이 지각할 수 있는 거시적 세계에 역학적으로 미치는 영향을 양量화시켜서 기술하였던 것이다. 이와 같이 미시적 세계를 구성하는 원자들이 거시적 세계에 역학적으로 미치는 영향이 양화되어 기술됨에 따라, 거시적 차원에서 인식되었던 인과율은 더 이상 고려되지 않고 그 영향이 확률적이고 통계적인 차원에서 처리되었던 것이다. 이로써 양자역학은 인과론과 고별告別하게 된다.

이상과 같이 하이젠베르크에 의해 정리된 불확정성 원리가 출현하자 그동안 모순된 것으로 생각되어 왔던 파동성과 입자성이라고 하는 두 개념이 공존하게 되었고, 더 나아가 미시적 세계가 기술될 때는 두 개의 서로 다른 모순된 개념인 시공간성과 인과성 등이 상보적으로 이용될 수 있다는 입장이 보어에 의해 제창되었다. 이러한 관계들을 보어는 **상보성의 원리***로 정리하였다.

이상과 같이 거시적 세계에 존재하는 인간이 거시적 세계에 미시적 세계가 작용하는 힘을 기술함에 있어서, 미시적 세계를 구성하는 전자들이 갖는 힘을 양화시켜 미시적 세계와 거시적 세계와의 관계를 기술하는 학문이 다름 아닌 양자역학이다. 이 경우 전자들이 갖는 힘이란 그것들이 방출하는 광자들의 운동 에너지를 가리킨다. 또 그것은 미시적 세계가 인간 존재의 토대를 이루는 거시적 세계에 작용하는 힘, 즉 확률적이고 통계적으로 처리되어 기술된 바로 그 힘을 의미한다.

우주 중심적 세계관과 우주팽창론

현대인의 세계관 형성에 또 하나의 큰 영향을 끼친 것은 허블의 우주팽창론이다. 미국의 천문학자인 허블은 100인치짜리 망원경을 이용해 수년간의 각고 끝에 1929년 우리의 은하계 너머의 공간에도 수백만 개의 은하가 있다는 것과, 또 그것들이 지구로부터 놀라운 속도로 멀어져 가고 있다는 사실을 발견하였다. 그로부터 7년 전인 1922년에 소련의 물리학자 프리드만이 이미 수학적으로 우주팽창론

*상보성의 원리相補性原理/principle of complementarity : 상보성 원리는 보어가 1927년에 양자역학의 해석을 위한 틀로 도입한 개념이다. 원자 내에서의 전자들의 입자-파동의 이중성 및 위치-속도 측정의 불확정성 등을 이해하는 인식론적 바탕을 제시한 것이었다. 보어는 양자역학에서의 불확정성 원리의 출현에 따라 그것과 관련된, 두개의 모순된 개념인 시공적 기술과 인과성을 미크로의 세계에서는 상보적으로 이용할 수 있다는 입장을 제시하였다. 인과성이란 닫힌 계系의 시간적 발전과 관련해 성립하는데, 그 계를 시간적으로 기술하기 위해 행하는 관측 행위 바로 그것이 밖으로부터 그 계에 개입해 드는 인자因子가 된다고 한다면, 그 간섭에 의해 인과율은 성립하지 않게 된다는 것이다. 이 원리는 물리 현상에만 국한되는 것이 아니라 생명 현상과 사회 현상 등에까지 광범하게 적용될 수 있는 보편적 지혜이며 조직의 원리라고까지 할 수 있다. 참40

을 제시한 바 있고, 1917년 아인슈타인도 우주가 팽창한다는 방정식을 풀어낸 바 있었지만, 자신의 방정식이 상식에 정면으로 반한다고 생각한 나머지 그것은 그대로 묻혀 버리고 말았다. 그런데 허블의 우주팽창론이 발표된 지 2년 후 아인슈타인과 프리드만은 자신들의 주장이 옳았다는 것을 발견했다.

과학자들은 **도플러 효과***를 통해 우주팽창론을 발견했는데, 도플러 효과란 다가오는 물체에서 방출되는 빛이나 음파는 멀어져 가는 물체에서 방출되는 빛이나 음파보다 더 높은 주파수를 갖는다는 것이다. 허블은 이 도플러 효과가 멀리 떨어진 별에서 방출되는 빛에서 **적색편이****의 형태로 일어난다는 사실을 밝혀냈다. 만일 별이 지구로 다가오고 있다면 청색편이가 일어나야 하지만, 그러한 현상은 실험적으로 관측되지 않았다.

우주팽창론의 또 하나의 증거는 **우주배경복사*****이다. 그것은 미국의 과학자 펜지어스와 윌슨에 의해 1965년 발견된 것으로, 그것은 대폭발(빅뱅) 당시 생겼던 빛의 화석 격인, 절대온도 3K(-273℃)의 근처까지 내려간 빛의 잔광殘光이라 할 수 있는 것이다. 이와 같은 것들을 증거로 주장된 팽창하는 우주는 종종 부푸는 풍선에 비유되곤 한다. 한 반점이 붙어 있는 풍선을 생각해 볼 때, 풍선이 팽창하면 반점들(은하들)은 서로 멀어질 것이다. 우리는 풍선의 표면에 살고 있으므로 모든 별들이 우리로부터 멀어지고 있는 것처럼 보인다는 것이다.

그렇다면 이 대폭발은 어떻게 일어났으며 대폭발 이전에는 어떤 일이 있었을까? 아인슈타인의 상대성 이론에 의하면 우주는 약 100-200억 년 전에 빅뱅이라

---

*도플러 효과Doppler effect : 파동을 발생시키는 파원과 그 파동을 관측하는 관측자 중 하나 이상이 운동하고 있을 때 발생하는 효과로, 파원과 관측자 사이의 거리가 좁아질 때에는 파동의 주파수가 더 높게, 거리가 멀어질 때에는 그것이 더 낮게 관측되는 현상이다. 기차의 기적소리나 우주의 배경복사 등에서 관찰할 수 있다. 참10

**적색편이赤色偏移/red shift : 먼 곳에 있는 성운의 스펙트럼선이 파장이 약간 긴 쪽으로 몰려 있는 현상으로 적방편이라고도 한다. 일반상대성 이론에 의하면 매우 중력이 큰 별에서 나오는 스펙트럼선은 약간 긴 파장 쪽으로 몰리게 되는데, 이와 같은 현상도 적색편이라고 한다. 참10

***우주배경복사宇宙背景輻射/cosmic background radiation : 특정한 천체가 아니라, 우주 공간의 배경을 이루며 모든·방향에서 같은 강도로 들어오는 전파이다. 0.1mm-20cm의 마이크로파로, 2.7K의 흑체복사를 나타낸다. 우주의 팽창이 대폭발Big Bang에서 시작되었다는 우주론에 의해 예언되었던 것이다. 참10

불리는 거대한 폭발로부터 생겨났다. 대폭발 이전의 우주는 초고온·초고밀의 구체球體로 응집되어 있었다고 한다. 그 후 대폭발에 관한 연구는 미국의 물리학자 가모프 등에 의해 더욱 진전되어, 구체의 크기는 양성자보다도 더 작았던 것으로 파악되었다. 그것이 대폭발을 일으켜 만들어진 초기 우주는 고온·고밀도의 자유로운 쿼크라고 하는 물질의 집단으로 이루어진 안정된 세계였는데, 그것이 점점 확장됨에 따라 쿼크가 서로 결합하여 핵자核子 등을 형성하였다고 연구되었다. 쿼크란 1964년 미국의 겔만 등에 의해 도입된 개념으로, 현재 **우주선***의 **가속기**** 등으로 그 실재를 확인 중이다. 양성자와 중성자는 각각 세 개의 쿼크로 이루어져 있다고 한다. 현대물리학의 주된 과제들 중의 하나인 대통일 이론과 관련하여 우선 초끈 이론부터 고찰해 본다.

현재의 초끈 이론은 대폭발 이전의 우주가 어떤 상황에 처해 있었던 것인지에 관해서도 예언하고 있다. 초끈 이론을 주장하는 사람들에 의하면 원래 우주는 오늘날 인간이 살고 있는 4차원의 공간으로는 존재하지 않았고 10차원으로 존재했었는데, 10차원의 우주는 불안정하여 그것으로부터 작은 차원의 4차원의 우주가 떨어져 나옴으로써 두 개로 분리되었다는 것이다. 예를 들어 천천히 진동하는 비눗방울을 상상해 볼 경우, 진동이 충분히 강해지면 비눗방울은 불안정하여 두 개 또는 그 이상의 보다 작은 비눗방울로 쪼개지는데, 원래의 비눗방울을 10차원으로 본다면 하나는 4차원의 비눗방울로 다른 하나는 6차원의 비눗방울로 여겨질 수 있다. 이로써 현재 우리가 살고 있는 4차원의 우주 외에 또 하나의 자매우주가 존재한다는 추측이 가능하다. 그런데 초끈 이론에 의하면 다른 6차원의 우주는 인간이 결코 도달할 수 없는 아주 작은 크기, 즉 원자핵의 약 100억 분의 1 정도로 줄어들어 버렸다는 것이다.

---

*우주선宇宙線/cosmic rays : 우주에서 지구로 쏟아지는 높은 에너지의 미립자와 방사선 등을 총칭한다. 대기 분자와 충돌하기 전의 1차 우주선, 충돌 후 발생하는 2차 우주선으로 나눌 수 있다. 지표에서 가까운 곳에서는 2차 우주선에 해당하는 미립자가 관측된다. 참10

**가속기加速器 : 전자나 양성자 등의 전기를 띤 입자를 전장電場에서 가속시켜 서로 부딪히게 한 후 일어나는 현상을 관찰하기 위해 사용되는 실험장치. 필자 보충 설명

여기서 문제는 우리들이 살고 있는 4차원의 세계에 관한 것이다. 우주가 폭발하여, 대통일 이론에서 말하는 중력이 전자기력, 약핵력, 강핵력 등이 완전 분리된 후까지도, 우주는 자유 쿼크와 경입자 및 광자들의 수프와 같은 상태였다. 그 후 우주가 좀더 식게 되자 쿼크들이 서로 결합하여 양성자와 중성자가 형성되어 나왔고, 그것이 핵으로 형성되어 나왔다. 물리학자들은 대폭발로 인해 우주가 탄생된 지 10^{-43}초가 지나 그 크기가 10^{-33}cm였을 때는 아마도 물질과 힘이 깨지지 않은 초끈 들로 이루어졌고, 그 크기는 양성자만 한 상태였던 것으로 계산되고 있다. 안정된 핵이 형성되기 시작한 것은 우주 탄생 후 3분이 지나서였으며 폭발 후 1천 초까지 우주의 물질은 거의 수소와 헬륨뿐이었을 것이라고 한다. 대폭발 후 30만 년이 지나서야, 첫 번째의 원자가 탄생된 것으로 계산된다. 그래서 미국의 이론물리학자로 와인버그·살람과 함께 1979년 노벨물리학상을 받은 글래쇼는, 물질은 대폭발 이후 10^{-38}초에 나타났고 지금부터 1040초 후에는 모두 사라지게 될 것이라고 말하고 있다.[9]

첫 번째의 원자가 탄생될 무렵 우주의 온도는 3천 K로 떨어져 있었고, 이 온도에서의 수소원자들은 상호 간의 충돌에 의해 다시 깨지지 않는 상태에 이르게 된다. 그 후 수십억 년이 지난 우주에는 가스나 티끌과 같은 미립微粒 물질이 공간 여기저기에 널려져 있게 된다. 그것들 중 가까운 입자粒子들끼리 모여 성운상星雲狀이 되고 또 그것이 항성恒星으로 발달해 나왔다. 그러한 과정에서 성운 간이나 항성 간의 공간에는 전기를 갖지 않는 수소원자핵 등으로 이루어진 가스성운이나 성간 물질 등이 형성되고, 그것들이 진화 과정의 최종 단계에서 방출한 항성 물질과 혼합하여 신성이 형성되어 나왔다. 따라서 현재 우주에는 태양과 같이 50억 년 이전쯤에 형성된 것들에서부터 극히 최근에 생긴 별들까지가 공존하고 있다. 이와 같이 별과 성간 물질이 서로 모습을 바꾸면서 세대를 반복해 가고 있는데, 이 경우 하나의 항성이 태어나서 소멸하기까지의 과정은 대략 다음과 같다.

별은 성간 물질의 응집으로부터 태어난다. 이렇게 태어나는 원시성原始星은 밀도가 낮고 온도도 낮기 때문에 자력으로 강하게 발광할 수가 없어서 처음에는 자신의 중력에 의해 차차 수축해 가다가 중력의 에너지를 열로 변화시켜 빛을 발하게 된다. 수축이 진행되면서 별의 내부밀도와 온도는 상승하고 결국 원자핵 반응에 의한 열의 발생이 가능해진다. 이렇게 볼 때 갓 태어난 별은 저온도의 거성으로서, 그 후 그것에서 중력 수축이 진행됨에 따라 보통의 별이 되는 것이다. 이때까지 걸리는 시간은 수백 내지 수천만 년 정도로 별은 그 일생의 대부분의 시간을 보통의 별로 지낸다. 그 사이에 별의 열원熱源인 수소가 차례로 헬륨으로 변하는데, 물질이 서로 혼합되고 수소의 낭비 속도가 변하는 등 별의 내부 구조가 변해 간다. 별은 질량이 클수록 수명이 짧다. 태양과 같은 별은 100억 년 정도이고, 보다 더 무거운 별은 수천만 년 정도로 추정된다.

이상과 같이 별은 성간 물질의 응집으로 태어나 별 속의 수소가 헬륨으로 전환되는 핵융합 반응에 의해 변화가 진행되는 것이다. 별 구조의 이론에 의하면 헬륨핵이 발달함에 따라 별은 점차 반경을 증대시켜 가다 결국 저온의 초거성이 된다. 별의 진화의 최후 상태는 '백색의 작은 별white dwarfs'인데, 그 이유는 그것이 수소를 거의 포함하고 있지 않고 대부분 헬륨으로만 되어 있기 때문이다. 즉, 별 내부에 만들어진 헬륨핵만으로 수축되어 있기 때문이다. 스티븐 호킹은 별 진화의 최후 단계로서의 이 백색의 작은 별의 상태를 더욱 세분화시켜, 별의 소멸 단계로서 백색의 작은 별, 중성자별neutron star, 블랙홀로 나누어 고찰하고 있다. 별 진화의 최후 단계로서의 백색의 작은 별은 가스를 방출하고 시든 상태이고, 중성자별은 별의 밀도가 원자핵의 밀도에 비교될 수 있을 만큼 압축된 상태이다. 블랙홀은 중성자별과 같은 원자핵의 밀도에 비교될 수 있을 만큼 압축된 상태의 별이 연료를 다 태운 후 중력으로 인해 무한정 수축됨으로써 중력을 무한대화한 시공간 영역을 말한다.

이상과 같이 별이 탄생하여 블랙홀 상태에 이르러 폭발·소멸해 버리는 과정에서 원시 우주에 존재하고 있던 수소와 헬륨 이외의 원소는 진화하는 별의 내부와 블랙홀의 폭발 과정에서 생성된 것들이다. 현재 우주의 대폭발 시점을 180-90억 년 전으로 보고 있으며, 태양계가 속해 있는 은하계가 형성되어 나온 시점은 우주에 가스나 티끌 같은 미립 물질이 생겨나게 된 90-80억 년 전으로 보고 있다. 이에 대해 태양계의 성립은 53억 년 전쯤으로, 지구핵의 성립은 50억 년 전쯤으로 보고 있다. 이와 같이 현재 지구를 구성하고 있는 모든 물질은 우주의 대폭발이 있었던 180-90억 년 전부터 우주에 물질이 형성되고 은하계, 태양계, 지구가 형성되어 나오는 과정에서 형성된 물질들에 의해 이루어진 것들이다. 지구가 현재의 형태를 취하게 된 것은 46억 년 전의 일이다. 그때 이래 지구는 태양계와 맞물려 공·자전해 가는 과정에서 지구상에 여러 가지 물질적 현상이 일어났고, 또 그것을 바탕으로 생물학적 현상이 일어났다.

예를 들어, 양성자는 전자의 **반입자***인 양전자와 **중성미자****를 발생시키며 중성자로 전화轉化하고, 중성자는 전자와 뉴트리노를 발생시키며 양성자로 전화한다. 원자핵이 에너지가 큰 감마선에 의해 쪼여질 때 전자와 양전자가 발생하고, 전자와 양전자가 서로 충돌할 때 그것들은 소멸되면서 감마선을 발생시킨다. 이상과 같이 소립자가 발생·소멸·전화의 성질을 지니고 있는 한, 그것은 장場을 구성하는 양성자로서 취급될 때만이 그 존재가 합리적으로 설명될 수 있다. 이와 같은 점을 고려해 볼 때, 소립자는 어떤 장을 구성하는 양자量子라고 말하는 것이 더 타당하다. 이와 같이 지구는 초속 30km로 공전하면서, 팽창하는 우주의 일부로서, 우주를 이루는 다른 것들과 함께 우주 공간 이동을 하고 있다. 우주의 팽창 현상으로 인해 공간 이동을 행해 가는 지구라고 하는 물체 위에서 우선, 30억 년 전에는 청록조藻와 같은 식물이 출현하였고, 6억 년 전쯤에는 해파리와 같은 동물이 출현하였다. 그 후 2억 2천 년 전쯤에는 포유류가, 7천만 년 전쯤에는 영장靈長류가, 800만-500만 년 전쯤에는 인류가 출현하였다. 그 무렵부터 인류는 자신들의 삶의 도구로서 언어, 타제석기 등의 도구를 만들어 쓰면서 생활을 영위하였다.

---

*반입자反粒子/antiparticle : 보통의 입자나 질량이나 수명, 스핀 등의 물리적 속성은 같지만, 반대부호의 전하, 핵자수, 자기모멘트를 가지는 입자를 말한다. 양전자, 반양성자, 반중성자 등의 입자가 그 대표적 예이다. 참10

**중성미자neutrino : 전기적으로 중성이고, 중성자가 베타 붕괴로 양성자와 전자로 파괴될 때 이와 함께 방출되는 입자. 이탈리아어로 '작은 중성자'라는 말이다. 참10

이상과 같이 고찰해 볼 때 과학적 귀납법의 시대에 살고 있는 현대인들의 세계관 형성에서 가장 큰 영향을 끼친 것들은 첫째 우주팽창론이라 할 수 있다. 그런데 필자가 여기서 짚고자 하는 것은 그러한 우주팽창론이 소립자 물리학을 기초로 해서 이루어졌다는 것이다. 그렇다면 소립자 물리학이란 무엇인가? 20세기에 들어와 인간들은 우주를 구성하는 기본 단위를 규명해 가기 위한 일환으로 물질을 구성하는 기본 단위를 찾는다는 입장을 취해 나갔다. 인간들의 그러한 입장이 소립자 물리학을 성립, 발전시켰던 것이다. 우주적 차원에서 인간의 물질적 현상들의 본질을 규명하려는 입장이 취해졌던 것이다.

모든 물질이 원자로 구성되어 있다는 것은 일반적으로 잘 알려져 있는 사실이다. 그러나 20세기 초 원자의 구조에 관한 연구가 시작되어 원자가 분할될 수 있는 것이 아니라는 사실이 밝혀졌고, 또 빛이 광양자라는 입자로 구성되었다고 하는 사실도 알려지게 되었다. 그 후 양자론의 발전에 의해 모든 장場은 그 자체가 어떤 고유의 양자量子의 집합으로 인식되었고, 특히 전자장電子場을 구성하는 양자가 광양자라는 사실이 밝혀졌다. 그 결과 오늘날 우리는 광양자를 포함하여 원자를 구성하는 입자와 같이 일반적으로 장場을 이루는 기본입자들을 소립자의 일종으로 보게 되었다. 그리하여 소립자란 원자 혹은 장의 궁극적인 구성 요소이자 물질을 구성하는 가장 기본적인 입자라는 이론이 성립되었다. 또 인간이 이것을 더 분할한다는 것은 불가능한 것으로 인식되었다. 그러나 소립자는 결코 불변하거나 불멸하는 존재가 아니다. 오히려 그것은 쉽게 발생하고 소멸하고 다른 입자로 전화한다고 하는 것이다.

우리는 양성자, 중성자, 전자 등과 같이 물질을 직접 구성하면서 원자 속에 존재하는 입자를 소립자素粒子라 하였다. 그러한 의미에서 소립자는 현재 물질의 기본 단위로 생각되고 있는 입자라 할 수 있다. 그런데 현재는 물질계를 구성하는 이들 세 종류의 입자 이외에, 고에너지를 구성하는 소립자들끼리 서로 충돌함으로써 입자들이 붕괴되어 만들어진 입자들도 소립자에 포함되고 있다. 이러한 소립자는 불안정한 입자이기 때문에 물질의 구성 요소라고 말할 수는 없지만 초기 우주의 구성 요소였다고는 생각된다. 이들 소립자끼리는 서로 상호 작용을 하는데, 소립자들 사이에서 상호 작용의 역할을 담당하는 광자 등과 같은 입자도 소립자에 포함된다. 현재 안정된 소립자로 생각되는 것은 양성자, 중성자, 전자, 뉴트리노, 광자 정도이다. 이때 중성자는 원자핵 속에 있을 때만 안정하다.

이들 소립자들의 종류를 정리해 보면, 경입자, **강입자***, **게이지입자****로 분류된다. 우선 경입자는 전자, 뉴트리노 등으로 강한 상호 작용을 하지 않는 소립자들이다. 다음으로 강입자에는 양성자, 중성자, 파이 **중간자***** 등을 비롯한 수백 개의 입자가 있다. 그런데 실은 이들 입자들은 쿼크라는 더욱 작은 입자가 두세 개 모여 생긴 복합입자이다. 끝으로 게이지입자는 경입자나 강입자 사이의 힘을 매개하는 입자로서 광자가 대표적이다. 최근에는 **위크보존**weak boson(W입자)****과 **글루온*******도 포함된다.

위크보존은 유럽 합동 원자핵 실험소에서 발견한 소립자로, 상호 작용을 매개하는 입자라는 뜻을 가진다. 전기를 띤 입자들 사이에 작용하는 전기적인 인력引力이나 척력斥力은 이들 입자들이 광자를 캐치볼 하듯 주고받는 데서 생긴다. 이렇게

---

*강입자强粒子/hadron : 강한 상호 작용에 관련되는 소립자를 가리킨다. 하드론이라고도 한다. 소립자를 중입자 · 중간자 · 경입자 · 광자光子로 분류할 때, 광자는 전자기적 상호 작용 외에는 어떠한 물리적 특성을 가지지 않으며, 경입자는 약한 상호 작용과 전자기적 상호 작용 외에는 어떠한 물리적 특성을 가지지 않으므로 중입자와 중간자를 총칭하여 강입자라 한다. 그리스어로 '무겁다', '강하다'라는 의미이며, 렙톤과는 다르게 다른 힘들과 함께 강한 핵력이 작용하는 기본입자이다. 또한 유한한 크기를 갖고 있다는 점에서 렙톤과 다르다. 원자핵은 중성자 및 양성자가 중간자를 매개로 하여 결합한 강입자계系이다. 참10

**게이지입자 : 게이지이gage란 '표준치수'의 의미. CERN 가속기로 끌어 모은 약한 힘의 게이지입자. 이는 '전자지력과 약한 힘의 통일 이론'에 의해 예측되었는데, 1983년에 발견되었다. 필자 보충 설명

***중간자 : 자핵 안에서 핵자를 결합시키는 역할을 하는 소립자를 말한다. 파이온pion이라고도 한다. 중간자라는 이름은 무게가 양성자와 전자의 중간 정도가 된다는 것에서 유래되었다. 현재 이러한 중간자는 수십 종 발견되었는데, 이들 중간자들은 모두 쿼크로 이루어진 복합입자라고 생각된다. 참10

****보존boson : 소립자는 그 성질에 따라 물질의 구성자인 페르미온fermion과 보존boson으로 대별된다. 힘에는 중력, 전자기력, 약력이 있다. 중력은 모든 소립자에, 전자기력은 전하가 있는 모든 소립자에 작용한다. 보존에는 게이지 입자와 힉즈 입자가 있는데, 전자는 매개하는 힘의 종류에 따라 중력자graviton(중력), 광자(전자기력), 약보존(약력), 글루온(강력)이라 불린다. 힉즈 입자의 정체는 아직 알려지지 않고 있다. 또 페르미온에는 쿼크와 렙톤이 있고 전하 차이에 해당되는 냄새flavour에 의해 구별된다. 쿼크도 3종류의 색colour을 갖고 있다. 참24, 185면

볼 때 **베타 붕괴***와 같은 약한 상호 작용도, 소립자 사이에서 가상적인 입자가 어떤 입자를 주고받는 결과로 생긴 것임을 쉽게 상상할 수 있는데, 이처럼 약한 상호 작용을 매개하는 입자를 위크보존이라 부른다. 그런데 특히 이 위크보존은 지금까지의 소립자와는 비교도 안 될 무게를 가지고 있다는 의미에서 질량이 없는 광자와 형제관계이며, 그러한 의미에서 가장 기본적인 소립자라 할 수 있다. 글루온은 양성자, 중성자, 파이 중간자를 이루는 쿼크 간의 힘을 매개하는 입자로서 그 존재도 확실시되고 있다.

그런데 현재 인간이 존재하고 있는 세계는 이와 같은 소립자들로 구성된 세계일뿐만 아니라, 이러한 소립자들의 상호 작용에 의해 일어나는 일들로 이루어진 세계이다. 소립자들의 상호 작용interaction은 결국 소립자들 사이에 작용하는 힘들에 의해 이루어지는데, 그 힘의 종류를 분류해 보면 다음과 같다. 첫 번째는 중력이다. 중력이란 우리가 보통 물체의 무게라고 말하는 힘이다. 그 크기는 물체의 질량에 비례하며 지구 중심에서의 거리의 제곱에 반비례한다. 두 번째는 소립자가 띠는 전하電荷에 의해 생기는 전기적 힘이다. 세 번째는 짧은 거리 범위 내에서 생기는 약한 상호 작용을 일으키는 힘이다. 중성자의 베타 붕괴나 파이 중간자의 붕괴 과정에서 생기는 힘을 말한다. 네 번째는 강한 상호 작용을 일으키는 힘이다. 이것은 쿼크와 쿼크를 결합시켜 양성자나 중성자를 만들거나 이들을 결합시켜 원자핵을 만드는 힘을 말한다. 이상 네 힘의 세계는 강한 상호 작용, 전기적인 힘, 약한 상호 작용, 중력 순으로 되어 있는데, 이들은 서로 아무 관계가 없는 것으로 생각되었으나, 게이지 이론Gage Theory에 의해 전기적인 힘과 약한 상호 작용이 실은 동일하다는 것이 실증되었다.

현대인의 세계관을 형성시킨 또 하나의 이론은 소립자물리학을 기초로 해서

*****글루온gluon : 원자는 원자핵과 전자로 이루어져 있고, 원자핵은 양성자와 중성자로 이루어져 있다. 양성자와 중성자는 6종류의 쿼크quark 중 3개의 쿼크가 모여 만들어지는데, 글루온은 바로 이 쿼크들을 엮어 놓는 힘인 강한 상호 작용을 전달하는 소립자素粒子이다. 참10

*베타붕괴 : 원자핵이 불안정한 상태에 있을 때 원자핵 속의 중성자가 양성자로, 또는 양성자가 중성자로 바뀌게 되는데 이때 원자핵이, 각 전자와 뉴트리노 또는 양전자와 뉴트리노를 방출하는 과정을 말한다. 참10

확립된 대통일 이론이다. 이는 우주를 엮고 있는 네 종류의 힘, 즉 전자기력, 약력, 강력, 중력을 하나로 통일시켜 보려는 입장에서 취해진 이론이다. 소립자들 사이에 작용하는 전자기력과 약핵력은 완전히 분리되어 있는 것처럼 보인다. 그러나 사실은 같은 기구機構에 의해 생긴다고 하는 게이지 이론에 기초하여 전자기력과 약핵력이 같은 힘이라 한다면, 강핵력도 이들과 통일될 수 있다는 가설을 중심으로 한 이론이 다름 아닌 바로 대통일 이론이다. 이 대통일 이론의 개념에는 중력까지의 통일은 포함되어 있지 않지만, 대폭발 직후 네 개의 통일된 힘이 우주가 급속히 냉각되면서 차례로 분리되었다는 대폭발설이 우주물리학자들에 의해 정설로 받아들여지면서 대통일 이론을 기초로 중력까지를 묶어 보겠다는 **초대통일 이론***이 제기되고 있다. 대폭발설에 의하면, 각 힘들이 단계적으로 분리되는 과정에서 제일 먼저 분리된 것이 중력이고, 그 다음 강핵력, 약핵력의 순서로 분리된 후 전자기력만이 남아 있었다고 한다. 이 대폭발설에서의 네 힘의 분리 현상을 받아들이면, 이 분리 과정의 면밀한 통찰을 통해 네 힘의 통일 이론을 정립해 낼 수도 있다는 생각을 해 볼 수 있다.

현재까지 전자기력과 약핵력은 게이지 이론에 의해 통일되어 왔다. 그렇다면 게이지 이론으로 그것들과 강핵력, 중력 등을 통일시킬 수는 없는 것일까?

우주 중심적 세계관과 광자의 기본적 특성

이상과 같이 고찰해 볼 때, 근대인의 세계관이 인간 중심적 세계관이었다면 현대

---

*초대통일 이론 : 대통일 이론의 약력, 전자기력, 강력의 3개의 힘을 통일시키는 이론을 대통일 이론이라 한다. 거기에 중력까지를 포함시킨 것을 초대통일 이론이라 한다. 현재의 소립자 연구의 중심과제는 통일 이론이다. 1967년 와인버그S. Weinberg(1933-)와 살람A. Salam(1923-1961)은 '게이지guage 이론'에 의해 약력과 전자기력을 이론적으로 통일시켰다. '와인버그-살람 이론'은 이 이론이 예언한 소립자인 W입자나 Z입자가 발견됨으로써 확인되었다. 또한 강력의 성질은 '양자크로모역학quantum chromodynamics'(QCD)에 의해 밝혀지고 있다. 현재는 약력, 전자기력, 강력이라는 3개의 기본적인 힘이 와인버그-살람 이론을 포함하는 '대통일 이론'으로 확대되고 있다. 대통일 이론의 입증은 세계 여러 곳에서 실시중인 양성자붕괴 등의 실험결과에 달려 있다. 마지막으로 남은 것이 '중력'이다. 그러나 중력을 포함시키기 위해서는 아인슈타인의 상대성 이론을 적절히 고려해야 한다. 참24, 254면

인의 그것은 우주 중심적 세계관이라 할 수 있다.

근대적 세계관은 절대성이 부여된 시간과 공간을 기초로 한 뉴턴 물리학, 즉 뉴턴 역학과 만유인력 이론을 기초로 해서 성립되었다. 그래서 그것은 19세기의 열역학·전자기학·광학을 거쳐 20세기의 현대물리학으로 발전해 나왔다. 독일의 이론물리학자 클라우지우스Rudolf J. Emmanuel Clausius(1822-1888)는 19세기 중엽 헬름홀츠 등에 의해 확립된, 거시적 현상에 적용됐던 **에너지보존의 법칙***(열역학 제1법칙)을 기초로 하여 열역학 제2법칙을 확립시켰다. 그는 열이 고온도 물체에서 저온도 물체로 다른 아무런 변화를 남기지 않고 이동하는 과정은 비가역非可逆이라는 제2법칙을 확립시켰던 것이다. 그런데 이 비가역 과정은 사용될 수 있는 에너지가 사용될 수 없는 에너지로 바뀌는 과정으로서 사용될 수 없는 에너지가 전체적으로 증가되는 과정으로 파악된다. 다시 말해 비가역 과정이 진행되면 우주에 존재하는 무질서의 전체 양이 증가된다는 것이다. 이 제2법칙은 '우주와 그 안의 모든 계가 완전한 무질서를 향하여 돌진해 나가며, 그 목표가 달성되면 완전히 무질서한 우주는 완전한 평행 상태에 도달하여 더 이상 아무런 과정도 일어나지 않게 될 것'이라고 말한다. 완전한 평행은 죽음을 뜻 한다.[10]

이와 같은 열역학 법칙은 다음과 같은 세계관하에서 성립될 수 있다. 그것은 인간을 중심으로 해서 열에너지 운동의 법칙을 파악하고 있다는 것이다. 다른 하나는 인간이 처해 있는 우주를 닫혀 있는 어떤 세계로 파악하고 있다는 것이다. 인간의 이러한 우주 인식은 인간 중심의 세계관에 비롯된 것이라 할 수 있다. 어떤 닫혀 있는 세계의 열역학적 상태량을 나타내는 **엔트로피****라고 하는 관점에

*에너지보존 법칙law of energy conservation : 에너지의 형태가 바뀌거나 혹은 한 물체에서 다른 물체로 에너지가 옮겨갈 때, 항상 계 전체의 에너지 총량은 변하지 않는다는 법칙. 운동에너지, 위치에너지, 열에너지, 빛에너지, 소리에너지, 전기에너지 등 많은 형태의 에너지는 갑자기 나타나지도 않고 사라지지도 않는다. 서로 모습을 바꾸어 나타날 뿐이다. 에너지가 다른 에너지로 전환될 때, 전환 전후의 에너지의 총합은 항상 일정하게 보존된다. 물리적 계에서 계 전체의 에너지가 항상 보존된다는 에너지보존법칙은 물리학의 기본 법칙이다. 특수상대성 이론에 따르면 질량은 곧 에너지가 되므로 에너지보존은 질량보존과 함께 다루어지기도 한다. 참10

**엔트로피the entropy : 물질 또는 장場으로 이루어진 세계의 열역학적 상태량을 가리킨다. 엔트로피라는 명칭은 1865년에 R. 클라우지우스가 명명한 것으로서, 그리스어인 tropē(변화)로부터

입각해 성립된 세계관이야말로 그 전형적인 예가 될 수 있다.[11]

인간의 시야에 나타난 수평선이나 지평선은 인간의 시각적 한계성이 창출해 낸 것에 지나지 않는다. 평야나 바다 그 자체들은 물리적 공간의 차원에는 훨씬 더 멀리 펼쳐져 있다. 그러나 인간의 시각적 한계성이 그것들의 끝을 창출해 낸 것이다. 이 평야나 바다의 경우와 마찬가지로 우주의 그 끝은 인간의 무지에 의해 창출된 것이지 그것의 물리적 공간 그 자체에 의해 만들어진 것이라고는 생각되지 않는다는 것이다. 이렇게 봤을 때, 그러한 열역학의 법칙은 인간 중심적 세계관에 기초해 성립된 것이라고 하는 것이다. 그러나 현대인의 세계관은 우주 중심적 세계관에 기초해 형성되어 나왔다고 하는 것이다.

근대인의 세계관이 인간이 3차원의 정지된 유크리트 공간에 존재해 있다는 인식에 기초해 성립되어 나온 세계관이라고 한다면, 현대인의 그것은 인간이 4차원의 움직이는 공간에 처해 있다는 인식에 의거해 형성되어 나온 것이라 할 수 있다. 또 근대인의 세계관이 인간이 처해 있는 세계가 불변하고 닫혀 있는 세계라고 한다면, 현대인의 세계관은 인간의 존재 공간이 끊임없이 변화해 가고 끝없이 열려 있는 세계라는 인식에 입각해 형성된 세계라 할 수 있다.

현대인의 세계관은 20세기 이후 등장한 이상의 양자론, 상대성 이론, 양자역학, 우주팽창론, 소립자론, 대통일 이론 등을 통해 성립되었다. 우리는 이와 같은 현대과학의 이론들을 접하면서 우리 인간이 현재 존재하고 있는 우주가 무수한 물질들로 구성되어 있고, 그것들은 어떤 것으로부터 진화 내지 변화되어 온 것이라는 추측을 할 수 있다. 그렇다면 그 어떤 것이란 무엇인가? 이 물음은 이 우주를 구성하는 가장 작은 기본입자란 무엇이며, 그것은 어떠한 특성을 지닌 존재인가, 등과 궤를 같이 하는 물음이다.

현대의 우주물리학자들은 우주가 양성자보다도 더 작은 초고밀 · 초고온의 점과 같은 것이 폭발해서 생겨난 것이라는 설을 일반적으로 받아들이고 있다. 그렇다면 폭발 직전의 우주는 무엇으로 되어 있었는가? 결론부터 얘기하자면,

---

유래한 말이다. 참11

그것은 무언가에 의해 압축된 것으로 이루어졌던 것 같다. 이 부분에 대한 연구로 1969년 노벨물리학상을 받은 미국의 이론물리학자 등은 이 문제를 연구해 가는 과정에서 1964년 우주의 모든 물질을 구성하는 기본입자로 쿼크라는 개념을 도입했다. 그들에 의하면 우주는 대폭발 이후 10^{-9}초가 지나 앞에서 언급한 네 힘이 모두 분리되는 시점에서 경입자, 광자들과 같은 것들이 수프와 같은 상태로, 즉 자유 쿼크로 존재해 있었다는 것이다. 그러다가 우주가 식게 되면서 쿼크들이 서로 결합하여 양성자와 중성자를 형성해 핵으로 응축되었다고 한다.

그런데 현재 우주 안의 모든 원자들의 핵은 양성자와 중성자로 이루어져 있다고 여겨진다. 겔만 등이 도입한 쿼크는 양성자와 중성자를 구성하는 기본입자들을 말한다. 즉, 양성자와 중성자가 각각 세 개씩의 쿼크로 이루어져 있다고 생각하였다(현재 그 실재를 확인 중이지만 발견된 것은 아니다). 캘리포니아공대의 슈바르츠, 런던 퀸 메리 대학의 그린 등이 초현 이론의 창시자들이라 할 수 있는데, 이들은 아주 작은 진동하는 끈을 물질을 이루는 최초의 기본 단위로 가정하고 있다. 초현 이론은'물리학자들로 하여금 지질학적 선사 시대보다도 천문학적 선사 시대보다도 더 긴 시간 주기에 대해 연구하게 하고, 또 우리를 우주에 존재하는 모든 힘들이 완벽하게 대칭적이며 초력礎力으로 통일되었던 시대까지 연결시켜 준다'는 입장을 제시하고 있다.[12] 그 초현 이론의 창시자들에 의하면 모든 양성자와 중성자들도 이들 끈으로 이루어져 있는데 이 끈들의 길이는 10^{-33}cm 정도라는 것이다. 이에 대해 현대의 인문과학과 자연과학의 통합 이론으로서 필자가 제창한 과정학 processology에서는 우주의 존재들을 이루는 기본입자를 광자光子로 파악하고 있다.

인간은 우주 속의 모든 존재를 두 가지 형태로 감지해 낸다. 하나는 시각에 의해서이고 다른 하나는 청각, 후각, 촉각 등에 의해서이다. 전자는 우주 속의 존재를 물질의 형태나 색채를 통해 감지하고, 후자는 외부로부터 인간에게 가해지는 힘의 강약을 통해 감지한다. 그러나 아인슈타인의 유명한 방정식 $E=mc^2$(E는 에너지, m은 물체의 질량, c는 빛의 속도이다)가 성립된 이후 질량은 에너지의 일종이고 에너지는 질량의 일종이라 파악되기에 이르렀다. 이것은 열과 운동에너지가 동일한 것임을 발견한 마이어의 주장과 같다. 아인슈타인의 $E=mc^2$ 이후 우주의 모든 존재는 물질로 변환시켜 시각적으로 확인해 볼 수 있고, 모든 물질은 질량을 가지고 있으며 그 질량을 측정해서 그것을 에너지화하여 확인해 볼 수 있다는 입장이 성립되었다. 그런데 아인슈타인의 $E=mc^2$는, 모든 물질은 빛 광자들로 되어 있고 그 빛 광자들이 어떤 사물에 어떤 힘의 덩어리로 부딪혔을 경우 그 힘들의 합이 바로 물질의 질량과 같다는 의미로도 풀이될 수 있다. 이런 식으로 우주의 모든 존재들을 광자화시켜 볼 수 있는데, 이와 같은 입장은 다음과 같은 이론들을 근거로 충분히 받아들여질 수 있다.

첫째, 양성자보다도 더 작은 우주가 대폭발을 일으켰을 당시 우주는 무수한 종류의 광자들로 파괴되어 나왔다는 입장을 제시할 수 있다. 그렇다면 중성자와 양성자를 이루는 쿼크도 광자들로 되어 있다는 설이 나올 수 있다. 현재 대우주가 폭발할 당시의 빛의 잔광殘光이 확인됨으로써 우주의 팽창설이 정설로 받아들여지고 있다. 즉, 150억 년 전의 빛의 화석이 존재해 있다는 것이다. 둘째, 전기장이 자기장을 만들어 내고 자기장이 전기장을 만들어 내는 그러한 상호 작용은, 파동을 만들어 낸다는 설이 나올 수 있다. 그런데 그 파동의 속도는 특정한 값을 갖는데 그것은 빛의 속도와 같다. 맥스웰에 의하여 빛은 전기장이 자기장으로 바뀌는 연속 과정으로 파악되었다. 즉, 그는 빛의 원래의 성질이 전자기파였다는 것을 발견했던 것이다. 앞에서도 언급했듯이, 아인슈타인은 맥스웰의 전자기방정식을 이용하여 특수상대성 이론을 만들어 내고 시간과 공간을 하나로 통일시켜 시공이란 말을 쓰기 시작했으며 이 이론을 바탕으로 물질과 에너지의 개념들을 통일시켰다. 즉, 바위덩어리도 빛나는 광선으로 바뀔 수 있다는 식이다. 이와 같은 물질의 에너지로의 변환은 원자들의 분열과 원자핵분열에 의한 것이다.

이 경우 원자의 분열은 원자핵과 그 주위를 도는 전자들과의 분열과, 핵을 이루는 양성자와 중성자와의 분열이라고 하는 두 가지 형태를 취한다. 원자와 원자를 맺고 있는 것들이 분열될 때 방출되는 힘은, 전하를 띤 전자들에 의한 것이다. 원자들을 묶고 원자들을 분열시키는 힘을 우리는 전자기력이라고 하고, 이에 대해 원자핵 안에서 양성자와 중성자를 묶는 힘은 강핵력이라 한다. 그러니까 양성자와 중성자가 분열될 때 강한 힘이 발생되는데, 그 한 예가 현재 태양과 같은 별이 강한 빛을 내고 있는 경우이다. 이와 같이 핵분열이란 고밀도의 광자들이 양성자와 중성자로 압축되어 있다가 강한 빛으로 해체되어 나오는 현상이다. 핵 속의 중성자가 양성자로, 또는 양성자가 중성자로 바뀔 때도 그것들은 전자와 중성미자, 또는 양전자와 중성미자를 방출한다. 특히 평균수명이 16분인 중성자가 양성자·전자·중성미자로 붕괴되는 것을 베타 붕괴라고 하고, 이것들을 분리시키는 힘을 약핵력이라고 한다. 다음으로 어떤 질량을 갖는 물질만이 중력을 가질 수 있는데, 이 경우 $E=mc^2$를 토대로 생각해 보면, 중력은 광자들, 즉 빛에너지로 전환시킬 수 있다.

둘째, 이와 같이 광자를 우주를 구성하는 가장 기본적인 입자로 볼 수 있는 또 다른 이론이 게이지 이론이다. 게이지란 두 소립자 간의 힘을 매개하는 중간자라는 의미에서 나온 말이다. 양자전기역학에서의 전기적인 힘은, 원자핵 주위를 돌고 있는 전자와 핵 내의 중성자나 양성자에 박혀 있는 전자들이 충돌했을 때 그들 자신들에게 달라붙어 있는 광자를 상대방의 전자에게 주고받는 과정에서 일어나는 힘이다. 이 경우 전자기력에서의 두 전자 사이를 오가는 광자를 힘의 운반자 혹은 (게이지 이론가들에 의하면) 게이지입자라고 한다. 하나의 광자를 주고받을 때도 있고, 하나 이상을 주고받을 때도 있다. 이 양자전기역학에서처럼, 약한 상호 작용의 경우에도 전자와 중성미자 사이의 상호 작용은 중간자라 할 수 있는 위크보존이라 불리는 입자를 교환한다. 와인버그, 살람, 글래쇼는 전자와 뉴트리노를 같은 동전의 앞뒷면으로 보고, 광자와 위크보존 사이의 유사성도 발견함으로써, 전자기력과 약한 상호 작용을 통일시켰다. 위크보존은 질량이 거의 0에 가깝다는 면에서 광자와 유사성을 갖고 있다. 이와 같이 전자기력과 약핵력이 게이지 이론에 의해 통일되자, 게이지 이론을 가지고 강핵력을 약핵력 및 전자기력과 통일시켜 보려는 입장이 허무맹랑한 것은 아니라는 결론이 내려졌다.

강한 상호 작용에 관해 1935년 일본의 물리학자 **유카와 히데키***는 파이 중간자

*유카와 히데키湯川秀樹(1907-1981) : 일본의 이론물리학자. 1933년경부터 β붕괴 문제와 핵 내

를 교환함으로써 나오는 힘에 의해 양성자와 중성자가 결합되어 있다는 가설을 제시했다. 그 가설은 1947년 중간자의 발견으로 정설로 받아들여졌다. 그 후 많은 강입자들이 발견되었고, 또 그것들은 겔만의 쿼크 이론에 의해 설명되었다. 그러나 만일 중성자·양성자가 각각 세 개의 쿼크들로 결합되어 있다면, 그것들을 묶는 힘은 어디에서 나오는 것인가 하는 문제가 남아 있었다. 이후 쿼크들이 글루온이라는 입자에 의해 묶여 있다는 이론이 제기되었다. 이 경우 대통일 이론의 지지자들은 광자, 위크보존, 글루온을 같은 가족으로 보고 그것들의 유사성을 추구하여 대통일 이론을 성립시켰다. 그런데 이 대통일 이론이 성공하기 위해서는 양성자가 전자로 붕괴되어야만 하고, 또 전자와 다른 모든 입자들이 이 우주에 존재하고 있는지를 설명해야만 한다. 한편 이들 힘에 중력까지를 포함시켜서 이 우주상의 모든 힘을 통일시켜 보려는 의도가 초현 이론가들에 의해 제시되고 있다.

이상과 같이 대자연을 구성하는 구성 요소와 그들의 상호 작용을 조망해 볼 때, 현대물리학자들은 우주를 구성하고 있는 입자들로부터 어떤 통일성을 찾아냄으로써 우주를 통일적으로 파악해 보려는 쪽으로 노력해 가고 있다. 이 경우 대통일 이론가들은, 예를 들어 전기적 힘이 전자와 전자 사이를 오가는 광자에 의해 이루어진다는 사실을 토대로 하여, 대칭성과 그 사이의 힘을 운반하는 중간자를 찾는 작업을 통해 통일성을 추구해 가고 있다. 이와 같은 생각은 1950년대 제시된 대칭과 통일의 문제를 다룬 게이지 이론(양밀Yang-Mills 이론)을 토대로 성립되어 나왔다. 이 게이지 이론의 제시자들은 전하를 측정할 수 있는 전시 공간에서 공통적인 척도gage는 존재하지 않는다고 보았다. 전하를 잴 수 있는 척도는 일반적으로 시공의 각 점에 따라 다른데, 장소에 따른 이러한 척도의 변화를 기술한 것이 다름 아닌 게이지장이다. 제이지 입자로 이루어진 게이지장 이론가들은 전자장의 경우 질량이 0인 광자를 게이지입자로 취했다. 이와 같이 게이지 이론가

전자의 문제 등을 연구하고 보존에 의해 매개되는 상호 작용을 고찰하였는데, 1934년 핵력을 매개하는 장으로서 중간자 문제에 도달하여 그 질량을 산출하였다. 1949년 노벨물리학상을 수상하였다. 참10

들을 비롯한 현대 물리학자들은, 우주를 구성하는 기본 물질을 광자로 가정하고 광자라는 충돌입자를 단위로 우주를 구성하고 있는 모든 물질을 통일시키려고 시도하였다. 그렇다면 광자란 도대체 어떠한 것이며 그것은 세계와 어떻게 관련되어져 있는가?

광자photon란 우선 전자파電磁波를 지닌 기본입자라 할 수 있고 전자파란 전자장電磁場의 진동이 파동의 형태로 전파되는 현상을 말한다. 영국의 물리학자 맥스웰은 전하電荷, 즉 정전기靜電氣나 전류가 존재하지 않는 공간에서도 전기장과 자기장이 서로 도와가며 파동 모양으로 전파될 수 있다는 것을 예언했는데, 그것이 얼마 후 헬츠에 의해 전자파로 실증되었다. 즉, 전자파는 파의 진행 방향과 수직이며, 서로 수직 방향으로 진동하는 전기장과 자기장으로 이루어졌다는 것이다. 전자파는 가속 운동을 하는 하전입자荷電粒子에서 발생하며 그 성질은 맥스웰의 방정식에 의해 기술된다. 전자파는 그 파장에 의해 분류되는데 파장이 긴 쪽으로부터 전파, 빛, 엑스선, 감마선이라 불린다. h를 플랑크상수, v를 전자파의 진동수라 할 때, 광자는 보통 정지질량 0에서 hv를 갖는 소립자로 간주된다. 여기서 플랑크상수란 작용作用의 차원(에너지×시간)을 물리상수로 나타낸 것을 말한다. 보통 정지질량 0에서의 광양자의 에너지 E는 hv인데, 이 경우 h=6.62×10^{-27}eng · sec이다.

빛의 본체가 입자인가, 파派인가의 논쟁은 예로부터 있어 왔었다. 19세기에는 파波라고 받아들여졌다가 1909년 아인슈타인에 의해 입자설이 부활되었다. 사실상, 빛 · 엑스선 · 감마선 등은 입자의 성질과 파의 성질을 모두 지닌 그 어떤 것인데, 간단히 광자들의 집합체라 말해도 된다. 빛에 의한 화학 반응은 한 개의 광자가 한 개의 어떤 분자와 충돌하여 일어난다. 광자 한 개가 지닌 에너지는 파장이 짧을수록 크다. 따라서 파장이 짧은 자외선 같은 것은 파장이 긴 가시광선보다 화학 반응을 일으키기가 쉽다. 현재 게이지 이론에서는 전자장의 경우, 질량이 0이고 스핀 1인 광자를 게이지입자로 파악해서 그것을 토대로 우주의 모든 물질 현상을 통일시키려고 시도하고 있다.

이와 같이 우주의 모든 물질을 이루는 기본입자를 광자로 파악한다면, 이 우주에서 일어나는 모든 현상들은 광자들로 인해 일어나는 현상이라 볼 수 있다. 광자는 입자인 동시에 파동이다. 그것은 일정한 질량(0)과 속도(초속 30만 km)를 가지고 있다. 그것들은 서로 충돌하여 파장을 달리해 간다. 파장이 길어져 약한 힘을 보유하게 되기도 하고, 파장이 짧아져 강한 힘을 보유하게 되기도 한다. 광자는 직진의 이동 양식을 취하는데, 진행 방향으로부터 수직으로 전기장과 자기장을 번갈아 만들고 물체에 부딪히면 반사하고 굴절된다. 또 파장이 길고 짧은 무수한 광자들은 서로 직진, 반사, 굴절 등을 통해 무수히 충돌해서 소멸해 버리기도 하고, 질량을 갖는 물질이 되기도 한다. 이렇게 볼 때 우주의 대폭발 이래 우주의 모든 현상은 대폭발 시 우주의 기본적 구성 요소로 볼 수 있는 광자들의 현상으로 이해된다. 예를 들어, 대폭발 후 양성자와 중성자가 생성되고 그것이 원자로 되어 나오고 그것들이 결합되어 별들이 되고 또 그 별들이 파괴되어 다시 광자들로 환원됨으로써 비존재 공간으로 합일되어 가는 과정들도 모두 광자들의 현상으로 이해될 수 있다. 또 은하계가 생기고 태양계가 생기고 지구가 생겨난 것도 광자들의 충돌로 인한 현상으로 설명해 낼 수 있다. 나아가, 지구의 공·자전 현상, 그것들을 통한 생명체의 탄생, 그것들의 진화 과정, 그러한 생명체의 진화 과정 속에서의 인간의 탄생과 인간의 두뇌발달, 인간의 정신, 의식 현상 등도 광자들의 상호 작용에 의해 설명될 수 있을 것으로 생각된다.

이와 같은 측면에서 파악해 볼 때, 현재 우리의 우주는 질량이 0이고 초속 30만 km로 이동하는 광자들을 기본적 구성 요소로 성립된 공간이다. 따라서 인간이 존재해 있는 공간은 광자라고 하는 기본 입자로부터 시작해서 그것들로 형성된 지구와 같은 거대한 물체에 이르기까지의 무수히 크고 작은 물질들이 이동하는 공간이고, 그 물질들의 질량들에 의해 만들어진 무수한 중력장이기도 하다. 우주에 대한 이와 같은 인식은 현대 이후의 아인슈타인의 상대성 이론에 의해 형성되었다.

양자역학이 등장하기 전까지만 해도 인간과 우주와의 관계는, 인간이 우주 공간 속에 살고 있고 인간이 우주를 이루는 한 행성인 지구 위에 살고 있는 것 이상을 넘어서지 못했다. 그러나 양자역학의 등장 이후, 인간의 우주나 세계와의 관련 방식은 완전히 변화되었다. 즉, 인간이 단순히 텅 빈 공간 속에 존재해 있는 것이 아니라 무수한 입자들과의 역학관계 속에 존재해 있는 것으로 인식되고 무수한 크고 작은 양자들을 통해 존재해 있다고 인식되었던 것이다. 이렇게 볼 때, 인간이란 자신에게 주어진 공간으로부터 끊임없이 자극을 받아가며 살아가는 존재이다. 이와 같이 인간은 자신이 존재해 있는 세계로부터의 각양각색의 자극들과 관련되어 살아가는 존재이다.

이상과 같은 측면에서 현대인의 세계관을 파악해 볼 때, 또 인간이 존재해 있는 세계가 어떠한 곳이며 그것이 인간과 어떻게 관련되어 있는가에 관해 고찰해 볼 때, 현재 인간이 존재해 있는 이 우주를 구성하고 있는 기본입자인 광자의 본질을 고려하지 않을 수 없다. 이 경우, 광자란 운동입자인 것이다. 따라서 우리가 살고 있는 우주의 모든 현상과 그러한 현상 속에 존재해 가는 인간의 본질을 파악하기 위해서는 광자의 운동 과정과 그것이 변모해 가는 과정을 파악해야 한다. 그런데 광자는 우주 공간 속에서의 직진, 반사, 굴절 등을 통해 스스로를 변모시켜 나간다. 이렇게 볼 때 우리는 이러한 광자들의 공간적 이동과 그러한 공간적 이동을 통한 자신들의 변모 과정의 파악을 통해 우주 내의 모든 현상을 파악할 수 있다. 이러한 점을 고려하여 우리는 일반 방법론으로서의 과학적 귀납법의 한계성을 현대의 소위 '과정학적 변증법'이라고 하는 일반 방법론을 통해 극복해 갈 수 있을 것이라는 입장이 취해진다.

제3절 과정학적 변증법

과정학

필자가 현대의 새로운 일반 방법론으로서 제시한 과정학적 변증법이란 어떠한 것인가? 그것은 한마디로 과정학에서 말하는 과정을 주축으로 해서 성립되어 나온 변증법적 방법론이라 말 할 수 있다. 그것은 일반 방법론적 측면에서 과정 그 자체가 과정 인자의 한 특성이라 할 수 있는 변증법적 특성을 지니고 있다는 의미에서 또는 변증법적 특성을 '과정'의 의미 속에 내포시켜 단지 과정학이란 말로도 표현될 수 있다.

우선 필자가 광자의 속성을 토대로 한 과정학적 변증법과 같은 방법론을 하나의 새로운 일반 방법론으로서 제시하게 된 동기를 설명하기로 한다. 현대의 학문은 자연 현상을 연구하는 자연과학과 인간의 문화와 사회 현상을 연구하는 인문사회과학으로 대별되고 있다. 후자는 다시 인간의 문화 현상에 대해 체계적 지식을 추구해 가는 학문인 인문과학과 사회 현상에 대해 체계적 지식을 추구해 가는 사회과학으로 나뉜다. 인간은 문화 속에 태어나 문화 속에서 살아가고 있을 뿐 아니라 인간사회 속에 태어나 그 속에서 살아가고 있다. 인간이 문화나 사회 속에서 보다 풍요로운 인간의 존재 의미를 향유하기 위해서는 인간의 문화와 사회 현상에 대한 체계적 연구가 요구된다. 또 인간은 자연 속에서 살아가고 있으므로 자연 속에서 보다 의미 있는 삶을 누리기 위해서는 자연에 대한 체계적 지식 또한 추구할 필요가 있다.

학문 연구의 한 분야로서의 '인문과학'에서의 '인문'은 신神에 대한 '인간다움', '인간 중심적' 등의 뜻을 갖는 영어 'human'을 기초로 해서 성립된 것이고, 인간의 문화의 축약을 의미하는 말이기도 하다. '인문과학'에서의 '인문'은 무생물이나 동식물 등이 존재하는 자연과의 조화를 바탕으로 한 인간의 문화를 의미하고, '사회과학'에서의 '사회'는 인간들이 이 지상에서 자신들의 천국을 만들기 위해 신이나 자연과의 대립·조화를 통해 꾸린 것을 말한다. '자연과학'에서의 '자연'은 영어로는 인간이나 사물의 고유의 성질, 본질 등을, 한자로는 인간에 의해 만들어진 것이 아니라 '스스로 생겨난 것'을 각각 의미한다. 이 경우 각 학문들의 의미는 서로 중복되기도 한다. 그렇지만 인문과학은 인간의 문화 현상이 인간의 의식이나 정신 현상 등에 의해 일어난다는 것을 감안하여, 어디까지나 인간의 의식이나 정신 현상의 원리를 파악해 내는 학문으로 경계 지어져 있다. 이에 대해 사회과학은 설혹 그것이 인간의 의식이나 정신 현상으로부터의 영향하에서 일어난 것을 대상으로 한다 하더라도 어디까지나 인간의 행위나 그것에 의해 만들어지는 질서를 파악하는 학문으로 정착되어 있다. 한편 인문사회과학에 대응되는 입장을 취하고 있는 자연과학은 인간의 존재의 토대로서의, 인간과 자연을 구성하는 물질 현상의 원리를 파악하는 학문으로 정착되어 있다.

르네상스 이후 근세로 들어와 자연에 대한 연구가 성행하여 그것이 체계적으로 연구되는 과정에서 과학이 성립되었다. 따라서 그 시점에서 과학은 바로 자연과학을 의미하였다. 그러나 그 후 연구 대상의 특징에 따라 자연과학과 정신과학이 분리되었고, 다시 연구 방법의 특징에 따라 대상의 개성을 기술하는 역사과학 내지 문화과학이 연구 대상으로부터 보편적인 법칙을 추구하려는 자연과학으로부터 분리되었다. 한편 사회과학은 19세기 후반 자연과학이 발전되고 노동문제가 심각해짐에 따라 사회학과 사회사社會史 등을 토대로 성립되었다.

이와 같이 인문과학, 사회과학, 자연과학 등과 같은 개별과학이 그것들 자체의 세계, 즉 인문과학의 경우 의식 내지 정신 세계, 사회과학의 경우 인간과 인간을 맺는 행위 차원의 세계, 자연과학의 경우 생물 세계와 물질 세계와 같은 각 세계 속에 질서만을 파악해 가는 과정에서, 각각의 분야에서는 자기 자신들의 연구 대상의 세계만을 바라보려는 시각이 형성되어 나왔던 것이다. 그 결과 각각의 학문은 다른 학문과 완전히 분리되어 자기 자신의 입장에서만 사물을 인식할 수밖에 없는 상황에 이르렀다.

이로 인해 근대에 이르러 각 학문 분야는 그러한 학문적 분화의 한계성에 직면하게 되었다. 예를 들어 인문과학자들은 자신들이 사회와 자연 속에 존재해 있으면서도 인간 중심주의적 입장에서 인간이나 인간의 의식 현상 내지 정신 현상을 통해 인간의 본질을 파악하려고만 하고 있다. 자연과학자들은 자신들이 한 인간으로서 한 사회 속에 존재하고 있으면서도 자연 중심주의적 입장에서 자연 현상만을 통해 자연의 본질을 파악하려고만 하고 있다. 사회과학자들의 태도도 이와 다를 바 없다. 의식이나 정신 현상에 의해 사람과 사람이 관계를 맺고, 인간의 행위가 사회를 형성해 가고 인간의 행위의 범위가 자연 현상에 의해 결정되는데도 불구하고, 그들은 사회 현상만을 통해 사회의 본질을 파악하려는 입장을 고수하고 있는 실정이다. 그 결과, 현재 각 개별과학의 분야는 자신들의 입장에서만 자신들의 연구 대상을 연구해 감으로써 자신들 각각의 한계성에 직면해 있다는 것이다.

그렇다면 어떠한 방법을 취해야만 그러한 개별과학들에서의 연구의 한계성을 극복할 수 있을까? 우리는 그 극복 방법으로서 두 가지를 상정할 수 있다. 예를 들어 하나는, 자연과학자는 인문과학과 사회과학에 대한 지식을 습득해서 자연과학을 재조명하고, 그와 반대로 인문과학자는 자연과학과 사회과학에 대한 지식을 습득해서 그것을 토대로 보다 폭넓은 시각을 가지고 인문과학을 재조명함으로써 그때까지 볼 수 없었던 것을 볼 수 있는 시각을 길러내는 방법이다. 학제적 interdisciplinary 연구라는 말이 바로 이에 해당된다.

또 하나는 사회과학과 자연과학을 한눈에 바라볼 수 있는 시각을 확보해서 그것을 통해 두 학문 분야를 통합해 낼 수 있는 새로운 학문 분야를 창출해 내는 방법이다. 현재 우리는 인문과학만을 가지고는 인간의 문화를 다 논할 수 없고, 사회과학만으로는 사회 현상을 다 논할 수 없다. 이는 자연과학의 경우도 마찬가지다.

현재 우리는 자연과학은 물론 인문사회과학에 대한 지식, 즉 다시 말해서 모든 개별과학들에 대한 지식을 가지고 한 특정한 개별과학으로서의 자연과학을 논해야 할 시점에 와 있다. 그렇다면 한 인간이 모든 개별과학에 대한 지식을 다 가질 수 있을까? 그것은 현실적으로 불가능하다. 그 대신 우리가 인문사회과학과 자연과학을 관통하는 어떤 원리를 파악한다면 그것을 통해 두 학문에 일관된 입장을 취할 수 있다. 이와 같은 원리가 존재할 수 있음을 감안하여, 필자는 현대인의 세계관에 입각해서 우주를 구성하고 있는 기본입자를 광자光子로 설정하고, 이로써 우주에서 일어나는 모든 현상을 설명할 수 있다는 입장을 표명했었다.

광자란 입자인 동시에 파동으로서 일종의 운동입자인데, 현재까지의 우주의 역사는 대폭발 시 성립되어 나온 광자들의 역사로 설명될 수 있다. 현재 우주의 모든 현상, 예를 들어 우주가 팽창해 가고 지구가 공·자전을 하고 지상의 모든 생명체들이 숨 쉬고 있고 인간이 생각하고 있다는 이 모든 현상들을 광자로 설명해 낼 수 있는 것이다. 즉, 광자들이 직진·반사·굴절 등을 통해 서로 얽혀 가는 과정에서 중성자·양성자가 생겨 핵이 만들어지고, 그 핵이 전자와 결합해서 원자가 만들어졌다. 또 그것들이 합쳐져서 분자 내지 물질이 이루어지고 생명체가 탄생되고 그것으로부터 인간이 탄생되어 정신 활동이 행해지는 과정을, 밝힐 수 있는 데까지 밝혀내고, 또 이 우주에서 그러한 광자들의 운동법칙으로 일어나는 현상들의 과정을 밝혀내서, 우주의 본질과 그 속에서 일어나는 현상들의 본질을 파악하기 위한 방법의 하나로서 과정학적 변증법이란 일반 방법론을 제시한다는 것이다. 이 경우 '과정'이란 직진·반사·굴절 등을 통한 광자들의 이동 과정, 그러한 광자들이 그러한 이동 과정을 통해 물질로, 의식으로, 정신으로 진화해 가는 과정 혹은 그것들이 비물질로 소멸해 가는 과정 등을 토대로 성립된 것이다. 또 이 경우 변증법이란 광자의 직진·반사·굴절 등을 통해 운동하고 그러한 운동의 형태를 취해 물질로 진화한다는 점을 토대로 형성된 것이다. 이렇게 볼 때 일반 방법론으로서의 과정학은 형이상학적 연역법과 과학적 귀납법 이후 세 번째로 등장하는 방법론이라 할 수 있다.

그렇다면 과정학적 변증법이 21세기의 일반 방법론으로 받아들여질 수 있는 학문적 배경은 무엇인가? 앞에서도 밝혔듯이, 과정학은 지구와 같이 움직이는 공간에 존재해 있는 인간들이 그러한 공간에서 일어나는 물리적, 생물학적, 사회적, 정신적 현상들의 본질을 파악해 낼 수 있는 방법이라 할 수 있다. 과정학적 변증법이란 어떤 주체나 객체가 어떤 공간을 이동해 가는 과정과 그러한 공간적 이동을 통해 주체나 객체가 변화해 가는 과정 등을 파악하고, 그 주체나 객체의 이동 양식과 변화 양상을 파악해서 주체나 객체의 본질을 파악하는 방법으로 정리해 볼 수 있다. 이렇게 볼 때 과정학적 변증법은 어떤 주체나 객체의 변화가 어떻게 일어나며, 왜 일어나는지에 대한 원인과 그것들의 변화 양상들을 파악하여, 그것을 통해 우주와 세계의 질서를 파악해 보려는 입장이라 할 수 있다. 그러한 의미에서 과정학적 변증법은 우주나 세계를 구성하는 요소들의 운동이나 변화 과정에 대한 관심에서부터 그 학문적 배경을 찾을 수 있다. 그래서 우리가 과정학적 변증법의 배경과 그 위치를 파악하기 위해서는, 기존의 변증법의 성립과 전개 양상과 관련해 현재까지 인간들이 우주와 세계를 구성하는 요소들의 운동이나 변화에 대해 어떻게 생각해 왔는지에 대한 고찰이 우선되어야 할 것 같다.

서구에서 변증법이 일반화된 것은 헤겔의 유심론과 마르크스·엥겔스의 유물론을 통해서였다 할 수 있다. 그러나 이미, 르네상스 이후 서구가 고대 그리스철학을 끌어내는 과정에서 고대의 **변증법***이 칸트 등에 의해 정리됨으로써 근세 서구에서의 변증법이 성립되었다. 고대 서구철학은 중세를 통과하는 과정에서 서구인들에게 이원론二元論적 세계관을 정립시켰다. 그러나 그것은 르네상스로 들어와 고대 서구의 세계관이 재생되는 과정에서 근세 서구인들의 의식 세계에 중세의 음영으로 떨구어진 이원론적 세계관이 칸트에 의해 해체되기 시작되었다. 칸트는 뉴턴의 자연관을 철학에 끌어들여 당대로부터는 자연과학을 고대로부터는 변증법을 받아들여 물질적 세계와 정신적 세계의 구분을 해체시키려는 입장을 취했다. 그의 철학을 이어받은 헤겔은 정신의 입장에서 이원론적 세계를 통일시켰고 마르크스 · 엥겔스는 물질의 입장에서 그 이원론을 해체시켰다.

그 후 이원론의 음영으로 근대 서구인의 의식에 드리워진 이론과 실제, 인식과 가치, 사실과 자의적 결정 등의 이원주의는 변증법의 힘에 의해 서서히 해체되었다.[13] 다시 말해서 변증법적 이성은 전체성의 범주로부터 시작해서 정신과 물질, 육체와 영혼, 언어와 현실 등과 같은 모든 형태의 이원론과 이분법을 거부했다. 이 경우, 변증법적 사고가 행하는 이원론의 배척은 단순히 이원론적 개념 사용의 배척을 의미하는 것이 아니었다. 오히려 변증법적 사고는 주체-객체, 노동자-자본가 등의 이원론적 대립을 전제로 하되, 그 대립된 요소들 사이의 관계를 내적 관계로 인식하려는 사고이다. 그리고 변증법적 이성이 인식하는 현실은 항구적인 운동을 행하는 현실로서, 그것은 그러한 운동을 통해 변혁되고 변혁시키고, 지양되고 지양하는 그 어떤 과정으로 인식되었다. 끝으로 변증법적 사고는 전체를 구성하는 요소들 간의 관계를 문제 삼았다. 이상과 같이 변증법적 이성의 전체성, 내적 관계, 과정, 관계들 간의 관계 등을 문제시 하는 이성이다.[14] 이와 같이 근대 서구에서 이원론적 세계관이 해체되고 현대적 세계관이 구축되는 한 방편으로 확립된 것이 다름 아닌 변증법이었던 것이다.

*변증법辨證法/dialectic : 동일률同一律을 근본 원리로 하는 형식논리에 대하여, 모순 또는 대립을 근본 원리로 하여 사물의 운동을 설명하려고 하는 논리. 참10

운동을 중심으로 본 변증법의 성립과 전개

그렇다면 변증법의 이론적 토대를 이루는 '운동'을 중심으로, 서구에서의 변증법의 성립과 전개 과정을 고찰해 보기로 한다. 우선 인간에게서의 운동이나 변화란 과연 어떠한 의미인지를 살펴보자. 운동이란 한마디로 어떤 주체에게서의 시간 경과에 따른 위치 변화를 가리키고, 변화란 어떤 주체에게서의 형상이나 성질의 변화를 가리킨다고 구분해 볼 수 있다. 이때 운동과 관련시켜 변화의 의미를 파악해 보면 변화란 어떤 주체가 외부와의 접촉을 계기로 주체 자체의 형상이나 성질이 변하는 것을 의미한다. 이 경우 그러한 것들의 변화는 그 주체를 구성하고 있는 원자나 분자의 위치 변화로 인해 일어난다. 이렇게 봤을 때, 운동의 본질을 파악하는 것만으로도 변화의 본질을 파악할 수 있다는 결론이 나오는데, 여기서는 운동만을 다루어 보기로 한다.

우리가 어떤 주체의 운동을 과학적으로 접근할 경우, 다음의 두 가지 측면에서 모두 접근 가능하다. 물체가 외부로부터 어떤 힘을 받지 않는 한, 그 물체는 정지 또는 운동의 상태를 영구히 지속하려는 성질을 갖고 있다. 물리학에서는 물체에서의 그러한 성질을 관성慣性의 법칙이라 한다. 관성의 법칙이 뉴턴에 의해 발견되기 전까지만 해도 인간은 물체에 대해 그 물체의 동적動的 상태보다도 정적靜的 상태에 더 많은 관심을 가져 왔다. 그러한 의미에서 물체에 작용하는 힘과 그것에 의해 생기는 운동과의 관계를 규명하는 동력학이 뉴턴 이후의 근세학문으로 성립해 나왔다.

그렇다고 해서 뉴턴 이전의 서구인들이 운동 그 자체에 관심이 없었던 것은 결코 아니다. 고대 그리스의 소크라테스 이전, **헤라클레이토스***는 '만물은 유전流轉한다'라는 경구를 남겼다. 이 말은 자연 속에는 어떤 불변하는 실체가 있다는 말을 부인하는 말이다. 유전만이 실재적이고, 변한다고 하는 사실만이 변하지

*헤라클레이토스Herakleitos(540경-480경, BC) : 그리스의 철학자로 '만물은 유전한다'고 말했다. 우주에는 서로 상반하는 것의 다툼이 있고, 만물은 이와 같은 다툼에서 생겨난다는 것이었다. '싸움은 만물의 아버지요 만물의 왕'이며 그러한 다툼 중에서도 그 속에 숨겨진 '반발조화反撥調和'를 발견하였다. 참10

않는 진리라는 것이다. 그렇다고 해서 변화가 제멋대로 무질서하게 일어난다는 것은 아니다. 아무리 변화가 끝없이 일어난다 할지라도 그것에는 반드시 우주의 불변적인 규칙이 따른다는 것이다.[15] 이에 대하여 그와 동시대인인 파르메니데스는 정반대의 견해를 표명했다. 헤라클레이토스가 만물의 생성·변화의 사실을 강조한 데 대해, 그는 진정한 실재의 불변성을 강조했던 것이다.[16] 그에 의하면 실재實在에 관해 내릴 수 있는 정당한 정의는 오직 한 가지, 즉 불변·부동不動의 불가분不可分적인 일자一者라고밖에 할 수 없다는 것이다. **파르메니데스***의 제자 제논도 소위 '제논의 화살'이란 명구를 통해, 나는 화살을 순간적으로 파악하여 운동 속에서 정지를 도출해 냄으로써 실재의 부동성을 주장했다. 그 후 소크라테스와 동시대인이었던 **데모크리토스****와 그와 같은 원자론자原子論者(多元論者라고도 한다)들에 의해 이상의 두 상반된 입장은 통일되었는데, 그것은 만물은 유전한다고 보는 설과 실재는 유일불변한다고 보는 설이 조정되어, 적어도 우리가 보거나 만질 수 있는 거시적인 복합적 사물에는 부단한 변화의 성질이 있으나 이 거시적인 사물들을 구성하고 있다고 생각했던 미시적인 원소元素 하나하나에는 불변

*파르메니데스Parmenidēs(515경-445경, BC) : 고대 그리스의 철학자, 엘레아학파의 시조. 존재와 비존재, 존재와 사유라는 철학의 중대 문제로 출발했다. 이성理性만이 진리이며 이에 반해 다수多數·생성·소멸·변화를 믿게 하는 감각은 모두가 오류의 근원이라 주장했다. 존재론存在論 및 인식론認識論에 영향을 주었다. 주요 저서는《자연에 대하여》가 있다. 참10

**데모크리토스Dēmokritos(460-370경, BC) : 고대 그리스 최대의 자연철학자. 트라키아 지방의 압데라 출생이다. 낙천적인 기질 때문에 '웃는 철학자Gelasinos'라는 별명이 있었다. 스승 레우키포스와 함께 고대 원자론을 확립, 거기서 충만과 진공眞空을 구별하였다. 충만은 무수한 원자로 이루어지고, 이들 원자는 모양·위치·크기로 다만 기하학적으로 구별될 뿐이다. 진공 속의 원자의 운동은 원자의 무게에 의해 생겨서 영원히 계속된다. 이 운동에는 측면 운동·원운동·소용돌이 운동이 있고, 이때 비교적 가벼운 원자는 바깥으로, 비교적 무겁고 큰 원자는 안쪽으로 밀집한다. 안으로 밀집한 것은 대지大地가 되고, 바깥으로 향한 것은 공기·불·하늘이 된다. 무한한 수효의 세계가 동시에 존재하고 이들 세계는 영원히 생성과 소멸을 되풀이한다. 그리고 인간의 정신은 가장 정묘한 원자로 이루어졌다고 주장하였다. 이 원자론을 중심으로 한 그의 학설은 유물론의 출발점이며, 그 후 에피쿠로스·루크레티우스에 의해 계승되어 후세 과학 사상에 영향을 끼쳤다. 그의 공헌은 수학에까지 미쳤는데, 수학에서의 무한無限에 관한 연구가 있고, 사면체와 원뿔의 부피는 각각 같은 밑바닥과 높이를 가지는 각기둥과 원기둥의 부피의 3분의 1임을 발견하였다. 이 밖에 천문학·생물학·음악·시학·윤리학 등에도 통하여 그러한 박식함 때문에 소피아Sophia(지혜)라고도 불렸다. 그가 저작한 책명은 많이 전해지나, 현존하는 것은 단편적인 내용뿐이다. 참10

의 통일성이 있다는 것이었다.[17]

다음으로 소크라테스보다 한 세대 늦은 사람으로 그의 제자였던 플라톤은 변화무쌍한 현상계 너머에는 인간의 지성으로써만 파악될 수 있는 고정불변의 이데아가 있다는 입장을 취했다. 그의 제자 아리스토텔레스의 경우는 자연에 관한 모든 지식을 완전한 하나의 체계로 구성할 수 있는 최고 원리가 있다고는 생각지 않았는데, 자연을 탐구하는 데는 네 가지 길이 있다고 생각했지만 그 어느 것이 다른 것들보다 더 근본적일 수는 없다고 주장하였다. 그 네 가지 길이란 **사원인***을 말한다. 그런데 그중 세 번째 원인이 바로 운동인運動因이다. 운동인이란 생명체이건 무생명체이건 간에 사물에 변화를 일으키는 작용인을 말한다. 즉, 생성되는 것은 모두 어떤 것의 작용에 의해 생성된다는 것이다.[18] 그에게서는 이 경우의 그 어떤 것을 밝히는 것이 바로 학문의 목적이라 생각하였다. 그런데 그는 그 어떤 것을 소크라테스 이전의 자연철학의 경우에서처럼 근본 물질의 변화로뿐만 아니라 사물에 일정한 형을 가져다주는 형상形相으로도 생각하였다. 이때 그에게서의 형상이란 플라톤의 이데아처럼 구체적인 개물이 떨어져서 존재하는 것이 아니라, 자연물 속에 내재해서 그것을 움직이는 동력動力이기도 했다. 그리고 그에게서의 형상과 질료質料와의 관계는 현실과 가능과의 관계였는데, 그 모든 것은 가능으로부터 현실로 향하는 운동 중에 있다고 생각하였다. 그는 이러한 입장을 취하여 이전의 철학에서의 존재와 비존재와의 대립을 극복했다. 더 나아가서 그는 개개 사물들의 목적 운동을 지탱해 가는 궁극적인 원인으로서, 그것 스스로는 움직이지 않지만 다른 일체를 움직이는 어떤 부동不動의 동자動者를 정립시켰다. 그는 이러한 목적론적 설명을 토대로 하여 천문, 기상, 생물, 사회 등 모든 현상을 해명하려고 하였던 것이다.

---

*사원인四原因/four causes of Aristotle : 아리스토텔레스의 형이상학적 원리로서 규정된 사물의 변화에 대한 4가지 원인. 질료인質料因/materia, 형상인形相因/forma, 동력인動力因/causa efficiens, 목적인目的因/causa finalis을 말하는데, 질료인은 모든 사물이 그것으로부터 생기고 그 사물에 내재內在하는 것, 즉 동상銅像의 경우 동銅과 같은 것을 말하고, 형상인은 사물의 본질을 표명하는 개념으로 사물의 범형範型이 되는 것, 동력인은 가능적 존재로서의 질료質料를 완전히 현실적인 형태로 만드는 것, 목적인은 사물의 바탕을 이루는 것이다. 참10

고대 그리스철학자들의 이상과 같은 운동에 대한 입장은 결국 아리스토텔레스적 관점을 가지고 있었다. 그 결과 그의 그러한 운동에 대한 생각이 중세인들에 의해 받아들여지는 과정에서, 외부의 힘에 의해 사물이 움직이는 것이 아니라 외부로부터 힘을 받았을 때 그 힘이 증감增減되어 다른 힘으로 전환됨으로써 비로소 그 사물이 움직이게 된다는 입장이 취해지게 되었다. 이 과정은 관성慣性을 암시한 것이었다. 그 후 근세에 들어와 갈릴레이에 의해 운동의 개념이 정립되었다. 그는 우선 불완전하기는 했지만 관성의 법칙을 파악했고 어떤 고정적인 계가 주어지지 않는 한 운동은 정의될 수 없다는 것을 파악하였다. 그러나 근대 운동론의 체계를 선명히 구축한 것은 뉴턴에 이르러서였다.

자연과학으로서의 동력학의 제일보는 갈릴레이의 낙체落體 운동의 실험과 고찰에 관한 것으로 파악될 수 있다. 그것을 통해 그는 속도와 가속도의 개념을 명확히 정립함으로써 동력학에 커다란 업적을 남겼다. 그 후 동력학은 뉴턴의 만유인력의 발견으로 근대동력학으로 확립되었다. 인력이란 물체가 운동 상태에 있으나 정지 상태에 있으나 같은 하나의 성질의 것이다. 모든 물체들 간의 인력 작용은 두 개의 대향對向하는 힘에 의해 이루어지는 것으로서, 모든 자연현상의 기계적 설명을 가능케 해 주었다. 그런데 뉴턴 이전까지는 물리학이나 철학에서 물체 사이의 반발력은 인정되었지만, 물체에서의 운동이란 타격 혹은 압박에 의한 물체의 직접적인 접촉에 의해서만 발생된다고 생각해 왔었다. 그러다가 뉴턴에 이르러 물체와 물체 사이의 인력에 의해 발생하는 운동에 대한 정의는 시간의 경과에 따른 위치 변화로 파악되었다.

이러한 정의에 문제점이 없는 것은 아니었는데, 위치 변화란 도대체 어떠한 것인가라고 하는 점이 그것이다. 공간의 한 점을 위치로 정한다 하더라도, 공간의 각 점은 근원적 측면에서는 그 한 점의 공간과 같다. 어디에도 특이점이 없다. 그러니까, 위치 변화라 말해도 변화하는 두 점을 구별할 수 없다. 위치 변화를 절대적으로 보증해 줄 수 있는 절대적 위치가 없다. 왜냐하면 운동이란 원래 상대적 개념에 지나지 않기 때문이다. 우리는 지상에서 어떤 물체를 아래로 낙하시킬 때나 옆으로 이동시켰을 때 지구를 정지해 있는 것으로 보고 지구의 한 지점을 기준으로 해서 움직이는 물체의 위치, 속도, 가속도 등을 정해 왔다. 또는 태양의 주위를 돌고 있는 행성의 공전 운동 시에도 태양을 정지해 있는 것으로 보고 태양을 기준으로 운동을 논해 왔다. 이와 같이 운동이란 원래 상대적 개념으로서 무엇을 정지물로 생각할지는 단지 약속의 문제에 지나지 않는다. 절대적으로 정지해 있는 기준계를 찾아낼 수는 없기 때문이다.

운동에서의 이러한 상대성의 문제가 역학 이론의 한계로 드러나기 시작한 것은 20세기에 들어와서부터였고, 또 운동에서의 이와 같은 상대성의 문제는 공간에만 적용되는 것이 아니라 시간에도 적용된다는 입장은 아인슈타인에 의해 제시되었다. 1905년 아인슈타인은 특수상대성 이론을 제창해, 공간의 경우처럼 시간 또한 모든 사람에게 공통된 절대적 시간이란 존재하지 않으며 어떠한 물리 현상에 관해서도 절대적 정지 공간이란 개념은 의미가 없다는 입장을 제시하였다. 그 결과 역학에 관해서도, 예를 들면 질량이란 물체 고유의 양이 아니라 어떤 관측자에 대한 상대적 질량으로 인식되었다. 시간과 질량에서의 이와 같은 상대성을 극복한 것이 바로 플랑크의 양자 가설(1900)로부터 힌트를 얻어 촉발된 아인슈타인의 상대성 이론과 하이젠베르크 등의 양자역학이다.

플랑크의 양자 가설은 빛의 에너지 E는 v(진동수)×h(플랑크상수)를 한 덩어리로 하여 불연속적으로 점프해서 변해 간다는 것이다. 아인슈타인은 상대성 이론과 빛의 광속도는 광원이나 관측자의 운동 상태와 상관없이 항상 일정하다고 하는 **광속도불변의 원리***를 통해, 광속도와 시간을 연결시켜 시간의 특이점을 찾아냄으로써 시간의 상대주의로부터 탈출해 나왔던 것이다. 또 하이젠베르크는, 플랑크의 양자 가설을 토대로 빛 광자 하나가 갖는 운동량을 기초로 질량의 상대주의로부터 탈출하였다. 이렇게 해서 광자의 속도와 운동량이 갖는 특이점을 토대로 현대인은 상대주의의 토대가 되는 공간적 무한성이나 시간적 영원성으로부터 탈출해 나왔던 것이다. 빛의 속도는 시간으로 전환된다. 시간은 어떤 물체 운동과

*광속도불변의 원리principle of constancy of light velocity : 등속도 운동이나 정지 상태의 관측자에게는 항상 빛이 같은 속도로 보인다는 원리이다. 따라서 아무리 빠르게 움직이는 물체라 할지라도 빛보다 빠를 수 없다. 아인슈타인의 특수상대성 이론(1905)의 바탕이 된다. 참10

관련되고 또 어떤 물체 운동은 광양자를 단위로 운동량으로 기술될 수 있다. 그래서 현대인의 존재는 물질들의 운동량에 의해 둘러싸여 있다고 할 수 있다. 즉, 현대인은 자신들을 둘러싸고 있는 운동량과 관계되어 존재하고 있다. 그렇다면 인간의 존재는 운동량과 어떻게 관련되어 있는 것인가?

지금까지 필자는 현재 인간이 존재하고 있는 이 세계의 원리를 운동과 결부시켜 파악해 보려는 입장을 취해 왔다. 이것은 이 책을 통해 고찰해 보려는 과정학적 변증법의 학문적 배경과 깊게 관련되어 있다. 앞에서 필자는 빛을 이루는 광자가 과정학에서의 과정인자過程因子이고, 광자의 진행 과정이나 광자들의 집합체로 이루어진 빛의 진행 과정이 우주 속에서 우주의 질서들을 이루는 과정들을 만든다고 언급하였다. 또, 그러한 과정들은 우주를 구성하는 광자들과 그것들의 집합체로서의 물질들의 공간 이동 과정, 그러한 과정을 통해 만들어지는 물질들의 변화 과정들 등을 의미한다. 그러한 것들은 결국 광자들의 공간 이동 과정, 그러한 과정들을 통한 그것들의 집합들과 분화 과정등도 언급한 바 있다. 따라서 여기서 논해 온 운동은 우선 광자의 진행 과정과 그것의 소멸과 결합 과정과 깊게 관련되어 있다. 뿐만 아니라 그러한 광자들에 의해 만들어진 과정들은 광자들의 직진·반사·굴절 등의 법칙들에 의해 만들어진다. 우주 속에서의 어떤 운동이란 광자들이나 그것들로 이루어진 물질들이 공간을 이동하는 과정에서 이루어지고, 광자들이나 그것들로 이루어진 어떤 물질들이 서로 충돌하여 분화되고 결합되는 과정에서 일어난다.

그러한 이유로 인해 서구에서는 고대 이래 세계나 우주를 구성하는 구성 분자들의 운동과 그 운동법칙을 통해 세계나 우주의 본질을 규명해 보려 했고, 자연을 구성하는 구성 요소들의 상호 작용들을 기초로 인간의 사회적 활동이나 정신 활동들의 본질을 규명해 보려 했던 것이다. 그런데 그러한 규명 작업들은 앞에서 우리가 살펴본 바와 같이 운동에 대해 관심을 가져온 사람들에 의해 이루어졌는데 바로 그들이, 고대 그리스철학자들과 근세과학자들이었던 것이다. 그들은 이 자연을 구성하는 구성 요소들이 서로 충돌해서 분화되고 결합된다는 자연의 원리를 토대로, 인간들의 언어 행위들로 이루어지는 사회적 현상이나 인간의 여러 관념들로 이루어지는 정신적 현상 등이 일어난다는 입장을 갖게 되었다.

철학에서의 변증법의 성립과 전개

앞에서 언급한 바와 같이 고대 그리스 시대, 운동에 대하여 지대한 관심을 가지고 자신들의 독특한 철학을 세웠던 사람들로는 헤라클레이토스, 파르메니데스, 제논, 플라톤, 아리스토텔레스 등이 있는데, 철학에서의 변증법은 바로 이들에 의해 성립되었다.

변증법이란 말은 그리스어 'dialektikē technē'로부터 유래되었는데, '문답, 대화의 기술'을 의미한다. 특히, 논적의 주장을 논박하기 위해 그 논적의 주장으로부터 모순되는 명제를 도출하려는 논법으로, 아리스토텔레스에 의하면 엘레아학파의 제논이 그러한 논법을 창시했다고 말하고 있다. 그 후 소크라테스나 플라톤의 단계에 와서 이 말은 이러한 **문답법***으로서의 원래의 의미와 더불어 견해의 대립이나 충돌을 매개로 사물의 본질을 탐구한다는 의미로 정착되었고, 또 그것을 개념적으로 하여, 사고의 기술, 즉 학문적 사고의 방법 및 법칙의 의미로도 사용하게 되었다. 르네상스 이후 고대 그리스 문화가 연구되는 과정에서 그러한 논법이 재생되어 나왔고, 근세로 들어와서는 헤겔이 객관적 차원에서뿐만 아니라 관념적 차원에서 그러한 논법을 정립하였다.

서구에서의 변증법은 이렇게 등장하였다. 그러면 이제 그 본질을 규명해 낸다는 의미에서 변증법의 성립경위와 그 전개 양상을 보다 구체적으로 고찰해 보자.

만물은 유전한다고 본 헤라클레이토스는 그 만물들의 유전은 서로 반대로 흐르는 것들의 교착, 그것들의 합류, 균형으로 이루어진다는 입장을 가지고 있었다. 이와 같이 다양한 운동을 긍정하고 모순을 내포한 생성이야말로 실재라고 주장한 헤라클레이토스는 객관적 변증법의 창시자였다. 이에 대해 주관적 변증

---

*문답법問答法/the interrogatory method of teaching : 교사와 학생 사이에 문답을 통해서 수업을 진행하는 학습지도 방법. 교사가 질문으로 학생의 학습 활동을 자극 · 유도해서 학습 효과를 높일 수 있다는 특징이 있다. 가장 오래된 교수 방법 중의 하나로, 고대 소크라테스법法이나 한국의 서당식 교육이 이에 해당한다. 참10

법의 창시자로 파르메니데스의 제자 제논이 거론되고 있는데, 아리스토텔레스는 그를 변증법의 창시자라고도 말했다. **주관적 변증법***에는 부정적 변증법과 긍정적 변증법이 있는데 이 중 제논은 부정적 변증법의 창시자로서, 그가 그러한 변증법을 사용했던 직접적인 목적은 논적의 주장을 뒤집기 위해서였다. 그의 그러한 논쟁술로서의 변증법은 사물에 관한 기존의 관념으로부터 출발하여 문답을 통해 그 전제를 고쳐 묻고 고쳐 받아들임으로써 그 사물의 본질에 접근하려는 소크라테스의 변증법, 소위 **산파술****로 정착되어 나왔다. 플라톤이 받아들인 것은 바로 소크라테스의 문답법이었던바, 플라톤에게서의 변증법은 정신이 사물의 본질, 즉 이데아에 도달하는 방법으로 이해되었다. 그렇지만, 그의 제자 아리스토텔레스는 통상 많은 사람들이 인정하는 상식적인 것을 전제로 한 추론 형식을 변증법으로 파악했다. 그는 어떤 진실한 명제를 전제해서 행해지는 논증적 추론 분석법, 즉 형식논리학과 그 변증법을 대치시켜 받아들였다. 이렇게 아리스토텔레스는 변증법을 부정적 변증법으로 봄과 동시에 논리학의 일부문一部門으로 취급했던 것이다. 그 후 중세에 와서 변증법은 형식논리학과 같은 뜻으로

---

*주관적 변증법主觀的辨證法/subjective dialectic :헤겔은 변증법을 3종으로 나누어 파악했다. 주관적, 객관적, 질적 변증법이 그것이다. 따라서 주관적 변증법은 변증법 발전사 중 최초의 단계에 속한다. 변증법의 본질은 서로 대립하는 두 의견의 대립투쟁에 있으며 원래 변증법은 상대방의 말 속에 들어 있는 모순을 들추어냄으로써 상대방의 주장을 논박하는 변론술 또는 논쟁술을 의미한다. 변증법을 객관적인 세계의 일반적인 운동법칙으로 보는 객관적 변증법과는 달리 이는 다수의 존재와 운동 변화를 부정하여 모순을 배제하는 것으로 사고와 존재, 인식과 대상과의 관계에 있어 사유 자체 속에 운동과 대립을 찾아내지만 대상을 외적으로 파악할 뿐이며 물자체物自體의 핵심을 해명할 수 없는 공허한 추론으로 그치는 변증법이다. 제논zenon을 시조로 하며 엘레아Elea학파 및 소피스트가 대표자이다. 현대에는 유물변증법에 대하여 질적 변증법을 말한다. 참10

**산파술産婆術/maieutikē : 소크라테스의 대화 방법. 여기에는 소극적 측면인 소크라테스적 반어反語/eirōneia와 적극적 측면으로서의 산파술을 생각할 수 있다. 전자는 대화의 상대자로부터 로고스(論說)를 끌어내어 무지無知의 자각, 아포리아에로 유도하는 소크라테스의 독특한 무지를 가장假裝하는 태도이고, 후자는 상대방이 제출한 논설이나 질문을 거듭함으로써 개념규정을 음미하고 당사자가 의식하지 못했던 새로운 사상을 낳게 하는 문답법이다. 소크라테스는 자기 스스로 이제 새로운 지혜를 낳을 수 있는 능력은 없으나 다른 사람들이 그것을 낳는 것을 도와 그 지혜의 진위眞僞는 식별할 수 있다고 하면서, 자기의 활동을 어머니의 직업인 산파에 비유, 산파술이라고 불렀다. 참10

사용됨으로써 문법학, 수사학과 더불어 **삼과***를 형성하였다.

그런데, 어떻게 된 것인지 르네상스 이후에는 변증법이라는 말이 논리학이란 말로 대치되어 쓰이게 되었다. 그러다가 칸트에 와서 변증법에 고대로부터 '불확실한 전제를 조롱하다'는 의미가 내포되어 있다는 점 등이 감안되어, 그의 〈선험적 논리학〉의 논술 과정에서 '변증법'이란 말이 쓰이게 되었다. 그것이 계기가 되어 변증법이 근대철학에서 다시 다루어지게 되었던 것이다. 칸트는 그의 〈선험적 논리학〉의 서술 과정에서, 이렇게 말하고 있다. 즉 일반논리학은 오직 인식비판의 규준kanon만을 다루고 있는데도 불구하고, 사람들은 마치 그것이 객관적 주장을 산출하는 기관organon인 것처럼 사용하고 있는데, 이것이야말로 논리학의 오용이라고 지적하고 있다. 그런데 칸트는 이와 같이 경험에 근거를 두지 않은, 근거 없는 허무맹랑한 추론으로 인식되어 있는 일반논리학을 변증법이라 말하고 있다. 그에 의하면 인간들은 자신들의 모든 지식이 사물의 개념 구성의 능력인 오성의 차원에서 이루어지는 것으로 알고 있다. 하지만, 그러한 오성 작용을 문제시하는 논리학은 사실상 지식의 내용에 관해서는 무관한 학문이라 할 수 있다. 그 결과 인간은 지식확장의 한 수단으로 논리학을 사용하려는, 그야말로 분수에 어긋난 기도를 행함으로써 제멋대로의 주장과 논박이 행해지게 되었다.

이와 같은 칸트의 변증법은 우리가 경험할 수 없는 대상에 대해 오성의 형식적 여러 원리가 작용하는 경우에 적용되는 학문을 가리킨다.[19] 칸트는, 오성이 경험의 차원에서 경험 밖에 놓여 있는 대상에까지 부당하게 확장되어, 그것이 초감각으로 적용된 결과 변증법이라 할 수 있는 가상의 논리학이 창조되어 나왔다는 것이다. 우리는 이러한 칸트의 변증법을 칸트철학의 차원에서는 **선험적**** 변증법이라 할 수 있는데, 그러한 의미에서 칸트의 변증법은 선험적 논리학의 일부를 이루게 됨으로써 변증적 가상假像의 비판이 행해지게 되는 것이다.[20] 이와 같이

---

*삼과trivium : 중세학교의 7개의 교양과목 중 삼학과三學科. 문법, 논리학, 수사학.

**선험적先驗的/transcendental : 칸트 철학의 근본 개념으로 독일어 transzendental을 번역한 용어. 사실적 경험적 세계를 넘어서지만 그 가능성은 제약된다고 하는 의미를 기초로 해서 성립된 철학적 개념이다. 선험적 의식, 선험적 관념론, 선험적 주관 등에서 사용되는 개념이다. 참10

칸트에게서의 변증법은 부정적 변증법이다. 그의 그러한 변증법은 고대의 변증법이 그러했듯이 역시 물질 운동으로부터 그 논리적 토대를 마련하였다.

앞에서 지적한 대로 서구의 근대물리학은 뉴턴의 만유인력의 발견을 계기로 해서 확립되었다. 칸트의 철학이 그 이전의 데카르트, **라이프니츠***와 다른 것은, 과거의 철학, 즉 형이상학을 배제하고, 뉴턴의 만유인력을 토대로 성립된 근대자연철학을 받아들여 그것을 토대로 성립되었다는 점에 있다. 칸트는 형이상학, 즉 당시의 철학이 학문으로 성립되기 위해서는 자연과학의 경우처럼 그 연구대상을 확립하고 그 인식의 한계를 결정한 후 확실한 방법을 완성해야 한다는 입장을 취했다. 그래서 그는 우선 형이상학과 변증법의 기초가 되었던 힘·운동·공간의 개념을 실증과학의 입장에서 비판해 갔다. 그는 자연과학으로부터 파악된 힘의 개념을 가지고 새로운 차원에서 동태動態 물리를 정립시키려는 입장을 취했다.[21] 칸트는 자연계의 어떠한 천체 운동도 지구상에서 운동을 하는 물체자체와 관련된다는 운동에 대한 당시의 일반적인 입장에 의심을 갖게 되었다. 즉, 그러한 입장이 사실이라면, 소멸하는 운동은 어떤 제2의 운동에 의하지 않고서는 재차 그것이 움직일 수 없다는 생각을 갖게 되었다. 다시 말해서 신에 의하지 않고서는 재차 그것이 움직일 수 없다는 입장이 취해졌던 것이다. 그래서 결국 칸트는 정지 상태에 있는 물질도 제2의 운동에 영향을 주거나 그것을 일으킬 수 있다는 물질학적 이론을 받아들이기로 한다.

이것은 칸트 자신의 철학을 성립시킨 중대한 결심이었다. 왜냐하면 그러한 사실로부터 그는 다음과 같은 결론을 도출했기 때문이다. 우리들의 세계에서의 최초의 운동은 신에 의한 것이 아니고 정지 상태에 있는 물질 작용에 의해 일으켜진 것이다. 운동이 이러한 물질 작용의 결과라면 세계는 물질에 의해 유지된다. 한 장소에서의 운동의 소멸만이 반드시 다른 장소에서의 그것의 발생을 수반하

*라이프니츠Gottfried Wilhelm von Leibniz(1646-1716) : 독일의 철학자·수학자·자연과학자·법학자·신학자·언어학자·역사가. 수학에서는 미적분법의 창시로, 미분 기호, 적분 기호의 창안 등 해석학 발달에 많은 공헌을 하였다. 역학力學에서는 '활력'의 개념을 도입하였으며, 위상位相 해석의 창시도 두드러진 업적의 하나이다. 주요 저서 《단자론單子論》(1720). 참10

는 것은 아니다. 어떤 장소에서도 활력活力은 사력死力으로 변하고, 사력은 활력으로 변하는 것이다. 이러한 입장으로부터 칸트는 실체, 즉 물체가 자기 이외의 것들에 대해 작용하는 어떤 힘을 갖지 않는다면 공간의 연장도 존재하지 않을 것이라는 결론을 끌어냈다. 힘이 없으면 결합과 질서와 공간이 없기 때문이라는 것이다.[22]

그 결과 칸트는《천체의 일반사적 자연사 및 이론》(1775)을 통해, 뉴턴의 모든 원칙을 태양계 및 그것과 마찬가지인 기계적 법칙에 따르는 모든 다른 우주적 체계에까지 확장시킬 수 있었다. 그는 그러한 과정을 통해, 결국 그에게서의 우주의 역사가 물질변동의 영구 과정으로 인식되었던 것이다.[23]그는 그러한 물질변동의 영구 과정의 근저에서 작용하는 동력을 뉴턴과 헤라클레이토스의 인력 및 반발력으로 파악했다. 그는 그러한 지식을 근거로 해서 서로 대항하는 그러한 힘의 투쟁이 인간의 정신 생활이나 사회적 유기체에서도 이루어진다는 입장을 가지게 되었다.[24] 즉, 그로 말할 것 같으면, 지구의 물리적 조건이 인간사회의 발전을 규정하고, 물리적 자연이 문화의 기초를 이루고 인간사회의 토대를 이룬다고 하는 것이었다.

이 경우 칸트에게 문제가 되었던 것은 사유와 물질 사이의 관계였다. 결국 그는 낡은 학설에 반대하여 우선 그 문제에 관해서 물질의 인과법칙과 논리적 이유의 법칙을 구분하기로 하였다. 즉, 그는 물질의 실재實在적 이유와 사유의 관념적 이유를 구분해서 그들의 관계를 다음과 같이 관련시켜 파악하려는 입장을 취했다.

> 감성이 없으면 인식이 없다. 감성은 필요한 재료를 공급한다. 이에 반해 오성은 개념의 구성 능력이다. 오성은 정식화하고 조직화하며, 한마디로 모든 경험을 창조한다. 그런데, 모든 경험 대상은 하나의 현상이되, 그 현상의 본질은 제약된 어떤 사물이다. 그러한 의미에서 절대는 경험이나 경험의 대상으로서는 있을 수 없다. 그래서, 절대는 이미 오성의 대상이 아니고 이성의 대상이며, 절대는 결코 경험의 범위에서는 나타나지 않는다. 이 경우 절대는 물 자체와 동일하다. 오성이 관계하는 것은 늘 제약된 현상이다. 이성의 개념은 절대를 그 대상으로 한다. 개념의 능력으로서의 오성은 상대적 의미를 갖는 규칙을 창조한다. 이성도 마찬가지로 개념 구성의 능력이다. 그러나,

그 대상은 절대이고 무제약자이다. 이성은 원리의 능력이다.[25]

이상과 같은 내용에 근거해 그는 인간의 경험의 근원은 경험 밖에 놓여 있다는 입장을 취했다.

그렇기 때문에 경험의 근원은 선천적이고, 그 선험적 방법의 본질은 경험의 기초인 선천적 여러 원리의 발견에 있다. 선천적 경험, 즉 범주란 경험의 다양한 통일로 전화하는 것을 그 임무로 한다.[26]

칸트는 물질의 실재적 이유와 사유의 관념적 이유를 이상과 같이 파악하였다. 이 경우 칸트는 물질의 실재적 이유를 뉴턴과 헤라클레이토스가 말하는 물질에서의 대립과 그것을 통해 종합되는 두 힘, 즉 인력과 반발력으로부터 찾았고, 사유의 관념적 이유를 물질에서의 인력과 반발력과의 관계에 대응되어 성립된 감성과 오성의 대립과 종합으로부터 찾았다. 이와 같이 칸트의 선험적 변증법은 관념적 변증법이었고, 그러한 의미에서 그의 변증법은 그의 인식론과 직결되어 있었던 것이다.

그의 인식론은 감성과 오성을 기초로 이루어진다. 감성과 오성은 서로 대립되어 있다. 전자는 수동적인 계기이지만, 후자는 능동적인 계기이다. 감성은 제3자에 의해 촉발되는 지각적 능력이고, 오성은 자발적 능력이다. 따라서 우리의 인식 대상은 감성에 의해 주어지고 감성에 의해서만이 직관된다. 그러나 그 직관은 오성에 의해 사유되고 오성으로부터 발생한다. 칸트는 오성을 감성에 대립시키지 않고서는 생각할 수 없는 인식 능력으로 보았지만, 그러나 사실상 우리는 그 감성을 떠나서는 어떠한 직관과도 관계할 수 없다. 한편, 오성은 오직 감각적 직관의 사물만을 사유할 수 있다. 따라서 우리가 어떤 것을 인식하기 위해서는 직관을 개념으로 전화해야 한다. 이 두 능력의 상호의존은 인식 과정에서 창조된다.

오성이 직관 능력을 결여하면, 감성은 사유 능력을 결여한다. 인식은 오직 대립하는

두 능력의 종합, 그 합일로서만 성립된다.[27]

여기서 중요한 것은 감성과 오성의 보다 높은 통일은 선험적 통각에 도달될 수 있다는 것이다. 구상력의 활동은 무의식적 작용이다. 우리의 인식 객관성은 순수통각, 혹은 자각에 그 근원을 갖는다. 선험적 통각이란 자각의 통일이다. 또 그것은 나의 자아이고, 표상은 나의 표상자아로 전화한다.[28] 자아는 나의 자아이고, 나의 표상은 나의 표상이며, 그것은 나의 '자아'일 수 없는 다른 것이 존재한다는 사실에 대립하는 것이다. 대립의 이 과정은 또 타인의 자각에 대립하는 우리들의 자각을 창조한다. 그러나 나의 의식은 또 이 과정의 결과인 객관적 세계 안에 존재한다. 객관적 인식 일반이 가능한 것은 바로 오직 우리들의 '자아'가 인식 행위 이전에서도 역시 객관적 실재의 한 부분을 이루고 있기 때문이다.[29]

이상과 같이 칸트는 인간의 경험, 특히 선험적 경험의 차원에서 물질 운동과 인식 작용의 대립과 종합의 관계를 파악해 갔다. 그러한 의미에서 칸트의 이상과 같은 물질과 사유의 대립과 종합에 관한 학설을 헤겔은 근대 독일철학에서의 변증법의 출발점으로 보았다. 헤겔이 칸트의 학설을 그렇게 평가한 것은 그가 칸트의 철학에서의 선천적 개념의 종합안에서 현실이 통합되어 인식될 수 있는 보다 높은 원리를 보았기 때문이다.[30] 칸트의 철학에 대해 이와 같은 입장을 취하고 있던 헤겔의 변증법은, 칸트가 변증법에 대한 자신의 그러한 기본적 입장을 취함에 있어서 변증법이 자신도 자기모순에 떨어지지 않을 수 없는 필연성을 지니고 있음을 인정한 데 대한 중요성을 인정했다고 하는 점으로부터 출발했던 것이다.

이와 같이 칸트의 변증법은 사유의 근저를 기초로 해서 형성된 것이다. 그런데, 필자가 여기에서 주장하고자 하는 것은 그가 설혹 인간의 변증법적 사유에 대해 비판적 입장을 취하기는 했지만 결국은 칸트의 변증법도 헤라클레이토스 및 뉴턴의 서로 대항하는 물질 운동의 법칙을 기초로 하여 나왔다고 하는 것이다. 어디까지나 인간의 사유 그 근저에 작용하는 물질 운동, 즉 서로 간의 투쟁과 종합을 통해 작용해 가는 바로 그러한 물질 운동을 인간이 경험해 가는 과정에서 형성되어 나온 그 실재와 그것을 인식하는 인간의 인식과의 대항과 종합을 통해 이루어지는 인간의 사유 과정을 분명히 해 보려 했던 것으로 파악된다.

이와 같이 칸트의 변증법이 헤라클레이토스의 **객관변증법***으로부터 출발해서 주관적 변증법으로 발전해 왔다면, 헤겔의 변증법은 주로 견해의 대립을 매개로 한 사물의 본질을 파악한다는 플라톤의 변증법의 심오함을 이해함으로써 출발되었다고 볼 수 있다. 헤겔은 사변적 변증법을 최초로 형성한 자가 플라톤이었다는 것을 지적했고, 동시에 고대변증법의 일반적 징표는 객관변증법이라는 데 있었다는 점도 지적했다. 또, 헤겔은 근세로 들어와서 보편 속에서 자기의식을 발견하는 것이 근세철학의 과제였기 때문에 고대의 객관변증법이 그러한 근세철학의 성과를 짚고 근대로 들어와 주관적 변증법으로 전환해 나왔다는 점도 지적하고 있다. 헤겔은 제논의 변증법을 단서로 삼아 운동의 변증법 속에서 인식의 운동을 재인식하였다. 그것뿐만이 아니었다. 헤겔의 변증법은 제논의 운동으로부터 출발해서 변증법 자체가 운동이고, 운동 자체가 일체의 존재하는 변증법이라 파악하였다.[31]

그 결과 헤겔은 다음과 같이 세 개의 차원에서 운동을 고찰하게 되었다. 즉, 플라톤의 이데아에 귀속되어 있는 혼의 운동, 이데아의 상호관계를 생각하는 언론인 로고스 운동, 즉 사고의 운동, 그리고 사고 대상의 운동 등이 바로 그것이다.[32] 또, 헤겔은 운동과 관련시켜, 아리스토텔레스가 운동의 본질을 가능한 것의 현상태energeia로 정의했다는 점을 감안하여, 존재와 비존재의 현상태를 공허한 변증법적 대립이 극복된 상태로 파악하였다. 바로 이 점에서 아리스토텔레스의 철학은 플라톤을 훨씬 능가했다는 평을 받고 있다.[33]

이와 같이 헤겔이 운동과 그 자체를 변증법으로 파악하고, 운동을 플라톤의 이데아에 귀속되어 있는 혼의 운동, 이데아의 상호관계를 생각하는 사고의 운동, 그리고 사고 대상의 운동으로 나누어 파악했다면, 우선 그가 사고 대상의 운동으

---

*객관변증법客觀辨證法 : 자연과 사회 따위의 객관적인 세계에 작용하고 있는 일반적인 운동 법칙. 복합적인 연관을 가지고 발전한다. 객관적 변증법이라고 한다. 참9

로서의 변증법과 사고 내지 혼의 운동으로서의 변증법과의 관련성을 어떻게 파악했느냐가 헤겔철학의 진수라 생각된다. 사고 대상의 운동으로서의 변증법이란 일반적으로 우리가 말할 수 있는 물질 운동의 변증법이다. 이때 사고 내지 혼의 운동으로서의 변증법이란 정신 운동의 변증법이다. 그러므로 물질 운동의 변증법과 정신 운동의 변증법을 헤겔이 어떻게 관련시켰느냐가 헤겔철학의 진수로 파악될 수 있다는 말이다.

우선 헤겔은 갖가지 대립을 통해 견고히 굳어 있는, 헤겔 이전의 오성적 카테고리들을 변증법을 통해 유동화 시키려는 입장을 취했다. 헤겔은 그러한 구체적 방법으로서의 변증법은 주체와 실체의 구별을 철폐하고 실체 속에 잠겨 있는 자기의식과 순수히 독립적으로 존재하는 내면적인 자기의식을 정신의 운동과 분리된 형태로서 이해해야 한다는 입장을 취했다.[34] 헤겔에 의한 주체와 실체의 구별철폐의 작업은 개념 파악을 행하는 사고 운동이 주어와 술어와의 관계를 새로운 차원에서 해체·재구축을 시도해 가는 작업이었다. 그리고, 인간에게서의 그러한 작업은 인간의 사고가 주어로부터 술어로의 끊임없는 이동 운동을 통해 보다 보편적인 것이 사고의 진정한 주어로 되어 가는 과정으로써 이루어진다. 헤겔에 있어서는 바로 이러한 과정이야말로 주체적인 것 그 자체 속에 자기 자신을 가라앉히는 것이라 생각했고, 또 그는 자신을 자기의식의 자아라고 알고 있는 것으로서의 자기 존재 그 자체를 사고하는 것이 변증법적 사변의 본질이라 생각하였다.[35]

헤겔은 순수히 사고하려는 것의 그 자체가 철학적 사변 의 출발이라 말하고 있다. 또, 헤겔은 그러한 사변 운동이야말로 자기 자신에 기초를 두고, 보다 보편적인 자기 자신을 형성시켜 가는 것이라 파악하였다. 그런데 헤겔은 사고가 자기 자신 속에서 보다 보편적인 자기 자신으로 나아가는 데에는 다음과 같은 형식이 취해진다고 말하고 있다. 즉, 자기 자신이 새로운 자신으로 나아가기 위해서는 그것이 자신에 의해 끌어들여진 새로운 내용과의 냉엄한 모순을 견디고 그 모순 속에 있으면서 자신을 하나로 고정시키려는 형식을 취해야 한다고 하였다.

헤겔은 어떤 독립된 사고가 행해지는 과정에서 그것과 서로 모순되는 또 다른 사고가 일어나게 되어 서로 모순되는 두 사고가 통일됨으로써 주관적 사고가 객관적 사고로 전환해 나가는 과정이 바로, 변증법의 본질이라고 파악했다. 이렇게 볼 때 헤겔의 변증법은 서로 모순되는 자아들의 대립과 통일을 통해 주관적인 자아가 객관적인 자아로 나아오는 과정의 원리로 이해된다. 이러한 과정에서 헤겔은 최고의 것은 사고하는 자기이고 자유로운 활동성이지, 사고 대상이 아니라는 점을 강조함으로써 헤라클레이토스의 물질 운동적 차원의 변증법과 아리스토텔레스의 사변적 차원의 변증법과의 관련성을 추구했고, 또 그것들을 통일시킬 수 있는 차원을 취했는데, 이것이 헤겔철학의 중핵이라 할 수 있다.

그러한 탐구의 구체적 방법으로서의 헤겔의 변증법은, 의식이란 어떻게 해서 자기의식이 되는지, 혹은 자신이 어떻게 해서 자기의식임을 자각하게 되는지 등에 확실한 해답을 도출해 보려는 쪽으로 한 단계 더 구체화되었다. 그 결과 헤겔에게는 '의식이란 자기의식'이라는 테제가 세워지게 된다. 즉, 헤겔은 사물에 관한 의식이란 오로지 자기의식에 있어서만 가능할 뿐만 아니라 자기의식이야말로 여러 의식 형태의 기본이라는 생각을 갖게 되었다. 예를 들어, 헤겔은 칸트의 과제였던 경험과 인식을 통일하는 작업인 통각統覺의 선험적 종합 또한 자기의식에 의해 이루어진다는 입장을 취했는데, 그 경우에도 바로 자기의식에 의해 자신 이외의 것에 관한 의식, 요컨대 대상 일반에 관한 의식이 가능한 한에서만 그렇다는 입장을 취했다.[36]

이와 같이 헤겔은 자기의식을 단순히 자기에 대한 의식 차원에서만 본 것이 아니라, 그것을 인간에게 모든 의식 작용의 결과를 가져오게 하고 그러한 의식 작용을 통합시키는 의식 작용으로 파악했다. 따라서 헤겔의 관념론도, 그것의 중핵을 이루는 그의 절대정신도 자기의식으로부터 이루어진 것으로 파악된다. 이 경우 정신이란 인간 자신의 어떤 인식 대상에 대한 의식이 자신에게로 되돌아오는 의식을 말하고, 또 그 자기의식이 어떤 인식 대상에 대한 의식으로 되돌아가서 보다 객관화된 후 그것이 다시 자기에게로 돌아와 또 다른 자기로 발전되어 나오는 의식을 가리킨다. 자기의식이 인식 대상 일반에 대한 의식으로 전환되고 또 그렇게 전환된 의식이 자기에게로 돌아와 다시 자기의식으로 전환되어 나오는 과정에서 자기의식의 차원에서의 변증법적 발전이 이루어진다.

이렇게 볼 때, 인간에게서 의식 현상이 일어나는 한, 이와 같은 자기의식 차원에서의 변증법적 발전은 지속되게 마련인데, 그러한 의식 현상의 차원에서의 변증법적 발전의 지속은 결국 자기의식을 절대정신으로 발전시켜 간다는 것이다. 이러한 측면에서 헤겔의 변증법을 자기의식의 변증법이라 말하기도 하고, 또 앞에서 언급한 객관으로서의 인식 대상 일반에 대한 의식과 주관으로서의 자기의식과의 쌍방을 통한 일반적 법칙을 통해 성립된 변증법이라는 차원에서 그의 변증법을 보편적 변증법이라고도 말한다. 이와 같이 객관으로서의 인식 대상 일반에 대한 의식과 주관으로서의 자기의식이 인간의 지속적인 의식 현상을 통해 변증법적으로 발전해 왔다는 의미에서 헤겔철학에서의 자연은 외화外化된 정신으로 파악된다. 그뿐 아니라, 그러한 정신은 지속적인 자기의식으로의 변증법적 발전을 통해 개인적 차원의 주관적 정신에서 출발하여 사회적 차원의 객관적 정신으로 나아갔다가 결국은 신적 차원으로, 절대적 차원으로 발전해 간다는 것이다.

이상과 같이 헤겔의 변증법은 인간의 이성적 사고가 자기모순에 빠지지 않을 수 없는 필연성을 갖고 있다는 칸트의 의견을 적극적으로 받아들여, 그것의 극복 방법의 형태로 성립된 것이다. 즉, 헤겔은 일반적으로 유한한 존재란 지속적인 자기의식을 통해 생존해 가는 과정에서 자기 자신 속에서 신과 대립되는 어떤 모순의 계기를 갖게 되는데, 그러한 대립과 모순을 지양해 가기 위한 사고 및 존재를 일관하는 일반적인 운동과 발전의 논리로서 변증법을 취할 수 있었던 것이다. 헤겔은 이러한 보편적 변증법의 견지로부터 현실 세계의 모든 것이 변증법적 운동과 발전 과정에 있음을 확신하고, 그 내적 관련구조를 분명히 해 보려는 과정에서 그러한 자기의식의 변증법적 원리를 추구해 갔던 것이다.

헤겔의 변증법은 인간의 자기의식이나 정신을 객관적 차원으로 끌어올려 그 차원에서 물질과 정신을 일관시키려 했다는 의미에서, 설혹 그것이 보편적 변증법이라고는 말하고 있지만, 사실상 관념론적 색채를 짙게 풍기고 있다. 그래서 이러한 관념론적 겉껍질을 완전히 벗겨내고, 유물唯物론적 입장에서 헤겔변증법의 합리성을 계승해 보자는 입장을 취한 사람들이 있었다. 그들이 바로 마르크스와 엥겔스였다.

우선 헤겔은 관념론자이고, 마르크스와 엥겔스는 유물론자라는 측면에서 차이를 갖는다. 이때 관념론자는 현실이 이데아·관념·사유로서 또는 우리의 의식의 내용으로서 실존한다는 의미에서 그것이 정신적 방식으로 존재한다는 입장을 옹호하는 자들이다. 그들은 우리가 알 수 있는 모든 것이 우리의 의식 내용을 이루는 것들뿐이라는 입장을 갖는 자들이다. 헤겔에게서의 현실은 정신이다. 그러나 그 정신은 반드시 자신을 체화體化한다. 그러한 이유로 인해 물질적 세계는 정신의 활동과 자기실현을 위한 필수적 조건이다. 이에 비해 유물론자에게서의 전 공간은 물질로 이루어져 있다. 이 경우 그 물질 자체에는 아무런 감각이 없고 외부에서 그것에 강제되는 힘에 의해 그 물질이 불변의 관성적 행로를 따라 움직이게 된다. 이것은 운동이 그 존재의 내성적 본능에서 발진되는 것이 아님을 뜻한다.[37] 이와 같은 입장을 취하는 마르크스와 엥겔스는 변증법을 자연, 인간사회, 사고에 관한 일반적인 운동과 발전의 법칙에 관한 과학으로 파악하였다. 마르크스주의가 변증법을 사고 및 존재, 다시 말해서 의식과 의식 대상을 일관하는 보편적 법칙으로 생각했다는 면에 있어서는 헤겔의 사상과 상통한다. 그러나, 마르크스주의가 그러한 운동과 발전의 근원적 주체를 헤겔의 경우처럼 정신적인 것에 두지 않고 물질적인 것에 둠으로써 사고의 변증법을 존재의 변증법으로 받아들였고, 헤겔의 변증법이 총합의 계기에 중점을 둔 데 반해 마르크스주의에서는 부정否定 및 대립의 계기에 그 역점을 두었다는 차이 또한 존재한다. 특히, 유물론적 변증법에서는 물질적 생산 과정이 분석의 중심을 이룬다. 이와 같이 마르크스의주의적 변증법은 유물론적임과 동시에 비판적이고 혁명적이라는 점에서 헤겔의 변증법과는 달랐고, 그것으로서의 독특한 특징을 가졌다.

이와 같은 특징을 갖는 변증법을 유물론적 변증법이라 하는데, 이것은 마르크스주의의 철학적 세계관의 기초를 이루는 **변증법적 유물론***이 확정되는 과정에

*변증법적 유물론辨證法的唯物論/dialectical materialism: 레닌이 볼셰비키당黨의 교조敎條로 만든

서 성립되었다. 세간에 알려진 변증법적 유물론이란 용어는 러시아의 마르크스주의자, 프레하노프의 《헤겔의 60주기周忌에 붙여》(1891)에서부터 쓰여지기 시작하여 스탈린의 《변증법적 유물론과 사적 유물론》(1937)으로 일반화되었다. 이 말은 19세기 중반 마르크스와 엥겔스에 의해 생시의 **포이어바흐***의 기계론적 유물론과 헤겔의 변증법적 관념론이 융합된 사실을 지적하는 과정에서 쓰이게 되었는데 그 내용은 마르크스주의의 세계관을 가리키며 그 기본 내용은 대략 다음과 같다. 즉, 세계의 본질은 스스로 운동해 가고 발전해 가는 물질이다. 그것뿐만 아니라 인간의 의식이나 사고도 그러한 하나의 발전 단계로서 뇌라고 하는 특정한 유기적 물질의 소산이다. 인식이라고 하는 것도 인간의 실천 활동을 매개로 행해지는 의식에서의 물질의 반영反映이나 모사模寫 과정이며, 세계는 이러한 인식 활동을 모두 포함하는 서로 관련된 여러 과정들의 통일체이며, 대립 및 모순을 매개로 해서 저차원의 것으로부터 보다 고차원으로 나아가는 무한한 발전 과정이다. 물질적 존재들의 상호 작용은 대립물의 통일과 투쟁의 과정이고, 또 그것은 변증법적 모순관계를 통해 일어나는 과정들이다.

특히, 엥겔스는 이러한 물질들의 과정과 관련시켜, 세계를 고정된 사물들의 복합체로 파악해서는 안 되고, 과정들의 복합체로 파악해야 한다는 입장을 가지고 있었다. 그는 과정들 속에서 겉으로 보기에는 안정된 사물들도 생성과 소멸의 부단한 변화를 겪고 있으며, 이 변화 속에서 겉으로 보기에는 여러 가지 우연히 발생하고 또 일시적인 퇴보가 일어난다 하더라도 결국 진보적인 발전이 관철된다고 지적하고 있다. 그는 이와 같은 입장으로부터 유물론적 변증법을 정식화해

마르크스레닌주의의 철학교조 및 그것을 다시 공식화한 스탈린의 유물론 사상. 참10

*포이어바흐Ludwig Andreas Feuerbach(1804-1872) : 19세기 독일의 헤겔학 좌파의 대표적 유물론자. 하이델베르크 대학교·베를린 대학교에서 수학, 헤겔철학의 영향을 받았다. 1828년 에르란겐 대학의 강사가 되었으나 그의 저서 《죽음과 불멸에 대한 고찰》(1830)이 그리스도교를 비판한 것이라 하여 교직에서 추방당하였고, 그 후로는 재야在野 철학자로서 저술 활동을 계속하였다. 그의 철학의 공적은 그리스도교 및 관념적인 헤겔철학에 대한 비판을 통하여 유물론적인 인간 중심의 철학을 제기한 데에 있다. 그의 철학은 후일, 마르크스와 엥겔스에 의해 비판적으로 계승되었다. 주요 저서로는 《그리스도교의 본질》(1841), 《장래 철학의 근본 문제》(1843), 《종교의 본질》(1845) 등이 있다. 참40

양量의 질質로의 전화轉化 및 그 역의 법칙, 대립물의 통일과 투쟁의 법칙, 부정否定의 부정의 법칙을 변증법의 3대 근본원칙으로서 내세웠다. 또, 엥겔스는 원자에서 뇌까지의 모든 물질적 존재들이 서로 연관되어 있다는 사실 속에서 이미 이 존재들이 서로 영향을 미치면서 변화해 가고 있다고 하였다.

레닌은 대립물의 통일과 투쟁을 변증법의 가장 기본적인 원칙으로 파악하였고, 그 변증법을 인식론에 적용시켜 인식론으로서의 변증법을 확립시켜, 변증법·인식론·논리학의 통일성을 주장했다. 또, 그는 세계에서 일어나는 모든 과정들을 자기 운동 속에서, 그 자발적 발전 속에서, 그 생생한 생명 속에서 인식하기 위한 조건은 그 과정들을 대립물들의 통일로 인식해야 한다는 데 있다고 하였다. 마오쩌둥의 경우, 모순의 복합성을 강조해 모순의 중요한 면과 부차적인 면을 구별함과 동시에 양자가 서로 전화해 만나는 것을 지적함으로써 레닌이 세운 기본 정책을 한층 더 명확히 했다. 이상과 같은 모든 물질 운동이나 모든 물질들의 상호 작용, 그것들을 통해 일어나는 모든 물질적인 변화 등이 모든 물질들의 서로 간의 대립과 통일을 통해 일어난다는 점에서 물질 운동, 물질들의 상호 작용, 모든 물질 변화 그 자체들을 변증법으로 보는 유물론자들의 변증법을 객관적 변증법이라 일컫고 있다.

동독 과학아카데미 사회과학 연구 분과 총책임자였던 후베르트 호르스트만Hubert Horstman은 〈변증법적 모순은 모든 발전의 추진력이다〉(1986)에서 이상과 같은 유물론자들의 객관변증법을 현대과학과 연결시켜 다음과 같이 표현하고 있다.

> 오늘날 무생물자연과 생물자연의 기본적 운동연관들에 대해서는 새로운 인식이 더 많이 밝혀지고 있다. 예컨대, 입자물리학에서는 다음과 같은 견해가 지배적이다. 즉, 모든 입자들은 상호 작용에 의해 밀접하게 서로 결합되어 있고, 임의의 한 입자의 특성들은 다른 입자들에 의해 규정되며, 따라서 임의의 한 입자의 움직임은 다른 입자들의 특성들이 알려져야만 이해될 수 있다. 지금까지 연구된 대부분의 개별적 현상들은 각 사물이 서로 대립되는 측면들의 통일로서 존재하고, 사물들은 상호 작용을 통해 제약되고 변화시킨다는 사실을 거듭 입증해 주었다. 미시적 세계에서 한 예를 들면,

소립자들은 서로 대립되는 입자성과 파동성의 통일로서 파악된다. 거시적 세계에서 한 항성恒星의 상대적 평형 상태는 서로 대립적으로 작용하는 두 힘, 즉 전자기파가 면에 미치는 복사압(광압)과 중력에 의해 이루어진다.[38]

호르스트만은 이와 같이 지적하면서 현대의 자연과학과 사회과학의 진보는 앞에서 논한 변증법적 유물론을 완벽히 입증해 주었다고 말하고 있고, 변증법적 대립물이 상호 작용하는 새로운 형식들, 즉 화학적 분해와 결합의 상호 작용, 신경 활동에서의 흥분과 억제의 상호 작용 등을 밝혀 주었다고 하였다. 그래서 그는 변증법적 대립물의 통일과 투쟁으로 규정된 연관이야말로 하나의 기본 현상, 즉 현실의 보편법칙임이 밝혀졌다면서 변증법적 모순이야말로 모든 변화와 발전의 원천이자 추진력이라는 입장을 피력하였다.[39]

지금까지 우리들은 이 세계를 구성하는 물질들의 운동과 변화, 또 그러한 물질들로 구성된 세계에 존재해 있는 인간들의 인식이나 의식 작용, 그러한 인식이나 의식 대상들, 그러한 것들의 주체로서의 인간들의 행위로 이루어진 사회적 변화, 그리고 그것들의 상호 작용들을 변증법으로 파악하였다. 그 이유는 물리적 세계를 구성하는 물질들의 요소들은 서로 대립과 통일을 통해 변해 가기 때문이고, 인간의 인식 대상이나 의식 대상을 통해 일어나는 인식 작용이나 의식 작용도 대립과 통일을 통해 일어나며, 사회도 인간의 행위들의 대립과 통일을 통해 변화·발전해 가고 있기 때문이다. 또, 그러한 세계, 인식이나 의식, 그러한 사회는 서로 독립적 차원에서 변화·발전해 가는 것이 아니라 서로 간의 상호 작용을 통해 변화·발전해 가고 있다. 그러한 의미에서 우리들은 그것들의 운동 과정과 변화 과정을 변증법적 과정으로 파악하였고, 그것에 앞서 그 변증법의 역사까지도 살펴보았던 것이다.

이상과 같이 변증법은 결국 과정을 다루는 학문이다. 변증법은 '모든 것은 과정'이라는 입장을 취한다. 예를 들어 구조주의에서 구조와 과정은 대립적이면서도 보족적인 개념으로 파악된다. 실례로, 이 세계에는 요소와 그것들의 관계들로 구성되는 질서나 구조가 존재한다. 과정의 관점에서 이러한 것들을 파악할 경우,

요소들은 동일한 유형의 새로운 요소들과 일 대 일로 교체된다. 따라서 여기에서는 신과 구의 요소들의 교체 과정이 존재하게 된다. 그러나 구조의 차원에서 파악한다면 그곳에도 낡은 구조가 그대로 보존되어 있음을 알 수 있다. 생물학에서의 세포의 교체 과정이 그 한 실례이다. 이 경우 구조주의적인 차원에서는 그곳에 내재된 과정을 구조나 또는 어떤 질서의 속성이나 특징으로 파악한다. 따라서 이 경우 구조가 일차적이고, 과정은 부차적인 것으로 간주된다. 그러나 변증법적 사유에서는 정반대로 인식된다. 과정이 일차적으로 간주되고 구조는 우연적이고 시간적으로, 즉 역사적으로 제약된 것으로 간주된다.[40]

결론 21세기 일반 방법론—과정학적 변증법

이상과 같이 고대 이래의 서구 철학자들은 세계와 세계를 구성하는 구성 분자들의 운동과 변화의 원리를 파악하여 그것들을 통해 우주와 세계의 진리를 파악해 보려는 입장을 취해 왔고, 그러한 진리탐구의 방법을 변증법이라 지칭해 왔다. 원래 서구에서의 '변증법'이라는 말은 그리스어의 '문답법'(문답술dialektikē)에서 유래된 것이다. 그것은 서로 간의 대립되는 어떤 의견들을 가지고 서로 묻고 답하는 과정에서 결국 어떤 단계에 이르러 서로 간의 합일점에 이르게 된다는 뜻이었다. 그런데 현재 우리에게 일반적으로 사용되는 변증법적 방법이란, 대화에서의 경우처럼, 물질적·의식적 차원에서 대립되거나 모순되는 두 존재가 서로 충돌하거나 투쟁하여 버릴 것은 버리고 받아들일 것은 받아들여 보다 큰 하나로 종합하는 과정을 의미한다.

칸트는 뉴턴의 만유인력의 법칙을 받아들여, 자연계에서 일어나는 물질 운동 그 자체가 변증법적 방법을 통해 일어난다고 하였고, 또 그는 인간의 의식 작용도 물질 운동을 기초로 하여 일어나는 것인 만큼 그것 또한 변증법적 방법을 통해 일어난다는 입장을 취했다. 칸트의 이러한 입장은 헤겔에 의해 인식 작용의 측면에서 더욱 이론화되었고, 또 그것은 마르크스·엥겔스에 의해 물질 운동의 측면에서 더욱 확고히 정립되었다. 이와 같은 측면에서 파악해 볼 때, 변증법적 방법이란 물리 내지 물질적 측면이나 혹은 의식 내지 정신적 측면의 어느 한 측면에만 국한된 것이 아니었다. 그것은 물질을 구성하는 입자들은 입자들 간의 차원에서, 의식이나 정신을 구성하는 것들은 그것들 간의 차원에서 서로 간의 대립과 통합을 통해 변질 · 변화해 나간다는 세계관에 근거한 것이라 할 수 있다.

물질을 구성하는 어떤 요소들은 의식이나 정신을 구성하는 어떤 요소들과 결합하여 그 통합된 것들은 대립하고 통합해서 변화 · 발전해 가는데, 이 경우 물질과 의식과의 대립을 통한 통합은 인간의 물질에 대한 경험을 통해 이루어진다. 즉, 인간의 물질에 대한 경험을 통해 물질이 인간의 의식 대상으로 부상하게 된다. 인간의 그러한 물질에 대한 인식과 자기 자신에 대한 인식이 대립되고 통합되어 인간의 의식이 정신의 단계로 고양되어 나간다는 것이다. 이렇게 볼 때, 인간에게서의 정신이란 어떤 사물에 대한 의식들과 자기 자신에 대한 의식들이 통합된 형태라 할 수 있다. 그러면 여기에서 본론을 통해 논해 왔던 것들에 대해 필자의 입장을 명확히 제시하고자 한다.

첫째, 이상과 같이 우리가 존재하고 있는 세계는, 앞에서 헤라클레이토스가 지적한 대로 '만물이 유동하는' 세계이며, 이러한 유동은 물질적 차원에서도 그렇고, 의식이나 정신적 차원에서도 그러하며, 물질과 정신이 서로 통합되는 차원의 세계에서도 완전히 그렇다는 것이다. 그러한 의미에서 우리가 존재하고 있는 이 세계의 물질적 · 정신적 혹은 문화적 차원에서의 질서를 파악하기 위해서는, 단순한 데카르트식의 지극히 분석적이고 직선적인, 합리주의적 차원에서의 접근 방식을 지양하고, 변증법적 접근 방법을 취해야 한다. 그래야만 제대로 우리가 처해 있는 세계의 질서를 파악할 수 있다. 현재 우리가 어떤 연구 대상에 접근해서 그것을 분석하고 그것에 대해 서술해 가는 방법이란 지극히 분석적이고 합리주의적이다. 다시 말해서, 문제의 대상을 가능한 한 세밀한 부분으로 나누어서 가장 간단하고 가장 이해하기 쉬운 대상으로부터 시작해서 순서를 정해 가장 복잡하고 난해한 것까지 진행해 간다는 방식이다. 그러나 변증법적 사고라고 하는 것은 원칙적으로 그와 같은 순서를 거부한다. 그것은 그 내용에 의해서뿐만 아니라 방법에 의해서도, 데카르트적 합리주의와는 대립된다. 왜냐하면, 그러한 합리주의란 전체성이라고 하는 관념으로부터 출발하는 사고인데, 사실상 부분이라고 하는 것은 전체와의 관계가 도외시된 채 부분 자체만으로는 이해될 수 없고, 전체라고 하는 것은 또 이것을 구성하는 부분이 도외시된 채 그것 자체만으로는 이해될 수 없다는 생각에 기초해 있기 때문이다.[41] 이에 대해 변증법적 방법이란 우선 어떤 공간에서 운동이나 변화하는 주체들을 파악해서 그것들의 대립 양상을 파악하고 그것들이 하나로 통일 내지 합일되는 과정을 파악해 내는 방법이다.

이와 같이 변증법적 방법이란 우선 인문과학의 연구 대상으로 한정된 인간의 의식이라든가 사회과학의 연구 대상으로 한정된 행위 차원의 인간관계로 이루어지는 사회라든가 자연과학의 연구 대상으로 한정된 물리 현상이나 생명 현상에만 국한되어 적용되는 것이 아니라는 것이다. 변증법적 방법의 연구 대상은 물질 현상이나 의식 현상, 즉 인문과학이나 자연과학의 연구 대상 모두가 포함되며, 따라서 그것은 모든 학문 영역에 적용될 수 있는 방법론이다. 그러한 차원에서 변증법적 방법은 다른 연구 방법론과 다른 점을 가지고 있다.

다음으로, 데카르트의 합리주의적 연구 방법이 평면상에서 일어나는 현상을 연구 대상으로 한다면, 변증법적 방법론은 공간 속에 존재하는 두 개 이상의 주체들의 운동을 통해 공간 속에서나 주체 내에서 일어나는 현상을 연구하는 방법론이라는 차이점을 갖는다. 마지막으로, 변증법적 방법은 어떤 공간 속을 움직이는 주체가 다른 주체와의 대립을 통해 통합되는 과정을 밝혀, 통합된 주체의 본질을 파악해 내는 방법이다. 즉, 방법상의 측면에서 특정 주체는 어떤 주체인가, 그 주체가 존재해 있는 공간은 어떤 공간인가, 그것은 다른 어떤 주체와 대립하게 되는가, 그 특정 주체는 어떤 것을 버리고 그것과 대립관계에 있는 주체로부터 어떤 것을 받아들였는가, 두 주체가 통합되어 어떠한 주체로 나오게 되었는가 등에 대한 고찰을 통해 특정의 주체의 본질을 파악할 수 있는 방법이다.

그렇다면 이 변증법적 방법론에서의 변증법적 현상을 일으키는 주체들의 힘은 어디에서부터 나오는 것인가? 앞에서도 언급했듯이, 현재 우리에게 변증법이 알려진 것은 헤겔, 마르크스, 엥겔스에 의해서였다. 이 경우 헤겔의 변증법은 칸트의 철학과 고대 그리스의 변증법 등으로부터 출발하였는데, 칸트의 철학은 뉴턴의 만유인력을 토대로 성립되었다고 보여진다. 만유인력이란 이 세계에 존재하는 모든 물체 간에는 서로 인력이 작용한다는 것으로, 칸트 이후의 변증법에서의 주체의 동력은 만유인력으로 여겨졌다.

필자가 본 장을 통해 밝히고 싶은 두 번째 주장은 다음과 같다. 현재 우주 공간에서의 물체들의 동력원은 중력과 온도의 차이로 파악되고 있다. 어떤 물체의 중력은 그 물체의 질량에 비례해서 작용한다. 현재 소립자물리학은 중력자의 존재를 인정하고 있고, 실제로 모든 물체의 질량은 열에너지로 전환될 수 있는 입장이다. 이 경우 열은 광자들의 뭉치들인 한편, 온도는 일종의 광자의 산란도이다. 광자들의 산란도가 높으면 온도가 높고, 낮으면 온도가 낮다. 이렇게 볼 때, 중력 작용이나 온도의 차이에 의한 물체들의 이동은 광자의 차원에서 파악될 수 있다. 이 우주를 이루는 존재들의 동력원이 광자의 이동에너지로부터 찾아질 수 있다는 입장도 성립된다.

광자란 질량을 0으로 하여 이 우주 속에서 일정한 속도로 직진해 다니는 존재이다. 다른 존재들과 충돌하면 반드시 90도 각도로 반사가 이루어진다. 그 경우 일부는 반사·굴절·회절 등을 행해 가고, 또 일부는 그것에 흡수되어 제3의 존재가 되기도 한다. 즉, 광자들은 자신보다 파장이 더 짧은 빛이 되어 나오기도 하고, 혹은 파장이 짧은 광자와 충돌해 그것에 흡수되어 질량으로 전환되어 나오기도 한다. 어떤 경우에는 무수한 광자들이 모여 지구와 같은 물체로 존재하게 되는 경우도 있다. 이 경우 지구상의 모든 존재들은 우주 공간의 온도 차이로 인해 일어나는 지구 자체의 공·자전 운동 과정에서 광자들로 이루어진 다른 물체들과의 충돌과 통합을 통해 변증법적으로 변화하게 된다.

예를 들면, 지상에서 생존해 있는 인간의 경우 지구가 자전함으로써 일어나는 현상, 즉 바람의 세기나 햇볕의 강도 등으로부터 직접적인 영향을 받고 있고, 지구의 공전으로부터 일어나는 현상, 즉 춘하추동의 변화라는 영향을 받고 있다. 여름에는 주로 나무그늘이나 물가에서, 겨울에는 주로 방 안에서 생활하고, 여름에는 반팔셔츠를 입고, 겨울에는 검은 오버코트를 입고 생활한다. 봄이 오면 대지에서 돋아나는 새싹들을 보며 희망을 가져보고, 가을이면 감상에 젖어 오솔길을 걸어 보기도 한다. 이와 같이 지구상의 사물들, 그것들과 맞물려 사회를 이루어 생존해 가는 인간들, 그것들을 인식 대상으로 해서 움직이는 인간의 의식들 등과 같은 존재들의 운동이나 변화들은 사실상 지구의 우주 공간 이동으로 인해 일어난다.

필자가 여기서 결론적으로 주장하고 싶은 것은 지상에서 일어나는 모든 현상, 즉 물리적 현상에서 인간의 정신 현상에 이르기까지의 모든 현상들이 지구의 우주 공간 이동으로 인해 백퍼센트 변증법적으로 움직여 가며 변화해 가고 있다는 것이다. 또, 그러한 지상 공간의 변증법적 운동과 변화의 법칙을 지배하는 지구의 우주 공간 운동을 가능케 하는 것도 우주 속에서의 광자들의 변증법적 운동과 변화에 의한 것이라는 점이다. 다시 말해서, 빛의 원리는 우주 속에서 모든 존재 원리의 근원이 되고 있고, 모든 존재들의 운동과 변화의 원리가 되고 있다. 자연·사회·의식·가치 등의 존재 원리는 바로 빛의 속성으로부터 나온다고 보아야 할 것이다. 이와 같은 측면에서 파악해 볼 때, 변증법의 원형은 물질 운동과 그로 인한 물질적 변화가 아니라 그것들의 변증법적 운동과 그것을 가능케 하는 광자들의 운동이라는 것이고, 이것들의 운동법칙은 서로 다른 방향으로 향하는 두 광자가 충돌해서 떨어져 나갈 것은 떨어져 나가고, 서로 결합될 것은 결합되어 어떤 하나로 통합되는 과정 바로 그것이라고 하는 것이다.

이상과 같이, 이 지상에서 일어나는 모든 현상들뿐만 아니라 이 우주에서 일어나는 모든 현상은 과정학적 변증법적 측면에서 접근했을 때만이 그 현상을 지배하는 질서를 제대로 파악해 낼 수 있다는 입장이 성립된다. 인간은 현재 시간과 공간으로 구성된 우주 속에서 존재하고 있다. 그러나 현재 우리가 존재하고 있는 시간과 공간은 대폭발로부터 10^{-43}초의 시점에서부터 존재한다. 그 이전은 우리가 현재 존재하고 있는 시간과 공간으로는 결코 기술될 수 없는 영역이다. 그 이전은 시공과 물질을 서술하는 물리학자들의 능력이 근본적으로 무너지는 영역이다. 그래서 물리학자들은 10^{-43}초가 되는 바로 이 시점을 플랑크벽의 시점이라 부르고 있다. 인간이 플랑크벽의 시점을 넘으면, 그 저쪽에는 궁극적이고도

단순하고 자기설명이 가능한 또 다른 차원의 우주가 존재할 것이라는 것이 스티븐 호킹의 입장이다.[42]

현재 인간은 플랑크상수, 즉, 6.62×10^{-27}(eng·sec)에다 빛의 진동수를 곱한 크기의 에너지, 즉, E=hv가 작용하는 공간에서 존재하고 있다. 다시 말해서, 광속으로 달리는 광자들의 바닷 속에서 광양자光量子들로부터 플랑크상수×빛의 진동수만큼의 광압을 받으면서 존재하고 있다는 것이다. 그러나 인간이 플랑크벽의 시점을 넘으면, 그런 광압 같은 것은 느껴지지 않을 것이다. 현재 인간은 플랑크벽의 시점 이래 비존재 공간으로 펴져 나가는 광자들의 바닷속에 존재해 있다. 그때 이래 광자들은 서로 부딪혀 파장이 점점 더 길어져 무한대가 되어, 결국 우주 공간 속에 무 형태의 존재로 내재해 있다가 우주 팽창 과정을 통해, 우주를 둘러싸고 있는 비존재 공간 속으로 소멸해 버리게 된다든가, 아니면 그와는 정반대로, 파장이 짧은 광자들의 경우는 점점 더 짧아지다가 결국 질량을 갖는 물질로 변화해 우주진이 되고 별들로 생성되었던 것이다. 또, 그러한 별들이 계속 우주의 팽창 과정을 따라 우주 공간을 이동하는 과정에서 지구상에서는 식물이나 동물 등이 생기고, 또 그 생명체들 중에서 두뇌가 생겨 그것들이 인간의 두뇌처럼 작용하게 되었던 것이다.

이와 같이 이 우주를 구성하는 최소 단위를 광자로 파악했을 때, 우리가 우주에서 일어나는 모든 현상들의 본질을 파악하기 위해서는 무엇보다도 광자의 기본 성격을 잘 파악해야 하고, 전자기력을 매개로 하여 움직이는 그것의 운동과 그러한 운동을 통해 행해지는 그것의 변화 과정의 원리를 파악하여, 연구자와 연구 대상 간의 일체감을 이루어야 한다. 이것이 바로 변증법적 과정학이 추구하는 기본적 입장이다.

이 시점에서 필자는 문예 연구자의 한 사람으로서 왜 문예 연구를 하는 것인지, 인간은 왜 어떤 것을 연구하는 것인지, 그리고 연구 대상을 어떻게 연구해야 하는 것인지에 대해 다시 한 번 자문해 보며, 지금까지의 고찰을 토대로 자답해 보고자 한다.

우리가 어떤 것을 연구하게 되는 것은 인간에게서의 연구 대상인 그 어떤 것이 우리 인간에게 특별한 의미를 갖고 있기 때문이다. 그 특별한 의미란 인간에게 부정적일 수도 긍정적일 수도 있다. 부정적이라는 것은 앞의 경우처럼 인간에게 불행을 가져다주는 것이라는 측면에서이고, 긍정적이라는 것은 집이나 음악의 경우처럼 인간이 존재의 의미를 최대한 누릴 수 있게 어떤 가능성을 가져다줄 수 있는 것이라는 측면에서이다. 이렇게 볼 때, 연구 대상이 어떤 연구자에게 특별한 의미를 갖는다는 것은, 결과적으로 연구자와 연구 대상 사이에 이상理想적 관계가 정립될 수 있는 여지가 있다는 의미에서이다. 이렇게 볼 때 연구자가 어떤 것을 연구하는 목적은 그 연구자가 그 연구 대상과 이상적 관계를 갖기 위함이라 이해할 수 있다. 연구자와 연구 대상과의 이상적인 관계란 궁극적으로는 연구자와 연구 대상이 어떤 일체감을 획득한 상태, 즉 합일에 이른 상태일 것이다. 그것은 그 둘 사이에는 어떠한 이물도 개재되지 않은 투명한 상태라는 것이다.

그렇다면, 그러한 상태는 어떻게 이루어질 수 있는가? 일차적으로 연구자가 연구 대상에 대한 풍부한 지식을 가질 때만이 가능하다. 그러면 어떤 식으로 그러한 지식을 획득할 수 있으며 연구자가 연구 대상에 대해 풍부한 지식을 갖는다는 것은 결국 무엇을 의미하는가?

우선 연구자가 연구 대상에 대하여 충분한 지식을 갖기 위해서는 그 연구자가 일방적으로 자신의 입장에서 연구 대상의 성립이나 형성 과정만을 파악해 내는 방법이 아니다. 우선 무엇보다도 자신과 연구 대상을 일관하는 질서의 주체를 파악하는 방법을 취해야 한다. 그러기 위해 연구자는 연구자 자신의 관심이 무엇이며, 자신의 연구 대상을 바라볼 수 있는 시각이 어떠한 것인가를 먼저 점검해야 하고, 연구자 자신이 왜 그것을 연구 대상으로 선택했는지에 관한 철저한 조사가 선행되어져야 한다. 그러한 선행 작업이 있을 때만이 연구자는 연구자 자신으로부터 탈피해 나와, 자신과 연구 대상을 일관하는 어떤 질서를 파악해 낼 수 있을 것이고, 그러한 입장에서 연구되어진 것만이 연구자 자신과 연구 대상을 일관할 수 있는 어떤 질서를 파악해 낼 수 있을 것으로 기대되기 때문이다. 그러한 연구야말로 연구 행위 그 자체가 연구 행위의 목적, 바로 그것이 될 수 있을 것이다.

다음으로, 연구자가 연구 대상에 대하여 풍부한 지식을 갖는다는 말은 다름 아니라, 연구자가 연구 대상에 대한 풍부한 지식을 획득함으로써 연구자 자신이 연구 대상과 합일에 이를 수 있는 상태를 획득한다는 의미이다. 인간의 존재가 인간의 의식 대상인 세계나 자연이나 신 등과 어떤 완전한 합일 상태에 이르게 될 때, 인간이 이 세계에서 할 수 있는 일은 다해 낸 것으로 이해될 수 있다. 그 상황에서 인간은 그러한 것들로부터의 완전한 자유를 획득한 셈이 된다.

그러면 그러한 자유의 획득 방법은 무엇인가? 다시 말해서 인간이 인간의 존재를 제약하는 것들로부터 자유로워질 수 있는 방법은 무엇인가? 그것은 인간의 존재를 이루는 것들, 즉 인간의 의식과 그 의식 대상을 일관해 온 것들에 대한 지식 획득을 통해서일 것이다. 그렇다면 그러한 지식 획득은 어떻게 이루어질 수 있는가? 그것은 우리가 지금까지 살펴본 바와 같이 우주에서 존재하는 모든 것이 변증법적 과정을 통해 존재해 가고 있다는 일반론을 기초로, 존재들의 형성 과정에 대해 이해하고 그 존재들의 본질을 파악함으로써만 가능할 것이다.

한 연구자의 삶에서의 연구 행위가 끼칠 수 있는 부정적인 면이란 연구자의 연구의식이 연구 행위 그 자체를 넘어서지 못했을 경우에 있어서이다. 그러한 의미에서 필자는 연구자의 연구 행위가 연구 행위의 목적 그 자체가 되는 것도 결코 마다하지 않겠다. 왜냐하면, 필자는 연구자이기 이전에 알게 모르게 자신의 일상적 경험을 통해 자신을 보다 객관화시켜 나가는 한 평범한 인간이기를 기원하며, 칸트의 경우처럼 이성적 사고가 자기모순에 떨어지지 않을 수 없는 필연성을 가지고 있다는 것을 자각하고 있기 때문이다.

제6장

문화와 과정학

들어가면서

이것이 내가 구상한 '과정'에 대한 접근의 제6단계이다. 돌이켜 보건대, 나의 과정에 대한 연구는 미리 내일을 받아들이고 미리 오늘을 버리는, 바로 그러한 삶을 지양해 보려는 의도에서 시작되었다. 나는 내일이 벗겨진 오늘이기를 희망해 왔다. 그렇지만 다른 한편으로는 오늘이 어제와는 다른 새로운 오늘이기를 희망해 왔다.

책을 읽고 읽은 것을 소화해 가르치고, 또 그것을 글로 남겨두는 그러한 생활을 하는 연구자의 입장에서 말할 것 같으면, 연구는 삶이고 삶은 곧 연구이다. 이 작업은 바로 그러한 삶을 절실히 원했던 시기에 시작되었다. 그러한 바람은 지금도 마찬가지이다.

항상 내일이 오늘을 짓누르고 있는 이런 세상에, 무엇이 우리의 삶과 연구를 일관시킬 수 있을까? 필자의 과정 연구에 대한 문제의식은 바로 여기에서부터 출발되었다. 어떤 것에 대한 연구는 개인이나 몇몇의 인간들에 의해 이루어진다. 그러나 그러한 연구의 성과는 분명 그것을 연구한 개인이나 몇몇의 인간들에게만 한정되지 않는다. 그것은 그것을 연구한 몇몇 인간들의 경우와 같은 입장에 처해 있는 사람들 모두에게 적용된다. 그러한 의미에서 인간의 연구 행위는 사회적 의미를 지닌다. 연구자는 자신의 연구 행위를 통해 자신이 존재해 있는 사회와 관계를 맺어 간다. 연구자에게서의 연구 행위가 그러한 것임에도 불구하고, 연구의 성과는 연구자의 그러한 의식을 만족시켜 주지 못할 경우가 많다. 설혹 연구자가 최선을 다해서 그것을 행했다 하더라도 말이다. 아마도 그것은 자신이 행해 온 연구가 전혀 사회에 받아들여지지 않는다는 의식이 있기 때문일 것이다. 그 이유는 여러 가지일 수 있다. 연구자는 그 시점에서 한 단계 더 깊은 곳으로 들어가 자신과 사회를 하나로 묶을 수 있는 그 어떤 것을 찾아보려는 방향으로 전환해 나가지 않을 수 없다.

필자에게서의 과정에 대한 연구도 바로 이러한 차원에서 시작되었다. 우리와 사회를 일관하는 것은 무엇인가? 우리는 그것들과 어떤 식으로 관련되어 있는가?

우리의 삶을 연구 행위들로 엮어 갈 수 있는 것은 무엇이며, 또 우리의 연구 행위들을 삶 그 자체로 만들 수 있는 것은 무엇인가? 필자의 관심은 바로 여기에서부터 출발하였고, 그 결과 그것은 '과정'에 대한 관심으로 모아지게 되었던 것이다. 인생은 과정이다. 그 이상도 그 이하도 아니다. 바로 이것이다. 이 경우에서의 과정은 삶의 확고한 실천철학으로서의 과정이며 사상인 동시에 방법인 것이다. 삶에 대한 태도인 동시에 삶에 대한 시각이다. 연구자로 말할 것 같으면, 연구의 목적이고 그 연구의 실천 행위라 할 수 있다. 연구의 시각이고 연구의 방법이기도 한 것이다. 여기까지 필자는 과정에 이러한 속성이 내재되어 있음을 발견하고 과정의 이러한 속성을 토대로 과정학이라고 하는 하나의 학문을 성립시켜 보려는 작업을 행해 온 것이다.

지금까지의 과정에 대한 연구는 이러한 과정학이라고 하는 학문을 성립시키는 작업이었다. 과정학이란 과정을 연구해 가는 학문이다. 인간, 사회, 자연, 우주 등과 같은 모든 존재들은 지구 이동 과정과 우주팽창 과정을 통해 형성되었다. 또 그것들은 다양한 과정들로 구성된 것들이다. 그러니까 연구자가 과정을 연구한다는 것은 연구 대상들에 내재된 과정들 혹은 그것들을 구성하는 과정들을 파악해서 연구 대상의 본질을 파악하는 의미이다. 우리가 어떤 대상에 내재된 과정들을 파악해 그것들을 통해 대상의 특징을 파악한다는 것은 연구 대상에 내재된 과정들의 특징을 파악해서 연구 대상의 특성을 파악한다는 뜻이기도 하다. 이러한 측면에서 과정학이란 과정을 통해 대상의 특성을 파악하는 학문이라는 뜻이기도 하다. 우주와 지상의 모든 현상들은 우주의 팽창 과정과, 그것과 맞물려 돌아가는 지구의 공·자전 과정을 통해 일어나는 것들이다. 그러한 의미에서 우주나 지상의 모든 존재들은 그것들을 구성하는 과정들을 통해 그 성립과 전개 양상이 파악될 수 있다. 필자의 과정에 대한 연구는 이러한 입장을 확립시키는 작업이라 할 수 있는 것이다.

실증주의와 연구의 세분화 현상

이 지구상에서 인간들을 통해 일어나는 모든 현상들은 인간과 인간, 인간과 자연물 사이에서 일어나는 것들이다. 예컨대 현대 한국의 사회적 현상들은 우선, 시간적으로 근대나 전근대의 사회적 현상과의 관련 속에서 일어나는 것들이다. 그것뿐만이 아니다. 그것은 공간적 차원에서 접근해 볼 것 같으면, 오존층의 파괴와 같은 대기권의 변화 현상과도 관련되어 있고, 기후 현상 등과 같은 한국의 풍토와도 깊이 관련되어 일어난다.

현대 한국의 사회적 현상은 분명 현대 한국인들을 통해 일어나는 현상이다. 한국인의 특성은 한반도의 자연환경과 깊이 관련되어 있다. 한국인은 한반도의 풍토에 적응해서 생존해 온 동식물을 주식으로 하여 살아온 인간들이다. 한반도의 풍토적 특성은 인접 지역의 풍토와의 관련 속에서 이루어진 것이다. 한반도는 온대 지방의 일부이다. 이 온대 지방의 기후는 열대 지방과 한대 지방의 기후와의 관련 속에서 이루어진다. 나아가, 한반도는 지구상의 일부를 이루는 지역이기 때문에 한반도에 일어나는 모든 자연적 현상은 지구의 공·자전의 영향하에 일어나며, 지구의 공·자전 현상은 태양계의 공·자전의 영향하에 일어난다. 태양계가 소속되어 있는 은하계의 공·자전은 현대의 우주물리학에서 이야기되고 있는 우주팽창 현상과 맞물려 일어나고 있는 것이다.

현대 한국인의 역사적 현상이나 경제적 현상, 혹은 심리적 현상 등에 의해 일어난다고 생각해 온 현대 한국의 사회 현상은, 사실 한반도의 생물학적 현상뿐만 아니라 전 우주의 물리적 현상과의 관련 속에서 일어나는 현상이다. 현대 한국의 사회 현상처럼, 이 지구상에서 일어나는 모든 문화적 현상들은 이 지상에서 이웃해 있는 인간들과의 관계뿐만 아니라 인간의 존재 기반을 이루는 지구상의 생물학적 현상과 그것의 기초를 이루는 우주의 물리적 현상과의 관계를 통해 일어나는 것이다.

지상의 모든 문화 현상은 인간을 통해 일어난다. 지상에서 일어나는 문화 현상의 주체는 분명 인간이다. 그런데 인간으로 하여금 문화 현상을 일으키게 하는 것은 인간의 심리적 작용이고, 그것의 바탕을 이루는 것은 생물학적 작용과 물리적 작용이다. 인간의 생명 작용을 일으키는 이와 같은 작용들은 이웃해 있는 인간의 심리적 작용, 지상에 존재해 있는 생물들의 생물학적 작용, 우주의 물리적 작용 등과 맞물려 있다. 앞에서 예로 제시된 현대 한국의 사회적 현상은 바로 이러한 작용들을 통해 생존해 온 현대 한국인들로 인해 일어나는 현상이다. 그러한 의미에서 현대 한국의 사회적 현상이 지상의 생물학적 현상, 우주의 물리적 현상 등과의 관련 속에서 일어난다는 것이다.

사실이 이러함에도 불구하고 기존의 모든 연구는 개별적 측면에서 이루어져 왔다. 연구의 목적은 연구 대상의 특수성을 파악해 내는 데 있고, 그러한 의미에서 연구의 성패는 연구 대상의 특성을 어느 정도 파악해 낼 수 있는가에 달려 있는 것으로 보였다. 그러나 어떤 대상의 특성은 그 대상만을 가지고는 파악되지 않는다. 내가 나의 성격을 연구한다고 할 때, 나만을 가지고는 나의 성격의 특성은 좀처럼 파악되지 않는다. 나만을 가지고 파악된 나의 성격의 특성은 객관성이 있을 리 없다. 그렇게 파악된 나의 성격의 특성에 대한 정보는 쓸모없는 것이다. 다른 사람들과의 비교를 통해 파악된 특성이라야만 객관성이 있다. 검정색 볼펜을 연구할 경우, 그 검정색 볼펜만을 가지고는 그 특성을 찾아내기가 힘들뿐 아니라, 찾아냈다 할지라도 별로 쓸모없는 정보이기 십상이다. 빨간색이나 파란색 등의 볼펜 등과 관련시켜 보아야 하고, 한발 더 나가서 혹은 만년필이나 연필 등과의 비교를 통해 파악해 낸 특성이어야 객관성이 있는 것이다. 그럼에도 불구하고 기존의 연구는 내가 나를 연구함에 있어서 나만을 가지고 연구해 온 식이었고, 검정색 볼펜을 연구함에 있어 검정색 볼펜만을 가지고 연구해 온 식이었다.

현대 한국의 사회적 현상을 파악해 내려 할 경우 그것만을 가지고 그 특성을 파악하려 한다면, 그것은 잘못된 것임에 틀림이 없다. 그러한 연구 방법은 단연코 지양되어야 한다. 현대 한국의 사회적 현상은 전근대나 근대 한국의 사회적 현상의 극복 형태로 나타난 것이고, 또 그 현상은 현대 일본이나 중국 등과 같은 인접 국가들의 사회적 현상과의 관계를 통해 나타난 것이다. 따라서 현대 한국의 사회적 현상은 현대뿐만 아니라 전근대와 근대가 포함된 시각에서 연구되어져야 하고, 한반도라고 하는 공간에 한정된 것이 아니라 동아시아나 전 지상이 포함된 시각에서 연구되어져야 한다. 그러한 시각에서 연구된 것들만이 쓸모 있는 정보가 될 수 있는 것이다.

현대의 학문은 극단적으로 분화되어 있다. 문학 연구의 경우를 예로 들어 보면, 우선 현대 학문은 크게 자연과학과 인문과학으로 나뉘어 있다. 전자는 자연 현상을 연구하는 학문이고, 후자는 인간을 통해 일어나는 모든 현상을 연구하는 학문이다. 또 후자는 인문과학과 사회과학으로 나누어진다. 인문과학은 인간의 의식을 연구해 가는 학문이고, 이에 대해 사회과학은 인간의 사회적 행위를 연구해 가는 학문으로 정의될 수 있다. 자연은 지구, 태양계, 은하계 등의 공·자전, 우주의 팽창 과정 등을 통해 끊임없이 변화해 감에 따라 인간과 자연과의 관계도 시간적으로 끊임없이 변화해 간다. 그렇게 끊임없이 변화해 가는 자연과 인간과의 관계 파악을 통해 그것들의 이상적인 관계를 정립해 보려는 학문이 바로 인문과학이라 말해 볼 수 있다면, 사회과학은 끊임없이 변화해 가는 자연 속에서 인간과 인간의 이상적 관계가 어떻게 정립되어야 하는가에 대한 문제를 해결해 보려는 학문이다. 그러한 의미에서 방법론적 측면에서의 인문과학은 주로 통시적 측면에서 접근되고 사회과학의 경우는 공시적으로 접근되지 않을 수 없다.

필자가 예로 든 문학은 인간의 의식의 문제를 다루는 학문으로서 인문과학에 속해 있다. 따라서 문학 연구는 인문과학 내에서 이루어진다. 그런데 작가의 탄생이 사회적 변동을 통해 이루어지고, 또, 작품의 소재가 사회로부터 나옴에도 불구하고, 문학 연구는 사회과학과는 관련성이 없는 것으로 인식되어 있다. 그러한 의미에서 문학 연구가 자연과학과는 전혀 관계가 없는 것으로 인식되어 있는 것은 지극히 당연한 일이다.

학문의 분화는 여기에서 끝나지 않았다. 인문과학은 다시 역사, 철학, 문학 등으로 세분화되었다. 인문과학은 인간과 자연과의 이상적 관계 파악을 통해 인간의 본질을 파악하려는 학문이다. 또 그것을 구성하는 역사, 철학, 문학 등과 같은 모든 학문들도 인간의 본질을 파악해 보려는 학문이라는 측면에서 모두 동일한 학문이다. 그렇지만 역사는 역사적 사건을 일으킨 인간의 행위를 지배해 가는 원동력의 파악을 통해, 철학은 인간을 지배해 가는 우주 원리의 파악을 통해, 그리고 문학은 인간을 지배해 가는 인간의 의식 작용의 원리 파악을 통해 인간의 본질을 이해해 가려는 측면에서 동일하지 않다.

그렇다면 현재의 문학 연구는 어떻게 이루어지고 있는가? 한국의 대학에서 행해지는 문학 연구는 일차적으로 민족을 단위로 분화되어 있다. 한국문학, 일본문학, 중국문학, 영문학, 불문학, 독문학 등이 그것이다. 이차적으로 대학원에서의 문학 연구는 시대나 장르를 단위로 다시 세분화되어 있다. 현대문학, 고전문학 혹은 현대문학, 근대문학, 근세문학, 중세문학, 고대문학 등이 그것이고, 소설, 시, 희곡 등이 그것이다. 대학원의 박사 과정에서는 주로 특정인에 대한 문학 연구로 한정된다. 이광수 연구, 셰익스피어 연구 등이 그것이다. 박사 과정을 끝내고 전임강사가 되고부터는《무정》연구,《햄릿》연구 등 작품 단위로 그 연구는 더욱 세분화된다. 이렇게 해서 현재 한국에서의 문학 연구는, 예를 들어 한국문학이 중국문학, 일본문학, 영문학 등과의 관계를 통해 형성되고 전개되어 나왔다는 것을 알고는 있으면서도 그 연구자들은 한국문학만을 가지고 한국문학을 연구해 가고 있는 상황이다. 한국 근대문학자들은 한국 근대문학이 한국의 전근대문학을 토대로 하여 형성되었다는 사실을 알고 있으면서도 한국의 근대문학만을 가지고 한국 근대문학을 연구하고 있다. 극단적으로 말해서, 이광수 문학만을 가지고 이광수 문학을 연구하고,《무정》만으로《무정》을 연구하고 있다는 것이다.

이와 같은 연구의 경향은 어떻게 성립된 것이며, 어떻게 평가되고 있는가? 이와 같은 학문과 연구의 세분화는 실증주의의 일반화 경향을 타고 이루어졌던 것으로 이해된다. 현대의 학문과 연구의 세분화를 조장시킨 실증주의 사상은 서구에서 19세기 후반 성립되어 20세기 초반에 확립된 사상이다. 그것은 경험된 어떤 사실을 근거로 해서 얻어진 지식만이 참다운 지식이라는 입장으로 요약될 수 있다. 실증주의의 기본적 입장은 경험된 어떤 사실의 배후에서 그 사실을 조정해 가는 어떤 초경험적 실재를 인정하지 않고, 경험된 사실을 경험된 사실들만으로 설명하고, 또, 경험된 사실들 간의 일관성만을 파악하려는 입장이다. 이러한 입장은 연구자로 하여금 연구의 대상을 구체적 대상으로 한정시키도록 만들었고, 그러한 구체적 대상들 속에 내재된 법칙들만을 파악해서 연구 대상들의 특성을 설명하려는 쪽으로 방향 지었다. 연구 대상에 대한 그러한 접근이 일반화됨에 따라 연구의 대상이 보다 구체화되고 연구의 영역이 더욱 세분화되었던 것이다.

이와 같이, 학문과 연구의 세분화는 경험된 어떤 사실을 근거로 해서 얻어진 지식만이 참다운 지식이라는 입장이 일반화됨으로써 이루어졌던 것이다. 경험된 어떤 사실을 근거로 해서 얻어진 지식이란 결국 연구자의 감각에 잡힌 연구 대상의 특성에 관한 지식일 수밖에 없다. 어떤 경험된 구체적 대상들이 다른 것들이 갖지 않는 어떤 특성을 가지고 있을 경우 우리는 그것들이 지니는 특수한 성격을 특수성 혹은 개별성이라 부른다. 실증주의가 일반화됨에 따라 모든 연구는 구체적인 연구 대상의 개별성 파악으로 기울어졌다. 이 경우 개별성이란 구체적인 연구 대상을 구성하는 요소들 간의 법칙이나 공통성을 통해 파악된 특성을 의미한다. 그러나 그러한 개별성의 파악은 연구 대상을 극단적으로 세분화시키게 되었고, 그로 인해 연구 대상을 구성하는 요소들이 더욱 세분화되어 나왔다. 그런데 문제는 구체적인 연구 대상의 특성으로 파악된 지식은 주관적인 것일 수밖에 없었다고 하는 것이다.

그 결과 그 후의 연구는 보편성이 확보된 개별성의 파악 방법의 일환으로 구체적인 연구 대상과 관련된 다른 대상들과의 관계를 통해 연구 대상의 특수성을 파악하려는 쪽으로 전환되었다. 다시 말해서, 구체적 연구 대상을 설정하고 그 연구 대상을 구성하는 요소들을 파악해서 그 요소들 간의 법칙이나 공통성을 살핀 후 그것으로 연구 대상의 특성을 설명하려는 기존의 실증주의적 방법을 지양하고, 연구 대상을 설정하고 그것과 관련되어 있는 대상들과 그것과의 관계들을 연구해서 그 관계들로부터의 어떤 공통성을 파악한 후 그것으로 연구 대상의 특성을 알아내려는 입장으로 전환되어 나왔던 것이다.

문화 현상과 기존의 문화에 대한 접근 방식

인간 자신과 대자연과의 이상적 조화 상태의 추구 과정 내지 그 추구 수단을 **문화***로 개념화시킬 때, 그러한 조화 상태를 추구해 가는 과정 내지 수단을 창출해 가는 주체야말로 바로 우리 인간들임을 알 수 있다. 그러한 의미에서 문화 현상이란 인간이 일으켜 가는 여러 현상들을 가리킨다. 인간은 이 지구상의 어느 특정한 장소에서 자신의 삶을 실현해 갈 수밖에 없도록 조건 지어진 존재들이다. 그러한 운명적으로 부여받은 특정의 장소에서 인간은 자신의 삶을 보다 이상적으로 실현해 가기 위한 방법으로 자신과 동거해 온 선인들로부터 기존의 삶의 양식을 전승받고, 타 지역의 인간들로부터 자신들에게 필요한 새로운 삶의 방식을 받아들인다. 이와 같이 한 인간이나 한 집단은 시간적으로는 선인들로부터, 공간적으로는 이웃해 있는 인간들로부터 삶의 실현 방식을 전승받아 보다 이상적인 자신의 삶의 실현 방식을 창조해 나왔던 것이다.

현재 지상 각 곳에 존재해 있는 모든 인간들의 삶의 방식은 바로 그러한 식으로 이루어진 것들이다. 그러한 의미에서 이 지상의 어떠한 인간의 삶의 방식도 한 인간이나 한 집단에 의해 만들어진 것이라고 볼 수 없다. 전 지상의 모든 인간들의 삶의 방식은 어떠한 형태로든 간에 과거의 인간들과 타 지역의 인간들의 삶의 방식들과 직·간접적으로 관련되어 있다. 이와 같은 측면에서 파악해 볼 때, 이 지상의 각 인간들의 삶의 방식은 지금까지 지상에 존재해 왔던 모든 인간들과 현재 지상에 존재해 있는 모든 인간들의 공동의 노력에 의해 만들어진 작품이라 할 수 있다. 예를 들어, 한국의 벼 재배 방법은 어느 한 사람에 의해 비롯된 것이 아니다. 그것은 타 지역으로부터 전래된 것이 과거와 현재의 한국인의 공동 노력에 의해 한국식으로 개발된 것이다. 벼의 재배는 남방 지방에서 비롯되었다고들

*문화文化/culture : 인류의 지식·신념·행위의 총체. 문화라는 용어는 라틴어의 cultura에서 파생한 culture를 번역한 말로 본래의 뜻은 경작耕作이나 재배栽培였는데, 나중에 교양·예술 등의 뜻을 가지게 되었다. 영국의 인류학자 E. B. 타일러는 저서《원시 문화*Primitive Culture*》(1871)에서 문화란 '지식·신앙·예술·도덕·법률·관습 등 인간이 사회의 구성원으로서 획득한 능력 또는 습관의 총체'라고 정의를 내렸다. 참10

한다. 그것을 사실로 받아들여 보면, 그것은 인도나 동남아시아 지방에서 출발되어 세계의 각 곳으로 전파되었고, 그러한 전파 과정에서 그것은 각 지방의 토착인류의 식물재배 방법들과 결합되어 발전되었음에 틀림없다.

우리가 현재 사용하고 있는 철제 도구, 전자제품 등의 경우도 마찬가지다. 그것들은 한 개인이나 한 민족 등과 같은 한 인간 집단에 의해 만들어진 것이 아니다. 그러한 것들은 인류가 석기 등과 같은 도구 제작의 경험이 토대가 되어 이루어진 야금술이 한반도에까지 전파되는 과정에서 개발되었고, 또 그것이 한반도에 들어와 한국인에게 알맞게 다시 개발되는 과정에서 이루어진 것들이다. 전자제품은 인류의 그러한 철기 제작술의 경험이 토대가 되고, 자연과학에 대한 지식들이 종합됨으로써 제작된 것이다.

이와 같이 현재 우리가 이용하고 있는 모든 문화적 산물은 한 지역 한 시대의 한 개인이나 한 집단에 의해 이루어진 것이 결코 아닌 것이다. 그것은 지금까지 지상에 생존해 온 전 인류의 노력의 산물들이다. 사실이 그러함에도 현재까지의 문화 연구는 실증주의적 방법으로 이루어져 왔다. 예를 들어, 한국 문화는 통시적 측면에서 동아시아 문화뿐만 아니라 전 인류 문화를 토대로 하여 성립되어 나왔고, 공시적 측면에서도 전 인류 문화로부터 영향을 받아 발전되어 나왔다. 그럼에도 불구하고, '백제 문화의 연구', '한국 문화의 이해' 등과 같이 백제 시대의 자료만을 가지고 백제 문화를 연구하려 하고, 한국 내에서 일어난 문화적 현상만을 가지고 한국 문화를 연구하려는 입장이 지배적이었다는 것이다. 이에 대해 필자가 주장하고 싶은 바는 백제 시대의 문화를 연구할 경우라도 그것이 당시 동아시아 문화와 그 너머의 인도 문화, 오리엔트 문화, 서구 문화 등으로부터 직·간접적으로 영향을 받아 성립된 것이라는 점을 감안해 그 연구가 직·간접적으로 그것에 영향을 끼친 문화들을 포괄하는 하나의 시각을 취해 이루어져야 한다는 것이다. 한국 문화의 연구도 그것이 통시적·공시적 측면에서, 직·간접적으로 전 지상의 문화들과 관련되어 있는 만큼, 전 지상이라고 하는 시각으로 접근되어져야 하는 것이다.

사실 문화에 대한 보다 포괄적인 이해를 위해서는 그러한 시각만으로도 부족하다. 그러한 이해를 위해서는 사실상 전 우주적 차원의 시각을 가지고 백제나 한국 등과 같은 특정 지역의 문화에 접근해 가야 한다. 그 이유를 한층 깊이 생각해 보기 위해 벼 재배 방법에 관한 이야기로 되돌아가자. 벼의 재배가 남방 지역에서 비롯되었다는 것을 우리가 받아들인다 하더라도 그것이 그곳 사람들의 식물 재배 방법이 기초가 되어 성립되었음을 인정해 볼 때, 벼의 재배를 단순히 남방에서 비롯된 것으로 치부해 버릴 수만은 없다. 이때 벼의 재배를 시작한 남방인이 식물의 재배 방법을 어디로부터 배워 왔느냐가 문제시된다. 이러한 문제는 이 지상에서 맨 처음 농경 생활이 시작된 지역이 어디인가라고 하는 문제의식을 불러일으킨다. 더 나아가, 그것은 어디서 누가 맨 처음 식물의 열매를 따먹기 시작했는가, 그리고 식용이 된 그것은 어떤 식물의 열매였는가의 문제로 거슬러 올라갈 수 있으며, 다시 식물의 열매를 따먹기 시작했을 때의 인간은 어떠한 인간이었고, 또 당시의 인간은 동물과 어떠한 차이가 있었는가, 동물과 식물과는 어떻게 관련되어 있었는가 등의 문제로 확장된다.

문화에 대한 포괄적 이해를 추구한다면 문제는 이 정도에서 끝나지 않을 것이다. 그것은 이 지상에서 사막의 열매를 따먹던 당시의 인류를 인간으로 보아야 하는가 동물로 보아야 하는가 등등의 문제로 발전된다. 사실 인류에게는 동물과 구별되지 않던 때가 있었다. 초창기 인류의 지혜는 인간이 동물로서 지상 체험을 해 나가는 과정에서 얻은 경험이 토대가 되어 형성된 것임에 틀림없다. 이와 같은 측면에서, 인류가 최초로 나무에서 열매를 따먹을 수 있었던 지혜는 동물이 지상 체험을 통해 얻은 지혜로부터 취해진 것이라 이해된다. 동물은 지상 체험을 통해 어떤 나무열매에 독이 있는지 없는지를 분간할 수 있는 본능을 갖게 되었던 것임에 틀림없다. 한걸음 더 나아가, 이 지구상에서 그러한 본능을 가지고, 먹을 수 있는 풀과 먹을 수 없는 풀을 분간할 수 있었던 최초의 동물은 아마도 식물과의 구분이 불가능한 동물이었는지도 모른다. 그러한 측면에서 동물의 본능이나 생존 양식은 이 지상에서의 식물의 생존 방식이 토대가 되어 형성된 것이라 이해된다. 그렇다면 이 지상의 식물은 무엇으로부터 자신들의 생존 방식을 터득한 것일까? 이 지상에서 자신의 생존 방식을 취하게 된 최초의 식물은 어떤 식물이었을까? 아마도 그것은 모래나 흙이나 먼지와 같은 무생물과 분간하기 어려운 존재였을 것이다. 이렇게 볼 때, 이 지상에서 식물의 생존 양식은 모래나 흙이나 먼지와 같은 무생물의 존재 양식이 토대가 되어 성립된 것이라 생각하지 않을 수 없다.

현재 이 지구상에 존재하는 모래, 흙, 먼지 등과 같은 무생물들의 존재 양식은 어떻게 형성된 것인가? 우선 그것들은 중력의 법칙을 준수하는 존재들이다. 두 번째로 그것들은 열역학 법칙을 준수하는 존재들이다. 무생물들은 지구의 중심을 향해 이동하고, 온도의 변화에 따라 자신들의 형태를 변화시켜 가는 존재들이다. 그런데, 지상에서의 무생물들이 지구의 중심을 향해 이동하는 것은 지구의 자전과 공전으로 인해 생긴 힘이고, 지상의 무생물의 형태를 변화시키는 열역학 작용 또한 지구의 자전과 공전으로 인해 일어나는 현상이다. 지구의 중력은 지구와 태양이 서로를 끌어당기는 힘이다. 지구의 표면에 존재하는 무생물들 간의 열역학 작용은 주로 지구의 자전과 공전으로 인해, 태양으로부터 지구의 표면에 쏟아져 내리는 열량의 변화로 인해 일어나는 현상이다. 이렇게 볼 때, 지상의 무생물들의 존재 형태를 지배하고 있는 것은 우선 일차적으로 태양으로 보인다. 그렇다면 태양이 지구를 끌어당기는 힘은 은하계의 별들이 태양을 끌어당기는 힘과의 역학적 관계에서 나오는 것이고, 태양열은 그러한 역학적 관계를 통해 자전과 공전을 행해 가는 과정에서 태양 자신의 중력으로 인해 태양 내부의 물질이 핵분열을 일으켜 생겨난 것이다. 이렇게 볼 때 이 우주에서의 태양의 존재 형태를 지배하고 있는 것은 은하계이고, 또 그것은 우주의 팽창 현상을 기초로 그 존재 형태를 취한 것으로 이해된다.

이상과 같이 지상에서 인간에 의해 일어나는 문화 현상은 지상에서 일어나는 생물학적 현상뿐만 아니라, 전 우주의 물리적 현상을 기초로 성립되는 것들과의 상관관계 속에서 존재한다. 이렇게 문화 현상을 이해해 볼 때, 그것의 본질은 우주론적 시각에서 접근될 때만이 제대로 파악될 수 있다는 입장이 취해진다. 우주론적 시각에서 지상에서의 인간에 의해 일어나는 문화 현상을 이해할 때만이 문화의 발생 과정, 문화의 진행 방향, 문화 현상을 일으키는 원동력 등이 제대로 파악될 수 있다는 입장이 취해진다는 것이다.

문화의 발생 과정, 문화의 진행 방향, 문화 현상을 일으키는 원동력에 대한 파악은 결국 이 우주 속에서 인간이 어떠한 존재인가에 대한 규명 작업의 일환이다. 그러나 현재까지 인간자신에 대한 연구는 인간 자신들 속에서만 이루어져 왔다. 인간의 시각만으로 인간에 대한 연구가 행해져 왔던 것이다. 인간의 존재가 지상에서의 동물이나 식물의 생존 양식을 기초로 해서 성립된 것인 만큼 인간이 인간으로부터, 나아가 동물이나 식물, 더 나아가 무생물의 시각으로부터도 인간을 연구할 때만이 보다 포괄적으로 인간의 본질이 제대로 파악될 수 있다. 그러한 시각에서 인간의 본질이 파악될 때만이, 인간에 의해 일어나는 문화 현상의 본질을 제대로 이해할 수 있는 것이다.

과정학과 문화 연구

기존의 실증주의적 입장에서 행해진 작품이나 작가에 대한 연구는 다음과 같이 이루어졌다.

예컨대 작품 연구의 경우, 우선 서술자, 서술자의 사건 서술 과정, 사건이라고 하는 세 요소가 어떤 특징을 갖고 있는지를 파악하고, 다음으로 그 특징들 간의 어떤 법칙, 즉 그 특징들을 지배하는 어떤 법칙을 발견해 낸다. 끝으로 그 법칙을 가지고 작품의 존재 형태의 특징을 살핀다. 다시 말해서 그것들의 특징을 지배하는 법칙이 작품의 형식과 내용을 지배하고 있다는 것을 명확히 해야 한다는 것이다. 작품 속에 나타난 인물들의 사회의식에 대한 고찰이라는 연구도 성립될 수 있다. 이 연구는 일차적으로 작품 속에 나타난 각 인물들의 사회의식의 특징들이 파악되고 그 특징들을 지배하는 어떤 법칙이 발견되어, 그 법칙이 작품의 형식적 특징까지를 지배하고 있다는 사실이 규명됨으로써 완성될 것이다.

실증주의적 입장에서의 작가 연구의 경우, 그의 문학은 작가 당대의 사회적 배경, 그의 작품 세계, 그의 독자들로 이루어진다는 입장이 취해진다. 이 경우 각각의 특징들을 파악하고, 끝으로 그 법칙 내지 질서가 작가와 작가의 문학 세계를 지배한다는 사실이 확인됨으로써 작가 연구는 끝나게 된다.

문학 연구에 대한 이와 같은 실증주의적 입장의 접근 방법은 왜 이제 더 이상

설득력이 없어졌는가? 그것은 두말할 나위 없이 이러한 입장으로부터 접근하여 파악해 낸 결론은 더 이상 객관성이 없는 것으로 여겨졌기 때문이다. 그렇다면, 실증주의적 입장에서의 접근 방법은 진리 파악의 방법으로 유효한 적이 없었던가? 그것은 결코 그렇지는 않았다. 원래 유럽에서의 실증주의의 성립은 르네상스 운동의 성립과 전개 과정에서 출발된 인문주의, 즉 휴머니즘과 그 연장선상의 고전주의 및 낭만주의 등에 대한 반작용으로 이루어졌다.

당시 **휴머니즘***이란, 신의 시각에서 세상을 바라보는 입장을 버리고 인간의 시각에서 세상을 바라보아야 한다는 입장이었다. 인간의 시각에서 세상을 바라보아야 한다는 입장은 인간도 신의 경우처럼 전지전능해야 한다는 생각을 불러일으켰다. 그래서 당시의 시대적 상황은 인간들로 하여금 많은 것에 대한 폭넓은 지식을 축적하여 그것을 토대로 보편적 시각을 갖도록 강요하였다. 그러한 과정에서 지식인에게는 철학, 종교, 음악, 예술, 문학, 자연과학, 의학 등에 대한 종합적 지식 함양이 요구되었다. 그러한 종합적 지식을 토대로 해서만이 어떤 구체적인 사물을 객관적으로 볼 수 있는 시각이 형성될 수 있다는 생각이 일반화되어 있었던 것이다.

그러한 생각은 다음과 같은 입장에 의거한다. 예를 들어, 이광수의 작품들 중에서《무정》의 특징에 대한 파악이 요구될 경우, 그 작업은 일차적으로 이광수의 전 작품들에 대한 지식을 토대로 해서 이루어진다. 한국의 근대 문학작품으로서의《무정》의 특징 파악은 그것들에 대한 일반적인 지식 함양을 거쳐 접근되어야 한다. 한국 문학작품으로서의《무정》의 특징 파악 또한, 한국 문학작품들에 대한 일반적 지식 축적을 통해《무정》으로 접근해야 한다는 것이다.

이렇듯 '이광수 연구'의 경우에 있어서도 마찬가지다. 이광수 연구를 위해서는 우선, 한국의 근대 작가들 중의 한 사람으로 본 이광수인가, 한국 작가들로 본 이광수인가 혹은 이광수 시대의 인간들의 한사람으로 본 이광수인가, 근대 초기

*휴머니즘humanism : 인간주의 · 인문주의人文主義 · 인본주의人本主義라고도 하며 신의 특성보다는 인간의 특성을 존중하는 대단히 넓은 범위의 사상적 · 정신적 태도 · 세계관을 가리키는 말이다. 참10

의 동아시아의 유명작가들 아니면, 이 세계의 모든 작가의 견지에서 살펴보는 이광수인가에 대한 입장이 결정되어야 한다. 그것이 결정되었을 경우, 어떤 관점들을 통해 이광수의 특징을 이야기하든지 간에 그 관점들에 대한 지식을 충분히 쌓은 후, 그것들을 통해 이광수의 그것을 잡아내야 한다는 것이다. 르네상스의 지식인들은 여타 문학작품들에 대한 지식을 충분히 가지고 있을 때에만 구체적인 한 작품에 대한 비평이 가능하다는 입장을 지나치게 의식한 나머지, 구체적인 작품들에 대한 비평을 위해 많은 작품을 읽기에 혼신을 기울였다.

이러한 연구는 설혹 연구 대상이 설정되었다 하더라도 연구 대상의 특성을 파악해 낼 수 있는 주변학문에 대한 연구가 주를 이루고 연구 대상 자체에 대한 연구가 부수적으로 전락하는 주객전도의 경향이 뚜렷해짐으로써 방향 전환의 필요성이 자각되었다. 즉, 연구 대상을 명확히 설정하여 연구 작업을 연구 대상 분석에 한정시켜야 한다는 필요성에 대한 인식으로부터 실증주의의 입장이 성립되었다. 그렇다고 해서 실증주의자들이 주변학문에 대한 폭넓은 지식을 의식적으로 배제하려 했던 것은 결코 아니다. 초기실증주의자들은 인접학문에 대한 폭넓은 지식도 필요하지만, 연구 대상 자체에 대한 지식이 더 필요하다는 데 공감했던 것 같다. 그들은 연구 대상에 대한 지식이란 연구 대상의 밖에 존재하는 지식으로는 파악되지 않는다는 데 동의한 것 같다. 그들은 연구 대상 밖에 존재하는 그러한 지식은 어디까지나 연구 대상을 제대로 접근해 갈 수 있는 시각을 제공해 줄 수 있는지는 몰라도, 연구자가 필히 얻고자 하는 연구 대상에 대한 지식은 연구 대상 내에 존재하고 있다는 입장을 취하고 있었던 것이다.

당시 초기 실증주의자들의 이와 같은 입장은 정당한 것이었다. 물론 그들의 기본적인 입장은 연구 대상에 근접해 있는 것들에 대한 일반적 지식을 토대로 연구 대상에 내재된 법칙을 파악해 낸다는 것이었다. 그러나 이와 같은 입장은 자연물들이 인간의 연구 대상으로 부상하여 연구 대상이 보다 구체적으로 설정되고, 또 그렇게 설정된 연구 대상이 연구되어 가는 과정에서 연구 대상에 대한 객관적인 입장이란 경험된 사실을 토대로 하여 취해진 것이라야 한다는 시각이 일반화됨에 따라, 연구자의 주된 연구 작업을 연구 대상의 분석 작업으로 전환시켜 나갔던 것이다. 사태가 그렇게 돌아가자, 이제 연구 대상에 인접해 있는 것들에 대한 지식의 함양 작업은 연구 대상의 분석 작업과는 무관한 것이 되고 말았다. 그렇게 되자 실증주의적 입장은 한마디로 망가지기 시작했다.

어떤 구체적 대상은 그 자체로서 다른 대상과는 다른 어떤 특성을 지니고 있다. 시간적 측면에서도 그렇고 공간적 측면에서도 그렇고 형태나 성질이란 측면에서도 그렇다. 이 우주상의 모든 존재는 그러한 측면에서 개별성을 지닌다. 사실상 이 우주 공간에는 어떤 것도 같은 것이 없다. 그 연구 대상이 원래부터 다른 것들과 다른데, 그 다르다는 사실을 다르다고 드러내는 것이 과연 무슨 소용이 있겠는가? 우리가 어떤 대상에 대하여 알고 싶은 것은 그것이 다른 것들과 '어떻게' 다르냐 하는 점이지, '서울대공원의 코끼리들은 코가 길다'라는 식의 말을 들으려는 것이 아니다. 우리가 듣고 싶은 것은 '서울대공원의 코끼리들은 코가 2미터이다'라든가, '도쿄의 우에노공원의 코끼리들보다 훨씬 코가 길다'와 같은 것들이다. 이와 같이 어떻게 다르냐의 문제는 다른 대상들과의 공통성을 전제로 한 측면에서의 차이점에 대한 문제이다. 우리에게 요구되는 어떤 것에 대한 지식은 우리에게 소용되는 어떤 정보를 의미한다. 어떤 대상의 절대적 개별성은 우리에게 요구되는 정보가 아니다. 이 우주에 존재하는 모든 것은 공통점도 지니고 있지만 다들 다른 점들도 지니고 있기 때문에 어떤 연구 대상도 개체로서의 고유한 특성을 지니고 있다는 사실을 우리는 이미 잘 알고 있기 때문이다. 문제는 그것이 비슷한 다른 것들에 비해 어떻게 다르냐는 점이다. 우리에게 요구되는 정보는 바로 그러한 것이다. 그렇다면, 그것과 관련된 다른 것들과의 관련성을 완전히 배제하고, 그것 자체만을 통해 파악한 특성은 이제는 우리에게 쓸모없는 정보일 수밖에 없다. 근래의 실증주의자들은 현재 우리에게는 불필요한 바로 그러한 정보를 드러내는 작업들을 행해 왔던 것이다.

그렇다면 이 시점에서 실증주의자들은 어떠한 입장을 취해야 하는가? 우선 그들이 취해야 할 태도는 연구 대상을 이전보다도 더 구체적으로 설정해야 할 필요가 있다. 예를 들어 기존의 실증주의자들이 《무정》을 읽고 주인공인 '이형식' 이라는 인물에 관심을 가진 나머지 이 형식을 중심으로 《무정》을 연구했다고 한다면, 그 이후의 실증주의자들은 연구 대상을 '《무정》의 인물'로 설정해야 한다는 것이다. 그 다음, '《무정》의 인물'에 대한 구체적인 연구 작업으로 들어갔을 경우, 그들은 우선 작품 속의 인물들 간의 관련법칙을 발견하려 했던 기존의 실증주의자들의 주된 작업을 실행해야 한다. 또 그 단계에 그치지 않고, 그 인물들과 관련된 어떤 것들을 발견해서 그것들을 지배하는 어떤 법칙을 발견해 내야 한다. 또, 인물들과 관련성이 없는 것들과 그들과 관련성이 있는 것들을 일관하는 어떤 법칙을 발견해 그것을 통해 인물들의 특징을 규명함으로써 '《무정》의 인물'에 대한 연구를 매듭지어야 한다. 간단히 말해, 실증주의자들이 《무정》을 연구의 대상으로 설정했을 경우, 우선 그들은 《무정》을 구성하는 요소들을 파악해서 그것들 간의 법칙을 발견한 다음 《무정》과 관련된 것들을 파악해서 그것들 간의 어떤 법칙을 발견하는 것이다. 끝으로 그들은 후자의 법칙을 통해 전자의 법칙을 규명해 냄으로써 연구의 결론에 이르러야 한다는 것이다.

실증주의자들의 연구 방법은 기존의 실증주의자들의 연구 방법을 이용하여 연구 대상을 지배하는 법칙을 발견해 내고, 또, 연구 대상의 밖으로부터 그 연구 대상과 관련된 것들을 지배하는 법칙을 발견해서 그것들을 통해 연구 대상을 지배하는 법칙을 파악해야 한다는 것이다. 이와 같은 방법으로써만 실증주의자들은 인간의 정신적 육체적 활동 영역을 확대시켜 갈 수 있고, 그러한 연구들의 성과를 통해서만 인간의 관심 대상의 특성을 가장 보편적으로 파악해 갈 수 있다.

우리들의 문화 연구도 이와 같은 방법론에 의해야 함은 두말할 나위 없다. 현재까지의 각 지역에서의 문화 연구는 지정학적 특성과 관련시켜 행해져 왔다. 예컨대 의복 문화에 관한 연구의 경우, 〈한국인의 의복 문화에 대한 연구〉, 〈일본인의 의복 문화에 대한 연구〉 등을 들 수 있는데, 이것들은 한국이나 일본이라는 특정한 지정학적 특성을 통해 한국이나 일본인의 의복 문화의 특성을 파악하려는 입장을 취하고 있다. 그러나 금후의 의복 문화의 연구는 동아시아와 같은 어떤 문화권의 차원에서나, 혹은 인간이 존재해 있는 전 지상이라고 하는 차원에서 이루어져야 한다. 그러니까, 그것이 보편적인 인간이라고 하는 측면에서 이루어져야 한다는 것이다. 더 나아가 그것은 동식물과 같은 생물의 차원에서도, 혹은 물질이라고 하는 차원에서도 이루어질 수 있다. 의복 문화의 연구가 그러한 차원까지를 포괄할 때에만 인간에게서의 의복 문화의 본질이 제대로 파악될 수 있는 것이다.

필자가 이러한 연구 방법에 의해서만 우리에게 소용되는 정보가 비로소 얻어질 수 있다고 고집하는 데에는 몇 가지 이유가 없지 않다. 앞에서 이미 말한 바와 같이 현대의 우주물리학자들에 의하면 현재 우리가 존재하고 있는 우주는 지금으로부터 약 180-90억 년 전 중성자보다 더 작은 초고밀 · 초고온의 입자가 폭발하여 생겨난 것으로 밝혀져 있다. 그들에 의하면 폭발된 것들이 허공으로 퍼져 나감에 따라 우주가 팽창해 갔고, 그에 따라 우주의 온도가 내려감으로써 물질들이 생성되었으며, 그것들의 중력 작용으로 결합이 이루어졌다는 것이다. 초고온 · 초고밀의 입자가 어떤 것들로 폭발했을 경우, 그 어떤 것들에 의해서 점령된 공간, 즉 그것들로 이루어진 공간, 달리 말해 그것들로 이루어진 집합체가 차지하고 있는 공간이 다름 아닌 바로 현재 우리가 이야기하고 있는 우주라고 하는 것이다. 이 우주가 허공으로 팽창함에 따라 우주 내의 밀도가 내려감으로써 우주에는 끊임없이 새로운 측면에서 디컨스트럭션deconstruction이라고 하는 하나의 용어로 표현될 수 있는 물질들의 해체와 새로운 차원의 결합 작용이 이루어져 왔다. 우주의 밀도가 비존재 공간과 평형을 이룰 때까지 우주는 그렇게 계속 팽창해 갈 것이고, 우주 속의 물질들의 디컨스트럭션 작용은 계속되어 갈 것이다.

인간이 이와 같은 우주 속에 존재하고 있다는 생각을 받아들일 때, 우리의 존재는 어떻게 성립되었는가, 그것은 어떻게 전개되어 갈 것인가, 우리에게서 인간의 존재 의미는 무엇인가 등의 문제들이 우리들의 최대 관심사가 될 것이다. 이에 대한 대답은 우주와 허공과의 합일 과정에서 일어난 우주를 구성하는 물질들의 과정을 명확히 해 봄으로써만 가능할 것이다.

그렇다면 그러한 물질들의 과정은 어떻게 규명될 수 있는가? 그것은 우선 우주를 구성하는 물질들의 끊임없는 탈구축 과정들의 존재에 대한 인정을 통해 성립될 수 있고, 그 다음 실증주의적 입장에서 그것을 추적해 감으로써 이루어질 수 있다. 우선, 어떤 연구 대상을 설정하여 일차적으로 그것을 지배하는 법칙을 파악하고, 밖으로부터 그 법칙과 관련된 것들을 파악하여 그것들의 공통점을 규명해 낸다. 그러한 작업을 통해 연구 대상의 토대가 되는 것들의 세계를 규명해 감으로써 현재의 인간 존재의 성립 과정을 추적할 수 있고, 그 추적을 통해 과정들을 지배하는 법칙을 알아내어 금후 인간의 존재 양식의 전개 과정을 예측해 갈 수 있다.

현재 우리에게 고찰되는 물질들의 과정은 앞에서 짚어 본 바와 같이 물질들의 화학적 변화 과정, 생물들의 생물학적 진화 과정, 인간들의 문화적 진화 과정 등으로 전개되어 나왔음에 틀림없다. 특히 여기서의 우리들의 연구 대상은 문화적 진화 과정이다. 이것은 물질의 화학적 변화 과정과 생물들의 생물학적 진화 과정을 토대로 이루어진 것이다. 그러한 의미에서 그것은 물질의 화학적 변화 과정과 생물학적 변화 과정을 통해 파악되어야 하는 것이다.

물질의 화학적 변화 과정과 생물학적 진화 과정을 통한 인간의 문화적 진화 과정의 특성 파악은 앞서 제시한, 금후 실증주의자들이 취해야 할 방법에 의해 접근될 수 있다. 보다 구체적으로 언급하자면, 우선 인간에 의해 이루어지는 문화적 현상들 간의 공통성을 발견하고 그것과 관련된 현상들, 즉 생물학적 현상들을 파악해서 그것들의 공통성을 파악하고, 또 그 생물학적 현상과 관련된 물질의 화학적 변화들을 파악해서 그것들의 공통점을 발견한 후 물질의 화학적 변화들의 특성과 생물의 생물학적 진화의 특성 등을 통해 인간의 문화적 진화의 특성을 파악하는 방법이다. 그러한 작업 과정의 수순으로 우선 문화의 일반적 개념과 문화 연구의 의의부터 고찰해 보기로 한다.

제1절 문화의 개념과 문화 연구

문화의 어원

근래까지의 '문화'에 대한 일반적 개념은 대개 두 가지였던 것 같다. 하나는 형벌이나 무력을 사용하지 않고 인민을 교화한다고 하는 문치교화文治敎化의 의미이다. 다른 하나는 자연을 개발해 인간의 이상을 실현하려고 하는 인간의 노력 과정,

즉 인간이 자연을 정복한다든가 지배해서 본래 구현하려는 궁극의 이상을 실현 또는 완성하려는 과정의 의미이다.[1] 전자는 한자 문화를 토대로 성립된 것이고, 후자는 서구의 로마자 문화가 한자 문화권에 들어오게 된 근대 이래 형성된 것으로 간주된다. 그렇다면 문화에 대한 관심이 부쩍 높아진 최근 문화에 대한 개념은 어떻게 파악되고 있으며, 앞으로는 어떻게 형성되어 나갈 것인가? 이에 논점을 맞추어, 보다 포괄적인 차원에서의 문화에 대한 일반적 개념의 변천 과정 등을 고찰해 본다.

한자 문화권에서 유래된 '문화文化'의 어원을 살펴보기 위해서는 우선 한자 '文'의 의미로부터 고찰해 보는 것이 좋을 것 같다. '文'은 '문양文樣', 즉 '색을 교차시켜서 그려낸 어떤 모양'을 의미한다. 이렇게 볼 때, '文'의 어원은 '色'(색), '形態'(형태) 등으로 풀이될 수 있다. 그렇다면 인간에게서의 색이나 형태는 어떻게 취해지고 어떻게 나타나는가? 인간에게서의 모든 색이나 형태는 우선 일차적으로 구체적인 자연물들에 대한 구체적 접촉을 통해 취해진다. 보다 구체적으로 말하자면, 자연의 모든 사물들은 서로 다른 색과 다른 형태를 취해 인간에게 나타난다. 이러한 의미에서 색과 형태야말로 자연물들의 존재 양태라 할 수 있다. 다시 말해서 인간에게서의 색과 형태는 인간의 육감에 감지된 자연물들의 존재 양태로부터 취해진다는 것이다. 그렇다고 해서 '文'의 의미가 자연물들의 존재 양태로부터 취해진 색이나 형태만을 가리키는 것은 아니다. 그러한 것들로 이루어진 '장식裝飾'을 의미하기도 한다. 이 경우 장식이라고 하는 것은 자연물들로부터 취해 낸 어떤 색으로 어떤 형태를 그리거나, 혹은 자연물들로 어떤 형태를 만들어 자신의 몸이나 혹은 자신의 소유물을 꾸며 가는 행위, 혹은 그 행위의 과정이라든가 그 결과로 만들어진 물건들 등을 의미한다.

이와 같이 '文'의 원의原義는 인간의 시각에 감지된 자연물들의 존재 양태로부터 취해 낸 어떤 색이나 형태를 가지고 인간 자신이나 자신의 소유물을 꾸며가는 행위 혹은 그 행위의 결과로 생긴 물건이라 이해된다. 그렇다면 '文化'의 원의는 그러한 행위의 과정이나 그 결과들로 생긴 것들의 변모 과정으로 이해될 수 있다. 앞에서 우리는 한자 문화권에서 유래된 문화의 의미가 형벌이나 무력을 사용하지 않고 인민을 교화한다고 하는 문치교화라고 이해했다. 이것을 보다 구체적으로 살펴보면 여기서의 교화의 주체는 정부이고 그에 대한 객체는 인민임을 알 수 있다. 이렇게 볼 때, '文'이란 결국은 주체인 '정부'가 객체인 '민'을 교화시켜 나가는 수단이라 할 수 있다. 다시 말해서 '文化'의 '化'의 의미를 살려 '文化'의 원의를 파악해 볼 때, 그것은 정부가 인민을 '文'으로 교화시켜 가는 행위 과정이나 그러한 행위의 산물들의 변모 과정으로 이해될 수 있다. 다시 한 번 정리해 보면, 정부가 대자연물들의 존재 형태로부터 취해 낸 색이나 형태를 가지고 만들어 낸 장식품들로써 인민을 교화시켜 가는 행위나 그 과정, 혹은 그러한 행위의 산물들이나 그 산물들의 변모 과정으로써 문화를 이해할 수 있다.

인간을 문화화시키는 주체인 '정부'는 '정부'자체의 뜻으로만 이해되어서는 안 된다. 인민을 다스리는 인민의 대표기관 혹은 인민을 다스려간다고 생각되는 왕이나 천자 혹은 자연이나 신과 같은 초월적 존재로 대치되어 이해되어야 한다. 이에 대해 '인민' 또한 그러하다. 주체가 왕일 경우 그 객체는 왕의 지배하에 있는 일국의 모든 인간이 될 수 있고 천자일 경우는 하늘 아래 살고 있는 모든 인간이 될 수 있다. 아니면 그것이 자연일 경우 자연 속에 살고 있는 모든 인간일 수도 있다. 주체가 어떤 교육자일 경우 그 객체는 피교육자일 수 있고, 주체가 어떤 탁월한 인간일 경우 객체는 보통사람들일 수 있다.

그렇다면, 여기서 어떤 기관이나 혹은 탁월한 인간 내지 어떤 초월적 존재가 인간의 시각에 잡힌 자연물들의 존재 양태로부터 취한 것들을 가지고 자기의 영향권 내의 인간들을 교화시켜 간다는 것은 무슨 뜻인가? 그것은 다음과 같은 두 가지 측면에서 고찰될 수 있다. 하나는 주체가 자연물들의 존재 양태로부터 취해 낸 것으로 인간을 교화시킴으로 인해 인간으로 하여금 자연물과의 필연적 관계를 갖게 한다는 것이다. 그런데 그런 필연적 관계를 갖게 하는 것은 일차적으로 자연물들로 구성된 자연이나 그것을 지배해 가는 대자연의 법칙이라 할 수 있고, 이차적으로는 설혹 그것이 자연이나 그것을 지배해 가는 어떤 법칙이 아니라 하더라도, 적어도 자연이나 자연의 법칙을 가장 잘 이해하고 있는 어떤 존재라는 의미에서 자연의 위력을 상징하는, 예를 들면 '천자天子'와도 같은 어떤 존재로 이해될 수 있다. 다시 말해서 자연의 존재 양태로부터 취해 낸 것들로 인간을 교화시키는 주체가 자연이나 자연의 속성을 상징할 수 있는 그 어떤 존재라는 것이다.

그렇다면 그것이 자연물들의 존재 양태로부터 취해 낸 것들을 가지고 인간을 교화시킨다는 것은 무슨 뜻인가 하는 문제가 남는다. 그것은 자연이나 그것의 위력을 상징하는 존재가 인간으로 하여금 자연물들의 존재 양태를 취해 이 자연 속에 존재하도록 교화시킨다는 뜻으로 이해될 수 있는 것이다. 한마디로 말해서 문화文化란 인간의 자연화 과정으로 이해될 수 있다는 것이다.

이에 대하여 서구의 로마자 문화권에서의 '문화'의 어원은 어떠한가? 한자 '文化'에 해당되는 영어 및 프랑스어의 'culture'와 독일어의 'kultur'는 모두 라틴어의 'cultura'로부터 유래된 말이다. 이 'cultura'는 경작 · 재배 · 양육 등의 의미로 쓰였고, 기독교 세계에서는 예배의 의미로도 쓰였다.[2] 경작은 토지의 경작耕作을, 재배는 식물의 재배栽培를, 양육은 동물의 양육養育을 의미했고 경배는 신의 예배禮拜를 의미했다. 토지의 경작이나 동식물의 배양, 신에 대한 예배 등의 일차적 의미는 인간이 토지를 경작하고, 동식물을 배양하고, 신에 대해 예배하는 행위나 과정의 결과로서 토지, 동식물, 신 등과 같은 행위의 대상에 나타난 현상들, 혹은 그러한 현상들의 과정들이다. 그렇다 할지라도 토지의 경작, 동식물의 배양培養의 경우, 그 경작과 배양의 주체는 어디까지나 인간이다. 이에 대하여 객체는 토지, 동식물, 즉 자연을 구성하는 것들이다. 한마디로 자연인 것이다. 그러한 측면에서 라틴어의 'cultura'는 주체인 인간이 객체인 자연의 일부를 구성하는 토지를 경작하고 동식물을 배양하는 행위나 그 행위의 과정을 뜻하는 것으로도 해석된다. 그렇다면 인간에게서의 그것은 인간이 이 대자연 속에서 생존해 가기 위해 행하는 행위이자, 그러한 행위 과정을 뜻한다고 말할 수 있다.

'culture'와 'kultur'가 토지신의 제사祭事를 의미하는 'cultus'로부터 생긴 말이라는 사실을 감안해 보면, 기독교인들에게서의 신의 예배 행위도 그와 같은 측면에서 해석될 수 있다.[3] 한편, 모든 자연물들은 자신들의 정령精靈을 가지고 있어 그들에 의해 지배되고 있다는 것이 원시인들의 애니미즘 사상이다. 토지에 그것을 주관하는 토지신이 있어 그 토지에 곡식을 재배하려 했을 경우는 우선 토지신에게 잘 부탁한다든가 고맙다는 표시를 해야 한다. 즉, 토지에서 양질의 많은 식량을 취하기 위해서는 토지신을 기쁘게 해야 한다는 것이다. 기독교인이 신을 예배하는 뜻도 그러한 측면에서 해석될 수 있다. 신에게 자신들의 소원을 빌어 신이 주관하고 있는 인간이 자연을 개발하여 자연으로부터 식량을 얻고 자연을 주관한다는 신을 찬양하여 자연으로부터 모든 것들을 얻어 가는 행위란 자연이나 혹은 그것을 주관한다고 하는 신의 인간화 과정으로 해석된다. 다시 말해서 그것은 인간이 그의 욕망이란 차원에서 자연을 재구성시켜 가는 행위이고, 인간이 자신의 삶을 실현해 갈 수 있는 최적의 공간으로 대자연을 만들어 가는 행위이다. 대자연이 여러 대상들로 구성되어 있다고 생각할 때, 인간의 그러한 행위는 그 대상들을 인간의 것들로 만들어 가는 행위, 인간이 다룰 수 있는 것들로 만들어 가는 행위인 것이다.

서구에서의 인간은 자연을 주관하는 신에 귀속된 영혼과 자연에 귀속된 육체로 이루어져 있는 존재로 인식되었다. 또, 서구인에게서의 인간은 신에 귀속된 영혼이 자연에 귀속된 육체를 지배해 가는 존재라는 면에서 동물과 구분되는 존재로 인식되었다. 그러한 측면에서 인간이 자연을 정복해 간다는 뜻에는 인간에 내재된 영혼이 인간의 육체를 정복해 간다는 뜻이 내포되어 있었다. 'culture'의 어원인 라틴어의 'cultura'의 의미들 중 하나로서의 '예배'가 바로 그러한 측면에서 파악된다. 신을 찬양하여 신으로부터 정신적 양식을 받아 그것으로 자연의 일부인 자신의 육체를 순화시켜 간다는 것이 바로 그것이다. 이상과 같은 측면에서 파악해 볼 때, 서구의 로마자 문화권으로부터 나온 '문화'의 어원은 자연을 구성하는 토지, 식물, 동물, 인간의 육체 등이 인간에 의해 경작되고 재배되고 양육되고 순화되는 현상, 또 그 현상들의 과정, 혹은 인간의 그러한 행위 내지 그 과정으로 정리된다. 이렇게 볼 때, 서구에서의 '문화'의 어원은 자연이 인간에 의해 인간의 차원으로 개발되는 현상 혹은 그 개발 과정으로서의 자연의 인간화 내지 인간화 과정으로 파악된다.

이제 한자 문화권과 로마자 문화권에서 사는 이의 '문화'라는 말의 어원상의 공통점과 차이점을 정리해 본다. 문화 현상을 일으키는 요소가 자연과 인간이라는 점에 있어서, 그리고 여기에 자연과 인간을 지배하는 어떤 존재가 개입된다는 점에서 두 어원은 공통점을 갖는다. 그러나 한자 문화권의 경우, 자연과 인간을 지배하는 존재는 '천자天子'로 되어 있다. 그는 자연의 위력을 가장 잘 이해하는 위치에 서 있어서 자연 현상까지를 주관해 간다고 했다. 한자 문화권의 인간들은 '하늘'(天)을, 땅, 식물, 동물, 인간 등으로 구성된 자연을 내려다보는 지점에 위치시켜, 자연을 이해해 가며 자연에 비와 햇빛을 뿌려 줌으로써 자연의 변화를 주관해 가는 존재로 인식해 왔던 것이다. 왕권주의 시대에 인간 세계를 지배했던 왕은 인간 세계에서 '하늘'의 위치에서 '하늘'과 같은 식으로 인간들을 지배해야 된다는 입장에서 '천자'라 불려졌다. 이렇게 볼 때, 한자 문화권에서의 천자는 다른 어떤 인간들보다도 인간이 포함되는 자연에 대한 다각적 차원의 체험을 통해, 자연과 인간을 잘 이해하고 인간을 지배하는 자연의 법칙을 잘 이해하고 있는 자로 받아들여진다. 그러한 존재가 인간을 자연화시키는 것, 그것이 바로 한자 문화권에서의 어원상으로 파악된 문화의 의미이다.

한자 문화권에서의 '천자'에 해당되는 존재로서의 로마자 문화권에서의 '신神'은 자연과 인간으로 구성된 세계에 대한 체험을 기초로 해서 성립된 존재이다. 예컨대, '나'라고 하는 인간은 두 부분으로 구분될 수 있다. 하나는 세계 체험을 해 온 '나'이고, 다른 하나는 아직 세계 체험을 해 오지 못한 '나'이다. 세계 체험을 해 온 '나'는 '나'의 정신적인 부분이고, 아직 세계 체험을 해 오지 못한 '나'는 '나'의 육체적 부분이다. 따라서 '나'의 정신은 '나'의 세계 체험을 기초로 해서 성립된 부분이다. 로마자 문화권에서의 신이란 '나'와 같은 모든 인간들의 정신들을 토대로 성립된 것으로서, 모든 인간들의 모든 세계 체험들의 총체로 이해될 수 있다. 한자 문화권에서의 '문화'의 의미는 인간과 자연을 지배하는 천자가 인간을 자연화시켜 가는 것이라면, 로마자 문화권에서의 그것은 인간의 세계에 대한 총체적 체험이 자연을 인간화시키고, 또 그 인간의 정신을 신화神化시켜 가는 것으로 이해된다.

문화에 대한 개념의 변천 과정

문화의 개념 변천은 다음과 같이 크게 세 시기로 나누어 볼 수 있다. 첫 시기는 앞에서 파악한 한자 문화권과 로마자 문화권에서의 문화에 대한 의미가 별도로 변천되어 왔던 시기이다. 두 번째 시기는 별도로 변천되어 왔던 두 문화권의 문화의 의미가 접촉·공존·융합되어 가던 시기이고, 세 번째 시기는 최근을 말한다.

우선, 첫 시기의 문화의 개념 변천을 살펴본다. 한자 문화권에서 '文化'라는 단어가 발견되는 것은 한漢나라 유향劉向(77-6, BC)이 편찬한《설원說苑》에서부터이다.[4] 여기서의 '文化'는 앞서 한자 문화권에서의 '문화'의 일반적 개념에서 살펴본 바와 같이 형벌이나 무력을 사용하지 않고 인민을 교화하는 일의 의미로 되어 있다. 여기서 '文化'라는 단어가 만들어져 그와 같은 개념으로 사용되기까지의 과정을 살펴보면 다음과 같다. 한자 문화권에서 최초로 쓰인 문자는 은殷(1766-1122, BC)의 갑골甲骨문자로 알려져 있다. 갑골문자는 제사나 전쟁이나 사냥 혹은 그것들에 대한 예언을 갑골이나 짐승의 뼈에 새겨 기록한 것으로서 그 글자는 만화와 같은 형태이고 기록하려는 대상을 상징적으로 묘사한 것이었다. 그 후 주周(1122-770, BC)에 이르러 갑골문자를 토대로 하여 금문金文 또는 금석문金石文이라는 문자가 성립되어 종鐘이나 솥鼎 등과 같은 동기銅器에 기록되었다. 그 다음 춘추전국 시대(770-221, BC)의 말기에 진秦나라를 중심으로 금문을 토대로 한 대전大篆이라고 하는 문자체가 나타났다. BC 221년 전국을 통일하고 문자의 통일을 기획하여 새로운 문자를 제정한 진시황은 이 **대전***을 간략화하여 **소전****으로 만드는 작업을 벌였다. 우리는 그 소전을 전서篆書라 칭하고 있다. 전서까지만 해도 문자는 장식裝飾용의 자체字體들로서, 주로 종鐘, 솥鼎 등과 같은 동기나 그 밖의 비문 등에 사용되어 왔었다. 그러나 진이 전국을 통일하고 다시 BC 207년 한이 진을 멸망시킨 후 전국을 재통일시키는 과정에서 실용적인 글자체가 출현

---

*대전大篆 : BC 12세기경 중국 고대문자인 갑골문甲骨文과 고문古文에서 파생되어 주대周代(1111-221, BC)에 발달한 한자 서체. 참17

**소전小篆 : 십체서의 하나. 중국 진시황 때 이사가 대전大篆을 간략하게 변형하여 만든 것으로, 조선 시대에는 시험 과목으로 실시하기도 하였다. 팔체서의 하나이기도 하다. 참10

했는데, **예서***가 그것이다. 예서는 전한·후한을 통해 쓰여졌고 한말에 예서를 토대로 **해서****가 태어나 비로소 한자 자체로서 고정화됨으로써 현재에 이르고 있다. 이와 같이 예서·해서가 쓰여짐에 따라 그동안 대나무나 나무, 쇠붙이나 돌에 새겨지던 문자는 종이로 옮겨지게 되었다.

한자 문화권에서 현존하는 가장 오래된 책은, 산문의 경우 BC 11세기경 주周나라 초기작으로 알려진《**서경**》***으로, 그것은 금문과 유사한 자체로 쓰여졌던 것으로 이야기되고 있다. 그 후 춘추전국 시대(770-221, BC)에 들어서서 BC 11세기경부터 BC 6세기 사이에 불려 온 가요들이 BC 6세기경《시경》으로 편찬되었다. 그 무렵부터 문자에 대한 지식이 소수로부터 귀족 전체로, 나아가 하급귀족과 사대부 층으로 확산됨으로써 공자孔子(552-479, BC)를 선두로 한 여러 사상가들이 출현하여, 소위 **제자백가******* 시대를 형성하게 되었다. 그 과정에서 그동안 동기나 비문 등에 쓰여졌던 금문이 대나무나 나무 혹은 헝겊 등에도 쓰여지게 되어《논어論語》,《맹자孟子》,《장자莊子》,《춘추春秋》등과 같은 문헌들이 성립되었다. 그러나 이와 같은 문헌에는 '文化'라고 하는 단어가 출현하지 않고 실용적 문자체인 예서가 성립되어 일반화되는 과정에서, 한대 중기의《설원說苑》에 이르러 문치교화文治敎化의 뜻으로 '文化'가 출현하여 사용되게 되었다.

'文化'의 의미가 어떻게 '문치교화'의 의미에 이르게 되었는지 정리해 보면 다음과 같다. 한자는 BC 2천 년경 성립되기 시작했다. 갑골문자를 토대로, 금문, 대전, 전서, 예서, 해서로 전개되어 현재의 한자로 확립되었다. 이 경우 갑골문자는 앞에서도 언급한 바와 같이 자연을 구성하는 자연물들과 그것들 사이에서 일어

---

*예서隷書 : 십체서의 하나. 전서篆書보다 간략하고 해서楷書에 가까운 글씨체로, 진나라 운양의 옥사獄事 정막이 번잡한 전서를 생략하여 만든 것인데, 노예와 같이 천한 일을 하는 사람도 이해하기 쉽도록 한 글씨라는 뜻에서 붙은 이름이다. 팔체서의 하나이기도 하다. 참10

**해서楷書 : 한자 글씨체의 하나. 예서에서 변한 것으로, 똑똑히 정자正字로 쓴다. 중국 후한의 왕차중王次仲이 만들었다고 전해진다. 참10

***《서경書經》:《상서尙書》라고도 함. 오하상주 시대虞夏商周時代의 정도政道를 기록한 것으로 공자孔子가 엮은 것으로 알려져 있다. 오하 시대란 순舜과 우禹의 시대를 말한다. 참35

****제자백가諸者百家 : 제자諸子란 중국에서의 사상가의 총칭으로서 선진先秦(BC 207년 이전)의 학자라든가 그들의 글을 이야기할 때 쓰이는 말이다. 참35

나는 사건들을 만화의 경우와 같이 상징적으로 묘사한 일종의 상형문자이다. 이 경우 상형문자는 인간들로 하여금 자연물들과 그것들 사이에 일어나는 사건들을 인간과 연결시켜 주는 도구이다. 인간은 그러한 상형문자들을 통해 자연 속으로 몰입해 들어가 자연과의 관계를 유지해 갔던 것이다. 한자가 갑골문자와 같은 상형문자의 단계로부터 벗어나, 금문, 대전, 전서 등으로 전개됨에 따라 문자와 그것으로 이루어진 문文은 대자연의 구체적인 대상들을 상징적으로 표현하는 일종의 상징적 표현물들로 전환되었고, 인간의 생활 도구에 부착됨으로써 장식의 의미로도 쓰여지게 되었다. 《설원》 이전에 '文化'라는 단어가 쓰여졌다면, 아마도 그것은 자연물들이나 자연 현상들에 대한 상징적 표현물들로 인간의 생활을 장식해 가는 행위란 뜻으로 쓰여졌을 것이다.

'文化'의 의미가 《설원》에서 문치교화로 쓰여지게 된 것은 진시황이 전국을 통일해서 전국을 치정해 가기 위한 수단으로 대전을 전서로 간소화시켰고, 그 후 한이 전국을 재통일시킨 후 예서라고 하는 실용적 문자체를 만들어 그것으로써 전국을 치정해 가는 과정에서 이루어졌던 것으로 이해된다. 이와 같은 측면에서 고찰해 볼 때, 형벌이나 무력을 사용하지 않고 백성을 교화하는 일이라는 것은 결국 문文을 사용하여 백성을 교화하는 것이라는 뜻이며, 이 경우 문에 의한 민의 교화란 자연물들이나 그것들에 의한 자연 현상들의 상징적 표현물들로 인간의 생활을 장식시켜 인민들로 하여금 자연물들이나 혹은 그것들을 통해 일어나는 자연 현상을 지각케 해서 자연물들의 존재 양태를 통해 자신들의 존재를 확립해 가도록 하는 행위를 의미한다. 이렇게 해서 '文化'는 정부나 어떤 인간이 인민들에게 자연물들의 존재 양태를 지각시켜 그것들을 전형으로 삼아 자신의 삶을 영위해 가도록 하는 일로 개념화되었다. '文化'에 대한 이와 같은 개념은 근대의 서구문명이 동아시아에 침투하기까지 변함이 없었다.

그렇다면 서구의 로마자 문화권에서의 문화에 대한 개념은 어떻게 변천되어 왔는가? 앞에서 고찰했듯이 'culture'의 어원, 'cultura'는 처음에는 '토지의 경작', '동식물의 배양培養'을 의미했으나 그 후 중세에는 '마음의 배양', 즉 '수양'의 의미로 사용되었다.[5] 이와 같이 고대인에게서의 문화는 인간이 토지를 경작하고, 식물을 재배하고, 동물을 사육함으로써 자연을 이루는 그것들을 인간 자신들의 삶을 실현해 가는 데 있어서 가치 있는 것으로 만들어 가는 행위나 그 행위의 과정을 의미했다. 'culture'에 대한 이러한 개념 변화는 당시 세계관의 변화에 따른 결과라 할 수 있다. 그러니까 고대에는 자연과 인간과의 관계를 기초로 그 개념이 성립되어, 인간은 자연 속에서 자연을 이용하여 자신의 삶을 실현시켜 가는 존재로 인식되었다. 기독교가 일반화된 중세에 이르러 고대의 그러한 세계관은 인간과 신과의 관계를 기초로 한 세계관으로 전환되었다. 즉, 자연이 인간에 의해 정복되고 개발되는 존재라는 입장에서 인간은 신에 의해 정복되고 계발되어지는 존재라는 관점의 전환이 이루어졌다. 그래서 중세의 'culture'는 인간이 신에 의해 계발되어 가는 과정, 인간이 신을 통해 정신을 계발시켜 가는 과정, 자연으로부터 취해진 인간의 육체가 신으로부터 취해진 영혼에 의해 정복되고 순화되어 가는 과정 등으로 풀이되었다.

그러나 16세기 이후 근세로 들어와 유럽인들의 세계관이 사회와 인간과의 관계를 통해 성립해 나옴으로써 'culture'는 인간이 사회를 발전시켜 가는 과정, 인간의 사회적 발전 과정, 인간이 사회의 일원으로서 혹은 시민의 일원으로서 교양을 갖추어 가는 과정 등으로 변화되었다. 근세 이후 유럽인들에게서의 이와 같은 'culture'에 대한 개념은 17세기 후반 이래의 시민혁명과 18세기 후반 이후의 산업혁명 등을 통해 근대적 시민사회가 형성됨으로써 'civilization'(문명)의 의미로 전환해 나왔다. 그 결과, 영국과 프랑스를 중심으로 해서 형성되어 나온 이와 같은 'culture'의 개념은 진보적 과정을 내포한 'civilization'의 의미로 파악되었다.

다음, 문화의 개념 변천사의 두 번째 시기, 즉 근대 이후 한자 문화권과 로마자 문화권과의 접촉 시기를 살펴본다. 이는 시민혁명과 산업혁명의 물결을 통해 이루어졌는데, 동아시아의 문화권이 근대 서구의 문명을 받아들인다는 것은 시민혁명과 산업혁명을 통해 이룩된 시민사회와 산업사회가 추구해 가는 것들을 받아들인다는 것이었다. 동아시아는 서구의 그러한 사회를 받아들이는 과정에서 기존의 문화에 대한 개념을 버리고 당시 서구인들의 문화에 대한 개념을 토대로 새로운 문화의 개념을 만들어 냈다. 그것이 바로 '문명개화文明開化'라고 하는 것이다. 즉, 그동안 폐쇄되었던 세상이 열려 외국으로부터 새로운 문물이 쏟아져 들어와 생활 내용이 향상·고조된다는 의미이다. 동아시아에서 문화에 대한 이러한 개념이 형성된 것은 동아시아에서 서구의 근대문물을 가장 빨리 받아들여 근대적 시민사회와 산업사회를 이루어갔던 일본에서부터였고, 그 시기는 18세기 말경으로 추정된다.[6]

앞에서 언급했듯이, '문화'가 인간이 살아가는 사회를 발전시켜 가는 과정으로 개념화된 것은 17세기 중반 이후의 영국과 프랑스를 통해서였다. 그러나 19세기경 중세의 기독교 문화의 계승이라고 하는 부담을 짊어짐으로써 산업화가 늦어졌던 독일에서 문화에 대한 새로운 개념이 형성되었다. 그것은 독일이 영국·프랑스의 문명에 대한 독일 문화의 우수성을 주장하는 과정에서 이루어졌다. 즉, 문명과 대립적 관계에 기초한 문화의 개념이 성립되었던 것이다. 이 경우 문명은 기술의 체계, 다시 말해서 산업화를 통해 이루어진 인간의 외계를 정복해 가는 수단의 개발 과정 등을 의미한 데 반해, 문화는 가치의 체계, 즉 정신적 작업을 통해 이루어지는 정신적 계발 과정, 인간정신의 소산 일반을 의미하는 것으로 구별되었다. 이와 같이 19세기 초 독일을 중심으로 문명에 대한 대립 개념으로 형성된 문화는 그 후 곧 동아시아에 들어와 인간의 정신적 활동에 의해 만들어져 인간 생활을 고양시키는 새가치를 산출해 가는, 학문·예술·도덕·종교 등의 것들을 지시하는 용어로 정착되었다.[7] 한편 독일을 중심으로 한 문명에 대한 대립 개념으로서의 문화는 20세기 초에 이르러 확실해졌다. 리케르트H. Richert(1863-1936)의 《문화과학과 자연과학》(1899)이 그 한 예이다. 자연과 대립 개념으로서의 문화는 인간이 자연을 정복해 지배하여 구현하고자 하는 인간의 궁극적 이상을 실현해 가고 완성해 가는 과정의 총칭이고, 그러한 과정의 산물인 학문·예술·도덕·종교·법률·경제 등을 포괄하는 것이었다.

이상과 같이 유럽 로마자 문화권에서의 문화에 대한 개념은 근세에서 근대로 넘어오는 과정에서 영국·프랑스를 중심으로 해서는 사회적 발전 과정의 의미로 출발하여 자연계 속에서 자연을 개발하여 인간의 이상을 추구해 가는 과정 등으로 전개되었고, 독일을 중심으로 해서는 자연을 개발해 가는 기술적 발전 과정의 의미로서의 문명에 대한 대립 개념으로 출발하여 자연에 대한 대립 개념으로 전개되었다. 그 후 그것은 20세기로 넘어와, 영국·프랑스에서는 인류학자들에 의해 인간의 생활양식, 특히 그중 학습을 통해 소속된 사회로부터 습득한 것의 총칭으로 개념화되었다. 이에 대해 독일에서는 인간이 자연을 정복해서 본래 구현하려는 궁극적 이상을 실현하려는 과정의 산물들인, 학문·예술·도덕·종교·법률·경제 등에 대한 총체적 이해라고 하는 측면이 한층 강조되어 '교양敎養'이란 의미로도 쓰여지게 되었다.

문화의 개념 변천의 세 번째 시기는 제2차 세계대전 이후로, 지금의 문화는 두 흐름을 이어받아 다음과 같이 두 가지로 정의되고 있다. 우선 영국·프랑스의 문화인류학자들 사이에서의 문화란 초유기체적超有機體的인 것으로 파악되어 나왔다. 또 그것은 일종의 적응 체계로 파악되어 왔던 것이다. 즉, 유기적 생명체가 무기적 물질 세계로부터 태어나 그 위에 독자적 차원의 세계를 형성해 가고 있듯이 유기적 생명체의 세계에서 태어난 인간이 그 유기적 생명체의 세계 위에 형성시킨 새로운 제3의 세계가 바로 문화라는 것이다. 《파이드마*Paideuma*》(1921)의 저자인 독일의 민족학자 **프로베니우스***의 파이드마 이론, 《인류학*Anthropology*》(1923)의 저자인 미국의 인류학자 **크로버****의 초유기체 이론The Superorganic Theory 등이 그 대표적인 예들이고, 프랑스의 구조주의학자 레비스트로스의 경우도 그러한 측면에서 문화의 개념을 파악하였다. 프로베니우스는 문화를 '파이드마', 즉 무기계無機界·유기계 위에 솟아난 거대한 생명체로 보았고, 그는 그것을 '제3제국第三帝國'이라 불렀다. 크로바는 문화를 '초유기체'로 보았고, 레비스트

---

*프로베니우스Leo Viktor Frobenius(1873-1938) : 독일의 민속학자. 문화는 인간에게서 독립된 존재로 유기체적 발전을 걸쳐 문명의 단계에 도달한다는 학설을 주장하였다. 저서는《파이도이마》,《대륙에 살면서》(1925-1929)가 있다. 참10

**크로버Alfred Louis Kroeber(1876-1960) : 미국 뉴저지 주 출생의 민족학자. 아메리카인디언의 연구에서 출발하여, 문화유형의 동태적·역사적 이론을 세웠다. 1945년의 논문 〈문화성장의 형태〉는 A. J. 토인비의 역사 이론과 일맥상통한다. 그러나 문화의 자율성을 주장한 나머지 문화적 객관주의의 경향이 강하여, E. 사피어, A. A. 골덴바이저 등의 비판을 받았다. 그의 입장은 초기 논문 〈초유기체超有機體〉(1917)에 뚜렷이 나타나 있다. 저서로《인류학》(1923),《캘리포니아의 인디언》(1925),《문화의 성질》(1952) 등이 있다. 참10

로스는 인간에게는 자신이 언젠가는 죽는다고 하는 의식이 있는데 그러한 죽음에 대한 의식의 반작용이 바로 문화라고 하는 입장을 취했다. 어떤 차원에서 생각해 보면, 이러한 측면에서 파악된 문화는 자연을 토대로 성립된 것이면서도 자연과 대치되는 것으로 이해된다. 그것은 인간에게서의 문화 현상이 인간의 의식을 통해서 이루어지고, 또 의식이 자연과 인간과의 불일치 상태에서 생겨난다는 점을 감안해 볼 때, 문화가 자연과 대리적 의미를 갖는다는 말은 충분히 이해될 수 있다. 또 인간에게서의 문화적 현상이 인간의 의식을 통해 이루어진다는 점에서 문화는 구조, 인지, 상징 등의 체계로 파악되고 있는 것이다.[8]

이에 대하여 독일 측에서는 그동안 문화를 문명이나 자연의 대립 개념으로 파악해 오던 것을 지양하고 자연을 개발하고 인간의 정신을 계발해 가는 과정 내지 그러한 소산물들의 변모 과정으로 파악해 가고 있다.

문화 연구의 역사와 그 의의

이와 같은 문화는 어떻게 연구되어 왔는가? 이와 같은 문화가 줄곧 연구되어 온 이유는 무엇인가?

문화에 대한 연구가 본격적으로 행해지기 시작한 것은 극히 최근의 일이다. 19세기 후반 이후로 기록되는 그 시작은, 다음과 같은 역사적 상황하에서 일어났다. 첫째, 그것은 당시 인문과학의 성립을 그 계기로 삼았다. 과학이란 이미 이루어진 것을 관찰해서 그것으로부터 앞으로 일어날 어떤 일을 예측하는 것인데, 19세기 전반까지만 해도 자연물들이나 그것들에 의해 일어난 자연 현상만으로 한정되었던 과학의 관측 대상이 19세기 후반 인간 자신들에게까지 확대되면서 인문과학이 성립되었던 것이다. 둘째, 그것은 당시 **사회 진화론***이나 문화 진화

*사회 진화론theory of social evolution : 사회의 역사적 변동을 생물 진화와 대비시켜 설명하려는 이론. 19세기 후반 영국의 스펜서Herbert Spencer(1820-1903)에 의해 제창되었다. 그는 진화를 물질이 불확정적이고 비응집적인 동질적 상태로부터 확정적이고 응집적인 이질적 상태로 이행하는 과정으로 파악하였다. 이 경우 그러한 변화의 법칙성은 천체로부터 시작해 지구로부터 생명과 마음의 유기체를 경유해 초유기체로서의 사회유기체에도 똑같이 미치는 보편성을 갖는 것으로 이해했다. 참13

론과 같은 진화주의의 부상이 그 계기가 되었다. 다윈Charles R. Darwin의 **생물 진화론***이 제시된《종의 기원》이 간행된 것은 1859년의 일이고, 그의 사회 진화론을 제시한《인간의 유래*The Descent of Man*》가 나온 것은 1871년의 일이다. 진화주의란 생물 진화론에 근거하여, 인간도 생물인 한 어떠한 형태로든 진화해 왔다는 입장을 취해 인간을 그 관찰 대상으로 받아들임으로써 성립된 것이다. 셋째, 19세기 후반에 와서 인간들은 그 동안의 지리상의 탐구, 고고학상의 발견 등을 통한 공간적 · 시간적 측면에서의 인간관찰의 결과로 '인류'라고 하는 개념을 형성하게 되었던 것이다. 그뿐만 아니라 당시의 정치적 · 경제적 상황을 살펴보면, '만국의 노동자들이여, 단결하라!'라는 슬로건을 내세운 마르크스주의의 사회 운동의 일환으로서 국제주의internationalism가 성립되어, 예를 들어 1864년 런던에서의 제1인터내셔널(국제노동자협회)과 같은 것들이 창립되어 인류사회 내지 인류의식에 대한 중요성이 강조되었다. 넷째, 그동안 부분과학의 약진으로 인해 인간성의 총합적 이해가 방해받게 되어 전체과학으로서의 인류학이 성립해 나오게 된 것도 그 한 계기였다.

당시 전체과학으로서의 인류학의 성립은 그동안 문화적 전파를 연구하는 학문으로서의 **민족학****이 문화적 진화를 연구하는 학문으로서 전환됨으로써 이루어졌다. 문화적 진화를 연구하는 학문으로서의 민족학은 당시 학자들이 그들의 문명을 인류 문화의 진보의 정점에 두고, 지구상의 다른 지역에서 발견되는 미개인의 문화를 인류의 원시 문화 형태로 설정하여 그것에서 그들의 문명사회에까지의 인류 문화의 진화 과정을 파악해 내려는 입장을 취함으로써 이루어졌다.

---

*생물 진화론theory of biological evolution : 생물 진화론이란 현존하는 많은 생물들의 종류가 하나 또는 소수의 어떤 공통된 서조생물로부터 긴 세월을 거쳐 자연적 원인에 의해 변화 · 분기分岐해 나왔다고 하는 입장이다. 집단유전학에서는 번식해 가는 생물의 종 집단 내에서의 유전자 빈도 gene frequency의 변화를 진화로 말하고 있다. 생물에 관한 진화론은 생물의 기원과 다양성에 관한 그리스트교적 성서적 설명에 대립되는 형태로서 18세기에 맹아해서 19세기에 확립되었다. 그리스트교적 인격신이 개개의 현존생물들을 세계가 시작될 때 창조해 냈다고 하는 성서를 근거로 하는 설명과 이해, 즉 창조론에 대한 대한적 설명도식으로서 발생, 제시되었다. 참13

**민족학民族學/ethnology : 인류학의 한 분야로 제민족諸民族의 문화를 연구하는 학문. 참10

이와 같은 측면에서 접근된 민족학은 미국의 사회학자이며 민족학자인 **모건***, 영국의 민족학자 **타일러**** 등에 의해 성립되었다.

모건의 민족학은 뉴욕주의 세네카족·이로코와족의 연구로부터 시작되었다. 그의 연구는 그 자신이 이로코와족의 사회에 들어가 그들과 함께 생활하면서 그들의 사회를 관찰한 자료를 통해 이루어졌다. 《이로코와족의 연맹*The League of the Iroquois*》(1851)이 그 첫 성과였다. 그의 연구는 학계에 커다란 반향을 불러일으켰고, 그 후 그의 연구는 이로코와족을 중심으로 미개 민족의 사회조직 연구로 전개되어 《고대사회*Ancient Society*》(1877)로 결실을 맺었다. 이것은 당시 유행했던 진화론으로부터 영향을 받아 쓰여진 것으로서, 진화론적 민족학의 대표작으로 취급되고 있다.

타일러도 진화주의적 민족학자로서 출발하였다. 다윈의 진화론에 입각해 실증주의적 입장에서 인류의 원류기원猿類起源을 규명하는 작업의 일환으로 《자연계에서의 인간의 위치》(1863)를 저술한 생물학자 **헉슬리***** 와, 역시 다윈의 진화론적 방법을 적용하여 《종합철학 체계》(1860), 《사회학 원리》(1876-1896) 등을 통해

---

*모건Lewis Henry Morgan(1818-1881) : 미국의 정치가이자 민속학자로 당시의 진화주의에 입각해 인간의 발전 단계를 몽매蒙昧/savagery·미개未開/barbarism·문명文明/civilization으로 나누고, 혈연 집단血緣集團이 지연 집단地緣集團에 선행한다고 본 점에서 커다란 반향을 불러일으켰다. 저서로는 《인간가족의 혈연관계와 혼인관계의 제도》(1869) 등이 있다. 참40

**타일러Edward Burnett Tylor(1832-1917) : 영국의 인류학자로 '인류학의 아버지'라 불린다. 영적 존재靈的存在의 신념을 종교의 최소정의最小定義로 삼는 애니미즘설을 제창하였다. 1883년 옥스퍼드 대학 박물관의 관리자를 거쳐 1896년 동 대학의 초대 인류학 교수가 되었다. 진화주의적·심리주의적 입장에서 원시 문화를 비교 연구함으로써 인류 문화 발전의 양상을 밝히려고 하였다. 그는 영적 존재의 신념을 종교의 최소정의로 삼는 애니미즘설을 제창하였는데, 그것은 종교 기원론이며 종교 본질론이기도 하였다. 애니미즘론은 그 후 여러 가지로 수정이 가해지기는 하였으나, 원시종교 연구에서 중요한 개념으로 현재까지 계승되고 있다. 그는 인간의 문화도 자연의 일부로서, 과학의 대상이 되어야 한다고 주장하였다. 주요 저서에는 《원시 문화》(1871) 외에 다수가 있다. 참9

***헉슬리Thomas Henry Huxley(1825-1895) : 영국의 동물학자. 해파리 등 강장동물의 해부학적 생태와 고등동물을 비교하여 발생학적 측면에서 서로 같은 점이 있음을 지적하였다. 다윈의 진화론을 발표 즉시 인정하고 진화론의 보급에 큰 영향을 끼쳤다. 또, 인간을 닮은 네안데르탈인의 화석 연구를 기초로 인간이 진화의 과정에서 생긴 것임을 주장하였다. 주요 저서는 《자연에서의 인간의 위치》(1863)이다. 참10

사회 진화론을 확립시켰던 스펜서 등도 타일러의 기숙사 친구였다. 타일러의 그러한 연구는 당시 실증주의적 정신과 진화주의적 입장에 입각하여 인간의 문화도 자연의 일부이기 때문에 과학의 대상이 되어야 한다는 시각에서 출발하였다. 그의《인류학 초기의 역사와 문명의 발전에 관한 연구》(1865) 등과 같은 업적들은 넓은 의미의 인류학의 전 영역에 걸쳐 이루어졌는데, 특히 원시 민족 문화들의 비교를 통해 태고의 인류 문화의 진보 과정을 규명해 보려는 것에 그 초점이 맞추어져 있었다. 그의 대표작《원시 문화》(1871)는 인류의 종교적 진화가 **애니미즘***으로 시작된다는 학설을 제시해 인류의 종교적 진화 연구에 커다란 영향을 주었다.

이상과 같이 그동안 문화적 전파에 관한 것을 주로 다루어 왔던 민족학이 실증주의와 진화론적 입장에서 원시사회를 연구하여 문화적 진화에 관한 문제를 다루게 됨으로써 민족학은 인류학anthropology으로 전환하게 되었다. 당시 인류학의 목표는 미개사회의 연구를 통해 원시사회를 이해하고 그것과 현대문명사회와의 비교를 통해 인류의 문화적 진화 과정을 규명해 보려는 것이었다. 그러한 입장의 인류학이 타일러의 업적을 토대로 해서 이루어졌다고 하여, 우리는 현재 그를 인류학의 아버지로 부르고 있다. 현재 진행되고 있는 문화에 대한 과학적 연구는 바로 이 인류학의 성립을 계기로 이루어졌다. 다시 말해서 우리들의 문화에 대한 본격적인 연구는 19세기 후반의 민족학자들이 미개사회의 연구를 통해 인류의 문화적 진화 과정을 규명해 보려는 과정에서 이루어졌던 것이다. 그 후 문화에 대한 연구는 인류학자들에 의해 주도되었다.

이제 그들에 의한 문화 연구가 어떻게 진행되었는지 고찰해 본다. 인류학자가 문화적 진보를 연구하는 궁극적 목적은 인간이란 무엇인가, 인류는 어떻게 오늘과 같은 상태에 이르게 되었는가 등과 같은 문제를 해결해 보려는 것에 있을 것이

---

*애니미즘animism : 무생물계에도 영혼이 있다고 믿는 세계관. 물신숭배物神崇拜 · 영혼신앙靈魂信仰 또는 만유정령설萬有精靈說이라고도 번역되는 애니미즘이라는 말은 라틴어의 아니마(영혼)에서 나온 말이다. 영국의 인류학자 타일러가《원시 문화》(1871)에서 이 말을 처음 사용하였는데, 애니미즘적 사고방식은 '야만인의 철학'으로써 종교의 기원을 설명하는 동시에, 나아가서는 종교의 근본 원리가 되었다고 주장한 데서 비롯된다. 참10

다. 그러한 이유로 인류학은 인류의 문화적 진보의 실상을 드러내어 인간을 이해하려는 입장에서뿐만 아니라, 인간에게서의 문화 현상의 본질을 파악하여 인간의 본질을 규명해 본다는 차원에서 인류에 대한 접근을 시도하였다. 이 과정에서 인류학은 인류에 접근해 가는 시각의 차이에 따라 다음과 같이 분화되었다.

인류학*이라고 하는 용어가 학술용어로 쓰여지기 시작한 것은 인류에 대한 연구가 독립된 과학으로서 체계화되어 나온 18세기 말부터였다. 구체적으로 말하자면, 독일의 게틴겐 대학의 해부학자이며 동물학 교수인 **블루멘바흐****가 인류의 신체 연구를 종합하여 조직적인 인류학의 체계를 세우는 과정에서였다. 즉, 그에 의해 비교해부학의 입장에서 인류에 대한 연구가 조직화·체계화됨으로써 인류학이 성립되어 나왔던 것이다. 그러한 의미에서 그는 인류학의 창설자로 불리고 있다. 그의 그러한 연구는 세계 각지의 두골頭骨을 비교·연구함으로써 이루어졌는데, 그렇게 해서 학문의 독립된 분야로 성립된 인류학은 1876년에 전문교육기관인 근대인류학학교Ecole Anthropologique Moderne가 세워지고, 1959년에 비로소 프랑스의 의학자 **브로카*****에 의해 인류학회가 창설됨으로써 확립되었다.

이와 같이 타일러의 《인류학》(1881) 이전의 인류학은 주로 생물학적 측면에서 접근된 인류학, 즉 현재의 자연인류학physical anthropology의 의미로 쓰여졌다. 그러나 타일러 이후, 인류학에 민족학이 흡수됨으로써 인류학은 현재의 문화인류학cultural anthropology의 의미로 쓰여지게 되었다. 그 후 영국의 인류학자인 **해든******이 그의 저서 《인류학사*History of Anthropology*》(1910)에서 인류학을 자연인류학

---

*인류학人類學/anthropology : 생물로서의 인류와 그의 문화를 연구하는 학문. 참10

**블루멘바흐Johann Friedrich Blumenbach(1752-1840) : 독일의 해부학자·생리학자. 자연인류학의 시조라 일컬어진다. 사수류四手類인 다른 영장류에 대해서, 인류를 이수류二手類라고 이름 지었다. 캅카스(코카서스) 지방의 주민을 가장 완전한 기본적 인류로 보았으며, 그 밖의 인종은 기후·음식물·풍속습관 등의 차이로 캅카스 인종에서 퇴화하여 생겼다고 주장했다. 참10

***브로카Paul Broca(1824-1880) : 19세기 프랑스의 외과의사, 인류학자. 최초 인류학 학회인 파리 인류학회, 인류학학교 에콜 드 앙트로폴로지를 창설, 세계 인류학 발전에 영향을 끼쳤다. 뇌의 브로카 중추라는 언어중추의 소재를 밝혔다. 참10

****해든Alfred Cort Haddon(1855-1940) : 런던 출생. 1880-1901년 더블린 대학교 교수, 1909년까지

과 문화인류학으로 대별해 자연인류학의 범위에 동물학적 연구, 고생물古生物학적 연구, 생리학 및 심리학적 연구, 인종학적 연구의 네 방면을 포함시키고, 문화인류학의 범위에 고고考古학적 연구, 기술 및 기능의 연구, 사회학적 연구, 언어학적 연구, 민족학적 연구의 다섯 방면을 포함시켰다.

그러나 제2차 세계대전 이후, 하버드 대학의 문화인류학 교수인 클루크혼C. Kluckhohn에 의해 인류학은 자연인류학, 문화인류학, 그리고 두 분야의 자료를 실천적 차원에서 이용하는 실용인류학 등으로 삼분화되었고, 문화인류학 분야는 다시 유물·유적 연구의 고고학archaeology, 과거와 현대의 여러 민족 문화의 비교 연구인 민족학ethnology, 구두 전승에 의해 보존된 극, 음악, 이야기를 수집하고 분석하는 민속학folklore, 근대적 공동사회와 사회구조를 연구하는 사회인류학social anthropology, 폐용되고 현용되는 여러 언어들에 대해 연구하는 언어학linguistics, 일정하게 구별될 수 있는 삶의 방법과 특징적 심리와의 관계를 연구하는 **문화와 인성***등으로 분화되었다. 이와 같이 한 두 학자들에 의해 인류학이 분화되기는 했지만, 타일러 이래 영·불·미에서 인류학이라고 말할 경우 문화인류학이란 의미로 통용되는 것은 여전했다. 독일에서는 18세기 말의 블루멘바흐의 입장을 취해 영·불·미의 자연인류학을 인류학으로 명명하고, 영·불·미의 문화인류학을 정신과학 내지 문화과학으로 명명해 왔다. 근래 들어 인류학은 자연인류

케임브리지 대학교 교수를 역임하였고, 1888-1889년 및 1898-1899년에 토러스해협 조사단의 지휘자로 활약하였다. 케임브리지 대학교에 인류학 강좌를 개설하여 미개인의 공예에 대한 우수한 연구결과를 많이 발표하였으며, 1898년에 저술한《인간 연구》라는 책에서 인류학은 생물학적 존재로서의 인간보다도 오히려 문화를 가진 생물로서의 인간을 다루어야 할 것이라고 주장하여 그의 인류학에 있어서의 입장을 밝혔다. 그 밖의 저서에는《토레스해협 서방부족의 민족지》(1890),《영국령 뉴기니의 장식미술》(1894),《인종과 그 분포》(1901),《민족 이동론》(1911) 등이 있다. 참10

*문화와 인성culture and personality : 보아스Franz Boas의 제자인 루스 베네딕트Ruth Benedict, 에릭 에릭슨Erik Erikson, 마거릿 미드Margaret Mead 등의 연구. 심리인류학psychological anthropology이라고도 함. 문화가 어떤 과정을 통해 개인에게 습득되는가, 어떻게 한 개인이 문화적으로 규정된 행위 양식을 갖게 되는가, 그 과정에서 인간의 심리적 특성들은 어떻게 작동 하는가 등의 관심에서 출발한 연구이다. 인성은 성격, 기질, 성품, 심성 등을 포괄하는 용어이다. 인성은 개인적이고 문화는 집단적이라는 가정을 쉽게 갖는다. 그러나 인성은 문화에 따라 다르게 만들어지고 문화에 따라 다르게 인식된다. 참34

학이나 문화인류학의 의미로부터 벗어나 두 분야는 물론 고고학이나 언어학과 같은 인접학문까지를 하나로 묶어 낼 수 있는 인류 연구에 대한 총합적 과학으로서의 의미를 확보해 가고 있다.

여기서 다시 정리해 보면, 인류학은 생물학적 측면에서 인간을 연구하던 쪽에서 성립되어 민족학적 측면에서 인간을 연구하려는 쪽으로 전환되었고, 현재는 생물학적 측면과 인류학적 측면을 일관할 수 있는 하나의 학문으로 확립되어 가고 있다. 그렇다면, 이와 같은 인류학이 인류의 문화 연구를 담당하게 된 이유는 무엇인가? 인류학의 연구 대상은 어디까지나 인류이다. 인류가 다른 생물로부터 결정적으로 구별되어 나온 것은 인류가 생물적 유전에 의하지 않고 그것이 태어난 사회로부터 획득한 것, 즉 육체의 진화와는 독립적으로 축적·전달·발전시킬 수 있는 문화라고 하는 독자적 세계를 형성했기 때문이다. 그러한 의미에서 인류학은 이 문화라고 하는 것을 중핵으로 성립되었던 것이다.

그렇다면 인류와 인간에 대한 이해를 깊게 하기 위한 방법으로써의 문화에 대한 연구는 인류학을 통해 어떻게 행해져 왔는가? 앞에서도 언급했듯이 문화 연구에 대한 과학적 접근은 진화주의의 물결을 타고 나타난 민족학자에 의해 이루어지기 시작했으며, 그들의 문화에 대한 연구는 문화적 과정을 규명해 보려는 것에 그 목적을 두고 있었다. 그들은 실증주의적 방법과 비교 연구의 방법을 취했는데, 여러 사회들로부터 여러 자료들을 광범위하게 수집하여 그것들을 서로 비교해 봄으로써 문화적 진화 과정을 파악해 보는 것이 그 일차적 방법이었다. 예를 들어 미개사회들의 비교를 통해 원시사회의 원형을 파악한다든가 원시 시대의 문화적 진화 과정을 파악한다든가 또는 미개사회의 연구를 통해 파악해 낸 원시사회를 현대문명사회와 비교한다든가 하는 것이었는데, 그들의 궁극적 목적은 그러한 성과들을 통해 인류 문화의 진화 과정을 파악해 보려고 하였던 것이다.[9] 그것의 일환으로 그들이 19세기 후반 인류학의 성립을 계기로 시도한 문화 연구는 기록에 남아 있지 않은 태고의 인류 문화사를 복원해 보려는 작업이었다.

19세기 중반까지의 문화에 대한 연구는 민족학에 의해 주도되었다. 이 경우에서는 **문화전파***에 관한 연구가 그 주류를 이루고 있었다. 문화전파란 어떤 문화권 혹은 민족 속에서 그 문화를 구성하는 요소의 일부가 다른 문화권 혹은 다른 민족의 문화 속으로 전파되어 가는 과정을 가리킨다. 일반적으로 인간에게서의 문화에 대한 관심은 주로 다른 문화와의 접촉을 계기로 한다. 이와 마찬가지로 인류에게서의 문화에 대한 연구도 자신이 소속된 문화권이나 민족의 문화가 다른 문화권의 문화나 타 민족의 문화와의 접촉을 갖게 됨으로써 이루어졌다.

자신이 소속된 민족과 타 민족과의 문화적 차이를 논한 것으로서 우리에게 발견되는 최초의 문헌은, 현재 역사가의 아버지로 불리는 **헤로도토스****의 역사책이다. 그는 자신의 여행으로부터 취한 지식을 가지고 페르시아전쟁의 역사를 동양과 서양의 충돌이라는 견지에서 취급하였고, 당시의 세계 각지의 역사지지歷史地誌를 포함한 일종의 세계사를 저술하였다. 또 그는 그것을 통해 자신이 속해

---

*문화전파文化傳播/culture diffusion : 한 사회의 문화요소가 다른 사회로 전해져서 그 사회의 문화과정에 정착되는 현상. 참10

**헤로도토스Herodotos(484-425, BC)의《역사》: 헤로도토스는 그리스 역사가. 키케로가 '역사의 아버지'라고 불렀다. 페르시아 전쟁사를 다룬《역사》를 썼다.《역사》에는 일화와 삽화가 많이 담겨 있으며 서사시와 비극의 영향을 받은 것으로 여겨진다. 그리스인 최초로 과거의 사실을 시가가 아닌 실증적 학문의 대상으로 삼았다. 헤로도토스는 들은 그대로 기록하고 전해지는 것을 그대로 전하는 것을 서술 원칙으로 삼았다. 이를 위해 갈수 있는 곳이라면 어디든지 찾아다녔고, 현지에서 만난 사람들과 나눈 대화 내용이 9권으로 이루어진 저서《역사》의 가장 중요한 자료가 되었다. 헤로도토스가 대여행을 하였다는 것은《역사》에서 알 수 있지만, 그것이 언제 있었던 일인지는 알 수 없다. 그의 여행 범위는 북으로 오늘날의 우크라이나 지방인 스키타이, 동으로는 유프라테스강 유역을 거쳐 바빌론까지, 남으로는 오늘날의 이집트 아스완Aswan 지방인 엘레판티네Elephantine, 서로는 이탈리아와 시칠리아, 그리고 아프리카의 키레네 산맥까지였던 것으로 추정된다. BC 431년부터 BC 425년 사이에 집필된 것으로 보이는《역사》는 언뜻 보기로는 무계획적인 것처럼 보이지만, 그것은 서사시와 비극의 영향을 받은 것으로 생각되며, 실제로는 정연한 구성을 이루고 있다. 헤로도토스는 과거의 사실史實을 시가詩歌가 아닌 실증적 학문의 대상으로 삼은 최초의 그리스인으로,《역사》는 그리스 산문 사상 최초의 걸작으로 평가된다.《역사》는 동서 분쟁이라는 관점에서 중요한 페르시아 전쟁Greco-Persian War(499-479, BC)의 역사를 쓴 것으로 후대의 알렉산드리아 학자들이 편의적으로 9부분으로 나눈 것으로 알려져 있다. 그러나 헤로도토스 자신이 9개의 파피루스 두루마리로 된《역사》를 청중 앞에서 직접 낭독했다는 카그나치의 주장도 있다. 카그나치에 의하면《역사》9권은 각기 3개(제5권은 4개)의 낭독 단위로 나뉘어 전부 28개로 구성되어 있었고 그 각각은 대략 4시간에 걸쳐 청중에게 낭독되었다는 것이다. 참10

있는 그리스와 이집트인들과의 관습적 차이를 이야기했다. 그러한 업적으로 인해 오늘날 인류학자들은 그를 인류학의 원조로 파악하고 있다.

문화전파라는 측면에서의 문화에 대한 관심과 연구는 르네상스를 전후하여 서양이 동양 문화를 받아들이는 과정에서 급진전하게 되었고, 그 후 그러한 문화전파에 대한 연구는 19세기 중반의 근대지리학의 창시자로 불리는 독일의 **리터***, 19세기 후반의 역시 독일의 지리학자 라첼 등에 의해 확립되었다. 리터는 지구를 일종의 공간유기체로서 보고 비교 연구 방법을 통해 지지地誌를 해명하였다. **라첼****은 자연과 인류의 관계를 환경론으로 정리해 냈고, 인문지리학을 과학적 방법으로 접근해서 근대 인문지리학을 확립시켰으며 그것을 토대로 문화의 이동 전파론을 정립시켰다. 이와 같이 문화에 대한 연구는 인류학이 성립되기 이전에는 문화전파의 측면에서 인문지리학자들에 의해 이루어졌고, 19세기 후반 인류학의 성립 이후부터는 민족학자들에 의해 문화적 진화의 측면에서 이루어졌던 것이다. 20세기로 들어와서의 문화 연구는 다음과 같은 두 가지 측면에서 그 특징을 그려낼 수 있다.

첫째, 문화 연구가 그 동안은 인류학자들에 의해 이루어 온 데 비해 20세기에는 심리학자들과 사회학자들에 의해서도 이루어지게 되었다는 것이다. **분트*****와 같은 심리학자는 어떤 민족의 구체적인 심적 현상들을 수집하여 그 민족의 정신현상을 설명하려 하였다. 분트의 그러한 입장을 토대로 인간의 심리적 현상을 통해 문화의 본질을 규명해 보려는 문화심리학cultural psychology이 성립되었다. 이와 같은 입장의 문화심리학이 성립되어 나온 것은 20세기 초였는데, 1920년대

*리터Karl Ritter(1779-1859) : 19세기 독일의 지리학자. 훔볼트와 함께 근대지리학의 창시자로 일컬어지며, 인문지리학·지지학의 개조로서 높이 평가된다. 베를린 대학 초대 지리학 교수였다. 주요 저서에는 《자연과 인간 역사의 관계에서의 지리학》이 있다. 참10

**라첼Friedrich Ratzel(1844-1904) : 독일의 지리학자. 《인류지리학》(1897), 《정치지리학》(동년) 등 많은 저술을 통하여 인문지리학의 방법론의 진보에 공헌했다. 참10

***분트Wilhelm Wundt(1832-1920) : 독일의 심리학자·철학자. 감각생리학과 영국 연상파聯想派의 심리학을 종합하여 실험 심리학을 확립하였다. 그는 심리학을 직접경험 학문이라 정의하고, 의식의 내관內觀에 따라 분석적으로 포착되는 부분의 기술記述에 전념하였다. 이것은 무의식의 추방을 뜻한다. 주요 저서로는 《철학 체계》(1889), 《심리학원론》(1896)이 있다. 참10

로 들어와서는 사회 현상을 가지고 문화의 본질을 파악해 보려 한다든가, 문화와 사회의 관계를 파악해 보려는 문화사회학cultural sociology이 성립되었다.[10]

둘째는 이전의 경우처럼 문화의 실상을 파악해 보려는 쪽이 아니라 문화의 원리나 본질을 규명해 보려는 쪽으로 방향 전환이 생겼다고 하는 것이다. 그러한 입장은 19세기 후반의 진화주의에 대한 비판으로 출발하였다. 독일에서의 문화권설kulturkreislehre의 대두가 그 첫 경우이다. 이 학설은 **프로베니우스***에 의해 도입되어 **그래브너****에 의해 이론적 기초가 세워졌고 **슈미트*****에 의해 확립되었다. 프로베니우스는 문화를 여러 문화요소들로 구성된 유기체인 동시에, 특정한 양식으로 통일된 생활체로 파악하였다. 그는 그러한 전체로서의 문화요소들의 복합체를 '문화권'이라 하였다. 문화권설을 제시한 학자들에게서의 문화 연구는 문화요소들의 유기적 관계들을 파악하여 생활체로서의 문화권의 실상을 드러내

---

*프로베니우스Leo Viktor Frobenius(1873-1938) : 독일의 탐험가 · 민속학자. 문화역사적인 민족학 방법론을 주창했다. 문화진보의 3단계 이론을 주장했으며, 선사 시대의 예술 분야 연구에서 독보적인 지위를 차지했다. 프로베니우스는 독학으로 사회과학자가 되었으며, 1904-35년 12명의 탐험대를 이끌고 아프리카를 탐험했다. 또 알프스 · 노르웨이 · 스페인 · 북아프리카 및 남아프리카의 선사예술 중심지를 답사했다. 초기에 그는 문화의 본질을 이해하는 문제에 골몰했다. 문화의 기원, 문화를 지배하는 법칙, 문화와 인간의 관계를 해명함으로써 인간의 전 역사를 이해할 수 있게 되기를 소망했던 것이다. 그는 문화전파라는 개념을 주창하고 문화적 분포가 동일한 지역들을 문화복합체Kulturkreise라는 개념에 따라 분류했다. 이 개념은 프리츠 그레브너에 의해 더욱 확대되었다. 프로베니우스는 저서《문화의 문제》제1권에서 문화가 생물학적 의미의 생명체라는 견해를 제시하면서 그는 문화가 청년기 · 성숙기 · 노년기를 거친다고 주장했다. 그는 많은 기사 및 팜플렛과 60여 권의 저서를 집필했다. 1932년부터 프랑크푸르트 암마인 대학교에서 강의했다. 주요 논문〈대륙에 살면서〉(7권, 1925-1929), 주요 저서《문화의 문제》(4권, 1899-1901), 《경험의 대륙》(7권, 1925- 1929), 《운명학》(1938). 참17

**그레브너Fritz Gräbner(1877-1934) : 독일 베를린 출생의 민족학자. 1925년 쾰른 민족박물관장, 1926년 쾰른 대학의 명예 교수가 되었다. 《민족학의 방법*Methode der Ethnologie*》을 저술하여, 쾰른 빈학파로 알려진 문화권설文化圈說, 문화사적 민족학의 이론적 기초를 확립하였다. 특히 문화층Kulturschichten의 개념으로 문화권을 역사적으로 층위화層位化하는 점에서 독일의 역사가 베른하임의 역사학 방법론을 채택하였다. 주로 박물관 자료의 비교에서 얻은 도식적 문화전파론은 뒤에 기능주의의 비판을 받았다. 주요 저서《민족학의 방법》(1911). 참10

***슈미트Wilhelm Schmidt(1868-1954) : 독일의 민족학자 · 언어학자 · 가톨릭신부. 비교언어학 연구에서 출발, 세계 어족과 언어권을 밝혔다. 민족학적 연구로 19세기 일계一系적 진화론을 비판하였다. 프로베니우스의 문화권설을 받아들여 문화사적 민족학(빈학파)을 수립한 자로서, 빈학파의 총수로서의 안트로포스 연구소를 주재했다. 참40

는 데 그 목적이 있었다. 그러나 머지않아 세계 각지로부터의 선사先史학적 발견과 민족지民族誌적 보고들이 문화권설의 가설들과 배치되면서 문화권설은 설 자리를 잃게 되었다.

1920년대로 들어와 문화 연구는 인류 문화 일반의 과정과 그것을 일관하는 어떤 보편적 원리의 탐구 쪽으로 전환하였다. 그 과정에서 첫 번째로 대두된 것이 바로 **기능주의***였다. 그 다음이 **문화의 유형****과 문화와 인성culture and personality이었다. 기능주의는 영국의 **말리놉스키*****, **래드클리프 브라운****** 등에 의해 제창되었는데, 그들은 하나의 문화를 구성하는 개개의 요소는 어떠한 상관관계를 가지고 유기적 복합체로 통일되어 있다고 파악하고, 그러한 유기적 복합체 속에서 개개의 요소들의 기능과 그러한 요소들로 이루어진 유기적 복합체의 구조를 규명해 내려 했다. 이에 대하여 **베네딕트*******는《문화의 유형*Patterns of Culture*》(1934)을 통해

---

*기능주의機能主義/functionalism : 온갖 현상을 끊임없는 생성소멸의 과정으로 이해할 것을 강조한 19세기 말에 대두한 과학 방법론. 실체實體의 개념을 배척하고 요소간의 상호 작용이라는 견지에서 대상을 기능적으로 파악한다는 입장인데, B. K. 말리놉스키 등의 문화인류학에서의 접근이 그 예이다. 참10

** 문화의 유형文化類型culture of pattern : 문화의 여러 요소나 특질이 통합 형성되어 체계를 이룬 유형. 문화는 문화요소나 특질이 적분積分된 것으로, 특정한 문화 연구의 중요성을 문화의 여러 특질에 대한 목록보다는, 여러 특질의 통합 형성의 양식에 주목해야 한다는 입장에서 이 개념이 생겨났다. 따라서 이러한 관점에서 '학습행동의 통합 체계' 개념으로 문화를 파악할 것이 강조된다. 현대의 문화인류학설 속에 문화의 통합형성 관념을 처음으로 도입한 사람은 베네딕트이다. 그녀가 1935년 발표한《문화의 제유형諸類型/*Patterns of Culture*》과 그 밖의 여러 논문에서 밝힌 문화유형은, 문화란 여러 부분의 단순한 집합이 아니라 이들의 독특한 상호관계에 의한 통합체이며, 이러한 문화적 통합체는 각기 이상으로 하는 특유한 가치관념·인생관의 체계에 의해 관철되어 사람들의 행동을 규제한다. 참10

***말리놉스키B. K. Malinowski(1884-1942) : 폴란드 출신의 런던 대학 교수로 재직하며 문화인류학에서 역사주의를 비판하고, 기능주의라는 연구 방법을 창시하여 사회 문화 연구에 새국면을 열었다. 주요 저서에《미개사회에서의 범죄와 관습》(1926),《문화변동의 동태動態》 등이 있다. 참10

****래드클리프 브라운Alfred Reginald Radcliffe-Brown(1881-1955) : 영국의 사회인류학자로 민족문화는 사회 생활을 통합하는 역할을 하며 개개의 제도나 관습은 다른 체계에 대하여 상호관련성을 가진다고 보고 문화의 의미와 관련성의 일반법칙을 해명하려 하였다. 주요 저서《안다만 제도인諸島人》(1922) 등이 있다. 참10

*****베네딕트Ruth Fulton Benedict(1887-1948) : 미국의 문화인류학자로 그의 학문적 입장은 인간의 사상, 행동의 의미를 심리적으로 파악하려고 한 문화 양식론을 띈다. 주요 저서로《문화의 유형》(1934),《국화와 칼》(1946) 등이 있다. 참10

하나의 문화를 구성하는 요소들로부터 그것들을 일관하는 어떤 관념을 찾아보려 하였다.[11] 또 콜롬비아 대학 인류학과장인 린튼R. Linton은 《인성의 문화적 배경*The Cultural Background of Personality*》(1945) 등을 통해 문화의 패턴이 그 문화에 속해 있는 개인의 행동을 규정하고 방향 지으며 그 성격을 결정하는 커다란 동력이라는 점에서 문화와 인성의 관계 일반을 규명하려 하였다.[12]

1960년대 문화 연구는 주로 사회과학 분야에서 다음과 같은 네 가지 측면에서 접근되었다.[13] 보스턴 대학의 사회학 교수 **버거*** 등에 의한 현상학적 접근, 영국의 문화인류학의 전통을 이어받은 미국의 노스웨스트 대학 문화인류학 교수 **더글라스**** 등에 의한 문화인류학적 접근, 레비스트로스와 푸코 등에 의한 구조주의적 접근, **스튜어트 홀*****과 **하버마스****** 등에 의한 비판적 이론Critical Theory의 측면에서의 접근 등이 바로 그것이다.

버거 등의 문화에 대한 현상학적 접근은 일상생활 속에서 직면하는 다양한

*버거Peter L. Berger(1929-) : 미국 사회학자. 오스트리아 빈 출생. 1946년 미국으로 이주. 조지아 대학, 보스턴 대학 등에서의 사회학 교수를 지냈다. 사회학과 철학의 넓은 시야에서 지식사회학·종교사회학·비교사회학의 영역을 중심으로 인간에게 초점을 맞춰 사회적 현실의 다차원적 연구에 중점을 두었다. 실존의 시점과 사회학적 인간학으로의 접근을 엿볼 수 있는 《사회학으로의 초대》(1963) 등이 잘 알려져 있다. 참2

**메리 더글라스Mary Douglas(1921-2007) : 영국의 문화인류학자이자 문화 이론가로서 클로포드 기어츠, 데이빗 슈나이더, 빅터 터너와 함께 상징인류학을 대표하는 학자이면서, 동시에 사회학의 피터 버거, 철학의 미셸 푸코, 하버마스와 더불어 현재의 주요 사상가로 꼽히고 있다. 참14

***스튜어트 홀Stuart Hall : 신좌익 운동을 통해 형성된 네오마르크시즘의 이론가로 출발해 영국 버밍엄 대학의〈현대 문화 연구소〉(1964년 정식으로 기구화됨)의 초대 위원장으로 60-70년대 정치사회학적 측면에서 영국의 대중 문화 연구를 주도했던 인물이다. 참8, 80면

****하버마스Jurgen Habermas(1929-) : 독일의 철학자이자, 사회학자. 프랑크푸르트학파 속에서 성장. 《공공성公共性의 구조 전환構造轉換》(1962)으로 하이델베르크 대학교 교수, 프랑크푸르트 대학교 교수로서 철학과 사회학을 강의하였다. 1971년 이후 과학기술에 의하여 각인刻印된, 현대 문명 세계에서의 인간의 생생한 체험의 여러 조건을 연구하는 막스프랑크연구소 교수로 임명된 후 저술 활동을 활발히 전개하였다. 학파적學派的으로는 M. 호르크하이머와 T. W. 아도르노의 의발衣鉢을 이어받은 제2세대 프랑크푸르트학파의 마르크스주의자지만 특히 사회학에서의 비판적 합리주의(H. 알베르트, K. R. 호퍼), 정신과학에서의 해석학(H. G. 가다머)의 방법논쟁을 통하여 마르크스주의로부터 유연한 방법론적 기초를 제공하였다. 그는 관리사회의 문화라든가 지배적 실증주의에 날카로운 비판을 가했고, 1960년대의 국제적인 학생 운동에 대해서 마르쿠제 등과 함께 신좌익 차원에서의 현대사회비판을 주도해 나갔다. 주요 저서에 《이론과 실천》(1963) 《이데올로기로서의 기술과 과학》(1968), 《사적史的 유물론의 재건을 위하여》(1976) 등이 있다. 참10

사회적 현상들을 통해 의미의 체계를 파악하고 그것을 통해 문화의 본질을 이해해 보려는 입장이었다. 그의 문화에 대한 기본입장은 문화란 인간이 만들어 낸 생산물의 총체이고, 그러한 생산물들은 의미가 부여된 인간 하나하나의 행위들에 의해 만들어졌으며, 그러한 의미에서 인간에 의해 만들어진 의미 체계가 바로 문화라는 것이다. 메리 더글라스 등의 문화에 대한 문화인류학적 입장은 인간의 상징적 행위나 그러한 행위에 의해 만들어진 상징물들에 대한 분석을 통해 문화현상의 원리를 파악하려 한 입장이다. 푸코 등에 의한 구조주의적 접근은 인간의 언어 속에 내재해서 언어 현상을 일으키는 보이지 않는 구조를 파악하여 그것을 통해 문화의 본질을 이해하려는 입장이다. 하버마스 등의 비판적 이론의 측면에서의 문화에 대한 접근은 현대의 문명사회가 합목적적 행위들로 이루어진 사회이기 때문에 인간이 그러한 사회적 경험을 통해 얻어 낼 수 있는 지식이란 합목적적 행위만을 행할 수 있는 지식이고, 또 그러한 지식만을 취할 수 있는 커뮤니케이션만이 가능한 사회이기 때문에 현대사회가 현재 문화적 위기에 처해 있다는 것을 주장하는 입장이다.

이상과 같이 문화 연구사를 파악해 볼 때, 우리는 다음과 같이 그것을 정리해 볼 수 있다. 인간들의 문화에 대한 연구는 한 특정 지역의 인간이나 특정국가의 민족이 타 지역의 인간이나 타국의 민족과 접촉해 가는 과정에서 자기들이 소속된 지역이나 민족의 입장에서 타 지역의 인간이나 타국의 민족들의 특성을 발견하고, 또 상대방의 입장에서 자기들의 특성을 발견해서 인간의 보편적 특성을 발견해 가는 과정에서 성립되어 왔다. 그 후 그러한 연구의 결과로서 인류라고 하는 개념이 형성되어 나왔다. 그러한 개념 형성을 계기로 새로운 차원에서 시작된 문화에 대한 연구는 지구상에 존재해 왔고 또 현재 존재해 있는 모든 인간들인 인류의 생활양식에 대한 고찰을 통해 행해지게 되었으며 인간의 사회적 현상의 고찰을 통해 전개되었다.

그렇다면 이와 같이 인간이 이 세상에서 자신의 존재 양식이라 할 수 있는 자신들의 문화를 연구해 온 궁극적 목적은 무엇인가? 그것은 두말할 나위 없이 자기 자신들이 어떠한 존재인가를 보다 명확히 알기 위해서이다. 인간에게서의 문화 연구의 궁극적 목적이 그러한 것이라면 지금까지의 인간의 문화 연구는 극히 한정적인 차원에서밖에 이루어지지 않았던 것으로 생각된다. 인간은 어느 한 차원만의 존재가 아니다. 정신적 · 사회적 · 생물학적 · 물질적 등 여러 차원의 존재이다. 따라서 그러한 모든 차원이 통합된 차원에서만이 제대로 파악될 수 있는 존재이다. 근대까지의 인간에 대한 연구는 문화인류학의 측면에서, 아니면 자연인류학의 측면에서 연구되어 왔고, 최근 들어서는 두 측면을 일관할 수 있는 차원, 즉 인문과학과 자연과학을 통합해 낼 수 있는 어떤 차원에서 인류를 바라볼 수 있는 인류학의 정립이 요망되고 있다. 그러나 그 이론적 기초가 발견되지 않아 그러한 인류학의 정립은 요원한 것으로 생각되어 왔다.

이에 필자는 문화인류학과 자연인류학, 혹은 인문과학과 자연과학을 하나의 시각으로 수렴해 낼 수 있는 방법을 제시하고자 한다. 과정학processology이 바로 그것이다. 전 지구적 시각으로부터 지상의 한 인간이나 어떤 집단의 인간들을 바라본다는 것이 다름 아닌 인류학적 시각이다. 이 경우 '전 지구적 시각'이란 시간적으로 이 지구에 인류가 동물로부터 진화해 나오게 된 시점에서부터 현대에 이르기까지를 통해 본 시각과, 공간적으로 전 지구상의 모든 지역을 통해 본 시각과의 통합된 시각을 가리킨다. 인류학에서 인간을 파악해 내는 시각은 바로 그러한 시각이다. 따라서 인류학의 시각은 지구를 단위로 한 시공간이 통합된 시각을 가리킨다.

그렇다면 여기에서 지구란 어떤 것인가? 우리가 지구란 어떤 존재인가를 파악하기 위해서는 전 우주적 시각을 취하지 않으면 안 된다. 전 우주적 시각을 가지고 지구를 파악해 볼 때, 지구는 우주의 팽창 과정과 은하계 · 태양계 등의 공 · 자전 등과 맞물려 자전과 공전을 통해 우주 공간을 이동해 가는 존재이다. 따라서 우리는 지구가 우주 공간 속에서 존재하기 시작한 이래 우주 공간을 이동해 왔고, 현재도 자전과 공전을 통해 우주 공간을 이동해 가는 존재라는 시각을 가지고 지상의 여러 현상들을 파악할 수 있는 입장을 취해야 한다. 지구상의 모든 존재는 지구가 그동안 우주 공간을 이동해 온 결과와 현재 그것이 자전과 공전을 통해 우주 공간을 이동해 가고 있다는 사실을 통해서만이 그 특성이 파악될 수 있다.

그러한 의미에서 우리가 지구상의 인류를 파악하는 경우 우주적 시각을 가지고 그것을 파악할 때만이 인류로부터 인간이 파악해 낼 수 있는 가장 정확한 정보를 파악해 낼 수 있다는 입장이 성립된다. 과정학은 지구상에 존재하는 모든 존재와 그곳에서 일어나는 일들을 그러한 우주적 시각에서 파악해 보려는 입장의 학문이다.

그렇다면 우주적 시각으로 지구상의 모든 존재들을 파악해 보려는 과정학적 시각에서 파악될 수 있는 인간은 과연 어떠한 존재인가? 그러한 존재에 게서의 문화란 무엇인가? 또 그것은 어떻게 형성되었으며, 어떻게 전개되어 나왔는가? 문화 현상을 일으키는 원동력은 과연 무엇인가?

제2절 문화의 형성 과정

의식과 물질

인류의 문화는 전 지상全地上 차원에서 서로 영향을 주고받으며 형성되어 나왔다고 보는 것이 타당하다. 문화 현상이 인간의 행위와 의식 작용에 의해 이루어진다는 관점이 받아들여질 때, 문화에 대한 보편적 이해를 위해서는 이 지상에서 살아왔던 모든 인간과 현재 이 지상에 존재해 있는 모든 인간들을 대상으로 해서 그들의 행위와 의식 작용 등에 의해 일어났고 또 현재 일어나고 있는 현상들을 연구하지 않을 수 없다는 입장이 취해진다. 전 지구적 차원의 시각을 취해 통시적 측면에서 인간을 이해해 보려 할 경우, 인간이 동물로부터 진화했다는 점에서 동물과 구분되는 점이 인식된다. 또 그러한 시각을 취해 공시적 측면에서 인간에게 접근할 경우에도 동물과 구분되는 점이 발견된다. 전자를 통해 인류라는 개념이 성립되었고, 후자를 통해 사회라는 개념이 성립되었다.

19세기 후반 과학적 측면에서의 문화 연구에 대한 첫 시도는 인류라고 하는 개념을 정립해 보려는 차원에서 이루어졌고, 20세기 이후의 그 시도는 사회라고 하는 개념을 확립해 보려는 차원에서 이루어졌다. 그 결과 그러한 시도들을 통해 우리는 인류를 사회적 동물로 개념화시켰다.

이와 같이 인류에 대한 개념 파악과 그것을 토대로 한 사회에 대한 개념 파악의 작업을 통해 문화에 대한 연구가 이루어졌고, 그것들의 본질적 이해를 통해 인간에게서의 문화의 본질을 파악해 보려는 차원에서 문화에 대한 연구가 이루어졌다. 통시적 측면에서의 인류의 특성에 대한 파악이 인간과 동물과의 관계를 통해 이루어졌다면, 공시적 측면에서의 그것에 대한 파악은 동물이 자신들의 삶을 영위해 가는 장소로서의 자연과, 사회적 동물인 인간들이 자신들의 삶을 실현하는 장소로서의 사회와의 관계를 통해 행해져 왔다. 이와 같은 인간의 특성들에 대한 파악은 지구의 표면에 위치해 그곳에 존재하는 자신들을 바라보는 시각에 의해 이루어진 것이다.

만일 인간들의 의식이 지구의 표면으로부터 대기권 밖의 우주로 나가 우주를 통해 지구의 표면에 있는 인간을 바라볼 경우, 지금까지의 지구의 표면에 위치해 있는 시각을 통해서만 파악되었던 인간의 특성들과는 상당히 다른, 다시 말해 한층 더 보편적인 인간의 특성들이 파악될지도 모른다. 우리가 지금까지 동물과 구분되는 인간의 특성을 통해 인간에 의해 이루어지는 여러 문화적 현상들의 본질을 파악하려 했던 것은 인간의 삶이 주로 동물이나 식물과 같은 생물들의 세계를 통해서만 이루어진다는 의식이 있었기 때문이다. 또 다른 생명체들과 구분되는 사회적 특성을 통해 인간에 의해 이루어지는 현상의 본질들을 파악하려 했던 것은 사회적 동물로서의 인간의 삶이 자연계를 구성하는 지구의 표면을 통해 일어난다는 의식이 있었기 때문이라 할 수 있다. 그러나 우리가 우주를 통해 우리 자신을 인식해 볼 경우에는 인간의 삶의 실현 장소가 생물권이나 혹은 지구 표면에만 국한된 것이 아니라 우주 자체가 바로 인간의 삶의 실현 장소라는 의식이 인간에게 생기게 될 것이다. 앞서 우리는 생물권 내의 존재이면서도 동물 등과 같은 생명체들과 구분되는 인간이라는 점을 강조해 그것을 통해 인간의 그 본질을 파악하려 하였고, 또 지구의 표면과 같은 자연계 속의 존재이면서도 자연계와 구분되는 사회적 존재라는 점을 강조해 그것을 통해 인간의 본질을 파악하려 하였다.

그러면 우선 지구의 표면에서의 존재해 있는 인간에게서의 우주적 시각이란 과연 무엇인가? 그것은 지구의 표면에 처해 있는 인간이 의식이라고 하는 존재 형태를 취해 지구 밖의 우주로 나가서 그곳에서 지구상의 인간 세계를 한눈으로 바라 볼 수 있는 시각을 가리킨다. 시각에서의 인간의 특성 파악이란 결국은 인간의 의식 현상을 통해 인간의 본질을 파악하는 것이라 할 수 있다. 보다 구체적으로 말하자면, 우리가 우주적 시각을 취해 인간의 특성을 파악한다는 것은 결국은 문화 현상을 일으키는 인간의 의식 현상을 통해 인간의 본질을 파악한다는 입장이라는 것이다.

그렇다면 인간에게서의 의식이란 무엇인가? 일반적으로 의식이란 의식 작용과 그 결과로서 의식된 의식 대상을 가리킨다. 이 경우 의식 작용이란 우선 일차적으로 인간의 감각기관이 대상들을 인식하는 작업이다. 인간의 감각기관이 대상들을 인식한다는 것은 대상들을 '어떠한' 대상으로 지각해 낸다는 것을 의미한다. 인간의 감각기관이 대상들을 '어떠한' 것으로 지각해 낸다는 것은 무슨 뜻인가? 그것은 인간의 감각기관이 구체적인 접촉을 통해 이미 체험했던 대상을 재차 접촉하게 됨으로써, 이전에 접촉했던 것과 재차 접촉하게 된 것과를 동일화시켜 보는 작업이다. 이와 같은 측면에서 인간의 감각기관을 통해 일어나는 인간의 의식 작용을 파악해 볼 때, 인간의 의식 작용은 인간의 감각기관, 그 감각기관이 이전에 접촉한 것과 재차 접촉하게 된 것과를 동일화 시키려는 의지, 그 접촉 대상 등으로 이루어진다. 인간의 의식 작용은 이들 중 어느 하나라도 없으면 일어날 수 없다.

인간의 감각기관은 어떻게 해서 성립되었는가? 무기물이건 유기물이건 이 우주에 존재하는 모든 존재는 자신의 형태를 유지하려는 속성을 지니고 있다. 우주 속에서 광자는 계속 광자들의 형태로 남아 있기를 원하고, 물 분자는 물 분자로 남아 있기를 원한다. 생명체의 경우도 마찬가지다. 그렇지만 사실은 그렇지 못하다. 이 우주 속에 존재하는 모든 존재는 서로 간의 접촉을 통해 자기 자신들의 존재 형태를 변화시켜 가야 한다. 우주가 열적평등 원리에 입각해 비존재 공간으로 계속 팽창해 가는 한, 즉 퍼져 나가는 한, 다시 말해서 우주가 비존재 공간과 합일을 지향해 가는 한, 우주 속의 모든 존재들은 우주의 비존재 공간과의 합일 과정을 타고 어떠한 형태로든 타자들과의 무수한 접촉을 통해 자신의 존재 형태를 해체시켜 가야 한다. 이와 같이 우주 속의 모든 존재에는 두 가지의 서로 다른 힘이 작용한다. 하나는 자신을 계속 유지하려는 힘이고, 다른 하나는 그것을 끊임없이 파괴시키려는 힘이다. 밖으로부터 어떤 힘이 어떤 존재를 통해 어떤 대상에 작용해 왔을 때, 그 대상은 자신의 존재를 유지시키기 위한 하나의 방법으로 힘을 가해 온 대상에 대하여 반응을 보이지 않으면 안 된다. 어떤 존재가 어떤 대상에 대해 가하는 힘과 그것에 대한 어떤 대상의 반응은 그 대상을 파괴하려는 힘과 자신의 존재를 유지하려는 힘과의 역학적 관계를 통해 일어난다.

필자가 여기서 강조하고자 하는 바는, 이 우주 속에서는 어떠한 존재에게도 자신의 존재 형태를 계속 유지하려는 일정한 의지가 주어졌다는 것이다. 또 그러한 존재들이 그들과 유사한 존재들로부터 반복적 자극을 받아간다는 것이다. 이 경우 한 존재가 동종의 존재들로부터 받는 충동에 대해서는 같은 반응을 보이게 되고, 그 존재가 동종의 존재들로부터 받는 충동이 반복되어 그 자극에 대한 그 존재의 반응이 반복된다. 그 결과 그러한 반응이 점차 하나의 반응 양식으로 굳어지고, 또 자동화되어 결국 그 자동화된 반응 양식이 반응기관反應器官, 즉 눈이나 귀나 코와 같은 감각기관으로 정착된다는 것이다. 이렇게 볼 때, 생명체에 달려 있는 감각기관이란 생명체에 어떤 자극을 가해 오는 어떤 존재들과의 반복적 접촉의 결과로 인해 생긴 것이고, 그 감각기관의 감각 양식은 그 감각의 주체가 자신을 보존하려는 의지와 그 주체에 자극을 가해 오는 대상들의 특징과의 관계 속에서 형성된 것으로 이해될 수 있는 것이다.

이러한 점을 고려해 볼 때 다음과 같은 이야기가 가능해진다. 우선, 모든 생명체의 감각기관은 이전에 접촉한 적이 있는 대상들이나 그것들과 유사한 것만을 인식할 수 있다. 외부로부터 생명체에 충동을 가하는 어떤 존재가 없었더라면, 어떠한 감각기관도 생명체에 존재하지 않았을 것이라는 것이다. 다음으로 생명체에 충동을 가하는 어떤 존재들은 물질의 형태를 취하기 때문에 감각의 주체에게는 그 존재가 물질로 인식된다는 점이다. 예를 들어 우리가 한 그루의 고목古木

을 발견했을 경우, 우리가 이전에 고목을 접한 적이 없었다면 우리는 그 고목을 고목으로 인식해 내지 못한다. 그 결과 우리는 결코 그 고목을 발견하지 못했을 것이다. 우리가 그 고목을 발견할 수 있는 것은 우리가 이전에 그것을 접촉한 적이 있었기 때문이다. 또 그 고목이 물질의 형태를 취해 우리에게 충격을 가해 오는 것은 고목을 인식할 수 있는 우리라고 하는 존재가 물질로부터 충격을 입을 수 있는 물질로 되어 있기 때문이다. 다시 말해, 우리가 물질로부터 충격을 받을 수 있는 물질로 되어 있기 때문에 우리의 감각기관도 물질만을 인식할 수 있는 감각기관이 되었다는 것이다. 우리 인간에게 고목은 검고 큰 나무로 보이지만, 더듬이를 이용하여 대상을 감지하는 개미에게는 아마도 그렇게 보이지 않을 것이다. 개미에게 인식된 어떤 물체에 대한 색채나 형태는 인간에게 인식된 그것들과는 사뭇 다를 것이다. 따라서 인간에게 인식된 우주와 개미에게 인식된 우주는 전혀 다른 존재일 것이다. 우리는 허공으로 퍼져 나가는 광자들의 집단체로 우주를 인식하지만 그것 또한 개미에게는 결코 인식될 수 없는 존재일 것이다. 인간에게 날아가는 비행기는 인식되지만, 개미에게는 아마도 인식되지 않을 것이다. 우리 인간에게는 길 한가운데 있는 돌멩이가 인간의 주먹과 같은 모양으로 인식될 수 있지만 개미에게는 전혀 다른 형태로 인식될 것임에 틀림이 없다.

개미는 개미식으로 세상을 인식할 수밖에 없고, 인간은 인간식으로 인식할 수밖에 없다. 이렇게 생각해 볼 때 이 우주나 자연이 정말 어떻게 생겼는지는 알 수 없다. 인간은 외부로부터의 어떤 존재가 인간에게 충격을 가해 오는 형식을 통해서만이 세상을 인식할 수밖에 없는 것이다. 예를 들어 우주가 존재한다고 인간에게 인식되었을 경우, 우리는 우리의 신체에 가해지는 어떤 물리적 법칙을 통해 그것의 존재를 인식할 수 있다는 것이다. 그러나 우리는 다른 어떤 법칙에 의해서 우주의 실체를 확인할 수도 있겠지만, 우리가 아직 어떤 다른 법칙들을 체험해 본 적이 없기 때문에 그것들을 통해서는 결코 확인해 낼 수 없을 뿐이다. 우리에게 감지되는 사물이나 세상이나 우주란 인간의 인체를 이루는 어떤 물질들이 외부로부터 받은 자극에 대한 어떤 한 화학적 반응의 소산에 불과한 것들이라는 입장이 취해진다.

그렇다면, 어떤 존재가 자신의 존재 형태를 계속 유지하려는 의지라든가 외부로부터 그 존재에 어떤 자극이 가해지는 힘의 원동력은 그들에게 어떻게 존재하게 된 것인가? 현대의 우주물리학자들은 현재 우주는 180-90억 년 전에 초고밀·초고온의 중성자보다도 더 작은 입자가 폭발해 생성된 것으로 보고 있다. 폭발속도는 광속이며, 폭발되어 나온 물질은 광자들로 보고 있다. 광자들의 속도는 일정하지만, 파장의 면에 있어서는 여러 종류의 광자들이 존재한다. 파장이 짧은 A라고 하는 광자가 더 짧은 B라고 하는 광자와 충돌하여 분해되어, 일부는 전보다 파장이 더 긴 C라고 하는 광자로 변화되고, 또 일부는 광자 B에 흡수된다. 그 결과 광자 B는 광자 A의 일부를 받아들여 전보다 파장이 더 짧은 D라고 하는 광자로 변화한다. 우주의 생성 이래, 우주 속에서는 파장을 달리하는 무수한 광자들이 같은 속도로 서로 충돌해 가며 직진·반사·굴절 등을 통해 우주 공간을 달리고 있다. 그 과정에서 파장이 길어지는 광자들은 결국 비존재 공간으로 흡수되어 사라지고 파장이 짧아지는 광자들은 소립자와 같은 입자로 전환하여 우주에서 물질로 존재하게 되는 것이다.

이와 같은 측면에서 우주란 무수한 광자들의 직진·반사·굴절 등에 의한 산란장이라 볼 수 있다. 우주의 내부에서는 광자들의 직진·반사·굴절 등이 일어나지만, 우주의 밖을 향해 달리는 광자들에게는 직진만이 있을 뿐이다. 우주 내의 모든 광자들은 직진·반사·굴절 등을 통해 서로가 작용과 반작용을 해 가게 되는데, 서로가 서로를 밀어 내는 과정에서 항상 직진하는 광자들의 집합체인 우주가 비존재 공간으로 퍼져 나가고 있는 것이다. 이와 같이 우주가 허공으로 팽창해 나감에 따라, 우주 내의 광자들의 산란도, 즉 온도는 점점 내려가게 된다. 그리하여 우주를 이루던 모든 광자들은 결국 언젠가는 허공 속으로 흡수되어 그것과의 완전한 합일 상태에 이르게 된다. 한편, 우주 속에서 물질로 응결된 광자들은 중력 작용을 통해 인접해 있는 물질들에 흡입되었다가 우주의 팽창 과정과 맞물려 다시 광자로 폭발해 나온다. 이렇게 봤을 때 우주 속의 어떤 존재가 자신의 개체를 끊임없이 유지해 가려는 힘이란 물질로 응집된 광자들이 직진과 반사 작용을 통해 끊임없이 자기 자신들의 존재를 유지하려는 힘이라 할 수 있다. 또 그 어떤 존재에 대해 외부로부터 가해지는 힘이란 우주의 모든 존재들이 광자들의 직진·반사·굴절 등의 운동을 통해 비존재 영역과의 합일을 추구해 가는 과정과 맞물린 힘에 다름 아닌 것이라 할 수 있다.

끝으로, 인간에게서의 물질이란 무엇인지에 관해 고찰해 본다. 자연과학에서의 물질에 대한 개념은 정지질량을 갖는 존재로 정의되어 왔다. 그러나, 아인슈타인 이후 $E=mc^2$(에너지=질량×광속도의 제곱)에 의거하여 모든 질량은 에너지화될 수 있다는 것이 밝혀졌고, 소립자 연구자들에 의해 많은 소립자들이 정지질량을 갖지 않는 것으로 의견이 통일되면서 물질에 대한 초기의 정의는 흔들리기 시작했다. 한편, 철학의 분야에서는 물질에 대한 개념을 객관적 실재성과 운동성이라는 측면에서 정의했다.

앞에서도 언급했듯이 존재를 인식해 내는 의식의 주체인 인간은 일차적으로 물질들로 구성된 존재이다. 인간은 물질로 이루어진 존재이기 때문에 물질을 통해 물질로 구성된 타존재와 관련되어 있다. 즉, 물질로 구성된 존재들은 어떤 물질을 통해 물질로 된 인간에게 영향력을 행사할 수 있다. 인간은 어떤 물질들로부터의 자극에 대하여 반응을 보인다. 앞에서도 언급했듯이 밖으로부터의 그러한 자극에 대한 인간의 반응 양식은 하나의 기관으로 고정화되어, 결국 인간의 의식기관들로 정착되었다. 이렇게 볼 때, 인간에게서의 물질은 인간에게 끊임없이 자극을 주어 의식기관을 창출시키는 존재이다. 그렇게 해서 갖게 된 의식기관을 통해 인간은 외부 물질들로부터의 자극을 처리해 간다.

광자를 포함한 우주 내의 모든 존재들은 우주팽창에 맞물려 끊임없이 변화해 가는 주위환경에 맞추어 끊임없이 자신들의 존재 형태를 재구성시켜 간다. 이 원동력은 온도와 중력 작용에 기초한다. 즉, 우주 공간 내에서의 온도는 높은 곳에서 낮은 곳으로 이동한다. 온도란 앞에서도 언급했듯이 광자들의 산란도인데, 이것이 높으면 온도도 높고 그것이 낮으면 온도도 낮다. 그것은 산란도가 높은 공간의 광자들이 그것이 낮은 공간으로 이동하기 때문이다. 현대 물리학자들에 의하면 비존재 공간은 절대온도(K°)의 공간이고, 우주 내의 공간은 절대온도보다 조금 높은 공간(3K°)다. 그러니까 현재 우주 내의 광자들은 우주 내 공간보다 더 낮은 절대온도의 공간으로 이동해 가고 있는 것이다. 또, 우주 내의 모든 존재는 크고 작은 중력들을 가지고 있는 존재들이다. 중력이란 자신의 질량만큼 자기 쪽으로 주위의 어떤 물체를 끌어당기는 힘이다. 앞에서도 언급했듯이 우주 내의 모든 존재에게는 절대온도의 공간과 우주 내 공간과의 열적평형을 지향하는 의지와 맞물려 모든 존재의 형태를 해체시켜 가는 힘뿐만 아니라 자신의 질량만큼 자기 쪽으로 물체를 끌어당기는 중력이라고 하는 힘이 작용하고 있다. 우주 내의 모든 존재는 이 두 종류의 힘에 의해 끊임없이 자신의 존재 형태를 변형시켜 나간다.

이와 같이 두 종류의 힘에 의해 끊임없이 자신의 존재 형태를 변형시켜 가는 물질적 존재들로부터의 자극에 의해 인간의 의식기관이 형성되었고 그러한 의식기관에 의해 의식 작용이 이루어진다고 한다면, 우선 인간의 의식기관도 물질적 존재 형태의 변화 과정을 따라 끊임없이 변화해 왔고, 또 앞으로도 그 과정에 따라 계속 변화해 갈 것으로 고찰된다. 의식 작용 또한 그 변화 과정을 따라 계속 변화해 왔고, 또 앞으로도 그렇게 변화해 갈 것임에 틀림없다. 의식 작용이 변화한다는 것은 우선 의식 작용을 일으키는 원동력의 강도가 변화한다는 것이고 의식 대상들이 변화한다는 것이다. 이때 인간에게서의 의식 작용이란 무엇이며, 우리가 파악하려는 문화 현상의 본질과는 그것이 어떻게 관련되어 있는가가 의문시된다. 그러면 이 문제를 고찰하기 위한 한 수순으로 우선 생명체에서의 의식 작용이란 어떠한 것인가를 보다 구체적으로 살펴보기로 한다.

생물과 의식

금세기 문화인류학자들이나 문화사회학자들의 문화 연구에 대한 접근은 전 지구상 차원에서 이루어져 왔다. 이에 대해 현재 과정학적 입장에서의 문화에 대한 이해는 우주차원의 시각에서 행해지고 있다. 기존의 문화인류학자나 문화사회학자들이 문화를 인간의 사회적 활동의 소산으로 파악하여 인간의 행위 차원에서 인간의 문화적 현상을 파악하려 한 데 반해, 과정학의 입장에 서 있는 필자는 문화를 인간의 의식 활동의 소산으로 보고 인간의 의식이라고 하는 차원에서 그것을 파악하려는 입장을 취하고 있다. 그들은 사회적 구조나 그 사회를 구성하는 사람과 사람 사이의 의사소통의 수단으로서의 언어 구조가 인간의 의식구조를 형성시키기 때문에 그들이 직면하는 사회적 문화적 현상들의 이해 방안의 일환으로 언어적 구조의 특징을 연구해 갔던 것이다. 그러나 과정학의 경우는 생명체로서의 한 존재와 그것이 처해 있는 물질적 세계와의 관계를 통해 인간의 의식 활동이 이루어진다는 입장하에서 인간의 문화적 현상에 대한 이해가 접근되었던 것이다.

앞서 필자는 인간에게서의 문화 현상에 대한 본질적 이해를 위한 일차적 단계로서 의식과 물질에 대해 다음과 같은 입장을 취했다. 사물을 인식하고 우주를 관찰하려는 우리의 의식은 개체로서의 인간이 외부로부터 자신에게 자극을 가해 오는 물질적 존재로부터의 안전을 유지하려는 과정에서 형성된 것이다. 우리는 바로 그러한 인간과 물질적 존재와의 상관관계 속에서 형성된 의식을 가지고 사물이나 우주를 파악할 수밖에 없다는 것이다. 그러한 의미에서 인간에게 인식된 어떤 물질적 존재나 우주란 어디까지나 인간의 관점에서 파악된 물질이고 우주이기 때문에 그 실체를 결코 알 수 없다는 것이다. 다만 인간의 연구 활동은 인간의 의식으로 인식되지 않는 세계를 다각적으로 접근하여 인식하려고 할 뿐이다. 이와 같은 측면에서 파악해 볼 때, 우리는 인간에게서의 문화 활동을 일으키는 인간의 의식 작용이란 생물학적 현상과 물질 변화를 토대로 이루어진다는 입장을 취하지 않을 수 없다. 이제 인간에게서의 문화 활동을 일으키는 인간의 의식 활동의 본질을 파악하기 위해, 우선 전 우주적 시각에서 생물학적 현상과 그것의 토대를 이루는 물질 변화와의 관계를 파악하고, 그것을 바탕으로 생물체에게서의 의식 활동의 본질을 파악해 보기로 한다.

과정학에서는 서로 다른 파장을 한 광자들의 응결물로서 물질을 정의한다. 과정학에서는 광자도 물질로 취급하고 있다. 현대물리학에서는 광자의 정지질량을 0으로 보고 있지만, 과정학에서는 우주 속에서의 물질의 정지란 그 자체를 인정하지 않는다. 또 광자의 정지질량에 대해서도 과정학에서는 현대 물리학자들과 다른 입장을 취한다. 중력이 강한 공간에서는 광자들로 이루어진 빛이 휜다는 사실과 강한 중력이 작용하는 블랙홀은 빛도 빨아들인다는 사실 등을 감안하여, 광자들의 장場이라 할 수 있는 보통의 우주 내에서의 광자들의 질량은 0으로 인식되지만 우주 밖의 비존재 공간에서는 달리 인식될 수 있다는 것이다. 우주 내 공간에서도 광자가 질량을 갖는다는 확실한 증거는 그것이 우주 내 공간에서 속도를 가지고 있다는 점인데, $E=mc^2$으로 보았을 때, 속도를 갖는 모든 존재는 질량을 갖는다는 말도 성립되기 때문이다.

앞에서 우리는 물질이란 파장이 다른 응집물이라 하였다. 이 경우 광자들의 응집물로서의 물질이 질량을 갖는다는 것은 광자들이 어떠한 형태로든 질량을 가지고 있다는 것을 의미한다. 이와 같은 측면에서 광자와 물질과의 관계를 파악해 볼 때, 우리는 광자를 물질을 이루는 기본입자로 이해할 수 있다. 그렇다면 광자의 특성을 통해 물질의 본질을 이해할 수 있다는 말도 성립된다. 이러한 사고는 다음과 같은 차원으로 전개된다. 광자의 특성으로는 우선, 인간의 감각에 의해 인식되는 감각적 대상이라는 점을 들 수 있고, 다음으로 자력自力으로 움직이는 존재라는 점, 끝으로 질량을 갖는 존재라는 점을 꼽을 수 있다. 이 특성들과 $E=mc^2$에 근거하여 광자는 진동수를 f로 하는 힘이나 질량을 갖는 존재로도 특징 지을 수 있다. 결론적으로 우리는 물질을 형태와 힘과 질량을 갖는 존재로 정의해 볼 수 있다. 광자는 자력에 의해 광속으로 달리는 존재이지만, 구슬은 자력으로는 움직일 수 없는 존재이다. 대신 광자는 질량이 없는 것처럼 느껴지지만, 구슬에는 질량이 있다. 우리가 광자를 물질이라 했을 때, 광자의 특성은 형태와 힘으로, 구슬의 특성은 형태와 질량으로 각각 정의됨으로써 그 차이가 설명될 수 있다. 이때 구슬의 질량은 구슬을 이루는 서로 엉킨 광자들의 운동에너지가 변형된 것이다.

광자가 우주 속을 광속으로 달리는 이유는 무엇인가? 그것은 광자들의 거대한 응집물로서의 우주가 비존재 공간으로 퍼져 나가는 것과도 같은 이유이다. 앞서 우리는 열은 높은 공간에서 낮은 공간으로 이동한다는 것을 확인하였다. 그것은 우주와 비존재 공간과의 열적 평형을 유지하기 위해서이다. 열적 평형 상태란 안정된 상태를 의미한다. 우주 속의 모든 존재들은 불안정한 상태에서 한층 더 안정된 상태를 추구해 가는 것들이다. 즉 그것들은 안정된 정지 상태를 추구해 간다는 것이다. 그런 상태란 두 개 이상의 공간들 속의 물질들이 조화를 이룬 상태를 가리킨다. 그러니까 우주의 팽창원인은 우주가 비존재 공간과 합일에 이르기 위해서이고 우주와 허공이 조화된 관계를 추구하기 위해서이며, 광자라고 하는 존재를 성립시킨 대상들과의 조화 상태를 추구하기 위해서인 것으로 파악된다. 이와 같이 물질을 이루는 원소로서의 광자가 그 존재를 성립시키는 대상들과의 조화 상태를 추구하는 존재로 파악된다면, 광자로 이루어진 모든 물질도 그러한 속성을 지닌 존재들임에 틀림없다. 한마디로, 이 우주의 모든 물질들의 존재 이유는 광자의 경우처럼 자신들의 존재를 성립시킨 대상들과의 조화 상태를 추구하기 위해서라고 결론 지을 수 있다. 모든 물질은 우주적 시각으로 말할 것 같으면 그러한 수단의 형태로 존재하고, 물질 자체의 차원에서 말할 것 같으면 바로 그러한 목적을 지닌 존재, 즉 보다 안정安靜된 상태를 추구해 나가는 존재의 형태로 존재한다는 것이다. 또, 모든 물질들의 존재 양식도 그러한 조화 관계 내지 안정 상태를 추구해 가는 과정을 통해 형성된 것이라 이해된다.

현재 우주로부터 발견된 물질은 1백여 종의 원소元素/element로 이루어져 있다. 이 경우 원소란 보통의 화학적 방법으로는 더 이상 쪼갤 수 없는 성분을 말하는데, 모든 원소들의 원자atom는 원자핵과 전자로 되어 있고 원자핵은 중성자와 양성자로 되어 있다. 즉, 모든 원소들의 원자는 중성자, 양성자, 전자와 같은 소립자로 되어 있다. 여기서 필자가 지적하고 싶은 것은 이들 소립자들이 파장을 달리하는 여러 종류의 광자들로 이루어졌다는 것이다. 그러한 원소들은 분자 상태의 물질을 만들었고, 여러 종류의 분자들은 혼합되어 어떤 물질을 만든다. 그 다음 그것으로부터 생명체 상태의 물질이 탄생된다. 다양한 분자 상태의 물질들이 결합하여 생명체 상태의 물질로 탄생했던 것이다. 생명체 중에서도 동물은 식물보다도 더 다양하고 복잡한 분자들로 이루어진 생명체 상태의 존재이다.

그렇다면 광자, 소립자, 원자, 분자, 생명체 등과 같은 물질들은 어떻게 해서 그러한 존재 형태들을 취하게 되었는가? 광자가 광자로서 존재하지 않고 소립자로서의 형태를 취해 존재하게 된 이유는 무엇인가? 이 우주에서의 광자는 광속으로 공간을 질주해 다니는 형태를 취하고 있다. 광자가 우주 공간을 광속으로 달리는 이유는 궁극적으로는 그것이 절대정지 상태의 비존재와의 평형 상태, 합일 상태에 이르기 위해서라 할 수 있다. 이러한 의미에서 광자란 자신의 존재를 가능케 하는 비존재와의 합일 상태를 끊임없이 추구하도록 운명 지어진 존재이다. 그러한 존재가 우주 공간을 질주하는 과정에서 다른 광자나 어떤 물체를 만나 충돌했을 경우, 그 광자의 일부는 반사되어 파장이 더 큰 광자로 나아가고, 또 다른 일부는 충돌 대상 속으로 흡수되어 들어간다. 비존재와의 합일을 추구해 가는 어떤 광자가 어떤 존재와 충돌해 파장이 더 큰 광자로 변모했다는 것은 그 광자가 비존재와의 합일 쪽으로 한 단계 더 나아갔다는 것으로 해석될 수 있다. 왜냐하면, 광자의 파장이 커져 무한대가 되면 그 광자는 비존재와의 합일 상태에 도달하기 때문이다. 한편, 다른 광자에 흡수되거나 다른 광자의 일부를 흡수해 가는 광자는 점점 파장이 더 짧아져 결국 파장이 0에 가까운 어떤 소립자로 변모하게 되는 것이다.

이렇게 볼 때 소립자란 파장이 서로 다른 광자들의 응집물이라 할 수 있는데, 소립자를 형성한 광자들의 경우도 설혹 그것들이 응결되어 있는 상태라 하더라도 그 소립자 내에서 절대정지 상태를 추구하려는 활동을 계속해 간다. 소립자가 보다 안정된 상태를 추구하기 위해 다른 존재들과 결합하는 것은 소립자를 구성하고 있는 광자들이 절대정지 상태를 추구하려는 의지를 버리지 않았기 때문이다. 소립자들이 모여 원자를 이루고, 원자들이 모여 분자를 이루고, 분자들이 모여 생명체를 이루는 것도 바로 이러한 이유 때문이다. 광자들이 우주 공간을 질주하는 것은 그것들이 우주에서 불안정한 상태에 있기 때문이다. 광자는 비존재와의 합일이라고 하는 한층 더 안정된 상태를 추구하는 과정상의 존재이다. 광자들이 응결되어 소립자의 형태로 변모해 나온 것은 광자가 그의 형태로 존재해 있는 것보다는 소립자의 형태로 존재하는 것이 광자로서의 형태를 한층 더 안정되게 유지해 갈 수 있는 수순을 밟기 위해서이기 때문이다.

이것을 바꾸어 말하자면 다음과 같은 이야기가 된다. 앞서 필자는 광자가 다른 광자에 흡수되든가 어떤 물체에 흡수되어도 그것은 계속적으로 비존재와의 합일을 지향해 가는 활동을 한다고 했다. 즉, 어떤 광자나 물체 속에 흡수된 광자는 광자로서의 존재 형태를 계속 유지하면서 합일을 지향해 간다는 것이다. 이렇게 볼 때, 자신의 존재 형태를 계속 유지하려는 의지 그 자체도 존재가 보다 안정된 상태를 추구해 가려는 의지의 일종이라고 할 수 있다. 이를 토대로 다음과 같은 가정도 가능해진다. 즉, 소립자는 그 자체로서의 존재 형태를 유지해 가기 위해 원자의 형태를 취해 존재하게 되었고, 원자는 원자로서의 존재 형태를 계속 유지해 가기 위해 분자의 형태로 존재하게 되었다. 또, 분자는 자신의 존재 형태를 보다 안정되게 유지하기 위해 생명체의 형태로 존재하게 되었다는 것이다. 이상과 같이 파악해 볼 때, 물질의 본질적 속성은 빛의 특성에서부터 찾지 않을 수 없고, 또 생명체의 생명 작용의 그것도 빛의 특성으로부터 유래되었다는 입장이 취해진다.

그렇다면 생명체는 빛의 경우처럼 자신의 존재 형태를 보다 안정되게 유지해 가기 위해 어떤 형태를 취해 존재해 가고 있는가? 우선 그것은 유기 물질을 바탕으로 이루어진 존재로서, 물질대사, 생장, 증식 등을 행해 가는 존재이다. 생명체가 유기 물질을 바탕으로 이루어진 이유는 무엇인가? 유기 물질이란 탄소炭素를 포함하는 물질을 가리키는데, 탄소원자는 다른 어떤 원자들보다도 단단하고 그 모양이 사슬이나 고리 모양으로 되어 있어 그것이 같은 탄소원자나 다른 원자들과 결합할 때 다른 어떤 원자들보다도 단단하게 결합하는 특성을 갖고 있다. 그러니까 생명체는 자신의 존재 형태를 보다 안정되게 유지하기 위해, 우선 결합력이 단단한 물질을 자신의 구성 성분으로 취했을 것이라는 가정이 가능하다. 다음으로, 생명체는 우주의 팽창 과정과 맞물려 끊임없이 자신의 존재 양태가 변모되지 않을 수 없는 상황 속에서 자신의 존재 형태를 고수하기 위해 물질대사를 통한 생장生長으로서 끊임없이 변모시켜 가는 방법을 취하고 있다.[14] 물질대사란 생명체가 체내의 불필요한 물질을 배출하고 필요한 물질을 흡수하는 작용을 말한다.

생명체에서의 생장은 물질대사와 깊이 관련되어 있다. 생명체는 자신에게 불필요한 것을 밖으로 마음대로 배출할 수는 있어도 자신이 필요로 하는 것은 마음대로 취할 수는 없다. 예를 들어, 기온이 높아 생명체가 수분이나 물을 필요로 할 경우 식물은 땅으로부터 수분을 빨아들이고 동물은 물이 있는 곳을 찾아가 그것을 마신다. 만일 땅에 수분이 부족하다든가 주위에 마실 물이 없을 경우 생명체 내에는 이상이 생기기 마련이다. 이러한 물의 부족 현상이 기후 현상으로부터 비롯된 것이라면, 나무와 같은 식물들에게는 단풍이 들어 나뭇잎이 떨어지는 현상이 생기고, 파충류와 같은 동물들에게는 동면과 같은 생리적 현상이 일어난다는 것이다.

이와 같이 모든 생명체의 존재 양태는 지구의 공·자전으로 인한 대기권 내의 온도 변화 과정과 깊게 관련되어 있다. 봄이 와서 지상의 식물이 꽃을 피우고 여름에는 열매를 맺고 가을에 그 열매가 떨어지는 현상은 지구의 공전으로 인한 지상온도의 변화 과정과 깊게 관련되어 있다. 식물의 탄소동화 작용과 질소동화 작용 등을 통한 탄수화물이나 아미노산 등과 같은 유기화합물의 합성 등은 지구의 자전으로 인한 명암 현상과 깊게 관련되어 있다. 이와 같이 생물체에서의 물질대사는 지구의 공전과 자전으로 인해 일어나는 지구상의 기후, 날씨, 온도, 명암 등의 변화와 깊게 맞물려 있다. 그런데, 생물체에서의 생식은 지구의 공·자전으로 인한 지표상의 여러 현상들의 변화 과정과 맞물려 있는 물질대사의 반복적 과정의 결과로 일어난다는 점에 주목할 필요가 있다. 이렇게 볼 때, 생물체에서의 생식은 지구의 공·자전으로 인한 지표상의 여러 현상들의 변화 양태와 그 변화 양태상의 주기와 깊게 관련되어 있음을 알 수 있다.

그러면, 생명체는 자신의 존재를 유지시켜 나가기 위한 방안으로 어떤 방법을 취해 가고 있는가? 현재 우리들은 이 지구상에서의 생명의 출현 과정을 무기물, 유기물, 생명의 시원체의 출현 등으로 파악하고 있다. 이것은 지구상의 물질들이 우주의 팽창 과정과 맞물려 끊임없이 변화해 가면서 자신의 존재 양태를 지키려는 의지로 일관된 과정이라 할 수 있다. 이 경우 유기물의 존재 양태는 무기물보다 더 복잡하고, 생물의 시원체는 유기물보다 더 복잡하다. 존재 양태의 구조가 복잡하다는 것은 개체가 자기 자신의 존재 양태를 안정되게 유지하려는 방법이 더욱 다양하다는 것을 의미한다. 자신들의 존재 양태를 안정되게 유지해 가기 위해서 유기물은 무기물보다, 또 생물 시원체는 유기물보다 어떤 다양한 방법들을 확보해 갔다고 하는 것이다.

생물의 기본 단위는 세포이다. 매우 단순한 생물 중의 하나인 박테리아는 단일 세포로 구성되어 있다. 그러한 의미에서 박테리아세포는 모든 생물세포의 원형으로 간주된다. 박테리아는 단단한 세포벽과 그 벽 바로 안쪽에 있는 세포막에 의해 둘러싸여 있다. 세포벽은 세포막을 보호하는 역할을 한다. 세포막은 외부로부터의 유해한 분자들의 침입을 막아내는 데 필요한 물질들을 세포 내에 간직하는 역할을 한다. 세포의 주된 임무는 세포막 내의 수백의 잘 조정된 화학 반응들을 통해 수행된다. 이러한 화학 반응들은 세포를 구성하는 원소들이 각 원소들의 원자를 구성하는 원자핵과 그것의 주위를 도는 전자들 간의 전기적 힘에 의해 분자들의 차원에서 재배열되면서 일어난다. 그렇다면, 세포를 구성하는 원소들은 분자들의 차원에서 왜 재배열되지 않으면 안 되었던가? 그것은 유해한 분자들의 침입 등 외부로부터의 어떤 자극이 있었기 때문이다. 그러한 배열은 자극에 대한 자신의 개체유지를 위한 반응 양식의 결과라 할 수 있다.

이렇게 외부로부터 끊임없는 자극이 있었기 때문에 세포막과 세포벽이 존재하듯 모든 생물체의 세포막과 세포벽 밖에는 세포에 가해 오는 끊임없는 다양한 자극들이 존재한다. 세포로 구성된 모든 생명체는 외부로부터 직접적으로 자극을 받는 세포막의 변화를 계기로 하등생물에서 고등생물로 진화해 나온 것으로 이야기되고 있다.[15] 그러한 자극들은 우주의 팽창 과정과 맞물려 새로운 차원에서의 우주의 열적 평등이 이행되는 과정에서 우주 속의 모든 존재들이 재배열되면서 일어나는 현상들이다. 따라서 그러한 자극들은 흔히 지구의 공·자전 등과 맞물려 일어나는 반복적이고 주기적인 현상들이다. 원소들이 모여 분자가, 분자들이 모여 세포가, 세포들이 모여 생명체가 되었다. 이렇게 보다 복잡한 또 하나의 존재 단위의 생성은 주위의 반복적이고 주기적인 자극으로부터 자신을 보호하고 유지하려는 과정에서 이루어졌다.

이렇듯 외부로부터의 자극이 반복적이고 주기적일 경우, 그 자극으로부터 자신을 보호하고 유지하려는 생명체에서의 그러한 자극에 대한 반응은 자동화, 즉 메커니즘화될 수 있다. 하나의 자극으로부터 그 생명체가 자신의 개체를 보호하고 유지하려고 하는 한, 어떤 한도 내에서 그 자극에 대응되는 하나의 반응을 만들어 내야 한다. 그런데, 그러한 자극이 동일한 것으로서 반복되고 주기적일 때 그러한 자극에 대한 반응은 자동화될 수 있는 것이다. 생명체의 생명 작용이야말로 바로 이 자동화의 작용을 일컫는다. 그렇다면 생명체에서의 이 자동화의 작용은 어떻게 일어나는가? 한마디로 지구상의 생명체들은 자신들을 감싸고 있는 지구와 우주적 환경에 대한 반복된 체험 형식을 자신들의 몸속에 입력시켜 그것을 본받아 무의식적으로 생명 작용을 행해 간다고 말할 수 있다.

인간의 의식 활동의 기초를 이루는 생물학적 현상, 즉 생명 현상은 다음과 같이 보다 구체적으로 고찰될 수 있다. 물리학적 현상과 관련시켜 고찰될 수 있는 인간의 생명 현상이란 한마디로 말해 인간의 DNA가 갖는 정보의 발현 과정이라 할 수 있다. 그렇다면 DNA*란 무엇인가? 생명체의 기본 단위는 세포이다. 모든 생명체들의 몸은 세포로 구성되어 있다. 아메바, 짚신벌레, 세균 등과 같은 생물체들의 경우는 하나의 세포로 이루어진 단세포생물들이다.

인간의 몸은 대략 60조 개의 세포로 구성되어 있다. 그런데 그 세포들은 세포질과 핵으로 이루어졌고, 그 세포질의 중심에 위치한 핵 안에는 DNA가 자리 잡고 있다. 각 세포 안에서 일어나는 모든 일은 우선 일차적으로 그 세포속의 DNA의 지시하에서 진행되며 이차적으로는 뇌의 지시하에서 행해지기도 한다. 그런데 뇌가 각 기관의 세포에 지시하는 정보도 뇌세포 속의 DNA의 지시하에서 진행된다는 사실을 감안해 본다면 결국 우리 몸의 모든 세포는 DNA의 지시하에 생명 작용을 행해 간다고 말할 수 있다. 한마디로 DNA는 인체의 설계도이다. 핵 속의

* DNA : 디옥시리보핵산(Deoxyribonucleic acid, DNA)은 핵산의 일종이며, 주로 세포 내에서 생물의 유전 정보를 보관하는 물질이다. 결합되어 있는 염기에 의해 구분되는 네 종류의 뉴클레오티드가 중합되어 이중 나선 구조를 이룬다. DNA는 스위스의 프리드리히 미셔F.Miescher에 의해 1869년에 처음 발견되었다. 세포의 핵nucleus 안에서 발견되었기 때문에, DNA는 처음에는 뉴클레인nuclein이라고 명명되었었다. DNA가 처음 발견되었을 때는, DNA가 아닌 단백질이 유전물질일 것으로 추정되었었다. 1943년 오스월드 애버리Oswald Avery 및 그의 동료들의 실험을 통해 DNA가 유전 정보를 보관하는 물질일 것으로 추정되었으며, 이들의 이러한 추측은 1952년 알프레드 허쉬A.Hershey와 마사 체이스M.Chase의 허쉬-체이스 실험을 통해 확정되었다. DNA의 이중 나선 구조는 제임스 왓슨과 프랜시스 크릭이 1953년《네이처》지에 실은 논문에서 처음 밝혀졌다. 참6

DNA는 46개의 염색체를 구성하는 염색질 속에 담겨져 있다. 인간의 경우 그 염색질을 꺼내서 모두 이어 보면 1.8m 정도가 된다. 그런데 그것은 구슬 모양의 단백질에 감겨져 있는데 우리는 그 단백질과 DNA를 염색질이라 하고 DNA만을 유전자the gene/遺傳子라고 한다.

인간의 유전자는 3만여 개 정도인데, 그것들의 각각은 인체의 어떤 기관에 대한 정보를 지닌 것들이다. 그런데 정상적인 영양 상태에서의 각 기관의 세포들은 그 기관에 대한 정보만을 활동시키고 다른 정보들은 잠재워 버린다. 그러나 세포들을 굶기면, 놀랍게도 세포 내의 모든 정보들이 발현된다. DNA 는 A(아데닌), T(티아민), G(구아닌), C(사이토신)이라고 하는 네 개의 염기로 구성되어 있는 기다란 분자이다. 그런데, DNA는 그 4가지가 서로 다른 작은 분자들의 다양한 순서로 연결되어 있다. 인간의 유전자가 3만여 개라고 하는 것은 ATGC 라고 하는 네 종류의 염기의 배열 순서가 3만여 종에 이른다는 말이다. 그것들은 4가지가 어떤 순서들로 연결되느냐에 따라 유전정보가 달라진다. 예컨대, AATCGCGT라든가 TACTTAAACTC 등이 그 한 예가 될 수 있다. 그런데, DNA는 두 가닥으로 되어 있고 또 꼬여 있기 때문에 마치 실 두 가닥을 꼬아서 만든 실과 같은 형태를 취하고 있다고 할 수 있다. 또 분자T는 항상 A 분자와, G 분자는 C 분자와만 결합된다.

그런데, 필자가 여기에서 주장하고자 하는 것은 유전 정보를 만드는 서로 다른 4종류의 분자들의 배열 순서는 지구의 물리적 환경에 대한 인간의 체험 수순에 기초해 이루어졌다고 할 수 있다는 것이다. 그것뿐만이 아니다. DNA의 나선형 형태와 복제 과정은 생명체로서의 인간의 존재 환경으로서의 지구가 우주 공간을 이동해 가는 과정과 그 이동 과정의 양식을 형성시켰을 가능성이 크다. 또 상기의 3쌍의 DNA는 지구 위의 인간이 태양계를 타고 은하계 중심을 공전해 가는 과정에서 무의식적으로 행해 온 우주 체험이 기초가 되어 형성되었다는 가설이 제시될 수 있는 것이다. 그 논거란 3만여 개에 이르는 인간의 유전자가 지구의 공자전을 통한 인간의 우주 체험 과정에서 형성되었다는 사실을 감안해 본다면, 23쌍의 염색체는 태양계의 은하계 공전 과정에서 형성된 것일 수 있다는 가설도 성립될 수 있다. 지구의 탄생은 46억여 년 전이고 지구상에서의 유기물의 탄생은 35억 년 전이다. 또 태양계의 은하 중심 공전 주기는 2억 4천여 년으로 고찰되었다. 태양계의 그러한 공전은 지구상에서의 빙하기와 해빙기 도래와 깊게 관련되어 있다. 이 경우 인간의 염색체는 유기물을 기초로 해서 형성되었고, 또 그 유기물은 무기물을 기초로 해서 형성되어 나왔다는 입장을 취해 볼 때 다음과 같은 입장까지를 제시해 볼 수 있다. 지구가 태양계를 통해 은하 중심을 한 바퀴 돌때마다 염색체가 한 쌍씩 생겨났다고.

이상과 같이 생각해 볼 때, 인간의 DNA는 인간의 우주 체험 과정의 결과로 생성된 것이라 말해 볼 수 있고, 또 그것이 인간에게서의 의식의 기초를 이루는 것이라고 하는 것은 두말 할 필요가 없을 것이다. 인간으로 하여금 그러한 의식의 틀을 창출케 한 것은 지구를 구성하는 물질들이라 할 수 있는데, 그러면 물질이란 과연 무엇인가? 물질은 100여 종 이상의 원소들로 구성되어 있다. 그렇다면 여기서 그러한 원소들의 기본적 성격을 고찰해 본다.

4종의 서로 다른 분자들을 구성하는 원자들의 기본적 성격은 생명체들의 생명 작용과 어떻게 관련되어 있는 것인가? 유전 정보를 만드는 A · C · G · T와 같은 분자들을 포함한 모든 분자들은 원자原子라고 하는 다양한 원소들로 이루어져 있다. 그런데 전자와 원자핵으로 이루어진 모든 원자는 그 자체적으로 중성이지만 다른 원소들과의 관계 속에서 핵 주위를 도는 전자의 일부가 떨어져 나간다든가 하여 다른 원소들과의 관계 속에서 광자를 통해 전기적 현상을 띄게 된다. 그 이유는 원자를 구성하는 전자나 그것의 핵을 구성하는 중성자와 양성자가 광자를 매개로 해서 원자의 일부로서의 역할을 행해 가고 있기 때문이다. 그런데 필자가 여기에서 말하고자 하는 것은 생명체에서의 생명 현상의 근원도 결국은 광자를 매개로 해서 이루어진다는 것이다. 그것은 다음과 같은 두세 가지 사실들을 통해서 명확히 파악된다.

우리가 눈으로 볼 수 있는 빛은 그 파장이 380-760나노미터(1나노미터 10억 분의 1m) 범위 내의 빛이나 빨 · 주 · 노 · 초 · 파 · 남 · 보의 빛이라 할 수 있는데 이들 중 빨강색의 파장이 제일 길고 보라색의 것이 제일 짧다. 우리는 빨강색 밖의 파장이 긴 빛을 적외선이라 하고 보라색 밖의 파장이 짧은 빛을 자외선이라 한다. 파장이 긴 빛은 에너지가 약하고 짧은 것은 강하다. 유리관 속에 전선이 연결된 두 개의 전극을 넣고 두 전선을 꼬마전구에 연결시킨 후 유리관에 빨간 빛을 비추면 꼬마전구에 불이 안 들어온다. 그러나 보라 빛을 비추면 불이 들어온다. 이것은 에너지가 강한 빛의 입자들이 유리관안의 전선의 역할을 한다는 것을 입증해 준다. 보랏빛이 전극과 충돌하여 전자들을 튀어나오게 해서 그것들이 전선에 전류를 흐르게 하여 꼬마전구에 전깃불을 들어오게 했던 것이다. 이것은 바로 빛이 전기적 현상을 일으킨다는 사실을 증명해 주고 있다.

1953년 미국의 과학자 밀러는 1936년 구소련의 과학자 오파린이 주창한 생명 탄생 이론의 가설을 검증하기 위해 다음과 같은 실험을 행해 봤다. 우선 플라스틱을 진공으로 만든 다음, 그 속에 완전히 살균한 물과 수소, 메탄, 암모니아를 넣고, 고전압을 흘려 전기 발전이 일어나게 했다. 그가 그러한 실험을 한 것은 오파린이 암모니아, 메탄, 수소로 가득한 지구 대기에 전기 방전이 일어나 생명체가 탄생했다고 말했었기 때문이었다. 밀러는 그 실험을 통해 오파린의 생명 탄생 이론이 옳다는 것을 입증했다. 현대 생명과학에서는 체세포핵과 난자를 결합시킬 때 그것들이 잘 결합할 수 있도록 난자에 전기충격을 가한다. 또 인간의 뇌와 각 기관들 간의 정보와 전달은 전기화학적 현상에 의해 이루어진다. 이러한 사실들을 감안해 볼 때 인간의 생명 작용과 광자와는 밀접히 관련되어 있는 것을 알 수 있다. 인간의 생명 작용의 하나로서의 인간의 의식 작용은 광자들의 충돌 결과로 일어나는 전기화학적 현상의 하나라 할 수 있다.

생명체에서의 의식 작용이란 생명체가 외부로부터의 반복적이고 주기적인 자극에 대한 경험을 토대로 해서 그 생명체가 자신을 보다 효과적으로 보호하고 유지해 가기 위한 하나의 방법으로 그러한 자극에 대한 반응을 자동화시킨 것을 의미한다. 따라서 생명체에서의 의식이란 외부로부터의 자극에 대한 생명체의 반작용 현상의 일종이라 할 수 있다. 외부로부터의 자극이 다양하면 다양할수록 반작용 또한 그만큼 다양해진다. 왜냐하면, 생명체가 외부의 자극으로부터 자기 자신을 보호해 가기 위해서는 그 자극에 대한 다양한 반응 양식이 소용되기 때문이다. 이상과 같은 측면에서 파악해 볼 때, 생명체에서의 의식이란 생명체가 외부의 자극으로부터 보다 효과적으로 자기 자신을 보호하고 안정을 유지해 가기 위한 하나의 생명 현상으로 파악된다.

의식과 문화

식물이나 동물과 같은 생명체가 지닌 의식은 인간의 의식과 어떻게 다른가? 우리가 앞에서 정의한 의식의 개념을 가지고 대답해 본다면 이 질문에 대한 답은 아주 간단하다. 우리는 앞서 생명체에서의 의식의 본질을, 생명체가 외부로부터 받은 자극에 대한 생명체 자신의 반응으로 파악하였다. 이와 같은 견해를 근거로 삼을 때, 모든 생물체는 화학적으로 결합되어 이루어진 원자나 분자로 구성된 세포를 단위로 그것들이 외부로부터 어떤 자극을 받아가고 또, 그 자극에 대하여 반응을 일으키며 존재해 간다는 의미에서 의식을 지닌 존재로 파악된다. 즉, 생물체에서의 생명은 외부의 자극에 대하여 반응을 일으킬 줄 아는 능력으로부터 찾을 수 있다.

한 생명체가 외부의 자극에 대하여 반응을 일으킨다는 것은 외부로부터 자기 자신을 보호하고 유지하려는 자기의식이 그 생명체에 있다는 것을 의미한다. 이러한 의미에서 생명의 기원은 한 존재에게서의 자기 자신에 대한 의식 작용으로부터 그 기원이 찾아질 수 있다. 한 존재에게서의 자기 자신에 대한 의식은 한마디로 자신이 처해 있는 현재의 세계를 경험하게 된 자기가 자신의 현재 세계를 경험해 보지 못한 과거의 자기를.인식하게 되는 의식에 기초한다. 거꾸로 말해 어떤 것을 경험한 존재가 그 어떤 것을 경험하지 못한 자신을 보호하려는 의식이 바로 자기의식이라는 것이다. 동물의 기원을 식물에 둔다면, 동물은 식물보다 지상 세계의 이동 등을 통해 다각적으로 지상 체험을 더 많이 해 온 존재이다.[16] 우주로부터 새롭게 받아들인 정보를 갖게 된 자기가 아직 그 정보를 가지고 있지 않은 자기 자신에게 그 정보를 주는 행위가 바로 자기가 자기 자신을 의식하는 행위이다. 이것이 바로 생물체에서의 의식 작용이다.

이와 같은 측면에서 생각해 볼 때, 동물이 식물보다 자기의식이 강하고, 고등동물이 하등동물보다 그것이 더 강하다고 볼 수 있다. 필자가 여기서 논하고 싶은 바는 생물체에서의 이와 같은 자기의식이 외부의 자극에 대한 반응의 일종이라는 것이다. 앞에서 언급한 대로 생물체에서의 '반응'이란 외부의 자극으로부터 자신을 보호하고 자신의 존재 상태를 보다 안전한 상태로 전환시키려는 방법의 하나이다. 생물체에서의 그러한 의지가 강하면 강할수록 외부의 자극에 대한 반응은 더 복잡한 단계를 취해 나타난다. 외부의 자극에 대한 식물이나 동물의 반응 양식을 본능적 반응 내지 본능이라 하고, 이에 대하여 외부의 자극에 대한 인간의 반응 양식을 감성적 내지 이성적 반응이라고 한다. 외부의 자극에 대한 식물의 반응은 정적靜的 반응인 데 비해 동물의 반응은 동적動的 반응이다.

식물과 동물은 왜 그러한 반응 양식을 취하게 된 것인가? 외부로부터 식물을 자극시키는 것들로는 햇빛과 수분을 들 수 있다. 이것들은 지형에 따라 다소 차이가 있으나 지상의 어느 곳에 가나 거의 같은 상태로 분포되어 있다. 즉, 지상의 어느 곳에서나 존재해 있는 것들이다. 따라서 식물이 그것들로부터 자극을 피하기 위해서 공간을 이동해 본다 한들 소용없는 일이다. 혹은, 그것들을 취하기 위해 공간을 이동할 필요도 없다. 그러나, 동물의 경우는 다르다. 동물을 자극시키는 것은 식물을 자극시키는 그러한 것들이 아니다. 공간적 이동을 하는 비나 바람 또는 다른 동물이다. 또, 동물의 먹이는 지구상의 어디에나 있는 햇빛이나 수분만이 아니다. 그것들은 물론이고, 식물이나 다른 동물을 섭취해야 한다. 그런데, 그런 것들은 햇빛이나 수분처럼 아무 곳에 널려 있는 것들이 아니다. 공간적으로 띄엄띄엄 떨어져서 존재해 있다. 동물은 자신을 엄습해 오는 존재들로부터 자신을 보호하기 위해 그것들보다 더 빠른 속도로 공간 이동을 해야 한다. 동물에게서 자극에 대한 이와 같은 동적 반응 양식은 식물의 정적 반응 양식보다 더 복잡한 단계를 밟아 형성되었고, 특히 동물 중에서도 인간의 경우가 가장 복잡한 단계를 밟아 그 반응 양식을 형성시켰던 것으로 파악된다.[17]

인간은 외부로부터의 자극에 대하여 자신의 존재 양태를 보호하려 하는 것은 물론, 현재의 상태보다 더 안전하고 쾌적한 상태를 희구하고, 또 보다 의미 있는 삶을 실현해 보려는 반응 양식을 지닌 존재이다. 그러한 존재 양태를 취하기 위해 인간은 다른 어떤 동물보다도 더 빠르고 폭넓은 동적 반응 양식을 취하려는 입장을 가져 왔다. 인간을 엄습하는 것이 움직이는 것이고, 그 움직임이 인간보다도 더 빠를 경우, 인간이 자신의 존재 양태를 유지해 가기 위해서는 어떠한 형태로든 그것보다 더 빨리 공간 이동을 할 수 있는 방안을 강구해 왔다. 아니면 그것과 맞서 싸우지 않으면 안 되었다. 또, 인간이 현상태보다 더 안전하고 더 쾌적한 상태를 취하기 위해서는 외부로부터의 자극에 대한 보다 다양한 반응 양식을 취해 나왔다. 인간에게서의 그러한 반응 양식은 자극을 감지하는 의식 작용을 통해 창안되어 나왔다.

생명체에서의 의식이란 앞에서 언급했듯이 외부로부터의 자극에 대한 경험이 토대가 되어 일어나는 생명 현상이다. 예를 들어, 인간이 꽃을 꽃으로 인식하는 것은 그 생명체가 이전에 꽃에 대한 직접 혹은 간접적인 경험을 가지고 그 꽃을 보았기 때문이다. 만일, 한 인간이 전에 꽃에 대한 경험을 가지고 있지 않다면 그는 꽃을 보고도 꽃을 인식해 내지 못한다. 인간에게서의 의식 작용이란 이렇듯 어떤 것에 대한 경험을 통해, 그것에 대한 개념을 가지고 있는 인간이 그것을 보거나 들었을 때, 그것에 개념을 붙여 그것을 인식해 내는 생명 작용을 의미한다. 이와 같이 인간에게서의 개념이란 인간이 어떤 사물에 대한 인간의 경험을 통해 만들어 낸 것으로서 세계에 대한 인간의 경험 단위라 할 수 있다. 인간에게서의 의식 작용이란 일차적으로 자극을 가해 왔던 대상들에 대한 경험을 가지고, 또 다른 자극을 가해 오는 대상들을 개념화시키는 작업인 동시에, 자극의 대상이나 세계에 대한 총체적 경험을 토대로 어떤 자극의 대상에 대한 과거의 경험을 재구성시키는 과정이라고도 할 수 있다.

필자가 여기서 말하고자 하는 것은 바로 이것이다. 인간은 자신에게 자극을 가해 오는 대상에 대한 경험을 토대로 그 대상들에 대한 개념을 만들어 그것을 가지고 의식 작용을 행해 간다. 그 경우 인간은 그러한 의식 작용에 의하여 자신에게 가해 오는 자극에 대해 다양한 형태의 반응을 일으킴으로써 끊임없이 변화해 가는 우주 속에서 자신의 존재 형태를 유지해 가고, 또 현 상태보다 더 안전한 상태로 자신의 존재를 전환시키려 한다는 것이다. 또 그러한 다양한 형태의 반응들 중의 하나가 바로 도구의 발명으로서 그 결과 인간에게 부여된 것이 도구 사용의 행위라고 하는 것이다. 인간에게서의 도구 사용의 행위란 인간에게 자극을 가져다준 대상들에 대한 경험을 토대로 하여 성립된 행위이다.

원시인은 자신의 몸을 찌르는 나뭇가지를 잘라 버리기 위해 돌을 뾰족하게 갈게 되었다. 이는 자신의 뾰족한 손톱으로 거치적거리는 풀을 잘라 온 경험과 자신의 몸을 찌르는 것들이 없는 공간이 더 안락하다는 경험이 토대가 되어 이루어졌던 것이다. 그러나 그 후 인간들은 인간의 자연정벌이나 그것을 위한 도구개발이 한 개인의 도구나 한 개인의 지혜에 의해서는 결코 이루어지지 않는다는 사실을 깨닫게 된다. 그 결과 인간들은 자연정벌이나 그것을 위한 도구개발이라고 하는 것이 집단적인 힘과 집단적인 지혜, 즉 중지衆智를 통해서만이 이루어질 수 있다는 것을 깨닫게 된다. 그래서 인간들은 집단적 차원에서의 자연개발을 위해 사회라고 하는 인간 집단을 형성하게 된다. 이렇게 해서 인간들에게서 도구의 사용이라고 하는 문화의 한 형식이 성립되어 나왔던 것이다.

이와 같이 인간들은 사회를 형성하여 집단적 차원에서 자연을 정복하게 되었는데, 그 과정에서 인간들은 능력의 한계를 깨닫게 된다. 다시 말해서, 인간들이 집단을 형성하여 자연을 정복해 보려 했지만, 그것이 인간들의 힘으로는 불가능하다는 것을 깨달았다는 것이다. 그 결과, 인간들은 자연을 창조했다거나 자연의 위력으로부터 자유로운 존재라고 생각되는 신神이라고 하는 관념을 만들어 내게 된다. 앞에서 우리는 인간의 의식을 인간의 세계 체험의 총체로 파악했는데, 인간에게서의 신의 경우도 그런 것의 일종으로 이해된다. 즉, 신은 인간으로부터 분화되어 인간 위에 군림해서 인간을 내려다보는 존재로 인식된다. 의식이 개개인의 세계 체험의 소산이라면, 신은 감각적인 인식이 내면화되고 관념화된 것이라 할 수 있다. 개개인은 자신의 의식을 통해 아직 현재를 경험하지 못한 자신을 현재를 경험한 자신으로 끌어올린다. 이와 마찬가지로 인간은 신을 통해 과거의 인간을 현재의 인간으로 끌어올리는 것이다.

인격신人格神의 경우, 처음에는 개개인의 의식 차원에서 존재했던 것으로 파악된다. 그러나 그 후 시간이 흐르면서 그것은 조상신과 같은 가족 단위의 신이나 민족신과 같은 민족 단위의 신으로 발전되었고, 유일신과 같은 전 인류 단위의 신으로 보편화되기에 이르렀던 것이다. 한편, 자연신의 경우 처음에는 모든 자연물에 정령精靈이 있다고 하는 프리애니미즘이나, 살아 있는 생명체에는 정령이 있다고 하는 애니미즘 단계에서 출발하여, 거석巨石과 같이 웅장한 자연물에는 신이 있다는 관념으로 형성해 나와, 그 후 토속신, 천신 등과 같은 것으로 발전해 결국 자연 그 자체를 신이라고 여기는 것으로 보편화되었다.

개개인은 인간의 의식 밖에 존재한다고 생각하는 신을 통해 자기 자신이나 인간 자신을 의식하고 인간의 한계성을 자각하면서 그러한 한계성의 자각으로부터 나오는 비감悲感을 극복해 보려는 여러 가지 방식을 창안해 왔다. 그러한 비감의 극복 방식의 하나가 바로 종교이다. 인간에게서의 종교는 죽음의 문제와 깊이 관련되어 있다. 인간에게서의 자신의 죽음은 불가피한 것이다. 인간의 삶은 일단 죽음으로 완전히 끝난다. 그런데 인간은 반드시 죽는 존재이며 또 언제 어디에서 죽을지 모르는 존재이다. 인간은 이런 생각들을 하면서 살아가야 한다. 다시 말해서 인간은 삶에 대한 허무의식에 싸여 살아가야 하는 존재라는 것이다. 그래서 인간은 그러한 허무의식으로부터 벗어나기 위한 하나의 방편으로 내세를 설정하게 되었고, 인간이 죽으면 그것으로 끝나는 것이 아니라 그 사후의 세계인 내세에서 영생하게 되고, 또 사후 세계에서의 영생이 신에 의해 주관된다고 하는 사상을 갖게 되었던 것이다. 그러한 사상을 신념으로 받아들이고 현세와 내세를 지배한다고 하는 신을 믿고 받드는 것이 바로 종교인 것이다. 이와 같이 인간에게 신이라고 하는 관념이 형성되어 그것을 통해 자신의 삶을 실현해 나간다고 하는 종교라고 하는 또 하나의 문화 양식이 성립되어 나왔던 것이다.

인간은 자연을 발견하여 그것과의 이상적 관계를 맺어 가기 위한 하나의 방법으로서 그것을 개발해 갈 도구를 발명하고, 또 신을 발견하여 그것과의 이상적 관계를 맺기 위한 또 하나의 방법으로서 종교라는 것을 확립해 왔다. 그러한 과정에서 인간들은 또 하나의 문화 양식을 성립시켰는데, 그것이 바로 표현 행위이다. 인간에게서의 표현이란 한 개인이 또 다른 개인이나 개개인들로 구성된 사회 집단, 혹은 그 개인과 사회 집단을 지배한다고 생각되는 신 등에 대해 자기 자신의 생각이나 느낌을 나타내는 행위를 의미한다. 그러한 표현은 손짓 · 몸짓 · 발짓 등과 같은 인간의 행위, 소리, 사물의 색깔이나 형태 등을 통해 이루어진다. 이와 같은 표현 수단을 통한 인간의 표현 행위의 목적은 다른 한 개인이나 사회나 신 등과 같은 것들과의 이상적 관계를 갖기 위해서이다. 이상과 같이 인간은 도구를 발명하여 자연을 개발해 가고, 신을 발견하여 종교를 성립시켜 가고, 표현 양식의 정립을 통해 사회를 만들어 나감으로써 문화를 형성시켜 나왔던 것이다.

인간은 어떻게 도구를 발명하고 신을 발견하고 표현 양식을 정립시켜 왔던 것인가? 인간에게서의 이러한 도구의 발명, 신의 발견, 표현 양식의 정립 등은 결국은 의식 작용을 통해 이루어졌다고 말할 수 있다. 그래서 인간에게서의 도구나 신이나 표현 등이야말로 가장 확실한 의식 작용의 소산이라 할 수 있다. 그렇다면 인간의 의식은 어떻게 그것들을 소산시켰는가? 앞에서 우리는 의식의 원형을 외부로부터의 자극에 대한 반작용으로부터 찾아냈다. 생명체는 항상 외부로부터 다양한 자극을 받아가며 생존한다. 그렇다면, 생명체는 외부의 자극들에 대하여 어떤 식으로 반응을 일으켜 왔는가?

생명체는 외부로부터 자극을 받아, 그 자극에 대하여 어떠한 반작용을 통해 자신의 존재 양태를 유지해 간다. 만일, 그 자극이 과거에 경험했던 것과 같은 것일 경우, 생명체는 과거와 똑같은 반작용을 일으킨다. 생명체에게 동일한 자극이 반복적이고 그것이 주기적으로 가해질 때, 그 자극에 대한 반작용 역시 반복화되고 주기화된다. 앞에서도 언급했듯이 생명체의 모든 의식기관은 바로 그러한 반작용이 기관화되어 발생된 것이다. 이와 같은 측면에서 파악해 볼 때, 인간에게서의 의식은 외부로부터의 자극에 대한 반작용의 현상이고, 그러한 의식을 통해 일어나는 모든 현상도 외부로부터의 반복적이고 주기적인 자극에 대한 반작용의 현상이라 생각된다. 우리가 난초를 보고 난초라고 의식하는 것은 우리 인간에게 가해 오는 자극을 경험하고 이전의 자극들에 대한 경험을 통해 관념화시켜 둔 것들로부터 공통된 것을 꺼내 그것을 가지고 반작용을 일으키는 현상에 다름 아니다.

인간의 의식 작용은 그러한 식으로 감성, 오성, 이성, 이념 등을 통해 이루어지게 된다. 인간에게서의 감성이란 감각 내지 지각 등에 의해 불러일으켜져 그것에 지배되는 심적 작용 전체를 가리킨다. 이에 대해 오성이란 바로 이러한 감성을 기초로 해서 형성되어 나온 경험들로부터 공통된 요소들을 뽑아내어 사물의 개념들을 만들어 내는 의식 작용을 가리킨다. 이성이란 그렇게 해서 생긴 개념들을 가지고 논리적 사고를 해 가는 능력을 일컫는다. 이 경우 '논리적'이란 말은 '어떤 법칙을 가지고'라는 뜻이다. 이와 같이 인간의 사고는 인간의 의식에 법칙을 제공하는 개념에 의해 행해진다. 끝으로, 이념이란 이와 같은 이성을 통해 얻어진 고차원의 사유 형태를 뜻한다.

인간에게서의 이와 같은 모든 의식 작용은 개념화 작용이나 추상화 작용을 기초로 해서 일어난다. 개념이란 인간이 구체적인 사물과의 접촉을 통해 만들어 낸 여러 관념들 속에서 공통된 요소들을 뽑아내어 그것들을 종합하여 얻은 하나의 보편적 관념을 가리키고, 개념화란 그러한 관념을 만들어 내는 작업이다. 예를 들어, '차다'라고 하는 개념은 냇물에 손을 넣어 본 경험, 얼음을 만진 경험, 쇠붙이를 손에 대었을 때의 감촉을 통해 그것들로부터 어떤 공통된 인상이 총괄되어 만들어진 것이다. '나무'라고 하는 개념은 소나무, 버드나무, 오동나무, 참나무 등으로부터 공통된 요소들로 뽑아 만들어진 것이다. 이에 대해 추상화는 이렇게 해서 생긴 여러 개념들로부터 또 공통된 요소들을 뽑아 그것들을 가지고 보다 일반적인 개념을 만드는 심적 과정을 가리킨다. 이렇게 해서 생긴 개념이 바로 추상적 개념이다. 한 인간에게서의 사랑이라고 하는 추상적 개념은 몇몇 이성들과의 만남을 통해 얻은 공통된 요소를 기반으로 해서 성립된 것이다. 의식을 통해 일어나는 인간의 사고 작용, 언어 표현, 판단 등은 이와 같은 개념화와 추상화 작용을 통해 일어나는 현상인 것이다.

그런데, 인간의 의식 작용은 이와 같은 **개념화 작용***이나 추상화 작용만으로는

*개념화 작용 : 개념 구성概念構成/concept formation의 의미. 여러 가지 경험을 통해서 새로운 개념을 만들어 내는 과정. 예컨대 냇물에 발을 담갔을 때의 경험, 얼음을 만졌을 때의 경험, 쇠붙이의 촉감 등에 공통된 감성적 인상을 총괄한다면 '차다' 또는 '차가움'이라는 개념이 구성된다. 이처럼 일반적으로 언어는 어떤 구체적 경험에서 얻으며, 차차 적용범위를 넓혀 가면서 개념화된다.

일어나지 않는다. 개념화 작용이나 추상화 작용에 상징 작용이 첨가되어야만 인간의 의식 작용이 제대로 일어날 수 있다. **상징 작용***은 구체적인 대상을 통해 그 관념들을 드러내려는 심적 작용이다. 평화, 공산주의, 순결 등과 같은 추상적 개념들을 비둘기, 적기, 흰색 등과 같은 구체적인 대상들을 통해 드러내려는 심적 작용인 것이다. 인간에게서의 도구의 발명, 신의 발견, 표현 양식의 성립 등은 바로 이와 같은 추상 작용과 상징 작용에 의해 이루어졌다.[18] 이상과 같은 측면에서 파악해 볼 때, 인간에게서의 문화의 성립은 도구들의 발명, 그것들에 대한 한계성의 극복 양태로서의 표현 양식의 성립 등을 통해 이루어졌고, 또 그러한 것들을 기초로 해서 성립된 문화는 그것들을 성립시킨 인간의 추상 작용과 상징 작용을 통해 전개되어 나왔던 것이다.

이상과 같이 고찰해 볼 때, 인간의 지구에 대한 물리적 · 생물학적 체험들의 결과는 DNA라고 하는 형태를 취해 인체에 투입되었고, 또 그의 인간사회에 대한 체험의 결과는 언어라고 하는 형태를 취해 의식 세계에 투입되어졌다고 말할 수 있다. 인간의 의식 작용은 바로 그것들을 기초로 해서 이루어지고, 또 문화는 인간의 그러한 의식 작용을 통해 행해진다고 말할 수 있는 것이다.

따라서 개념은 잡다한 경험을 정리하고 막연한 전체적 경험을 구체화함으로써 사고 과정思考過程을 능률화하는 작용을 한다. 참10 〈개념 구성〉

*상징 작용symbolism : 상징의 중요한 작용으로서 다음 세 가지를 들 수 있다. ① 어떤 사물을 이해시키는 작용을 한다. 즉 잔디밭 둘레에 울타리가 쳐진 것은 '잔디밭 안에 들어가서는 안 된다'는 것을 의미한다. ② 사상이나 욕구를 가리키는 작용을 한다. 즉 '배가 고프다'는 것을 표시하려면 그 내용을 정확하게 전달할 수 있는 기호(대개의 경우 언어나 몸짓)를 사용함으로써 가능하다. ③ 심벌을 받아들인 후에 일정한 효과를 불러일으킨다. 가령 세금의 증액을 알리는 전단은 우리에게 어떤 불안감이나 걱정을 불러일으킴으로써 우리가 어떻게 대처하여야 할 것인지를 지시한다. 참10 〈상징의 기능〉

제3절 문화의 전개 과정

도구와 도구 문화의 전개 양상

사과가 달린 한 그루 나무 옆에 3미터짜리 장대가 있고 그 앞에는 멧돼지와 원숭이와 인간이 있다고 가정해 본다. 이 경우 멧돼지가 땅바닥에 떨어져 있는 벌레 먹은 사과를 다 주워 먹는다. 멧돼지는 그것이 더 먹고 싶지만 더 이상 먹을 수가 없다. 머리 위에 사과들이 주렁주렁 달려 있는 것을 보고도 그것을 따먹을 엄두를 내지 못한다. 입으로나 두 앞발로 장대를 사용해 사과를 따보려는 시도 같은 것은 아예 하지 못한다. 이때 원숭이는 옆에 있는 장대를 사용하여 사과를 따보려고 노력해 본다. 그러나 사과들은 5미터 높이에 달려 있기 때문에 딸 수가 없다. 그 장대로 사과를 따려고 노력하다가 실패하고 만다. 인간은 그 장대가 짧아서 그것으로 사과를 딸 수 없다는 것을 알고, 다른 곳에 가서 칡넝쿨과 나뭇가지를 가지고 와서, 칡넝쿨로 나뭇가지를 장대에 동여매어 높이 매달려 있는 사과를 떨어뜨린다.

멧돼지와 원숭이와 인간은 각각 다른 동물이다. 그러나 세 종류의 동물들 모두 사과를 따먹고 싶은 욕망을 가지고 있다는 면에서는 공통점을 지니고 있다. 그러나 그것들은 장대라고 하는 도구를 사용하여 사과를 따 보려고 노력했던 동물과 그렇지 않았던 동물로 구별된다. 도구를 사용한 동물 중에서도 그 도구를 개발해서 하고자 하는 목적을 달성시킨 동물이 있는가 하면 그렇지 못한 동물이 있다. 진화론적인 측면에서 우리는 인간을 원숭이보다 한 단계 더 진화된 동물로 보고 있고 그러한 의미에서 우리는 원숭이를 인간의 조상으로 생각한다. 앞의 예에서 볼 수 있듯이 원숭이는 장대를 사용해 사과를 따려고 시도해 보았던 동물이다. 어떤 도구를 사용하여 무언가 해 보려고 했던 것이다. 그러나 도구를 사용하긴 했지만 목적했던 바를 이루지 못하고 중도에서 포기해 버리고 만 원숭이에 비해 인간은 도구를 개발해서 목적했던 바를 이루어 내었다. 그 점에 있어서 인간은 원숭이와 차이를 보이고 있고 더 진화한 모습을 보이고 있다.

이와 같이 인간은 도구를 개발해서 하고자 하는 것을 실행해 가는 동물이다. 그러한 면에서 우리는 인간을 문화적 동물이라 한다. 이 경우 인간이 장대 사용을 시도하고, 또 그것을 개발해서 목적을 달성하기까지는 장대와 같은 도구를 사용하여 열매 같은 것을 따 본 경험이 있었기 때문이라고 생각된다. 그러한 경험들의 발현은 인간의 의식 작용을 일으키는 추상 작용과 상징 작용을 통해 이루어졌음에 틀림없다. 다시 말해서 인간들은 추상 작용을 통해 손이나 막대기 같은 것들을 사용해서 높은 곳에 있는 것들을 취해 왔던 여러 경험들을 종합해 내서 그것에 상징 작용을 적용시켜 구체적인 장대라고 하는 도구를 선택해 사과를 따냈다는 것이다.

이 경우 인간의 의식 작용에서의 개념 작용의 주축을 이루는 추상 작용은 근본적인 의미에서의 인간의 환경에 대한 적응 노력의 일종이라 할 수 있다. 인간은 도구를 이용함으로써 다른 동물에 비해 환경에 대한 보다 능동적인 적응 능력을 갖게 되었다. 이와 같은 측면에서 생각해 볼 때, 인간에게서의 추상 작용과 상징 작용에 의해 도구의 발명이 이루어졌다고 할 수 있다. 그런데, 이 경우 인간에게서의 도구란 문화적 행위의 실천 수단이다. 그렇다면 문화란 무엇인가? 인간이 장대를 이용해서 사과를 따먹은 것을 문화라고 했을 경우, 문화를 이루는 구성 요소로는 장대를 사용하는 행위, 나뭇가지와 칡넝쿨을 이용하여 장대를 연장시킨 행위, 사과를 손에 획득하게 된 사실과 그것을 먹음으로 인해 취해지는 즐거움 등으로 생각해 볼 수 있다.

이와 같이 문화란 도구의 사용, 그것의 개발, 그것의 사용 결과물의 획득, 그 결과물의 향유 등으로 이루어진다. 이렇게 볼 때 원숭이의 도구 사용 행위만으로는 문화라고 할 수 없다. 도구의 개발과 도구 사용의 결과물이 획득되어져야 하고 그 획득물이 향유되어져야만 문화라 할 수 있는 것이다. 원숭이가 장대를 사용하여 사과를 따려고 하지만 한꺼번에 많은 사과를 딸 수 있는 사다리를 만들려고 하지 않았기 때문에 원숭이는 동물의 생활 상태를 벗어나지 못하고 있는 것이다. 도구를 사용하더라도 그것을 개발해 가지 않는 한, 인간이 자신의 존재 양태를 유지해 가며 끊임없이 변화해 가는 세계와 맞물려 생존해 갈 수 있는 방도가 없다.

따라서 인간에게서의 문화의 성립이란 인간의 세계 체험이 토대가 되어 행해진 도구의 발명이 계기가 되어 이루어진 것이라 할 수 있다.

인간에게서의 도구의 사용은 인간의 어떤 행위를 통해 이루어진다. 예컨대 인간이 사과를 따는 데 사용되었던 장대는 손놀림을 통해 이루어졌다. 만일 사과가 손이 닿을 수 있는 가지에 달려 있었다면 인간은 장대를 사용하지 않고 두 손으로 직접 땄을 것이다. 이와 같은 측면에서 생각해 볼 때, 장대는 손의 한계성의 극복 형태이다. 다시 말해서 인간에게서의 도구의 사용은 인간의 행위를 통해 이루어지며, 또 그러한 행위들은 인간의 각 기관들을 통해 이루어진다. 각 기관들을 통해 행해지는 행위는 인간의 의식 작용을 통해 이루어진다. 따라서 여기에서 다음과 같이 정리해 볼 수 있다. 인간은 외부로부터 자극을 받았을 때 그것에 대한 반작용으로 의식 작용을 일으킨다. 그러한 의식 작용은 어떤 행위로 구체화된다. 그러한 행위들이 반복되는 과정에서 눈이나 손 등과 같이 신체 기관들이 출현된다. 그렇게 해서 출현한 신체기관들은 그것들을 출현시킨 인간의 욕망을 실현시켜 나가는 수단으로서의 역할을 수행해 간다. 인간의 욕망은 그 정도에서 끝나지 않고 그러한 신체 기관들의 연장선상의 것들을 창출해 낸다. 인간들이 사용해 가는 도구들이 바로 그것들이다. 인간에게서의 도구란 신체 기관들의 역할을 보다 효과적으로 수행해 내기 위한, 제2의 기관들인 것이다. 인간들의 욕망은 끊임없이 변해 왔다. 그것은 우주의 팽창 현상과 맞물려서 끊임없이 변해 가는 우주의 모든 존재 속에서 인간이 자신의 존재 양태를 유지해 가기 위한 욕망이다.

인간의 행위란 그러한 욕망의 실현 수단이고, 또 그것은 그러한 욕망의 실현 기관이다. 그러한 기관들이 역할을 수행하는 데 있어서 한계에 부딪히게 될 경우 그것의 극복 형태로 도구들이 발명된 것이다. 따라서 인간의 욕망이 끊임없이 변화해 옴에 따라 도구들도 끊임없이 변모해 왔다고도 볼 수 있다.

그 기능상의 측면에서 도구의 종류는 신체 각 기관들의 종류에 대응된다. 우선, 인간의 팔다리의 기능을 효과적으로 수행해 내는 도구군이 있을 수 있다. 인간에게서의 팔다리의 기능은 자신의 몸을 한 장소에서 다른 장소로 이동시키거나 신속히 이동시키는 것 등이다. 신속히 이동해야 할 경우 인간은 달려가야 한다. 그러나 쉬지 않고 계속 달릴 수도 없다. 너무 무거운 짐을 운반할 때는 더더욱 그러하다. 그래도 신속하게 자신이나 짐을 이동시키려는 욕망은 버려지지 않는다. 그 결과, 그러한 욕망을 실현해 보려는 과정에서 인간은 마차, 수레, 인력거, 자전거와 같은 도구들을 발명하게 되었고, 자동차, 기차, 기선 등을 발명하게 되었으며, 비행기, 인공위성 등을 발명하게 되었던 것이다. 이 경우, 보다 신속하면서도 보다 안전하고 안락하게 자신이나 짐을 이동시키기 위해, 예컨대 마차의 경우에 있어서도 여러 종류의 마차를 만들어 냈다. 손과 팔로 물건들을 집어 올리거나, 손과 팔의 역할을 효과적으로 해 내기 위해 집게, 펜치, 삽 등과 같은 것을 만들어 냈고, 포크레인과 같은 기계를 만들어 냈다. 인간은 자신들에게 보이지 않는 미물을 보고 싶은 욕망을 실현하기 위해 현미경을 발명해 냈다. 인간의 욕망은 무한하여 더 먼곳에 있는 것을 보다 세밀하게 보려는 욕망 때문에 망원경도 발명해 냈다. 그리하여 예컨대, 디딜방아는 입 속의 이의 역할을 효과적으로 수행해 내기 위한 제2의 이이고, 옷은 인간의 제2의 피부이고, 집은 제3의 피부라 할 수 있다. 또 우리 인간에게서 마이크는 제2의 입이고, 라디오는 제2의 귀이다.

이와 같이 인간에 의해 만들어진 모든 도구들은 인간의 어느 한 기관의 역할을 맡아서 그것을 효과적으로 수행해 내는 도구들이다. 즉, 그것들은 그것들의 기능상의 측면에서 인간의 어느 한 기관과 연결되어진다. 그러므로 우리가 도구를 발명하고 그것을 개발해 간다는 것은 우리가 우리의 신체의 각 기관들을 확대시킨다는 것이고, 그 확대된 신체의 각 기관들을 이용해 우리가 처해 있는 자연을 인간 중심의 세상으로 만들어간다는 의미이다. 즉, 우리가 처해 있는 대자연을 우리 인간의 제2의 의식 세계로 만들어간다는 것이다.

그렇다면 인간들은 자신들의 제2의 신체기관들을 어떤 재료들을 이용해 만들어 왔는가? 인간이 다니는 길에 칡넝쿨이 가로놓여 있을 경우 도구를 사용하지 않고 자신의 신체의 일부, 예를 들면 손톱이나 이 등을 사용하여 자신이 활동하기에 편리한 쪽으로 자연을 개조해 갔다. 당시 인간은 원숭이 단계였다. 그러나 그 후 인간은 자신의 신체의 일부인 손톱이나 이 대신에 그 역할을 수행할 수 있는 뾰족한 돌을 자연 속에서 개발해 내어 칡넝쿨을 잘라냈다. 이와 같이, 초기의 원시인들은 대자연에 흩어져 있는 돌이나 잘려진 나뭇가지, 물에 쓸려 다니는 조개껍질, 땅에 흩어져 있는 짐승들의 뼈 등을 주워서 자신들의 도구로 사용했다. 당시 사용되었던 도구들 중, 현재까지도 일부에서 사용되고 있는 것은 석기이다. 우리가 그러한 것들을 도구로 사용했던 시대를 석기 시대라 부르는 것은 석기가 당시 도구로서 최고最高의 도구로 사용되었다는 데에 있다.

그렇다면 어떻게 해서 석기가 당시의 최고의 도구로 자리할 수 있었던 것일까? 당시 인류에게서의 돌이란 인간이 대자연 속에서 도구의 재료로서 손쉽게 구할 수 있는 것들 중 가장 단단한 물체였다. 그렇다면 단단한 것과 도구와는 어떠한 관계가 있는가? 도구란 인간이 자신의 욕망을 보다 효과적으로 실현시키려 할 때 사용된 물건이다. 보다 구체적으로 말하자면, 그것은 어떤 것들을 자르거나 연결시켜 인간이 원하는 형태로 만들 때 사용되는 물건이다. 도구가 그런 식으로 사용되려면, 그것은 어떤 물체보다도 더 단단해야 한다. 그러한 의미에서 인간에게 가장 단단한 물체로서 발견된 돌이 인간에게서의 도구의 일차적인 재료가 될 수 있었던 것이다.

석기가 사용되었던 시대는 타제석기 시대와 마제석기 시대로 분류된다. 타제석기 시대란 자연 현상으로 인해 깨져서 뾰족하게 된 돌들이나, 혹은 인간 스스로가 뾰족하게 만든 돌들을 도구로 사용했던 시대를 가리킨다. 그런데 깨진 돌을 주워서 도구로 사용하거나 그것을 뾰족하게 깨서 도구로 사용할 경우, 인간이 사용하기에 알맞게 깨진 것을 찾아낸다거나 인간이 사용하기에 알맞게 깬다고 하는 것은 결코 쉽지 않은 일이었던 것이다. 그러한 이유로 인해 더욱 정성을 들여 자신들이 사용하기에 적합한 것으로 도구를 만들어 가게 되었다. 즉, 자신들이 사용하기에 적합한 형태로 돌을 갈아 그것을 도구로 사용하게 되었다는 것이다. 우리는 그 시대를 마제석기 시대라 부르고 있다. 이와 같이 인간에게서의 마제석기란 타제석기에 비해 인간의 욕망의 차원에서 한 단계 더 구축시킨 형태의 도구이다. 그 재구축은 하나의 깨진 돌이 다른 깨진 돌에 의해 갈리게 됨으로써 이루어졌던 것이다.

석기 시대 이후, 인류의 욕망 해결의 차원에서의 대자연의 재구축 작업은 철이 발견됨으로써 또 다른 단계로 전개되었다. 당시의 도구는 물체들을 잘라내고 연결시키는 역할을 수행해 내는 물건이었다. 그런데 그 도구는 그러한 역할이 행해지는 과정에서 부러지기 일쑤였다. 그래서 인간은 대자연 속에서 부러지지 않는 철을 발견해 냈고 그것을 재료로 삼아 철기를 만들어 냈다. 제2차 도구가 발명된 것이다. 처음에 발견된 철기는 순동이나 청동의 경우와 같이, 부러지지는 않지만 구부러지고 닳아 없어지기 쉬운 것들이었다. 그러나 그 후 그와 같은 약점들이 보완되면서 쉽사리 부러지지도 않고 닳지도 않는 철이 만들어짐으로써 철을 자르고 그것을 연결시킬 수 있는 여러 종류의 철기들이 만들어지게 되었던 것이다.

철기 시대 말기에 이르러, 물체들을 자르고 연결시키는 도구들만으로는 인간 욕망의 차원에서의 대자연의 재구축이 불가능하다는 것을 자각하였다. 그 결과 제3차 도구가 발명된다. 전자제품이 바로 그것이다. 철기 시대의 도구들은 원소들, 특히 전자들을 많이 거느리고 있는 원소들, 즉 원소기호가 높은 원소들이 재료로 사용되어 만들어진 것들이었다. 그에 반해 전자제품들은 그 원소들의 원자를 구성하는 전자들이 재료가 되어 만들어진 것들이다. 철기 시대의 도구들은 원소와 원소를 연결시키는 전자들 간에 작용하는 힘이 이용되어 만들어진 것들이었지만, 전자 시대의 전자제품들은 어떤 원소의 원자를 구성하는 핵과 그 주위를 도는 전자 간에 작용하는 힘을 전류로 전환시켜 그것을 이용하여 만든 도구들이다. 현대로 들어와서 이와 같은 제3차 도구와 함께 제4차 도구도 만들어졌다. 원자폭탄, 원자력발전소, 레이더, 엑스레이등과 같은 **광기**光器*가 바로 그것이다. 이 경우에는 원자핵을 이루는 중성자와 양성자 간에 작용하는 강핵력, 약핵력이 이용되었다. 결국 제4차 도구는 원자핵으로부터 나오는 초단파(마이크로파, 1mm-1m)의 빛들이 이용되어 만들어진 도구들인 것이다. 무기로서의 총이

*광기光器/proton ware : 과정학의 키워드들 중의 하나. 석기石器, 철기鐵器에 이어 출현한 도구를 의미하는 말로 예컨대, X-ray 등과 같이 광자光子의 속성을 이용해 만든 도구를 말한다. **필자 보충 설명**

나 대포의 파괴력은 철이 목적물에 부딪침으로써 나오는 힘이다. 이에 대하여 무기로서의 원자폭탄은 핵이 폭발하는 과정에서 나온 초단파의 광자들이 목적물에 부딪침으로써 그 위력을 드러내는 도구이다. 원자력발전소의 경우도 핵으로부터 나오는, 파장이 짧은 광력光力을 이용해서 만든 발전소로서 그것도 광기의 일종이다. 또 빛의 파장을 이용한 라디오, TV, 인터넷 등과 같은 전파통신 도구들도 제4차 도구들에 속하는 것들이라 할 수 있다.

이상과 같이 인간의 신체기관의 역할을 효과적으로 수행해 내는 도구는 그 재료의 면에 있어서 돌, 철, 빛 등으로 이용되어져 왔던 것이다. 다시 말해서 인간의 손과 팔은 처음에는 돌로, 그 다음에는 철로, 근래에 와서는 빛으로 만들어 왔던 것이다.

종교와 종교 문화의 전개 양상

인간은 왜 도구를 만들어 그것을 이용하여 자연을 자신의 신체의 일부로 만들어 왔는가? 앞에서도 언급했듯이 그러한 노력은 끊임없이 변화해 가는 우주 속에서 자신의 존재 양태를 유지시켜 그것을 통해, 존재의 의미를 향유해 보려는 의도에서 행해져 왔던 것은 아닌가 한다.

보다 근원적인 차원에서 언급해 보면, 인간이 자신의 존재 양태를 유지해 보려는 욕망은 인간에게서의 개체의 죽음과 종족의 죽음에 대한 의식을 극복해 보려는 과정에서 비롯된 것으로 이해된다. 이 우주 속의 모든 존재는 우주의 팽창과정과 맞물려 자신의 존재 양태를 변형시켜 가고 있다. 인간에게서의 탄생, 성장, 죽음이나 인류의 출현, 진화, 사멸도 바로 그러한 것의 일종이라 할 수 있다. 이것들 중에서도 인간에게 자신의 존재 양태를 파괴시키는 것으로 가장 깊게 인상 지어진 것은 인간의 죽음이나 인류의 종말이다. 인간에게서의 자신의 개체적 죽음은 부모나 친지 혹은 동료들의 죽음을 통해 확실한 것으로 받아들여져 왔다. 또 인간 자신이 속해 있는 인류라고 하는 종족의 죽음도 그동안 지구상에 살아왔던 무수한 종류의 동식물의 종족적 죽음이나 우주 속에서의 지구와 같은 행성들의 폭발 등에 대한 확인으로 인해 인정하지 않을 수 없는 사실로 받아들여지고 있다.

모든 인간은 자신들의 존재이유와 존재 형태가 어떻든지 간에 생물학적·문화적 측면에서 자신의 존재 형태를 보존하고 창조해 오는 데 노력을 기울여 왔다. 그러한 이유로 인해서인지, 인간은 자신의 죽음으로 인해 자신의 존재 형태가 파괴됨에 따라 자신의 존재에 쏟아온 모든 노력들이 무無로 돌아가 버리는 데 대해 허무감을 느낀 나머지, 어떠한 형태로든 간에 자신의 존재에 쏟아 온 자신의 노력들을 물질화시켜 보려는 노력을 취하게 되었던 것이다. 인간들의 그러한 노력이 바로 도구들의 발명과 그것들의 개발 등으로 구체화되어 나왔고, 인간은 그것들을 통해 대자연의 인간화, 즉 자연의 신체화를 추진시켜 나갔던 것이다.

인간들은 자신들의 도구들을 통한 대자연의 인간화 과정에서 자신들의 능력의 한계성을 자각하게 된다. 그러한 자각은 인간이 도구를 발명해 그것을 가지고 자연을 개발하게 된 무렵부터 이미 시작되었던 것이다. 도구를 사용하지 않고 자신들의 삶을 영위해 갔던 동물 단계에서의 인류의 생존은 완전히 자연환경에 예속된 형태의 것이었다. 자연환경을 개발해 보다 안정되고 쾌적한 삶을 영위해 볼 생각은 전혀 없었던 단계였다. 기껏해야, 철새와 같은 동물처럼 자신들의 삶을 영위하기에 보다 알맞은 곳으로 이동해 다니는 정도에 지나지 않았다. 그 단계의 인간의 의식 작용은 감각이나 감각 작용을 기초로 해서 형성된 본능이나 직관을 통해 이루어졌던 것으로 고찰되고 있다. 그러나 그 후 다양한 지역으로의 인류의 이동 생활이 이루어지는 과정에서 인류의 세계 체험이 축적됨에 따라 감각이나 본능 작용을 토대로 하여 인간에게 이성적 사고가 형성되어 그것에 의한 인간의 의식 작용이 행해짐으로써, 환경을 개조해서 자신의 욕구를 충족시켜 보려는 의지가 형성되었다. 필자가 여기서 언급하고 싶은 것은 인간에게서의 그러한 의지의 관철 수단이 바로 도구라고 하는 것이다.

인간은 자신이 노력한 만큼의 대가를 바란다. 외부로부터의 자극에 대한 반작용의 대가인 것이다. 인간은 자신의 욕구충족의 한 방법으로 도구를 만들어 자연을 자신의 차원으로 재구성시켜 왔다. 그렇게 끊임없이 도구는 개발되었고 자연도 끊임없이 개발되어 나오는 과정에서 인간의 그것들에 대한 개발 욕구는 줄어들지 않고 오히려 더욱 커져 나갔다.

인간이 자연의 일부분을 개발하거나 그러한 도구를 개발하는 데는 몇 달이나 몇 년 정도가 걸리는 수도 있지만 또, 일생이나 혹은 몇 세대가 걸리는 경우도 있다. 그런데 대체로 인간은 그것들을 개발해 가는 과정에서 투자한 노력의 대가를 자신이 살아 있는 동안 얻기를 원한다. 그러나 인간은 죽음으로 인해 자신이 일생 투자한 것들에 대한 대가를 충분히 취하지 못한다고 생각한다. 자신의 생이나 인류의 역사에 거는 것이 많으면 많을수록 생의 단절을 가져온다고 인식되는 죽음에 대한 의식은 더욱 강하게 느껴질 뿐이다. 이 경우 죽음에 대한 의식은 일차적으로 생에 대한 단절 의식으로 나타난다. 그렇다고 해서 인간의 자연개발이 어느 한 시점에 가서 완성되는 것은 결코 아니다. 인간이 개발해 낼 자연은 무한하여 그것을 개발하면 할수록 그것은 인간에게 더 경외로운 것으로 나타나고 인간은 점점 더 그것의 웅대함과 인간 자신의 한계성을 자각하게 된다. 그러한 자각은 인간자신들에게는 자신들의 능력이 미치지 못하거나 미칠 수 없는 영역이 있다는 것에 대한 자각으로부터 시작되었다. 그래서 그것은 그 단계에서 끝난 것이 아니라 그 영역에 대한 지속적 체험을 통해 그 영역들을 지배해 갈 또 다른 방법을 모색하게 되었다. 그 방법이란 인간이 대자연 속에 그러한 영역들을 지배해 가는 절대적 존재가 있다는 것을 상정한 다음 그 상정한 존재와의 상하관계를 맺어 그 영역을 차차 정복해 간다는 것이었다. 그러한 입장은 대자연을 주관하는 존재를 경외하고 찬양해 감으로써 그 결과, 인간은 절대적 존재가 존재한다는 것을 믿고, 또 그에게 모든 것을 맡기고 그를 찬양해 갈 때만이 자신에게 불가능한 모든 것이 실현될 수 있다고 하는 확신을 갖고 한정된 자신의 삶을 영위해 가려는 삶의 양식을 성립시켜 갔던 것이다. 이렇게 봤을 때, 인간에게서의 최대의 관심사는 죽음의 문제인 것이다. 인간에게 죽음이 있음으로 인해 신과 같은 절대적 존재를 상정하게 된 것이다.

인간에게서의 죽음에 대한 관심은 우선 언제 죽을지 모르기 때문이며, 또 죽음으로 인해 생의 결과가 무로 돌아간다고 하는 생각 때문이다. 그것뿐만이 아니다. 그것에 대한 관심이 사후 세계에 대한 관심과도 직결되어 있기 때문이다. 이와 같은 죽음과 사후의 세계와 관련해서 인간은 사후 세계에서의 삶이란 현생의 결과로서 나타나며 신이라고 하는 절대자가 그것을 주관하는 것으로 생각해 왔었기 때문이다. 그 결과 내세를 주관하는 신에 대한 경배를 통해 삶을 영위해 가는 삶의 태도가 형성되었는데, 그것이 바로 종교적 삶인 것이다.

이와 같이 인간에게서의 종교는 죽음에 대한 의식의 극복 양태로 성립된 내세관을 기초로 해서 확립되었다. 우리는 이와 같은 종교의 기원을 애니미즘이나 조상신祖上神 사상으로부터 찾을 수 있다. 이때 애니미즘은 살아 있는 모든 것은 정령을 가지고 있다는 사상이고, 조상신 사상은 선조가 죽으면 신이 되어 후손들을 돕는다는 사상이다. 이 경우, 인간도 살아 있는 생명체이고, 또 그것이 정령을 가진 존재로서 그것이 죽으면 육체는 흙이 되지만 정령은 죽지 않는다는 의미에서 우리는 조상신 사상을 애니미즘의 발전된 형태로 볼 수 있다. 그러나 조상신 사상의 경우 육체로부터 분리된 혼이 어디에서 어떻게 생존해 가는지에 대해서는 막연하다. 이러한 애니미즘이나 조상신 사상은 인간이 신석기 시대로 들어서서 농경 생활을 시작하게 된 시점에서부터 확립된 것으로 이야기되고 있다.

그 후 철기 시대로 들어서서 고대국가가 형성되면서 공통된 세계 체험을 해 온 민족, 예컨대 중앙아시아 지방에서 살아온 **아리안족族*** 같은 민족을 통해 **조로아스터교****가 성립되었고 그 영향을 받아 **유대교*****와 브라만교와 같은 민족 종교

*아리안족族 : 현재의 인도인은 인종적으로는 북방의 아리안족族과 남방의 드라비다족族이 주류를 이룬다. 아리안족은 중앙아시아 지방을 원주지로 한 인도게르만족의 분파로서, 키가 크고 피부는 백색에 가까우며 코가 높고 눈이 깊숙한 용모로 유럽인에 가깝다. 드라비다족은 키가 중간 정도이며 피부색은 검은 편이고 비교적 편평한 용모가 많다. 드라비다족은 옛날에는 인도 전역에 분포되어 있었으나, BC 1500년경부터 아리안족이 이란고원 방면에서 인더스강 유역과 갠지스강 유역으로 거주권을 확대하는 과정에서 인도반도 남부로 남하하게 되었다. 북방에 남아 있던 드라비다족은 아리안족과 혼혈되거나 그 사회에 동화되고 말았다. **참10 〈인도의 주민〉**

조로아스터교Zoroastrianism(배화교) : 조로아스터교는 중앙아시아를 원주지로 하는 아리안족에 의해 BC 2000년경 현재의 이란 지역에서 태양숭배 사상을 중심으로 해서 출발해 불(火) 숭배 종교로 전환해 나온 종교이다. BC 7세기경의 예언자 조로아스터Zoroaster의 가르침에 의해 종교적 · 철학적 기반이 확립되어 유일신 아후라 마즈다Ahura Mazda를 믿는 고대 페르시아 종교로 발전해 왔다. **참10

***유대교 : 북셈족계의 유대 민족이 BC 13세기경 이집트에서 모세에 의해 아리안계의 일파인 여호와 신을 유일신으로 받아들여 세워진 민족 종교이다. **필자 보충 설명**

가 성립되었다. 조로아스터교의 내세관은 다음과 같다. 인간은 영혼과 육체로 되어 있는데, 영혼은 하늘에 있는 천국으로부터 마그마처럼 흘러내려 지상에 떨어져 그곳에서 흙과 결합하여 인간으로 태어났다. 그러한 인간이 죽으면 육체는 독수리 밥이 되고 영혼은 독수리의 날개를 타고 하늘에 있는 천국으로 다시 올라가서 그곳에서 신의 심판을 받아, 지상에서 선하게 산 자는 천국에서 영생을 얻게 되고 악하게 산 자는 다시 마그마와 같이 지상으로 흘러내려 죄인인 인간으로서 갖은 고생을 다하게 된다. 조로아스터교의 이와 같은 내세관을 토대로 천국과 지옥을 골자로 한 유대교와 **기독교***등이 성립되어 나왔던 것이다.

이에 비해 브라만교의 내세관은 윤회전생의 내세관이라 볼 수 있다. 현생은 전생의 결과로 나타난 것이며 내생은 현생의 결과로 나타난 것이다. 이 경우 특이한 것은 전생도 내생도 현생도 모두 다 현재 인간이 처해 있는 지상 세계라는 것이다. 현생에서 좋은 일을 하다가 죽으면 내생에서 다시 인간으로 태어나고, 나쁜 일을 하게 되면 짐승으로 태어난다는 것이다. 그 후 브라만교는 **불교****로 발전하면서 극락과 지옥을 기초로 한 새로운 세계관을 성립시켰다.

아리안족과 유대족의 세계 체험이 토대가 되어 형성된 불교와 기독교가 인접된 민족들에게 받아들여짐으로써 그것들이 세계 종교로 성장해 나왔고, 내세관도 보다 보편화되어 나왔다. 다양한 세계 체험의 소유자들은 우선 사후의 세계가 정말 존재하는 것인지, 있다면 극락이나 천국이나 지옥이 과연 어디에 존재하는 것인지, 그리고 현세에서의 선행이 내세의 생과 연결되는 것인지 등에 대한 의문을 갖게 되었다. 그들은 만약 사후의 세계가 존재하지 않는다면, 왜 그동안 인간들은 내세의 생을 상정해서 그것을 통해 현생을 살아가려 했는지, 그 의도가 무엇이었는지에 대한 의문을 제기하게 되었던 것이다. 그 결과 인간들이 천국이나 극락이나 지옥이 사후에 존재하는 세계든 내세에 존재하는 세계이든 그것은 이차적

*기독교 : 유대 민족이 팔레스타인 지방에서 로마의 군정하에서 유대교를 모태로 해서 AD 1세기 초에 예수를 구세주로 하여 성립시킨 종교이다. 필자 보충 설명

**불교Buddism : BC 6세기경에 브라만 계급의 한사람 석가가 피지배자들의 입장에서 브라만교의 윤회 사상을 해탈 사상으로 전환시켜 개창한 세계 종교이다. 필자 보충 설명

인 문제이고 중요한 것은 우선 인간이 현생에서 절대적 존재를 믿고 그것을 찬양하면 인간의 마음속에 그 세계가 내재하는 것이라는 결론이 내려지게 되었다. 천국이나 극락이 현생의 인간의 마음속에 있는 한, 현생에서의 어떤 선행에 대한 보답은 현생에서 인간 자신의 마음속으로부터 취해지는 것이라는 결론이 내려질 수밖에 없다. 예컨대 남을 위해 어떤 일을 행하고 나면 기쁨을 느끼게 되는데, 그 기쁨이 선행에 대한 보답으로 받아들여질 수 있다는 것이다.

극락이나 천국이나 지옥이 현재 살아 있는 인간의 마음속에 있다면, 내세에서 인간을 심판하여 천국이나 극락으로 인간을 보내는 신은 과연 어디에 존재하는가? 정말 신은 존재하는가? 인간들의 세계 체험이 보다 다양화되고 보편화되면서 신의 존재 여부에 대한 의문의 제기와 함께, 정말 신이라고 하는 존재가 있어 인간의 능력이 미치지 못하는 영역을 주관해 가고 있는지, 대자연 속에서 우주를 창조한 자가 과연 신인지 등에 대한 의문들도 제기되었다. 그 결과, 인간은 대자연이나 우주를 창조한 그런 존재란 있을 수 없다는 쪽으로 태도를 바꾸는 대신, 대자연이나 우주의 신비와 경이로움에 감탄하고, 또 인간의 능력이 미칠 수 없는 그러한 영역들에 대한 경외감을 갖는 자세를 갖게 되었다. 인간은 인간 자신의 존재의 경이로움에 감탄해 가며 신비로운 자신의 삶을 실현해 가기에 이르렀던 것이다.

이상과 같은 측면에서 파악해 볼 때, 인간에게서의 종교 문화는 인간 능력의 한계성과 대자연의 웅대함에 대한 지각으로부터 출발해서 인간의 의식 세계를 끊임없이 개발함으로써 전개되었다. 다시 말해서, 인간이 그의 의식 대상이나 그의 세계 체험의 대상인 대자연을 끊임없이 개발해 가는 과정에서 도구 문화가 전개되었다면, 인간에게서의 종교 문화는 도구의 한계성과 대자연의 원대함에 대한 지각으로부터 성립되어 인간의 의식 세계를 끊임없이 개발해 가는 과정을 통해 전개되어 나왔던 것으로 이해된다.

표현과 표현 문화의 전개 양상

인간에게서의 표현이란 무엇인가? 앞에서 우리는 일단 표현의 본질을 외부로부터의 자극에 대한 반응으로 파악하였다. 즉, 인간에게서의 표현은 외부로부터의 자극에 대한 반응을 기초로 성립된 것이다. 그렇다면 생물체에서의 반응이란 무엇인가? 생물학적으로 보았을 때, 그것은 외부의 자극으로부터 자신의 존재 형태를 유지해 가기 위한 하나의 방법으로 취해진 것임에 틀림없다. 따라서 외부로부터의 자극에 대한 생명체의 반응 양식은 생명체의 외부로부터의 자극에 대한 경험을 토대로 성립된 것으로 이해된다. 다시 말해서 어떤 자극에 대한 생명체의 반응 양식은 생명체에 가해 오는 구체적인 자극들로부터 자신의 존재 양식을 유지하기 위한 수단들의 종합적 형태라고 하는 것이다.

외부로부터 생명체에 가해 오는 자극들은 생명체들로서는 언제나 구체적인 것으로 인식되게 마련이다. 예컨대, 사막에서 낙타에게 쏟아지는 햇볕이나 빗방울, '아담'과 '이브'에게 말을 걸어오는 '뱀'이나 '신' 등은 낙타의 목을 자극하고 '아담'과 '이브'의 귀를 자극하는 구체적인 존재들이다. 그러나 사막이나 숲에 대한 체험들을 통해 받아들여진 자극들은 그들에게 상징적으로 받아들여지지 않을 수 없다. 왜냐하면 그것들의 자극이 여러 가지 의미로 해석될 수 있기 때문이다. 인간에게서의 외부로부터의 자극에 대한 반응도 인간의 세계 체험을 토대로 한 추상 작용을 거쳐, 그 자극을 가해 온 대상에 대한 대응 방식으로 구체화되어 나온 것이다. 이와 같이 어떤 자극 대상에 대한 반응은 상징적 차원에서 구체화된다. 다시 말해서 그것은 어떤 대상에 대하여 상징적 표현으로 구체화된다는 것이다. 상징적 표현이란 어떤 주체가 어떤 대상에 대하여, 예컨대 평화라고 하는 개념을 전달하고자 할 경우 비둘기를 제시하는 것과 같은 경우를 말한다. 비둘기는 '노아의 방주' 이래 평화를 상징적으로 표현해 왔던 존재이다. 한 인간이 나타내고자 했던 평화라고 하는 개념은 다양한 세계 체험들을 통해 포착된 공통된 이미지들이 엮어짐으로써 형성된 것이다. 이 경우 비둘기는 그러한 공통된 이미지들 중 가장 대표적인 것들 중의 하나이다.

인간에게서의 표현은 한 생물체에게는 외부로부터의 어떤 자극에 대한 반응을 기초로 성립되었다. 즉, 한 생명체에서의 반응이란 외부로부터의 어떤 자극에 대한 반응이고, 그 반응은 그 생명체에 자극을 가한 존재가 생명체일 경우 그 생명체에 대하여 또 하나의 자극이 된다. 이와 같이 생각해 볼 때 분명히 표현이란 자극에 대한 반응 양식이다. 또 그것은 자극을 가한 구체적인 대상에 대한 표현이기도 하다. 그 표현 내용은 그 대상에 가장 큰 자극을 줄 수 있는 것으로 이루어지며 표현 방법도 그러한 차원에서 이루어진다.

이처럼 인간에게서의 표현이 생명체에서의 자극에 대한 반응의 일종으로 파악될 경우, 그것은 첫째 반드시 어떤 대상에 대한 표현이고, 둘째 어떤 구체적인 수단을 통해 이루어지며, 셋째 어떤 대상이 전달하고자 하는 정보를 가지고 있다. 끝으로 표현은 반드시 어떤 표현 방법을 수반한다. 인간에게서의 표현은 일차적으로 인간을 대상으로 한 표현이다. 예를 들어 한 인간이 말이나 글을 통해 어떤 것을 표현했다고 가정할 경우, 그 사람의 표현 상대는 그 사람 이외의 어떤 제3의 인간일 것이다. 이와 같이 인간의 표현은 기본적으로 인간을 그 대상으로 하는 표현이다. 그렇다면 인간이 타자에게 어떤 것을 표현하는 이유란 무엇인가? 우리가 인간에게서의 표현의 본질을 외부로부터의 자극에 대한 반응의 일종으로 파악하는 한, 그것의 표현 목적은 보다 안전하게 인간 자신의 존재 형태를 유지하고 그러한 존재 형태를 통해 보다 더 풍요로운 존재 의미를 향유해 보려는 것으로 이해된다. 이것은 인간사회에서뿐만 아니라 동물 세계에서도 그대로 적용된다.

지상의 모든 생명체들은 외부로부터 항상 크고 작은 자극을 받아가며 존재하고 있다. 외부로부터 생명체에 가해지는 자극은 반드시 생명체의 역량에 맞추어져 행해지는 것은 결코 아니다. 그러한 이유로 인해 생명체는 보다 안전하게 자신의 존재 형태를 유지하고 보다 풍요롭게 자신의 존재 의미를 향유하기 위한 방안으로 외부로부터 받은 자극에 대한 반응을 타자에게 보이는 것이다. 이 경우 반응이란 우선 외부로부터 어떤 자극을 받고 개체 혼자의 힘으로는 그 자극을 이겨내지 못할 경우 자신의 처지를 타자에 알려 도움을 요청하는 신호일 수도 있고, 타자로부터 받은 그와 같은 요청에 대한 대답의 형태일 수도 있다.[19]

예를 들어, 한 사람이 산에서 칡뿌리를 발견하여 그것을 손으로 뽑으려 해도 뽑히지 않아 다른 사람의 도움을 요청해 그것을 해결했을 경우를 가정해 본다. 이 경우 한 허기진 인간에게 발견된 칡뿌리는 그 인간에게서 분명한 하나의 자극제이다. 그가 그러한 자극으로부터 벗어나기 위한 한 방법은 그 칡뿌리를 뽑아먹는 것이다. 그는 그러한 자극으로부터 벗어나기 위해 칡뿌리를 뽑으려 했으나, 그것이 혼자의 힘으로 되지 않자 다른 사람으로부터 도움을 받아 그것을 해 내려 했다. 이 경우 칡뿌리를 뽑으려는 인간이 그 옆에서 무언가 먹을 것을 찾고 있는 인간에게 그러한 도움을 요청한다면, 그것 또한 도움을 요청받은 인간에게 하나의 자극일 수 있고, 요청에 응하는 것 또한 하나의 반응임에 틀림없다.

이 경우 칡뿌리를 발견한 자가 옆에 있는 다른 사람에게 도움을 요청했던 것은 허기져서 칡뿌리를 먹어야겠는데 혼자로서는 그것을 뽑을 수가 없었기 때문이다. 그러한 요청에 대해 타인이 긍정적 반응을 보인 것은 다음과 같은 이유에서였을 것이다. 우선, 자신도 무언가 먹을 것을 찾고 있는 참이었기 때문에 만일 같이 합심하여 그 칡뿌리를 뽑아낸다면 그로부터 칡뿌리를 얼마간 얻어먹을 수 있다고 생각했었기 때문이다. 다음으로, 설혹 그가 그것을 주지 않는다 하더라도 자신이 상대방에게 어떤 도움을 요청할 경우도 있기 때문이다. 이렇게 한 개인이 타자에게 어떤 것을 요청하고 또 상대방이 그 요청을 들어주는 이유들을 분석해 보면, 그것은 분명 인간 자신이 이 지상에서 생존해 가기 위해서, 그리고 생존해 가되 보다 어떤 방법을 취해 좀더 의미 있게 생존해 가기 위해서인 것이다.

이와 같이 외부로부터의 자극에 대한 반응을 토대로 성립된 인간의 표현은 한 개인의 타자에 대한 표현이고, 그 표현의 목적은 개인이 타자의 힘을 빌려 자신의 한계성을 극복해 보려는 것이다. 우리는 인간들이 그러한 생각으로 한데 얽혀 집단을 이룬 것을 사회라 한다. 이와 같이 인간은 자연을 개발하는 과정에서 자연의 위력을 지각하고 이에 대항할 방법의 하나로 사회를 형성했다. 따라서 이 지상에서 자신의 존재에 대한 위협을 느끼며 살아가는 모든 인간들은 사회를 통해 그러한 위협을 극복해 가려는 인간들이라 보아도 무방할 것이다. 이와 같은 측면에서 사실상 인간들의 표현 행위는 사회를 구성하고 있는 인간들에 대한 표현이고, 그러한 행위의 궁극적 목적은 한 개인이 보다 이상적인 사회를 만들어 그것을 통해 보다 안전하게 자신의 삶의 형태를 유지해 가고 보다 풍요로운 삶을 실현해 보려는 데 있다고 볼 수 있다. 그러니까 사회란 자연을 개발해 가려는 인간들의 집단이며, 또 그것은 인간의 개인적 능력의 한계성을 지각한 인간들의 집단인 것이다. 그뿐만 아니라 그것은 자연개발의 도구를 만들어 가는 거대한 인간 집단이다. 개인은 그러한 인간 집단들에 의해 만들어진 도구들을 이용하여 자연을 개발해 가고 자신의 삶을 실현해 왔다. 이렇게 볼 때 인간에게서의 표현 행위는 인간이 보다 안전하고 보다 풍요롭게 자신의 삶을 실현해 갈 수 있는 하나의 이상적 사회를 이루어 가기 위한 하나의 수단으로 파악된다. 한 인간에게의 표현이란 개체와 개체, 혹은 개체로 이루어진 사회와 개체와의 관계수립의 한 수단이기도 하다.

이상과 같이 인간에게서의 표현 행위의 목적이 보다 이상적인 사회를 형성시키기 위한 수단이라면, 인간에게서의 그러한 자기 표현 행위는 무엇을 통해 이루어지는가? 즉, 인간의 표현 수단은 어떤 것들이 있는가?

개는 주인을 보면 꼬리를 흔들고 이리 뛰고 저리 뛴다. 개에게서의 주인에 대한 그러한 행위는 분명 하나의 표현이다. 반갑다는 하나의 표현이다. 이 경우 표현 수단은 몸짓인데, 원시 단계의 인간의 대표적 표현 수단은 분명 개와 같은 그러한 손짓, 발짓, 몸짓 등의 행위였을 것이다. 그런데 개는 앞서 제시한 예처럼 그러한 몸짓만으로 자신의 의사를 표현하지는 않는다. 크게 목소리를 높여 짖기도 한다. 손뼉소리가 손짓을 통해 나오는 소리이듯 목소리도 성대를 통해 나오는 소리이다. 이와 같이 인간으로부터 나오는 소리는 인간의 행위를 토대로 나온다. 그것은 인간의 행위에 의해 만들어진 소리라는 것이다. 그렇게 해서 나오는 소리들 중 가장 대표적인 것이 목소리, 즉 말이다. 인간에게서의 말이란 목과 입을 구성하는 것들의 움직임들을 통해 나오는 소리들과 소리들의 고저장단을 이용하여 인간 자신의 감정이나 의사를 나타내는 표현 수단이다.

그러나 표현 수단으로서의 말은 공간적으로 멀리까지, 혹은 시간적으로 장기간에 걸쳐 화자의 의사를 전달하는 데는 적합한 표현 수단이 되지 못한다. 그러한 이유로 인해 표현 수단으로서의 말의 한계성을 극복하기 위한 하나의 방법으로 그림이라고 하는 또 하나의 표현 수단이 성립되었고, 그것을 토대로 문자가 성립되어 나왔던 것이다. 이렇게 해서 인간은 자신의 감정이나 의사 표현의 수단으로서 행위, 노래, 말, 그림 등을 갖게 되었다. 원시인에게서의 표현 수단으로서의 그러한 것들 등은 자신의 일시적 감정이나 간단한 의사 표현의 수단이었다. 그 후 인간이 타인에게 전달하려는 내용이 다양화되고 관념적인 것으로 전환되어 나옴에 따라 표현 수단 또한 더욱 다양화되었다. 예컨대 행위로부터는 연극이, 노래로부터는 시가, 말로부터는 이야기가, 그림으로부터는 문자가 각각 성립되었던 것이다. 또 그 후 예컨대 인간의 행위를 통해 표현되는 연극이 문자로도 표현됨으로써 희곡이 성립되었고, 노래와 말을 통해 표현되었던 시와 이야기가 글로 표현됨으로써 시, 소설, 일기, 수필 등이 성립되었던 것이다.

이와 같이 인간에게서의 감정이 복잡해지고 생각이 더욱 관념화되고 추상화됨에 따라, 그것을 표현해 낼 수 있는 수단도 다양화되어 음악, 미술, 문학 등과 같은 예술장르가 성립되었다. 음악이란 대자연으로부터 음을 취해, 미술은 대자연을 구성하는 것들의 색채와 형태를 취해, 문학은 문자를 취해 인간의 어떤 생각이나 관념을 표현해 내는 수단이다. 즉, 대자연을 구성하는 것들을 이용하여 그것들로 자기 자신을 표현해 내는 표현 방법인 것이다. 이 경우 표현 방법은 상징적 표현으로 특징 지어진다. 상징적 표현이란 어떤 추상적 세계나 추상화된 관념을 구체적 사물을 가지고 나타내는 방법이다. 예컨대 한 곡의 민요는 서민들의 애환을 상징적으로 나타낸 것이고, 한 권의 소설은 하나의 실례를 통해 사회 속에 살아가는 인간의 모습을 상징적으로 나타낸 것이다.

인간 자신이 표현하려는 내용이 무엇이냐에 따라 그 표현 방법이 달라져 왔듯이, 표현 대상이 누구냐에 따라 표현의 방법과 양식이 달라져 왔다. 예를 들어, 한 인간이 한 개인에게 자신의 감정을 표현할 때와 집단에게 그것을 표현할 때 그 표현 방법에 있어서는 차이가 있다. 우선 자기 자신의 감정이나 의사를 표현해 보고자 하는 대상으로는 특정 인간이 상정될 수 있다. 다음으로 그 인간을 지배하는 어떤 신과 같은 절대자나 대자연을 구성하는 자연물들이 상정된다. 그 다음 사회와 같은 인간 집단, 끝으로 자기 자신 등과 같은 존재들이 상정 가능하다. 이와 같이 표현의 대상이 달라짐에 따라 표현의 양식과 방법도 달라져 왔던 것이다.

문화의 본질

우리가 우주와 우리 자신에 관해 논할 수 있고, 또 우리가 그것들을 이야기할 수 있는 것은 다음의 세 가지 이유 때문이라 할 수 있다. 우선, 그것은 우주를 구성하는 물질과 우리의 육체를 구성하는 물질이 동일하기 때문이다. 다음으로, 우리를 구성하고 있는 것들이 대폭발 이래 줄곧 우주적 체험을 행해 왔기 때문이고, 끝으로 우리의 의식 작용이 언제나 우리의 우주 체험과 세계 체험의 총체적 차원에서 이루어지고 있기 때문이다. 이와 같은 의미에서 우리는 우리의 의식을 통해 이해한 우주와 우리 자신에 관한 모든 정보를 온전히 받아들일 수 있다. 그렇다고 해서, 앞에서도 언급했듯이 우리의 의식 작용을 통해 잡아낸 그것들이 어떤 실체라고는 말할 수 없다. 그것은 어디까지나 우리 인간이 우리 자신을 구성하는 물질의 차원에서 우주를 체험하고, 생명체의 차원에서 지상 세계를 체험하고, 인간의 차원에서 인간 세계를 체험해 오는 과정에서 형성된 물질 현상, 생명 현상, 의식 현상 등을 통해 이해해 낸 것에 불과하기 때문이다. 그렇다 하더라도 우리가 우리의 의식 작용을 통해 이해한 우주와 인간을 받아들이는 것은, 우리가 우리의 의식 작용을 통하지 않고서는 결코 그것들의 존재를 이해할 길이 없기 때문이다. 그러니까, 문화의 본질도 이와 같은 의식 작용을 통해 파악된 것에 불과하다고 볼 수 있다.

앞에서도 언급했듯이 같은 생명체이지만 식물에게는 발이 없고, 동물에게는 발이 있다. 동물에게서의 발은 한 곳에서 다른 곳으로 자신의 몸체를 이동시키는 역할을 한다. 또 같은 동물이지만 발로 걸어 다니는 사슴이나 소와 같은 동물에게는 손이 없다. 그러나 원숭이나 인간과 같은 동물에게는 손이 있다. 원숭이나 인간과 같은 동물에게서의 손은 어떤 물건을 한 장소에서 다른 장소로 이동시키는 역할을 한다. 더 나아가, 원숭이는 예를 들어 바위를 이동시킬 수 있는 지렛대를 사용할 지혜가 없지만 인간에게는 그것이 있다. 이와 같이 식물과 그것으로부터 진화된 동물과는 공간 이동을 할 수 있고 없다는 차이로 구별되고, 동물과 그것으로부터 진화된 인간은 도구를 사용하고 하지 않는다는 차이로 구별된다.

우리는 원숭이와 같은 동물에게는 문화가 없지만, 인간은 문화를 가지고 있다는 말을 해 왔다. 이것은 인간에게서의 문화적 행위가 도구의 사용으로부터 비롯된다는 것을 의미한다. 우리가 도구를 인간에게서의 욕망의 실현 수단이라 정의해 볼 때, 인간에게서의 도구는 인간의 욕망이 다양한 것만큼 다양하다. 바위를 들어 올리는 지렛대만이 아니라, 바위를 들어 올리면서 도움을 요청하는 말 또한 하나의 도구이다. 그것뿐만이 아니다. 당장은 혼자 들어 올릴 수 없으니까 차후에 그것을 들어 올리겠다든가 그러지 않아도 되겠다고 생각하는 생각 또한 하나의 차원 높은 도구임에 틀림없다. 도구가 인간의 욕망의 실현 수단이고, 또 인간에게서의 욕망이라고 하는 것이 개인적이거나 인종적인 것이고, 일시적이거나 시대적인 것이라는 특성을 감안해 볼 때, 욕망의 실현도 욕망의 해소를 위한 하나의 수단에 지나지 않는 것으로 이해된다.

우리가 인간의 사고를 도구의 일종으로 생각한다면 인간에게서의 텔레파시, 투시, 예지豫知, 염력念力과 같은 초능력도 도구의 일종으로 간주된다. 이러한 것들은 자신의 마음으로 남의 마음속을 들여다보고자 하고, 우리에게 보이지 않는 세계를 보고자 하고, 내일 일어날 일을 미리 알아내고 싶어 하고, 생각만으로도 모든 것을 이동해 보고 싶어 하는 등의, 오늘날 과학의 힘으로는 합리적으로 설명할 수 없는 초자연적인 능력들로 또한 인간에게서의 욕망의 한 실현 수단이라 할 수 있다. 사고가 인간 자신의 욕망을 실현하기 위한 한 방법으로서 인간의 세계 체험을 통해 형성된 것이라면, 인간에게서의 그러한 초능력은 인간의 감성·오성·이성 등을 통해 이루어지는 다양한 사고들을 통해 형성된 것이라 할 수 있다.

인간에게서의 문화란 연장과 같은 운반 수단, 말과 같은 표현 수단, 감각·사고와 같은 이해 수단, 텔레파시·예지와 같은 초능력 수단 등을 통해 이루어지는 삶의 실현 형태를 가리킨다. 즉, 문화란 인간들이 이와 같은 도구나 수단들을 이용해서 자신들의 욕망들을 실현시켜 가는 삶의 방식인 것이다. 그런데, 이와 같은 삶의 방식은 우선 의식을 통해 고안되어 행위를 통해 실현된다. 그렇다면,

인간에게서의 문화의 본질이란 무엇인가? 우리가 문화를, 예를 들어 문학작품의 감상 활동, 그것을 읽고 감상문 등을 써 보는 행위, 그러한 행위의 결과로 나타난 감상문 등을 행위의 산물 등으로 이해한다면, 문화의 본질이란 그러한 정신적 활동을 수행하고 그러한 문화적 행위를 일으키는 원동력이 무엇인가에 대한 고찰을 통해 파악될 수 있다. 다시 말해, 문화의 본질이란 인간이 그러한 문화적 행위를 행해 가는 이유에 대한 이해를 통해 파악될 수 있다는 것이다.

지금까지 우리들은 인간이 다양한 도구들을 이용하여 자연을 정복함으로써 자연을 인간화시키기도 하고, 그러한 인간의 능력이 미칠 수 없는 영역에 접어들어서는 인간 자신을 자연화시켜 나가는 과정을 문화라 이해해 왔다. 그렇다면, 인간이 자연을 정복하고, 인간 자신을 자연화시켜 나가는 이유는 무엇인가? 인간이 때로는 자연을 정복하고 때로는 자연에 자신을 맡기며 살아가는 삶을 우리는 자연과의 조화된 삶이라 말하고 있다. 그런데 그와 같이 자연과의 조화된 삶을 추구하며 살아가려는 이유는 과연 무엇인가? 자연과의 조화된 삶이란 자신의 존재 양식을 가지고 대자연의 질서와 맞물려 살아가려는 삶이다. 이렇게 대자연의 질서와 맞물려 살아가려는 것은 일차적으로 인간 자신의 존재 양식을 유지해 가기 위해서라 할 수 있다.[20]

물질로서나 생명체로서나 정신으로서의 인간의 존재는 어느 것 할 것 없이 모두 대자연의 일부이자 또한 대자연의 한 소산이라 할 수 있다. 인간의 존재가 그런 것인 한, 인간이 대자연의 질서와 맞물려 끊임없이 자기 자신을 변화시켜 가야 한다는 것은 지극히 당연한 일이 아닐 수 없다. 이 경우, 인간의 변화는 대자연으로부터의 다각적인 차원으로부터의 자극을 통해 이루어지는데, 그러한 자극들이 일시적으로 너무 강할 경우 인간은 그 자극의 강도를 줄이기 위해 일시적이나마 공간 이동을 행한다든가, 혹은 장기적으로는 집을 짓는다든가 등과 같은 행동을 하게 되고, 먹는 것과 관련된 자극일 경우 먹을 것이 모자랄 경우를 대비해 식물을 재배하고 가축을 기르는 등과 같은 방법으로 먹을 것을 장만해 두는 방법을 택해 왔다. 즉, 인간의 존재를 둘러싸고 있는 자연환경은 바람이나 구름의 경우처럼 그 변화 양태란 종잡을 수 없다. 그렇기 때문에, 인간은 의식주나 공간 이동 등을 통해 외부로부터의 자극을 인간의 신체에 맞게 적당히 조절해 온 것이다.

인간이 이상적으로 대자연과 맞물려 변화해 가도록 대자연과 인간의 존재 사이를 조절해 가는 장치가 다름 아닌 바로 문화인 것이다. 예컨대 같은 봄날이라 하더라도 어떤 날은 화창하고 어떤 날은 음산하다. 어떤 날은 아침에 비가 오고 어떤 날은 밤에 비가 온다. 어떤 날은 밤 기온이 올라가고 어떤 날은 내려간다. 그러한 이유로 인해 인간은 날씨가 싸늘한 날과 그렇지 않은 날 모두에 적응하려고 때에 따라 옷을 바꿔 입는 것이다.

인간이 문화적 행위를 통해 자기 자신의 존재 양식을 끊임없이 유지하려는 의지는 우주의 팽창 현상으로 인해 끊임없이 변화해 가는 자연환경과 보다 이상적으로 맞물려 보려는 욕망의 한 소산이라 여겨진다. 이렇게 볼 때 인간이 자연을 정복해 가고 인간 자신을 자연화시켜 가는 궁극적인 목적은 대자연의 일부로서의 인간이 대자연의 질서와 한층 더 이상적으로 맞물려 보려는 데 있는 것이다. 즉, 인간이 도구를 만들어 자연을 개발해 가는 등 인간의 차원으로 자연을 재구축시켜 온 궁극적인 목적은 자연의 정복을 통해 인간 자신의 존재 양식을 유지시켜 그것으로 자연과의 보다 이상적인 관계를 맺기 위함인 것이다.

그렇다면 인간의 존재가 자신의 존재 양식의 유지를 통해 한층 더 이상적으로 대자연과 맞물려 보려는 의지는 어떠한 식으로 구체화되었는가? 인간에게서의 문화적 행위야말로 그러한 의지의 소산이다. 즉, 인간이 대자연과 맞물린 어떤 특정한 상태로부터 보다 이상적으로 그것과 맞물릴 수 있는 상태 쪽으로의 변화가 바로 문화적 발전 과정인 것이다. 인간의 문화적 행위의 의지야말로 인간이 보다 이상적 차원에서 대자연과 어떤 관계를 맺어 보려는 의지로 파악된다.

인간의 그와 같은 문화적 의지의 원천은 무엇인가? 앞에서도 언급했듯이, 현재 대자연 속에 존재하는 모든 존재는 불안정한 상태에서 보다 안정된 상태로 변화해 가고 있다. 즉, 대자연의 모든 변화는 불안정한 상태에서 보다 안정된 상태로의 변화이다. 그렇다면 불안정한 상태는 어떤 상태이며, 안정된 상태는 어떤 상태인가? 간단히 말해 불안정한 상태란 변화가 일어나고 있거나 일어날 소지가 있는 상태이고, 안정된 상태란 변화가 일어나고 있지 않은 상태 혹은 변화가 일어날 소지가 없는 상태를 말한다. 현대의 우주물리학자들에 의해 정설로 받아들여지고 있는 우주의 대폭발설과 우주팽창 이론이 그것을 뒷받침해 주고 있다. 인간의 문화적 의지는 폭발된 우주가 비존재 공간과의 합일 상태로 변화해 가는 과정과 맞물려 작용해 간다. 이렇게 볼 때 인간에게서의 문화의 본질은 이 대자연 속에서 인간이 보다 안정된 상태를 추구해 가는 수단으로 이해할 수 있는 것이다.

문화의 원형

문화에는 동아시아 문화, 서구 문화, 중국 문화, 오리엔트 문화 등 여러 유형이 있다. 그렇다면, 무엇이 이러한 유형들의 문화적 특성들을 만들어 왔는가? 이러한 유형들의 문화적 공통성을 통해 나타나는 문화의 본질은 과연 무엇을 통해 만들어지는 것인가?

앞서 우리는 문화란 인간이 자신의 존재 형태를 취해 우주와 보다 이상적인 관계를 추구해 가기 위한 수단이고, 그것의 본질은 그런 이상적 관계를 추구해 가려는 의지라 이해하였다. 이 경우 수단이란 그러한 의지의 구현 수단이다. 그러므로 우리가 파악하려는 문화의 원형이란 연장, 언어, 사고, 초능력 등과 같은 문화를 구성하는 요소들을 통해 파악될 수 있다. 그런데 인간에게서의 내일을 예지하는 초능력과 같은 것은 사고를 통해서, 또 인간에게서의 사고는 언어를 통해서 형성되고, 또 그 언어는 인간의 대자연 체험을 통해 형성된다. 이때 언어란 음, 문자, 그리고 그것들의 결합 양식이라 할 수 있는 문법 등으로 이루어져 있다. 이 경우, 음은 인간 자신이 존재해 있는 환경으로부터 바람소리, 새소리, 자연물들이 부딪쳐서 나는 소리 등을 경험하는 과정에서 습득한 것으로부터 취해진 것이고, 문자는 주위의 자연환경으로부터 소나무, 가시나무, 억새, 돌, 새발자국, 사슴 등의 형태와 같은 것들을 경험하는 과정에서 습득한 것들로부터 취해진 것이다. 또, 문법이란 그러한 음들이나 물체들의 형태들이 서로 얽혀 각종의 다양한 형태들을 이루어 가는 현상들을 경험하는 과정에서 습득한 것으로부터 취해진 것이다.

이렇게 인간에게서의 언어란 인간의 자연 체험을 통해 이루어졌다. 이 경우,

인간의 자연 체험은 인간이 처해 있는 자연환경에 대한 체험을 의미한다. 인간이 처해 있는 자연환경이란 동물, 식물, 무생물, 산, 강, 바람, 구름 등과 같은 것들로 이루어져 있다. 따라서 인간의 자연 체험이란 바로 이러한 것들에 대한 체험을 의미한다. 인간들은 이러한 것들을 이용하면서 생존해 왔는데, 인간에게서의 문화란 이것들의 이용 방법의 터득을 통해 성립되어 그 방법의 확립을 통해 전개되었다.

인간에게서의 생존이란 의식주의 해결과 이음동의어이다. 따라서 인간의 가장 기본적인 관심은 무엇을 어떻게 입고, 먹고, 자느냐의 문제라고 볼 수도 있다. 그런데, 우리가 입고 먹고 자는 모든 것들은 우리 주위의 자연환경으로부터 취해졌다. 예컨대 동아시아인들은 삼베옷, 비단옷, 털가죽 옷 등을 입고 지냈는데, 이것들은 동아시아 지역에서 생존해 온 동식물로부터 채취된 것들이다. 이 지역의 인간들은 이 지역의 동식물로부터 먹이를 취해 살아왔고, 또 이 지역의 돌이나 나무를 이용하여 잠을 잘 공간을 마련해 왔으며 이 지역의 자연환경을 이루는 것들로부터 그것들의 이용 방법을 터득해 그것들을 이용하며 생존해 왔던 것이다.

이와 같이 대자연 속에서의 인간들의 생존 양식은 그 인간들이 처해 있는 자연환경의 특성과 밀접하게 관련되어 있다. 즉, 그 자연환경을 구성하는 것들의 존재양식들과 깊이 관련되어 있다는 것이다. 예컨대, 민족이라는 것도 같은 자연환경에 처해 있는 인간들이 자신들이 처해 있는 자연환경과 조화를 추구해 가는 과정에서 성립되어 나온 집단이다. 이렇게 볼 때, 어느 한 지역의 인간들의 생활양식은 그 지역의 동식물의 존재 양식, 그 지역의 토양과 기후의 특징 등을 토대로 해서 성립된 것이라 이해된다. 인간이 자연 속에 존재하는 한, 인간이 생존하기에 사막지대와 같은 열악한 자연환경은 자연과의 대립이라는 측면에서, 또 평지와 같이 인간이 생활하기에 적합한 자연환경은 순응이라는 측면에서, 인간의 생존 양식은 모두 자신이 생존해 있는 자연환경과 깊이 관련되어 있다. 전자의 경우 외부로부터의 자극이 강하기 때문에 그에 대한 반작용도 그만큼 강하다는 것이고, 후자의 경우 그 자극이 강하지 않기 때문에 그만큼 반작용도 강하지 않다는 정도의 차이가 있을 뿐이다. 이렇게 인간이 사는 지구의 표면은 동질적인 공간이 아니라 그 나름의 다른 풍토를 갖는 이질적인 공간이다.

이러한 이질성은 무엇에 의해 결정되는가? 우선 공시적 측면에서 생각해 볼 때 이 지구상에서 자연환경의 차이가 가장 두드러진 지역은 열대 지방과 한대 지방이다. 열대 지방의 동식물과 한대 지방의 그것들은 판이하게 다르다. 그 종류의 면에 있어서도 다를 뿐 아니라, 형태라는 면에도 현저한 차이를 보인다. 열대 지방의 인간들은 살결이 검은 데 비해 한대 지방의 인간들은 살결이 희다. 두 지방의 이와 같은 자연환경상의 차이를 만드는 것은 기후이다. 기후란 한마디로 기온, 즉 공기의 온도차로 일어나는 현상이다. 일반적으로 한대 지방은 기온이 낮은 지역인 데 반해, 열대 지방은 기온이 높은 지역이다. 열대 지방이 한대 지방보다 기온이 더 높은 것은 열대 지방이 한대 지방보다 태양으로부터 더 가까운 곳에 위치해 있음으로 인해 열대 지방이 한대 지방보다 태양으로부터 더 많은 태양열을 받기 때문이다. 같은 열대 지방이라 하더라도 건조 지역과 습한 지역이 있는데, 이 또한 대기 속의 온도 차이 때문이다. 비가 오고 바람이 불고 구름이 떠가고 눈이 내리는 현상도 기온의 차이로부터 생기는 현상이다.

공기는 언제나 온도가 높은 곳에서 낮은 곳으로 이동하고, 온도가 높은 공기는 낮은 공기보다 더 많은 습기를 갖고 있다. 이러한 자연법칙에 의해 기상 현상이 일어난다. 예컨대 같은 온대 지방의 경우라 하더라도 봄 · 여름 · 가을 · 겨울에 따라 자연환경은 변화하며 태양으로부터 받는 열의 양에 따라 사계절이 생기게 된다. 이와 같이 지상의 각 지역의 온도 차이로 인해 기상 현상이 일어나고, 그러한 현상을 통해 지표를 구성하는 동식물, 물, 토양 등이 형태를 변화시켜 가고 있는 것이다.[21]

지상의 기온과 기후 차이로 인한, 지표를 구성하는 것들의 형태 변화는 비교적 단기간을 단위로 해서 일어나는 현상들이다. 이에 비해 지각을 구성하는 바다, 육지, 산, 강 등과 같은 것들의 형태 변화는 장기간을 단위로 일어나는 현상들이다. 지구가 생성된 이래, 그것은 화산의 폭발로 수차례 지각변동을 일으켜 왔다. 화산 폭발은 지구 내부의 핵분열로 인한 그 내부의 온도 변화로 인한 현상이다. 이와 같은 지구 내부의 핵분열은 지구의 자전으로 인해 그것의 중심부가 각 방향으로부터 압력을 받아 일어나는 현상이다. 지구의 대륙 이동도 그러한 지구의 끊임없는 자전에 의한 현상으로 파악해 볼 수 있다. 구체적으로 살펴보면, 지구가 끊임없이 자전을 행해 가는 과정에서 지구의 표층이 한쪽으로 밀려나가 있다든가, 지구축이 한쪽으로 기울어져 있다. 또 지표상의 공기의 이동은 지구의 자전과 깊게 관련되어 있다. 또 지구상의 그러한 현상들은 지구와 태양과의 중력 작용으로 인한 지구의 공전과도 깊이 관련되어 있다.

중력이란 물체들이 상대방들을 자신의 무게만큼 밀어 내고, 끌어당기는 힘 쌍방을 모두를 가리키는 말이다. 이 힘은 높은 온도의 공간에서 낮은 온도의 공간으로 공기가 이동하는 현상으로부터 그 근원을 찾아볼 수 있다. 우리로 하여금 지구를 '살아 있는 존재'로 인식시키는 것은 다름 아닌 바로 온도이다.[22] 온도란 광자들의 산란도이다. 어떤 물체가 높은 온도의 공간에 위치해 있다고 하는 것은 그 물체가 광자들의 산란도가 높은 공간에 위치해 있다는 것을 의미한다. 어떤 물체가 그러한 공간에 위치해 있다는 것은 그 물체가 직진 운동을 하는 광자들로부터 많은 충격을 받는 위치에 놓여 있다는 것이다. 모든 광자들은 직진 운동이 가능한 방향으로 전진하기 때문에, 물체도 직진 운동을 하는 광자들에 싸여 그것들의 직진 운동이 가능한 방향으로 전진해 가게 되는데, 이때 어떤 물체가 직진하는 광자들에 싸여 직진 운동이 가능한 방향으로 이동해 간다는 것은 그 물체가 그 방향으로 끌려간다는 것을 의미한다. 이렇게 볼 때 어떤 물체에 작용하는 중력은 그 물체의 내·외부에서 일어나는 산란도와 깊이 관련되어 있다. 그러니까, 중력도 광자들의 산란도의 차이로 인해 일어나는 힘의 일종이라는 것이다. 그러므로 지구의 공전도 우주 속에서의 광자들의 운동으로 인해 일어나고 있는 것으로 이해할 수 있는 것이다.

대폭발로 우주가 탄생된 이래 우주는 끊임없이 비존재 공간으로 팽창해 갔다. 그러한 과정에서 우주 내의 광자들의 산란도가 떨어짐에 따라 그것에 조응되는 물체들이 생성되었다. 우리 인간이 처해 있는 지구도, 지구 내의 인간을 위시한 모든 존재도, 우주 내의 광자들의 산란도와의 조응관계 속에서 생성·변모해 왔던 것이다. 현재도 우주는 빛의 속도로 비존재 공간으로 팽창해 가고 있다. 지구와 지구 내의 모든 존재들은 그러한 우주팽창과의 조응관계를 통해 변모해 가고 있는 것이다. 이 경우, 우주의 팽창 현상이란 우주의 비존재 공간과의 합일 현상이다. 즉, 우주의 비존재화의 현상이다. 그러므로 우주가 팽창해 가는 목적은 비존재와의 합일 상태에 이르기 위한 것이라 해석할 수 있다.

우주 내의 모든 존재는 변화해 가고 있다. 그 궁극적 목적은 우주 내의 모든 존재들이 비존재 상태에 이르기 위한 것이다. 결론적으로, 우주가 비존재화하기 위해서는 우주 내의 모든 존재가 빛의 형태를 취해야 한다. 비존재와의 합일이 변화해 가는 우주가 추구해 가는 궁극적 상태라면, 그런 상태를 추구할 수 있는 최후의 수단은 다름 아닌 바로 빛이기 때문이다. 인간이 비존재와의 합일 상태를 추구해 가는 우주와 보다 이상적 합일 상태의 추구 수단이 바로 문화라는 사실을 감안해 볼 때, 문화의 원형이야말로 바로 빛이라는 입장을 취할 수 있다. 즉, 문화가 인간에게서는 이 우주 속에서 우주와의 합일 상태를 추구해 가기 위한 하나의 수단이라면, 인간이 우주와 이상적 관계를 맺을 수 있는 궁극적 수단은 빛이라고 하는 것이다. 그러므로 문화를 구성하는 요소 중의 하나인 도구가 석기에서 철기로 또 철기에서 광기光器로 전개되어 왔다는 것은 결코 우연이 아니다. 우주 속의 모든 존재는 최종적 도구라 할 수 있는 빛으로 변화해 가고 있다. 즉, 존재는 그 최초의 단계이고 최종의 단계이기도 한 빛의 상태를 추구해 가고 있는 것이다. 이렇게 봤을 때 다름 아닌 바로 빛이 보다 안정된 상태를 추구해 가는 수단으로서의 문화의 원형이라고 말할 수 있는 것이다.

문화의 의미

상대방이 말을 했는데 그 말의 뜻이 이해가 안 되는 경우가 있다. 그 경우 우리는 상대방에 대해 어떤 반응을 취해야 할지 무척 곤란함을 느끼게 된다. 그러나 우리가 상대방의 말뜻을 이해하게 되었을 때, 우리는 상대방에 대해 어떠한 입장을 취해야 할지를 결정하게 된다. 그 결과, 우리는 상대방으로부터 풀려나와 그것에 대해 무엇인가 조치를 취할 수 있는 희망을 갖게 된다.

이 경우 상대방이 어떤 말을 건다는 것은 우리에게서는 분명한 하나의 자극이다. 우리는 우리를 자극한 그것이 무엇인지 혹은 그 자극이 무엇을 의미하는지 알지 못하는 상태에서는, 그 자극에 대하여 어떠한 반응도 보일 수 없다. 우리는 어떤 자극에 대하여 어떤 반응을 보임으로써 자극을 주는 대상과 어떤 식으로든 맞물려 그것과 하나의 의미 있는 동일체가 될 수 있는 가능성을 갖게 된다. 보다 더 구체적으로 말하자면, 우리는 상대방의 말, 즉 자극의 의미를 이해하는 순간, 상대방의 실체를 이해하여 상대방과 일체가 되어 존재한다는 것이다. 우리가 상대방과의 대화를 통해 상대방을 알게 된 부분만은 우리가 상대방과 공유할 수 있는 부분이 되는 것이고 상대방에 대해 조치할 수 있는 부분인 것이다.

우리는 이러한 인간의 언어 행위를 문화적 행위의 하나로 볼 수 있다. 인간의 문화적 행위는 이해라는 수단을 통해 대상과의 동일성을 확보하고 인간의 존재 영역을 확대시켜 가는 행위이기도 하다. 그러니까 인간에게서의 문화란 대상과의 동일성의 추구 수단이며 그러한 추구를 통해 우주와의 일체를 추구해 가는 수단이기도 하다.

인간에게서의 '표현'이라는 것은 문화의 중핵을 이룬다. 예를 들어 인사, 책읽기, 글쓰기, 인간에게 표현되어진 것들에 대한 연구 등과 같은 행위는 인간 자신들의 가장 전형적인 문화적 행위이다.

우리는 길에서 아는 사람을 만났을 때 서로 인사를 나눈다. 이는 자기 쪽에서 상대방에 대한 존재를 인정해 주는 행위이고 상대방으로부터 자신의 존재를 인정받는 행위이기도 하다. 즉, 인사는 서로가 상대방의 존재를 확인시켜 주고 확인받는 행위이다. 서로가 상대방을 인정해 줌으로써 서로가 자신들의 존재 영역을 넓혀 가는 행위인 것이다. 책읽기의 경우도 마찬가지다. 독자가 한 권의 소설책을 읽는 행위는, 그가 그 책의 주제 파악을 통해 그 책의 저자를 이해하고, 그 저자의 시대적 환경을 이해하고, 작품 세계가 제시하는 독특한 환경에 처해 있는 인간들의 삶을 이해해 가는 행위에 다름 아니다. 독자는 그러한 이해들을 통해 자신의 시대와 자신의 삶을 이해하고, 그러한 이해를 발판으로 하여 다른 시대와 다른 인간들로부터 동일성을 찾아내어 자신의 존재 영역을 확대시켜 가는 것이다. 글쓰기의 경우, 자신의 생각을 정리해서 상대방에게 전달하여 독자들과 자신과의 일체감을 가져 보려는 행위로 풀이된다. 더 나아가, 모든 인간이 공유할 수 있는 어떤 공통된 영역을 만들어 보려는 행위이기도 하다. 인간에게서의 연구란 자신들에게 표현되어진 대상의 본질을 파악하여 연구 대상에 대한 이해를 통해 자신의 삶을 실현해 가는 데 있어서 그것을 이용해 가려는 행위이다. 즉, 어떤 대상을 인간의 것으로 만들어 가는 행위이다.

이와 같은 측면에서 인간에게서의 문화적 행위란 인간에게 자극을 주는 대상과의 이상적 관계를 추구해 가는 수단인 것이다. 이때 인간과 대상과의 이상적 관계란 합일合一의 관계이다. 그리고 인간에게서의 대상과의 합일관계의 추구 수단이 바로 문화이다. 인간이 대상과의 합일 상태에 이르려는 이유는 무엇인가? 인간을 둘러싸고 있는 모든 대상들은 우주의 비존재와의 합일로 가는 과정상의 존재들이다. 인간을 둘러싸고 있는 모든 존재들이 그러한 과정상의 존재이기 때문에 인간이 대상과의 합일 상태를 추구해 가는 것만이 우주와 가장 이상적으로 맞물릴 수 있는 방법이다. 즉, 그러한 방법을 통해서만이 인간은 안정된 상태를 확보해 갈 수 있는 것이다.

그렇다면 대상들과의 합일 상태의 추구 방법으로는 어떠한 것들이 있는가? 우선, 도구를 통한 자연계의 정복을 들 수 있다. 인간이 자신의 욕망의 차원으로 자연환경을 재구성시킬 수 있다는 것은 자신이 처해 있는 자연환경을 자신의 일부로 만들 수 있다는 것이고, 그것이 이상적으로 이루어졌을 때 인간과 자연과의 합일이 이루어진 상태라 할 수 있다. 둘째로, 인간은 대상에 대한 이해를 통해 그 합일 상태를 추구할 수 있다. 인간에게서의 어떤 대상에 대한 이해는 이성적 측면에서 인간과 대상과의 관계가 맺어지게 되는 것이라 할 수 있다. 인간이 어떤 대상을 이해했다는 것은 인간이 자신의 욕망의 차원에서 이성을 통해 자신과 대상과의 관계를 만들었다는 의미이다. 인간의 차원에서 인간과 어떤 대상과의 관계가 이루어지는 한, 인간에게서의 자신과 관련된 그 어떤 대상은 인간 존재의 일부로도 인식될 수 있다. 인간에게서의 어떤 대상이 그렇게 인식되는 한, 인간은 그 대상으로부터 자유로워질 수 있고 그것에 대해 편안한 마음을 가질 수 있다. 즉, 인간은 연장을 통해 자연환경을 정복해 갈 수도 있지만, 이성적 차원에서의 이해를 통해서도 우주를 정복해 가고 자기화시켜 갈 수 있는 것이다.

우리가 어떤 대상에 대해 어떤 노력을 지불하고 그 대상을 이해하게 되었을 때, 그 대상에 대해 어떤 의미를 진정으로 느끼게 된다. 우리가 어떤 대상을 이해했다고 하는 것은 우리와 그 대상과의 관계가 성립되었다는 것이고, 그러한 관계를 통해 우리와 대상이 한걸음 더 합일의 상태로 나아갔다는 것이 된다. 어떤 사물의 의미는 우리의 그 사물에 대한 이해를 통해 취해진다. 즉, 우리가 어떤 대상을 이해했을 때만이 그 대상에 의미의 이슬이 맺히는 것이다. 예컨대, 하나의 문장, 한 수의 시, 한 권의 소설을 읽고 이해했을 때만이 그것들이 의미를 갖게 되고, 그것들에 대해 어떤 느낌을 가질 수 있게 된다. 인간에게서의 존재의 의미도 마찬가지여서, 인간 자신의 존재에 대한 이해를 통해 생성되는 것이다.

인간은 우주의 팽창 현상과 맞물려 끊임없이 변화해 가고 있다. 그러한 변화는 우주의 팽창 현상 그 자체가 보다 안정된 쪽으로의 전진이라는 의미에서, 인간과 우주는 보다 이상적 관계를 추구할 수 있는 쪽으로 변화하고 있다고 보인다. 그러한 변화는 인간에게서의 존재 의미의 생성 과정으로도 의미 작용의 과정으로도 이해된다. 그러나 인간에게서의 그러한 과정은 이해 과정들의 단계들을 통해 만들어진 과정이다. 인간은 자신의 차원에서 대상들을 이해했을 때, 그 대상에 대하여 새로운 입장을 취해 그 대상들과의 새로운 관계를 만들어간다.

인간은 문화를 통해 우주와 한층 더 이상적으로 맞물릴 수 있는 존재 형태를 취해 간다. 그러한 의미에서 우주와 비존재와의 합일을 추구해 가는 빛은 인간에게서의 의미생성의 원동력이고 문화라는 의미의 생성 수단이라 할 수 있는 것이다.

제7장

표현의 본질

들어가면서

나의 '과정'에 대한 접근의 제7단계이다. 과정학 서설序說의 마지막 단계로서 '표현의 본질'이라 명명한다. 이 시점時點에서 누군가가 나에게, 이 세상에서 인간에게 가장 중요한 것이 무엇이냐고 묻는다면, 아마도 나는 서슴지 않고, '그것은 표현이다'라고 대답할 것이다.

인간에게 표현이 없다고 가정해 보자. 그것은 곧 인간에게 문화가 없다는 말이 되고, 문화가 없다면 인간이 동식물과 과연 무엇이 다르겠는가? 나는 인간이기 때문에 인간답게 살기를 희망한다. 식물이나 동물이 느낄 수 없는 것들까지를 느끼면서 나의 삶을 향유해 가기를 갈구한다. 또, 인간은 도구를 사용하는 동물이라는 점에 있어서 다른 생명체들과 구분된다.

인간에게서의 최고의 자기실현 도구는 표현이다. 인간에게서의 문화는 표현이라고 하는 자기실현의 도구를 통해 이루어진다. 그러므로 인간의 문화는 표현을 통해 이루어진다고 볼 수 있다. 우리가 자신이 어떤 존재인가를 알아보기 위해서는 인간에 의해 표현되어진 것을 분석해야 한다. 그 민족이나 혹은 그 시대의 인간들이 어떠한 인간들인가를 알아보기 위해서는 그 방법밖에 없다. '내'가 어떤 인간이며 어떠한 성격의 소유자인지를 알아내려면, '나'의 말이나 글 혹은 '나'의 외모나 행동 등을 관찰하고 분석해야 한다.

흔히들 성격은 고칠 수 없다고 말한다. 그러나 필자는 그것이 가능하다고 본다. 우선 자신의 표현 방법의 특징을 파악해서 그것에 문제가 있다고 생각되는 부분을 서서히 수정해 가면 된다. 그렇게 자신의 표현 방법을 바꾸어 가면 되는데, 문제는 자신의 표현에 아무런 하자가 없다고 생각하여 수정할 의사가 전혀 없다고 생각할 경우이다. 인간의 성격뿐만 아니라 인간의 존재 그 자체도 표현을 통해 드러난다. 인간을 둘러싸고 있는 모든 존재들도 그것들 나름의 표현을 통해 인간에게 감지되는 존재들이다. 따라서 인간은 표현을 통해서만이 자연, 사회, 다른 사람들과 맞물릴 수 있고, 또 그것을 통해서만이 존재의 의미를 느껴 갈 수 있다. 그러한 의미에서 인간에게서의 최대의 무기는 표현이다. 따라서 인간이 이 세상에서 한번 해 볼 만한 가치가 있는 것이 있다면 아마도 그것은 표현에 대한 연구가 아닐까 한다. 인간에게서의 모든 연구도 따지고 보면 결국은 표현에 대한 연구이다. 다시 말해 표현되어진 것들에 대한 연구이다. 그러나 이 장에서의 '표현의 본질'에 대한 연구는 그야말로 '표현'의 표현에 대한 연구라 할 수 있다.

우리는 앞으로 문화를 구성하는 각 장르들의 성립과 전개 양상을 고찰하여 그것들을 통해 장르들의 특성과 인간의 본질을 파악해 가는 작업을 진행해 갈 것이다. 그것은 또 한 민족이나 한 문화권의 차원에서의 파악이 아니라, 전 지상 더 나아가 우주적 차원에서 이루어질 것이다. 전 지상 차원에서의 파악이란 인간이 동물로부터 분류되어 나온 시점에서부터의 파악이고, 우주적 차원에서의 파악은 물질에서부터 시작하여 식물, 동물, 인간의 단위로 전개되어 온 과정을 통한 파악이다. 그런데 필자가 여기에서 강조하고자 하는 것은 후자가 기초되어야만 인간의 성립과 전개 양상이 온전히 파악될 수 있다는 것이다. 그러므로 앞으로의 과정학은 우주와 지상에 존재하는 모든 개체들을 과정의 차원에서 연구해 가는 단계가 될 것이다. 그것은 인간이 비존재 공간과 합일을 지향해 가는 우주에 존재해 있다는 느낌을 관념화시키고 우주적 정서를 만들어 가는 작업이라 할 수 있다. 우리의 존재와 우리의 존재 기반이 과정들로 구성되어 있는 한, 우리의 존재는 과정들을 통해 실현될 수밖에 없다. 우리는 그러한 과정들을 효과적으로 이용해 감으로써 보다 의미 있는 삶을 실현해 갈 수 있을 것이다.

이것으로 나의 과정학, 즉 과정에 대한 체계적 접근은 일차적으로 매듭을 짓는 셈이다.

서론 존재와 표현

인류는 자연, 사회 등과의 이상적 관계를 끊임없이 추구해 왔다. 우리는 인간이 그것들과의 그와 같은 관계를 추구해 가는 행위를 문화라 정의했다. 인간은 그와 같은 문화적 행위를 통해 우주 속에서의 자신의 존재 의미를 향유해 왔다.

인간에게서의 그러한 문화적 행위는 어떻게 행해져 왔는가? 인간은 자연과의 이상적 관계를 추구해 가기 위한 하나의 방법으로 일차적으로는 자연의 일부로서의 자신에 대한 이해를, 이차적으로는 자연과 사회에 대한 이해를 필요로 했다. 인간이 인간 자신을 이해해 온 방법은 다른 동물, 더 나아가 식물 혹은 무생물과의 비교를 통해서였다. 예컨대 크기라는 면에서 인간은 토끼보다 크지만 코끼리보다는 작다고 하는 사실에 대한 이해는 그것들과의 비교를 통해서만 가능했다. 인간의 몸이 그것들의 몸과 비교되었다는 것은 시각적 측면에서의 비교를 통해서였다. 인간 자신에 대한 또 하나의 이해 방법은 대자연이나 사회 속에 생존해 오면서 느끼고 생각한 것들을 문자나 소리들로 표현해 낸 것들을 통해서이다. 다시 말해서 인간이 그러한 것들을 통해 그동안 무엇을 어떻게 생각하고 느껴 왔는가에 대한 이해를 통해서이다.

인간의 자연에 대한 이해도 마찬가지다. 자연은 여러 존재들로 이루어진 거대한 집합체이다. 인간의 자연에 대한 이해는 자연을 구성하는 구체적인 것들에 대한 이해를 통해서이다. 그런데 그러한 이해는 그것들의 모양이나 크기, 그것들이 내는 소리, 그것들의 냄새 등의 특징에 대한 이해를 통해 가능하다. 더 나아가, 그것은 그것들의 모양이나 크기 등의 변화 과정, 그것들의 조합 원리 등에 대한 이해를 통해 가능한 것이다. 자연에 대한 이해는 결국, 시각적 · 청각적 · 후각적 표현 등 감각적 표현들의 특징에 대한 이해가 바탕이 된다. 인간의 사회에 대한 이해도 마찬가지다. 사회를 구성하는 인간들에 대한 이해를 통해, 그러한 인간들의 관계 양상을 통해 인간사회의 이해가 가능하다. 이 경우 인간들과 그들의 관계 양상에 대한 이해도 결국, 그들에 의해 만들어진 시각적 · 청각적 표현 등의 특징에 대한 이해를 통해 가능한 것이다.

이와 같이 인간의 자연이나 사회에 대한 이해는 자연을 구성하는 자연물의 현상現象이나 사회를 구성하는 인간들의 표현을 통해 가능하다. 예컨대 자연을 구성하는 요소들 중의 하나로서의 소나무에 대한 이해는 그 소나무가 우리에게 드러내는 현상, 즉 그것의 표현 형태에 대한 특징 파악을 통해서만 가능하다. 사회를 구성하는 요소들 중의 하나로서의 어떤 인간에 대한 이해는 그 인간이 표현해 내는 말이나 글, 혹은 옷이나 헤어스타일 등을 통해서만이 가능하다는 것이다.

우리는 어떤 것이 구체적인 형태를 취해 인간 앞에 나타났을 때만이, 다시 말해 그것이 인간의 감각에 포착되었을 때만이 그것의 존재를 인정하는 시대에 살고 있다. 어떤 것이 형태를 취해 우리의 감각에 포착되었을 경우, 그것의 존재에 대한 우리의 이해는 우리의 감각에 포착된 형태, 즉 우리에게 나타난 그것의 형태적 특징을 통해서만이 가능하다. 예컨대 소나무의 질에 대한 이해는 소나무의 줄기, 가지, 잎 등의 특징 파악을 통해 이루어진다. 어떤 인간의 내면적 세계도 그 인간의 말이나 글, 또는 얼굴이나 옷 등의 특징을 통해서만 파악될 수 있는 것이다.

인간의 이와 같은 문화적 행위는 인간에게 나타난 자연물들의 형태나 인간들의 모습들을 통해 인간과 자연, 인간과 사회 사이의 괴리를 끊임없이 상쇄시켜 왔다. 다시 말해서 인간은 자연물이나 인간의 외형적 특징을 통해 그것들의 본질을 파악해 왔고, 그러한 작업들을 통해 그것들과의 보다 이상적인 관계를 추구해 왔다. 특히 근대의 합리주의의 물결을 타고 이러한 현상은 더욱 두드러지게 나타났고, 현재 인류의 역사는 이러한 쪽으로 방향 지어져 있다. 이와 같이 인간은 표현을 통해 문화적 행위를 이행해 왔다. 그러한 의미에서 인간에게서의 표현이야말로 문화적 행위의 실현 수단이다. 인간에게서의 문화적 행위가 인간 존재의 실현 행위라면 인간에게서의 표현이란 인간 존재의 실현 수단으로 이해 될 수 있는 것이다.

이와 같은 측면에서 파악해 볼 때, 인간에게서의 표현은 존재의 근거인 동시에 존재실현의 방법이라 할 수 있다. 지금까지 인류는 인간에게 나타난 여러 현상現

象에 대한 관찰을 통해 본질本質을 파악해 왔다. 다시 말해서 대자연의 현상을 통해 대자연의 본질을 파악해 왔고 인간의 표현을 통해 인간의 본질을 파악해 왔다. 인간은 그러한 방법으로 대상에 대한 본질적 파악을 행해 왔고, 이를 통해 대상과의 조화를 추구해 왔다. 이 지상에서의 인류의 궁극적 목표가 인간이 자신들의 인식 대상으로 나타난 것들과의 이상적 조화관계를 이루는 것인 한, 인간에게서의 최대의 관심사이자 궁극적 연구 영역은 다름 아닌 대자연의 현상과 인간의 표현에 관한 것이라 할 수 있다. 이와 같이 인간에게서의 대자연의 현상과 인간의 표현은 인간의 연구 활동의 영원한 주제이다. 또 그것은 인간의 최대의 연구 대상이며 인간의 최종적 연구 영역임에 틀림없다. 자연이나 인간사회가 하나의 현상으로 인간 자신에게 나타나 있는 한, 인간에게서의 그것들은 존재하는 것들로서 인식되고, 또 그것들이 인간에게 존재하는 한 인간과 그것들과의 사이에는 어쩔 수 없는 거리가 존재하게 마련이다. 또, 인간과 그것들 사이의 그러한 거리가 존재하는 한, 인간은 언제나 불완전한 존재로 인식되어 결국 그들과의 보다 이상적 조화를 추구해 가는 존재로 남게 된다.

인간에게서의 대자연의 현상現象이나 표현表現이란 무엇인가? 그러한 것들과 인간 자신의 관계를 살펴보면, 우선 그것들은 인간의 인식 대상들이라는 측면에서 같은 차원의 것들로 취급될 수 있다. 대자연의 일부로서의 한 인간의 표현도 대자연의 현상의 일부임은 언급할 필요가 없으나, 지상에 존재하는 모든 것들의 현상이 지상의 존재들을 주관하는 태양과 같은 것들에 대한 표현이라면, 인간의 표현은 주로 사회를 구성하는 인간들에 대한 표현이라는 점에서 현상과 표현 사이에는 근접 불가능한 차이가 있다.

근대 서구의 합리주의 사상의 물결은 지금까지 언급된 대자연의 현상, 즉 현상세계를 우리들로 하여금 허상의 일종으로도 이해하게 한다. 그 이유는 실체들로 이루어진 세계가 이데아의 세계이고, 인간의 현실 세계가 그것의 허상들로 이루어진 세계라고 인식했던 고대 서구인들의 세계관으로부터 근대 서구의 합리주의가 나왔기 때문이라 할 수 있다. 다시 말해서, 고대 서구인들은 대자연의 현상들이 이데아의 세계에 존재하는 실체들의 허상들이라고 인식했던 것이다. 예컨대 책상의 경우 이 지상의 모든 책상들은 이데아의 세계에 존재하는 책상의 허상들이라는 것이다. 그 후 서구인들은 이데아의 세계에 있다는 책상의 실체를 파악하려면, 인간이 존재하는 이 현상계의 책상들을 통해야만 한다는 생각을 하기에 이른다. 그러나 근대로 들어와 칸트는 현실 세계에 존재하는 사물들의 배후에 그 사물들의 실체ding an sich가 존재한다고 생각할 수는 있지만 그 실체 자체는 인간의 능력으로는 결코 파악해 낼 수 없다는 입장을 취했다. 인간에게 드러난 현상만을 가지고 이야기를 해야 한다는 입장이었다. 그의 그러한 입장이 일반화됨으로써 그동안 서구인들에게서의 사물의 실체로 생각되어 왔던 것이 본질로 이해되어졌고 현상이 본질의 대립 개념으로 이해되어 나왔던 것이다. 그 후 그러한 생각은 서구인들로 하여금 사물을 내용과 형식이라는 이원론적 측면에서 인식케 하는 입장을 성립시켰다.

20세기 초 서구인들은 인간의 언어를 기호내용signifié과 기호 형식signifiant으로 논리화시켜 인식했는데, 이도 그 한 예라 할 수 있다. 이때 원래 사물에서의 본질은 하나이고, 또 그 사물에 대응되는 언어에서의 내용도 하나이다. 이와 같이 본질이나 내용은 불변하지만 현상이나 형식은 다양할 수 있다고 하는 입장이 취해졌다. 즉, 본질이나 내용은 불변하고 현상이나 형식은 변한다고 하는 입장이었다. 그러나 본질이나 내용 그리고 현상이나 형식에 관한 이와 같은 입장은 20세기 중반에 들어와 구조주의와 후기구조주의 사상의 물결을 타고 전환되었다.

우선 1950-1960년대 구조주의 사상을 통한 전환은 이러했다. 어떤 것의 본질이나 내용은 그것의 형식 이면에 별도로 존재해 있는 것이 아니라, 형식 그 자체라는 관점의 성립이 그 전환을 단적으로 얘기해 준다. 다시 말해서 어떤 것의 본질이나 내용은 그것의 형식에 의해 구성되는 구조 속에 내재해 있는 것이 아니라, 그 구조 자체가 바로 본질이나 내용이라고 하는 관점이다. 따라서 구조주의의 입장에서의 어떤 것의 본질이나 내용의 파악은 그것의 형식으로 이루어진 구조의 파악을 통해 가능하다고 여겨졌다. 그러한 입장을 취했던 구조주의자들에게서의 형식이나 그것으로 이루어진 구조는 민족과 같은 인간 집단이나 전 지상의 모든 인류의 세계 체험 혹은 지상地上 체험의 형식이라 이해되었기 때문이다.

다시 말해서 인간에 의해서 만들어진 모든 것들의 형태나 형식들, 즉 인간의 문화 현상을 이루는 모든 것들은 인간의 세계 체험, 즉 자연 체험과 사회 체험을 통해 이루어진 것이라는 식으로 이해되었기 때문이다. 구조주의자들은 인간에 의해 만들어진 모든 것들의 형태나 형식들이 인간에 의해 이루어진 것들이라는 이유 때문에 그 형태나 형식들의 특성을 통해 인간의 본질을 파악해 낼 수 있다는 입장을 취했다. 이러한 그들의 입장은 인간의 자연 체험이나 사회 체험을 기초로 이루어진 일차적 현상에 대한 입장이기도 했다.

그것은 1960년대 말의 문화적 현상에 그치지 않고 자연 현상 일반에 대한 이해까지도 적용되었다. 후기구조주의자들에 의한 기호학의 성립이 그 구체적인 한 예이다. 그 전의 기호론자들은 인간의 자연 체험이나 사회 체험을 통해 만들어진 문화적 현상만을 통해 자신들의 기호 이론을 전개시켜 갔다. 예컨대 구조주의 시대의 기호학자들은 인간들에 의해 만들어진 언어, 얼굴 표정, 의복, 집, 풍습, 제도 등만을 기호로 파악해서 그것들을 통해 인간에 의한 문화의 본질을 파악하려는 입장이었다. 그러나 후기구조주의 시대의 기호론 학자들은 인간들에 의해 만들어진 그러한 기호들뿐만 아니라 인간들에 의해 만들어지지 않은 나무, 돌, 풀, 구름, 물고기 등과 같은 자연물들의 특징까지를 그러한 식으로 파악해서 인간과 자연의 본질을 파악하려는 입장을 취했다.

필자가 주창한 과정학의 경우는 후기구조주의자들과는 또 다른 입장을 취하고 있다. 사회는 물론 자연도 인간의 우주 체험의 한 산물이어서 사회적 현상은 물론 자연 현상도 인간을 통해 일어난다는 입장이다. 이것은 자연이 인간을 만들었다는 입장이 아니라, 인간이 자연을 창조해 냈다는 입장이다. 이것은 의식이 존재해야 대상이 존재한다는 19세기 서구의 유심론자의 입장과 동일선상의 것처럼 들릴지 모르나 사실은 그렇지 않다. 유심론자들은 인간에게서의 의식이 어떻게 형성되었는지에 관해 확실한 입장을 갖고 있지 않다. 그러나 과정학에서는 인간의 의식이 인간의 우주 체험, 즉 자연 체험과 사회 체험의 과정을 통해 형성된 것이라는 입장을 분명히 밝힐 수 있다.

예컨대, 인간의 우주 체험 과정에서 인간의 신체에 시각기관이 형성됨으로써 우주를 구성하는 존재들이 시각적으로 인식되게 됨에 따라 그것들이 인간의 세계에 존재하기에 이르렀던 것이다. 만일 인간에게 시각과 같은 감각기관이 존재하지 않는다면 우리는 우주를 구성하는 자연물들의 존재 여부를 판단할 수 없을 것이다. 예컨대 우리의 손의 모든 감각신경이 죽어 버린 상태에서는 물건에 손을 갖다대 봤자, 우리는 그것이 우리의 손에 접촉되었는지 안 되었는지의 여부조차 느낄 수 없다. 우리의 몸으로부터 모든 감각신경을 제거해 버렸을 경우, 우리가 볼 수 있고 들을 수 있고 느낄 수 있는 것은 아무것도 없다는 말이다. 설혹 우리 앞에 산이 있고 하늘에 별들이 반짝이고 뒤뜰을 흐르는 개울물 소리가 요란하다 할지라도 말이다.

그것은 바로 이런 현상과 매한가지이다. 10년 전만 해도 은하계 너머에 또 다른 어떤 성운단들이 존재한다거나, 중성자와 양성자가 방출하는 어떤 중성미자가 존재한다고는 결코 생각지 못했다. 왜냐하면 그때까지만 해도 우리는 그것들을 시각적으로 감지할 수 없었기 때문이었다. 그러나 우리의 우주 체험의 과정에서 그것들이 감지됨으로써 이제 그것들의 존재가 인정되었던 것이다. 우리는 현재까지 우리가 우주 체험을 통해 형성시킨 감각기관으로 우주 속에서 자연을 발견하여 그것들을 통해 우리 인간에게 보다 알맞은 질서와 세계를 창조해 가는 존재이다. 예컨대 인류는 석기를 가지고 그것보다 더 강한 철기를 만들어 냈고, 또 그것으로 그보다 더욱 강하고 정교한 도구들을 만들어 냈다.

이와 같이 인간은 기존의 우주 체험을 통해 얻은 감각이나 지식으로 끊임없이 새로운 우주 체험을 행해 왔다. 그러한 과정에서 인간에게 의식의 다양한 층들이 형성되어 나와, 인간은 바로 그러한 의식들을 통해 인간에게 소용되는 자연계를 창출해 왔던 것이다. 그러나 설혹 우주가 비존재 공간으로 팽창해 가는 과정에서 새로운 물체들이 생성되었다 할지라도 우리가 그것을 체험하지 않는 한 우리에게 그것이 존재한다고는 이야기할 수 없다. 인간은 어떤 것에 대한 체험을 통해서만 그것에 대한 감각을 형성시키고, 그것에 대한 감각이 형성됨으로써만 그것이 인간에게 존재한다고 말할 수 있다. 그러므로 인간에게 감지되는 자연물들은 결국 인간의 우주 체험의 축적물이나 결과물들로도 이해될 수 있다. 즉, 그것들이 인간의 우주 체험의 표현으로 이해될 수 있다는 것이다. 그러한 측면에서 인간에게서의 자연 현상이야말로 인간이 자신의 본질을 파악할 수 있는 가장 확실하고 근원적인 자료라 할 수 있다.

이제 우리는 다음과 같은 결론에 도달할 수 있다. 인간에게서의 문화적 현상이나 자연적 현상은 인간에 의해 표현되어진 인간 자신들의 표현들이다. 즉, 언어나 집이나 옷 등과 관련된 것들과 같은 문화적 현상이나 자연적 현상은 동일한 차원의 현상으로서 인간에 의해 표현되어진 인간 자신들의 표현들이다. 문화적 현상을 이루는 언어나 집이나 옷과 같은 것들은 인간의 의식을 통해 표현된 것들이고, 자연의 나무나 구름이나 돌과 같은 것들은 인간의 눈이나 귀 등과 같은 인간의 의식의 축적물이라 할 수 있는 감각기관으로 표현된 것들이다.

이상과 같이 인간에게서의 표현은 문화 현상, 존재론, 인식론 등과 밀접히 관련되어 있다. 그러한 의미에서 인간에게서의 표현에 대한 연구는, 문화 현상의 원리를 파악하고 존재 자체의 신비를 벗겨낼 수 있고 또 인식의 본질까지도 규명해낼 수 있는 것이라 여겨진다. 인류는 20세기 후반으로 들어 온 이래 인공위성과 같은 천체의 시각에서 자신들을 바라볼 수 있는 시각을 확보함으로써 새로운 차원에서 자신들의 존재를 인식해야 하는 상황에 처해 있다. 그 결과, 문화 현상, 존재론, 인식론 등이 새로운 차원에서 접근되어야 할 것은 당연한 일이고, 그것들과 관련된 인간의 표현 체계에 일대의 혼란이 야기될 것 또한 예상되는 일이다. 그러한 의미에서 다른 어느 때보다도 현재의 우리들에게 표현 연구에 대한 필요성이 절실히 요청된다.

제1절 표현의 개념과 표현에 대한 연구

표현의 일반적인 개념

'표현表現'은 한자 문화권인 동아시아 한·중·일의 삼국에서 일반적으로 쓰이고 있는 말이다. 그것의 사전적 의미는 대개 다음과 같다. 우리 국어사전에는, 대개

'나타냄. 사상·표정·몸짓·언어·예술작품 등으로 나타내는 말'로 풀이되어 있다.[1] 일본어사전에는 대개, '심적 상태·과정, 성격·지향·의미 등의 정신적·주체적인 것을 외면적·감성적 형태로서 나타내는 일. 또는 객관적이고 감성적 형상 그 자체. 즉 표정, 몸짓, 동작, 언어, 작품' 등으로 풀이되어 있다.[2] 또, 중국어사전에는 '표시하다, 고의로 자기의 장점을 나타내다',[3] '표현하다, 태도·행동·언행으로 나타낸 사상·감정의 구체적 표현'[4] 등으로 되어 있다. 이와 같이 '표현表現'이란 말은 현재 동아시아 삼국에서 거의 같은 뜻으로 쓰이고 있다. 즉, 인간의 사상이나 감정을 나타내는 일, 그것들을 나타내는 형상 그 자체를 뜻하는 것 등으로 쓰이고 있는 것이다.

표현이란 단어가 동아시아 삼국에서 이처럼 사용되기 시작된 것은 일본에서부터였다. 조사된 바에 의하면, 19세기 말의 일로, 우리는 메이지 시대의 음악교육가 이자와 슈지伊澤修二의 《교육학教育學》(1883), 레레테 슈진冷冷亭主人 역의 《가토코후씨 미술속해カートコフ氏美術俗解》 등에서 그 단어를 발견할 수 있다.[5] 당시는 그것이 '밖으로 나타내는 일, 사상이나 감정 등을 밖으로 나타내는 일'로 풀이되었다.[6]

그렇다면 이 단어는 어떻게 지금의 뜻을 확보하게 되었던가? 이 단어는 당시 생성된 다른 단어들처럼 영어의 'representation' 또는 'expression'의 역어譯語로 출현되었다. 그러나 'representation'이 당시 철학 분야에서 '재현再現'으로의 번역이 일반화됨에 따라,[7] 'representation'은 더 이상 '표현'으로 소통되지 못하게 되어, 결국 'expression'만이 '표현'으로 번역되었다. 'expression'을 분석해 보면, '밖으로'의 의미를 갖는 접두어 'ex-', '무게나 힘에 의해 어떤 방향이나 위치로 이동하다'는 의미의 동사 'press', 동사의 명사형 '-ion'의 합성어임을 알 수 있다.[8] 그러므로 그 어원적 의미는 '안에서 밖으로 이동하는 것', 인간을 주체로 했을 경우는 '인간이 안에 존재하는 것을 밖으로 이동시키는 일' 등으로 풀이된다. 그렇다면 당시 일본인은 어째서 이와 같은 의미를 갖는 'expression'을 번역해 내는데, '表'(표)와 '現'(현)을 합성시켜, 한어나 일본어에 존재하지 않는 '表現'(표현)이란 단어를 만들어 냈던 것일까? 이 단어가 생성되기 이전에 이미, 한어와 일본어에는 그 의미와 비슷한 '표견表見', '표현表顯', '표시表示', '표출表出' 등의 말들이 존재하고 있었다. 그렇지만 당시 일본인들로서는 이와 같은 단어들로는 'expression'의 의미를 충분히 표현해 낼 수 없다고 생각했던 것 같다.

앞에서 이미 지적한 바와 같이, 'representation'은 애초에 'expression'의 의미인 '표현'으로 번역되었다가 '재현'으로 정착되었는데, 영어에서의 'representation'의 어원적 의미는 어떤 정해진 관념이나 내용물을 반복해서 표현해 내는 작업으로 풀이된다. 따라서 'representation'이 '표현'으로 번역되었을 때의 그 말은 어떤 불변하는 내용물을 반복적으로 나타낸다는 의미로 쓰였다. 불변하는 내용물을 반복적으로 나타낸다는 의미에서의 내용의 불변성과 표현의 반복성이 강조된 것이다. 그 결과, 'representation'은 내용의 불변성과 표현의 반복성의 의미를 드러낼 수 있는 '재현'으로 정착되었던 것이다. 이에 비해 'expression'은 '안으로부터 밖으로의 이동'의 의미가 강조되어, 결국 '표현'이란 말로 정착 되었다고 말할 수 있다. 안으로부터 밖으로의 이동이란 방향과 동력원動力源을 토대로 생성된 의미이다. 여기서 방향은 안에서부터 밖으로의 방향이고 동력원은 안과 밖의 역학적 관계에서 생성된 것이다. 따라서 동력원의 의미는 그러한 역학관계를 형성하는 대상들이 구체화됨으로써 생성될 수 있었다.

그런데 앞서 언급한 '표현'과 유사한 단어들은 방향성을 드러낼 수는 있었지만, 안과 밖의 역학적 관계를 형성하는 대상들까지는 드러낼 수 없었다. '표견表見'은 밖으로 드러내 보여 알린다는 의미이고, '표현表顯'은 지금까지 감추고 있던 것을 겉으로 드러내 배우게 한다는 의미이다. 또 '표출表出'은 겉으로 드러낸다는 의미이다.[9] 이와 같이 기존의 단어들은 안과 밖의 역학적 관계를 이루는 대상들까지를 드러내는 단어들이 되지 못했다. 그 결과 당시 일본인들은 안과 밖이라고 하는 방향은 물론, 안에서 밖으로 이동하는 동력원을 형성하는 대상들까지를 드러낼 수 있는 말로서 결국 '表現'(표현)이란 말을 출현시켜냈던 것이다.

한자 '表'(표)는 '毛'(모)와 '衣'(의)의 합성어合成語로서 짐승의 털로 만든 옷을 뜻한다.[10] 현재 '表'는 '裏'(리)에 대립되는 '겉'을 뜻한다. 그러나 어원적 측면에서 '表'에 대한 '裏'는 짐승의 털로 감싸인 짐승의 몸의 이미지를 불러일으키고, 사람으로 말할 것 같으면 그것이 사람의 몸을 감싸고 있는 옷의 이미지를 지닌 것이다.

그것으로 보아, '表'는 '裏'의 대립 개념이 결코 아니다. 그 어원적 측면에서 '表'는 '裏'의 일부로서 '裏'를 중심으로 존재하는 주체의 보호막 역할을 하는 부분을 의미한다. 따라서 '表'는 '裏'에 대해 종속적 관계를 갖고 있다.

그렇다면 앞에서 제시된, 속과 겉의 역학적 관계는 어떻게 설명될 수 있는가? 짐승에게서의 털이나 인간에게서의 옷은 외부로부터의 지나친 자극에 대한 차단 수단이다. 따라서 주체에 대해 외부로부터의 자극이 얼마나 강하고 그것이 어떤 종류의 자극인가에 따라 털과 옷의 질이나 형태는 달라진다. 이와 같이 짐승의 털이나 인간의 옷은 짐승이나 인간과 같이 생명을 가진 주체가 외부의 자극들로부터 자기 자신들의 생명을 보호하기 위한 하나의 수단으로서 만들어 낸 것이다. 이렇게 볼 때 '속'에서 '겉'으로 이동하는 동력은 자신의 생명을 보호하려는 주체와 주체의 표면에 자극을 가하는 어떤 존재와의 상관관계하에 일어나는 힘으로 파악된다.

'表現'이 드러내고자 하는 것은 '속'을 중심으로 형성된 주체는 물론, 주체의 '겉' 에서 주체와의 대립적 입장을 취하고 있는 객체까지라 할 수 있다. 그렇다면 우리가 그렇게 생각할 수 있는 근거는 무엇인가? 일본에서 '表現'이란 단어가 만들어졌을 당시, 그것은 '表(부사)+現(동사)', '表(동사)+現(명사)', '表(동사)+現(동사)' 중의 어느 하나의 형태를 취했던 듯하다. 첫째, '表(부사)+現(동사)'의 경우는 '겉으로 나타내다, 겉으로 나타나 있다'는 의미로, 현재 한국에서 쓰이고 있는 의미이다. 다음, '表(동사)+現(명사)'은 '겉으로 現을 드러내다'의 뜻인데, 일본에서의 명사로서의 '現'은 한국이나 중국에서 사용되는 '現'의 의미에는 없는 독특한 의미로 쓰이고 있다. 'うつつ'(현세)라고 하는 의미가 바로 그것이다.

이 '현세現世'라고 하는 말은 전생이나 사후의 세계에 대립되는 이승에 현존現存하는 일, 꿈의 반대 개념인 생시生時, 환상幻像 등의 세 가지 뜻으로 쓰인다.[11] 불교문화를 토대로 이론화된 세계관을 지닌 일본인들의 이와 같은 '現'의 의미는 불교가 일반화된 중세 이래 생과 사와 세상이 논의될 때 쓰였던 말이다. 현재 일본에서의 현세는 내세에 대한 현세에서의 인간의 삶과 그 삶이 실현되는 세상을 의미하는 말로 쓰이고 있다. 이 경우 세상은 인간의 삶이 실현되는 장소라는 의미로서,

인간의 존재가 처해 있는 사회와 자연을 의미한다. 따라서 현대적 의미에서의 현세는 현재의 인간의 존재, 그 존재가 처해 있는 사회, 그 사회가 처해 있는 자연을 의미한다. 그러므로 '겉으로 現을 나타내다'의 의미는 '겉으로 인간의 존재와 그 존재가 처해 있는 사회와 자연 등으로 이루어진 세상을 드러내다'로 파악된다. '表現'에서의 '表'가 타동사이고 '現'이 목적어라는 것을 감안해 보면, 여기에서의 동사 '表'가 제시하는 동작의 주체는 인간이다. 따라서 '表(동사)+現(명사)'은 인간이 자신의 내면에 비친 인간 자신의 삶과 그것이 실현되는 사회와 자연 등의 세상을 드러내는 일로 파악된다.

세 번째인 '表(동사)+現(동사)'는 그 어원적 차원에서 '表現'의 의미가 파악될 수 있는데, 앞에서 언급했듯이 '表'는 짐승의 털을 의미했다. 따라서 이 경우 동사로 사용되는 '表'는 표현의 주체인 짐승이나 인간이 자신의 내면의 어떤 상태를 겉으로 드러내는 일을 의미한다. 이에 비해 '現'은 '見'의 의미와 구분해서 사용될 목적으로 '見'에 '玉'을 붙인 것으로 되어 있다. 이 '見'이 '물건의 형태가 인간의 눈에 비춰짐으로써 그것이 알려지다'는 의미라면, '現'은 '玉'(구슬)이 인간의 눈에 띄여 그것이 알려지다'는 뜻으로부터 '玉光'(옥광)의 의미를 갖는다.[12] '玉'은 자연을 구성하는 자연물들 중의 하나이고, 자연물들 중에서도 가장 진귀한 것들 중의 하나이다. 그런데 그 '玉'(옥)의 '光'(광)이란 환영幻影의 이미지를 불러일으킨다. 그러한 이유로 인해 '現'은 불교에서 환영과 같은 존재로 인식되는 이 세상을 의미하게 된 듯하다. 아닌 게 아니라, '現'은 '지금'이나 지금 처해 있는 '이 세상'의 의미로도 쓰여지고 있다. 이렇게 볼 때 '現'의 의미에는 '대자연'이나 '세상'의 의미가 내포되어 있어, '現'이 동사로 사용될 경우 그것은 인간이 자신이 처해 있는 세계를 드러낸다는 뜻으로 쓰이게 된다. 이와 같이 '表'와 '現'의 의미를 파악해 볼 때, '表(동사)+現(동사)'은 인간이 자기 자신의 내면과 세계의 이면을 드러낸다는 의미를 지닌 말로 이해될 수 있다.

이상과 같이 '表現'의 의미를 파악해 보면, 그것은 현재의 자기 자신과 자기 자신이 처해 있는 세계를 드러내는 일이라고 할 수 있다. 앞에서도 언급했듯이, '表現'이 이와 같은 의미를 갖게 된 것은 영어 'expression'이란 단어의 번역 과정에서 이루어졌다. 즉 일본인이 'expression'을, '안에 있는 것을 밖으로 이동시키는 일', 즉 '表現'으로 번역해 내는 과정에서 '안에 있는 것'을 '인간 자신과 현재 인간 자신이 처해 있는 세계'로 파악했기 때문인 것으로 이해된다.

그러면 여기서 지금까지 '표현'에 대한 어원적 분석을 통해 파악된 '表現'의 일반적 개념은 '현존하는 모든 존재가 다른 존재에 대하여 자기 자신의 존재와 자기 자신이 처해 있는 세계를 드러내 보이는 일'로 정리될 수 있다.

기존의 표현 연구

표현이란 현존하는 모든 존재가 다른 존재에게 자기와 자기 자신이 처해 있는 세계를 드러내 보이는 일이다. 지금까지의 인간들은 타자들에 대한 자기 자신들의 표현을 다음과 같이 연구해 왔다. 우선, 신 중심 시대의 인간들은 인간을 포함한 모든 존재들의 자아 표현을 미메시스론의 차원에서 이데아의 세계를 표출해 내는 작업으로서 접근했었다. 다음, 인간 중심 시대로 들어와 사실주의론의 차원에서, 인간의 현실 세계와 내면 세계를 표출해 내는 작업으로 접근했고, 우주 중심 시대 이후에는 기호론sémiotique의 차원에서 문화적 세계를 표출해 가는 작업으로 접근해 갔다.

먼저, 미메시스 차원에서의 존재들의 자아 표현에 관한 연구란 어떠한 것인가에 대해 살펴본다. 미메시스mimesis란 모방模倣을 의미하는 그리스어로 한마디로 예술가의 예술작품의 창작 이론으로 이해될 수 있다. 그런데 고대 그리스에서의 그것은 디오니소스 숭배의식 시의 무용·음악·창가 등의 제례祭禮 행위를 가리키는 말로 쓰였었던 것 같다.[13] 그러나 그 후 그것은 조각, 연극 등에서의 현실의 재현을 의미하는 말로 전환되었다.[14] 그 경우 현실이란 외적 현실이 아니고 내적 현실을 의미했었다. 내적 현실의 재현이란 창작자나 연기자의 미적 심리 상태의 재현을 말하는 것이었다. 그러다가 플라톤에 이르러 두 가지 관점에서 쓰이게 되었는데, 그 하나는 자연이란 이데아의 모상模像/mimema이라고 하는 관점에서였고, 다른 하나는 예술이란 자연, 외적 현실의 모방이라고 하는 관점에서였다.[15] 플라톤에게서의 예술은 자연의 모방물이었다. 그러한 의미에서 플라톤에게서

예술이 진리를 추구해 가는 정당한 길이 아니라고 주장했다.

이후 아리스토텔레스는 예술이 자연의 모방이라는 플라톤의 입장을 취하지 않고 예술이 인간 행위의 모방임을 주장했는데, 그렇다고 예술이 현실을 모방한다는 플라톤의 입장까지를 버린 것은 아니었다. 그에게서의 현실의 모방이란 플라톤의 경우와 같이 현실의 단순한 모사模寫가 아니라, 현실에 대한 자유로운 접근을 의미하는 것이었다. 즉, 현실을 모방하는 예술가는 자연으로부터 소재를 취해 자기 자신의 방법으로 자유롭게 예술작품을 창조한다는 것이었다. 이렇게 아리스토텔레스에게서의 현실의 모방이란 현실로부터 소재를 자유롭게 선택해서 자신이 원하는 세계를 창조해 가는 행위를 의미했다. 그러한 시각에 입각하여, 그는《시학》에서 '시'(비극 등과 같은 문학작품)를 인간 행위의 모방이라 정의했고, 보다 선한 인간의 행위를 모방한 것이 희극이고 보다 악한 인간의 행위를 모방한 것이 비극이라는 입장을 취했다.

이상과 같이 고대 그리스 시대의 미메시스는 내적 현실의 모방, 이데아의 모방, 외적 현실의 모방이라고 하는 세 가지 측면에서 접근되었음을 알 수 있다. 이때 연구의 측면에서 모방에 접근해 보면, 내적 현실의 모방의 경우는 인간의 내면 세계의 것들이 어떻게 인간의 외적 현실 세계로 드러나는가가 문제시되고, 이데아의 모방의 경우는 자연이라고 하는 외적 현실이 그 이데아의 모방이라면 모상模像들 중의 어떠한 것이 가장 이데아 세계의 원물原物에 가까운 것인가가 문제시된다. 다음, 인간의 외적 현실의 모방의 경우 인간이 어떻게 보다 이상적으로 인간의 외적 세계를 드러낼 수 있을까가 문제이다.

고대 그리스 시대 이래 서구에서의 모방의 문제는 이상과 같이 세 가지 측면에서 추구되었다. 그러한 과정에서 중세에 이르러 모방의 문제는 내적 현실의 모방과 이데아의 모방이 결합된 또 다른 차원에서 추구되었다. 이 경우 이데아의 세계는 하나님이 상주하는 천국으로 대치되었고, 인간의 내적 현실은 천국과 인간계를 넘나드는 천사나 그것들을 주관하는 하나님과 상통하는 성직자의 정신 세계로 대치된다. 그래서 이 경우 모방의 문제는 성직자가 얼마나 정확하고 진실 되게 하나님의 말을 인간에게 전달해 줄 수 있느냐의 문제로 압축되었다. 당시의 성직자들은 신에 관한 한, 이 세상으로부터의 어떠한 모방도 허락하지 않는다는 입장을 가졌었고, 자신들의 정신적 표상을 외부로 표현해 내는 것만이 자신들의 일이라는 입장을 가졌었다.

그 모방의 문제는 르네상스 시대로 들어서서 외적 현실이 강조되는 과정에서 다시 한 번 전환된다. 그러한 전환은 이미 13세기 토마스 아퀴나스에서부터 움트기 시작했다. 그것은 한마디로 토마스 아퀴나스의 '예술은 자연을 모방한다Ars imitatur naturam'라는 말로 입증된다.[16] 그런데, 이와 같이 르네상스기로 들어와서 제기된 모방 문제에서의 모방은 그리스어 'mimesis'는 표기되지 않았다. 그것은 이탈리아어 'imitazione'로부터 취해져 프랑스어권과 영어권에 유입되어 'imitation'으로 정착되었다. 르네상스기의 모방 이론은 자연을 모방하되, 그 방법은 고대 그리스·로마의 모방 방법에 따라야 한다는 입장이었다. 그 모방 이론을 토대로 서구에는 고전주의 시대가 도래한다. 그 결과 자연의 모방이라고 하는 그 동안의 모방 이론은 자연으로부터의 선택이라고 하는 아리스토텔레스의 입장으로 전환하여 고전주의자들의 표현 이론으로 확립되었던 것이다.

다음, **사실주의*** 차원에서의 표현에 대한 연구는 어떻게 전개되었는가? 서구에서의 사실주의의 문제는 철학자들로부터 출발하여 예술가들의 예술 이론으로 일반화되었다. 철학에서의 사실주의는 동아시아에서는 실재론實在論으로 번역되는데, 사물이 인식주관의 밖에 실재한다고 주장하는 입장을 가리킨다. 서구에서의 이러한 입장은 칸트에서부터 출발되었다. 칸트는 주관의 밖에 무규정無規定의 '물 자체'物自體가 존재해, 주관이 그것에 규정을 가함으로써 표상表象이 생긴다는 입장을 취했다. 칸트의 그러한 주장을 받아들여 그 후의 인식론자들은 인식주체의 밖에 실재하는 물 자체를 객관, 혹은 객관적 세계라 칭했다. 이 경우 인식론자들의 주된 작업은 물 자체로서의 객관적 세계가 인식 주체를 통해 표상으로 나타나는 과정, 즉 객관과 주체와의 관련성의 형성 과정을 규명해 내는 데 있었다. 이와 같이 표현에 대한 사실주의 차원의 일차적 접근은 존재들이 성립되는 과정

*사실주의寫實主義/realism : 객관적 사물을 있는 그대로 정확하게 재현하려는 태도. 참10

을 규명해 보려는 존재론적 측면에서 이루어졌다.

그러한 과정에서 예술 이론으로서의 기존의 외적 현실의 모방 이론은 모조품, 즉 이미테이션의 생산이라는 형태를 취해 돌연 자취를 감추고 만다. 대신, 철학에서의 실재론을 바탕으로 사실주의의 예술의 이론이 등장하게 되는데, 시점상 그것은 대개 19세기 초로 파악되고 있다. 당시 그것은 예술적 걸작의 모방이 아니라 자연이 제시하는 원형을 충실히 모방하는 것이었다. 그 후 사실주의는 특히 소설가들에 의해 역사소설에서의 의상이나 풍습 등의 세밀한 묘사의 의미로 쓰여졌다. 그 다음의 19세기 중반경 사실주의는 다음과 같은 예술작품의 표현 이론으로 정립되었다.

> 예술은 현실 세계를 충실히 표현해야 한다. 그러기 위해서 예술은 세밀히 관찰하고 신중히 분석하는 일이어야 하고, 그 시대의 생활풍속을 연구해야 하는 것이다. 또 그러한 연구는 감정을 개입시키지 않고 일반적이고도 객관적으로 행해져야 한다.[17]

이렇게 볼 때 예술작품의 표현 이론으로서의 사실주의는 어떤 시대성이 반영되어 있는 외적 현실, 즉 시대성이 구체적으로 반영되어 있는 사회적 현실을 충실하게 드러내야 된다는 표현 이론이라 할 수 있다. 그래서 이러한 사실주의를 바탕으로 한 예술작품은 작가 자신이 처해 있는 시대의 사회적 현실의 객관적 묘사를 통해 사회적 현실을 구성해 가는 인간과 그 인간이 처해 있는 시대와의 관계 양상을 파악해 냄으로써 인간의 본질을 이해해 보려는 입장에서 나온 것들이라 할 수 있다.

그 다음 19세기 말 사실주의는 자연주의로 전환된다. 자연주의의 경우 생물의 일종으로서의 인간을 지배해 가는 것은 사회적 현실이라기보다는 오히려 자연환경이라는 입장을 취해, 인간과 생물학적 자연과의 관계를 충실히 표현하여 그것을 통한 인간의 본질을 파악하려는 입장을 취한 예술 이론이다. 20세기로 들어와 사실주의는 쉬르리얼리즘으로 전환된다. 사실주의가 인간의 외적 현실의 표현을 통해 인간의 본질을 파악하려는 입장이었다면, 쉬르리얼리즘이란 인간의 내적 현실, 즉 내면의 세계를 이루는 의식의 표상들을 충실히 표현해 내서 인간의 본질을 추구해 보려는 예술 이론이다.[18] 소설에서의 의식의 흐름의 수법이나 미술에서의 추상파 등이 그 예들이다.

이와 같이 18세기 이후의 서구인들은 주관과 객관과의 관계 규명을 통한 표상의 성립 과정, 동시대의 사회적 현실의 객관적 표현, 사회적 현실의 배후에 작용하고 있는 생물학적 자연과 인간과의 관계 규명, 인간의 내면적 세계를 구성하는 표상들의 기술 방법 등을 연구해 갔다. 그러한 과정에서 그들은 현재 자신들이 처해 있는 사회적 현실, 그 배후에서 작용하는 생물학적 자연 등과 자기 자신의 존재와의 관계 규명을 통해 사르트르의 경우처럼 '실존이 본질에 우선한다'는 입장을 취하게 된다. 실존주의를 대표하는 사르트르에게의 인간 존재는 어떤 존재에 의해 바위나 모래에 내던져진 존재이다. 그에 의하면 그러한 상황의 인간에게서 확실한 것이 있다면, 그것은 인간 자신이 바위나 모래에 내던져져서 그곳에 실존해 있다고 하는 사실이라는 것이다.

그렇다면 인간이 현재 이 세계에 실존해 있는 이유란 무엇인가의 문제, 보다 구체적으로 말하면 실존의 의미의 문제가 제기된다. 실존주의자들은 바로 이 물음에 대한 답을 통해 존재의 문제를 풀어 보려는 입장을 취했다. 기호론적 차원의 표현 연구는 바로 그러한 입장이 일반화되는 과정에서 성립된 것이다.

본질이 실존보다 더 진리에 가까운 것이라 하더라도, 본질은 실존을 통해 비로소 존재할 수 있다. 그러한 의미에서 '실존이 본질에 우선한다'는 의미로 이해될 수 있는 것이다. 기호론은 바로 그러한 입장을 토대로 확립되었다. 기호記號란 한마디로 어떤 것의 인식 수단이다. 예컨대, 신호등의 파란불은 보행자로 하여금 그가 건너도 된다는 것을 인식시키는 수단이다. 이 경우, 보행자에게서의 그것은 그가 건너가도 안전하다는 것을 지시하는 사인, 즉 기호이다. 보행자는 그 기호를 통해 그것이 가리키는 의미를 취하게 된다. 이렇게 볼 때 표현 연구의 차원에서의 기호에 대한 접근은 두 가지 차원에서 이루어질 수 있다. 하나는 기호화된 의미를 어떻게 파악해 내느냐의 문제이고, 다른 하나는 의미를 어떻게 기호화시키느냐의 것이다.

기호에 대한 이와 같은 연구는 가장 대표적인 기호라 할 수 있는 언어에 대한 연구를 통해 행해져 왔다. 인간에게서의 언어 활동은 청각 차원에서는 말하기와 듣기이고, 시각 차원에서는 쓰기와 읽기이다. 이 경우 말하기와 쓰기는 의미의 기호화 작업이고 듣기와 읽기는 기호화된 의미를 파악해 내는 작업이다. 기호 연구의 일환으로서의 언어 연구는 소쉬르Fernand de Saussure의 《일반언어학 강의》(1916)의 출판을 기점으로 확립되었다. 소쉬르의 기호에 대한 기본적 입장은 모든 문화 현상을 기호로 파악하려는 입장이었다.[19] 그 결과 소쉬르 이후 인간의 표현 연구는 기호로서의 문화 현상에 대한 연구를 통해 이루어졌고, 그러한 문화 현상은 구조언어학, 구조주의 등을 통해 연구되었다.

그러한 과정에서 문화 현상 차원에서의 표현 연구는 20세기 후반 후기구조주의의 등장을 계기로 다시 한 번 전환되었다. 구조주의가 문화 현상에 대한 연구를 기반으로 성립된 데 반해, 후기구조주의는 문화 현상은 물론 그것의 토대를 이루는 자연 현상에 대한 연구까지를 기반으로 한 입장이다. 구조주의의 후기구조주의로의 전환은 현대 서구인들의 언어관이 구조주의의 기초가 되었던 소쉬르의 청각기호의 언어관에서 자크 데리다Jacques Derrida가 주장하는 시각기호의 언어관으로 전환됨으로써 가능했다. 유럽의 기독교 문화권의 언어관이 말이라고 하는 청각기호를 중심으로 성립된 것이라며, 자크 데리다의 그것은 탈유럽 중심주의의 시도를 통해 청각기호관을 버리고 문자라는 시각기호를 받아들여야 한다는 입장을 통해 형성되어 나왔다. 그는 그러한 입장에서 문자학의 확립을 시도했고, 그 과정에서 문자 이전의 글쓰기écriture, 문자소文字素 등의 연구를 통해 자연 현상을 구성하는 것들을 시각기호의 일종으로 파악하기에 이르렀다.[20] 그 결과 후기구조주의자들은 문화 현상을 이루는 기호들뿐 아니라 자연 현상을 이루는 것들까지도 기호로 파악했다. 그래서 그들은 인간을 둘러싸고 있는 모든 존재들을 기호로 간주하여 그것들이 지시하는 의미를 파악해서 그것들을 통해 인간의 본질을 이해해 간다는 입장을 취했던 것이다.

이상과 같이 표현에 대한 연구는 플라톤에 의해 자연은 이데아의 모방이라고 하는 미메시스론으로부터 출발하여, 자연 현상, 사회 현상, 의식 현상, 문화 현상 등을 이루어 가는 것들을 드러내어 그것들을 통해 그것들과 인간과의 관계를 파악하여 인간의 본질을 이해한다는 쪽으로 진행됐던 것이다.

표현 연구의 전망

현재 표현에 대한 연구는 기호론적 차원에서 이루어지고 있다. 기호론이란 기호 작용semiosis을 중심으로 성립된 이론이다. 기호 작용이란 A로써 B를 나타내는 일을 의미한다. 인간은 자신의 몸속에 병이 있으면, 신체 외부의 어딘가에 증후를 보인다. 옛사람들은 산정에 불을 피워 적이 침입한 사실을 조정에 알렸다. 이 경우 기호론자들은 A라고 하는 것, 즉 신체의 외부에 나타난 증후나 산정의 불 등을 기호표현signifiant이라 하고, B라고 하는 것, 즉 몸속의 병, 적의 침입 등을 기호내용signifié이라 하고 있다. 이들 기호론자들의 작업은 기호표현과 기호내용과의 관련성을 규명해 내는 것인데, 이들 기호표현과 기호내용과의 관계 규명은 기호의 통사적統辭的 관계, 기호의 의미意味관계, 기호의 어용적語用的 관계 등의 규명을 통해 이루어져 왔던 것이다.[21]

우리는 단어 차원의 문법을 연구하는 입장을 **형태론***이라 칭한다. 이에 대해 말이나 문장 차원의 문법을 연구하는 입장을 **통사론****이라 칭하고 있다. 따라서 기호의 통사적 관계란, 예컨대 한 문장에서 어떤 하나의 기호와 그것과 관련된 다른 기호들과의 관계를 의미한다. 예컨대, 한 문장에서의 표의 단위表意單位들의 결합 규칙, 보다 구체적으로 말하자면 문장의 질서라 할 수 있는 문법을 파악하려는 입장이라 할 수 있다. 어떤 하나의 기호와 그 기호와 관련된 다른 기호들과의 관계를 파악한다는 것은 그 기호표현과 기호내용과의 관계를 규명해 가기 위함이고, 또 기호표현과 기호내용을 지배하는 일반적 법칙을 발견한다는 것이다.

예컨대, 'I am taking care of him'(나는 그를 돌보고 있다)이라는 문장이 있다. 이 문장에서 우리가 기호 'taking'과 그것과 관련된 'am'이나 또는 'care', 혹은

---

*형태론形態論/morphology : 단어의 어형語形 변화를 다루는 문법의 한 분야이며, 어형론이라고도 한다. 형태론은 형태소를 분석하고 그 형태소들 간의 상관관계를 규명하는 데 초점을 맞춘다. 참10

**통사론統辭論/syntax : 단어가 결합하여 형성되는 구句·절節·문장의 구조나 기능을 연구하는 문법. 참10

'care of' 등과의 관계를 파악하려는 것은 이 'taking'이라고 하는 기호표현이 어떤 기호내용으로 쓰이고 있는가를 파악하기 위해서이다. 다시 말해서, 'I took a walk for an hour'(나는 한 시간 동안 산책했다)에서의 'took'이라고 하는 기호표현의 기호내용을 파악하기 위해서는 기호 'took'과 그것 앞의 기호 'I'나 그 뒤에 위치한 기호 'a walk', 혹은 'for an hour' 등과의 관계를 파악해야 한다는 것이다.

기호의 통사적 관계 파악에 대한 이해는 다음과 같은 측면에서도 이해될 수 있다. 교실에 A, B, C, D라는 네 사람이 있다. 이 경우, B가 어떤 사람인가를 알아보기 위해서는 B와 A, B와 C, B와 D와의 비교를 통해 B와 비非 B와의 차이를 파악해야 한다. 즉, 기호 B의 표현의 특징은 비非B의 그것들과의 비교를 통해 가능한 것이다. 즉, 통사론 단계에서의 기호의 의미 혹은 기호표현과 기호내용과의 관계는 인접하는 다른 기호들과의 관계를 통해 파악되어야 한다는 것이다.[22]

말이나 문장의 의미가 파악되려면 말이나 문장을 구성하는 요소들인 단어들의 결합관계가 파악되어야 한다. 그런데 말이나 문장에서의 그러한 결합관계는 주어와 술어와의 관계를 근간으로 해서 이루어진다. 그러한 이유로 인해 통사론자들의 관심은 우선 단어들과 단어들의 관계 파악에 있어서 특히 주어와 술어와의 관계 쪽에 집중되어 있었다. 그들은 그 차원에 그치지 않고, 주어와 관련된 화자 또는 필자 쪽으로 관심을 이동시켰다. 그래서 그들은 화자(필자)와 말(문장)과의 관계 파악을 시도하였다. 앞에서 언급된 기호의 의미론적 관계 파악이 바로 그것이다. 의미론이란 기호와 기호 작성자 간의 관계를 연구하는 입장이다. 예컨대 A라고 하는 사람이 '가자'라고 말했거나 글로 그렇게 썼을 경우, 화자 내지 필자 A와 기호 '가자'와의 관계를 파악하는 입장이 바로 그것이다. 이 경우, 화자(필자)는 '가자'라는 기호에 기호의 의미를 부여한 자로서 기호 '가자'에 대하여 그 기호의 의미를 주관하는 자로 취급된다. 따라서 이 의미론 단계에서의 기호의 의미나 혹은 기호표현과 기호내용과의 관계는 화자(필자), 즉 송신자와의 관계를 통해 파악된다는 것이다.

기호론자들은 기호의 의미나 혹은 기호표현과 기호내용과의 관계가 송신자와 관련되어 있는 것만이 아니어서 수신자, 즉 청자와 독자와의 관계를 통해서도 파악되어져야 한다는 입장을 취하게 된다. 기호의 어용론적 관계 파악이란 입장이 바로 그것이다. 이때 기호의 어용론적 관계란 기호와 그 기호 사용자들, 예컨대 말과 화자와 청자, 혹은 글과 작자와 독자와의 관계를 말한다. 기호의 의미는 기호를 사용하는 화자(작자)와 청자(독자)와의 관계 속에서 생성되기 때문에, 기호 표현과 기호 내용과의 관계는 당연히 그 기호를 사용하는 화자(작자)와 청자(독자)와의 관계를 통해 파악되어져야 한다는 입장이다.

기호표현과 기호내용 간의 관계를 파악하고 기호와 기호 사용자 간의 관계를 파악하려는 그 궁극적 목적, 즉 기호학의 본질은 인간의 감각에 포착되는 기호들을 통해 그 기호가 가리키는 기호내용, 즉 기호의 의미를 파악해 내는 것이라 할 수 있다. 이상과 같이 기호론자들은 기호의 의미를 우선 인접하는 다른 기호들과의 차이를 통해, 그 다음 기호 사용자들과의 관계를 통해 파악하고자 했다. 전자의 경우는 기호의 대표라 할 수 있는 말이나 문장을 구성하는 언어기호를 통해 이루어졌고, 후자의 경우는 언어기호들은 물론 문화 현상을 구성하는 모든 기호들, 즉 문화기호를 통해 이루어지게 되었다. 기호와 기호 사용자들과의 관계 파악이 문화기호를 통해 이루어진다는 것은 결국, 그것이 기호와 문화기호를 사용하는 인간과의 관계를 통해 이루어진다는 말이다. 즉, 기호의 의미는 결국은 인간을 통해 이루어진다는 것이다. 이 경우에서의 문화 현상이나 문화기호란 언어 현상이나 언어기호는 물론, 인간에 의해 일어나는 모든 현상과 인간에 의해 만들어지는 모든 기호들을 의미한다.

그렇다면 인간에게서의 문화란 무엇인가? 앞에서 우리는 일차적으로 문화란 인간이 지상의 자연과의 조화관계를 추구해 가는 과정에서 나온 것이라 이해하였다. 따라서 문화나 문화 현상 혹은 문화기호 등의 본질은 인간과 자연과의 관계를 통해 파악될 수 있다. 또 그러한 것들의 의미를 파악하려는 궁극적 목적은 자연과의 관계 속에서 문화를 창출해 낸 인간의 본질을 이해하기 위해서라 할 수 있는데, 기호학을 통한 표현 연구가 바로 여기까지 와 있다는 것이다.

그렇다면, 앞으로 우리의 표현에 대한 연구는 어떻게 전개되어 갈 것인가? 이상과 같이 근래의 표현 연구는 언어를 대상으로 출발하여 문화·자연 등을 대상으로 전개되었다. 그것이 그와 같이 행해지게 된 것은 인간에게서의 표현의 본질이 제대로 파악되려면 우선, 언어의 본질이 제대로 파악되어져야 하고, 또 그것이 그렇게 되기 위해서는 우선적으로 문화기호를 구성하는 다른 기호들과의 차이가 파악되어져야 했기 때문이다. 언어 연구를 통한 인간의 본질과 인간에게서의 표현의 본질 등에 대한 이해는 어디까지나 인간이 언어를 통해 제시하는 언어 내용에 대한 파악을 통해서 행해지지 않을 수 없다.

이와 같이 인간의 관심이 언어기호에서 문화기호로 전개되어 나온 것은 종전의 언어 내용을 통한 인간 이해에 대한 한계성의 자각에 의거해서였던 것이다. 예컨대, 그러한 자각은 인간이 한 말의 내용만을 가지고는 그 인간을 완전히 파악해 낼 수 없다는 입장이라든가, 언어기호와 문화기호를 구성하는 다른 기호들과의 비교를 통한 차이 규명은, 언어 내용의 차원에서가 아니라 언어 형식의 차원에서 이루어져야한다는 입장 등의 성립을 통해 이루어졌던 것이다. 이상과 같이 인간의 언어기초에 대한 관심에서 문화기초에 대한 관심으로의 전개는 우선 일차적으로 언어 문화 형식이 여타의 문화 형식들과 어떻게 다른가에 대한 파악을 통해 언어의 본질을 규명해 내고, 그것을 토대로 언어를 창출한 인간의 본질을 이해해 보려는 측면에서 행해졌던 것이다.

인간의 관심이 문화기호에서 자연물들의 형상들로 이루어진 자연기호로 전개되어 나온 것도 바로 그와 같은 측면에서 설명될 수 있다. 우리가 문화기호의 본질을 파악하는 데는 그것의 내용들만을 가지고는 그 본질이 완전히 파악되지 않는다. 문화기호 형식과 자연기호 형식들과의 차이 파악을 거쳐야 가능하다는 입장이 취해지는 것이다.

앞서 언급한 바와 같이 기호들에 대한 이해의 궁극적 목적은 인간에 의해 이루어지는 기호 현상을 통해 인간의 본질을 이해하는 데 있다. 그렇기 때문에 인간의 본질에 대한 이해는 인간에 의해 일어나는 자연기호에 대한 이해까지를 요구한다. 자연기호란 자연을 구성하는 것들이나 자연 현상을 일으키는 것들의 형상을 의미한다. 예컨대 '소나무'라고 하는 언어기호가 지시하는 나무의 형상, 즉 우리의 감각에 의해 포착되는 소나무의 형상을 의미한다. 그런데 소나무의 형상 또한 대자연 속에서의 기호의 일종인 한, 그것에는 반드시 기호내용과 기호표현이 존재한다. 언어기호로서의 '소나무'의 기호내용은 산이나 강가에서 우리의 시각에 잡힌 소나무의 형상이고, 그 경우의 기호 형식은 '소나무'라고 하는 세 글자로 된 문자이다. 이에 대해 자연기호로서의 '소나무'의 기호내용은 언어기호의 기호내용으로서의 '소나무'라고 하는 실체가 우리에게 주는 의미이다. 이 경우 기호 형식은 우리의 감각에 잡힌 다른 나무들과 구분되는 소나무의 형상 그 자체이다. 이와 같이 자연기호도 기호의 일종인 한 인간에 의해 창출된 그 기호 형식 또한 인간의 감각에 의해 창출된 것이다. 이러한 의미에서 자연기호는 자연과 그것을 통해 인간의 본질적 이해를 위한 한 자료라 할 수 있다.

그렇다면 인간에게서의 자연기호의 본질은 무엇인가? 이것에 대한 답은 어떻게 구해질 수 있는가? 앞으로 우리의 표현에 대한 연구는 바로 이러한 물음에 대한 답을 마련하는 단계에서 이루어질 것이다. 다시 말해서 이제 우리의 표현 연구는 모든 기호의 기초를 이루는 자연기호의 본질을 규명해서 그것을 통해 인간의 본질을 이해한다는 단계에서 이루어지게 될 것이라는 것이다.

이상과 같이 인간은 자신의 본질을 파악하기 위한 방법으로서 언어기호와 문화기호의 차원에서의 표현 내용과 표현 형식 그 자체의 의미를 파악해 왔다. 이제 인간은 자연기호의 차원에서의 자연기호들의 표현 내용을 파악해 보려는 단계에 이르렀다. 앞으로 인간은 그러한 단계를 거쳐 자연기호의 형식 그 자체의 의미를 파악해서 인간의 본질을 파악하려는 쪽으로 나아갈 것이다. 또 인간들은 이상과 같은 기호들의 표현 내용, 그것들의 표현 형식 등의 의미들에 대한 본질적 규명을 통해 인간 존재의 비밀을 파헤쳐 갈 것이다.

제2절 표현과 과정

인간과 표현

표현의 일반적 개념은 한 인간이 어떤 내용을 타자에게 드러내 보이는 행위 내지 드러내 보인 내용으로 정의되어 왔다. 따라서 이러한 일반적 측면에서의 표현에 대한 연구는 표현자, 표현 내용, 표현 상대, 표현 방법 등의 관계 파악을 통해 이루어졌다. 근대 이전의 모방설과 근대 이후의 사실주의 운동 등이 바로 그것들이다. 그러나 현대로 접어들어 표현에 대한 연구는 표현된 것으로부터 어떻게 표현 내용을 끌어낼 것인가라는 쪽으로 전환되어 나왔다. 20세기 전반 미국을 중심으로 한 신비평, 유럽 대륙에서의 독일을 중심으로 한 해석학, 금세기 후반 미국과 유럽 대륙에서의 기호학 등이 바로 그러한 것들이다.

이렇게 볼 때 이제 인간에게서의 표현에 대한 관심은 어떤 생각이나 느낌을 어떻게 표현해 낼 것인가, 또 표현된 것들로부터 어떻게 표현 내용을 취해 낼 것인가라는 쪽으로 모아지고 있다. 다시 말해서 이제 인간에게서의 표현이란 어떤 인간이 자기 자신이 나타내고자 하는 의미를 표현해 내는 행위뿐만 아니라 또 그렇게 표현된 것으로부터 자기 자신이 취해 내고자 하는 의미를 취해 내는 행위까지를 의미하게 되었다는 것이다. 즉, 이제 인간에게서의 표현은 의미의 표현화 행위와 표현의 의미화 행위로 이해되고 있다.

의미의 표현화 행위란 무엇인가? 이를 위해서는 우선 의미가 무엇인가에 대해서부터 고찰해 볼 필요가 있다. 우리가 어떤 말을 듣거나 어떤 글을 읽었을 때, 우리에게 잡히는 생각이나 느껴지는 감정이 생기게 된다. 우리는 그것들을 말이나 글의 의미라 말하고 있다. 그런데 이와 같은 의미는 인간이 어떤 말이나 글, 혹은 어떤 소리나 물체 등과 접촉하게 될 때 생성되는 것이다. 즉, 의미는 인간이 어떤 감각적 대상과 접촉함으로써 비로소 생성되어 나온다는 것이다. 따라서 인간이나 어떤 감각적 대상 중 어느 한쪽이 존재하지 않으면 의미란 결코 존재할 수 없다. 인간의 어떤 감각적 대상과의 구체적 접촉을 체험이라 말한다면 인간에게서의 어떤 것에 대한 의미는 그것에 대한 체험을 통해서만 획득될 수 있다. 따라서 그것은 인간이 그것에 대하여 어느 정도의 체험을 해 왔느냐에 따라 달라질 수 있다. 다시 말해서 인간에게서의 어떤 것에 대한 의미는 인간과 그 어떤 것과의 접촉을 통해 생성되고, 또 그것은 인간의 그 접촉 대상에 대한 접촉도에 따라 달라진다는 것이다.

인간의 어떤 감각적 대상과의 접촉은 차원이 다른 두 세계를 통해 이루어진다. 하나는 인간의 신체가 그것을 둘러싸고 있는 감각적 대상들, 즉 인간의 현실 세계와의 접촉을 통해서 이루어진다. 예컨대, 내가 내 앞에 있는 어떤 것을 눈으로 직접 보게 되었을 때, 보다 구체적으로 말해 그것이 사람으로 판명되고 또 그 사람이 옛 친구였고 그 사람의 이름이 무엇이라는 사실을 알게 되었을 때, 나는 내 눈앞의 시각적 대상인 그에 대한 생각과 느낌을 갖게 된다. 내가 그를 접했을 때 나에게 생기는 그에 대한 나의 생각이나 느낌이 다름 아닌 바로 나에 대한 그의 의미인 것이다. 다른 하나는 인간의 의식이 의식 세계를 이루는 표상들과의 접촉을 통해 이루어진다. 우리는 전자를 직접적 체험이라 하고 후자를 간접적 체험이라 말하고 있다. 그런데 인간에게서의 이와 같은 간접적 체험을 가능케 하는 의식 세계의 표상들이란 인간의 현실 세계와의 직접적 체험을 통해 취해진다.

인간은 누군가에게 말을 할 경우나 글을 쓸 경우 그에게 전달해야 할 말의 내용이나 글의 내용이 있어야 한다. 이 경우 화자나 필자는 예컨대 연설을 하거나 논문을 쓰기 전 자신의 현실 세계로부터 자료를 찾아내어 연설이나 논문의 내용을 만들기도 하고, 또 과거에 자신이 경험한 것들을 통해 행한 생각들을 토대로 내용을 만들어 내기도 한다. 대개의 화자나 필자에게서 자신이 표현하려는 표현의 내용은 현실 세계를 구성하는 것들과 의식 세계를 구성하는 것들과의 직·간접적 접촉을 통해 생성해 낸 의미들로 이루어진다.

그렇다면 그렇게 해서 만들어진 의미는 어떠한 과정을 거쳐 표현되는가? 이 경우 화자나 필자의 차원에서 의미가 표현된다는 말은 그것이 말이나 글과 같은 어떤 감각적 대상으로 구체화된다는 뜻이다. 그런데 이 의미의 표현화, 즉 의미의 구체화는 다음과 같이 이루어진다.

인간이 어떤 것을 직·간접적으로 경험했을 때 그 경험을 통해 그 것에 대한 의미를 취하게 된다. 인간은 그 의미를 누군가에게 전달하고 싶어 한다든가 어쩔 수 없이 전달해야 할 때가 생긴다. 이와 같이 인간에게서의 표현의 의지는 표현 내용과 표현 상대가 있을 때만 성립된다. 인간에게 표현의지만 있다고 해서 표현이 성립되는 것은 아니다. 표현하려는 내용을 구체화시킬 수 있는 표현의 수단 내지 질료가 필요하고 표현하려는 내용을 구체화시킬 수 있는 표현 형식이 요구된다. 그런데 그것이 표현되기 전에, 화자나 필자와 같은 작자의 차원에서 만들어진 의미는 그것이 구체화되는 과정에서 표현 상대가 누구냐에 따라 재조정된다. 다시 말해서 작자 차원에서의 표현 내용은 작자의 표현 상대와의 관계 속에서 조정되어 만들어진다는 것이다. 작자 차원에서의 내용의 표현화 과정에서 행해지는 작자의 표현 수단 내지 질료 선택이나 표현 형식의 선택 또한 표현 상대와의 관계 속에서 결정된다.

표현의 의미화 과정은 어떻게 논의될 수 있을 것인가? 표현의 의미화란 예컨대 인간이 어떤 말이나 글과 같은 감각적 대상을 접하고서 그것을 매개로 해서 자신의 의식 속으로부터 어떤 의미를 끌어내는 작업을 의미한다. 이 경우 의미는 작자에 의해 구체화된 의미와 결코 동일하지 않다. 그것은 예컨대, 독서의 경우 글과 독자의 관계 속에서 생성된다. 독자가 그 글과 관련된 것들과 많은 접촉을 가졌을 경우, 독자는 그 글로부터 많은 의미를 끌어낼 수 있다. 독자가 감각적 대상으로부터 의미를 끌어내는 구체적인 과정은 우선 독자가 말이나 소리 혹은 글이나 그림 등과 같은 감각적 대상을 접하게 되는 것으로부터 출발한다. 독자는 그 감각적 대상과의 접촉을 계기로, 이전에 그것과의 접촉을 통해 축적해 놓은 의미들을 연상시킨다. 이렇게 봤을 때, 독자에 의해 그가 접촉한 감각적 대상으로부터 끌어내어진 것이라고 생각되었던 의미는 사실 독자의 의식 세계로부터 끌어내어진 것으로 이해되어야 한다.

여기서 우리는 작자 차원의 의미의 기호화 과정을 다시 한 번 살펴볼 필요가 있다. 앞에서도 언급했듯이 작자 차원에서의 의미의 기호화란 작자가 자신의 의중을 독자에게 전달하기 위해서 행해진 것이라 할 수 있는데, 그 전달 방법에는 두 가지가 있을 수 있다. 하나는 작자가 자신의 의중을 감각적 대상들로 구체화시켜 독자에게 전달하는 방법이다. 즉, 이것은 작자가 자신이 쓴 책이나 혹은 자신이 구입한 책을 우편배달부를 통해 자기 친구에게 보내는 방법에 비유될 수 있다는 방법이다.

이상이 등기우편식의 전달 방법이라면, 다른 하나는 전신환식의 전달 방법이다. 전신환電信換이란 송금을 원하는 자기 근방의 발행국에 송금액을 지불하면 발행국은 전신으로 송금 수취인의 인근에 있는 지불국에 그 사실을 통지한다. 그러면 지불국이 전신환증서를 만들어 수취인에게 통지하고 그것을 받은 수취인은 지불국으로부터 송금액의 돈을 수취하게 된다. 이 경우 송금자와 발행국은 작자에, 수취인과 지불국은 독자에, 발행국이 지불국에 보내는 전신은 책에 해당된다. 송신자가 발행국과 지불국을 통해 수취인에게 전달하려는 돈은 액수의 면에 있어서는 송신자가 보낸 것과 수취인이 받은 것과 동일하지만, 수취인이 수취한 돈이 송신자가 보낸 돈 그 자체는 아니다.

이 경우 송금자가 송금액을 마련하는 과정은 작자가 자신의 독자에게 전달하기 위한 글의 내용을 자신의 현실 세계와 의식 세계로부터 끌어모으는 과정에 해당한다. 다음, 송금자가 송금용으로 마련한 돈을 발행국에 지불하는 행위는 작자가 자신의 독자에게 전하려는 내용을 자신의 의식 세계에 축적시키는 행위에 대응된다. 따라서 송금자는 작자에, 발행국은 작자의 의식 세계에 각각 대응되고, 수취인은 독자에, 지불국은 수취인의 의식 세계에 각각 해당한다. 따라서 수취인이 지불국으로부터 받은 전신환증서를 가지고 지불국으로부터 돈을 수취하는 과정은 독자가 책과의 접촉을 통해 자기 자신의 의식 세계로부터 의미를 끌어내는 과정에 해당된다.

필자가 여기서 표현을 전신환에 대응시킨 이유는, 인간에게서의 표현 과정이 발행국에서의 돈을 전신환으로 전환시키고 또 그 전신환을 돈으로 바꾸는 과정과 대응된다고 여겼기 때문이다. 즉, 표현이란 의미를 기호화하고 기호를 의미화하는 과정인데, 이 과정이 바로 돈이라고 하는 물건을 기호화하고 기호를 돈이라고 하는 물건으로 전환시키는 과정과 대응된다고 생각했기 때문이다.

이 경우 기호란 질료와 형식으로 되어 있다. 형식은 예컨대, 문자기호의 경우 작자와 독자가 공통된 환경을 체험하는 과정에서 형성된 것이어서 작자와 독자 사이의 일종의 약속이고 환경에 대한 공통된 체험 형식이다. 그렇다면 작자나 독자로 하여금 공통된 체험 형식을 가능케 한 환경은 무엇인가? 그것은 한마디로 작자와 독자를 둘러싸고 있는 감각적 대상이라 할 수 있다. 인간이 어떤 감각적 대상과의 접촉을 가졌을 때 그 감각적 대상의 의미로서 그 대상과 접촉을 가진 인간의 의식 세계로부터 불러일으켜진 표상도, 사실은 그 이전 접촉 대상과 관련된 어떤 대상과의 접촉의 결과로 취해져서 그의 의식 세계에 저장되어 있던 것이라 할 수 있다.

이와 같이 인간의 감각적 대상에 대한 체험의 결과로서 취해진 표상들은 의식 세계에서의 자신들 나름의 존재 형태를 취하고 있다. 그런데 그러한 존재 형태들은 인간들 자신들을 둘러싸고 있는 환경에 대한 체험 형식과 그 환경을 이루는 감각적 대상들의 존재 양식을 기초로 해서 성립된 것들이다. 그러한 감각적 대상들의 총체를 우리는 흔히 자연이라고 말한다. 그렇다면 인간에게서의 자연이란 무엇인가? 인간에게서의 표현 행위를 가능케 하는 자연에 대한 본질적 규명이야말로 인간에게서의 표현의 본질이 무엇이고 또 인간의 존재가 어떠한 것인가에 대한 본질적 규명을 가능케 할 것이다.

표현과 자연

벽에 그림이 한 장 걸려 있다. 연못이 그려진 그림이다. 연못가에는 한 여인이 빨래를 하고 있다. 그 여인을 중심으로 잔잔한 추파秋波가 둥글게 번져 나가고 있다. 오른쪽 위쪽으로는 자그마한 부평초들이 무수히 떠 있고 왼편 저 위쪽으로는 연잎들이 떠 있다. 그 위로 연꽃이 두세 송이 솟아올라 있다. 여인은 수건을 쓰고 있다. 혼자 그림을 보고 있노라면 왠지 모르게 마음이 차분해진다.

이 그림은 어떤 한 시대의 한 인간에 의해 그려진 것임에 틀림없다. 그렇다면 그 그림을 그린 사람의 어떤 마음이 그림을 보는 나의 마음을 차분하게 하는 것일까? 화가는 자신의 현실 세계와의 접촉 과정에서 자신의 현실 세계로부터 취한 여러 형상들을 자신의 의식 세계에 축적해 두었다가 그것들을 끌어내어 물감들로 종이 위에 표출해 낸다. 이와 같이 보는 이의 마음을 차분히 가라앉힐 수 있는 그림의 세계가 존재하게 되기까지는 우선 화가가 자신의 현실 세계에서 연못, 연꽃, 빨래하는 여인 등과 같은 것들과의 직·간접적인 접촉을 가졌어야 한다.

다음, 화가는 그런 것들을 자신의 의식 세계 속에 축적시켜 두어야 한다. 그 다음 화가에게는 그런 것들을 자신의 의식 세계로부터 끌어내어 하나의 세계를 만들고 싶은 욕구가 있어야 한다. 또, 종이 위에 그것들을 표출시킬 수 있는 물감들이 있어야 하고, 물감들로 자신의 어떤 미적 원칙에 입각해 그것들을 재배열시킬 수 있는 능력도 있어야 한다. 하나의 그림이 그려지기까지의 이와 같은 과정은 선택하고 싶은 것을 선택하고 배제하고 싶은 것을 배제하는 화가의 의지에 의해 전적으로 이루어진다. 이렇게 볼 때, 하나의 그림 세계는 작가의 인간적 의지를 통해 이루어진 세계이다.

그림이란 그러한 과정을 통해 존재하게 된 것이기 때문에, 우리는 그림을 통해 그 작가의 정신 세계를 발견할 수 있다. 작가란 예술적 세계를 살아가려는 인간이다. 예술은 사회와 관련시켜 보면, 결국은 인간이 정상적인 인간으로서 자신의 시대를 성실히 살아가기 위한 하나의 몸부림이다. 인간이란 시대와 같은 구체적 시간이나 국가와 같은 구체적 공간을 통해 존재해 왔다. 그러한 의미에서 우리는 한 작가의 정신 세계를 통해 그 사람의 예술적 경지, 그 사람의 시대와 사회상 등을 발견할 수 있고, 그것들을 통해 인간의 본질을 파악할 수 있다. 이와 같이 우리는 하나의 그림을 통해 구체적인 한 인간의 정신 세계를 발견해 갈 수 있고, 또 그것 속에서 내재된 보편적인 한 인간을 발견해 갈 수 있다. 그렇다고는 하더라도, 그것은 어디까지나 한 구체적 인간 자신의 현실 세계와 의식 세계로부터의 표상들의 선택 작업과 그것들의 배열 작업을 통해 이루어진 세계에 지나지 않는다. 그 그림의 세계를 이루는 구체적인 대상들과 그것들을 시각적 대상으로 끌어올린 물감들도 작가의 현실 세계로부터 취해진 것들에 다름 아니다.

작가에 의해 작가자신의 현실 세계로부터 그것들이 취해져 그림의 세계를 이루게 되기까지는 다음의 두 가지 절차가 필요하다. 첫째는 작가의 현실 세계를 구성하는 수많은 것들 중에서 어떤 것들이 그의 시각적 대상으로 선택되어야 하고, 둘째는 그렇게 선택된 대상들 중에서 작품의 구성 요소로 다시 선택되어야 한다. 이 경우 작가에게서의 그러한 선택 행위는 인위적 행위로서 우리는 그러한 행위를 문화적 행위라 말하고 있다. 그러나 그에게서의 어떤 대상을 지각해 내는 지각 행위는 하나의 생물학적 행위로서 자연적 행위로 분류되고 있다. 인간이 아침에 눈을 뜨거나, 우연히 창으로 고개를 돌렸을 때 어떤 것이 보이는 현상은 하나의 생물학적 현상임에 틀림없다. 지금까지 필자는 전자의 문화적 행위를 통해 동물과는 다른 인간의 어떤 본질적인 면을 파악해 보려 했고, 후자를 통해 자연을 구성하는 하나의 요소로서의 생명의 본질을 파악해 보려는 입장을 취해 왔다.

인간에게서의 자연이란 앞에서 논의한 바와 같이, 자연물들과 그것들을 일관하는 법칙들을 말한다. 따라서 자연물들을 일관하는 법칙들은 자연물들을 통해 파악해 낼 수 있다. 그렇다면, 인간에게서의 자연물들은 어떠한 것들인가? 서구 고대 그리스에서의 '자연'은 인위人爲의 대립적 개념으로서 '본질적'인 것을 의미했다. 그러나 중세로 들어와서 그것은 신이 존재하는 천국이나 혹은 이 세상에서의 신의 은총이나 계시 등에 대립되는 존재로서 인간이 죄인으로 살아가는 장소나 혹은 인간적 생각이나 인간적 욕망의 뿌리로 파악되었다. 그러다가 근대로 들어와서는 그것이 정신의 대립적 개념, 즉 물질의 의미로 일반화되었다. 특히 칸트는 자연을 인간의 경험 대상의 전체, 현상의 전체 등으로 파악하였다. **버클리***를 대표로 하는 주관적 관념론에서는 그것을 인간의 의식이 의식의 대상으로 취해 낸 현상으로 파악하였고, **셸링****을 대표로 하는 객관적 관념론에서는 그것을

*버클리George Berkeley(1685-1753) : 영국의 철학자이자 성직자이다. 17-18세기 영국 고전경험론을 대표하는 철학자이다. 1704년 더블린의 트리니티칼리지를 졸업한 후, 1707년에 이 학교의 연구원이 되었으며, 《시각신설론視覺新說論》(1709)과 그의 대표적인 저서가 된 《인지 원리론人知原理論》(1710) 등을 저술하였다. 버클리 철학의 근본명제는 '존재한다는 것은 지각知覺된다는 것으로 요약된다. 즉, 그는 능동적인 힘, 작용으로서의 정신실체 등과 그것에 지각되어 비로소 존재하는 관념idea만을 인정하였다. 그는 또 지각되지 않는 추상적 관념의 존재를 부정하였으며, 추상적 보편관념이란 같은 종류의 개개의 사물을 대표하는 기능을 부여한 개별관념이라고 역설하였다. 버클리의 관념 및 정신실체 일원론一元論의 입장은 궁극에 가서는 '정신은 개아個我를 초월한 신神'이라고 생각하여, 신新플라톤주의의 색채를 띤 만유재신론萬有在神論으로 발전하였다. 참10

**셸링Friedrich Wilhelm Joseph von Schelling(1775-1854) : 독일의 철학자. I. 칸트, J. G. 피히테를 계승하여 G. W. F. 헤겔로 이어 주는 독일 관념론의 대표자의 한 사람이다. 헤겔의 사상을 '소극 철학'으로 보고, '적극 철학'을 설파하여 '이성'과 '체계'를 깨뜨리는 실존철학의 길이 열었다. 프랑스 혁명에 대한 열광적 공감의 분위기 속에서 헤겔, 횔덜린 등 동창생과의 교우가 그의 조숙한

절대정신이나 신 등과 같은 이념의 일종으로 이해하였다.

이에 대해 유물론자들에 의해서는 자연이 의식의 밖에서 독립적으로 존재하는 어떤 것이라 여겨졌고, 헤겔을 대표로 하는 변증법적 관념론에 이르러서는 단계적으로 발전해서 여러 종류의 질료들로 나타나 있는 존재들로 파악되었다. 그것들 중 인간과 사회는 그 최고의 산물이고, 사상, 문화 등은 사회를 통해 형성된 존재들로 이해되었던 것이다.

근대의 철학자들이 언급한 바와 같이 우선 자연은 인간의 의식이 세계 체험을 통해 포착된 감각적 대상들의 총체이다. 다시 말해서 자연은 지금까지의 전 인류가 우주 체험을 통해 인식 불가능한 세계로부터 발견해 낸 모든 감각적 대상의 집합을 말한다. 여기서 '무로부터의 발견'이란 표현은 존재하지 않던 것을 생성해 낸다든가, 만들어 낸다든가 하는 말과도 같은 의미일 수 있다. 예컨대, 우리 앞에 자연을 구성하는 산이 있다고 가정해 보자. 우리에게 산이 보이기 때문에 우리는 산이 존재한다고 생각한다. 우리에게 산이 보이는 것은 산으로 직진하던 빛들이 산에 부딪혀 반사되어 우리의 눈으로 다시 직진해 와서 망막을 통해 눈 속으로 들어오게 되는 과정을 통해서 이루어진다. 빛들은 망막 위에 산이라고 하는 물체의 상을 드리우는데, 그 상이 떨어진 망막에는 빛을 느끼는 시신경이 있어 그것에 의해 빛의 자극이 대뇌에 전달된다. 그러면 그러한 빛들의 자극에 대한 경험을 통해 빛의 자극 형태를 감지한 대뇌가 눈앞에 산이 있다는 판단을 내리게 된다.

그런데 문제는 여기에 있다. 산으로부터의 반사광들이 눈으로 들어 왔다 하더라도, 인간이 이전에 산을 본 적이 없으면 눈앞에 산이 있다는 판단을 할 수 없다고

천분을 발휘할 통로를 형성하였다. 그는 피히테에 의하여 세계의 궁극적 원리로까지 높여진 근대적인 자유로운 '자아'를, 객관적 '자연'의 방향으로 심화시킴으로써 거기에 궁극적 통일의 실현을 꾀하였다. 그러나 그의 사상은 점차 유미주의적唯美主義的인 낭만적 색채를 띠고, 나중에는 종교적·신비주의적 방향으로 변질되어 갔다. 1798년 이래 예나 대학 등의 교수직을 역임하고, 헤겔의 사후(1831) 후임으로 베를린 대학교 교수가 되었다. 헤겔의 입장을 '소극 철학'으로 규정하고, 거기에 대한 '적극 철학'을 설파하였는데 여기에는 독일의 현실에 강요된 자아의 내면적 굴절이라는 회로를 통하여, '이성理性'과 '체계'를 깨뜨리는 실존철학에의 길이 열려, 그 선구자로도 지목된다. 주요 저서로는《선험적 관념론의 체계》(1800),《인간적 자유의 본질에 관한 철학적 고찰》(1809) 등이 있다. 참10

하는 것이다. 인간이란 자신이 이전에 경험했던 것들을 가지고 그것을 판단하려 하기 때문이다. 이전에 본 적이 없는 것을 이전에 경험한 것들을 가지고 판단하려 할 경우, 우리는 그것을 이전에 경험했던 것과 비슷한 것으로 판단해 내게 된다.

인간에 의한 어떤 감각적 대상의 발견은 이러한 현상들을 통해 이루어진다. 이러한 점을 감안해 볼 때 예컨대 아마도 원시인들에게는 제비꽃과 같은 식물은 존재하지 않았을 것이다. 그 이유는 설혹 제비꽃으로부터의 반사광들이 원시인의 눈에 들어갔다 하더라도, 그 제비꽃과 같은 작은 풀들과는 구체적으로 접촉이 없었을 것이므로 원시인에게 제비꽃이나 그것보다 더 작은 풀들은 그들에게 감지되지 않았을 가능성이 있었기 때문인 것이다. 개미의 눈에는 산이 보일 리 없다. 왜냐하면 개미에게는 산의 유무에 대한 정보가 필요 없어서 산의 유무에 대한 경험을 하지 않은 것 같기 때문이다. 단세포동물의 경우에도 눈이 있는데, 이와 같은 관점에서 생각해 볼 때, 그것들의 눈에 별들이 보일 리 만무하다. 즉, 감나무 옆에 바위가 있더라도 감나무 그것은 자기 옆에 바위가 있다는 생각을 할 수 있겠는가 말이다.

인간의 경우로 되돌아와 보자. 인간이 예컨대 현미경을 발명하기 전에는 세균과 같은 미생물들이 존재하고 있다는 것을 알지 못했다. 또 망원경이 발명되기 전까지는 은하계 너머 수많은 성운단星雲團들이 존재하고 있다는 사실을 알지 못했다. 그러나 인간들은 자신들에게 존재하지 않았던 것들을 어떤 필요성에 의해 발견해 내어 자신들에게 그것들을 존재케 했다. 그 발견은 다양한 경험들을 종합하여 그때까지 경험해 보지 못한 것들을 드러냄으로써 이루어졌다.

이 우주에서 인간을 둘러싸고 있는 모든 존재는 인간에 의해 인식됨으로써 비로소 존재하게 된다. 즉, 존재하지 않는다는 말이나 무엇이 없다고 하는 것은 우리에게 그것이 아직 발견되지 않았다는 말과 똑같이 이해되어야 한다. 우리에게 나타난 자연을 구성하는 모든 존재들은 인간의 의식을 통해 나타난 존재로서 인간에 의해 드러나고 해석된 존재들이다. 인간의 의식 없이 그것들은 존재할 수 없었다. 이와 같은 입장에서 생각해 볼 때, 대자연을 이루는 모든 감각 대상들은 인간의 필요성에 의해 인식 불가능한 세계로부터 끌어올려진 존재들이라 할 수 있다. 즉, 인간의 필요성에 의해 창조된 존재들이다. 그런 의미에서 자연이란 인간 욕망의 구현체라 할 수 있다.

이 우주에 어떤 종류의 것들이 얼마나 존재하는지 현재 우리로서는 알 길이 없다. 우리는 우리에게 필요한 것만을 우주로부터 우리의 감각들, 예컨대 시각, 청각, 미각, 후각, 촉각 등으로 끌어내 감지하고 있을 뿐이다. 육감을 초월한 어떤 영감이 인간에게 존재한다면, 우리는 그것을 통해 여타의 감각들이 드러낼 수 없는 그 어떤 것을 드러낼 수 있다. 또 인간에게 영감보다 더 높은 차원의 어떤 감각이 존재한다면 우리는 그것으로써 아직까지 인간에게 발견되지 않은 것들을 우주로부터 발견할 수도 있을 것이다. 그렇다면 인간에게 시각 등과 같은 감각은 어떻게 성립된 것인가? 그것들은 인간이 이 우주에서 자신의 존재 형태를 통해 자신의 존재 의미를 향유해 보려는 과정에서 형성된 것들이다. 그 구체적 형성 과정은 우주에서의 자신의 존재 의미를 향유하려는 인간이 우주와의 접촉을 통해서 이루어진 것으로 고찰된다.

자연과 광자

자연은 인간의 욕망이 만든 하나의 조각품이고 한 장의 그림이다. 그것은 인간에 의해 쓰여진 하나의 거대한 서사시이다. 그러한 의미에서 자연은 인간의 거울이라고도 말할 수 있다. 우리가 한 작가의 조각품이나 그림을 통해 그 작가의 정신세계나 그 작가의 관심을 파악해 낼 수 있듯이, 자연을 통해 인간의 본질을 파악해 낼 수 있다.

그렇다면 우리는 자연을 통해 어떻게 인간의 본질을 파악할 수 있으며, 우리가 자연을 통해 파악해 낼 수 있는 인간의 본질은 어떠한 것일까? 조각품이란 자연으로부터 취해진 물체의 형태들이 조합되어 이루어진 것이다. 그림은 자연계와 의식계로부터 취해진 물체의 형상形相들이 조합되어 이루어진 것이고, 문학작품은 문자들의 세계로부터 취해진 문자들이 조합되어 이루어진 것이다. 이들 예술작품들은 그 작품들의 작가가 자신이 처해 있던 현실 세계로부터 각자의 표현수단들을 취해 자기 자신의 의식 세계나 현실 세계의 것들을 표현해 낸 결과이다.

따라서 우리는 각 작품들의 표현들을 통해 작가의 의식 세계와 현실 세계를 발견할 수 있고, 또 그것들을 통해 당대의 인간들의 모습과 생각들을 파악해 낼 수 있다. 그래서 우리는 그것들과의 접촉을 통해 우리 시대의 인간들과 당대의 인간들과의 공통점과 차이점을 발견하여 인간의 본질을 이해해 갈 수 있는 것이다.

자연이 인간에 의해 만들어진 하나의 작품이라면 자연을 통해서도 인간의 본질이 파악될 수 있다. 그렇다면 자연이란 작품을 통해 파악되는 인간의 본질이란 어떠한 것인지 그것부터 고찰해 보도록 한다. 조각품, 그림, 문학작품 등과 같은 창작품들을 통한 인간의 본질 규명은 그와 같은 창작품들을 만들고 또 그것들의 가치를 인정하는 인간들의 본질 규명으로 한정된다. 그러나 자연을 통해 파악되는 인간은 자연을 발견해 온 인간들, 다시 말해서 현재 우리에게 알려진 자연을 하나하나 발견해 온 인간들이다. 예컨대, 흙 속에서 돌을 발견해 낸 인간, 땅 위에서 나무를 발견해 낸 인간, 나무속에서 사과나무를 발견해 낸 인간, 사과나무에서 사과나 가지를 발견해서 그것들의 이름들을 명명한 인간들이다. 이들 인간은 앞서의 예술작품을 창작해 온 인간들보다 더욱 포괄적인 개념의 인간이다.

인간에게서의 어떤 것의 발견은 인접해 있는 것들로부터 그것이 구분되어짐으로써 이루어지고 그 구분은 인접해 있는 다른 것들과 그것과의 차이점이 발견됨으로써 이루어진다. 인간들은 어떤 것이 발견되면, 그것이 다른 것들과 구분된다는 의미에서 그것에 이름을 붙여 둔다. 즉, 기호화시켜 두는 것이다. 이와 같은 측면에서 대자연을 이루고 있는 모든 구성 요소들은 인간의 자연에 대한 체험의 단위들이다. 이처럼 인간은 자신들의 자연에 대한 체험들을 단위로 분해하여 그것을 기초로 해서 이름 붙여진 모든 것들의 의미를 통해 대자연의 의미를 파악해 그것을 통해 인간의 본질을 이해할 수 있다.

이제 이 문제에 대하여 구체적으로 논해 보기로 하자. 우리는 어떤 것에 대한 체험을 통해서만 그것의 성격을 파악할 수 있다. 우리는 자연 세계를 이루는 존재들에 대한 체험을 통해 그 의미를 파악해 왔고, 그것에 이름을 부여해 왔다. 현재 인간의 언어, 즉 말이나 글의 세계는 그러한 것들의 이름들을 주축으로 해서 구성되어 있는 세계이다. 인간의 자연 체험의 형식은 그것들의 조합 형식과 결코 무관하지 않다. 일차적으로, 문장을 구성하는 품사들은 인간의 자연 체험의 형식의 단위들을 기초로 해서 형성된 것이므로 그 체험 형식의 단위적 차원의 종류로부터 그 품사들의 종류가 생성된다. 다음으로, 문장의 구조는 인간과 자연과의 관련 양식을 기초로 해서 나온 것으로 이해된다. 기본적으로 문장은 주부와 술부로 이루어진다. 이때 주부만 있고 술부가 없는 문장은 성립되지 않아도, 주부가 없고 술부만 있는 문장은 얼마든지 성립된다. 이와 같이 말이나 문장에서 가장 핵심이 되는 부분은 술부이다. 술부는 동사나 형용사를 핵으로 하여 이루어진다. 일본어의 경우 동사와 형용사 사이에 동사의 성격과 형용사의 성격을 동시에 지니는 형용동사가 위치한다. 주부와 술부라는 기본 구조를 갖는 문장들은 술부에 어떤 형용사가 들어 있느냐가 아니라 어떤 동사가 쓰여지느냐에 따라 그 구조를 달리한다. 그것은 동사가 형용사보다 문장구조에 더욱 핵심적인 역할을 한다는 의미이다. 동사는 어떤 것의 움직임을 나타내는 말로, 동사의 종류는 어떤 움직임에 대한 인간의 체험 형태의 종류에 대응된다.

그러므로 현재까지의 인간에게서의 최대의 관심은 움직임이었던 것으로 이해된다. 인간에게서의 자연을 구성하는 것들의 움직임에 대한 관심이 최대의 관심사였던 것이다. 그렇다면 인간은 왜 움직임에 대하여 그토록 관심을 가져온 것일까? 인간은 변화에 대하여 민감하다. 그 이유는 다음과 같다. 인간은 자기 자신을 둘러싸고 있는 환경에 제약을 받으며 살아가는 존재이다. 자신이 현재 최고로 행복하다고 생각하는 사람들은 그러한 행복한 상태나 그 상태를 만드는 주위의 환경이 변화되는 것에 대해 불안해하고, 자신이 현재 불행하다고 생각하는 사람들은 자신을 그러한 상황으로 몰아넣은 자신의 환경에 변화가 있기를 희망한다. 이와 같이 변화는 인간 자신에게 불행을 가져다주기도 하고 행운을 가져다주기도 한다. 이래서 인간은 변화에 대해 민감한 존재이다.

그렇다면 변화란 어떻게 일어나는 것인가? 예컨대, 기차가 달린다. 그 기차를 타고 있는 사람이 창 밖 풍경을 바라다보면 그것들은 변화해 가는 것처럼 보인다. 강물이 흘러간다. 그로 인해 물의 표면도 변해 간다. 논에서 하루 종일 모를 심었다. 그 결과 논이 초록색으로 변했다. 뛰었더니, 숨이 가빠졌다. 지구가 도는 것으로 인해 낮이 밤으로 변하고 밤이 낮으로 변한다. 이와 같이 자연의 경우에서나 인간의 경우에서나 변화란 크고 작은 움직임들의 결과로 나타나는 현상이다. 그러한 의미에서 인간은 움직임에 대하여 최대의 관심을 가져 왔던 것이다.

자연을 구성하는 모든 존재들은 어떤 질료들로 구성되어 있고 그 나름의 형태들을 취하고 있다. 예컨대 장미꽃은 꽃잎, 잎사귀, 가시 등으로 이루어져 그 나름의 형태를 취하고 있고, 장미꽃을 이루는 구성 요소들은 각각의 세포들로 구성되어 있으며, 또 그것들은 세포막, 세포핵, 원형질 등으로 구성되어 있다. 이때, 자연을 구성하는 모든 존재들은 인간의 우주 체험을 통해 성립된 것들이므로 이것들의 공통성을 통해 인간의 본질을 파악할 수 있는 것이다. 그렇다면, 우리가 자연을 구성하는 것들로부터 찾아낼 수 있는 공통적 특성이란 무엇인가? 장미꽃은 장미꽃으로서의 하나의 특정한 형태를 지니고 있고, 들국화는 들국화로서, 또 매미는 매미로서의 특정한 형태를 취하고 있다.

그런데 현재 지구상에 존재하는 모든 존재들의 존재 형태들로부터 취해지는 공통점은 시간이 경과됨에 따라 그것들의 형태가 변해 간다는 것이다. 그 이유는 자전을 하며 태양 주위를 공전하는 지구 위에 그것들이 존재하고 있기 때문이다. 다시 말해서, 우주 공간을 이동해 가는 지구의 표면에 그것들이 공존하고 있기 때문이다. 즉, 지구상에 존재하는 모든 존재들의 형태적 변화 양상은 지구의 우주 공간의 이동 형태를 그 토대로 하여 형성되었다. 이 경우 지구의 우주 공간 이동은 자전과 공전, 그것과 맞물려 있는 은하계의 자전과 공전, 또 그것과 맞물려 있는 우주의 비존재와의 합일 과정 등의 영향하에 이루어지고 있다. 이렇게 볼 때, 지구의 우주 공간 이동은 우주의 비존재와의 합일 과정, 즉 현대물리학에서 말하고 있는 우주의 팽창 과정과 맞물려 일어나는 현상이다. 그렇다면 결국 우주의 비존재로의 팽창 운동으로 인해 우주를 구성하는 모든 존재들의 형태들이 변화해 가고 있다고 볼 수 있다.

우주의 팽창 운동은 어떻게 일어나며 우주를 구성하는 존재들의 형태는 어떻게 변화해 가는 것인가? 우주란 현재 인간을 지배하는 물리적 질서로 얽혀진 존재들의 집합체를 가리킨다. 그런데 현대물리학에서의 우주는 중성자보다도 더 작은 초고온·초고밀의 입자가 광자光子들로 폭발하여 형성된 것으로 이야기되고 있다. 광자란 질량을 0으로 하고 진동수를 f로 해서 입자와 파동의 형태를 취해 초속 30만 km의 속도로 우주 공간을 직진해 다니는 소립자이다. 그것들은 속도는 같지만 파장은 서로 달라 직진 이동 과정에서 서로 충돌하여 파장이 짧아지기도 길어지기도 한다. 파장이 짧아진 것은 또 다른 광자들과 충돌하여 더 짧아질 수도 있고, 파장이 길어진 것은 또 다른 광자들과 충돌하여 더 길어질 수도 있다. 이 경우 파장이 짧아진 것이 극단적으로 짧아지면 물질이 되고 파장이 길어진 것이 극단적으로 길어지면 비존재 공간으로 합일되어 없어진다.[23]

현재 우주에 존재하는 모든 물질들은 파장이 서로 다른 광자들의 결합체이다. 물질이 어떤 형태를 취해 존재해 있다는 것은 물질을 구성하고 있는 광자들이 직진 운동을 계속하고 있다는 증거이다.

이상과 같은 측면에서 생각해 볼 때, 우주의 팽창 운동은 우주 속에서 광자들이 어떤 형태들을 취해 비존재 공간으로 직진해 나가는 운동을 기저로 해서 이루어지며, 우주를 구성하는 모든 존재들의 형태 변화는 우주 속의 광자들이 비존재 공간으로 직진하는 과정에서 일어나는 그것들의 이합집산으로 인한 현상으로 보아진다. 종합해 보건데 인간 욕망의 한 구현상으로서의 대자연을 통해 우리가 규명해 낼 수 있는 인간의 본질은 비존재와의 합일을 지향해 가는 존재라는 것이다. 다시 말해서 인간을 비롯하여 자연이나 자연을 이루는 모든 존재들의 형태를 일관하는 질서는 우주가 비우주와의 합일을 추구해 가는 과정들로 일관된 것이다.

인간의 본질을 이루는 최소 단위는, 빛을 구성하는 최소 단위인 광자라고 얘기했다. 따라서 자연을 통해 파악할 수 있는 인간의 본질은 다름 아닌 바로 빛의 본질이다. 한마디로 말해 광자는 입자와 파동의 형태를 취해 비존재와의 합일로 나아가는 존재이다.

제3절 방법으로서의 표현

표상과 추상

인간에게서의 표현이란 인간이 자기 자신을 둘러싸고 있는 감각적 대상들과의 접촉을 통해 취해 낸 이미지들을 언어나 그림이나 얼굴 표정 등으로 기호화시켜 내는 작업을 말한다. 그러한 의미에서 인간에게서의 이와 같은 표현이 구체적으로 어떻게 이루어지는지에 대한 이해는 우선, 감각적 대상들과의 접촉 과정에서 그 감각적 대상들의 이미지들이 어떻게 취해지는지, 다음으로 그 이미지들이 어떻게 기호화 되는지 등에 대한 고찰이 요구된다.

우선, 우리가 일상적으로 접촉하는 감각적 대상들의 이미지들이 어떻게 취해지는지에 대해 고찰해 보기로 한다. 예컨대, 무심히 창밖을 내다보니까, 건너편에 노랗고 커다란 나무 한 그루가 보였다. 무슨 나무가 저렇게 아름다울까 라는 생각을 하며 좀더 자세히 바라다보니 그것은 은행나무였다. 마침, 그 사람으로부터 받은 시집 속에 끼여 있던 은행잎이 떠올랐다. 이때 내가 그 나무를 보고 은행나무라 생각한 것은 이전에 그와 같은 모양을 한 나무를 접하고서 그 나무가 은행나무로 불린다는 것을 기억해 냈기 때문이다. 다시 말해서, 내가 언덕 밑에 있는 그 노랗고 큰 나무를 보고, 그것이 은행나무라는 사실을 알게 된 것은 내가 이전에 그와 같은 모양의 나무와의 접촉을 통해 그 나무에 대한 이미지를 갖고 있었고 그런 모양을 한 나무를 은행나무라 부른다는 사실을 알고 있었기 때문이다.

이 경우 나는 그 노랗고 큰 나무로부터 반사된 빛이 나의 눈동자 속으로 들어옴으로써 한 물체가 의식되고 그 의식이 나의 의식 세계에 침잠해 있던 은행나무의 이미지를 끌어냄으로써 그 나무가 은행나무로 인식되어 나오게 된다. 그 결과 그 인식이 의식 세계 속에 침잠되어 있는 은행나무라고 하는 말을 끄집어냄으로써 그것이 은행나무로 표현되는 것이다.

그렇다면 어떻게 내 의식 세계 속에 은행나무의 이미지가 침잠되어 있었던 것일까? 이를 위해서 일단, 이미지란 무엇인가에 대해 고찰해 보아야 하는데,

지각 대상과 관련시켜 생각해 볼 때, 그것은 지각 대상의 상像 내지 형태形態를 의미하고 의식 세계와 관련시킬 때는 마음속에 떠오른 연상 내지 표상을 가리킨다. 예컨대 언어 표현의 측면에서 생각해 볼 때, 그것은 언어의 내용, 즉 의미에 해당된다. 언어의 내용이란 무엇인가? 예컨대 '책상에 찻잔이 있다'라는 문장의 '찻잔'이라는 단어의 의미는 그 말을 들은 사람의 시각에 잡힌 책상 위의 찻잔을 의미한다. 다시 말해서 '찻잔'이란 말이 지시하는 대상, 즉 찻잔의 상이나 형태를 가리킨다. 다음으로 어떤 사람이 그 다음날 책상에서 그 찻잔을 보았느냐고 나에게 물었을 때, 나는 '예, 보았어요'라고 대답하면서 찻잔을 기억한다. 이 경우, 책상에서 찻잔을 보았느냐는 물음을 받은 나에게서의 '찻잔'은 내 마음속에 떠오른, 전날 책상에서 본 찻잔의 영상을 의미한다. 즉, 인간의 마음속에서 떠오르는 어떤 영상들은 인간이 현실 세계에서 그것들의 실상實像들과 접촉했을 때 취해 내 자신의 의식 속에 침전시켜 둔 것들이다.

그렇다면 인간은 지각 대상들과 접촉을 갖게 될 때 어떻게 그 지각 대상들로부터 그것의 상을 취하게 되는가? 또 그는 어떻게 마음속에 침전되어 있는 영상들을 떠올리는가?

우선 과거에 접촉한 사실이 있었던 물체의 경우부터 생각해 본다. 예컨대 과거에 전화수화기를 본 적이 있거나 혹은 그것을 사용해 보아서 익히 알고 있을 경우, 우리가 딴 곳에서 전화수화기를 접하게 되었을 때 우리는 그것을 전화수화기로 인식하고 전화를 걸 수 있다는 생각을 하게 된다. 그러나 그것을 보거나 사용한 적이 없는 사람은 그것을 접하고도 그러한 의식 과정을 갖지 못한다. 단지 그는 이전의 축적된 지식으로써 그것이 어떤 물체인지를 이해해 보려는 입장을 취한다.

이와 같이 인간은 사물들에 대한 이전의 경험을 통해 얻은 지식을 가지고 현실 세계에서 자신이 접촉한 것들의 특징을 파악해 간다. 이 경우, 경험이란 인간을 둘러싸고 있는 환경과 인간과의 사이에서 이루어지는 것으로서 인간 자신의 존재환경을 이루는 것들로부터의 자극과 그 자극에 대한 인간의 반응이라는 관계 양상을 기초로 해서 이루어진다. 이 경우 자극은 인간에게 의식이 있음으로써 성립되고, 또 인간에게서의 자극에 대한 반응은 그 자극의 형태와 그 자극 대상에 대한 인간의 경험 형태에 따라 달라진다. 상대가 아무리 강한 자극을 주었다 하더라도 이쪽에서 그것을 감지할 의식이 존재하지 않는다면 그 자극은 없었던 것이나 다름없다. 이에 비해 대상으로부터의 어떤 자극을 감지할 의식이 있을 경우, 주체는 그 자극에 대해 반응을 보이는데, 이때 반응의 형태는 자극의 형태와 그 자극에 대한 경험 상태와의 관계 속에서 결정되며, 또 그때의 자극의 형태는 의식을 통해 감지된다. 또 자극에 대한 경험 상태도 의식의 형태를 취해 이루어진다.

그렇다면, 인간에게서의 의식이란 무엇인가? 대폭발 이래 대자연은 우주의 비존재 공간과의 합일 과정과 맞물려 끊임없이 변화해 왔다. 그것의 구성 요소 중의 하나인 인간 또한 그것의 그러한 변화 과정에서 탄생되어 그것을 구성하는 타 요소들과의 조화를 추구해 가는 과정에서 끊임없이 변화를 겪어 나왔다. 그러한 변화는 인간이 타존재들과의 조화를 추구해 가려는 의지를 가지고 대자연을 구성하는 다른 요소들과 접촉을 행해 가는 과정에서 이루어졌다. 다시 말해서, 인간은 대자연을 구성하는 것들과의 접촉을 통해 자극을 받아 변화되어 온 존재라고 하는 것이다.

이 경우 인간이 타자들과 접촉해 가는 행위는 인간이 대자연과 조화를 추구해 가는 과정이고, 대자연이 비존재와 합일을 추구해 가는 우주와 맞물려 있으며 또 그 합일이 진행 중에 있는 한, 그 접촉은 유사한 형태를 취해 반복적으로 행해질 수밖에 없다. 또한, 인간이 자신의 존재 형태를 취해 타자들과의 조화를 추구해 가려는 의지를 가지고 있는 한, 인간의 반복적 접촉으로부터 오는 반복적 자극에 대한 반응은 자동화되지 않을 수 없다. 그 자동화의 일례가 바로 본능적 반응이다. 인간에게서의 본능적 반응이란 어떤 것의 자극에 대한 반응이 반복되는 과정에서 그것이 자동화된 형태의 반응을 가리킨다. 그러한 본능적 반응을 일으키는 인체의 감각기관도 사실은 반복되는 자극에 대한 반복적 반응들이 현실화되어 하나의 기관으로 형성된 것이다. 이렇게 볼 때, 외부로부터의 자극에 대한 반응을 일으키는 감각기관이란 과정적 차원에서 파악해 보면 자극에 대한 반복적 반응들이 양식화된 형태라는 것을 알 수 있고, 또 그렇게 해서 인간에게 감각기관이 형성된 것인 한, 그것은 인간이 대자연을 접촉해 온 경험의 총체적 결산물로 이해되지 않을 수 없는 것이다. 인간이 그러한 결산물을 가지고 외부로부터의 자극에 대해 반응을 보여 왔다면, 그것은 그 결산물을 통해 감지되는 자극의 주체들 또한 결국 그러한 경험의 총체적 결산물에 지나지 않는다는 의미가 된다.

이와 같이 인간의 감각기관은 인간이 대자연과 접촉하는 과정에서 생성된 접촉인자들이 침잠 축적되어 형성된 것이다. 따라서 대자연을 구성하는 어떤 요소들과 인간과의 접촉 시점에서 인간에게 일어나는 의식 현상은, 인간이 이전부터 대자연을 구성하는 요소들과의 접촉을 통해 취해 온 접촉 인자들의 총체와 대자연을 구성하는 어떤 구체적 요소와의 관계를 통해 일어나는 현상인 것이다. 즉, 인간의 의식 세계는 인간의 대자연과의 여러 접촉 인자들로 이루어졌다. 어떤 것과의 접촉으로 인해 인간에게 어떤 자극이 가해졌을 때, 인간은 자신의 대자연과의 접촉을 통해 얻은 경험들의 총체를 가지고 그 자극의 특성을 파악해 낸다. 우리가 만나는 일시적인 구체적 현실들은 우리의 경험들의 총체를 자료로 해서 그것들의 의미가 파악된다. 그렇게 해서 자극의 특성이 파악되면, 그것과 같은 혹은 그것과 유사한 자극을 주었던 접촉 인자를 의식 세계로부터 찾아내어 그것을 의식 세계의 표면으로 끌어낸다. 이렇듯, 의식 주체의 필요성에 의해 의식 세계의 표면으로 끌어내어진 것들이 바로 다름 아닌 표상들이라고 하는 것이다. 이렇게 봤을 때 인간의 의식세계는 표상들로 구성된 세계라 할 수 있다.

표상表象*이란 의식 주체가 의식 세계 속에 파묻혀 있던 접촉 인자들의 형상形

*표상表象/representation : 마음 또는 의식意識에 현전現前하는 것을 뜻하는 철학·심리학 용어. 관념 일반을 나타내는 idea(영), idé1e(프)의 역어譯語로 사용되는 수도 있으나 대개는 representation(영), repré1sentation(프), Vorstellung(독)의 역어로 사용된다. 영어와 프랑스어의 어원語源인 라틴어 repraesentatio는 '다시(re) 현전케 하는 것(praesentatio)'을 의미하고, 독일어의 Vorstellung은 '앞에(vor) 세우는 것(stellung)'을 의미하는 것으로 알 수 있듯이, 표상이란 말은 적어도 근세 이후의 용법에서는 인간의식의 대상 정립 작용對象定立作用·반성 작용과 관계가 있는 대상의 측면을 가리키는 용어로 사용된다. 일체를 인간의식 안에 가두어 생각하려고 하는 근세 데카르트 이후의 의식내재주의적意識內在主義的·주체주의적主體主義的 철학은 칸트를 이어받아 세계의 일체를 인간의식의 표상으로 해소시키는 쇼펜하우어의 '의지와 표상으로서의 세계'의 철학에서 하나의 정점頂點에 도달했다고 볼 수 있다. 근세 서유럽의 합리주의적 기술문명은 바로 이 근세의 인간 중심적 주체주의철학 또는 형이상학을 사상적 배경으로 해서 형성되어 나왔던 것이다. 그러나 오늘날에는 일체의 사물을 인간의식의 반사反射나 반성反省의 양상으로

像을 의식 세계의 표면으로 끌어내는 의식 작용, 즉 표상 작용을 의미하기도 하고 그러한 표상 작용을 통해 의식 세계에 드러난 형상形像을 가리키기도 한다. 이 경우 의식 세계를 구성하는 접촉 인자들, 즉 경험인자들은 인간이 처한 세계 속의 구체적 대상들과의 반복적 접촉을 통해 만들어진 접촉 단위, 즉 경험 단위들인 것이다. 이러한 경험 단위들은 인간이 처해 있는 세계 속의 구체적 대상들과의 접촉의 결과들이 의식 세계에 침전해 있다가, 외부로부터의 어떤 새로운 자극을 계기로 의식 세계의 표면에 표상들로서 드러나게 된다. 우리가 칸트나 쇼펜하우어 등의 경우처럼 대자연을 구성하는 감각적 대상들이 인간의 의식에 의해 드러내진 것들로 파악해 볼 경우, 우리는 그것들도 표상들로 파악해야 한다는 입장을 취하지 않을 수 없다. 이렇게 볼 때, 표상이란 대자연을 구성하는 요소들에 대한 인간의 경험단위들로 이루어진 의식 세계나 혹은 그것을 통해 드러난 현실 세계를 이루는 요소들의 형상形象들이라 할 수 있다. 다시 말해서 마음속의 표상들은 인간이 대자연 속에서 경험해 온 것들로부터 취해진 것들로서 인간의 의식 세계를 이루는 것들이고, 현실 세계의 표상들은 마음속의 표상을 가지고 인간이 자신의 현실 세계 속에서 취해 낸 것들이다. 이렇게 볼 때 의식 세계와 현실 세계를 이루는 표상들은 인간이 우주 속에서 우주 세계를 구성하는 것들과의 접촉을 통해 만들어 낸 것들, 즉 인간에게서의 우주 체험의 인자들인 것이다.

이러한 표상들은 통시적 측면에서의 반복적 경험으로 인해 만들어지는 공통성과 공시적 측면에서의 다른 경험 인자들과의 차이점에 대한 인식을 통해 형성된 하나의 경험 단위로 성립되어 나온 것들이다. 인간의 인식작용이나 그것에 의거해 행해지는 인간의 표현행위는 이러한 표상 작용을 기초로 해서 행해진다. 이때 우리는 통시적으로 반복적 경험을 통해 취해진 어떤 사물의 형상形相이 공시적 차원에서 다른 형상들과의 관계 속에서 인식되어 그것들과의 공통점이 인식될 때 일어나는 인식 작용만을 가리켜 **추상*** 작용이라 한다. 그러나 인간의 기본

밖에 파악할 수 없다는 그러한 입장에 대한 반성이 현대철학의 최대 문제의 하나로서 다각도로 다루어진다. 참10

*추상抽象/abstraction : 인식 대상으로서 주어진 전체로부터 어떤 특정 성질이나 공통징표共通徵表

적 인식작용을 통해 행해지는 표상 작용은 공시적 측면에서 접근했을 때 어떤 차이점을 인식하고 통시적 측면에서 접근했을 때 공통점을 인식해가는 것으로 특징 지어진다. 즉, 표상 작용의 한 국면을 이루는 추상 작용은 통시적 측면에서의 차이점으로부터 출발하여 공시적 측면의 공통점을 통해 이루어지는 데 반해, 추상 작용의 기초를 이루는 표상 작용은 공시적 측면에서의 차이점으로부터 출발하여 통시적 측면의 공통점을 통해 이루어진다는 것이라 할 수 있다.

예컨대, 인간은 감나무, 대추나무, 밤나무, 사과나무 등과 같은 나무들을 접해 오는 과정에서 그것들이 지니는 공통적 현상을 끌어내어 또 다른 차원의 경험단위를 만들어 내게 되는데, 그러한 경험 단위에 의해 만들어진 '열매'나 '나무' 등이 그 한 예이며 이러한 것들이 바로 추상이다. 대자연 속에서의 인간에 의한 감나무의 발견은 어느 한 가을에 갑자기 이루어지지 않았다. 인간이 반복적으로 찾아오는 가을을 접하는 과정에서 그것이 하나의 과일나무로서 인식되고 다른 과일나무들과의 차이점이 발견됨으로써 비로소 감나무로 불리게 되었던 것이 다. 이에 대해 예컨대, 인간은 대자연을 구성하는 요소들을 경험해 가는 과정에서 일어나는 추상 작용을 통해 '열매', '나무' 등과 같은 말들을 만들어 냈고, '평화', '사랑' 등과 같은 추상명사까지 만들어 냈고, 표상 작용을 통해서는 '감나무', '대추 나무', '밤나무', '사과나무' 등과 같은 말들을 만들어 냈다.

인간에게서의 가장 대표적인 표현 형태로서의 언어란 기본적으로 이와 같은 추상과 표상 작용을 통해 성립되었다. 인간은 끊임없는 추상 작용을 통해 인간의 존재환경을 구성하는 새로운 표상들을 만들어 왔고, 그러한 표상 작용을 통해

를 분리하거나, 골라내는 정신 작용. 예를 들면, 한 인간의 인체로부터 그의 얼굴만을 표상表象으로서 분리해 내는 것은 대상과 동차원상同次元上의 절단切斷이기 때문에 그러한 분리는 본래 추상이라고는 할 수 없다. 빨간 넥타이로부터 '빨강' 혹은 '형形'만을 추출抽出하는 것, 또 빨간 우체통, 잘 익은 토마토 등에서 공통적인 '빨강'을 골라낸다든가, 적赤·청靑·황黃으로부터 '색色'을 빼내는 것은 추상이다. 추상은 불필요한 계기를 버리는 작업이라 할 수 있는 사상捨象을 표리일체表裏一體로 동반한다. 추상에는 보편성·일반성의 정도가 있다. 또 고도高度의 추상은 언어 작용과 밀접히 관계하여 보통명사나 명제命題의 형성, 유형화類型化, 이론 구성의 전제前提가 되어, 일상적日常的·학문적 활동에 불가결한 작용이다. 참10

새로운 개념들을 추상화시킴으로써, 인간의 의식 공간과 존재 영역을 확대시켜 왔다.

표현과 관점

우리는 누군가에게 어떤 이야기를 할 때 어떤 입장을 취해서 그 이야기를 하게 된다. 누군가로부터 어떤 이야기를 들을 때도 마찬가지이며, 우리가 어떤 물체를 바라볼 때에도 어떤 시각을 가지고 본다는 점에서 마찬가지다. 이렇게 볼 때 인간에게서의 표현은 관점의 성립을 통해서만이 가능하다. 그렇다면 인간에게의 관점은 어떻게 성립되는 것인가? 그러면 여기에서 관점의 성립, 그것의 다양화, 그 기본 구조의 파악 등을 통해 방법론적 측면에서 표현에 대한 이해를 추구해 본다.

대다수의 인간은 주로 말과 글을 통해 상대방과 의사를 주고받는다. 그러한 의미에서 말과 글은 인간에게서의 가장 전형적인 의사전달 수단이다. 말의 경우 그 전달 수단은 소리이다. 즉, 말은 인간이 자신의 생각이나 느낌을 고저장단의 소리들로 전환해서 그것들을 상대방에게 전달하면 상대방이 그것들을 받아 자신의 생각이나 느낌을 불러일으켜 상대방의 생각이나 느낌을 파악해 내고, 또 그러한 식으로 자신의 생각이나 느낌을 상대방에게 전달하는 의사전달의 방법인 것이다. 이 경우 소리의 고저장단은 공기라고 하는 매개물을 통해 상대방에게 전달되고, 또 그것은 자신의 의사를 전달하려는 인간에 의해 공기를 구성하는 요소들에 대해 여러 형태의 압력이 가해짐으로써 만들어진다. 다시 말해서 인간에게 어떤 소리가 들린다는 것은, 어떤 물체와 물체가 부딪쳤을 때 인접해 있는 공기에 압력이 가해져 그 압력이 공기를 통해 그 소리를 듣는 사람의 고막에 자극을 줌으로써 이루어진다. 이 경우 압력을 받은 공기가 인간의 고막에 자극을 주는 형태는, 공기를 구성하는 물체들이 인접한 물체들을 그 소리를 들으려는 인간 쪽으로 밀어 내는 식으로써 이루어진다.

인간의 입을 통해 나오는 말소리는 혀나 입의 각 기관이 입 속의 공기를 압축시켜서 만들어 낸 소리이다. 창바람 소리는 공기를 이루는 물체들과 창문이 부딪쳐서 나는 소리이다. 이와 같이 소리의 근원은 어떤 물체와 공기를 이루는 물체들이 부딪치는 지점에 있다. 소리는 공기를 이루는 요소들이 어떤 물체와 부딪쳐 그 반발력으로 근처의 공기를 이루는 것들에 압력이 가해져 그것이 고막까지 전달됨으로써 발생된다. 어떤 공기를 어떤 물체에 어떻게 부딪치는가에 따라 소리의 형태가 결정된다.

이에 비해 글의 전달 수단은 빛이다. 글이란 인간이 어떤 물체에 글자를 써서 그것을 상대방에 전달함으로써 자신의 의사를 상대방에 전달하는 의사소통의 수단이다. 어떤 기류가 어떤 물체에 어떻게 부딪치느냐에 따라 소리가 달라지듯, 어떤 빛이 어떤 물체에 어떻게 부딪치느냐에 따라서 물체를 보고 있는 우리의 눈동자에 들어오는 글자 또한 다르게 보인다. 우리가 어떤 물체를 볼 수 있는 것은 그 물체로부터 반사해 나온 빛들이 우리의 눈동자 속으로 들어와 시신경을 자극시켰기 때문이다. 이 경우 물체로부터 나온 빛이란, 태양과 같이 발광체인 경우는 발광체가 발하는 빛을 의미하고 달과 같이 발광체가 아닌 경우는 반사광선을 의미한다. 종이 위에 씌어진 검은 글자가 우리에게 보여지는 것은 발광체로부터 나온 빛이 글자가 씌어진 종이에 비치어 그 종이로부터 반사된 빛이 우리의 눈으로 들어와 시신경을 자극시켰기 때문이다. 이 경우 우리에게 종이 위의 글씨가 검게 보이는 것은, 종이의 글씨 부분에 와 부딪친 빛들은 종이 위의 글씨 속으로 다 흡수되고 흰 종이에 와 부딪친 빛들만이 밖으로 반사되어 그것을 보고 있는 인간의 눈동자 속으로 들어옴으로써 생기게 되는 현상이다. 이렇게 볼 때, 인간에게 글자가 지각되기 위해서는 우선 그것이 씌어질 수 있는 어떤 물체가 있어야 한다. 우리에게 어떤 물체가 보이는 것은 그 물체의 근처에 있는 발광체로부터 나온 빛이 그 물체에 부딪쳐, 그 반사된 빛이 우리의 눈으로 들어와 시신경을 자극시켰기 때문이다.

말을 구성하는 소리는 공기가 어떤 물체와 부딪쳐서 발생되고 글을 구성하는 문자는 빛이 글자가 씌어진 물체와 부딪침으로써 발생된다. 이와 같은 측면에서 생명체에서의 청각은 생명체가 존재해 있는 공간에 공기가 존재하기 시작한 이후부터 생겼고, 시각은 빛이 존재하기 시작한 이후부터 생겼다고 생각해 볼 수 있다. 그렇다면 생명체에서의 지각기관으로서의 청각은 시각보다 훨씬 뒤에 생긴 것임을 알 수 있다. 또, 인간에게서의 말은 청각을 토대로 성립되었고 글은 시각을 통해 성립된 것으로서, 인간의 의사전달 수단으로서 말보다 글이 훨씬 더 발달된 것으로 이해된다. 지상에서 살아온 생명체로 말할 것 같으면, 그 생명체에서의 소리를 감지하는 청각은 지상에 공기가 생기기 이후에 생겨난 것이고, 빛을 감지하는 시각은 지상에 태양빛이 내리쬐기 시작한 이후부터라고 할 수 있다.

우리는 어떤 것을 듣거나 본 것을 토대로 말을 하거나 글을 쓴다. 그런데 문제는 어떤 입장에서 듣고 어떤 시각에서 보았느냐에 따라 달리 들리고 달리 보여져, 결국 말이나 글의 내용이 달라지는 것이다. 이와 같이 인간이 어떤 것을 듣거나 보고 어떤 것을 이해해서 말과 글로 표현하는 데 있어서의 관점은 대단히 중요한 역할을 한다. 그렇다면 관점은 어떻게 성립되는 것인가? 관점이란, 한마디로 말을 하거나 듣는 사람, 또는 글을 쓰거나 읽는 사람 등의 입장을 의미한다.

그런데 말이나 글이 그것들을 주고받는 사람들 사이에서 일어나는 행위이고 그러한 행위들이 소리를 내고 그것을 듣고, 또 글을 쓰고 또 그것을 봄으로써 이루어지는 행위인 만큼, 그러한 행위자들에게서의 관점은 말을 이루는 소리나 글자를 이루는 빛의 진행 방향과 깊게 관련되어 있다. 예컨대 내가 타자로부터 어떤 말을 듣고 있을 경우 그 말을 이루는 소리는 그 소리를 낸 타자로부터 그것을 듣는 나에게로 움직인다. 그 경우 나는 그 소리를 듣는 입장을 취하게 된다. 또 상대방에게 내가 어떤 말을 하기 위한 어떤 입장을 취할 경우, 소리는 나에게서 상대방으로 흘러나간다. 내가 어떤 것을 바라볼 경우도 마찬가지다. 내가 어떤 시각에서 그것을 바라보느냐에 따라 그것이 달리 보이는 것이다. 그것은 물체로부터 반사되어 나의 눈에 들어오는 빛들이 내가 어떤 각도로 그 물체를 바라보느냐에 따라 달라지기 때문이다. 또 내가 바라보고 있는 물체에 발광체의 빛이 어떤 각도에서 부딪치느냐에 따라 달리 보이기 때문이다. 이와 같이 물체를 바라보는 나의 관점은 그 물체를 비추는 빛의 진행 방향과의 관계 속에서 성립된다.

이와 같은 측면에서 생각해 볼 때, 우리에게는 두 종류의 관점이 상정된다.

청각 공간의 경우, 소리를 듣는 쪽과 소리를 내는 쪽이라는 각각의 관점이 설정된다. 이 경우, 소리를 듣고 그것이 무슨 소리인가를 판단할 수 있는 것은 인간이지 결코 물체가 아니다. 그러나 소리를 내는 것은 인간뿐만이 아니며 물체들도 그럴 수 있다. 바람소리, 물소리, 사과가 떨어지는 소리 등이 그러한 것들이다. 인간은 인간의 관점에서 혹은 구체적인 상황에 처해 있는 한 인간 개인의 관점에서 들을 수밖에 없지만, 그 한 개인에게 들려오는 소리의 근원은 무한하다. 이렇게 소리가 들리는 쪽에 놓이게 되는 관점은 모든 종류의 소리들을 다 낼 수 있는 존재가 취할 수 있는 전능의 관점이다.

빛의 경우에도 마찬가지다. 물체를 바라보고 그것이 어떤 것인가를 인식하는 존재는 인간이다. 따라서 물체에 부딪친 빛이 진행하는 방향에 놓이는 관점은 구체적 상황에 처해 있는 한 개인이 취할 수 있는 관점이다. 그러나 물체를 비추는 발광체에서의 관점은 물체에 비춰질 수 있는 온갖 종류의 빛들을 모든 각도에서 다 비출 수 있는 존재에 부여되는 전능의 관점이다. 여기서 빛의 공간이 음의 공간보다 훨씬 더 먼저 형성되었다는 사실을 감안해 보면, 관점의 원형은 물체를 바라다보는 인간 개인의 눈과 물체의 형상들을 생성해 내는 태양임을 알 수 있다.

물체를 바라보는 인간 개인의 눈을 토대로 성립된 것이 '나'라고 하는 일인칭시점이다. 이 시점을 토대로 내가 포함된, 예컨대 '우리 가족', '우리 반', '우리 동네', '우리 나라', '우리 시대', '우리 인간', '우리 지구', '우리 우주' 등과 같은 시각이 성립되어 왔다. 이에 대해 대자연을 비추는 태양을 토대로 하여 전지전능의 시점이 성립되었는데, 사실 이 시각은 '나'와 '우리'의 눈을 대자연을 비추는 태양에 고착시켜 태양의 시각으로 사물을 바라본다고 하는 허구의 시각이다. 그러므로 태양을 토대로 성립된 전지전능의 시각의 원형原型 또한 '나'의 시각이라고 보지 않을 수 없다.

사실 모든 물체는 '나'라고 하는 인간이 취하고 있는 시각을 통해서 인식될 수밖에 없다. 이러한 의미에서 인간에게 존재하는 모든 관점들은 '나'의 시각을 그 원형으로 해서 성립된 것들이라 해도 무방하다. 우선 '나'의 시각을 원형으로 해서 앞서 언급한 바와 같은 '우리'의 시각이 성립되었고, 이것들을 토대로 태양의 시점이 모멸이 된 전지전능의 시점이 형성되었으며, 또 그것을 토대로 삼인칭시점이 형성되었다. 삼인칭 서술은 '그 사람', '그것', '고양이', '소나무' 등과 같은 제삼자의 눈을 통해, 혹은 그러한 것들의 입장에서 인지된 세계를 서술해 내는 것이다.

이상은 정상적인 상태에 처해 있는 '나'와 '태양'을 토대로 전개된 관점들이다. 이에 대해 특수한 상황에 처해 있는 '나'와 '태양'을 기초로 전개된 관점 또한 존재하는데, 예를 들어 누워 있을 때, 앉아 있을 때, 서 있을 때, 산정에 서 있을 때, 달리는 비행기 속에 있을 때, 안개 속을 거닐 때, 빗속을 거닐 때 내가 취할 수 있는 시각이나 입장은 사실상 서로 다르다. 또 기분이 좋을 때, 기분이 나쁠 때, 기분이 우울할 때 내가 취할 수 있는 시각 또한 서로 다르다. 이와 같은 현상은 '우리 가족'이나 '우리 반' 등과 같이 '나'를 축으로 해서 나온 것들의 경우에도 그대로 적용된다. 새집을 사서 이사를 온 '우리 가족'이 마을사람들을 바라보는 시각은 화재를 당해 집을 잃고 거리에 웅크리고 있는 '우리 가족'이 마을사람들을 쳐다보는 시각과 크게 다르다. '태양'의 관점의 경우에서도 같은 내용의 이야기가 성립될 수 있다. 예컨대, 태양이 뜨기 전에 바라보는 동산은 그것이 중천에 떴을 때와 달리 보이고, 맑은 날 보았을 때와 구름 낀 날 보았을 때의 그것은 각각 달리 보인다. '그 사람'이나 '그것' 등과 같은 삼인칭시점의 경우에서도 같은 이야기가 가능하다. 예컨대, 아기의 시각에서의 황소의 뿔과 청년의 시각에서의 그것은 그 크기의 면에서 달리 보이고, 어머니를 찾고 있는 아기의 시각에서 본 산과 어머니의 품에서 놀고 있는 아기의 눈에 비친 산은 그 색깔이나 형태가 사뭇 다를 수 있다.

이와 같이 인간에게 감지되는 물체는 그것을 보는 시각이나 그것을 비추는 빛의 각도에 따라 달리 보이기도 하지만, 그것을 바라보는 인간의 심적 상태나 그것을 비추는 발광체의 빛의 발광 상태에 따라서도 달리 보인다. 이와 같은 측면에서 사실상, 우리의 어떤 구체적인 시각들을 통해 인지된 모든 것들은 시각들 그 자체가 특수성을 지니고 있는 것이어서 주관적이고 당파적인 것들일 수밖에 없다. 그것은 표현에서의 그것의 성립을 가능케 하는 모든 관점이 '나'라고 하는 주관적인 시각을 기초로 형성되었고, 또 '나'의 시각은 '내'가 바라보는 물체와 그것을 비추는 태양과의 상관관계 속에서 성립된 것이기 때문이다.

사실적 표현과 상징적 표현

교과서나 논문 등의 표현들은 사실적이다. 이에 반해, 시나 소설 등과 같은 문학작품들의 표현은 지극히 상징적이다. 이와 같이 비문학적 또는 비예술적 표현의 특징은 사실성에 있고, 문학적 또는 예술적 표현의 특징은 상징성에 있는 것으로 이야기되고 있다. 그렇다면 사실성이란 무엇이며 상징성이란 무엇인가? 이 두 관념에 대한 구분 기준의 설정은 결코 쉬운 일이 아니다. 이렇듯 우리의 일상생활 속에서 자주 사실적 표현이 상징적으로 인식되고 상징적 표현이 사실적 표현으로 받아들여짐으로써, 사실상 의사소통 과정에서의 문제가 야기되는 경우가 적잖다.

예컨대 내가 미국에서 거주하는 한 친구로부터 '여기에는 총칼이 널려 있다'라는 문구가 포함된 편지를 받았다. 그 편지를 읽다가 이 문구가 마음에 걸렸다. 편지를 다 읽고 난 후에도 그 문구가 자꾸 마음에 걸렸다. 그래서 나는 그 문구를 놓고 왜 총칼이 널려 있는지, 총은 몇 자루나 되는지, 칼은 전부 몇 자루나 되는지, 어떤 종류의 총들인지, 어떤 모양의 칼들인지 등의 생각들을 해 본다. 그런 생각을 하다가, 친구에게 직접 편지를 써서 그것들을 물어본다. 그랬더니 그 말은 '여기는 전쟁 상태'라는 의미의 말이었다는 것이다. 나는 친구의 편지를 사실적 표현으로 받아들여, 그것의 의미를 파악했는데, 친구는 상징적 표현으로 그것을 썼던 것이다. 그 사실을 깨달은 후, 나는 어느 날 어떤 상황 속에서 그 친구가 나에게 '교회당의 종소리가 듣고 싶다'라는 말을 했는데 그것에 대해서 내가 오해했던 적이 기억났다. 당시 나는 그가 어떤 상황에서 그 말을 하게 되었는지를 충분히 생각지도 않고, 그가 나에게 청혼을 한 것이라 여겼던 것이다. 왜냐하면, 교회당의 종소리는 결혼을 의미한다는 이야기를 어딘가에서 읽은 적이 있었기 때문이다. 그러나 사실, 그것은 나만의 오해였다. 그 친구는 당시 나와 눈사람에 대한 이야기를 하다가 문득 어릴 적 크리스마스를 기억해 내고는 실제로 그날 교회당에 가서 종소리를 들으며 예배라도 보고 싶어져서 나에게 그렇게 말했었다는 말을 들었었기 때문이다.

이와 같이 상대방의 차원에서는 상징적 표현이었는데도 불구하고 그것을 사실적 표현으로 받아들일 때가 많다. 또 상대방의 차원에서는 사실적 표현이었는데도 불구하고 감수성이 예민할 때는 그것을 상징적 표현으로 받아들일 때도 있다. 그러면 무엇이 어떤 표현을 사실적 표현으로 만들고, 또 그것을 상징적 표현으로 만드는 것인가? 사실적 표현과 상징적 표현을 분간해 낼 수 있는 어떤 기준이 존재한다면 그것은 무엇인가?

실제로 길바닥에도, 잔디 위에도, 논둑에도, 여기저기 총과 칼이 널브러져 있는 광경을 목격했을 경우, 우리는 같이 가지 않았던 친구에게 '우리가 여기에 도착했을 때는 여기저기 총칼이 널려 있었어'라는 글을 적어 보낼 수 있다. 이 표현은 우리가 실제 목격한 것을 그대로 쓴 것이기 때문에 사실적 표현이다. 결코 상징적 표현일 수 없다. 우리의 이 표현은 우리가 그곳에 도착했을 때 우리가 무엇을 목격했는지를 정확히 알리기 위한 것이었다. 여기저기에 총칼이 널려 있었기 때문에 실제로 여기저기에 총칼이 널려져 있던 사실을 알리기 위해 쓴 표현이다. 우리가 그런 표현을 한 것은 우리가 그곳에 갔더니 총칼이 널려져 있었다는 사실이라든가, 우리가 그곳에 가서 목격했던 것이 무엇인가를 정확히 전달하고 싶어서였지 그 표현을 접한 친구가 그것을 통해 그곳이 어떠한 곳이었나를 한번 상상해 보라는 목적에서가 아니었다.

이와 같이 사실적 표현이란 표현된 내용 그 자체만을 전달하는 방법이다. 표현된 내용을 통해 그 이상의 어떤 것을 전달해 보려는 방법이 결코 아니다. 예컨대, 내가 친구에게 '문밖에 내 자전거가 있으니 그것을 타고 가게'라는 말을 했을 경우, 그것은 내가 바삐 돌아가 봐야 할 친구에게 한 말로서, 실제 문밖에 내 자전거가 있었고 친구가 바삐 돌아가야 할 사정을 알고 있었기 때문에 한 말이다. 즉, 문밖에 내 자전거가 없다든가 또는 친구가 타고 갈 자동차가 있는데도 불구하고 내가 그 친구에게 그런 말을 했다면, 나에게서의 그 말은 사실적 표현이 아닌 셈이다.

상징적 표현은 그와 같은 식의 표현이 아니라, 표현자가 자신이 표현한 말이나 글이나 그림 등을 통해 그것과 관련된 어떤 다른 것을 표현해 보고자 하는 표현 방법이다. 내가 친구에게 '여기에는 총칼이 널려 있다'라는 말을 한 것은 그 말이 갖는 내용, 바로 그것을 그에게 전달하려고 한 것이 아니라 그 말을 통해 자신이 있는 곳이 마치 그런 것들이 널려 있는 전쟁터와도 같은 상황임을 전달해 볼 생각이 있었기 때문이다. 그것은 분명 사실적 표현이 아니라 분명히 상징적 표현이 된다.

내가 내 차를 타고 급히 가려는 친구에게 내 자전거나 타고 가는 편이 낫겠다고 말했을 때, 표현이 좀 서툴렀는지는 몰라도, 빨리 가려하지 말고 천천히 가라는 뜻에서 한 것이라면 그것은 분명 상징적 표현이다. 시적 표현이나 문학적 표현이나 혹은 예술적 표현은 그것들이 표현해 내고 있는 바로 그것을 감상자들에게 전해서 바로 그 내용을 통해 감상자를 직접적으로 감동시키려는 수법이 아니다. 그러한 표현들은 그것에 표현된 내용을 통해 그것과 관련된 그 이상의 것을 감상자로부터 불러일으켜 그를 어떤 감정 상태로 몰아넣어 보려는 표현이다.

이상과 같이 사실적 표현이란 표현자가 일차적 표현 내용denotation 그 자체만을 전달하는 데 사용되는 표현이고, 상징적 표현이란 일차적 내용을 통해 그것과 관련된 그 이상의 어떤 것을 표현해 내려는 표현 수법이다.

그러면 그러한 표현들은 어떻게 성립된 것들인가? 예컨대 우리가 들길을 걷다가 시냇물을 보았다고 가정해 보자. 우리의 시냇물에 대한 표현은 우선 두 가지 측면에서 이루어진다. 하나는 물 자체의 형상形相에 관한 표현이고, 다른 하나는 물의 형상에 대한 느낌의 표현이다. 물의 형상에 관한 표현은 나에게 잡힌, 물의 형상에 관한 표현과 많은 사람들에게 잡힌 그것들에 관한 표현으로 구분될 수 있다. 물의 느낌에 관한 표현의 경우도 개인의 물의 느낌에 관한 표현과 많은 사람의 물의 느낌에 관한 표현으로 구분해 볼 수 있다.

앞에서 언급한 바와 같이 사실적 표현이란 표현자가 일차적 표현 내용을 상대방에게 전달하는 데 사용되는 표현이다. 표현자가 일차적 표현 내용을 상대방에게 정확하게 전달하기 위해서는, 표현자는 자신과 함께 상대방도 경험해 온 것들을 상대방에게 표현해야 한다. 따라서 사실적 표현에서의 표현자가 표현하려는 일차적 표현 내용은 개인의 차원에서 포착된 물의 형상이나 물에 대한 느낌이 아니라, 많은 사람들의 시각에서 포착된 물에 대한 공통된 형상이나 물에 대한 공통된 느낌이라야 한다. 구체적으로 말하자면, 사실적 표현들의 내용들은 한 개인의 경험에 의해 만들어진 어떤 사물의 특성이 아니라, 많은 사람들의 경험들에 의해 개념화된 것들이어야 한다는 것이다.

예컨대, 물의 형상에 대한 표현의 경우, '검다'라는 표현보다는 '푸르다'라는 것이 더욱 사실적 표현으로 여겨진다. 왜냐하면, 일반적으로 물이 인간들에게 검다기보다는 푸르게 보이기 때문이고, 물이 검게 보이는 사람들보다는 그것이 푸르게 보이는 사람들이 더 많을 것이기 때문이다. 또, '시냇물이 뜨겁다'라는 표현보다는 '시냇물이 차갑다'라는 표현이 더 사실적 표현으로 여겨진다. 그것은 위와 같은 이유 때문인데, 이상과 같이 사실적 표현들에서의 표현 내용은 개인에 의해 포착되고 개인 차원에서 느껴진 그 어떤 것보다는, 많은 사람들에 의해 공통적으로 포착되고 공통적으로 느껴진 그 어떤 것들이다. 결론적으로, 사물들에 대한 개념들로 이루어진 표현을 사실적 표현이라고 한다.

이에 비해 상징적 표현은 표현자의 표현에 드러나 있는 일차적 표현 내용을 상대방에게 전달하려는 것이 아니라, 그 표현 내용을 통해 그것과 관련된 어떤 다른 것을 전달하려는 표현 수법이다. 그렇기 때문에, 이 상징적 표현에서 그것에 드러나 있는 일차적 표현 내용은 개념들로 이루어진 것보다는 개념들의 핵심들을 이루는 사물들의 형상들로 이루어지는 것이 더 이상적이다. 다시 말해서 상징적 표현은 표현자가 상대방에게 어떤 형상을 제시해서 상대방이 그것을 통해 자신의 내면으로부터 그것과 관련된 어떤 형상을 끌어내어 그것을 음미하는 표현 수법이다. 따라서 상징적 표현에서의 표현자가 상대방에게 직접적으로 제시하는 표현 내용은 표현자와 표현 상대가 다 같이 경험한 것이라야 한다. 또 그 경우 표현자가 상대방에게 직접적으로 제시한 표현 내용은 사물들의 형상들이라야 한다. 그래야만 상대방이 자신의 의식 속에 침잠해 있는 표현 대상과 관련된 형상들을 불러일으킬 수 있기 때문이다.

그렇다면 상징적 표현에서의 표현의 주체는 왜 상대방에게 어떤 형상을 제시해서 상대방으로 하여금 자기의 의식 속에서 그것과 관련된 어떤 이미지들을 불러일으키려 하는 것인가? 그것은 표현자가 상대방의 의식에 침전되어 있는 형상군을 불러일으켜 그것을 상대방에게 접촉시켜 줌으로써 상대방으로 하여금 이미지들과의 접촉을 통해 공통된 느낌을 갖도록 하기 위해서이다.

역사나 철학에서 추구해 온 객관적 표현은 이상과 같은 사실적 표현을 토대로 성립된 표현이다. 이 경우 사실적 표현은 공통된 경험을 행해 온 많은 사람들에 의해 공통적으로 인식된 개념들로 이루어진다. 한편, 시적이나 문학적 혹은 예술적 표현은 상징적 표현을 기초로 성립된다. 이 경우 상징적 표현은 공통된 경험들을 행해 온 많은 사람들에 의해 공통적으로 인식된 이미지들로 이루어진 표현들이다.

역사적 기술이나 철학적 설명에서의 객관적 기술의 문제는 바로 이상에서 언급한 어떤 공통된 경험을 통해 얻어질 수 있는 개념과 관련된 문제이다. 이에 비해 시적·문학적·예술적 표현에서의 개별성과 보편성의 특성도 그러한 개념을 기초로 해서 성립된 것이기는 하지만, 다음과 같은 점에서 차이가 있다. 우선, 개별성은 표현의 내용을 이루는 이미지의 소재所在가 다름 아닌 바로 개개인의 의식 세계이기 때문이고, 또 인간이란 오직 개인으로서 표현의 내용을 이루는 이미지들과 접촉하게 될 때만 이미지들로부터 어떤 느낌을 느낄 수 있기 때문에 존재하게 된다. 이에 대해 보편성은 표현의 내용을 이루는 이미지가 많은 인간들의 공통된 경험을 통해 취해진 것이라야만 많은 사람들의 의식 세계로부터 그것과 관련된 이미지군을 불러일으킬 수 있기 때문에 존재하게 되는 것이다.

결론 표현과 존재 의미

우리는 항상 무엇인가를 눈으로 보고 귀로 듣고 피부로 접해 그것으로부터 무엇인가를 느끼며 살아간다. 그렇게 해서 느낀 것에 관해 우리는 사람들과 이야기를 나누기도 하고 때로는 소리나 글로 표현해 보기도 한다.

이와 같이 우리의 삶은 보고 듣고 접하고 느끼고 또 그것들을 생각하고 생각한 것에 대하여 사람들과 이야기를 나누고 그것에 대하여 사람들에게 글을 쓰는 것과 같은 일들로 이루어진다. 우리의 삶이 이렇게 이루어져 있기 때문에 우리가 사람들과 이야기를 하고 사람들에게 글을 쓰기 위해서는 우선 무엇인가를 느끼고 생각해야 한다. 또 우리가 무엇인가를 느끼고 생각하기 위해서는 무엇인가를 보고 듣고 접해야 한다. 그렇다면 우리의 삶의 토대를 이루는 것들이라 할 수 있는, 보고 듣고 접하는 일이란 과연 무엇인가? 그것들을 토대로 해서 성립된, 느끼고 생각하고 말하고 쓰는 일이란 어떠한 것인가? 왜 우리는 그러한 일들을 하는가? 또 그것들은 과연 어떻게 일어나는 것인가? 우리는 이러한 것들에 대한 이해를 통해 삶이 무엇이며 그것의 목적이 무엇인가에 대한 우리의 입장을 정립해 볼 수 있다.

우리가 누군가에게 말을 하고 글을 쓰는 것은 그에게 우리의 무엇인가에 대한 느낌이나 생각을 전달하기 위해서이다. 말이나 글을 통한 자기 자신의 어떤 것에 대한 느낌이나 생각의 전달 방법은 상대방에게 자신의 그 어떤 것에 대한 느낌이나 생각을 나타낼 수 있는 말이나 글을 제시해서 상대방으로 하여금 자신의 그것에 대한 느낌이나 생각을 알도록 하는 식이다. 예컨대, 내가 상대방에게 '라일락 향기가 나는군. 창밖에 라일락나무가 있군'이라는 말을 했다고 하자. 이 경우 내가 상대방에게 이런 말을 할 수 있었던 것은 내가 라일락이 어떤 나무인지를 알고 있고, 상대방도 그것이 어떤 나무인지를 알고 있다고 생각했기 때문이다. 그러한 것을 전제로 내가 상대방에게 '라일락 향기'라는 말을 했을 때, 그는 그 소리를 듣고 방 안에서 어떤 냄새를 맡아 보려 했을 것이고 또 창밖을 내다보려 했을 것이다. 이 경우 '라일락 향기'라는 소리는 이전에 나와 나의 말 상대가 맡아 본 적이 있는 것으로 가정된 라일락꽃의 향기를 가리키는 기호이다. 우리는 그 기호가 가리키는 라일락 향기를 그 기호의 내용이라 말한다.

기호내용이란 무엇인가? 예컨대, 산봉우리를 가리키는 말로서 '수리봉'이라는 말이 있다. '수리봉'이란 말의 내용은 광능의 서남쪽에 높이 솟아 있는 산봉우리이다. 그렇다면 '광능의 서남쪽에 높이 솟아 있는 산의 봉우리'란 무엇을 의미하는가? 그것은 다음 세 가지 측면에서 이야기될 수 있다. 우선, 그것은 대자연이나 땅, 혹은 산을 구성하는 하나의 요소로서 광능의 서남쪽에 높이 솟아 있는 산봉우리 그 자체를 의미한다. 이 경우는 모든 인간에게 동일하게 인식되는 사실적 존재를 의미한다. 그런데, 그것은 첫째 그것을 바라보는 사람들의 위치에 따라 다르게 나타나는 하나의 형상形狀을 의미하고, 두 번째 하나의 느낌으로 인식되는 존재를 의미한다. 이 경우의 느낌은 첫 번째의 산봉우리 그 자체와 두 번째의 산봉우리의 형상을 통해 성립된다.

이와 같은 측면에서 수리봉의 경우와 같이 인간의 감각적 대상으로 존재하는 모든 존재는 그것을 인식하는 인간에게 형상과 느낌이라고 하는 두 가지 형태를 취해 존재한다. 이 경우 형상과 느낌과의 관계란, 형상이라고 하는 것이 어떤 존재를 통해 존재하듯이, 느낌의 경우도 형상을 통해 존재한다. 이와 같이 인간에게서의 표현의 내용은 존재, 형상, 느낌으로 구성되어 있다. 그런데 이와 같은 것들로 구성된 표현의 내용은 자연히 가치 중심으로 파악된다. 이와 같이 가치를 중심으로 파악된 표현의 내용을 우리는 '의미'라 칭하고 있다.

우리가 어떤 것을 보는 이유는 무엇인가? 또 듣는 이유는 무엇인가? 그것은 두말할 나위 없이 그것들과의 접촉을 통해 그것들로부터 어떤 느낌을 느끼기 위해서이다. 인간은 그러한 느낌들을 느낌으로써 인간으로서의 존재 의미를 느끼게 되는 것이다. 이렇게 볼 때, 우리가 볼 수 있고 들을 수 있고 접할 수 있는 어떤 감각적 대상들이 우리에게 존재하는 한, 우리는 그것들로부터 어떤 느낌을 느낄 수 있으며, 역으로 그러한 느낌을 느낄 수 있는 한, 우리는 인간으로서의 어떤 존재 의미를 느낄 수 있다. 인간들에게 감각적 대상들이 존재하는 한, 젊음이나 늙음과는 상관없이 인간은 인간으로서의 존재의 의미를 느낄 수 있으므로 젊거나 늙거나 간에 존재해 가는 것이다.

인간에게서의 느낌이란 무엇인가? 그것을 통해 느낄 수 있는 의미란 또 무엇인가? 인간은 항상 자기가 한 일에 대하여 어떠한 의미를 가지려 한다. 그렇다면 인간은 어떤 경우에 의미를 느끼는가? 또, 우리가 느끼는 의미의 본질은 무엇인가? 재차 언급하건대, 인간은 어떤 감각적 대상들과의 접촉을 통해 그것들에 대한 느낌을 갖게 됨으로써 그것들을 접촉한 일들에 대해 어떤 의미를 느낀다. 이 경우, 의미를 불러일으키는 느낌들은 어떤 감각적 대상들과의 접촉을 단위로 형성된다. 다시 말해서, 느낌들이란 감각 대상들이 달라짐에 따라 달라지는 것들이다. 예컨대, 인식 주체가 변해 감에 따라 같은 감각 대상들이라도 이전과 다른 접촉들을 갖게 되어 이전과는 다른 새로운 느낌들을 갖게 되는 것이다. 인식 주체도 변해 가고 인식 대상도 변해 감으로써 이전과는 다른 느낌을 느껴가기도 한다. 인간이 느끼는 감각 대상들로부터의 느낌은 엄밀히 말해서 후자의 형태를 취한다. 인간에게서의 어떤 감정이나 느낌은 인식 주체로서의 인간과 인식 대상이 변해 감으로써 생성되는 것이다.

인간과 인간의 인식 대상들에게 일어나는 변화는 어떻게 이루어지는가? 인간과 인간의 인식 대상이 변해 간다는 것은 지구가 공·자전을 통해 우주 공간을 이동하고, 태양계가 자전하면서 은하계와 맞물려 우주 공간을 이동하고, 또 은하계와 같은 성운들로 이루어진 우주가 광자들이 존재하지 않는 공간으로 퍼져나감으로써 이루어진다. 현재 우주는 비존재와 합일되어 가는 과정에 처해 있다. 우주가 비존재와 합일 과정에 처해 있는 한, 인간과 인간의 인식 대상은 끊임없이 변화를 겪지 않을 수 없다.

이와 같은 측면에서 고찰해 볼 때, 인간이 겪는 모든 변화는 우주와 비존재가 합일을 추구해 가는 과정에서 일어나는 것으로서, 그러한 변화를 통해 취해지는 모든 느낌들이란 우주와 비우주와의 합일 과정과 맞물려 인간이 인간의 인식 대상인 대자연과 조화를 추구해 가는 과정에서 생성되어 나오는 것으로 판단된다. 그러므로 인간에게서의 어떤 대상에 대한 느낌은 인간이 그것과 조화관계를 추구해 가는 과정에서 생성되는 것이다. 따라서 인간이 대상과의 조화관계를 추구해 보려는 의지가 강하면 강할수록 인간에게서의 그 대상에 대한 느낌은 그것이 어떠한 느낌이든 간에 더욱 강렬해질 것이고 그러한 의지들로 이루어진 인간의 존재에 대한 의미도 더욱 강렬해질 것이다.

결문

이상과 같이 우리는 21세기의 문화적 현상과 그러한 현상을 일으켜 가는 법칙을 고찰해 왔다. 그 결과 우리는 여기에서 21세기의 문화적 현상들의 대부분이 전 지구적 규모의 글로벌적 차원에서 일어나고 있으며, 그러한 현상들의 특징이 지구의 우주 공간의 이동 과정과 그 이동을 가능케 하는 우주의 팽창 과정에 의해 규정된다고 하는 결론에 도달할 수 있게 되었다. 지금까지 고찰해 본 바와 같이, 필자의 주된 관심 대상은 21세기 글로벌 문화와 그 이론적 배경에 관한 것이었다. 이 책의 제목이 '글로벌 문화이론 과정학'으로 붙여지는 것도 이러한 맥락에서라 할 수 있다.

필자의 이러한 연구 테마는 1990년 대 초의 걸프전 발발과 소련의 해체를 계기로 취해진 것이다. 보다 구체적으로 말하면, 필자가 이 책의 집필을 시작한 것은 1991년 공산주의 국가 진영의 주축이었던 소련이 해체된 직후였었다. 소련의 해체란 러시아 혁명의 성공을 계기로 한 소비에트 정부의 수립(1917)과 그것을 주축으로 한 소련의 성립(1923)으로 형성되었던, 자본주의 진영과 공산주의 진영의 이념적 대립 바로 그것의 해체를 의미하는 것이었다.

그러한 이념적 대립기를 살았던 인간들의 일상생활이란 그러한 이념들에 기초한 정치적 삶과 경제적 삶으로 엮여 있었다. 그러한 대립기의 인간들은 자신들의 그러한 정치적 내지 경제적 삶을 우선시했고, 자신들의 일상생활의 기초를 이루는 민족주의보다는 자신들의 정치적 · 경제적 체제의 토대를 이루는 자본주의나 공산주의와 같은 이념들을 더 우선시하는 삶을 실현해 갔었다. 그런데, 그러한 상황에 처해 있던 인간들에게의 바로 그러한 이념적 대립의 해체가 이루어졌었던 것이다.

그러자, 그동안 그러한 이념들에 짓눌려 있던 문화에 대한 의식과 그 기초를 이루는 문화의식과 민족주의가 드디어 분출해 나왔다. 그런데 문제는 바로 그러한 이념적 대립의 해체 시점에 분출된 문화의식과 민족주의가 19세기에 형성되어 나왔던 그것들과는 다른 양상으로 나타났던 것이다.

1980년대까지의 인간들의 문화의식은 1960년대의 구조주의자들과 현대사회 연구자들 등으로부터 취해진, 미개 문화 · 언어 문화 · 대중 문화 · 소비 문화 · 전통 문화 등과 같은 특수한 형태의 문화들에 대한 관심으로부터 촉발된 것이었었다. 19세기의 시대적 이념으로 형성되어 나왔던 민족주의는 내셔널리즘과 같은 정치적 차원의 민족주의였다. 그러나 1990년대 초의 이념적 대립의 해체기에 분출된 문화의식과 민족주의는 이전의 그러한 특수한 집단들이나 특정 국가들 혹은 특정 문화권들에 한정된 것들이 아니었다. 그것들은 전 지구상의 모든 인간 집단, 모든 민족과 국가에 적용될 수 있는 어떤 보편적 문화와 보편적 정치 체제에 대한 의식과 사상으로부터 나온 것들이었다. 이 책의 집필은 바로 그러한 보편적 문화에 대한 학문적 관심으로부터 출발된 것이었다. 그렇다면, 그러한 이념적 대립의 해체 시점에 인간의 문화에 대한 관심, 특히 보편적 문화에 대한 관심이 부상하게 된 주된 이유는 무엇이었는가?

모든 인간들에게는 그들 나름의 일상생활이 존재한다. 그런데 대다수 인간들에게서의 일상생활이란 자신들의 전통적 생활방식의 유지와 현대적 생활방식의 수용이라는 입장을 통해 실현된다. 인간들의 전통적 생활방식은 자기 민족들이 고수해온 의식주, 토속 종교, 지역적 특성 등을 기초로 형성되어 나왔다. 반면, 그들의 현대적 생활방식은 전 지구적 차원의 첨단 산업문명의 수용을 통해 이루어져 나왔다. 그렇다면, 그동안 산업문명을 주도해 온 선진국들이 그동안 그러한 정치 체제의 대립을 조장시켜 자신들의 국가적 이익을 추구해 나온 방식을 포기했다는 것은 과연 무엇을 의미하는 것이었던가? 아마도 그것은 그들의 관심이 경제와 정치로부터 문화 쪽으로 전환해 나왔고, 또 그것이 현대 산업사회의 문화로부터 전통사회의 문화로 전개되어 나가게 되었다는 것을 의미했던 것은 아닌가 한다.

이와 같이 1990년대로 들어와 문화적 차원에서의 민족주의가 부상하는 과정에서 문화내셔널리즘이라고 하는 말도 형성되어 나오게 되었다. 이러한 현상은 소련의 소멸을 계기로 인간들의 주된 관심이 내셔널리즘에서 문화내셔널리즘 쪽으로 전환해 나왔다는 구체적 증거이기도 했다. 이 책의 집필도 바로 이러한 문화국가주의 내지 문화민족주의가 부상해 나오는 상황 속에서 이루어졌던 것이다.

그런데 그러한 이념적 대립의 해소가 이루어지기까지의 인간들의 문화에 대한 연구는 두 가지 각도에서 행해져 나왔다. 우선 하나는 19세기 후반의 인류학과 20세기 전반의 문화인류학의 연구테마를 이어받아 행해진 미개사회의 문화에 관한 연구였다. 다른 하나는 현대 산업사회의 문화에 관한 것이었다. 이 두 차원에서의 문화에 대한 연구는 1960년대로 들어와 본격화되었다고 볼 수 있는데, 전자는 프랑스 쪽에서의 레비 스트로스 등과 같은 구조주의자들에 의해 행해졌었고, 후자는 영국 쪽에서의 스튜어트 홀 등과 같은 현대문화 연구자들에 의해 행해져 왔었다.

구조주의자들의 문화에 대한 주된 관심은 이 지구상의 인간들에서의 문화란 무엇인가, 인간은 어떤 식으로 문화 현상을 일으켜 가고 있는가 등과 같은 문제였다. 즉, 한마디로 말해 그들은 문화의 보편성을 문제시했던 것이다. 이에 반해 현대문화 연구자들은 '문화 연구Cultural Studies'라고 하는 학문 분야를 성립시킨 자들로서, 특히 현대사회의 대중문화 현상 등과 같은 문화적 특수성을 연구했다. 그러나 구조주의자들과 현대문화 연구자들의 그러한 문화 연구는 1990년도로 들어와 그들 자신의 문화 연구가 서구의 기독교사회 중심의 문화 연구였다는 사실을 자각함으로써 한계에 직면한다. 이 책의 집필은 구조주의Structuralism과 문화 연구Cultural Studies의 그러한 한계성이 자각된 시점에서 시작되었던 것이다.

이 책의 연구 대상은 21세기 글로벌 시대의 문화 현상들과 그것들을 일관하는 문화적 법칙들이다. 1990년대로 들어와 인간들의 문화에 대한 관심은 두 가지 방향으로 전개되어 나갔다. 우선 하나는 자신들의 전통 문화에 대한 관심으로부터 출발해, 민족 문화로서의 지방 문화the local culture, 서구 문화권이나 동아시아 문화권 등과 같은 동일 문화권 문화로서의 지역 문화the regional culture, 세계시민 문화로서의 글로벌 문화the global culture 등으로 전개되어 나갔다. 다른 하나는 현대산업사회의 문화가 세계시민사회의 문화로 전환해 나갔는데, 바로 그 문화적 전환에 대한 관심이 그것이었다.

1990년대로 접어들자마자 미국 주도하에서 걸프전이 발발하였고, 곧 이어 소련이 소멸되었다. 그러자 미국을 중심으로 전 지구적 차원에서의 정치적·경제적 세계 체제가 형성되어 나갔다. 그 과정에서 글로벌라이제이션, 글로벌리즘 등과 같은 용어가 일반화되어 나왔는데, 특히 1990년대 중반부터 현대인들의 컴퓨터를 통한 인터넷 사용이 일상화되면서 전 지구를 기반으로 하는 세계시민 문화로서의 새로운 글로벌 문화가 형성되어 나갔던 것이다.

필자의 보편적 문화 내지 문화의 보편성에 대한 학문적 관심은 구조주의자들의 문화인류학적 차원의 문화에 대한 관심과 현대문화 연구자들의 현대산업사회학적 차원의 그것과의 통합 형태가 창출해 낸 새로운 글로벌 문화에 대한 관심으로부터 출발했던 것이다.

지구를 가리키는 'the earth'란 말은 코페르니쿠스(1473-1543)의 지동설을 통해 그 의미가 형성되었다. 이에 대해 역시 지구를 가리키는 'the globe'란 말은 인간의 인공위성을 통한 우주로의 진출을 계기로 그 의미가 이루어져 나왔다. 다시 말해, 'the earth'는 지구 위의 인간에 의해 상상된 지구를 의미하고, 'the globe'는 인간이 우주로 진출해 그곳으로부터 직접 바라다 본 지구를 의미한다.

글로벌 시대란 'the globe'의 의미가 말해주고 있듯이, 모든 인간들이 우주 속에 애처롭게 떠 있는 하나의 공과도 같은 천체 속에서 공존해 있다는 사상을 시대적 이념으로 삼는 시대를 가리킨다. 말 그대로, 사실상 인간들이란 우주에 떠 있는 공과 같은 지구라고 하는 천체 속에서 생존해 가는 존재들인 것이다. 그런데 자신들이 그러한 하나의 통일된 공간 속에 공존해 있음에도 불구하고, 그동안의 인간들은 정치적 집단들을 형성해 그것들의 활동 무대를 중심으로 경계들을 만들어 서로 대립해 왔고, 또 그러한 국가들을 단위로 한 협력 체제를 구축해 세계를 양분시켜 나왔다. 그러다가 지구상의 인간들은 우주로의 진출을 계기로 자신들이 공과도 같이 하나의 통일된 세계에 공존해 있다는 사실을 자각한 나머지, 그간 지구상에서의 자신들의 생존 활동과 존재 실현을 가로막는 장벽들을 하나하나

제거하게 되었던 것이다.

그러한 조치가 다름 아닌 바로 1990년대 초에 행해졌던 이념적 대립의 해체였었고, 국가 간의 인적 교류와 물적 유통을 가로막는 장벽들의 제거 등과 같은 것이었다. 그러한 조처들이 행해지는 과정에서의 어떤 특정 지역의 인간들이나 물품들 또는 문화 등이 전 지구화globalization되어 나갔던 것이다. 글로벌 문화란 이와 같이 각 지역의 인간들과 문물이 다양한 글로벌화를 통해 전 지구적 규모로 형성되어 나가는 문화를 가리킨다.

이 책의 주된 연구테마는 어떤 특정 지역 문물의 글로벌화 과정이나 그러한 과정상에서 일어나는 문화적 현상들이 아니다. 이 책이 목표하는 바는 다름 아닌 바로 그러한 글로벌화를 가능케 하는 원인의 규명이고, 그러한 글로벌화 과정에서 일어나는 여러 문화적 현상들을 일관하는 법칙들의 탐구이다.

코페르니쿠스의 지동설 주창 이후 지구가 우주 공간을 이동해 가는 존재로 밝혀지기는 했지만, 지구상의 인간들은 현재까지도 지구의 우주 공간의 이동이라고 하는 과학적 사실을 사상화시키지 못해 왔다. 그 주된 이유는 지구상에 존재해 있는 인간들로서는 지구가 정지해 있는 물체로밖에는 느껴지지 않기 때문이다. 인간이 우주로 나가 우주에 떠 있는 지구의 모습을 잡아낼 수는 있었지만, 그것이 우주 공간을 이동해 가는 동작 그 자체까지는 포착해 낼 수는 없었던 것이다.

그렇기는 하지만, 엄연히 지구는 우주 공간을 이동해 가고 있는 물체이다. 그럼에도 불구하고 인간들은 자신들의 처해있는 지구상의 공간을 정지된 공간으로만 인식해 왔던 나머지 지구의 우주 공간의 이동으로 인해 일어나는 지구상의 모든 문화적 현상들을 파악함에 있어 지구의 우주공간 이동을 의식적 차원에서까지 고려해 오지 않았던 것이다. 그러한 이유로 인해 인간들은 지구상에서 일어나는 모든 문화적 현상들을 제대로 파악하고 있지 못하고 있는 실정에 처해 있는 것이다.

이것은 바로 인간에서의 모든 물리적 현상들이 빛을 통해 인간에게 지각되는데도 불구하고 인간이 그러한 물리적 현상을 파악할 때 빛의 속도를 비롯한 그것의 속성을 고려하지 않는 것과도 마찬가지 현상이다. 우리가 아인슈타인의 상대성 이론에 기초해 이루어진 공간에서 존재하고 있음에도 불구하고 그 이론을 고려하지 않고 인간이 존재하는 물리적 세계의 법칙들과 인간의 특성 등을 파악하려는 것과도 같은 경우인 것이다.

지구상에서 일어나는 모든 문화적 현상은 지구상의 모든 물체들의 물리적 현상, 생명체들의 생명 현상, 인간들의 사회적 현상, 그들의 의식 현상 등과의 유기적 관계들을 통해 일어나는 것들이다. 그런데 필자가 여기에서 주장하고자 하는 것은 지구상에서의 이러한 모든 현상들이 지구의 우주공간 이동을 통해 이루어진다는 것이다. 따라서 필자가 이 책을 통해 주창하고자 하는 것은 지구상에서 일어나는 문화적 현상을 비롯한 모든 현상의 법칙들이 우선 일차적으로 지구의 우주 공간의 이동 과정을 통해 파악되어져야 한다는 것이다. 그 근원적 이유란 첫째로 지구라고 하는 것이 지구상에 존재하는 모든 것들의 공통된 존재기반이기 때문이고, 둘째로 그 지구라고 하는 천체가 중력과 온도가 다른 우주 공간들을 일정한 방향으로 이동해 감으로써 지구상의 존재들에뿐만 아니라 지구 그 자체에까지도 변화를 가져다주기 때문이다. 필자가 그 이동 과정에 주목하는 것은 그 이동 과정을 통해서만이 그 변화들의 법칙이 파악될 수 있기 때문인 것이다.

이 연구는 지구상에서 일어나는 모든 문화적 현상들의 원인과 그것들을 지배해 가는 법칙의 규명의 작업이라고 할 수 있는데, 특히 이 작업은 지구의 우주공간 이동의 원인 규명에 집중되었다고 말할 수 있다. 지구의 우주 공간 이동은 우주의 팽창과의 역학적 관계 속에서 일어나고, 또 이들의 관계는 물질들의 중력과 열을 일으키는 빛에너지를 매개로 해서 이루어진다고 볼 수 있다. 이렇게 볼 때, 지구의 우주 공간 이동을 가능케 하는 우주의 팽창은 중력을 가진 물질이 빛 에너지로 전환해 나가는 과정을 통해 이루어진다는 주장이 가능한 것이다. 또, 모든 종류의 빛에너지는 서로 충돌해 진동수가 다른 빛에너지로 전환해 나오게 되는데, 그 경우 진동수가 어느 선 이상이 되면 물질로 전환되고 그것이 어느 선 이하가 되면 비존재로 전환해 나간다는 입장까지 취해 질 수 있다.

이렇게 생각해 볼 때, 첫째로 지구상의 인간사회에서 일어나는 모든 문화적 현상은 지구의 우주 공간의 이동 과정, 우주의 비존재 공간으로의 팽창 과정, 빛의 직진 과정 등을 주축으로 해서 파악해야 한다는 입장이 취해진다. 둘째로 지구상의 모든 문화적 현상은 지구의 우주공간 이동과 맞물려 끊임없이 변화해 간다는 것이다. 셋째로 지구가 우주 공간을 일정한 방향으로 이동해 나가고 우주가 일정한 방향으로 팽창해 가고 있듯이, 지구상의 모든 문화적 현상들도 다른 물리적, 생물학적 현상들과 맞물려 일정한 방향으로 변화해 나가고 있다는 것이다. 끝으로, 현재 우리가 처해 있는 글로벌 시대란 우주 공간의 이동을 통해 일정한 방향으로 끊임없이 변화해 나가는 지구를 토대로 해서 지역 간, 국가 간, 인종 간, 계급 간, 성별 간, 학문 간, 장르 간 등의 모든 경계들이 점진적이고 단계적 해체를 통해 새로운 통합 문화를 추구해가는 시대로 특징 지어질 수 있는 시대라는 것이다.

후기

이 책이 구상되고 집필되기 시작된 것은 20년 전의 일이다. 1996년에 초판본, 2002년에 수정본 등을 거쳐, 이번에 비로소 결정본이 나오게 된 셈이다.

7년 전의 수정본은 사실상 초판본의 '머리말'과 제1장의 '들어가면서'의 문장을 일부 수정한 정도의 것이었다. 그런데 이것은 네 가지 측면에서 상당한 개정 작업을 통해 이루어졌다.

우선 전 장全章에 걸쳐 문장 표현이 수정되었고, 다음으로 난해한 학술용어들에 대한 해설이 각주로 첨가되었다. 그 다음으로는 새로운 학설들이 상당 추가되었고, 끝으로 책의 타이틀이 '21세기 문화이론 과정학'에서 '글로벌 문화이론 과정학'으로 변경되었다. 이 책이 '글로벌리즘'에 입각해 구상되어졌는데도 불구하고 초판본이 간행될 당시에는 '글로벌'이란 용어가 책의 타이틀로 붙여질 만한 학술적 용어로는 정착되지 못했었다. 그러한 이유로 인해 '글로벌' 대신에 '21세기'의 사용이 불가피했었다. 그러나 이제는 '글로벌'이란 말이 학술적 용어로 정착되어졌다는 생각에서 그러한 변경이 이루어짐에 따라 비로소 이 책의 정명正名이 행해지게 된 셈이다.

나는 초판본 출간 이래 줄 곧 그것을 가지고 '21세기 글로벌 문화'를 강의해 왔다. 그 주된 이유는 우리 사회에 과정학적 사고를 일반화시켜 우리 사회의 고질적 병폐, 예컨대 사대주의, 친일, 색깔론, 분단, 지역감정, 학벌. 패거리 등과 같은 그야말로 나를 참담하게 만드는 문제들을 극복해 보고자 했기 때문이었던 것이다. 또 나는 그러한 문제들을 야기시켜 가는 한국인들의 사고방식을 전환시켜 보고자 '과정학'을 실천해 가는 한 인물을 주인공으로 설정한 소설까지도 창작해 보았다. 또 한편 나는 이 책의 초판 간행 이후 과정학적 입장을 취해 문화 연구와 문화 비평을 시도해 왔다. 그 결과물은《일본의 내셔널리즘의 글로벌리즘》(2005),《문화비평과 과정학》(동년) 등으로 출간되었다.

이 21세기 글로벌 시대에 우리에게 가장 절실히 요청되는 것은 분명 합리적 사고임에 틀림없다. 우리에게 요청되는 바로 그러한 사고는 현재 우리가 처해 있는 바로 이 장소가 3차원의 정지된 공간이 아니라 일정한 방향으로 우주 공간을 회전 이동해 감으로써 끊임없이 변화를 몰고 오는 4차원의 이동 공간이라고 하는 사실에 대한 냉철한 자각을 통해 이루어 질 수 있다. '과정학'은 바로 이 사실적 자각을 목표로 한다.

이 책이 출간되기까지 여러모로 협력해 주신 고려대학교출판부에게 진심으로 감사드린다.

새봄에, 김채수

미주

1장

1 구석기 시대가 어째서 아프리카 대륙에서 시작되었는가의 문제는 독일의 기상·지구생물학자 알프레드 베게너Alfred Wegener(1880-1930)가 그의 저서《대륙과 해양의 기원》(1915)을 통해 발표한 '대륙 이동설'을 통해 설명될 수 있다. 그는 '아프리카의 지구地構(거의 평행을 이룬 단층 사이에 지반이 꺼져서 생긴 낮고 기름한 골짜기)는 일반적으로 남북 방향으로 달리고 있다'라고 말하고 있다. 이 말은 아프리카 대륙의 북쪽이 지구 중심부로 허물어져 내려 그것이 북상하게 되었다는 말이다. 그는 그러한 이론을 가지고 아프리카 대륙이 북상 이동해 아시아 대륙과 충돌했다고 말하고 있고, 그 현상을 특히 아프리카의 동부에서 볼 수 있다고 말하고 있다. A.베게너,《대륙과 해양의 기원(상)— 대륙 이동설》, 김소구 옮김(박영사, 1984).

2 D. P. 그리바노프,《아인슈타인의 철학적 견해와 상대성 이론》, 이영기 옮김(일빛, 1992), 100-101면.

3《비유경譬喩經》의 〈안수정등岸樹井藤〉 인용.

4 沈載烈 編著,《불교의 기초교리》(宣文出版社, 1984), 23-24면 참고.

5《論語》의 〈先進篇〉 인용. 원문은 '季路問 事鬼神. 子曰一未能事人, 焉能事鬼敢問死. 曰一未知生, 焉知死'

6《論語》〈憲問篇〉

7 H.G. 크릴,《공자—인간과 신화》, 이성규 옮김(지식산업사, 1994), 101면.

8《論語》〈陽貨篇〉'子曰君子以義爲質禮以行之'

9《論語》〈衛靈公篇〉'子曰君子固窮小人窮斯濫矣'

10《論語》〈顔淵篇〉'先事後得 非崇德與, '衛靈公篇' 子曰事君敬其事而後其食'

11《論語》〈爲政篇〉'子曰… 見義不爲無勇'

12〈衛靈公篇〉, '子曰志士仁人 無永生以害仁 有殺身以成仁'

13 인간에게서의 자연의 발견은 중앙아시아를 원주지로 했던 아리안족이 BC 1500-BC 1300년경 인도의 서북 지방으로 넘어와 갠지스강 쪽으로 침입하는 과정에서 최초로 이루어졌다는 설이 있다. 당시 그들이 자연을 발견했던 감정이《리그베다》에 잘 기록되어 있다.

14 松浪信三郎,〈モンテニュの死生觀〉,《死の思索》(岩波新書, 1983).

15 몽테뉴,《수상록》의 제3권 13장 인용.

16 파스칼,《팡세》, 홍순민 옮김(삼성출판사, 1992)〈단장斷章 72〉인용.

17 上揭書의 〈단장 533〉 인용.

18 上揭書의 〈단장 199〉

19 파스칼, 前揭書, 29-30면.

20 카뮈,《시시포스의 신화》의 〈시시포스의 신화〉.

21 엘리엇,《황무지》의 〈에피그라프〉 인용.

22 카뮈, 前揭書,〈시시포스의 신화〉 인용.

23 ハイデガー『存在と時間 中』(桑木務訳, 岩波書店, 1978), 238頁.

24 ジョルジ・ルカーチ『芸術の哲学』(紀伊国書店, 1979), 9頁.

25 エゴン・フィェタ『ハイデッガの存在論』(川原榮峰訳, 理想社, 1974), 204-205頁.

26 막스 플랑크,《물리철학》, 이정호 옮김(전파과학사, 1991), 87면

27 D. E. L, *The Random House*, Second Ed.(1987), 'the world'

28 소포클레스,《오이디푸스 왕》의 마지막 부분 인용.

29 도겐道元의《正法眼藏》속의〈諸惡莫作〉인용. 원문은, '生を明らめ死をあきらむるは佛家一大 事の因緣なり'

30《순자荀子》의〈권학편勸學篇〉, '學莫便乎近其人', '學之經 莫速乎好其人', '學至乎禮而止'.

31《古文眞寶》의〈勸學文〉.

32 ユックス・ウェーバー,《職業としての学問》(岩波書店, 1980), 70頁.

33 季羨林 外,《神的魅力》(北京大学出版社, 1988), 1, 87頁.

34 朴希聖,《懷疑와 眞理》(格嚴 朴希聖 박사 유고간행회, 1989), 30면 인용.

35 ロマーノ・グアルディーニ『ソクラテスの死』(法政大学出版局, 1981), 324頁.

36 方克立,《中国哲学史上的知行观》(北京 : 人民出版社, 1986), 1面.

37 ニーチェ『悲劇の誕生』(秋山英夫 訳, 岩波書店, 1980), 14頁.

38 원문은 '學而時習之, 不亦說乎, 有朋自遠方來, 不亦樂乎. 人不知, 而不慍, 不亦君子乎'

39 막스 플랑크,《물리철학》, 이정호 옮김(전파과학사, 1991), 77면.

2장

1 John K. Fairbank and Others, *A History of East Asian Civilization, vol. II*(Boston : Houghton Mifflin Company, 1965), pp.10-12.

2 上揭書, 上同面.

3 Edith Kurzweil, *The Age of Structuralism : Lévi-Strauss to Foucault*(Columbia University Press, 1980), pp.3-4.

4 Jacques Derrida, *De la Grammatologies*(Paris : Les Editions de Minuit, 1967), pp.27-30.

5 자크 데리다,〈'Déconstruction'에 대하여—일본인 친구에게 보내는 편지〉,《현대비평과 이론》6(한신문화사, 1992), 298-306면.

6 *Encyclopédie philosophique universelle, vol. II*(Paris : Presses universitaires de France, 1990), 'déconstruction'.

7 자크 데리다, 前揭書, 298-306면.

8 上揭書, 298-306면.

9 ジャック・デリダ『ポジシオン』(高橋允昭, 青土社, 1981), 14-15頁.

10 Mark C. Taylor, ed., *Deconstruction in Context*(Chicago : The Univ. of Chicago Press), p.415.

11 Josué V. Harari, ed., *Textual Strategies*(Ithaca, Cornell University Press, 1981), p.33.

12 ジャック・デリダ, 前揭書, 15-16頁.

13 J. Kristeva, *Semeiotiké-Recherches, pour une sémanalyse*(Paris : Seuil), pp.60-63.

14 Jonathan Culler, *On Deconstruction, Ithaca*(Cornell University Press, 1982), p.249.

15『現代思想 特集 フッサール』(青土社, 1978), 8-15頁.

16 サルトル『サルトル全集 第十九卷, 存在と無』(松浪信三郎訳, 人文書院, 1985), 194-202頁.

17 Jacques Derrida, *Writing and Difference*(Chicago : The University of Chicago Press), 1978, p.11.

18 'subject'가 '주체'로 번역된 것은 니시다 기타로西田畿多郎(1870-1945)에 의해 확립된 니시다 철학西田哲学에서부터 였다.

19 デカル『方法序說』(落合太郎訳, 岩波文庫, 1965), 12-15頁.

20 'subject'가 '주관'으로 번역된 것은 니시 아마네西周의《心理学》(1878)과 이노우에 데쓰지로井上哲次朗 외의『哲学字彙』(1981) 등에서부터 였다.

21 カント『純粹理性批判 第一冊』(篠田英雄訳, 岩波文庫, 1980), 15-16頁.

22 ヘーゲル『精神哲学 第一冊』(船山信一訳, 岩波文庫, 1975), 5-11頁.
23 ハイデガー『存在と時間 上』(桑木務訳, 岩波文庫, 1977), 104-116頁.

3장

1 井上哲次郎他『改訂增補哲学字彙』(丸善, 1980), 'pross' 項目.
2 예컨대, 森鷗外『妄想』(1911)의「己を世界の過程に委ねて,甘んじて苦を受けて」, 4 ; 夏目瀨石『明暗』(1917)의 132章「夫人の 本意に到着する想像上の過程を描き出す事」등에서의 경우. *The Random House Dictionary of the English Language*, Second Ed., 'process' ('a systematic series of actions or [steps] directed to some end') 등 참고.
3 諸橋轍次《大漢和辭典》(大修館書店, 1984)의 〈過〉, 〈程〉, 〈過程〉 等 參考.
4『哲学辞典』(平凡社, 1977)「過程」參考.
5 白川靜《字統》(平凡社)의 〈過〉와 〈程〉 參考.
6 A. N. 화이트헤드, 《과정과 실재》, 오영환 옮김(민음사, 1991), 387-389면.
7 上揭書, 393면 참고.
8 하인츠 페이겔스, 《우주의 암호》, 이호연 옮김(범양사, 1991), 336면 참고.
9 브라이언 그린, 《우주의 구조》, 박병철 옮김(승산, 2005).549면.
10 上揭書, 550면.
11 팡리즈 · 리슈센, 《우주의 창조》, 박승재 외 옮김(전파과학사, 1991), 115면 인용.
12 존 보슬로, 《스티븐 호킹의 우주》, 홍등선 옮김(책세상, 1992), 126-127면.
13 上揭書, 13면.
14 스티븐 호킹, 《시간과 화살》, 김성원 옮김(두레, 1992), 15면.
15 브라이언 그린, 前揭書, 415면.
16 上揭書, 419면.
17 A. I. 오파린, 《생명의 기원》, 양동춘 옮김(한마당, 1990), 27면 .
18 김은수, 《분자생물학》(전파과학사, 1990), 13면.
19 C. L. 브레이스, 《人類의 進化段階》, 권이구 옮김(탐구당, 1982), 82면.
20 로제 레빈, 《인류의 기원과 진화》, 박선주 옮김(교보문고, 1992), 244면.
21 A. I. 오파린, 前揭書, 27면 참고.
22 라이얼 왓슨, 《생명조류》, 박용길 옮김(고려원미디어, 1992), 1-3면.
23 上揭書, 205면 참고.
24 핼 포스터, 〈포스트모더니즘 논쟁〉, 김욱동 편, 《포스트모더니즘의 이해》(문학지성사, 1992), 314면.
25 마단시럽 외, 《자크 데리다와 푸코, 그리고 포스트모더니즘》, 임헌규 옮김(인간사랑, 1992), 121면 .
26 안드라스 게도 외, 《포스트모더니즘의 도전》, 김경연 외 편(다민, 1992), 253면 인용.
27 책명은 David Wood, ed., *DERRIDA : A Critical Reader*(UK : Oxford & US : Cambridge, Blackwell, 1992)이다.
28 스티븐 호킹, 前揭書, 146면 인용.
29 존 보슬로, 前揭書, 136면.
30 エゴン・フイエタ『ハイデッガーの存在論』(川原榮峰訳, 理想社, 1974), 266頁.
31 D. W. 사아마, 《현대우주론》, 양종만 옮김(민음사, 1988), 38-39면.

32 로이드 모츠·제퍼슨 헤인 위버,《물리이야기》, 차동우·이재일 옮김(전파과학사, 1992), 383면.
33 존 보슬로, 前揭書, 170면.
34 스티븐 호킹, 前揭書, 254면.

4장

1 Raymond Williams, *KEYWORDS*(Great Britain : William Collins Sons and Co. Ltd. Glasgow, 1976), 'science' 참고.
2 上揭書, 'science' 참고.
3 上揭書, pp. 184-185 참고.
4 西周,〈知說四〉(《明六雜誌 二十二号》, 1874. 12), 井上哲次郎 外 編,《哲学字彙》(丸善, 1981) 등에서부터 보이기 시작했다.
5 樺島忠夫 外 編『明治大正新語俗語辞典』(東京堂, 1984), 66-68頁.
6『日本国語大辞典 第2券』(小学館, 1973),〈力(科)〉.
7 원문은 '射不主及, 爲力不同科, 高之道也'(활 쏘는 데에 과녁을 뚫는 것을 위주로 하지 않는다고 한 것은 사람들의 힘이 다 같지 않기 때문이다. 이는 바로 옛날의 도道이니라).
8 李相信,〈歷史學과 社會學의 상호보완적 가능성과 한계〉, 역사학회,《歷史學報》, 제93집(1982), 108-119면.
9 ディルタイ『生の哲学』(H. ノール編, 久野昭監訳, 以文社, 1987), 99-124頁.
10 勝部謙造『ディルタイの哲学』(改造社, 1925), 196-231頁.
11 樺島忠夫 外 編『明治大正新語俗語辞典』의「科学」,「自然科学」,「社会科学」.
12 上揭書,「人文科学」.
13 服部嘉香·植原路郎『大增補改版 新らしい言葉の字引』(実業之日本社, 1925)의〈精神科学〉항목, 諸橋轍次『大韓和辞典 券一』(大修館店, 1984)의〈人文〉부분 등.
14『日本国語大辞典 第九券』의「文化」부분.
15 리케르트H. Richert,《文化科學과 自然科學》, 윤명로 옮김(삼성 문화재단, 1973), 41-50면.
16 팡리즈·리슈셴, 前揭書, 183-185면.
17 미치오 가쿠·제니퍼 트레이너,《아인슈타인을 넘어서》, 박영재 옮김(전파과학사, 1993), 159면.
18 브라이언 그린,《우주의 구조》, 박병철 옮김(승산, 2005), 419면.
19 미치오 가쿠 외, 前揭書, 157면.
20 존 보슬로, 前揭書, 97면.
21 上揭書, 109면.
22 로이드 모츠·제퍼슨 헤인위버,《물리이야기》, 차동우·이재익 옮김(전파과정학사, 1992), 233면.
23 브라이언 그린, 前揭書, 235면.
24 존 보슬로, 前揭書, 108면과 스티븐 호킹, 前揭書, 12면.
25 팡리즈·리슈셴, 前揭書, 170면.
26 미치오 가쿠·제니퍼 트레이너, 前揭書, 58면.
27 上揭書, 157면.
28 리사랜들,《숨겨진 우주》, 김연중 외 옮김(사이언스북, 2008), 266면
29 고야마 게이타,《빛으로 말하는 현대물리학》, 손영수 옮김(전파과학사, 1992), 137면.
30 가타야마 야수히사片山泰久,《양자 역학의 세계》, 김명수 옮김(전파과학사, 1992), 29면.

31 브라이언 그린, 前揭書, 475면.
32 上揭書, 475면.
33 上揭書, 486면.
34 나가다 치카요시, 《새로운 양자생물학》, 손영수 옮김(전파과학사, 1991), 216-217면.
35 가다야마 야스히로, 《양자역학의 세계》, 김명수 옮김(전파과학사, 1979), 92-105면.
36 G. 주커브, 《춤추는 物理》, 김영덕 옮김(범양사출판부, 1991), 446면.
37 中国大百科全書出版社編輯部編, 《中国大百科全書哲学 II》, 680頁 〈氣〉.
38 고야마 게이타, 前揭書, 91-93면.

5장

1 H. 알베르트, 〈사회과학의 이론들〉, 안석교 편역, 《현대사회과학의 방법론》(한길사, 1990), 215-218면.
2 프랑스의 수학자 라그랑주J. L. Lagrange, 《해석역학》(1788), 프랑스의 수학자 푸리에J. B. J. Fourier, 《열의 해석적 이론》(1822), 영국의 물리학자 맥스웰J. C. Maxwell, 《전자기학》(1873) 등의 공리들은 가설연역법에 의해 취해진 것들이다.
3 안석교, 前揭書, 5면.
4 앨런 F. 차머스, 《현대의 과학철학》, 신일철 외 옮김(서광사, 1985), 174-176면.
5 K. R. Popper, *Objective Knowledge*(Oxford University Press, 1979), p. 109.
6 上揭書, p. 224.
7 P. K. ファイヤアーベント《方法への挑戦》(村上陽一郎 外 訳, 新曜社, 1984), 228面.
8 스털링 P. 렘프레히트, 《西洋哲學史》, 김태길 외 옮김(을유 문화사, 1990), 89-124면.
9 미치오 가쿠 · 제니퍼 트레이너, 前揭書, 158-159면.
10 로이드 모츠 · 제퍼슨 헤인 워 버, 前揭書, 233면.
11 제레미 리프칸, 《엔트로피》, 김명자 외 옮김(동아출판사, 1992), 304면.
12 미치오 가쿠 · 제니퍼 트레이너, 前揭書, 208면.
13 안석교, 前揭書, 14면.
14 J. 이스라엘, 《辨證法》, 황태연 옮김(까치, 1983), 122-124면.
15 스털링 P. 렘프레히트, 前揭書, 31면.
16 上揭書, 32면.
17 上揭書, 37면.
18 上揭書, 114면.
19 A. Deborin, 《칸트의 辯證法》, 한정석 옮김(경문사, 1994), 78-79면.
20 イマヌエル · カント『実踐理性批判』(波多野精一 外 訳, 岩波店刊行, 1949), 259-260頁.
21 イマヌエル · カント『自然哲学原理』(戶坂潤 訳, 岩波書店, 1938), 1-4頁.
22 A. Deborin, 前揭書, 12면.
23 上揭書, 13면.
24 上揭書, 14면.
25 上揭書, 77-78면 인용.
26 上揭書, 38면 인용.
27 上揭書, 34면 인용.
28 上揭書, 40면 .

29 上揭書, 45면.
30 上揭書, 85면.
31 H. Gadamer《헤겔의 辨證法》, 한정석 옮김(경문사, 1993), 16-23면.
32 上揭書, 24면.
33 上揭書, 26면.
34 上揭書, 27면.
35 ヘーゲル『改訳大論理論(下卷)』(武市健人訳, 岩波書店 刊行), 372면.
36 H. Gadamer,《헤겔의 辨證法》, 102-103면.
37 J.이스라엘, 前揭書, 12-17면.
38 H. 헤르츠와 D. 비티히,《자연인식과 세계관》, 김성환 옮김(천지, 1990), 121면 인용.
39 上揭書, 122면.
40 J. 이스라엘, 前揭書, 19면.
41 Lucien Goldman《人間科学 辨證法》(川侯晃自 訳, イザラ書店, 1971), 26-27頁.
42 존 보슬로, 前揭書, 132면.

6장

1 신기철·신용철 편저,《새우리말 큰사전》, 諸橋轍次,《大漢和辞典》,《日本国語大 辞典》(日本小学館),《辞海》(上海辞書出版社) 등의 〈文化〉.
2 *The Oxford English Dictionary*, 'culture'의 어원 해설.
3 Raymond Williams, KEYWORDS, Great Britain : William Collins Sons and Co Ltd Glasgow, 1976, 'culture'.
4《說苑》의 〈指武篇〉 원문은 '凡武之興爲不服也, 文化不改, 然後加誅'(무가 흥하는 것은 말 안 듣는 사람 때문이다. 문화로 교화되지 않으면 죽이는 것이다).
5 Raymond Williams, 前揭書, 'culture'.
6『談義本 · 古朽木』, 「一章」(1780),「目出たい御代故`文化も盛にひらけて」와 中村正 直訳,『西國立志編』「一·七」(1870),「次第に工夫を積めるもの合湊して盛大の文化を開けるなり」등.
7 上揭書, 上同面.
8 전경수,《문화의 이해》(일지사, 1994), 54-78면.
9 B. K. 말리놉스키,《미개사회의 성과 억압, 문화의 과학적 이론》, 한완상 옮김(삼성출판사, 1982), 238면.
10 레이먼드 윌리엄즈,《문화사회학》, 설준규 외 옮김(까치, 1984), 30-31면.
11 R. F. 베네딕트,《文化의 類型》, 황선명 옮김(종로서적, 1980), 28면.
12 R. 린톤,《文化와 人性》, 전경수 옮김(현음사, 1984), 10-11면.
13 Robert Wurthnow and the Others, ed., *Cultural Analysis*(Boston : Routledge & Kegan Paul, 1984), p.7.
14 ポール·デイビス, ジョン·グリビン『'物質'という神話』(松浦俊輔 訳, 靑土社, 1993), 306-316頁.
15 前川文夫『植物の進化を探る』(岩波新書, 1979), 7-8頁.
16 宮脇昭『植物と人間』(日本放送出版協會, 1983), 15-20頁.
17 上揭書, 6-10頁.
18 레슬리 A. 화이트,《文化의 概念》, 이문웅 옮김(일지사, 1978), 27면.
19 M. 퀴젱,《동물의 행동》, 이병훈 옮김(전파과학사, 1985), 92-93면.
20 John Dewey,《경험과 자연》, 신득렬 옮김(계명 대학교 출판부, 1982), 51-53면.
21 로널드 퍼어슨,《기후와 진화》, 김준민 옮김(민음사, 1990), 55면.

22 J. E. 러브록, 《가이아》, 홍욱희 옮김(범양출판사, 1993), 25면.

7장

1 신기철 · 신용철, 《우리말 큰사전》의 〈표현〉.
2 《廣辞苑》의 〈表現〉.
3 《漢語大辞典》(中国 : 漢語大辞典出版社), 〈表現〉.
4 《中日大辞典》(大修館書店)의 〈表現〉.
5 樺島忠夫 外 編 『明治 · 大正 · 新語俗語辞典』(東京堂出版, 1984)の「表現」, 伊沢修二 『教育学』(明治十五)の「外覚性トヲ包括スル所ノ心力ヲ表現力ト云フ」, 冷冷亭主人訳, 『カ-トコフ氏美術俗解』(明治十九)の「表現(レプレセンテ-ション), 想像(イマジネ-ション), 思慮(ソ-ト)は人間の認識中に存りては, 力も力, それは緊要なる力なり」 等.
6 上掲書의 〈表現〉.
7 上掲書.
8 *The Random House Dictionary of The English Language*, 'express'와 'press'.
9 諸橋轍次 《大漢和辞典》 〈表現〉, 〈表顯〉, 〈表示〉, 〈表出〉, 〈見〉, 〈顯〉, 〈示〉 等 參考.
10 上掲書, 〈表〉 부분.
11 上掲書, 〈現〉.
12 上掲書, 〈現〉 부분.
13 W. タタルキェヴィチ 『ミメーシス』(梅正行訳, フィリップ · P · ウィーナー編 『西洋思想大事典 4』, 平凡社, 1990), 356-360頁.
14 上掲書, 上同面.
15 上掲書, 上同面.
16 上掲書, 上同面.
17 ルネ · ウェレッケ 「文学におけるリアリズム」(梅正行訳, フィリップ · ウィーナー編 《西洋思想大事典4》, 平凡社, 1990), 497-502頁.
18 Frankin Rosemont, ed., *André Breton, What is surrealism*(Monad Press : New York, 1978), pp.3-5.
19 Thomas A. Sebeok, ed., *Encyclopedic Dictionary of semiotics*(Moutonde Gruyter : Berlin. New York, 1986), p.896.
20 Jacques Derrida, *Of Grammatology,* trans. by Gayatri Chakravotrty Spivak(The Johns Hopkins University: Baltimore and London, 1974), pp.8-9.
21 이와 같이 기호의 삼분화는 모리스C. W. Morris의 *Foundation of the Theory of Signs*(Chicago : Univ. of Chicago Press, 1938)에서부터 유래된 것이다.
22 Thomas A. Sebeok, ed., *Encyclopedic Dictionary of Semiotics*, p.903.
23 더 자세한 지식은 이 책 〈4. 존재와 과정〉의 〈광자의 존재 양식과 이동 양식〉 참조.

보주

1 리사 랜들,《숨겨진 우주》, 김연중 외 옮김(사이언스 북스, 2008)
2 야후코리아 백과사전《PASCAL》(동서문화사, 2008).
3 해럴드 블룸,《세계문학의 천재들》, 손태수 옮김(들녘, 2008).
4 앙드레 라콕 · 폴 리쾨르,《성서의 새로운 이해》, 김창주 옮김(살림출판사, 2006).
5 브라이언 그린,《우주의 구조》, 박병철 옮김(승산, 2005).
6《위키백과사전》(위키미디어재단, 2002).
7 필리프 솔레르스,《모차르트 평전》,김남주 옮김(효형출판사, 2002).
8 존 스토리,《문화 연구란 무엇인가》, 백기선 옮김(커뮤니케이션 북스, 2000).
9 국립국어연구원 편,《표준국어대사전》(두산동아, 1999).
10《두산백과사전 EnCyber》(두산동아, 1999).
11 에자와 히로시江沢洋 외 편,《이화학사전 제4판》(청수서원, 1999).
12 한국과학 문화재단,《과학 명강연으로 읽는 자연과 우주의 수수께끼 78》(도서출판 서해문집, 1999).
13 岩波書店 編『哲学 · 思想事典』(岩波書店, 1998).
14 메리 더글라스,《순수와 위함》, 유제분 · 이훈상 옮김(현대미학사, 1997).
15 国史大辞典編集員会《国史大辞典 全巻》(吉川弘文館, 1995).
16 平凡社 編『日本史大事典』(平凡社, 1995).
17《브리태니커백과사전》(브리태니커 백과사전사, 1994).
18 라이얼 왓슨,《초자연》, 박문재 옮김(인간사, 1993).
19 존캅,《과정신학》, 류기종 옮김(열림, 1993).
20 가타야마 야스히사片山泰久,《양자 역학의 세계》, 김명수 옮김(전파과학사, 1992).
21 D. P. 그리바노프,《아인슈타인의 철학적 견해와 상대성 이론》, 이영기 옮김(일빛, 1992).
22 로이드 모츠 · 제퍼슨 헤인위버,《물리이야기》, 차동우 · 이재익 옮김(전파과정학사, 1992).
23 로저레빈,《인류의 기원과 진화》, 박선주 옮김(교보문고, 1992).
24 스티븐 호킹,《시간과 화살》, 김성원 옮김(두레, 1992).
25 자크 데리다,《입장들》, 박성찬 옮김(솔, 1992).
26 존 보슬로,《스티븐 호킹의 우주》, 홍동선 옮김(책세상, 1992).
27 팡리즈 · 리슈셴,《우주의 창조》, 박승재 외 옮김(전파과학사, 1991).
28 L. E. 오글,《생명의 기원》(전파과학사, 1991).
29 송인명 외,《물리》(교학사, 1991).
30 김은수,《분자생물학 입문 I》(전파과학사, 1990).
31 A. J. Greimas and J. Courtés,《기호학용어사전》, 천기석 · 김두한 옮김(민성사, 1988).
32 由良君美 編《ポスト構造主義のキーワード》(學火登社, 1988).
33 下中弘 編《世界大百科事典 全巻》(平凡社, 1988).
34 R. 베네딕트,《문화와 인성》, 김열규 옮김(까치, 1988).
35 近藤春雄《中国学芸大事典》(大條館書店, 1987).
36 *The Random House Dictionary of the English Language*, Second Edition Unabridged(1987).
37 김성곤, 《미로속의 언어—현대 미국작가와의 대화》(민음사, 1986).

38 박찬기, 《개정신판 독일문학사》(일지사, 1984).
39 존 · K. 페어뱅크 외, 《동양 문화사(上 · 下)》, 전해종 · 고병익 옮김(을유문화사, 1984).
40 下中邦彦《哲學事典》(平凡社, 1977).
41 伊藤整 他《新潮世界文學小辭典》(新潮社, 1973).
42 藤澤秀夫《立体 · フランス文學》(朝出版社, 1970).

글로벌 문화이론 과정학

초판 발행 2009년3월10일
초판 3쇄 2010년3월 2일
지은이 김채수
펴낸곳 고려대학교출판부

www.kupress.com
kupress@korea.ac.kr
136-701 서울특별시 성북구 안암동
02-3290-4230, 4232
Fax 923-6311

찍은곳 한국컴퓨터인쇄정보

IISBN 978-89-7641-679-7 93100
값 25,000원
* 잘못 만들어진 책은 바꿔드립니다.